繁荣与停滞

THE JAPANESE
ECONOMY

日本经济发展和转型

［日］伊藤隆敏 星岳雄 著 郭金兴 译

中信出版集团｜北京

图书在版编目（CIP）数据

繁荣与停滞：日本经济发展和转型 /（日）伊藤隆敏，（日）星岳雄著；郭金兴译 . -- 北京：中信出版社，2022.9（2025.10 重印）

书名原文：The Japanese Economy(Second Edition)
ISBN 978-7-5217-4166-7

Ⅰ.①繁… Ⅱ.①伊…②星…③郭… Ⅲ.①经济发展－研究－日本 Ⅳ.①F131.34

中国版本图书馆 CIP 数据核字 (2022) 第 050498 号

Copyright © 2020 by Massachusetts Institute of Technology
Simplified Chinese translation copyright © 2022 by CITIC Press Corporation
ALL RIGHTS RESERVED
本书仅限中国大陆地区发行销售

繁荣与停滞：日本经济发展和转型

著者：　　［日］伊藤隆敏　［日］星岳雄
译者：　　郭金兴
出版发行：中信出版集团股份有限公司
　　　　　（北京市朝阳区东三环北路 27 号嘉铭中心 邮编 100020）
承印者：　嘉业印刷（天津）有限公司

开本：787mm×1092mm　1/16　　印张：40.75　　字数：660 千字
版次：2022 年 9 月第 1 版　　　　印次：2025 年 10 月第 11 次印刷
京权图字：01-2020-5081　　　　　书号：ISBN 978-7-5217-4166-7
　　　　　　　　　　　　　　　　定价：158.00 元

版权所有·侵权必究
如有印刷、装订问题，本公司负责调换。
服务热线：400-600-8099
投稿邮箱：author@citicpub.com

献给启子、华、研一郎、真理

献给环、伴里、桃

目 录

"CIDEG 文库"总序　VII

中文版序　XI

前　言　XV

致　谢　XIX

第1章　日本经济概论　001

第2章　日本经济史　006

2.1　引言　006

2.2　德川（江户）时代：1603—1868年　007

2.3　德川时代日本的货币　009

2.4　外国压力与德川幕府的倒台　011

2.5　明治维新　012

2.6　日本明治时期的经济发展与增长　015

2.7　日本明治时期的货币、物价和汇率　024

2.8　帝国主义与日本　026

2.9　战时经济　030

2.10　产业结构转型　032

2.11　国际贸易　033

2.12　日本作为经济发展的范例　038

2.13　小结　039

第3章　经济增长　044

3.1　引言　044

3.2　战后恢复：1945—1950年　048

3.3　战后的主要宏观经济问题　055

3.4　经济快速增长：1950—1973年　060

3.5　增长放缓：1973—1987年　070

3.6　信息技术与经济增长　072

3.7　安倍经济学　074

3.8　小结　076

第4章　经济周期、繁荣与萧条　079

4.1　引言　079

4.2　确定经济周期的具体时间　082

4.3　经济周期与增长　087

4.4　理解经济周期　094

4.5　日本的经济周期　099

4.6　需求不足还是结构问题？　110

4.7　小结　112

第5章　金融市场与监管　118

5.1　引言　118

5.2　经济高速增长时期的日本金融体系　120
5.3　主银行制　122
5.4　金融自由化：20世纪70年代中期至80年代后期　126
5.5　不良贷款与银行业危机（20世纪90年代）　130
5.6　2002—2003年的竹中改革　146
5.7　日本新的金融体系　148
5.8　未来展望　158

第6章　货币政策　160
6.1　引言　160
6.2　1950—1971年的货币政策　169
6.3　20世纪70年代早期的大通胀　172
6.4　日本的大缓和时期：1975—1985年　178
6.5　泡沫及其破裂：1985—1998年　179
6.6　1998年的新《日本银行法》　182
6.7　1998—2012年通缩的挑战　186
6.8　有关通胀目标制的争论　198
6.9　安倍经济学：第一支箭　200
6.10　小结　203

第7章　公共财政　208
7.1　引言　208
7.2　基本事实　209
7.3　税制结构　221
7.4　政府支出　232
7.5　1975—1990年政府赤字的上涨与回落　235
7.6　预算赤字的回归　237

7.7 政府债务的可持续性　240
7.8 财政政策作为维持宏观经济稳定的工具　244
7.9 李嘉图中性与非凯恩斯效应　254
7.10 财政投融资计划和邮政储蓄　258
7.11 地方公共财政和分权　263
7.12 关于消费税的争论　266
7.13 小结　267

第8章　储蓄、人口和社会保障　271

8.1 引言　271
8.2 日本的储蓄率　274
8.3 储蓄和消费的生命周期模型　277
8.4 日本的人口转型　280
8.5 为什么日本的储蓄率曾经这么高？　285
8.6 人口变化的国别比较　289
8.7 日本的养老金体系　292

第9章　产业结构　309

9.1 引言　309
9.2 从财阀到经连会：战后的转型　311
9.3 企业集团：20世纪50年代至80年代　313
9.4 横向经连会的经济影响　329
9.5 纵向经连会的经济影响　331
9.6 20世纪90年代横向经连会中的银行合并与转型　334
9.7 产业政策　338
9.8 日本的产业政策成效如何？　343
9.9 反垄断法和竞争政策的演变　349

第10章 劳动力市场　　355

10.1　引言　　355

10.2　基本统计指标　　356

10.3　日本传统劳动力市场的典型化事实　　365

10.4　变化中的劳工惯例　　393

10.5　青年失业　　395

10.6　日本工人的工作时长　　397

10.7　女性经济学　　398

10.8　小结　　401

第11章 国际贸易　　411

11.1　引言　　411

11.2　国际收支的定义　　413

11.3　国际收支基本状况　　415

11.4　比较优势和贸易模式　　418

11.5　贸易政治　　425

11.6　垄断竞争与产业内贸易　　427

11.7　引力方程　　429

11.8　分散化　　432

11.9　世界贸易组织和自由贸易协定　　434

11.10　小结　　438

第12章 国际金融　　447

12.1　引言　　447

12.2　汇率　　455

12.3　资本流动和资本管制　　466

12.4　干预　　484

12.5 汇率和宏观基本面　488

12.6 日元的国际化　501

12.7 小结　512

第13章　美日经济冲突　514

13.1 引言　514

13.2 20世纪80年代以前的美日贸易冲突　515

13.3 全面贸易对话的兴起：20世纪80年代　522

13.4 20世纪90年代管理贸易的要求及回绝　533

13.5 不再痛击日本　545

13.6 跨太平洋伙伴关系协定、特朗普政府以及向双边谈判的回归　546

13.7 小结　547

第14章　失去的20年　549

14.1 四个阶段　549

14.2 泡沫　553

14.3 第一阶段　556

14.4 第二阶段　564

14.5 第三阶段　571

14.6 第四阶段　573

14.7 安倍经济学与"失去的20年"的终结　595

参考文献　597

译后记　621

"CIDEG文库"总序

作为CIDEG文库的主编，我们首先要说明编纂这套丛书的来龙去脉。CIDEG是清华大学产业发展与环境治理研究中心（Center for Industrial Development and Environmental Governance）的英文简称，成立于2005年9月的CIDEG，得到了日本丰田汽车公司提供的资金支持。

在清华大学公共管理学院发起设立这样一个公共政策研究中心，是基于一种思考：由于全球化和技术进步，世界变得越来越复杂，很多问题，比如能源、环境、公共卫生等，不光局限在科学领域，还需要其他学科的研究者参与进来，比如经济学、政治学、法学以及工程研究等，进行跨学科的研究。我们需要不同学科学者相互对话的论坛。而且，参加者不应仅仅来自学术圈和学校，也应来自政府部门和企业界。我们希望CIDEG像斯坦福大学著名的经济政策研究中心（Stanford Institute for Economic Policy Research，SIEPR）那样，对能源、环境问题进行经济和政策上的分析。我们认为，大学应该关注基础研究，大学的使命是创造知识，在深层知识的产生上发挥作用。而产业部门的任务是把技术成果商业化，大学和产业之间的连接非常重要。但与此同时，我们不应忘记政府的角色，特别是对于一个发展中的转轨国家，政府职能的定位和边界至关重要。CIDEG的目标是致力于以"制度变革与协调发展"、"资源与能源约束下的可持续发展"和"产业组织、监管及政策"为重点的研究活动，为的是提高中国公共政策与治理研究及教育水平，促进学术界、产业界、非政府组织及政府部门之间的沟通、学习和协调。

2005年9月28日，CIDEG召开了首届国际学术研讨会，会议的主题"中国的可持续发展：产业与环境"正是中国当时的产业和环境状况。

中国的改革开放已经有几十年历程，它所取得的成就令世人瞩目，它为全世界的经济增长贡献了力量，特别是当其他一些欠发达国家经济发展停滞不前的时候。不过，中国今后是否可持续增长，却是世界上许多人关注的问题，因为在中国取得巨大成就的同时，还面临诸多挑战：资源约束和环境制约，腐败对经济发展造成的危害，不完善的金融服务体系，远远不足的自主创新能力，以及为构建一个和谐社会所必须面对的来自教育、环境、社会保障和医疗卫生等方面的冲突。这些挑战和冲突正是CIDEG将开展的重点研究课题。

中国发布的《国民经济和社会发展"十一五"规划纲要》提出了对发展模式的调整，号召用科学发展观统领经济社会发展全局，坚持以人为本，转变发展观念、创新增长模式、提高发展质量，把经济社会发展切实转入全面协调可持续发展的轨道。这也为CIDEG的研究工作的开展提供了一个更有利的前景。

中国对环境治理方面的研究才刚刚起步，中国近年来能源消耗的速度远高于实际经济增长速度，这种增长是不可能长时间持续的。最近《京都议定书》开始生效，哪些公共政策措施可以控制二氧化碳和其他污染气体的排放？建立一个排放权交易市场是否对控制温室气体排放有效？如何资助新环境技术的进步？这些问题不仅需要技术知识，也需要经济学素养。而建立一套环境监管体系，就不仅涉及法律问题和技术问题，更需要对广泛社会问题的考量。环境污染背后的实质是社会成本和价值的重新分配问题，因而要从社会系统的角度考虑环境监管。从发展的角度来看，中国环境污染的源头正在发生改变，监管体系也应该随之改变。

还有公共卫生问题，比如SARS、疟疾、艾滋病等，这是全球化的另一面。人口流动性的增加加快了疾病传播，如何控制这些疾病的流行，不仅需要医生的合作，而且涉及许多移民的工作、生活和环境等问题。我们会面对许多类似的公共政策问题，解决方法要看历史因素和经济发展水平，因此要进行国际比较研究。

中国是独特的。但是，由于中国也曾经是一个中央计划经济国家，有些研究需要与过去同是计划经济的中欧和独联体国家相比较。与此同时，日本、韩国、中国有一些共同的特征，在开始阶段农村人口都占很大比重，传统社会规则是农业社群中的人际关系生发出来的。这些社会关系不可能一夜之间改变，这种发展形式和西方经济的发展很不一样，也与俄罗斯等国不太一样。所以，在面对这些既有共同点又有独特性的问题时，比较研究会很有意思。虽然受制于不同的制度框架，但问题是共同的，比如社会保障、养老金、环境问题等。关于社会保障制度的设计，我们可以从新加坡、瑞典和其他国家学到许多经验。在经济高速增长带来的与环境的社会冲突方面，我们可以从日本20世纪60年代后期的环境立法、产业发展协调中学到许多教训和经验。所以，对产业发展和环境治理的研究应该是全球化的。

比较经济制度分析是一种概念工具，有助于理解不同经济制度如何演化。不同制度可能会融合，可能会继续保持差异。产业发展和环境治理政策不一定是普遍适用的，在某些国家可能容易实施，在其他国家也许不行，但不同国家之间的交流非常重要。充分利用国际上已有的研究成果，收集和整理这些成果以做进一步的交流，是十分可取的途径。

正是在这一意义上，比较、借鉴和学习也成为CIDEG学术活动中的一项重要内容。根据CIDEG理事长陈清泰的倡议，我们决定翻译并出版这套"CIDEG文库"，介绍不同国家是怎样从农业国家发展为现代国家的；在经济高速发展阶段，是如何处理与环境的矛盾的。这套丛书的内容选择非常宽泛，从学术的到非学术的都在其内，目的就是给中国的读者——学生、学者、官员和企业家以及所有对此感兴趣的人提供更多的信息与知识。CIDEG理事和学术委员为文库提供了第一批书目，并成立了编委会，今后我们还会陆续选择合适的图书编入文库。为此，我们感谢提供出版书目的CIDEG理事和学术委员，以及入选书籍的作者、译者和编辑们。

青木昌彦
吴敬琏
2006年4月10日

中文版序

伊藤隆敏　星岳雄

我们欣喜地得知，拙著将出版中文版。尽管中国和日本的经济制度有着明显的差异，但我们希望读者能够发现两者在各自发展几十年后，仍有诸多相似之处。与其他亚洲国家相比，日本很早就迈入了发达国家行列，而中国现在正将完成相似的转型。本书第3章讨论了日本如何通过资本深化和技术进步，在20世纪50年代中期至70年代中期实现了高速经济增长。然而，那时的日本在技术水平和生产率方面仍落后于欧美更发达的经济体。通过出口技术水平和复杂程度更低的产品，进口高质量的外国产品和技术，日本经济不断壮大。在数十年间，日本投资率一直很高，生产率持续提高。基于固定汇率制度的世界贸易体系使日本出口商处于一个价格竞争较为稳定的环境中，这也有助于日本的经济增长，因为其生产率进步的速度超过了其他国家。大约四十年后，中国实现了类似的增长，但是增速比日本更快。中国也是通过资本深化和技术进步实现这一成就的，这与日本的经验非常相似。中国的经济增长也是技术赶超型的，并借助于强劲的出口，这是表现优异的新兴市场经济体的典型特征。有一点区别是，日本20世纪50年代至70年代的投资主要来自国内储蓄，而中国更多地借助于外商直接投资来加速增长。

日本向美国的出口迅速扩大，对美国的贸易盈余也急剧增加。从电视机、钢铁到汽车，日本产品涌入美国市场，引起了美国国内制造商的抱怨。正如第13章所述，这引发了日美之间大量的贸易冲突。随着时间的推移，美国和日本学会了如何处理这类冲突，并达成双方都可以接受的妥协。当前中美之间爆发的贸易摩擦不禁让人想起数十年前日美之间的贸易冲突。读者也许可以从日本的经验中发现中国解决这一问题的线索。当然，其中一个重要区别是日本的国家防务依赖于美国，而中国则并非如此。

我们希望读者能从日本经济的经历中找到其他对中国经济有益的教训，比如金融危机（第5章）、不断攀升的政府债务（第7章）、人口老龄化（第8章）和产业政策（第9章）。这些日本曾经面临的问题现在也在中国出现了，尽管时间上较为滞后。

中日之间曾经有很长一段共同的历史，一开始中国拥有更为古老也更为先进的文明。中国制造青铜器、铁器和陶器的新技术经朝鲜半岛传到了日本。之后，日本在公元7世纪和8世纪建立国家，很大程度上借鉴了中国的政治、法律和经济制度。在7世纪至9世纪，日本经常派使团前往中国。日语的书面文字也源自中国，以文学（特别是诗词）、宗教（佛教）和哲学思想（儒家及其他流派）为代表的中华文化对日本的政治领袖和知识分子一直有巨大的影响，并持续至今。甚至在德川幕府时期正式采取了闭关锁国的政策之后，日本仍允许通过长崎与中国保持贸易往来。

19世纪帝国主义入侵亚洲，日本和中国的领导者试图协同合作，以抵御西方的侵略并开启现代化进程（Vogel, 2019）。协同合作的努力并未完全实现，但是1894年中日甲午战争之后，很多中国学者开始留学日本，以学习现代技术与制度。甚至在日本也走上帝国主义道路之后，一些中国学生仍会选择留学日本，直至1937年中日之间再次爆发战争。

自1972年恢复外交关系以后，中日之间的经济关系日益加深。时至今日，中国和日本之间的经济联系比以往任何时候都更为紧密。中国是日本最重要的贸易伙伴，而日本也是仅次于美国的中国第二大贸易伙伴。以GDP衡量，中国在2010年超越日本成为世界第二大经济体。然而，两国之间的政治关系始终都较为紧张。这种紧张局势源于两国之间以往的历史冲突、现在的边界争端以及政治制度的差异。这非常不幸，因为通过协同合作和相互学习，两国都能有所进益。从20世纪90年代至今，随着中国快速成长，其经济实力和军事实力都大为增强，这对其邻国而言只能说是喜忧参半。

当前全球面临的挑战不再是二战之前那样的西方帝国主义，而是气候变化、人口结构的迅速转型、现在和未来可能遭遇的流行病以及日益恶化的国际秩序。为了解决当代与子孙后代面临的这些问题，必须开展国际合作。美国、欧盟、中国、日本、英国以及其他二十国集团成员，对全球挑战肩负特殊的责任。中国是世界第二大经济体，并终将成为第一大经济体，日本是世界第三大经济体。两国必须携手合作（美国也同样如此）以应对极为严峻的全球议题，这样才有可能实现全球经济的可持续发展。

我们希望，对于增进对日本及日本经济的理解，对于改善两个有悠久共同历史的亚洲大国之间的关系，拙著可以略尽绵薄之力。本书译为中文，将有助于中国和日本更好地了解彼此的优劣之处。

伊藤隆敏
星岳雄
2022年1月

前　言

这本书的第一版出版于1992年。在过去的近30年间发生了许多事情。事后看来，那年正是"失去的20年"开始之时，这也是本书第14章的重点内容。第一版讲述了日本如何能够提升本国经济，从而可以与世界上经济发达的国家相竞争。这直接指明了本书的主题，即日本成功实现经济赶超的故事。除了经济高速增长时期，第二版还包括了过去30年，探讨日本经济为何陷入停滞，并在全球地位相对衰落。21世纪的日本经济远为复杂和微妙，但它仍为处于不同发展阶段的经济体提供了宝贵的借鉴，而不仅仅是那些处于经济追赶阶段的经济体。

尽管伊藤隆敏曾数次试图修订本书，但他繁忙的学术活动以及在国际货币基金组织、日本财务省（原大藏省）和经济与财政政策委员会的公共服务使其迟迟难以动笔。这些现实世界的宝贵经验丰富了他对经济的理解，但也使第二版的修订成为一个遥不可及的目标。

最后，伊藤隆敏邀请他的老朋友星岳雄一起合作。这使本书得以按期完成，并且丰富了本书的内容。合作也令双方不得不努力对日本经济的发展做出清晰的描述和解释，从而使两人最初并不一定相同的观点相互协调起来。

第二版的结构与第一版非常相似。第1章彻底重写，以激发学生和研究人员对21世纪日本的研究兴趣。第2章保留了大部分相关的历史背景知识，但增加了一些重要的议题。与第一版一样，分析从宏观经济开始，即第3章的增长和第4章的经济周期。然而，上述两章覆盖的时间跨度增加了大约30年。

接下来的三章包括基本的政策问题，即第5章金融监管、第6章货币政策和第7章财政政策。在第一版中，财政政策和金融市场放在了同一章，现在则分为两章，分别论述金融监管和货币政策。这一结构变化既突出了金融监管的重要性，1997—1998年日本银行业危机和2008—2009年全球金融危机凸显了这一点，也反映了过去30年货币政策的显著扩张，比如通胀目标制和非常规货币政策。日本政府的财政状况在过去30年中严重恶化，因此第7章的内容大为扩充，特别是有关政府债务可持续性的问题。

第8章论述储蓄、人口结构和社会保障，这是基于对上一版第9章的全面修改，之前仅包括储蓄和资本成本。这一新的章节涵盖了过去30年间变得特别重要的一些议题。日本正在经历的人口结构转型给社会保障体系、政府财政状况、国民储蓄、资本积累和国际资本流动带来了压力。在第一版中，主要的问题是为什么日本的储蓄率如此之高。然而，在过去30年中，日本的储蓄率显著下降。我们将用一个简单的生命周期消费和储蓄模型来说明，快速增长时期的高储蓄率和近些年来的低储蓄率都是人口结构转型的结果。

第9章和第10章的标题保持不变，分别为"产业结构"和"劳动力市场"，但我们更新了许多内容，并对日本在这些领域似乎独一无二的经历给出更具一致性的解释。有助于日本经济实现高速增长的许多特征现在已成为增长的障碍。过去的成功往往导致制度僵化，并在环境发生变化时成为障碍。日本在产业组织和劳动力市场领域的经历恰好体现了这一一般规律。

第11章"国际贸易"和第12章"国际金融"的标题也未改动，但内容已经大为拓展。在过去30年中，日本改变了国际贸易的政策思路，从拒绝所有地区协定的完全多边主义转向积极主动的区域互惠协定。国际金融领域增加了很多议题，因为日本经济极易受到汇率波动的影响。如何评价外汇干预和日本企业如何选择计价货币等问题，均借鉴了自本书第一版出版以来的研究成果，包括作者自己的研究。

第13章"美日经济冲突"对第一版第12章做了重大更新。30年前，美日经济冲突是日本面临的最棘手的问题之一。在苏联解体之后，美国将日本视为头号威胁，至少在经济方面是这样。冲突一直持续到20世纪90年代中期，随着日本经济陷入长期停滞，冲突烟消云散。日本不再对美国构成威胁，两国之间的经济关系转为合作。到21世纪头十年结束时，美国感到它面临的最大经济威胁来自中国。人们很容易发现，20世纪80年代的美日冲突与如今的中美冲突有诸多相似之处，尽管两者之间存在一个关键差异，即日本已成为一个西方式民主国家，并且在安全方面是美国的盟友。美日之间经济冲突的经验表明，曾经反复爆发贸易冲突的两国也可以学着合作。

第14章全面分析了第一版和第二版之间日本经济经历的"失去的20年"。20年来日本经济何以一直处于停滞状态，是它现在面临的最重要的难题之一。然而，这不仅是日本的问题，许多国家与日本经济都有相似之处，比如赶超型增长的成功范例、巨大的信贷繁荣和经济泡沫以及快速老龄化等，这些国家亦会对日本的经济停滞感兴趣。这一问题也不仅源自学术兴趣。细致考察日本"失去的20年"，可以为其他发达经济体和新兴经济体提供宝贵的经验借鉴。第14章综合考察了其他章节对"失去的20年"中日本经济各个方面的分析。

我们希望这次修订保留第一版中原有的结构，同时用新资料、新见解更新和丰富之前的讨论。本书旨在继续提供对日本经济的共识，并突出有关的争议和困惑，以激发读者对日本经济的兴趣。我们期待读者的反馈，这将有助于对下一版进行更好的修订。希望下次修订不需要等待这么长的时间。

致 谢

第一版（伊藤隆敏）

我在明尼苏达大学和哈佛大学的学生不得不忍受最初讲义的粗糙之苦，本书正是根据这些讲义写就的。他们提出了许多问题，使书稿不断完善。我要对他们表示感谢。

许多朋友对本书的各种草稿进行了评论。Thomas A. Barthold 和 Connel Fullenkamp 是最大的功臣，他们不止一次地阅读了整部书稿，并在各个方面进行了改进。Peter Boone、Takeo Hoshi、Anil Kashyap、Konosuke Odaka、Shinji Takagi、Georgia Villaflor 和 Martin Weitzman 作为各自领域的专家，对相关的章节做了详细的评论。

有些章节包含了我自己的研究成果，以及我和同事们共同的研究。感谢我过去的合作者 Kazumi Asako、Thomas Barthold、Fumio Hayashi、Masayoshi Maruyama、Vance Roley、Joel Slemrod 和 Kazuo Ueda 等。

第二版（伊藤隆敏和星岳雄）

在过去的40年中，我们两人单独或合作写过许多期刊论文，参加过许多与日本经济有关的会议。来自合作者、评论人和其他参与者的各种评论让我们受益匪浅。

我们都非常感谢曾经任教的大学的学生与同事。自1992年以来，伊藤隆敏在哈佛大学、一桥大学、东京大学和哥伦比亚大学教授"日本经济"，他感谢所有选修其日本经济课程的学生。他还在哥伦比亚大学主持日本经济研讨班。1989年，星岳雄在加州大学圣迭戈分校第一次开设日本经济的课程。他还在大阪大学和斯坦福大学讲授日本经济。我们两位都曾是《日本和国际经济》的主编。

我们非常感谢麻省理工学院出版社和多位编辑，但是在这里我们仅提一下处理最后一稿的Emily Tabor和Laura Keeler。我们还要感谢Lee Branstetter、Joshua Hausman和四位匿名审稿人，他们仔细阅读了一些章节早先的草稿，并提出了宝贵意见。星岳雄还特别感谢他的合作者Anil Kashyap，从麻省理工学院研究生院开始，他们合作完成了许多与日本相关的研究项目。

当我们开始学习经济学时，日本经济并非主流经济学中一门重要的学科。幸运的是，我们遇到了许多经济学家朋友，他们认为研究日本经济令人兴奋，鼓励我们继续从事这方面的研究。我们还受益于许多同事，他们和我们一样，对研究日本经济充满激情。这些年来，我们收到了许多宝贵意见，并且与同事和专业人士就日本经济的各个方面展开富有启发的讨论，我们感到乐在其中，这包括Masahiro Abe、Masahiko Aoki、Masatsugu Asakawa、Yoichi Arai、Ben Bernanke、Olivier Blanchard、Ricardo Caballero、Thomas Cargill、Jenny Corbett、Jess Diamond、Takero Doi、Kathryn Dominguez、Rudigar Dornbusch、Barry

Eichengreen、Robert Engle、Martin Feldstein、Stanley Fischer、Benjamin Friedman、KyojiFukao、Mitsuhiro Fukao、Shin-ichi Fukuda、Koichi Hamada、Kimie Harada、Yuko Hashimoto、Fumio Hayashi、Tomoko Hayashi、Michael Hutchison、Yasushi Iwamoto、Kazumasa Iwata、Dale Jorgenson, Yoshitsugu Kanemoto、Anil Kashyap、Munechika Katayama、Satoshi Koibuchi、Anne O. Krueger、Haruhiko Kuroda、Kenji Kushida、Phillip Lipscy、John McMillan、Frederic Mishkin、Michael Mussa、Marcus Noland、Tetsuji Okazaki、Tatsuyoshi Okimoto、Hugh Patrick、Andrew Rose、Kiyotaka Sato、Ulrike Schaede、David Scharfstein、Paul Sheard、Junko Shimizu、Christopher Sims、Kenneth Singleton、Lawrence Summers、Kazuo Ueda、Kenichi Ueda、Shujiro Urata、Tsutomu Watanabe、Hiroshi Watanabe、David Weinstein、Charles Wyplosz、Tomoyoshi Yabu、Masahiro Yamada、Janet Yellen和Naoyuki Yoshino。

最后但同样重要的是，我们要感谢Michiko Baba的出色工作，她负责收集数据，并将所有这些信息处理成图表，以供本书使用。她不仅是研究助理，还确保数据来源准确。她为本书做出了杰出的贡献。

第1章　日本经济概论

截至2017年，按照以市场汇率折算成美元的名义GDP（国内生产总值）计算，日本是世界第三大经济体。美国经济规模约为20万亿美元，其次是中国的12万亿美元和日本的5万亿美元。其他位居世界前十的经济体依次是德国、印度、英国、法国、巴西、意大利和加拿大。以人均收入（GDP除以人口）计算，2017年日本排名第25位，而美国排名第9位。

以往日本在这类经济成就的国际比较中排名更高。例如，1990年日本的GDP为3.1万亿美元，而美国约为6.0万亿美元。当时美国的人口大约是日本的两倍，日本的人均国民生产总值（GNP）为25 380美元，实际上高于美国的23 848美元。这些数据均来自国际货币基金组织（IMF，2019）。

经过长期的快速增长，1986年日本的人均GNP首次超过了美国。从1955年至1973年，日本GNP年均实际增长率（经通胀调整后的GNP增长率）超过10%。尽管在1973年之后有所放缓，日本经济在1973年至1988年间的年均实际增长率仍达到5%。因此，截至1988年，日本经济的规模扩大至1955年的9倍。同样在这33年中，美国经济规模仅增至1955年的2.67倍。此后，日本进入了一个几乎零增长的时期，这通常被称为"失去的20年"。2010年，中国的GDP超过了日本，然后在2017年，中国的经济规模达到了日本的两倍。

鉴于日本经济在20世纪90年代和21世纪头十年的停滞，而中国崛起为亚洲最大的经济强国，有人认为日本经济已无足轻重，仅是历史上的一次小波澜。我们认为这一观点毫无根据。作为一个当代的经济体，日本经济仍然值得研究，即使对那些原本对日本没有兴趣的人来说也是如此。

在此，我们给出了应该对日本经济感兴趣的六个理由，这与日本的历史、现状和前景有关。第一，20世纪五六十年代日本经济快速发展的模式对发展中国家而言仍有积极的借鉴意义，包括中国在内的其他亚洲经济体在此后的几十年中也重复了这一模式。正如我们将在后面章节中讨论的那样，日本的高储蓄率和高投资率极大地促进了资本的快速积累。日本工人和雇主之间建立的长期关系使许多工人积累了技能和经验等宝贵的人力资本。日本的产业结构及其相互竞争的企业集团，也对日本经济的优异表现贡献良多。交叉持股使企业管理层能够专注于长期项目而非短期绩效。所有这些因素促使日本企业每年生产更多的产品。在经济快速增长时期，货币和财政政策也为该国取得的经济成功提供了支持。货币政策成功地抑制了通货膨胀，1973年至1975年是仅有的例外。财政政策为大规模制造业所需的基础设施提供资金。日本取得的经济成就应该更多地归功于自发性的私人部门，还是归功于政府的经济指引，这一问题仍然悬而未决。

第二，日本在20世纪七八十年代成功地放松了对金融市场的监管，取消了对国际资本账户的管制。这个国家从一个金融封闭的经济体转变为一个完全自由化的经济体，且没有经历任何危机。这与20世纪90年代和21世纪头十年许多新兴市场经济体形成了鲜明的对比。由于对金融自由化管理不善，这些经济体陷入了货币危机。日本金融部门在20世纪七八十年代渐进且稳定的自由化，为实现这类转变提供了一种更为可行的模式。

第三，日本在20世纪90年代晚期经历了一场大规模的银行业危机。这主要是由于20世纪80年代末期信贷繁荣期间（俗称泡沫时期）发放了太多高杠杆的贷款。当泡沫破灭时，许多贷款无法偿还。如果政府及早采取有力的行动，本可以防止这个问题演变成一场全面的银行业危机。然而，政府并未及时干预，不良贷款问题依然存在。日本的经历为所有其他国家提供了一个重要教训，发达国家和发展中国家都想知道政策制定者能做些什么以抑制泡沫，以及在泡沫破裂时该做什么，不该做什么。

第四，日本是现代世界上第一个陷入持续通货紧缩的国家。日本银行（日本的中央银行）成为第一家采取零利率政策和量化宽松的中央银行。即使采取了从当时来看极度扩张的货币政策，日本经济也需要十多年的时间才能摆脱通货紧缩。日本通货紧缩的经历和非常规货币政策向其他发达国家展示了在2008年全球金融危机爆发并迅速蔓延至欧洲时，该采取何种措施。例如，在2008年出现严重的金融动荡时，美联储果断采取行动，防止经济陷入通货紧缩。

第五，日本是一个快速老龄化的经济体。出生率下降和平均预期寿命延长意味着老年人（退休人员）与年轻人（劳动人口）的比例一直在上升。这种变化给社会和经济带来了极大的挑战。以现收现付制为基础的养老金制度面临巨大的压力，代际不平等不断扩大。由于缺少缴存养老金的劳动者，这可能使当前的养老金制度难以为继。最早出现在日本的这种人口结构转型，许多发达经济体也正在经历，其他经济体则紧随其后。因此，研究日本的经验，意义极其重大。

最后，日本的公共债务已经达到和平时期前所未有的水平。在过去20年间，许多人预测日本的政府债券市场将经历一场危机，例如债券利率大幅上升。但到目前为止，这些预测都被证明是错误的。在不扰乱市场运行的条件下，政府债务与GDP之比能上升到多高？日本可能为检验这一问题提供了一个很有价值的案例。

我们在本书中采用标准的经济学框架来研究日本经济。虽然日本经济在某些方面似乎与经济学教科书中通常的模型大不相同，但是，标准的经济学原理还是有助于理解这些看似独有的特征。从这个角度看，日本并非例外。

本书的其余部分组织如下。第2章简要回顾了二战以前日本的经济发展，指出之前几十年的经济发展是战后日本经济腾飞的根源和基础。第3章讨论了20世纪50年代至21世纪第二个十年该国的经济增长，强调日本在三个增长阶段的转型，即快速增长时期（20世纪五六十年代）、中速增长时期（20世纪七八十年代）和低速增长时期（20世纪90年代到21世纪第二个十年）。第4章讨论了经济周期和围绕增长趋势的波动。

第5章是金融体系的监管，这在20世纪90年代成为日本一个特别重要的议题，当时日本银行不良贷款激增。日本在遭遇了1997—1998年的银行业危机之后，监管框架才得以加强。第6章描述和分析了日本的货币政策。多年以来，日本货币政策的重点从传统的逆周期政策转变为非常规政策，包括零利率政策和量化宽松政策。接下来，第7章分析了日本的财政政策。直至1965年，日本一直坚持预算平衡原则。20世纪70年代，日本开始发行规模可观的政府债券。但是在80年代后期出现经济繁荣时，预算赤字有所下降。在20世纪90年代和21世纪头十年的低增长时期，政府赤字和债务再次飙升。没有任何措施可以改善这种状况。

第8章研究影响经济活动的人口结构因素。为了说明总储蓄率如何确定，我们引入了一个世代交叠模型，其中每一代人都遵循生命周期模型。日本的经验总体上与这一世代交叠模型的理论预测结果相一致。随着日本社会的老龄化不断加剧，日本经济可能会呈现低储蓄率、低增长率的特征，养老金体系将面临严峻挑战。第9章讨论与产业政策和产业结构有关的主题，产业政策的作用在过去几十年中已经发生了变化。第10章讨论日本的劳动力市场，在过去，这一市场被认为是独一无二的。工人们一般在一家企业里工作，并在那家企业中不断晋升，这被称为终身雇佣制。日本劳动惯例的其他特点也支持这种做法，比如年功序列工资制。终身雇佣制一直在被弱化，但这种做法在日本仍然比在美国更为普遍。

第11章和第12章涉及日本经济的国际方面，分别是国际贸易和金融领域。在实行固定汇率制度的时期，出口被认为是日本经济发展和增长的关键。如果出口减缓，经济增长也会停滞不前，以减少进口原材料所需的款项。因此，国际收支状况成为经济增长的制约因素之一。1973年以后，当汇率浮动时，国际收支平衡就不再是那么紧要的问题了。日本仍然保持经常账户盈余。当经常账户处于盈余状态时，金融账户必然表现为资本流出。随着时间的推移，日本累积的国外资产大幅增加。其中一些是对外直接投资，另一些是对债券和股票的资产组合投资。第13章回顾了半个多世纪以来美日经济关系的演变。日本对美国的巨额贸易顺差经常引起两国之间的冲突。

第14章全面考察了"失去的20年"，力图从这一时期日本政府的政策应对中总结可以吸取的经验教训。

第2章　日本经济史

2.1　引言

在13世纪，经历了几个世纪王室和贵族的统治之后，日本进入了一个封建时代。在接下来的300年里，地方军阀之间的争斗接连不断。[①] 最终，1603年德川幕府（将军）成功建立了一个强大的中央政府，统治了今天日本大部分的领土，开启了德川家族的统治，这一统治延续了260多年。德川幕府时代的特点是闭关锁国。除了在长崎附近一个名叫出岛（意为"外部岛屿"）的岛屿之外，与外国的交往和贸易都遭到禁止。

1868年是日本现代史上的一个重要标志。那一年，明治天皇正式宣布取代德川幕府，成为日本的统治者。在接下来的20多年间，日本迅速从一个传统的封建国家转变为一个现代的西方式国家。等级制度（即武士、农民、工匠和商人）被废除，武士的刀剑被没收。随后，日本组建了一支专业的国家军事力量，确立了中央统一的普通义务教育

[①] 关于1600年以前日本的政治和社会发展，请参阅Reischauer（1988，第4—6章）。Morishima（1982，第1—4章）对日本经济史提出了一个相当非正统的解释。

制度，修建了铁路，建立了邮政系统，成立了中央银行；1885年成立了文官政府，1889年通过了宪法，1890年举行了第一次议会选举。

虽然在德川幕府时代的末期，日本全国许多地区都修建了较为先进的灌溉和交通系统，但长达四分之一世纪的孤立主义政策使日本缺乏西方的现代技术。日本从一个以农业为主的经济体转变为20世纪初期的现代工业强国，是基于德川时代遗留下来的基础设施，同时也得益于1868年明治维新时期天皇回归以后成功引进的外国技术。

1920—1939年，日本经济的增长速度远远超过英美等其他许多工业化国家。日本迅速赶上了那些更为发达的经济体。通过对外贸易和国际金融交易，日本使自己成为世界经济秩序的一部分。日元在世界主要外汇市场上交易，一些日本企业有机会在海外筹集资金。在某些方面，日本经济在这一时期比二战以后更为自由放任。[②]

本章将讨论德川幕府时期的社会结构对明治时期经济发展的贡献，以及日本战前的一些经济制度和惯例如何延续至战后的日本经济。

2.2 德川（江户）时代：1603—1868年

1603年，德川家康在江户（1868年改名为东京）组建了政府。尽管当时所有的政治和军事权力都掌握在德川家族手中，但是从表面上看，仍是天皇任德川家康为"将军"。事实上，居住在京都的皇族只有形式上的政治权力，德川家族才拥有实际权力。皇族受尊敬是因其代表了文化传承，德川家族则是因其经济和军事实力。德川家族统治日本超过250年，并且没有发生过任何重大的政治危机。

[②] 例如，终身雇佣（一个工人长期供职于一家企业）主要是战后才出现的现象，而在战前并不罕见的银行倒闭在战后直至20世纪90年代才出现。然而，在其他方面，战前日本经济的一些特征经过某些修改之后保留了下来。例如，战后的经连会与战前的财阀类似（见第9章）。

德川时代的社会结构以江户锁国（Sakoku，与外国隔绝）、四民制度（Shinō-Kōshō，一种类似于种姓的制度）和参勤交代（Sankin-Kōtai，地方领主交替陪侍）为标志。锁国政策于1639年开始实施，并于1854年废除。它禁止与外国人进行任何贸易和接触，但长崎附近的出岛除外。在那里，荷兰和中国的商人被允许从事贸易活动。如果一个日本人被发现曾经出国，然后又回来了，他极有可能被处决。这一政策对于维持政治稳定可能是有效的，但是这导致了日本的技术落后于西方国家。至于为何要采取锁国政策，有两个假说。两者都假定德川幕府知道西方国家先进的军事技术。其中一种观点认为，德川幕府担心地方领主可能会从国外得到帮助，从而推翻德川幕府。另一种观点认为，德川幕府害怕来自外国的直接威胁，而这些国家已经入侵了中国和菲律宾的部分地区。

四民制度将民众分为武士（shi或samurai，即士或武士）、农民（nō）、工匠（kō）和商人（shō）四类，以及底层贱民（eta或hinin，即秽多或非人）。农民阶层占日本全国人口的70%~80%，他们生产的水稻足以供养全国人口。这一阶层又被官方划分为地主和佃农。根据地区的不同，10%~30%的土地由佃农耕种。佃农不得不以稻米的形式向各地的领主（Daimyō，即大名）缴纳税款，同时还要向地主缴纳土地使用费（地租）。据估计，在江户时代晚期，"大约37%的收成用于缴税，20%~28%用于缴纳地租，35%~43%归耕种者所有"（Nakamura，1971，第49页）。一些征缴的大米在市场上出售，从而为地方领主提供资金。大阪成为商业贸易中心，尤其是大米贸易。平均而言，市场上四分之三的大米来自地主，四分之一来自佃农。大米市场运转良好，甚至存在一个附带清算所的大米期货市场（本章附录2A对此做了讨论）。

日本的各个领土都是由大名统治的。亲藩大名（Shinpan）是幕府家族的亲属，负责统领江户附近的领土；谱代大名（Fudai）是既有的盟友，负责重要的战略地区；外样大名（Tozama）是1600年战役之后才形成的盟友，也是之前的对手，负责边疆地区。大名被要求每年在江户和自己领地之间交替居住，而他的家眷则被要求一直在江户生活。这一被称为参勤交代的制度于1635年推出，以防止大规模叛乱，并且确实奏效了。当大名在江户的时候，幕府密切关注他们的行为。此外，大名不得不在交通方面花费甚多，这使他们很难积累足够的财富用于叛乱。要求大名把家眷留在江户，也阻止了他们阴谋叛乱。参勤交代制度还产生了意想不到的效果，即促进了全国公路系统的发展，这是一项重要的基础设施。

一位理想的武士应该受过很好的教育，具有忠诚正直、行为规范等儒家美德，并能忍受物资匮乏。因此，武士尽管享有统治阶级的特权，但并不会积累物质财富。另一方面，工匠和商人在德川时代积累了大量资本，经常投资于子女的教育。商人的资本将成为明治时代实现现代经济增长和工业化的关键。

2.3 德川时代日本的货币

德川幕府引入了由金、银和铜制成的铸币。银币的价值由银的重量直接决定，而金币和铜币的名义价值则由政府设定。因此，兑换率或者说三种铸币的实际价值每天都会波动，以反映这些金属在市场上的相对价格。

纸币在日本出现的时间早于英国，但比中国晚，中国最早出现纸币是在10世纪晚期。日本的第一张纸币是1600年左右由伊势地区的一位商人发行的，用以代替银币。后来，许多大名印制了以国家货币作为支撑的本地纸币。国家发行的铸币与地方纸币长期并存，这是日本独有的现象。

德川时代的货币体系和政策与现代货币体系惊人地相似。例如，在17世纪晚期，日本用白银、黄金，然后是铜来支付通过出岛这个对国际贸易开放的港口获得的荷兰和中国商人的商品。这减少了日本国内这些金属的数量，并导致用于支付进口款项的金属短缺。1715年，政府做出了回应，削减了允许进入出岛的荷兰和中国船只的数量，有效地限制了进口数量。这类似于由于外汇储备减少引发的进口配额，这种现象在现代经济体中也曾出现过。德川幕府对白银和黄金短缺的另一个反应是金币和银币贬值。金币和银币贬值主要体现在两个时期，1695年曾有一次贬值，在1706年到1711年间则有一系列贬值。这些都是从重新铸币中获利的典型案例，由此产生了铸币税。这显然增加了流通中货币的数量，但没有增加所需的金银数量。这也带来了额外的收入，使得政府可以减少向商人阶层借款的数量。最后，正如现代经济学教科书告诉我们的那样，货币存量的增加导致了通货膨胀。

1713年，一位名叫新井白石（Hakuseki Arai）的儒家学者建议政府提高铸币中的金银含量，以应对通货膨胀。1714年和1715年，政府采纳了这一建议，导致了严重的通货紧缩。随后大米价格下跌不仅对农民产生了不利影响，而且对武士也是如此，因为他们靠农民以大米形式缴纳的税收为生。1736年，政府改变了这一政策，增加了货币供应量。价格随之稳定下来，并在接下来80年中的大部分时间里保持稳定。

19世纪，由于自然灾害、德川家族的奢侈浪费和军事支出的增加，日本政府的财政赤字急剧膨胀。为了减少赤字，德川幕府再次诉诸贬值。1818年至1829年间产生了大量的铸币税收入，1832年至1837年间故伎重施。在此期间，货币存量分别增加了60%和20%。因此，在1820年至1837年，价格翻了一番还多。③

---

③ 例如，参见大阪批发价格指数（Nakamura，1971，第50页）。

2.4 外国压力与德川幕府的倒台

1853年，美国派遣海军准将马修·佩里（Matthew Perry）迫使日本开放自由贸易港口。这支舰队由黑色战舰组成，从那时起，"黑船"一词就被比作对日本内部秩序的外部威胁。美国希望有些港口能够为来往于中国的商船和派往日本附近的捕鲸船队提供食物和燃料。1854年，德川幕府与美国签署了建立外交关系的条约。从1854年到1858年，德川幕府与包括大英帝国、俄国、法国和荷兰在内的其他国家签订了一系列条约。1859年，德川幕府开通了三个港口，即靠近江户的神奈川、九州的长崎和北海道的函馆。这意味着锁国政策的终结。

德川幕府与外国签订的条约规定，国内黄金和外国黄金以及国内白银和外国白银根据重量按照1比1兑换。然而，在签署协议时，在日本1克黄金大约可以兑换5克白银，而在世界市场上大约可以兑换15克白银。这提供了绝佳的套利机会。就在1859年三个港口开放之后，大量金币开始流出日本以换取银币，这种情况一直持续到1860年德川幕府改变了金币和银币的相对价值。[4] 尽管在1859年至1868年间日本出现了黄金外流，金币和银币的铸造仍使日本流通货币的总量增加了250%。在此期间，物价上涨了500%。

几位大名批评幕府纵容了外国提出的这些要求。他们想恢复帝国的权力。19世纪60年代，号召恢复天皇的尊皇派（Sonno）和支持幕府将军的佐幕派（Sabaku）之间的冲突加剧。这与号召"驱逐野蛮人"

---

[4] 日本的经济史学家认为，平价的不一致并不是由政府对国际金融的基础知识无知造成的，而是受外国贸易谈判代表所迫。参见 Ohkura 和 Shimbo（1978）以及 Eichengreen（1986，第4页）。值得注意的是，牛顿爵士在任英国铸币局总监时于1717年犯了同样的错误，将银币兑换金币的价格定得过高，从而使新的银币退出了流通。

的攘夷派（Joi）和倡导国家开放的开放派（Kaikoku）之间的冲突交织在一起。这两把斧头开辟了4个阵营（2×2），即尊皇攘夷、尊皇开放、佐幕攘夷和佐幕开放，地方领主试图加入其中的某个阵营。很快，攘夷派中的许多人被迫认识到日本不可能永远将外国人关在门外，日本的开放是不可避免的。作为尊皇攘夷阵营中的核心力量，长州藩的经历尤其能说明这一点。1863年，长州藩攻击了途经其领土的美国、法国和荷兰的船只。三国迅速实施报复，长州藩遭受了严重损失。接着，英国加入了战斗，四国海军攻击了长州藩，使之认识到攘夷运动是徒劳的。

因此，日本国内的冲突转变为佐幕派和倒幕派（推翻幕府，Tobaku）之间的冲突。拥护德川的阵营策划了一次旨在联合皇族和德川家族的行动，他们安排了第十四代征夷大将军德川家茂与和宫公主的婚姻，以安抚尊皇派，但为时已晚。1868年，16岁的明治天皇继承了前一年突然驾崩的孝明天皇的皇位，并从京都迁至东京，成为新日本的实际统治者。德川幕府投降，其260多年的统治走到了尽头。

2.5 明治维新

明治维新是日本最接近于革命的时期。[5]然而，也很难将它与任何西方的革命类比。推动明治维新的主要是那些试图使日本免受外国威胁的人，它由佩里战舰的到来引发。这一改革并不是由某个宗教派别或特定的经济阶层领导的。

森岛（Morishima，1982，第74—80页）认为，明治维新既不是一场贵族革命，也不是一场主要以经济为目的的革命。当然，明

---

[5] 从明治时代开始到第二次世界大战这段时间的政治事件，可参见Reischauer（1988，第8章和第9章）对此的综述。

治维新也不是1917年11月俄国革命那样的无产阶级革命。它也不完全是英国革命、美国革命、法国革命、1848年3月的德国革命或1917年俄国二月革命那样的资产阶级革命。森岛争辩说，由知识精英阶层和低阶的武士阶层联合推动的明治维新，并没有一个确定的计划。

森岛（1982，第80—87页）通过比较明治维新之后日本资本主义的发展和英国的经历，详细阐述了他的观点。正如韦伯（Weber，1905）指出的那样，英国的资本积累源自新教徒的节俭，而在日本，这源自儒家文化。英国的企业家独立于国家，他们把自己从事的专业或职业视作上帝赋予他们的使命。日本的儒家思想强调对父母、长辈和国家的忠诚，促进了企业家和国家之间的合作。

森岛的观点可以置于日本社会科学家历时甚久的两场大辩论的背景下来考察。一是关于明治维新本质的争论，这主要发生在马克思主义经济学家之间。他们花费了无数时间，发表了大量学术成果，来争论明治维新是不是一场资产阶级革命。对日本的马克思主义者来说，这是一个重要问题，因为他们需要了解当时日本经济发展所处的阶段，然后才能应用马克思主义理论。对学习日本经济的普通学生而言，这个问题既不重要，也不会受到什么特别的启发。

森岛依据的另一类文献代表了许多日本学者长期以来的努力，他们试图找到成就日本资本主义发展的韦伯式民族精神。森岛重点关注儒家思想，但其他一些学者认为这源自一些适合资本主义的个人主义特征，如日本本土化的佛教、武士道（武士的行为准则）和几个世纪以来商人家族的家规等。这些找寻民族精神的文献假定，一个共同的信仰以及由此激发的行动对于任何国家资本主义的发展都是必不可少的。森岛认为儒家文化是日本资本主义的精神源泉，这一观点引发了一个显而易见的问题：韩国和中国受儒家文化的影响比日本更大，为何资本主义没有在这两个国家先发展起来？

村上等人（Murakami、Kumon and Sato，1979）采取了一种与之类似但略有不同的研究方法，他们关注日本家庭的组织原则，即长子继承制。他们认为，长子继承的原则最初是在武士家族发展起来的，明治维新以后被日本的企业采用，这促进了日本的经济发展。他们关注的重点是组织规则而不是个人主义特征，这使他们的方法有别于其他对日本资本主义精神的探究，这可被视为从组织角度研究经济增长的一个早期例证。

明治政府试图建立一个强大的中央政权，但是在最初的十年，与地方封建领主之间爆发的政治斗争接连不断。日本最后一次大规模内战是西南战争（Seinan War），于1877年被平定。1889年通过的宪法仿照英国议会，建立了两院制国民议会，包括贵族院和众议院。贵族制度创建于1884年，包括皇族、封建领主（高阶武士）和新领导阶层的成员。选举众议员的权利仅限于纳税额超过15日元的男性，他们在人口中的占比不超过1%。随着时间的推移，通过降低最低纳税限额，选民范围逐渐扩大，1925年所有成年男性都获得了选举权。

明治政府的任务是在结束德川幕府的孤立主义政策之后赶上西方世界。德川时代末期的经济状况并不像人们想象的那么糟糕。例如，有学者（Bassino、Broadberry、Fukao、Gupta and Takashima，2017）估计，1874年日本的人均GDP按1990年价格计算为1 013美元，这远远超过了每天1美元的贫困线。不过，日本的人均收入还是不到英国的1/4。在经济和政治制度方面，欧洲和美国还有很多值得学习的地方。明治政府最喜欢的两个口号是殖产兴业（"工业化"）和富国强兵（"富有的国家，强大的军队"）。日本追求这些目标，目的是赶上西方发达国家，避免被其殖民。

明治时代是明治天皇统治的时期（1868—1912年），大正时代是1912—1926年，昭和时代是1926—1989年，平成时代是1989—2019年。

更多关于年号纪年的资料参见专栏2.1。天皇去世和更迭的年份是两个时代的分界,分界点在上一位天皇去世之日。2019年4月30日,明仁天皇成为现代历史上第一位在世时退位的天皇。2019年5月1日,德仁天皇即位,德仁时代开始。

> **专栏2.1　年号纪年**
>
> 日本使用的历年是以年号纪年的(dynastic year)。实际上,政府文件必须使用年号纪年,而不是所谓的公历。2020年也被称为德仁二年,这是德仁时代的第二年。这一时期从明仁天皇退位,德仁天皇继位开始。自明治维新以来,每位皇帝在其统治期间都被指定一个年号。在明治之前,即使在同一个皇帝统治下,每隔几个公历年也会宣布一个新的年号,这种情况并不罕见。

日本的皇帝被简单地称为"天皇"或者"天皇陛下",他的名字在日本很少公开使用。以裕仁(昭和)天皇为例,这一称呼只有在其去世后才开始使用。

2.6　日本明治时期的经济发展与增长

2.6.1　经济发展

经济增长和经济发展之间有一个细微的差别。经济增长的概念强调经济规模的数量扩张,通常以实际GNP衡量。经济发展的概念强调经济的质变,比如产业结构的变化,资源从农业向制造业的转移,以及工人从农村地区向城市的转移。这一部分描述的明治时期日本的经济发展,为以后的经济增长奠定了基础。[6] 附录2B列出了一些主要的经济统计资料的数据来源,这些资料有助于考察二战之前日本的经济发展。

在许多时候,当一个经济体达到其发展的某个关键点时,都有一种增长加速和结构变化加快的趋势。这一关键点就是罗斯托(Rostow, 1960)所谓的"起飞",或者库兹涅茨(Kuznets, 1959)所谓的"现代经济增长的开端"。库兹涅茨(1959,第一讲)罗列了现代经济增长的特征:(1)现代科学思想和技术在工业中的应用;(2)实际人均产出持续快速增长,通常伴随着人口的快速增长,虽然未必总是如此;(3)产业结构迅速转型,即各部门的产出、劳动力和资本存量的分配持续发生变化;(4)扩大国际交流。库兹涅茨将日本出现现代经济增长的时间确定为1874—1879年。

罗斯托(1960,第39页)定义了起飞的三个条件:(1)生产性投资占GNP的比重从5%以下提高至10%以上;(2)至少有一个高速增长的强大制造业部门;(3)现有的政治、社会和制度框架可以充分利用经济外部性推动现代部门扩张。罗斯托把日本经济的起飞时间确定为1878—1900年。[7]

大川和罗索夫斯基(Ohkawa and Rosovsky, 1973)将日本现代经济增长的开始时间确定为19世纪80年代中期,此时经济增长速度突然加快。1879年至1885年的年均经济增速为1.2%,1885年至1898年的

---

[6] 增长和发展之间的区别并没有严格的界定。在经济发展和经济增长的早期阶段,都会发生许多结构性变化,例如从进口替代转变为出口替代。当我们谈到二战以后的日本和美国经济时,我们只讨论经济增长问题。然而,日本在明治时期经济发展的经验对今天的发展中国家仍具有借鉴意义。

[7] 罗斯托的经济发展阶段理论在发展经济学中未被广泛接受。与库兹涅茨不同,罗斯托似乎并未足够细致地研究各国经验,以归纳出经济发展的一般特征。伴随着大推进和许多部门的同时增长实现经济起飞,这并不正确。众所周知,现代经济增长的过程要平缓得多,是缓慢地从一个行业扩展至其他行业的。

年均增速为4.3%。

从这里引用的文献可以得出结论,即日本在1880年左右进入现代经济增长阶段。因此,从1868年明治维新开始,日本只用了20年就完成了从一个封建经济到现代经济起步阶段的转型,尽管这一转型也是一个不断试错的过程,我们将在后面的部分看到这一点。

表2.1给出了从现代经济增长开始到1963—1967年这段时间,13个国家的平均经济增长速度。就人均收入而言,日本的增长速度是最快的。因此,日本的经济增长率从一开始就很高,它在二战之后的高增长是战前就已开始的经济扩张的延续,并有所加速。表2.2比较了战前和战后日本经济增长的情况。

表2.1 从现代经济增长开始到1963—1967年长期经济增长的国际比较

	现代经济增长出现时间	持续时间（年）	增长率（%）收入	增长率（%）人口	增长率（%）人均收入
英国	1765—1785	180.5	2.2	1.0	1.2
法国	1831—1840	128.5	2.0	0.3	1.7
美国	1834—1843	125.5	3.6	2.0	1.6
德国	1850—1859	110.5	2.7	1.0	1.7
荷兰	1860—1870	100.5	2.5	1.3	1.2
澳大利亚	1861—1869	100.5	3.2	2.2	1.0
瑞典	1861—1869	100.0	3.2	0.6	2.6
丹麦	1865—1869	98.0	2.9	1.0	1.9
挪威	1865—1869	98.0	2.8	0.8	2.0
加拿大	1870—1874	93.0	3.5	1.8	1.7
日本（库兹涅茨）	1874—1879	88.5	4.0	1.1	2.9
日本（大川）	1885—1889	78.0	3.6	1.1	2.5
意大利	1895—1899	68.0	2.8	0.7	2.1
比利时	1900—1904	63.0	1.9	0.5	1.4

资料来源：Kuznets（1971）；Ohkawa et al.（1974，第249页）；Minami（1986，第37页）。

经济增长伴随着周期波动。表2.3总结了战前出现的繁荣和衰退，计算了从波峰（P）到波谷（T）或是相反的这段时期的平均增速。正如预期的那样，增速在繁荣时期（从T至P）比在衰退时期（从P至T）更快。然而，即使在经济衰退时期，日本的平均增速也是正值。

表2.2　日本年均经济增速：战前和战后　　　　　　　　　　（单位：%）

	人口	资本	人均GNP	GNP平减指数
1880—1940	1.07	3.37	3.41	2.78
1955—1970	1.01	9.95	10.35	4.28

资料来源：Emi和Shionoya（1973，第55页）。

表2.3　日本实际国民生产总值的年均增长率

时期	年平均增速（%）
1885（T）—1898（P）	4.33
1898（P）—1905（T）	2.27
1905（T）—1919（P）	4.21
1919（P）—1931（T）	3.56
1931（T）—1938（P）	6.00

资料来源：Ohkawa和Rosovsky（1973）。

大川和罗索夫斯基（1973）描述了19世纪80年代中期出现的有利于现代经济增长的条件，这既包括德川时代奠定的基础，也包括明治政府在转型时期采取的政策。接下来的两部分将讨论促成明治时期经济起飞的主要因素。

2.6.2　德川时代的遗产

教育水平较高。在明治维新刚开始时，劳动力的受教育水平就相对较高。根据多尔（Dore，1965）的估计，1868年43%的男性和10%的女性在家庭之外接受过一些教育，他认为当时日本的教育水平比20

世纪60年代的许多发展中国家还要高。这主要是因为德川时代在城镇和乡村都有寺子屋，即由寺庙设立的私塾。

资本积累。在明治维新初期，来自商人的资本积累可用于经济投资。一部分资本被借给了明治政府，还有一部分被私人投资于修建铁路、电力公司和纺织企业。例如，中村（Nakamura，1980，第61页表3）的研究表明，在1897年成立的74家棉纺企业中，有61家是由商人出资的。在这些企业中，有23家是由商人、地主或原来的武士联合出资的，其余的则完全由商人出资。

较高的农业技术水平。德川时代晚期的农业技术水平就相当高。例如，根据中村（1980，第62页）的研究，在大阪稻米交易所出售的稻米中，25%是由佃农直接供给的，这表明即使他们分别向封建领主和地主缴纳了37%和24%的稻米收成（平均而言），仍然留有足够的稻米。由于德川时代封建领主之间的技术转移很少，不同地区的技术水平差异很大。例如，西南地区的农业技术水平要高于东北地区。

明治维新使现代技术在全国范围内传播成为可能。即使在明治初期，日本的水稻产量就能达到每段（1段约为991平方米）1.6石（1石约为127.6千克），这比20世纪60年代大多数亚洲国家的作物产量还要高（Nakamura，1971，第49页）。农村的丝绸和纺织工业也有较高的技术水平。明治初期农业的高技术水平使相当一部分人口能够从事非农活动，比如劳动生产率更高的制造业，从而助力经济的发展。

基础设施。由于德川时代采取的参勤交代制度，主干道网络得以发展起来。在这一时期，灌溉系统也得到了改善。随着明治时期西方现代技术的引进，这些基础设施得到了更广泛的利用。

2.6.3　明治政府在转型时期的政策

废除士农工商社会等级制度。明治政府于1869年废除了士农工商社会等级制度。这一改革增加了劳动力的流动性。同时，国内交通状况的改善促进了劳动力的跨区流动。在德川时代，为了禁止底层民众擅自出行，在大名的领地之间设立了关卡，即所谓的关所（Sekisho）。明治政府在一定程度上也放宽了对国外旅行的限制。劳动力的流动对于从农村地区向工厂输送工人进而开启工业革命，发挥了至关重要的作用。武士阶层的成员因失去特权而得到了补偿。位阶极高的武士成了新创立的贵族阶层的成员。其他人可以领取年金，这大部分是以政府债券的形式一次性支付的。

推行义务教育。 义务教育于1879年实施。如表2.4所示，人们很快就开始遵从这一法令。这一改革创建了一支纪律严明且有文化素养的劳动力队伍，这对经济增长而言至关重要。

表2.4　1873—1915年日本在校儿童占比　　　　　　　　　　（单位：%）

年份	初等教育 1~6年级	中等教育 7~11年级	高等教育
1873	28.1	–	–
1880	41.1	–	–
1895	61.2	4.3	0.3
1905	95.6	8.8	0.9
1915	98.5	8.1	1.0

注：–表示无数据。
资料来源：Yasuba和Dhiravegin（1985，第27页）。

1873年的土地税改革。 1873年以前，税收是以农作物的形式缴纳的，主要是大米。这加大了政府收入的波动性，因为政府收入会随着大米价格的变化而变化。1873年的土地税改革按照评估的土地货币价值的3%统一征收，所有的土地所有者必须每年缴税。现在土地所有者的身份根据土地证来确定。这一改革有助于政府获得稳定的收入，可能会激励地主增加投资以提高土地的生产力，因为在土地价值既定的情况下，他们将完全享有增产带来的收益。

基础设施。明治政府建造了日本的现代基础设施，包括1870年东京和横滨之间建立的电报系统和1871年建立的邮政系统。其他的基础设施投资是由私人部门发起的，包括铁路。第一条日本铁路修建于1872年，连接横滨和新桥。至1900年，日本已经修建了6 200公里的铁路。

通过产业政策引进和传播外国技术。日本政府在各类工业部门和农业领域积极引进外国技术。稀缺的外国货币和铸币被用来购买现代机器和雇用外国技术顾问。新的机器和技术在各种展览会和博览会上得到展示。政府修建示范工厂，以从国外引进新技术，如福冈丝绸厂和堺市纺纱厂，两者均建于1872年。这些工厂往往无法盈利，比如福冈丝绸厂最终在1893年被卖给了私人企业。

正如下一小节所示，外国技术只有被私人部门的企业家根据当时日本的现实状况改造后，才能成功地提升日本经济的生产率。政府还培训技术人员，并将他们派到私人企业，以帮助其操作从欧洲国家引进的现代化设备。此外，政府还以折扣价出售或出租公共土地供现代化工厂使用，它还通过许可证以及或明或暗的规制，保护包括造船业在内的特定行业免受外国竞争的影响。

2.6.4 日本明治时期的工业发展

为了了解外国技术和政府政策在明治时期日本经济发展中的作用，本小节简要回顾明治时期日本的两大产业，即绢纺和棉纺。

绢纺工业。为了发展日本的现代绢纺工业，日本政府首先从法国和意大利引进机器设备，并在福冈和其他地方开设示范工厂。[8] 然

---

[8] 福冈工厂（http://www.tomioka-silk.jp.e.wv.hp.transer.com/?_ga=2.25062911.418249287.1531004340-25048039.1531004340，最后访问日期为2018年7月4日）于2014年被列入世界遗产名录，现在是一个旅游胜地。

而，这些示范工厂很快就出了问题。新技术的主要问题是资本密集度过高。大型机器设备和高昂的维护费用给工厂带来了沉重的经济负担。资本密集型技术并不真正适合当时资本稀缺、劳动力充裕的日本。

当政府经营的示范工厂还在挣扎时，一家私人企业成功地找到了解决方法。诹访地区（现在的长野县）的中山公司尽可能用木制部件代替进口机器的铁制部件，建造了自己的绢纺机器。这使得成本大规模降低。中山工厂的生产能力是一家典型的政府示范工厂的1/3，但成本只有其1%，也就是说生产率提高了33倍。类似于中山公司的做法迅速扩展开来，成为日本绢纺行业的标杆。

棉纺工业。1867年，也就是在德川时期的最后一年，位于九州萨摩藩的大名最早为日本引进了两家棉纺厂。1872年，第一家私人工厂在东京建立。新成立的明治政府将促进棉纺工业作为发展战略。在明治时期的头十年，棉纺制品占日本出口总额的25%~40%。对该行业的扶持有几种形式。与绢纺类似，政府建立并经营示范工厂，为购买机器和工厂提供贷款（有时这与政府出售工厂有关），派遣技术人员安装和拆卸新机器，为公开展览棉纺制品提供资助，以促进技术扩散。然而，至1886年，政府几乎不再扶持棉纺产业。

政府停止这些政策有多个原因。财政赤字使它很难继续为该行业提供补贴。示范工厂的技术很快就过时了，因为它们规模太小，比如，只有2 000个纺锭，无法实现规模经济。它们还是用水力来驱动的，这限制了工厂的选址，而且在日本的许多地方，冬天水力无法提供可靠的动力。许多企业也发现政府贷款并没有吸引力，因为资金的使用仅限于购买机器和工厂，不能用于支付其他重要的经营费用，比如劳动力成本。最后，政府能够吸引到的工程师的技术能力并不是很强。

日本第一家真正成功的棉纺厂属于一家私人企业。大阪纺织公司于1883年开始经营，发展非常迅速。这家公司没有得到政府的直接保护或补贴。从一开始，大阪纺织公司的经营规模就是一家政府经营的示范工厂的5倍，也就是说有1万个纺锭。它使用蒸汽动力而不是水力，这使它能够将工厂设在有更多工人可用的地方。该公司成功地引进了最先进的技术，为员工提供适当的培训，并从私人投资者那里获得了充足的资金支持。

在工厂开始运转以后，大阪纺织公司引入了两种新的运营模式。一是公司实行多班制运营。每天24小时的工作被分成两个12小时的班次，大约一半的工人上白班，其余的上夜班。二是它将银行贷款用于运营成本。提高机器使用率和财务杠杆率，目的是为了迅速支付这些机器的昂贵费用。

由于工人过剩，很容易说服他们延长工作时间，甚至夜班也是如此。这家公司先于西方的棉纺厂采用夜班制。和许多社会一样，某些社会群体被迫辛勤劳作，却没有多少抱怨的权利。在日本棉纺工业中，这一群体就是女性。许多附近农村的妇女搬到棉纺厂生活和工作。1892年，大约75%的棉纺厂工人是女性。[9]

私人所有的第一国民银行为这家公司提供支持，主要是因为大阪纺织公司的主要创始人之一正是该银行的董事长。股权资本主要由商人提供。公司的发起股东如下：贵族阶层占股38%，大阪地区的个人股东（主要是商人）占股31%，东京地区的个人股东占股29%，其他人占股2%。在接下来的6年里，贵族阶层持有的股份降至11.3%。

以绢纺和棉纺工业为例，我们可以看到日本明治时期及其后工业

---

[9] 然而，对于这些女性中的许多人来说，在棉纺厂的生活要比待在家里有所改善。Yamamoto（1977，第327页）关于日本明治时期诹访地区棉纺厂女工的口述历史最为著名。他报告说，在其采访的女性中，只有3%的人认为长时间的劳作是艰苦的，其他受访者认为这总比回家里种地要好。

发展的几个特点。首先，工业化始于西方新技术的引入。其次，政府起了带头作用，但是示范工厂并不是很成功。因此，私人企业脱颖而出，使新兴产业变得有利可图。在这一过程中，西方技术经常需要改造，以适应日本的国情。

与西方发达国家相比，日本开始其工业化的时间非常晚。在一本关于后发国家经济发展的经典著作中，格申克龙（Gerschenkron，1962）指出了这些国家的几个共同特征，如（1）快速增长，（2）大规模的工厂和企业，（3）投资银行、政府或两者同时有组织地予以引导。日本工业化的经历与格申克龙的理论是否相符呢？

日本确实增长迅速。在现代经济增长的前50年（1886—1936年），日本的实际人均GDP平均每年增长1.8%。相比之下，英国（1780—1830年）为0.4%，法国为1.0%（1830—1880年），美国（1840—1890年）和德国（1850—1900年）分别是1.5%和1.4%。然而，日本并非由大型工厂和企业主导。正如我们在绢纺行业中看到的，日本的工业化通常由小企业主导。有些企业规模不小，但也不是资本密集型企业。引进的技术经常被改造，以适应日本资本稀缺和劳动力充裕的现实。

最后，目前还不清楚日本的工业化是由政府还是由投资银行引导的。政府确实引进了新技术，并试图推动这些行业的发展，但往往以失败告终。银行也不是工业化的重要资本来源。日本的银行大多是商业银行，主要通过短期贷款为企业提供营运资金，并以这种形式支持企业的发展。

2.7　日本明治时期的货币、物价和汇率

明治政府于1871年宣布了一项新的货币法案，规定1日元等于1.5克黄金，尽管并非真的可以兑换。对外贸易中更多使用银币而不是金

币，因为白银是太平洋地区贸易的本位货币。另一方面，1871年以前德川幕府、地方领主和明治政府发行的各种纸币仍在日本国内流通。为了收回和弃用这些货币，1872年明治政府发行了在德国印刷的新纸币。政府全盘借用美国《国家银行法案》，允许私人银行发行以黄金储备作为支持的钞票。[⑩] 最初，在国家银行的资本金中，要求黄金至少占40%。由于这一要求被认为过于苛刻，只有四家银行申请并获得了国家银行的特许权。《国家银行法案》于1876年修订，对准备金的要求降至20%，且允许银行将政府发行的钞票计入准备金，以代替黄金。这一变化促使许多银行申请国家银行特许权，很快就有140多家国家银行开业。国家银行的组织形式为股份公司，后来这成为日本组织大型企业的主要方式。

1878年，随着白银成为本位货币，日本转变为拥有两种本位的货币制度，即复本位制。在实践中，日元通过对外贸易与白银价值挂钩，但官方汇率与英镑挂钩，而英镑又与黄金挂钩。

为了筹集1877年西南战争所需的资金，政府毫无节制地发行货币。新发行的政府钞票增加了银行的准备金，这使银行可以增发银行票据。流通中的国家银行纸币的数量从1876年的170万日元增至1879年的3 440万日元。随后的一段时期出现了严重的通货膨胀，必须通过财政紧缩来应对。这一经验使政府确信，必须有一家中央银行垄断货币发行。于是，日本银行于1882年10月10日成立。

1883年，《国家银行法案》再次修订，所有的特许权自颁发之日起20年到期。国家银行也被剥夺了发行纸币的权力，因为1884年的《可兑换银行票据法案》指定日本银行为唯一的纸币发行机构。1885年，日本银行发行了第一张1日元的纸币，可兑换成1日元的标准银币。此时欧洲国家和美国已放弃了银本位，同时世界白银产量大幅增加。结

---

⑩ 这里的国家银行是由国家特许的银行，不可与中央银行或国有银行混为一谈。

果，白银相对于黄金的价值大幅下跌，这使得与白银挂钩的日元贬值。日元贬值意味着以日元计价的外国进口商品的价格上涨。进口商品的价格上涨波及其他商品，因而日本央行一成立就经历了通货膨胀。另一方面，货币贬值促进了发达经济体对日本制成品的需求，这有助于日本的工业化。

1897年，日本采用了金本位制，设定 1 日元等价于 0.75 克黄金。至1899年，所有国家银行的特许权都到期了，它们都转成了普通银行。日本央行发行的纸币成为日本境内唯一流通的银行票据。

2.8 帝国主义与日本

当日本对外开放时，帝国主义正在全世界盛行。英国、法国、荷兰和德国等西方列强竞相扩张它们在非洲和亚洲的殖民地。美国也开始扩大其影响力，特别是在亚洲。为了避免被西方殖民，日本领导人决定推行"富国强兵"政策。

在中日甲午战争中，日本展示了其新兴的军事力量，获得了3.11亿日元的赔款，这在1895年相当于2.25亿美元。这些赔款被用作黄金储备的一部分，以启动金本位制。日本还占领了台湾和辽东半岛，但在俄国干预之下不得不放弃后者。

中日甲午战争是日本走向帝国主义的开端。十年之后，日本与俄国爆发了战争，并取得了胜利。1904年至1905年的日俄战争，使日本占领了朝鲜半岛、库页岛南部、中国东北的南部和铁路。1910年，日本吞并了朝鲜半岛。日本的军事化最初主要是防御性措施，以防止日本成为西方列强的殖民地。到了20世纪初，日本自己变成了一个主要的殖民国家，并对亚洲邻国造成了威胁。

日本参加了第一次世界大战，并成为《凡尔赛和约》的大赢家。德国在太平洋地区的领土被让予日本，日本还获得了对德国在中国租界的控制权。在战争期间，欧洲国家停止了对亚洲市场的出口，日本取而代之，增加了出口。日本的出口总额从1914年的8亿日元增至1920年的30亿日元，外汇储备从1亿日元跃升至11亿日元（Nakamura，1980，第100—101页）。

然而，一战繁荣并没有持续多久。1919年战争一结束，日本就经历了所谓的"反动"衰退（hando recession）。许多在战争期间过度扩张的公司都陷入了财务困境。1923年9月1日发生在东京的关东大地震进一步重创日本经济。据估计，建筑物和生产设施被毁造成的经济损失占GDP的29%~35%。为了给那些在地震中受损的企业一些喘息时间，政府宣布将所有应付款项延期至9月30日。接着，为了帮助受企业影响的银行，日本政府通过了《地震票据贴现损失担保法案》，要求日本央行做好准备，从银行购买受影响企业的票据，并持有两年的时间。银行经常滥用日本央行提供的帮助，欺骗日本央行，出售地震前就已陷入困境的企业发行的票据。因此，日本央行最终接收了许多与地震无关的不良贷款。

地震票据本应在1925年偿还，但是政府延长了救济期限，还款又被推迟了两年。1927年，对于政府是否应该继续实施这一救济措施，议会展开了激烈争论。3月15日，日本大藏大臣片冈直温（Naoharu Kataoka）表示，未能延长救济期限已经造成了严重的问题，迫使东京渡边银行倒闭。实际上，那家银行当时仍在营业，但片冈的言论引发了挤兑，迫使这家银行倒闭。这标志着1927年金融危机的爆发。截至当年4月，又有32家银行倒闭，至当年夏天，总共有126家银行倒闭。

为了防止银行体系崩溃，1927年的《银行法》将银行资本金的最低要求提高到100万日元，政府鼓励银行之间的合并。银行业开始整合。相比1927年的1 283家银行，1932年这一数字降至538家。这是日本银行"不倒闭"政策的开始，这一政策一直持续到20世纪90

年代。⑪

1927年金融危机解决之后不久，日本又陷入了另一场被称为"昭和萧条"的危机。这一萧条的直接原因是紧缩的货币政策，该政策源自日本为回归金本位所做的努力。日本的金本位在第一次世界大战期间崩溃。

金本位制是一种固定汇率制度，在这种制度下，每个国家单位货币兑换黄金的数量是固定的，并且可以随时按照这一比率将本国货币兑换为黄金。⑫在一战之前，包括日本在内的所有主要国家都实行金本位制，但是在一战期间，它们都放弃了金本位。一战之后，许多国家认为它们必须回归金本位。这些国家的领导人认为，一流国家有责任尽快恢复战前稳定的汇率制度。1919年，美国成为第一个以战前相同的美元面值重新采用金本位的国家。英国也在1925年按照原来的票面价值恢复了金本位。德国、法国和意大利分别在1924年、1926年和1927年回归金本位，但它们降低了本国货币可兑换的黄金数量，以反映一战后出现的高通货膨胀，因为这相当于货币贬值。一战后，日本试图尽快恢复金本位，但战后遇到的各种麻烦，包括1927年关东大地震和金融危机，使它难以实现这一点。

1929年，金本位成为日本最重要的政治问题。问题不在于日本是否应该回归金本位，而在于如何回归。争论的焦点是，日本应该像美国和英国那样按照原来的面值恢复金本位，还是应该采用更接近现行汇率的新面值。1929年，日元的平均汇率是0.46美元兑1日元，而原来的面值是0.4985美元兑1日元。因此，恢复原来的面值意味着日元升值，也就是说，兑换1日元需要更多的美元，这将使日本的出口商

---

⑪ 了解明治以来的日本金融史，包括1927年金融危机的更多细节，参见Hoshi和Kashyap（2001）。

⑫ 关于各种汇率制度的更详细讨论，参见本书第12章。

品更加昂贵，从而减少国外对日本商品的需求。如果经济遭遇需求短缺，这将是一项糟糕的宏观经济政策。另一方面，如果经济问题来自战争繁荣期间过度扩张造成的产能过剩，日元升值将对日本企业施以更大的重组压力，这最终将使经济更具竞争力。

滨口雄幸在竞选首相时承诺以原有面值恢复金本位，并于1929年当选。滨口政府于1930年1月11日恢复了金本位。对日本而言，选择这一时点运气很差，因为始于美国的大萧条正蔓延至世界其他地区。世界大萧条以及由于按照原来面值回归金本位导致的日元升值，使日本经济陷入严重的衰退。第二年，犬养毅出任首相，高桥是清出任大藏大臣。高桥认为，高估币值的金本位是导致经济困难的根源，因此他决定于1931年12月再次放弃金本位。

放弃金本位之后，经济复苏相当迅速。不久之后，日本的出口回到了20世纪20年代的峰值水平。扩张性财政政策，包括大藏大臣高桥是清不断增加军费支出，也发挥了作用。军费支出扩张鼓励日本军方通过军事力量提升日本在亚洲的影响力。随着日本经济从"昭和萧条"中恢复，高桥是清试图控制军费开支，但为时已晚。在1936年2月26日一次失败的军事政变中，高桥是清被暗杀。

日本的军事侵略在一定程度上是由全球经济状况推动的。20世纪30年代，随着全球经济萧条进一步恶化，列强各自努力确保其经济帝国的安全，保护其市场。随着西方列强提高关税以保护本国市场，日本更加依赖亚洲国家和地区作为出口目的地和进口来源地。这种政策只会加速日本的军事扩张。军方，特别是陆军，在20世纪30年代增强了在内阁中的政治权力。1932年，日本在中国东北建立了傀儡政权。1933年，日本因侵略中国遭到国际联盟的抵制，日本遂退出国际联盟，使自己孤立于世界政治共同体之外。1937年，日本又发动了一场全面的侵华战争。1939年，欧洲战争爆发，日本与德国、意大利签订了《三国同盟条约》。

美国反对日本入侵中国或侵略亚洲其他地区。1940—1941年，日本从法国手中夺取了越南，美国担心日本将成为亚洲的主导国家，于是对日本实施经济制裁和石油禁运。日本意识到其石油供应将迅速减少，于是选择发动了一场全面战争，以维护其在石油储量丰富的东南亚地区的利益，特别是现在的印度尼西亚。

2.9　战时经济

二战期间，日本与美国和盟军的战斗持续了近四年时间，无论对人类生命还是经济财产都造成了巨大的破坏。第3章将讨论日本经济遭受的损失，以及盟国强制日本实施的经济改革和美国的大力帮助，如何使日本经济最终得以恢复。在本节中，我们考察日本经济制度在战争期间经历的重大变革。许多变革在日本被盟军占领时期（1945—1952年）的经济改革中被保留下来，并发展成为战后日本经济制度的标志性特征。

二战中亚洲战区的太平洋战争是一场全面战争，不仅涉及军队，许多相关国家的普通民众也被卷入其中。日本和美国都努力动员尽可能多的资源，以赢得这场战争。对日本而言，付出的代价更大，因为日本的军事能力和经济能力都比美国弱小。日本政府成功地将直接控制扩大到经济的几乎所有方面。中央计划被认为是为赢得战争而动员资源的更可靠方式，而不是由市场来动员资源。苏联经济取得的明显成功启发了许多试图建立计划经济的日本政府官员。

我们可以列举日本经济在战争期间发生的许多变化，这些变化甚至在战后也产生了持续的影响。首先，制造业从轻工业迅速转向重工业。正如将在下一节看到的，在经济发展过程中，我们总是能够发现一个国家产业结构的重大变化。然而，由于战争的原因，日本从轻工业向重工业的转型显著加快了。这一转型一直持续到战后时期。

正如我们将在第5章和第9章中讨论的，战后日本金融体系的特征之一就是银行和企业之间的密切关系，这是战时经济的另一个结果。政府指定那些被认为对战争至关重要的企业为"军需品公司"。每家这样的企业都与一家银行相匹配，这家银行被认为应当借助于1944年的《军需品公司指定金融机构法》，满足该企业所有的财务需求。这种银企配对开启了日本银行和企业之间的长期关系，被称为"主银行制"。

另一项战时政策创建了精心设计的分包系统，允许大型制造商将零部件生产分包给规模更小的企业。这种模式后来发展成为纵向的经连会制度（keiretsu），第9章将讨论这种制度。

我们还将在第9章讨论产业政策的基础，这也可以追溯至战时经济。政府官员开始控制战时经济中的主要产业，并发展出一种由他们控制产业构成的官僚结构。就本质而言，同样的结构由战后的政府官僚机构继承，并应用于实施产业政策。许多控制协会（control association）是私人机构，负责战争期间政府和主要行业之间的联络，这为战后时期的行业协会奠定了基础。

我们将在第10章研究战后日本的许多用工方式，它们也同样源自战时控制经济。例如，20世纪20年代，企业为了留住技能工人而相互竞争，重工业企业开始实行年功序列工资制。随着政府在战时经济中引入反映年功序列的薪酬体系，这种做法扩展到了经济中的其他部门。同样，以企业为基础的工会也源自战时经济。虽然在战争期间工会是被禁止的，但鼓励企业组织爱国产业俱乐部，这包括了同一公司的管理人员和工人。俱乐部誓言要为战争努力奋斗。当战后工会禁令被废除后，许多这类俱乐部成为工会的基础。

全民医疗保健制度同样可以追溯至战争时期。此外，在战争期间还实行了粮食管制制度，向稻米生产者而非地主提供补贴，以鼓励农业生产，并控制稻米的分配。这一制度一直持续到1995年，几乎没有什么变化。

2.10　产业结构转型

在经济发展过程中，一个经济体的产业结构通常会经历重大转变。生产和就业从农业转向制造业，然后从制造业转向服务业。即使在制造业内部也会发生类似的变化，一个经济体在工业化的早期阶段往往集中于纺织等轻工业，然后逐渐转向钢铁和化工制品等重工业。日本也不例外。

表2.5展示了特定时期农业、林业、渔业、制造业和服务业占收入和就业的份额。工人从农业向制造业的转移并没有导致食品供给的严重短缺，表明日本农业生产率的增长足够快，这主要是通过技术进步实现的。

表2.5　三类产业的就业和收入份额

	就业比例（%）			国民收入比例（%）		
	农业、林业和渔业	制造业	服务业	农业、林业和渔业	制造业	服务业
1878—1882	82.3	5.6	12.1	63.9	10.4	25.7
1898—1902	69.9	11.8	18.3	47.1	21.3	31.6
1913—1917	59.2	16.4	24.4	35.6	26.5	37.9
1933—1937	47.7	19.5	32.8	21.8	35.9	42.3
1955	41.0	23.5	35.5	20.4	34.5	45.2
1960	32.6	29.2	38.2	12.9	41.2	45.8
1965	24.7	31.9	43.4	9.8	40.7	49.4
1970	17.4	35.2	47.4	6.5	44.4	49.0

资料来源：1937年之前的数据来自Ohkawa（1957）；此后的数据来自Emi和Shionoya（1973，第124页）。

从1880年至1930年，经通胀调整后的农业产出增加了120%，而工人人数略有下降；可耕地面积增加了25%；机械和牲畜的投入增加了一倍（Umemura et al., 1966, 表37）。这表明由于投入了更多的资本和技术进步，土地和劳动的生产率都显著提高了。

农业在日本经济发展中发挥了四个主要作用。[13] 第一，农业生产的增长满足了日本国内对粮食的需求，这样就不必将资金用于进口农产品。结果，农产品进口较少，相对于工业品，国内农产品价格保持稳定。农业政策有重要的政治意义，因为粮食短缺经常引起骚乱。第二，茶叶和蚕茧等传统农产品在经济发展的早期阶段支持了出口的增长。例如，1867年蚕茧和茶叶占日本出口的71%。然而，农产品在出口中的份额迅速下降，19世纪70年代降至38%，90年代降至11%。第三，一些研究人员认为，来自农业的储蓄被投资于工业部门，这种观点支持政府对农产品课以重税，然而也有研究人员指出，从农业部门向工业部门的净资金流实际上是负的。[14] 第四，劳动力从农业流向工业部门，因为技术进步将农村人口从农业劳作中解放出来，同时还不会影响粮食的供应。

2.11 国际贸易

在明治以后的现代发展过程中，日本的国际贸易格局发生了重大变化。在德川时代，茶叶和丝绸是两种主要的出口产品。表2.6显示了1859年德川幕府对外开放日本港口后的国际贸易格局。

不久之后，纺织品和其他轻工业产品成为日本主要的出口产品。就在二战之前，纺织品和其他轻工业产品占日本出口总额的2/3～3/4。

---

[13] 对相互竞争假说和进一步量化分析的简要总结，参见Minami（1986，第4.3节）。
[14] 参见Minami（1986，第94–97页）对这一争论的总结。

表2.6 1859—1867年日本的国际贸易

	以墨西哥银圆计的出口额和进口额					
	出口额	丝绸（%）	茶叶（%）	进口额	棉花（%）	羊毛（%）
1859	891 000	–	–	603 000	–	–
1860	4 713 000	66	8	1 659 000	53	40
1862	7 279 000	81	14	3 882 000	50	30
1865	18 490 000	84	10	15 144 000	36	44
1867	12 124 000	54	17	21 673 000	25	22

资料来源：Emi和Shionoya（1973，第37页）。

然而，纺织品出口在二战之前的某个时期已经过了巅峰期。进口纺织品呈现类似的格局。随着越来越多的纺织品出口，对原材料的进口需求也越来越大。表2.7列出了1890—1965年主要进出口商品的占比，显示了日本进出口格局的变化。

表2.7 1890—1965年的贸易结构

	出口（%）				进口（%）		
	农业、林业和渔业	制成品			食品	原材料、煤炭、石油	制成品
		纺织品	轻工业产品	重工业产品			
1890	32.5	36.2	11.5	19.8	24.6	12.7	62.7
1913	15.3	55.0	16.1	13.6	15.2	36.9	47.9
1925	12.6	66.1	11.2	10.1	19.8	42.2	38.0
1935	8.6	49.2	17.3	24.9	17.2	44.5	38.3
1955	15.7	32.3	14.3	37.7	28.8	59.7	11.5
1965	6.0	16.9	13.8	63.3	18.7	59.3	22.0

资料来源：Emi和Shionoya（1973，第202页和第206页）。

图2.1显示了1870—1930年，棉纱如何从一种典型的进口商品变成一种典型的出口商品。竖轴是对数刻度，因此直线的斜率表示增长率

（更多信息参见专栏2.2"半对数刻度的解释"）。进口激增之后，日本国内生产和出口也随之增加。最终，国内生产超过了国内消费，这意味着日本从一个净进口国变成了净出口国。这种模式在各种工业品中重复出现。

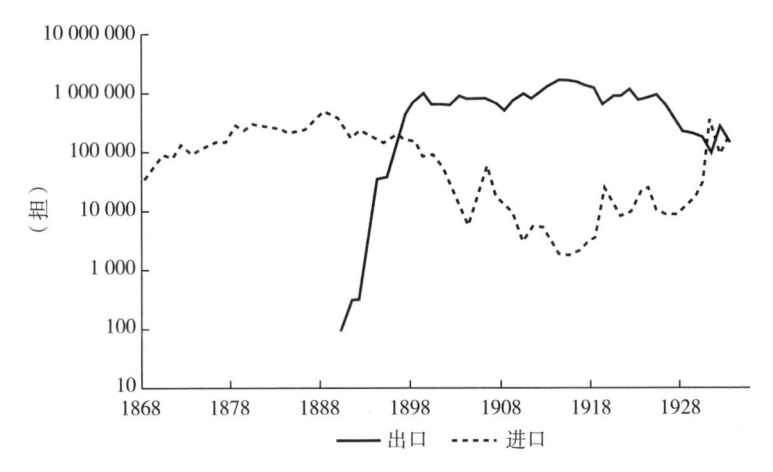

图2.1 棉纱进出口

注：（1）东洋经济新报社（Toyo Keizai Shinposha）的《日本长期经济统计》第11卷中也有类似的数字，但这里使用的数字直接源自原始数据；（2）纵轴的刻度是以10为底的对数；（3）担（picul）是棉花贸易中广泛使用的重量单位。一担大约为133磅或60公斤。
资料来源：东洋经济新闻社（1935）。

总之，在二战之前，首先通过进口替代然后通过出口替代，日本从一个主要的农业国家发展成为一个轻工业国家（包括纺织业）。战后，日本的重工业重复了同样的过程。对于一个资源匮乏的国家来说，日本经济发展的道路是一个教科书般的典型案例。

图2.2说明了日本关税的平均税率是如何变化的。实线显示所有进口商品的平均关税，即关税总收入除以进口总额，虚线显示应课税进口商品的平均关税，即关税总收入除以应缴关税的进口额。直到1906年，平均税率都低于5%。低关税率不是日本的自主选择，而是由西方

> **专栏2.2 半对数刻度的解释**
>
> 当纵轴是一个经济变量的对数值，横轴为时间时，一条向上倾斜的直线意味着一个不变的增长率。例如，增长率为10%的$y(t)$在（$\ln Y(t)$，t）的图中显示为一条直线，其中ln代表自然对数。为了理解这一点，回想一下：
>
> $\ln(XZ) = \ln X + \ln Z$
>
> 以及
>
> $\ln X^a = a\ln X$
>
> 假设X是一个增长因子，因此$X=(1+x)^t$，Z是一个常数，$Y(t)=X(t)Z$，那么，$\ln XZ = t\ln(1+x) + \ln Z$。
>
> 这是一个关于t的线性函数，其不变的斜率为$\ln(1+x)$，这一斜率近似为x。
>
> 在使用半对数刻度时，纵轴刻度如果为2，这等于该变量水平值的2次方。特别是如果选择以10为底而不是以e为底的对数，那么纵轴刻度为1、2、3，分别对应于原来变量为10、100和10 000，因为$\log(10)=1$，$\log(100)=2$，$\log(10\,000)=3$。

国家通过与德川幕府签订的条约强加给日本的。1906年，日本终于成功地对这些条约进行了重新谈判，并获得了自己调整关税的权力。自此以后，关税税率波动很大。实线和虚线之间的差异意味着关税是有选择性地征收的。

以任何标准衡量，5%左右的关税税率都是非常低的。这使得米尔顿·弗里德曼（Milton Friedman，1979，第39页）认为日本是通过自由贸易实现经济发展的：

经常有人为这种控制辩护，认为这是促进发展和进步的必要条件，特别是对欠发达国家而言。比较日本在1867年明治维新之后和印度在1947年独立之后的经验，可以检验这一观点。上述比较表明，国内外自由贸易是一个贫穷国家促进本国人民福利的最佳方式，其他一些案例也证明了这一点。

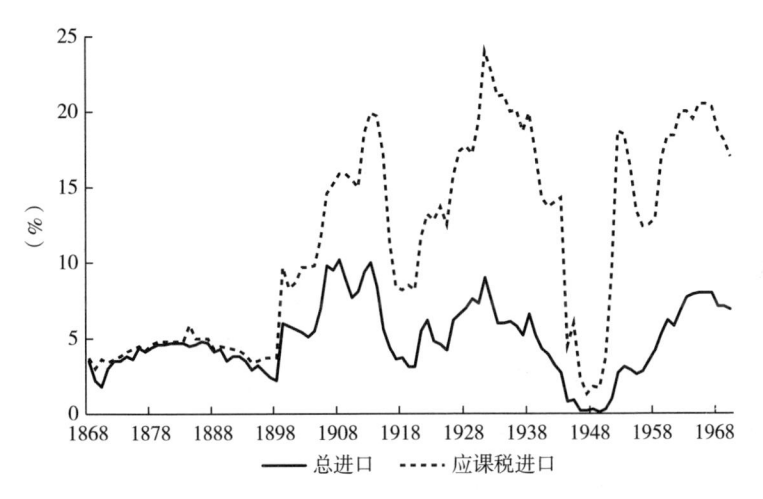

图2.2　日本关税平均税率

注：（1）"总进口"：关税收入除以总进口额；（2）"应课税进口"：关税收入除以应课税的进口额。

资料来源：《日本长期经济统计》（第14卷，第252页）。

具有讽刺意味的是，弗里德曼称赞的低关税并非日本的自主选择，而是西方国家强加于日本的。虽然来自国外的竞争在一定程度上为国内生产商提供了强大的激励，使其更有效率，从而促进了日本明治时期的经济发展，但是将日本的成功完全归功于自由贸易不免言过其实。[15]

---

[15] 在上面引用的文章中，弗里德曼注意到印度之所以没有取得成功，是因为它试图在错误的时间发展重工业，而不是因为它的高关税。

2.12　日本作为经济发展的范例

正如我们在前两节看到的，日本的经验展现了教科书中经济发展模式的几个典型特征，包括产业结构和国际贸易模式随时间的转变。这一观察引发了一系列研究，旨在探讨日本经验对发展中国家的启示。

例如，凯利和威廉姆森（Kelley and Williamson，1974）构建了一个有关明治经济的定量模型，以检验哪些因素导致了日本经济发展的成功。这种方法被称为计量史学（cliometrics）或量化经济史（quantitative economic history）。他们检验了几个有趣的假说，例如是否有剩余劳动力可以随时用于现代工业，以及出口是不是日本经济增长的重要引擎。对那些热衷于经济史定量研究方法的人来说，这本书非常精彩。

一些研究比较了明治时期的日本和其他亚洲经济体的政策和制度环境，后者没有像日本那样较早地实现经济起飞。一个与明治时期日本可比较的典型案例是1850—1914年的泰国，该国在这一时期被称为暹罗。这两个国家有相似的政治制度，避免了西方国家的殖民，初始经济条件相似，并在外国强制下实行开放的国际贸易政策。[16]

其他一些研究试图鉴别日本与其他成功实现经济现代化的后发国家之间关键的共同特征。一个有影响力的假说是，实现现代经济发展，每个国家都应该遵循唯一的一条道路，后发国家可以沿着这条道路以更快的步伐前进。[17] 日本可能被认为已经重复了英国、美国和其他西方国家走过的从轻工业到重工业的道路。在五六十年以后，中国香港、

---

[16] Yasuba 和 Dhiravegin（1985）从上述几个方面描述了明治政府的政策，特别是在基础设施建设方面发挥的作用。

[17] 我们可以以生物学的观点做类比，即胚胎重演律。这一观点不应被视为一种确定无疑的生物学规律。关于这一问题的解释和评论，请参阅 Stephen Jay Gould 的 *Ever Since Darwin* 一书（Norton，1979，第217页）。

中国台湾、韩国和新加坡都或多或少复制了日本发展的各个阶段。日本引领而其他经济体效仿的亚洲经济发展模式，被赤松要（Akamatsu，1962）在一篇影响深远的论文中称作"雁阵模式"。先是传统商品出口的扩张，比如日本的茶叶和生丝，紧随其后的是初级进口替代品，比如棉纺织品。然后出口替代取代了初级进口替代。最初，出口集中于轻工业品，但是之后类似的进出口替代在重工业领域重演。[18]根据这一假设，印度工业化的失败应归咎于在轻工业缺乏足够经验的情况下就试图发展重工业。

20世纪80年代中国香港、中国台湾、韩国和新加坡"四小龙"的崛起，有助于我们更好地理解日本的经济发展模式。在过去所谓的新兴工业化经济体出现之前，日本是唯一实现现代工业化的亚洲经济体。通过与新兴工业化经济体的比较，我们发现这些取得现代经济发展成功的亚洲经济体拥有一些共同特征，比如强调教育、纪律严明的劳动力、高储蓄率以及审慎的货币和财政政策。然而，仔细探究之后就会发现，新兴工业化经济体之间也存在一些差异。例如，韩国积极引进外国资本，而战后时期日本很少从国外借款。虽然我们可以肯定，日本的经验为发展中经济体提供了一些有益的借鉴，但是不可能找到一个适用于所有发展中经济体的唯一发展战略，因为这些经济体具有不同的政治和经济背景。

2.13 小结

- 日本长期以来拥有相对安全的领土，只有少数几次遭遇外国的入侵。德川时代之前没有外国势力的干涉以及德川幕府采取的孤立主义政策确保了政治的稳定。然而，孤立主义政策也切断了日本与西方

---

[18] 例如，参见Ranis和Ohkawa（1985）主编的一书收录的Fei、Ohkawa和Ranis的论文。

技术进步的联系。

- 参勤交代的副产品之一就是创建了一个覆盖全国的交通网络。
- 在德川时代末期，武士阶级的教育水平、工匠和商人的经济实力都相对较高。
- 明治维新即使不是由于外国（尤其是美国）的压力直接导致的，也是由其引发的。这可能开创了一个先例，即一国的重大变化是由外国压力引起的，而不是源自国内。
- 对于应该如何回应外国有关国家开放的要求，日本产生了大量冲突和动荡，并由此导致了明治维新。
- 自明治维新以来，日本的经济增长非常迅速。日本的高速经济增长并非始于二战之后，而是始于20世纪初。
- 日本经济的快速增长得益于德川时代创造的有利条件和明治政府总体上成功的经济政策。前者包括较高的教育水平、大量积累的资本、较高的农业技术水平以及公路和灌溉网络。后者包括一个强大而能干的中央政府、劳动力跨地区和跨经济阶层的流动、义务教育、财政改革、基础设施的改善以及中央银行的建立。
- 日本最初奉行"富国强兵"战略，以避免被西方殖民，但它很快就开始在亚洲建立自己的帝国。
- 与一战后的许多其他发达国家一样，日本试图恢复金本位制，但是按照原来的标准恢复金本位制导致了严重的衰退，因为这忽略了一战后通胀时期货币相对价值的变化。
- 二战期间，日本经济体制发生了巨大变化，政府试图控制经济的各个方面，竭尽全力为战争服务。许多变化在战后依然留存下来，并形成了战后日本经济的标志性特征。
- 日本帝国主义最终与美国发生了冲突，并在二战中败北，这带来了灾难性的后果。
- 日本的经济发展模式与教科书上的案例非常相似，即核心产业和主要出口商品从农业转向轻工业，然后转向重工业。后来，其他亚洲经济体在经济发展中重复了这一过程。

附录2A 大米期货市场

像日本这样一个孤立的封建国家，德川时期的经济并不像人们想象的那样落后。实际上，随着经济的增长，各种商品市场也在发展。大阪成为商品贸易中心，稻米不仅是日本人的主要粮食，也是政府收入和支出的主要形式。大名们对农民征的税必须用稻米缴纳。除了保留必要的数量以维持低阶武士的需要外，大名在现货市场上出售其余的稻米。一些大名来自盛产稻米的地区，有时这些地区地处偏远。由于大阪是商业活动的中心，他们将稻米运到这里出售。生活在大阪的工匠和商人阶层对稻米有很大的需求。虽然有地方性的稻米市场，但由大阪确定稻米的价格成了全国统一的标准。[19]

为了促进交易，一家仓库发行了大米券，持票人可以按大米价值的1/3获得仓库中存储的大米。余款应在交货时支付，并且默认这笔交易应在30天内完成。由当地商人转型而来的经纪人购买这些大米券，并在市场上充当中介。他们对真的得到大米并不感兴趣，但他们希望利用大米券的价格波动来获利。

随着投机交易的扩张，仓库开始在没有大米库存的情况下发行大米券，一些大米的交割自然难以完成。虽然德川幕府经常批评在没有储存大米的情况下发行大米券以及经纪人的投机行为，但作为金融证券的大米券提供了一个有用的机制，使仓主能够对冲大米价格波动的风险。大米券交易活跃，经纪人广泛参与，使得大阪的大米市场运转

---

[19] 这里的描述源自Shohei Suzuki的 *Dojima Kome Shijoshi*（Nihon Hyoron Sha，1940）。另见Ito（1993）和Schaede（1989）。

得非常顺畅。

1730年，政府批准了大阪商人在堂岛地区建立大米期货市场的计划，这是世界上第一个大米期货市场。它具有所有的现代特征，包括票据交换所、会员制度、合约到期日（每年三次）、保证金要求，以及在到期日之前平仓的做法，以避免昂贵的实物交割。期货市场一直运转正常，直到20世纪30年代，此时大米生产和分配作为战时经济的一部分，受到政府的控制。

附录2B 数据指南

对于战前国民收入时间序列，一个方便的资料来源是《日本经济发展模式：定量评估》，由大川一司（K. Ohkawa）和篠原三代平（M. Shinohara）主编（耶鲁大学出版社，1979）；该书中的一些国民收入数据在下面提到的《1868年以来日本长期经济统计的估计》（LTES）第一卷中进行了修订。

十四卷本的LTES提供了从19世纪80年代至1940年范围广泛的经济统计数据，是这一时期标准的参考资料。几乎所有的变量都是年度序列，有时给出的是七年移动平均值。各卷的总编辑是大川一司、篠原三代平和梅村又次（Mataji Umemura），此外，每卷都有各自的编辑。各卷如下：

- 第一卷：国民收入，编辑为K. Ohkawa、N. Takamatsu和Y. Yamamoto；
- 第二卷：劳动力，编辑为M. Umemura、K. Akasaka、R. Minami、N. Takamatsu、K. Arai和S. Itoh；
- 第三卷：资本存量，编辑为K. Ohkawa、S. Ishikawa、S. Yamada和H. Ishi；
- 第四卷：资本形成，编辑为K. Emi；

- 第五卷：储蓄与通货，编辑为K. Emi、M. Ito和H. Eguchi；
- 第六卷：个人消费支出，编辑为M. Shinohara；
- 第七卷：政府支出，编辑为K. Emi和Y. Shionoya；
- 第八卷：物价，编辑为K. Ohkawa、M. Shinohara和M. Umemura；
- 第九卷：农业和林业，编辑为M. Umemura、S. Yamada、Y. Hayami、N. Takamatsu和M. Kumazaki；
- 第十卷：采矿业与制造业，编辑为M. Shinohara；
- 第十一卷：纺织业，编辑为S. Fujino、S. Fujino和A. Ono；
- 第十二卷：铁路与电力，编辑为R. Minami；
- 第十三卷：区域经济统计，编辑为M. Umemura、N. Takamatsu和S. Itoh；
- 第十四卷：对外贸易与国际收支，编辑为I. Yamazawa和Y. Yamamoto。

第3章 经济增长

3.1 引言

战后的日本经济最初引发众多研究人员的关注，是由于其引人瞩目的增长。从1950年至1973年，日本经济以年均10%的速度增长，每7年翻一番。许多研究试图揭示其经济快速增长（即高速增长时代）的奥秘。

20世纪70年代中期以后，日本经济增速大幅下降，但仍高于其他发达国家。在20世纪70年代后半期和80年代，年均增长率仍超过4%。20世纪80年代末，日本经济曾有暂时的加速，但此后从1993年开始，日本进入了一个增长几乎完全停滞的时期，并持续了20多年。这一"失去的20年"也吸引了许多研究者，本书将在第14章详细介绍。

图3.1简单明了地展现了1885—1998年日本经济增长的历史。纵轴的刻度是实际GNP的常用对数，实线的斜率表示增长率（回想一下第2章对半对数刻度的解释）。这条线显示了从明治时期到二战期间缓慢但稳定的增长，由于战争的原因，生产能力急剧下降，然后是战后经济增长加速并保持快速增长，直到1973—1974年的石油危机。

1945年战争刚结束时，由于生产能力遭到破坏，日本经济增长只能从很低的水平逐渐恢复。在20世纪50年代高经济增长时期，一些经济学家和决策者预测，一旦GNP达到战前的峰值，高增长就会结束，或者最晚推迟至达到根据战前增长外推的水平，即连接1885年和1937年的一条直线。战前的峰值在20世纪50年代前期就达到了，即图中的实线，但高增长仍在继续。[①] 20世纪60年代前半期，GDP赶上了外推的趋势线（图中的虚线），但高增长仍在继续。然而，增长在20世纪70年代前半期放缓了，然后在90年代早期再次放缓。

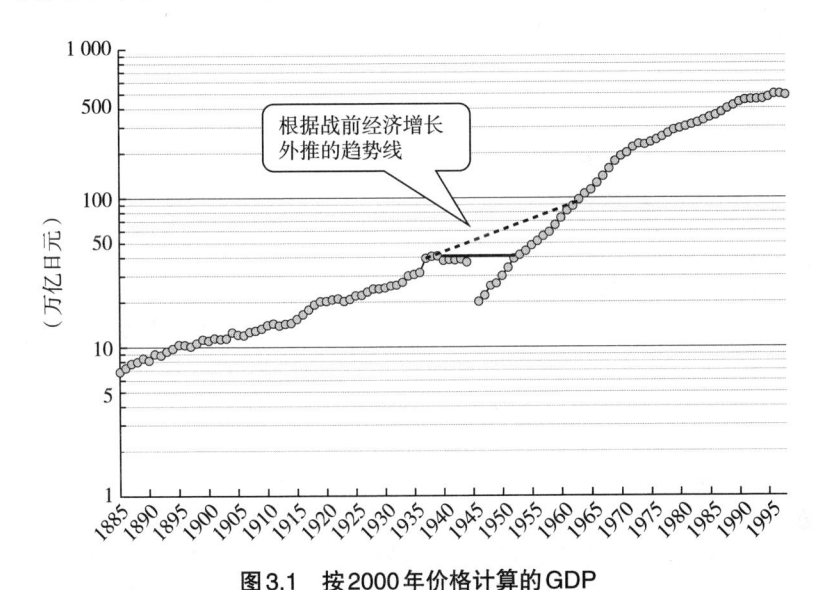

图3.1 按2000年价格计算的GDP

注：数据是由不同来源拼接而成的。战后年份按财政年度；实线表示1939年的GDP，那是战前的峰值，1953年超过了这一峰值；虚线是根据战前GNP的趋势（1885—1937年平均增长率为3.42%）外推的结果。实际GNP在1963年超过了这一趋势线。

资料来源：战前数据和GDP统计来自Ohkawa et al.（1974），战后数据来自日本内阁官房。

---

① Denison 和 Chung（1976a，第81页）估计"国民收入首次超过战前峰值"是在1953年。Ohkawa 和 Rosovsky（1973）估计在1954年左右超过了1937年这一战前峰值，而1962年则达到了根据1917年和1937年这两个战前峰值推断的峰值。

通过观察实际GDP的年增长率而非水平，我们可以更清楚地观察到这两次增长放缓。图3.2展示了战后时期（1955—2015年）的增长率。代表平均增长率的三条直线显示了过去60年间的增速放缓。经济增长不是逐渐放缓的，而是出现了两次急剧的降速。1974年，增长率自1955年以来首次出现负值。1975年以后的增长速度大约是快速增长时期的一半。由于资产价格泡沫破裂，1993年出现了增长率的另一次骤减。我们将在第4章讨论这一问题。这次事件对日本未来20年的经济增长产生了持久的影响。

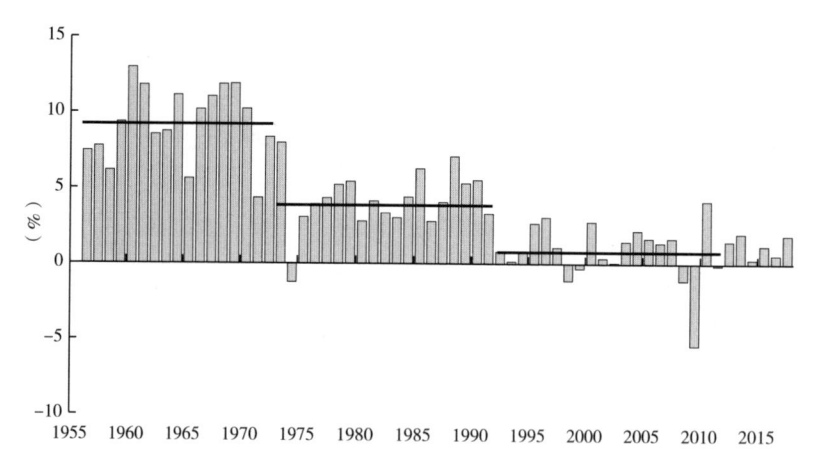

图3.2　1955—2015年GDP的年度增长率（均按2009年美元计算）
注：水平线表示的是该时期复合平均增长率。
资料来源：日本内阁官房。

图3.3比较了美国和日本在1950—2014年的经济增长。在这60年间，美国的增长没有显示出任何明显的趋势，而日本的增长率随着时间推移大幅下降。日本的平均增长率从1950—1973年的9.2%降至1974—1991年的4.1%，然后是1992—2014年的0.8%。日本的增长经历可以理解为一个追赶美国或向美国趋同的过程。一个发展中经济体在追赶阶段呈现非常高的增长率，在向发达经济体的趋同完成之后，

增速大幅放缓，这是很自然的。因此，20世纪五六十年代，日本的经济增长率远高于美国。从1973年到1990年，日本的经济增长率仍略高于美国，追赶仍在继续。在20世纪90年代和21世纪头十年，日本的经济增长率低于美国，尽管日本的收入水平仍然低于美国。日本的平均增长率仅略高于1%，远低于经合组织（OECD）的平均水平。日本在"失去的20年"中表现不佳，这需要一些解释。

本章试图解释二战结束至1973年日本实现经济快速增长的秘密，以及第一次石油危机之后增速放缓和20世纪90年代经济停滞的一些原因。对于20世纪80年代后期的经济繁荣和90年代之后的经济停滞，更详细的分析留待下一章。

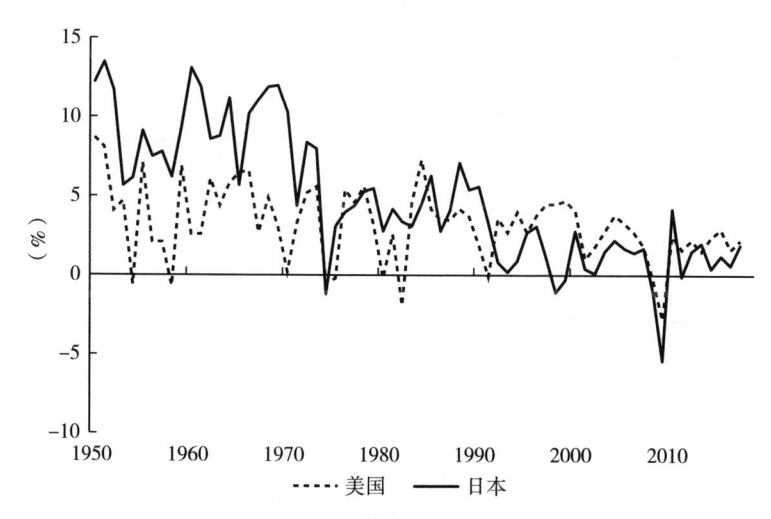

图3.3　日本和美国的经济增长率
资料来源：美国经济分析局；日本内阁官房。

我们必须强调增长的主要制约因素，而不仅仅是主要动力。人们常说，在20世纪五六十年代，日本的外汇储备成为制约经济增长的天花板。由于日本的经济增长增加了对原材料和中间产品的进口，而日本的出口又取决于国外需求的增长，日本的经济增长率过高就意味着该国在固定汇率制度下外汇储备状况会恶化。当外汇储备减少时，政府要采取一些政策措施来减缓总需求的增长。相比之下，在20世纪70年代以后，对总供给的约束更为明显。技术进步的速度以及资本和劳动投入的增长，决定了20世纪七八十年代的增长上限。这为日本的平均增速在第一次石油危机后下滑并且在20世纪90年代再次下降，提供了线索。

我们首先回顾日本战后初期经济复苏的经验，以此作为分析经济快速增长之源泉的背景。二战摧毁了日本25%的国家财富和资产，25%的建筑物，以及82%的船只。随着退伍军人回到家乡，日本的人口很快大增。在前殖民地（如朝鲜）和其他日本占领地区（如中国东北）的日本平民也要回到日本。由于生产能力薄弱，日本民众艰难维生。本章描述了日本如何摆脱战后废墟，走向经济强劲增长的起点。这包括三个主题：首先，我们考察由美国主导的盟军占领军强制日本实施的经济改革；其次，我们解释战后日本面临的重要宏观经济问题，以及政府如何努力解决这些问题；再次，我们研究一个重要的微观经济问题（即偿付危机）以及日本是如何应对的。

3.2　战后恢复：1945—1950年

3.2.1　由占领军实施的经济改革

道格拉斯·麦克阿瑟（Douglas MacArthur）将军以盟军占领军司令的身份抵达日本之后不久，就推出了几项旨在使日本政治和经济民主化的措施。这些改革的目的并不是帮助日本恢复经济生产能力。相反，经济改革的主要目标是摧毁日本不民主的经济结构，盟军占领军中的许多人认为这种经济结构应为日本的侵略行为负责，这也许是错误的。从长远看，这些改革可能最终有助于创建更具竞争力的经济，但它们对经济复苏没有直接的贡献。接下来，我们考察占领期间实施的三项重大经济改革，即反垄断措施、土地改革和借助于民主化实行的劳工改革。[2]

3.2.2 反垄断措施

战前，日本的财阀是由家族控股公司控制的跨越不同产业的大型企业集团。战争结束时，主要财阀持有大约40%的股权（实收资本）。占领军要求拍卖这些控股公司拥有的股份，因此，从技术上讲，财阀在1946年和1947年就解散了。财阀企业的高级管理人员被迫辞职，且不得在其他公司担任管理职务。成立任何控股公司都是违法的，财阀的名称和商标也被禁止使用。

此外，在1947年，占领军采取了一项所谓"限制经济势力过度集中"的措施，旨在拆分垄断性企业。为了维护竞争，他们还引进了《反垄断法》。这些政策是基于如下想法，即由财阀主导的日本大企业一直支持军国主义政府，因此要对日本的侵略负责。具有讽刺意味的是，这些企业中有许多受益于战前的国际经济往来，它们实际上往往反对战争，许多财阀的领导人没有预料到盟军占领军会对他们紧盯不放。

3.2.3 土地改革

1946年和1947年，不在地主（absentee landlords）的土地被没收，几乎没有补偿，这些土地以低廉的价格转售给佃农。[3] 由佃农耕种的土

---

[2] 关于本节所述材料的详细讨论，参见 Nakamura（1981）。
[3] 不在地主拥有土地是被禁止的；当地的地主拥有的土地被限制在1町（约9 915平方米），佃农拥有的土地被限制在3町。买卖土地由土地委员会负责。佃农按照每段（1段=0.1町）757日元的价格购买稻田，以每段446日元的价格购买其他种类的田地；地主以政府债券的形式每段稻田收取978日元，其他土地每段收取577日元。这一价格不到每年地上作物价值的7%（Kosai，1986，第20页）。

地比例从1946年11月的46%下降到1950年8月的10%。一方面，土地改革创造了跻身中产阶级的农民，从而促进了农业部门的收入公平。农业生产增长迅速，改革之后几年里日本粮食供应稳定。出现了大量拥有土地的农民，这也意味着创造了一个规模极大的政治利益集团，政治家们可以依靠这一集团来实现政治稳定。其中一个政党，即自由民主党，后来就受益于农业游说团体的支持，并最终在战后的绝大部分时间内执政。另一方面，部分由于改革的结果，小规模耕地使农民无法实现规模经济。农业逐渐成为一个接受巨额补贴的产业。[④] 直到今天，农民的政治力量使政府仍然难以停止对其提供补贴，进而迫使农业部门进行结构调整。战前对农业部门课以重税，这为制造业部门的投资提供了资金，从而促进了日本的经济发展。但土地改革之后，农业部门得到的补贴越来越多，而不是税负过重。

3.2.4 劳工改革

1946年的《工会法案》赋予工人组织工会和参加集体谈判的权利。占领军鼓励组织工会。1946年《劳动关系调整法案》和1947年《劳动基准法》分别确立了工作环境和劳动补偿的标准。由于这些变化，工会迅速在日本经济的各个部门建立起来。工会工人的占比从1945年的3.2%提高到1946年的41.5%，然后在1948年上升至53.0%。面对三位数的通货膨胀和食品短缺，工会和管理层经常爆发冲突。工会计划在1947年2月1日举行大罢工，但是占领军眼见劳工运动的发展偏离了预期的方向，就镇压了这次罢工。即使占领军放弃了对工会的积极支持，罢工和劳资冲突的数量仍持续增加。1948年共有913次罢工，涉及260多万工人。直到20世纪60年代，日本管理文献中经常提到的合作性劳

[④] 政府于1921年颁布了《大米法案》，开始干预水稻的分配。1942年通过了相关的食品管制法，政府成为购买大米并将其分配（配给）给消费者的唯一机构。在经过修改后，即允许大米有一些不受管制的分销，这一法案仍然有效。

资关系才在全国范围内出现。

除了上述经济改革之外，占领军还实施了剧烈的社会和政治变革。政治制度发生了巨大的变化。根据占领军起草的新宪法，天皇成为国家的象征，而不是国家的首脑。军队被永久禁止。妇女被赋予了投票权，参议员由选举产生。这些改革和社会变革伴随着对战犯的审判、食品短缺、失控的通胀和紧随其后的财政紧缩，以及左派和右派之间的政治斗争。为了防止经济全面崩溃，美国和其他西方国家向日本提供了特别援助和捐赠。

3.2.5 教育体系

在盟军占领期间，教育体系被改造为包括4个阶段的6-3-3-4制度，即小学6年，初中3年，高中3年，大学（学院）4年。[5] 这一改革还包括在公立学校统一推行男女同校。[6] 在日本，对于小学和中学应该教什么，有全国性的指导方针。这些学校使用的教科书必须得到文部省的批准。不管一个学生多么聪明都不能跳级，因此，任何进入大学的人都至少年满18岁。

根据主要资金的来源不同，学院和大学有国立、县立（或市立）和私立之分。即使私立大学也能从中央政府那里得到补贴，这些补贴相当于学校总预算的1/3。

高考是学生生活的中心，这有时会影响一个人的整体职业生涯。除了全国性的标准化考试（就像美国的SAT）以外，还有各所大学自己组织的考试。在学生申请学院或大学时，必须选择一个主修专业，因为入学考试各系有所不同。大学各自的考试日期是安排好的，这样每个学生最多有两次机会被国立大学录取。一个学生在一年之内可以

---

[5] 改革计划于1946年发布，并从1947年至1950年逐步实施。
[6] 几十年来，有几个县违反了公立学校要求男女同校这一国家标准。

尽可能多地参加私立大学的入学考试（在1988年之前的大约十年里，学生们只有一次被国立大学录取的机会）。包括大多数国立大学在内的许多大学，其录取完全基于学生的入学考试成绩；少数学校会考虑高中成绩、推荐信、面试或其他信息。

未能通过一所好大学入学考试的学生可以进入复读班脱产学习一年，为下一次考试做准备，这种情况并不少见。许多高中生在晚上和周末去复读学校补习。实际上，许多初中生为了进入好的高中也会去补习班。最近，许多五年级和六年级的学生为了进入好的初中也去参加补习班。

据说日本大学之前的教育在课业方面比美国要更严格。日本每周的课时更长，每年的上课天数也更多。平均而言，日本每年上课的天数为240天，而美国是180天。

3.2.6 政治制度

根据1947年生效的战后宪法，政体转为君主立宪制。日本的政治体制与英国的大体相似。然而，天皇的权力是相当有限的，他的作用主要是礼仪性的。根据宪法第一条，天皇是国家的象征。国会包括两院，即众议院（下议院）和参议院（上议院）。首相由众议院选举产生，因此，通常由众议院最大政党的领袖担任首相，而大多数内阁成员都是国会议员。虽然两院议员都是选举产生的，但两院的选举方法和任期长短不同。自1955年成立以来，除了四年以外，自民党一直是执政党，即在众议院保持多数席位，有时与其他政党联合。1993年至1994年，自民党下台，由一些小党联合执政，2009年至2012年，由日本民主党执政。近年来，与佛教有联系的公明党一直与自民党结盟。

当两院在预算、签订条约或首相选举方面发生冲突时，众议院拥有更大的政治权力。如果两院对一部法案的决议不同，众议院可以以2/3多数再次通过同一法案，推翻参议院的决定。作为政府首脑的首相是由国会选举产生的，但众议院多数党领袖是惯常的选择。根据宪法，大多数内阁成员必须是国会成员。在实践中，绝大多数内阁成员来自众议院，其余的则来自参议院，在极少数情况下来自国会以外。众议院议员的任期为四年，但首相可以在此之前要求举行大选。

截至2018年，众议院有465个席位，参议院有242个席位。日本过去被分为130个众议院选区，每个选区选出3~6名代表；这使少数族群更容易推选自己的议员。1993年的选举改革使众议院从130个多代表选区转变为300个单一代表选区和200个比例代表选区相结合的制度。这些改革旨在鼓励日本建立像美国那样的两党制。一系列改革减少了议席数量；176名议员由比例制选举产生，289名议员在选区选举产生。

为反映人口分布的变化而重新划分选区，常常会滞后于人口的实际变化。这一直是个有争议的政治问题。在过去几十年间，就每名议员代表的选民数量而言，选民最多的选区是选民最少的选区的3倍。与这一问题有关的几起诉讼已提交最高法院审理。最高法院认为低于3∶1的比率在容忍范围之内，那些声称选举违宪的选民输了官司。在其他一些比率大于3∶1的诉讼中，最高法院裁定选举违宪，但也没有宣布选举无效。

参议院议员的固定任期为六年。每三年参议院选举一半的议员。参议院议员选举有两种方式，一是通过与县相对应的选区进行选举，目前有146个席位；二是通过一个全国性的选区按比例代表制选举，目前有96个席位。在全国性选区，过去个人常常自己竞争议席，得票最多的参选人获得席位。1983年这一制度被修改为比例代表制。现在，每个选民投给个人参选人或者投给政党，选票按政党汇总，席位分配给政党。参选人按照个人在每个政党内获得的选票总数排名，得票最多的参选人获得分配给该政党的议席。投给政党而不是投给个人的选票，不用于确定参选人个人在政党内的排名。

3.2.7 冷战初期

日本现行宪法是由美国占领军于1946年2月起草的。稍经修改后，宪法获得了国会的批准。在此之前，国会已根据旧宪法的规定成立。新宪法于1947年5月3日生效。宪法的主要目的是建立一个真正的民主国家。如前所述，它将天皇限定为国家统一的象征，但没有实际的政治权力。所有成年人，不论男女，都有权投票选举国会议员。

1947年10月，苏联和东欧国家组织了共产党和工人党情报会，共产党显然也正在中国赢得权力。1948年，苏联对柏林的封锁遭到了美国大规模空运的反击。随着世界进入冷战时期，盟军的占领政策发生了变化。

在国际安全领域最引人注目的转变是自卫队（SDF）的成立。日本宪法第9条规定，日本放弃一切军事力量，明确包括空军、海军和陆军，作为解决国际冲突的手段。人们普遍认为，在起草宪法时，美国希望根除日本的军国主义，但后来美国的政策转为鼓励日本在冷战期间拥有一些军队，使它可以抵御共产主义阵营的威胁。自卫队成立于1954年。

一些日本人仍然认为宪法不允许拥有任何武装力量。日本社会党的传统路线一直认为自卫队是违宪的。在1994年加入执政联盟以后，社会党改变了自己的立场。然而，许多日本人认为，根据宪法第9条，这些军事力量是被允许的。多年以来，日本多届政府都对自卫队与宪法第9条并存的现象做出解释和承诺，即日本不得拥有任何进攻能力，国防预算不得超过GDP的1%，自卫队的使用不得超出日本的领土范围。

在1990—1991年海湾战争期间，自由民主党的一些成员建议派自卫队到海湾地区，但仅承担支援角色，绝不参与战斗。这个想法甚至在自民党内部也没有激起任何热烈的反响，可能是因为许多自民党成员不愿意在这方面进一步扩展宪法的范围。然而，在2003年至2008年伊拉克重建时期，自卫队被派往非战区提供人道主义援助和安全保障。

同时，为了支持2001年9月11日美国遭受袭击后形成的反恐联盟，自卫队海军被派往印度洋，为联盟舰队提供燃料和保护。

2015年夏天，日本国会通过了有关使用自卫队的新法案。根据2014年内阁对宪法第9条的重新解释，新法案恢复了集体防卫权。这一法案扩大了自卫队可以采取的行动范围。例如，自卫队现在可以采取军事行动，以保护美国按照《美日安保条约》行动的军事单位。

在经济政策方面，优先事项由日本经济结构的民主化转向了经济复苏。《反垄断法》在1949年修订时大大放松了有关规定。在1953年盟军占领结束后，该法案又进一步放松。分拆大公司的计划也被削弱。《限制经济势力过度集中法案》最初确定了325家企业，将其拆分成较小的公司。最终，该计划大幅放水，只有18家公司真正被拆分。

劳工改革也经历了类似的变化。占领军最初鼓励建立工会，包括一些得到共产党支持的工会。如前所述，1947年2月1日由与共产党有联系的工会策划的大罢工被镇压。1948年8月，占领军发布了第201号政令，剥夺了政府雇员的罢工权。

3.3 战后的主要宏观经济问题

3.3.1 战后初期的计划经济

在战后的前两年，日本面临两个主要宏观经济问题：低生产能力和高通货膨胀。占领军主导的经济改革至少最初的目的是让日本的经济结构民主化，而不是帮助解决这些宏观经济问题。日本政府为解决这些问题采取了各种措施。这是一项艰巨的任务，因为旨在解决一个问题的政策往往会加剧另一个问题。

最初，日本政府采用的是命令经济体制，这种体制是战争期间建立的，主要是为了解决生产能力问题。它直接规划煤炭和钢铁产业的增长。这被称为"优先生产计划",要求将国内生产的煤炭和进口煤炭优先分配给钢铁产业,国内生产的钢铁也优先分配给煤炭产业。

政府还控制了许多消费品的价格,并对大米等生活必需品实行定量配给。此外,对生产中间产品的关键行业给予巨额价格补贴。这项政策基于如下想法:使这些中间产品的价格低于其生产成本,从而可以使购买这些产品的产业能够从低价中获益。

最后,1947年1月成立的复兴银行以优惠利率向重点产业贷款。复兴银行通过发行债券为这项业务融资,其中大部分债券由日本央行购买。复兴银行也为公共企业提供贷款。本质上,这一安排等同于通过印钞为财政扩张提供资金。⑦ 当然,如果低产量是由于生产能力不足而非总需求不足,这类政策就会导致通货膨胀,这一时期的日本就是如此。因此,通过复兴银行发放的优惠贷款实际上加剧了通胀。

总体而言,优先生产计划、价格补贴和复兴银行的优惠贷款在刺激生产方面都取得了一定的成效,但并没有解决通胀问题。为了遏制通胀的势头,日本政府于1946年2月采取了严厉措施,冻结了金融资产,并将其转化为银行存款,只允许提取其中的一小部分用作生活费用。⑧ 实际上,这一措施相当于以通胀的方式没收金融资产,从而使其购买力消失。尽管这项措施确实缩小了收入差距,但未能成功遏制通胀。

---

⑦ 1946年7月,日本大藏大臣石桥湛山在国会发表演讲时,甚至引用了约翰·梅纳德·凯恩斯的《就业、利息和货币通论》。
⑧ 此外,在1946年3月3日,日元改值。日元改值和冻结存款并不一定同时发生。20世纪70年代,由于日元和里拉是仅有的兑美元的汇率达到3位数的货币,有人建议日元再次改值。从理论上讲,将原来的100日元纸币等同于新的1日元纸币,不会改变任何实际的经济行为,除了暂时利好印刷业。然而,由于担心通胀以及对之前资产冻结及随后的没收记忆犹新,公众反对这项措施。

3.3.2 道奇计划

如表3.1所示,日本战后立即爆发了通胀。这是复兴银行的货币化政策和日本产能极低共同作用的结果。极低的产能无法满足需求。直到采取严厉措施以平衡预算,通胀才结束。1949年推出一系列名为"道奇计划"的紧急措施之后,三位数的通胀才得到控制。[9] 这项紧缩计划(下文详细解释)遏制了基础货币的增长,限制了政府预算规模,并将汇率固定在1美元兑换360日元。

表3.1　1945—1954年的宏观经济状况

年份	GNP增速(%)	通胀率(%)	基础货币增速(%)	政府预算增速(%)	贸易余额占GNP的比例(%)	重要事件
1945	—	51.1	148.2	9.0	—	日本二战投降(8月)
1946	—	364.5	67.5	418.3	—	冻结金融资产(2月)、价格控制(3月)、解散财阀
1947	8.4	195.9	132.9	75.9	-6.2	禁止大罢工(2月)、打破垄断、土地改革、劳工改革
1948	13.0	165.6	61.5	135.1	-3.8	
1949	2.2	63.3	0.3	56.0	-2.0	道奇计划(2月)、将多重汇率统一为1美元兑换360日元(4月)、日本国铁总裁去世(7月)
1950	11.0	18.2	18.9	1.2	0.3	朝鲜战争爆发(6月)
1951	13.0	38.8	19.9	24.0	-1.9	朝鲜战争停火谈判开始
1952	11.0	2.0	13.8	16.8	-2.3	
1953	5.7	5.0	10.8	16.6	-4.5	签订朝鲜战争停火协议(7月)
1954	6.1	6.5	-0.9	2.3	-2.2	

资料来源:Toyo Keizai(1979)。

---

⑨ 日本的这次通胀在规模上远远小于20世纪20年代著名的德国通胀,也小于20世纪80年代一些拉美国家的通胀。因此,遏制这次通胀不必采取过于严厉的措施。

美国银行家约瑟夫·道奇（Joseph Dodge）于1948年被派遣到日本工作，战后德国通胀的终结应归功于他。他提出的后来被称为"道奇计划"的政策于1949年付诸实践。其主要目的是通过紧缩财政预算来遏制通胀，因为这样政府就无须通过印钞为其支出提供资金。为了削减政府开支，价格补贴大幅减少。汇率设定为1美元兑换360日元，此外，还采取了各种措施以鼓励出口。

虽然1947年的《公共财政法案》禁止政府发行债券，但是复兴银行仍然继续这样做。在1949财政年度，除了一般预算外，道奇进一步使综合财政预算也实现平衡，其中包含了特别账户和复兴银行这类政府机构。由于财政预算收紧，经济陷入了严重的通缩螺旋。价格下跌使完全取消价格控制成为可能，同时还不会造成严重的经济混乱。

"道奇计划"成功地消除了通胀，恢复了市场经济，使日本重新开放了国际贸易。这是打破通胀螺旋的一个典型例子。然而，经济正在走向衰退。

产出增长停滞不前，对失业的担忧加剧。由于朝鲜战争产生了特殊的出口需求，严重的衰退得以避免。在朝鲜战争于1950年6月爆发之后，日本被当作美国和联合国军队的供应基地，这增加了对日本制成品和零部件的需求，经济增长由此加速。

3.3.3 金融复兴

除了低生产能力和高通胀这些宏观经济问题外，日本的企业和金融机构在二战后面临严重的微观经济问题，即资不抵债。本节回顾这一微观经济问题的本质以及日本是如何应对这一问题的。

战后初期，日本企业的资产负债表充斥着与战争相关的对政府的债权。日本政府最初计划偿还这些债务，但盟军不允许这样做。占领军认为日本企业不应该从战争中获得任何利润。因此，政府拒绝偿还所有的战争债务。这意味着许多持有与战争相关的政府债权的企业已经资不抵债，即资产的价值低于负债的价值。这些公司无法偿还银行的贷款，这使得银行也资不抵债。

在一个正常的经济中，一家资不抵债的企业会申请破产。然后，在破产过程中，对该企业的债权会被重新协商，以使企业能够有力偿还。企业可能被允许继续经营，但是一些重要的决定会受到限制，比如扩大生产能力。

然而，当大多数企业和金融机构无力偿债时，对它们逐一实施破产程序是不切实际的，这可能会对经济造成极大的破坏。日本政府分三个步骤来处理这一问题。首先，每家企业或金融机构的资产负债表被分成旧账户和新账户两部分。新账户只包括对企业持续经营至关重要的资产。所有其他资产和负债都归入旧账户。其次，旧账户重组，其方式非常类似于标准的破产程序。对旧账户中的资产进行评估，减记负债，以使资产足以偿还负债。重组以后，旧账户并入新账户。在这一过程中，企业和金融机构只能在仅仅使用新账户的情况下继续运营。这使得重组程序可以在不干扰企业运行的情况下进行。最后，这些企业和金融机构被迫通过发行新股的方式扩大资本金。

这次企业重组有一个方面值得特别注意。规定重组程序的法律要求主要债权人的代表必须包含在设计和执行重组行动的团队中。这意味着日本的银行参与了其客户的重组，从而可以获得更多有关客户的信息，并加深与客户的联系。这最终发展成为日本的主银行制，这一点将在第6章中探讨。

3.3.4 经济快速增长的基础

战后，日本面临着非常严峻的经济形势。战争导致的损毁极大地削弱了它的生产能力，使之不足以支撑从日本帝国的前殖民地返回的新增人口。占领军采取的经济政策最初侧重于日本的民主化，而不是经济恢复。在恢复生产的同时抑制通胀是非常困难的。日本还必须解决政府拒绝偿还战争债务造成的资不抵债问题，这波及经济的方方面面。到20世纪50年代初，日本经济恢复了增长，部分原因是朝鲜战争导致对日本制成品的需求快速增加。

3.4　经济快速增长：1950—1973年

3.4.1　收入倍增计划

1952年4月28日，随着上一年签署的《旧金山对日和平条约》开始生效，日本恢复了主权。[10] 从此以后，日本也恢复了独立制定经济政策的权力。朝鲜战争带来的对日本商品需求的激增，一直持续到1952年。通过乘数效应，出口增长导致了经济的迅速扩张，并提供了急需的外汇储备。然而，随着生产的扩张，通胀卷土重来。

表3.2总结了20世纪50年代中后期主要经济变量的状况。1951年，朝鲜战争带来的特殊需求的减少使日本陷入了困境。额外需求增加带来的贸易盈余开始下降成为大家担忧的一个重要问题。从1953年到1957年，日本出现了贸易赤字，尽管其规模随着时间推移而减少。

20世纪60年代日本经济的快速增长，是战后日本经济奇迹的核心

---

[10] 虽然与苏联的外交关系早已建立，但与苏联的和平条约尚未签署。日本已明确表示，必须将北海道附近的四个岛屿（北方领土）归还给日本，才有可能签署和平条约。自德川时代以来，日本一直声称对这四个岛屿拥有主权。在《雅尔塔协定》中，美国、苏联和其他国家同意将日本的领土限制在其帝国主义侵略开始之前占有的领土范围。根据这一协定，这些岛屿是日本的一部分。但在1945年8月15日日本投降后，苏联军队入侵并占领了这些岛屿。

表3.2　1955—1959年宏观经济状况　　　　　　　　　　　　（单位：%）

年份	实际GNP增速	CPI通胀率	实际国内固定资产总投资占实际GNP的比例	实际出口额占实际GNP的比例	贸易余额占名义GNP的比例
1955	–	−1.0	9.3	5.4	−0.2
1956	7.3	0.0	11.0	5.8	−0.5
1957	8.1	3.2	12.2	5.8	−1.3
1958	6.7	−0.6	11.9	5.6	1.1
1959	9.3	1.3	12.9	5.8	1.0

资料来源：日本经济企划厅（1998）和Toyo Keizai（1979）。

部分。1960年7月池田勇人出任首相，他在1960年12月12日的国会演讲中提出"十年内收入倍增"的目标，这成为政策讨论和媒体关注的焦点。[11] 12月，该目标作为政府的基本经济计划被采纳，这预示着强有力的增长导向型经济政策即将到来。最初，批评者认为连续十年保持高增长率过于乐观，但实际上以实际GNP衡量的国民收入在7年内就翻了一番，如表3.3所示。

这种高增长持续了近20年，每次经济衰退都会引发人们对快速增长将要结束的担忧；然而，经济增长很快就恢复了。政府在其经济计划中对经济增长的预测总是低估实际增长。实际的经济增长显然超过了当时最乐观的预测。

---

[11] 池田勇人在国会演讲的日文版可在日本国会档案馆查阅：http://kokkai.ndl.go.jp/SENTAKU/syugiin/038/0512/03801300512003a.html（最后访问时间为2019年6月25日）。在池田内阁成立之前，劳工运动中激进派与温和派爆发了激烈的冲突，自民党与反对党也就是否批准修订后的《美日安保条约》发生了争执。自民党在众议院投票通过该条约时遭到其他党派的强烈反对，有时甚至是暴力抗争。此后政治冲突走上了街头。对此次骚乱负有责任的日本首相岸信介于7月辞职，由池田勇人接任。社会党领袖浅沼稻次郎在10月遇刺身亡。人们可能会怀疑，池田的"收入倍增计划"是为了使人们不再关注政治分歧引发的冲突，而是转向所有各方都赞同的经济目标。

表3.3 1960—1969年宏观经济状况　　　　　　　　　　　（单位：%）

年份	实际GNP增速	通胀率 WPI	通胀率 CPI	实际国内固定资产总投资占实际GNP的比例	实际出口额占实际GNP的比例
1960	13.6	1.1	3.8	15.9	5.7
1961	11.9	1.1	5.1	17.5	5.4
1962	8.9	−1.6	6.9	17.5	5.7
1963	8.4	1.6	7.5	17.9	5.7
1964	11.6	0.4	4.0	19.3	6.1
1965	5.9	0.7	6.7	18.7	7.1
1966	10.7	2.3	5.3	18.8	7.5
1967	11.1	1.8	3.7	21.2	7.2
1968	12.8	0.9	5.5	22.9	7.9
1969	12.5	2.2	5.5	25.0	8.6

注：WPI表示批发价格指数。
资料来源：日本经济企划厅（1998）和Toyo Keizai（1979）。

3.4.2 经济增长的需求侧分析：原因

战后日本经济的增长远不只是从战争破坏中恢复过来。产出最终超过了战前的趋势预测值，并且增长速度继续超过预期。日本战后经济快速增长的关键因素是什么？这就是我们现在要考察的问题。

经济增长可以从需求侧或供给侧来分析。只有当需求和供给的增长都没有遭遇严重波折时，平衡增长才能实现，因为从长远看，产出（总供给）应该等于总需求。

在需求方面，像日本这样的小国必须依靠出口才能实现快速增长。因此，提升国际竞争力对于保证需求的增长至关重要。总需求可以分解为国民收入统计的几个方面，表示如下：

$$Y^d = C + I + G + (EX-IM) \qquad (3.1)$$

其中总需求（Y^d）是消费（C）、投资（I）、政府支出（G）和净出口（$EX-IM$）之和，这也称为按支出法核算的GDP。

在总需求的这些组成部分中，投资和净出口在快速扩张中起着关键作用。从1955年至1975年，日本私人固定资产投资占GNP的比例保持在很高的水平，有时高达20%。图3.4显示了私人非住宅固定资产投资占GNP的比例，以及按实际值计算的出口占GNP的比例。请注意，直至20世纪70年代初，投资占比上升都很快。尽管这一比例在20世纪70年代末和80年代初有所下降，但是投资显然是20世纪五六十年代高速增长的引擎。还要注意的是，在20世纪五六十年代，出口比例似乎并没有增加。出口比例的显著上升一直持续到20世纪80年代，这表明出口也是增长的一个重要引擎。

对需求侧的分析表明，有关日本经历了投资导向型增长和出口导向型增长的流行观点，在20世纪五六十年代基本上是正确的。然而，在第一次石油危机之后，投资的作用发生了变化。

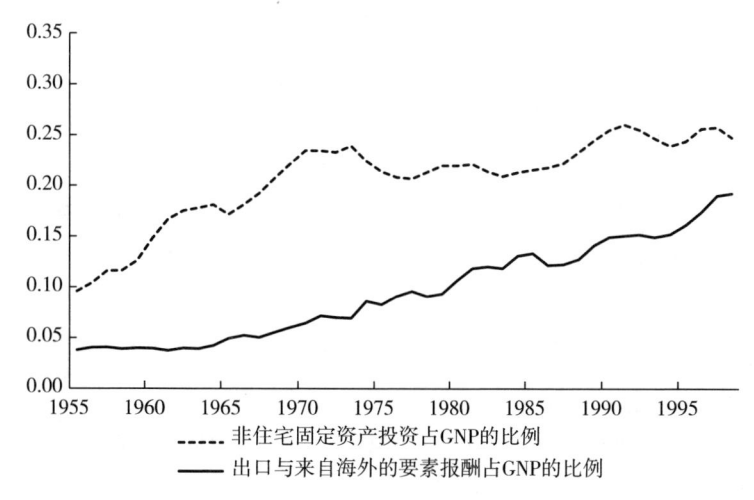

图3.4 实际投资与出口分别占GNP的比例

资料来源：日本内阁官房。

3.4.3 经济增长的供给侧分析：增长核算

在供给方面，以现代工厂和机器设备的形式积累的资本对提高生产能力至关重要。用于分析增长的增长核算方法从供给侧考察总产出。它试图将产出增长分解为每种生产要素的增长，并确定每种生产要素的贡献。从供给侧看，产出可以表示为由资本投入（K）、劳动投入（L）和技术水平（A）决定的生产函数：

$$Y^s = F(K, L, A) \quad (3.2)$$

因此，经济增长可以通过资本积累、工作时间和就业的增加或者提高现有资本和劳动生产率的技术进步来实现。现在的问题是如何将产出增长分解为这些要素的贡献。任何分解所需的经济计量估计的精确公式取决于生产函数的设定。专栏3.1中讨论的是柯布-道格拉斯生产函数。

表3.4通过比较20世纪五六十年代的日本和美国，展示了如何使用传统的生产函数将增长分解为劳动、资本和技术进步的贡献。[12] 表3.5比较了日本20世纪60年代和70年代的状况。由这些表格可以得出5个结论：

- 在20世纪五六十年代，日本每种生产要素（劳动、资本和技术进步）对经济增长率的绝对贡献都更高，这些要素的几乎所有组成部分也同样如此，因此，日本的高增长有赖于这三种主要生产要素。

- 按绝对值计算，有三个子类对美国经济增长的贡献要超过日本，即就业人数、教育和国际资产。

- 从20世纪50年代到60年代，劳动投入中的"工时"部分对日本经济增长起到了积极的促进作用，但在美国并非如此。这一趋势在20世纪60年代逆转了。根据这些观察，可以肯定地说，认为充足的廉

---

[12] 参见Denison和Chung（1976b）对增长核算更详细的讨论。

> **专栏3.1　柯布-道格拉斯生产函数**
>
> 假设生产函数是柯布-道格拉斯式的，且技术进步是非内含式（disembodied）的：
>
> $$Y=AK^aL^{1-a} \quad (3.1.1)$$
>
> 其中$0<a<1$。
>
> 然后，定义$\Delta Y = Y(t+1) - Y(t)$，ΔK、ΔL和ΔA也是如此，这样我们就可以将产出增长率表示为：
>
> $$\Delta Y/Y = a\Delta K/K + (1-a)\Delta L/L + \Delta A/A \quad (3.1.2)$$
>
> 可以证明，如果要素市场是竞争性的，参数a是产出中资本所占的份额，而$(1-a)$是产出中劳动的份额。资本份额是资本收益率r乘以资本投入的数量K，再除以Y，即rK/Y。同样，劳动份额是工资率w乘以劳动投入的数量L，再除以Y，即wL/Y。因此，在竞争性要素市场的假设下，我们可以用经济统计的方法计算方程（3.1.2）中除了最后一项（$\Delta A/A$）以外的所有项。然后，我们可以利用该等式计算$\Delta A/A$，即将其作为从$\Delta Y/Y$减去$a\Delta K/K$和$(1-a)\Delta L/L$之后的余值。

价劳动力是日本20世纪五六十年代经济增长的主要原因，这一说法是错误的。另一方面，将工人从生产率较低的农业部门重新配置到生产率较高的制造业部门，其影响被归入"资源配置的改善"这一分类，日本在这方面也优势明显。

- 与美国的经验相比，在日本，资本积累比劳动力更重要。然而，在20世纪70年代，资本对日本经济增长的绝对贡献和相对贡献都显著下降了。尤其是在这一时期，建筑和设备的平均年龄都增加了。

- 日本的经济增长有一半以上要归功于技术进步与余值。在有关技术的子类中，对日本而言，"知识"代表了技术进步，而这源于西方国家的技术转让、更有效的商业组织以及管理实践的改善。美国的经济增长很大程度上也得益于知识的进步。由于国内和国外市场的扩大，"规模经济"对日本经济增长的贡献要大得多。

表3.4 增长核算：20世纪五六十年代的日本和美国的比较

国家	日本		美国	
时期	1953—1971年		1948—1969年	
平均增速	8.81%		4.00%	
各因素贡献	绝对贡献	相对贡献（相对于8.81%）	绝对贡献	相对贡献（相对于4.00%）
劳动	1.85	21.0	1.30	32.5
就业	1.14	12.9	1.17	29.3
工时	0.21	2.4	−0.21	5.3
性别和年龄结构	0.14	1.6	−0.10	−2.5
教育	0.34	3.9	0.41	10.3
其他	0.02	0.2	0.03	0.8
资本	2.10	23.8	0.79	19.8
存货	0.73	8.3	0.12	3.0
非住宅建筑和设备	1.07	12.1	0.36	9.0
住宅	0.30	3.4	0.28	7.0
国际资产	0.00	0.0	0.03	0.8
技术进步与余值	4.86	55.2	1.91	47.8
知识	1.97	22.4	1.19	29.8
资源配置的改善	0.95	10.8	0.30	7.5
规模经济	1.94	22.0	0.42	10.5
合计（允许取整误差）		100.0		100.0

资料来源：Denison和Chung（1976a，第98—99页）。

表3.5 增长核算：日本20世纪60年代与70年代的比较

国家	日本		日本	
时期	1960—1970年		1970—1980年	
平均增速	10.62%		4.84%	
各因素贡献	绝对贡献	相对贡献	绝对贡献	相对贡献
劳动	1.59	15.0	1.01	20.9
就业	0.97	9.1	0.63	13.0
工时	−0.06	−0.6	−0.26	−5.3
性别和年龄结构	0.27	2.5	0.19	3.9
教育	0.41	3.9	0.45	9.3
资本	3.40	32.0	1.29	19.8
存货	0.70	6.6	0.28	5.8
非住宅建筑和设备	1.47	13.8	0.83	17.1
住宅	0.27	2.5	0.13	2.7
设备年龄	0.96	6.6	0.05	5.8
技术进步与余值	5.53	53.0	2.54	52.5
知识	4.78	45.0	2.01	41.5
资源配置的改善	0.85	8.0	0.53	11.0
合计（允许取整误差）		100.0		100.0

资料来源：Shinohara（1986，第17页）。

3.4.4 内生增长模型

虽然增长核算是理解许多经济体增长经验的标准方法，但是众所周知这种方法有两个缺点。首先，增长核算无法解释技术进步。正如我们在专栏3.2中讨论的，技术进步被记为余值。我们知道的只是哪些不是技术进步。技术进步是产出增长中不能以资本和劳动的贡献来解释的部分。

增长核算的第二个缺点是，这一框架一个关键的经验含义并没有得到数据的证实。增长核算一开始假定存在一个总量生产函数，并且几乎总是假定资本边际产出递减。资本边际产出被定义为在其他生产要素数量保持不变的情况下，增加一单位资本产生的额外产出数量。资本边际产出递减的假设意味着，随着资本水平的提高，它对产出增长的边际贡献会下降。[13] 假设边际产出递减的结果是，如果拥有相同的技术水平（A），小国的增长速度会快于大国。一个人均收入更高的发达国家拥有大量资本，这意味着资本生产率较低，因此与人均收入较低的发展中国家相比，增长速度更慢。低收入国家的增长速度往往快于高收入国家，而且随着一个国家因过去的增长带来收入水平的提高，增长率往往会下降。最终，低收入国家将赶上高收入国家。因此，假定资本边际产出递减意味着那些拥有相同技术水平的国家，其产出水平会趋同。趋同假说如图3.5所示。

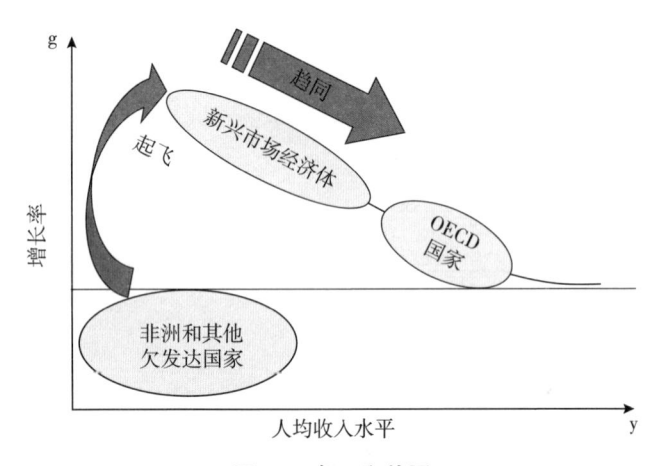

图3.5　起飞和趋同

资料来源：作者自制。

---

[13] 我们可以确定，对资本而言，柯布-道格拉斯生产函数具有边际产出递减的特点。在数学上，资本边际产出被定义为生产函数对资本的偏导数。在柯布-道格拉斯生产函数的情况下，资本边际产出表示为 aY/K，很明显，这会随着 K 的增加而下降。

日本从1950年到现在的经历就是趋同过程的一个典型案例。如果不同国家的技术水平（A）不同，那么这些国家可能并不会趋同。然而，这一点无法弥补传统增长核算方法的缺陷，因为该框架没有解释技术是什么，也没有解释为什么不同国家的技术水平会有所不同。一些国家仍然处于低收入和低增长状态，从未走上趋同的道路。这可能是由于未能建立适当的制度，将主要存在于农业部门的低工资工人转移至生产率更高的其他部门。

为了解决以传统方法处理经济增长产生的这些问题，经济学家试图建立模型来解释技术进步何以成为可能。结果证明，对技术进步的解释也能解释为何世界上许多国家未能实现趋同。接下来，我们以保罗·罗默（Paul Romer，1990）发展的模型为例，解释如何解决传统增长理论的问题。[14]

罗默模型的核心思想是，人力资本水平是技术进步过程中一项重要的投入。人力资本水平越高，技术进步的可能性就越大。人力资本是指理解能力和改进技术的能力，而不是知识本身。例如，一条计算机代码就是知识，而阅读能力和修改计算机代码的能力才是人力资本。

在罗默的模型中，一个拥有高水平人力资本的国家可以实现更快的技术进步，这反过来又使该国的经济增长速度可以超过同等规模但人力资本较少的国家。该模型还预测，如果两个国家的人力资本处于不同水平，两者可能不会趋同。

几项实证研究证实了这一假说，即技术进步速度进而经济增长率取决于人力资本水平。例如，罗伯特·巴罗（Robert Barro，1991）用小学入学率和中学入学率作为人力资本的代理变量，发现一国的增长率与这些变量正相关。[15]

---

[14] 参见Romer（1990）。
[15] 参见Barro（1991）。

日本的经验与巴罗的发现非常吻合，也符合一般的认知，即人力资本是经济增长的重要决定因素。巴罗用作人力资本代理变量的入学率，在日本非常高。例如，1960年日本的小学入学率和中学入学率分别为100%和79%。与1997年低收入国家59%和中等收入国家72%的平均中学入学率相比，1960年的日本表现更优异。这也高于1965年工业化国家63%的平均水平。

3.5 增长放缓：1973—1987年

至20世纪60年代末，伴随着巨额贸易顺差，日本经济增长加速。这表明自1949年以来日元兑美元的汇率一直固定在360日元兑1美元的水平，现在已被低估。而且，问题不仅限于日元。美国连续出现贸易逆差，而德国则保持贸易顺差。汇率必须做出大规模的调整。尽管自1944年开始生效的布雷顿森林体系明确在一国经济发生重大的结构性变化时，固定汇率制度也有调整的机制，但这一机制很少发挥作用。贬值的国家将贬值视为政治上的尴尬事件。与之竞争的国家也反对这种做法，它们担心这会影响价格竞争。

20世纪70年代初，布雷顿森林体系让位于浮动汇率制度。1971年8月，美国总统理查德·尼克松暂停履行将美元兑换为黄金的承诺。在经历了从1971年12月签订《史密森协议》至1973年2月的调整时期以后，主要货币在1973年春季开始浮动。由于日本政府和私人部门已经习惯于固定汇率，这一转变需要一些时间。

在调整期间，日元重新估值（即升值）遭到了商界和政界人士的强烈反对，部分原因可能是担心出口行业失去竞争力。然而，巨额贸易顺差的积累表明，日元应该调整币值。许多日本和美国的经济学家主张调整汇率，尽管对于以多快的速度调整有不同观点，而政界的观点恰好相反。通产大臣暗示，日本温和的通胀不无益处，因为这将提高日本产品的价格，从而削弱日元升值的必要性。如果维持固定汇率制度被认为是一项经济任务，那么为了避免重新估值而实行通胀就是合理的。然而，这种制度只是实现其他经济目标如降低通胀率和提高增长率的一种手段。但是，由于对通胀的态度比对日元升值更为宽容，以及"日本列岛改造"的政治目标（Tanaka, 1972），田中角荣首相掌舵的日本政府在1972年增加了货币供应量并降低了利率。通胀的压力在1973年整个春季日益加大。

1973年10月，石油输出国组织（OPEC，简称"欧佩克"）宣布实施石油禁运，通胀开始抬头。通胀预期使情况变得更糟。1974年，失控的通胀率达到了30%。那一年，工资上涨也超过了20%，这进一步加剧了物价上涨，成为物价-工资螺旋上升的典型案例。日本至少花费了数年时间，才将资源从有利于促进增长的部门重新配置到节能和污染控制部门。

1973年的石油禁运和前一年尼克松主动向中国示好，让日本产生了危机感。日本国内能源匮乏是既定现实，但是直到1973年严重的通胀，日本才意识到能源是多么重要。1972年2月尼克松突然访华给日本公众带来的冲击不亚于上一年美元暂停兑换黄金。这次访华令日本政府颇为尴尬，因为它事先并不知晓尼克松的计划。这一事件也使日本人意识到，他们与华盛顿的政治关系并没有那么好。

罗马俱乐部在1972年发布的研究报告《增长的极限》强调了全球环境问题，也助长了这种悲观情绪。这份报告对日本产生了巨大的影响，日本的增长率一直很高，而零增长意味着日本经济将要发生天翻地覆的变化。日本的污染也让许多人认为必须采取措施。在四起重大的诉讼案件中，那些不小心污染了环境的企业都被判有罪。

到第二次石油危机（1979—1980年）时，日本的货币政策远为谨慎，通胀率没有受到很大影响。石油危机可以视为对总供给的不利冲击，这降低了日本经济的供给潜力，至少在中期是这样。总供给曲线的突然下移导致产出（即GNP）下降和通胀上升。如果要阻止产出向

第3章 经济增长

下调整，那么通胀就会加剧，就像1973—1974年的情况；如果要避免价格急剧上涨，就必须容忍产出下降持续更长的时间。无论是哪种情况，两次石油危机都显著降低了日本的增长潜力。

当然，导致日本战后奇迹结束的三个主要因素，即石油危机、投资减少和技术进步放缓[16]，并非相互独立。石油危机使人们注意到日本对不可再生资源的严重依赖，这让许多人对前景感到悲观，导致对未来增长和当前增长潜力的预期有所下降。日本生产商和投资者突然意识到全球自然资源的限制，以及日本作为原材料进口国的脆弱性。由于预期未来盈利下降，投资需求也随之减少。投资减少降低了当前的总需求和未来的产能，并减缓了采用先进技术的步伐。

此外，也可以说在20世纪70年代中期的某个时点上日本在技术上赶上了美国和西欧国家。既然一个国家自己开发新技术要比只是获得许可困难得多，那么日本增长率的下降也是必然的。

3.6　信息技术与经济增长

20世纪90年代，日本供给侧增长放缓的一个重要原因是缺少对IT（信息技术）资本品的投资。这与美国经济形成了鲜明对比。美国的IT革命引致了20世纪90年代的经济复苏。

正如我们将在下一章详细论述的，日本的经济增长率在20世纪90年代大幅下降，而在同一时期美国的增长率却相当高。这与经济快速增长时期的情况形成了有趣的对比，当时日本的经济增长率一直高于

---

[16] Kosai和Ogino（1984，第41页）列举了另外两个因素：劳动力供给的减少和出口增长的放缓。然而，我们并不认为这些因素很重要。20世纪70年代，无论以工时还是以就业衡量，劳动力供给确实有所下降，但是劳动力对经济增长的贡献率从20世纪60年代的1.59%下降到70年代的1.01%，这是一个相对较小的变化。在20世纪70年代，出口与GNP的比率上升了。

美国。许多人认为，美国经济增长复苏的最重要来源是IT行业，比如电脑和通信工具，它们的生产率高于传统的资本品。那么，这自然就会产生一个问题：与美国相比，日本没有出现信息技术革命，这是否可以解释其20世纪90年代缓慢的经济增长？

为了回答这个问题，我们需要扩展增长核算的框架，使它能够区分IT资本和其他资本。让我们假设以下的生产函数：

$$Y = AF(K^N, K^T, L)$$

其中K^N和K^T分别表示非IT资本和IT资本，其他符号的含义与前面相同。因此，Y取决于技术、劳动和两种类型的资本，即IT资本和非IT资本。假设生产函数仍然满足增长核算的一般条件，我们现在可以将产出增长率分解为四个部分：（1）劳动的贡献、（2）非IT资本的贡献、（3）IT资本的贡献和（4）技术进步的贡献。

表3.6显示了美国和日本的这种分解，分为三个时期。这些数据是基于乔根森和本桥（Jorgenson and Motohashi，2005）的计算结果。数据确实表明，与美国相比，20世纪90年代日本的IT资本对经济增长的

表3.6 IT与经济增长：日本和美国在不同时期的比较　　　　　　（单位：%）

日本					
	GDP增速	技术进步	IT资本	非IT资本	劳动
1975—1990	4.30	1.52	0.40	1.21	1.17
1990—1995	1.75	0.56	0.35	1.08	−0.24
1995—2002	1.61	0.69	0.77	0.56	−0.41
美国					
	GDP增速	技术进步	IT资本	非IT资本	劳动
1973—1990	2.92	0.26	0.39	1.13	1.14
1990—1995	2.49	0.34	0.50	0.67	0.98
1995—2002	2.88	0.71	0.93	1.07	0.88

资料来源：Jorgenson和Motohashi（2005）。

贡献较小。例如，在1995—2002年间，日本和美国IT资本的贡献分别为0.77%和0.93%。

然而，日本和美国之间更大的差异在于劳动的贡献。1990年以前，日本的技术进步远快于美国，但后来急剧降至与美国相当的水平。非IT资本和劳动的贡献在两国均有下降，但日本的下降更为显著。

3.7 安倍经济学

尽管在泡沫破灭之后20多年的大部分时间里，日本经济停滞不前，但也有过几次持续时间不长的复苏。1997年4月消费税上调后，随着经济重新陷入衰退，1996年的复苏告一段落。到2000年夏天，经济似乎又开始复苏，但日本央行一结束零利率政策，复苏就夭折了。在第14章，我们将再次讨论这些经济复苏的迹象，以及宏观经济政策的改变是否阻碍了经济复苏。21世纪头十年中期，日本经济似乎已回到了稳步复苏的轨道，但2007—2009年的全球金融危机和随后的全球衰退再次使复苏半途而废。

尽管日本的金融体系没有受到金融危机的直接冲击，但其经济，尤其是出口部门，受到了全球贸易迅速萎缩的影响。由于未能有效应对全球经济衰退，自民党自1995年以来首次被赶下台，但取代自民党的日本民主党也未能有更好的表现。作为央行的日本银行也不情愿地追随其他发达国家央行的操作，这些央行将资产负债表扩张到了前所未有的水平。[17]

2012年底，日本民主党在大选中落败，自民党在首相安倍晋三的领导下重新掌权。安倍政府迅速宣布了一项被昵称为"安倍经济学"的政策方案，认为该方案最终会重振日本经济。

---

[17] 第6章将详细讨论日本在全球金融危机之后的货币政策。

安倍经济学的经济政策由三个重要部分组成，通常被称为"三支箭"。第一支箭是"大胆的货币政策"，旨在推行比以往更具扩张性的货币政策（此时货币政策已经是扩张性的了）。为了响应政府采取更扩张性的政策，日本央行在黑田东彦于2013年3月就职行长之后，4月就推出了定量和定性宽松（QQE）政策。日本央行宣布，其目标是2%的通胀率，并力图在两年内实现这一目标。

第二支箭是"灵活的财政政策"，这意味着在短期内实施扩张性财政政策，但最终将进行财政整顿，以保持未来政策的灵活性。政府迅速实施了财政刺激计划，但同时也设定了在2020财年基本消除财政赤字的目标，并在2014年4月将消费税从5%提高至8%。

第三支箭是"促进私人投资的增长战略"。第一个增长战略于2013年6月公布，此后每年都会修订。增长战略包括提高日本经济潜在增长率的各种政策，如放松管制和其他旨在使经济更具灵活性以及能够对技术和其他方面的变化更好地做出反应的措施。另外还有一些产业政策，瞄准前景广阔的产业，并努力促进这些产业的发展。

因此，安倍经济学是将扩张性的宏观经济政策和旨在扩大潜在产出的结构性改革相结合。正如前文讨论的那样，日本经济同时面临需求侧和供给侧问题，因此安倍经济学有其合理性。

不过，安倍经济学的启动已有6年时间（截至本书英文版写作时），其结果喜忧参半。这些政策未能实现某些既定目标。2%的通胀目标在两年内没有实现，现在已过了6年，仍然没有实现。到2020年基本消除赤字，这被认为是不可能实现的，设定的日期也被推迟。安倍经济学还设定了2%的实际GDP增长目标，这一目标也没能实现。

尽管如此，安倍经济学还是成功实施了许多政策措施，日本的经济状况有所改善。虽然很多目标并没有实现，但日本经济也不再处于通缩或衰退之中。

3.8 小结

从19世纪80年代到二战爆发,日本经济保持了相当快速的增长。战争摧毁了日本的大部分资本存量,随之而来的就是高通胀,但到了20世纪50年代中期,日本经济开始以更快的速度增长。增长核算方法表明,投资和技术进步是日本经济快速增长的关键因素。日本经济异常迅速的增长在1973—1974年结束,平均增长率从大约10%下降到大约5%。导致增长率下降的因素之一是投资的减少,这是因为人们调低了对未来增长的预期。另一个因素是,由于欧佩克的垄断力量和对环境问题的担忧,人们对日本可获得的资源感到悲观。此外,到20世纪70年代中期,日本已经在技术上赶上了西方国家。

附录3A 数据指南

战前数据参见第2章附录。

战后数据的来源

日本和美国的国民收入账户有年度数据和季度数据。在日本,国民核算体系(SNA)的数据可以从国民核算体系统计的主页上获取,参见内阁官房经济社会综合研究所(Economic and Social Research Institute,ESRI,http://www.ESRI.cao.go.jp/en/SNA/kakuhou/kakuhou_top.html)。

2001年日本各部委重组之前,SNA数据由经济企划厅收集,并通过该机构的《国民核算年度报告》公布。

对于战后的日本GDP,除了以现价表示的序列以外,还有两个历史序列,较晚近的序列又分为两组数据:

1968 SNA核算法,以1990年为基年。1955年至1979年,该序列被官方数据采用；在网上可以查阅1955年至1998年拼接在一起的序列。

1993 SNA核算法，以1995年为基年，1980年至1993年，该序列被官方数据采用。

1993 SNA核算法，以2000年为基年，1994年至2009年，该序列被官方数据采用。

2008 SNA核算法，以2011年为基年，从2010年至今，该序列被官方数据采用。拼接在一起的数据可以追溯到1980年。

数据链接（最后访问日期为2019年1月22日）：

年度报告系列：https://www.esri.cao.go.jp/en/sna/kakuhou/kakuhou_top.html。

季度报告系列：https://www.esri.cao.go.jp/en/sna/sokuhou/sokuhou_top.html。

资料的使用

实时数据

由于GDP的统计数据经常被修订，历史数据也同样如此。20世纪60年代的增长率在当时的记录是10%以上，在可以获得的20世纪70年代的统计数据中，也是如此。但是根据目前的最新数据，增长率向下修订至10%以下。另一个例子是，在2004年左右，2001年的增长率被认为是负值，但现在则录为正值。政府在做出决策时可以获得的数据被称为实时数据（real-time data）。但是众所周知，GDP统计数据后期会有大幅修订。在一些学术研究中，最好使用实时数据，尽管最简单的方法是使用现成的数据，例如从相关部委或统计数据的门户网站收集到的数据，这被称为e-Stat（https://www.e-stat.go.jp/en）。

增长率的定义

GDP统计数据包括年度序列和季度序列。GDP是所有增加值的总和，从理论上讲，这等于在特定时期对最终产品和服务的所有支出。因此，年度GDP（比如t年的GDP）是t年四个季度数值的总和；因而，在GDP统计中，季度GDP数字$Y(t,q)$乘以4，使之转化为年度统计数字。因此，在使用公布的统计数据时，

$$Y(t)=[Y(t,1)+Y(t,2)+Y(t,3)+Y(t,4)]/4$$

年增长率（以百分比表示）定义为从$t-1$期到t期变化的百分比：

$$g(t)=100\times[Y(t)-Y(t-1)]/Y(t-1)$$

季度数字有两个定义：原始数值和经季节调整的数值。由于每年的经济活动和支出都有某种共同的模式，例如圣诞节前消费的增加，因此，如果没有季节性调整，季度之间的变化就可能具有误导性。将经季节调整的季度GDP表示为$Y^{sa}(y,q)$，日本数据中的年化季度环比增长率定义为：

$$g^{qq}(t)=100\times\{[Y^{sa}(t,q)/Y^{sa}(t,q-1)]^4-1\}$$

或者，季度数据可用于计算与上一年同一季度相比的年增长率。此时季度调整就没有必要。季度同比增长率或与上年同季度相比的季度增长率，按百分比定义为：

$$g^{qy}(t)=100\times[Y(t,q)-Y(t-1,q)]/Y(t-1,q)$$

结构突变

日本的增长率似乎经历了一个下降的趋势（回忆一下表3.1）。利用战后GNP数据进行计量经济学分析的研究人员在处理这些数据时应该非常谨慎。如图3.1和图3.2所示，1973—1974年的石油危机和20世纪90年代的停滞导致日本出现了结构性变化。平均经济增长率从约10%下降到约5%。另一次突变似乎发生在1992年，当时的趋势增长率从接近4%下降到2%以下。20世纪90年代的低增长是由于增长趋势的突然下降（供给侧），还是由于潜在增长未能实现（需求侧），对此颇有争议。下一章将探讨这一问题。

第4章 经济周期、繁荣与萧条

4.1 引言

经济增长并非完全平稳。一个经济体的产出会围绕着长期趋势线上下波动。产出有时位于趋势线上方，有时位于趋势线下方。此外，许多总量变量如GDP、工业生产、就业和消费，都是一起变动的，即它们同时以较快或较慢的速度增长。几十年来，围绕着长期趋势的波动表现出明显的规律性。这种联动（comovement）就是所谓的经济周期的特征。更准确地说，经济周期是指主要宏观经济变量在一定时期内以周期的方式，向同一方向偏离趋势。也就是说，总量变量之间存在明显的联动和显著的序列相关性。

经济周期分为扩张和收缩两部分，前者就是所谓的繁荣，后者就是所谓的衰退。前者是指从波谷（低位的转折点）到波峰（高位的转折点）的时期；后者是指从波峰到波谷的时期。图4.1以图形的形式解释了这一概念，它显示了一个无增长经济体的经济周期图。在这种情况下，收缩就是字面上的产出收缩，即负增长。在一个增长的经济中，经济周期的识别需要分离出增长趋势。如图4.2所示，在剔除趋势变化之后剩下的部分就是波动，这才是度量经济周期的合理方法。

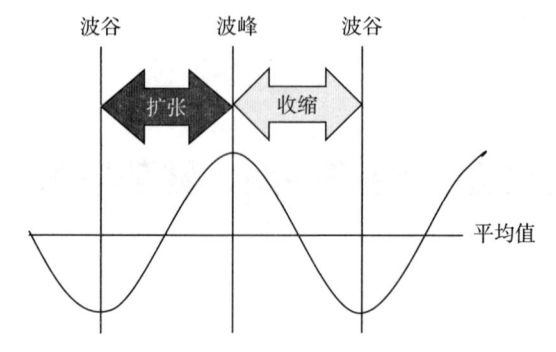

图 4.1 无增长的经济周期

资料来源：作者自制。

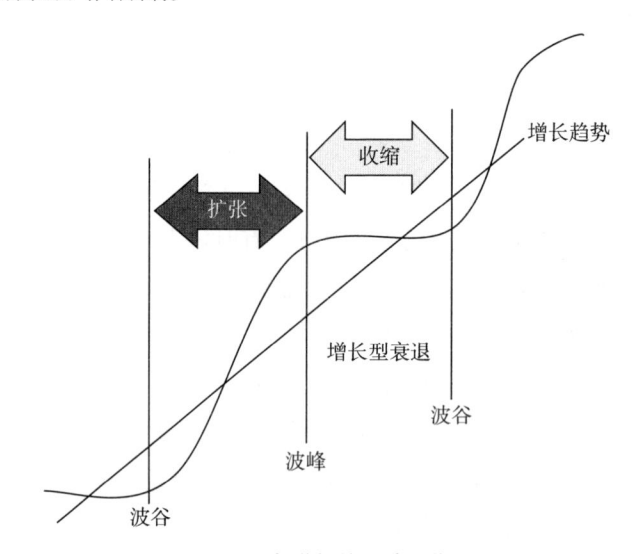

图 4.2 有增长的经济周期

资料来源：作者自制。

这种方法有两个含义。首先，在一个具有快速增长趋势的经济体中，如20世纪50年代和60年代的日本或者20世纪90年代和21世纪头十年的中国，经济衰退是指增长率暂时低于增长趋势的时期，而不是指产出真正下降的时期。因此，在衰退时期，成长型经济体的增长率仍可能高于成熟经济体的增长趋势。例如，对20世纪60年代的日本或20世纪

90年代的中国来说，6%的增长率相当于"衰退"，因为其趋势增长率接近10%。有时这样的成长型经济体的衰退被称为"增长型衰退"（growth recession）。

其次，如何发现和剔除趋势是一门艺术，往往只有事后才有可能做到。如第3章所示，日本经济经历了从高增长趋势到中增长趋势，再到低增长趋势的转变。就当时而言，政策制定者很难实施最佳的逆周期政策。即使从事后看，对于讨论经济衰退的时点以及宏观经济政策如何应对，趋势的识别（通常通过统计滤波的方法来实现）都至关重要。

在现实中，所有经济体在任何时候都可以观察到经济波动，经济周期的成因一直是宏观经济学的热门话题。另外一些存在激烈争论的议题包括，经济周期是否会给社会造成昂贵的代价，如果是这样，我们可以做些什么来平抑这种波动。

关于经济周期的经验研究已有大量文献。在过去的文献中（主要是20世纪70年代之前），寻找经济周期的规律一直是研究课题之一。经济周期存在一些规律。传统上认为7~12年的周期是由固定资产投资的波动引起的，这被称为朱格拉周期，也叫中周期或主周期。一个3~4年的短周期被称为基钦周期，通常认为这反映了存货投资的波动。[①]

时间序列计量经济学过去近40年的发展，使研究人员能够将复杂的技术应用于确定经济周期波动的具体时间，并描述宏观经济变量的联动特征。[②] 确定经济周期的具体时间是一项非常重要的任务，因为这是制定宏观经济政策的基础。从理论上讲，经济周期被认为是由经济遭受的各种冲击造成的，这些冲击传播到经济的各个部分，从而产生联动效应。然而，对于什么是重要的冲击，以及这些冲击传播到整个经济并产生长期影响的确切机制，经济学家仍有分歧。

---

① 尽管未经充分的证实，但是有些人认为经济中存在长期波动，即康波周期，这是由重大的科学发现和应用引发的，如铁路的兴起、汽车革命和计算机的普及。
② 例如参见Stock和Watson（1999）。

第4章　经济周期、繁荣与萧条

本章将讨论其中的某些问题，此外，还将结合经济周期考察日本经济的短期波动。经济周期相关议题为思考宏观经济政策在稳定经济中的作用提供了很好的背景。

4.2 确定经济周期的具体时间

4.2.1 定义

在美国，国民经济研究局（NBER，一家非营利性组织）一直负责探究经济周期的波峰和波谷。国民经济研究局经济周期测定委员会对经济周期的解释如下：

> 衰退是从波峰到波谷之间的时期，而扩张是从波谷到波峰之间的时期。在经济衰退时，经济活动的显著放缓会蔓延到整个经济体，并可能持续数月到一年以上。同样，在经济扩张时，经济活动显著上升并扩散至整个经济体，通常会持续数年之久。③

经济社会综合研究所（ESRI）隶属于日本内阁官房，其任务是识别经济周期。为此，它收集并使用两种代表总体经济状况的指数，即扩散指数（diffusion index，DI）和综合指数（composite index，CI）。为了构建扩散指数和综合指数，经济社会综合研究所选择了几个被认为与总体经济状况变化方向相同的经济变量。对于每个扩散指数和综合指数，又构造了三个时序不同的指数。同步指数应该与总体经济状况同步变化。领先指数应在总体状况变化前就有所变动，滞后指数应在总体状况变化之后变动。2015年7月，经济社会综合研究所大幅修改了经济周期指标体

---

③ https://www.nber.org/cycles/main.html，最后访问时间为2019年6月25日。

系的组成部分，目前有11个领先指数、10个同步指数和10个滞后指数，它将这些指标结合在一起来计算扩散指数和综合指数。

表4.1列出了构成领先指数、同步指数和滞后指数的各个变量。扩散指数计算的是扩张性指标所占的比例，扩张性指标是指数值比3个

表4.1 经济周期指数

领先指数
制成品的生产者存货比率指数（最终需求品）
制成品的生产者存货比率指数（用于采矿业和制造业的生产资料）
新工作机会（不包括应届毕业生）
以不变价格计算的新增设备订单（制造业）
新建房屋开工总建筑面积
消费者信心指数
日经商品价格指数（42种商品）
货币存量（M2，较上年度的变化）
股票价格指数（TOPIX，东证股票价格指数）
投资景气指数（制造业）
小企业销售预测扩散指数

同步指数
工业生产指数（采矿业和制造业）
生产者出货指数（用于采矿业和制造业的生产资料）
耐用消费品的生产者出货指数
加班工作时长指数（工业）
生产者出货指数（不包括运输设备的投资品）
零售业销售额（较上年度的变化）
批发销售额（较上年度的变化）
营业利润（所有行业）
中小企业出货指数（制造业）
有效就业率（不包括应届毕业生）

滞后指数
第三产业活动指数（商业服务）
一般工人就业指数（工业，较上年度的变化）
按不变价格计算的新厂房和设备的业务支出（所有行业）
生活开支（工薪家庭，较上年度的变化，不包括农业、林业和渔业）
企业税收
失业率
合同现金收益（制造业）
消费者价格指数（CPI，不含生鲜食品，较上年度的变化）
生产者库存指数（最终需求品）

资料来源：日本内阁官房。

第4章 经济周期、繁荣与萧条

月前有所增加的指标。综合指数计算的是这些指标增长率的加权平均值。与扩散指数只显示经济状况的变化方向不同，综合指数提供了经济周期波动的量化测度。日本政府以前主要使用扩散指数来确定经济周期的波峰和波谷，但在2008年它将主要指标改为综合指数。自1980年1月至今，这些指数的历史值可以在经济社会综合研究所的网站上查阅（http://www.esri.cao.go.jp/en/stat/di/di-e.html）。

在美国，波峰和波谷的基准日期是由国民经济研究局确定的。由几位教授组成的经济周期测定委员会研究各种宏观指标，包括实际GDP、就业人口以及其他收入和生产指标。委员会在需要确定这些日期的时候会召开专门的会议。

在日本和美国的商业和政治讨论中都表达了如下看法：连续两个季度出现负增长就意味着经济衰退（收缩）。然而，这是无稽之谈。第一，当日本处于高增长时期时，衰退意味着增速下滑，此时增长率为正，而非负增长。第二，两国都使用比GDP更广泛的指标来判断经济状况。第三，这两个国家都相当重视月度指标，并使用月度序列数据，而GDP统计数据只按季度提供。第四，美国国民经济研究局经济周期测定委员会不仅强调传统的从生产侧对GDP所做的估计，还强调在理论上等同的从收入侧的估计，即国内总收入（GDI）。该委员会指出，GDP和GDI之间的差异在2007年和2008年尤为明显。

相比美国的非营利性智库国民经济研究局，日本经济周期的测定是由经济社会综合研究所这一政府机构完成的。因此，出于政治考虑，波峰和波谷的公布可能会推迟。例如，2000年11月的波峰和2002年1月的波谷是在2004年11月一起公布的，此时距离经济开始收缩已整整过去4年。

4.2.2　日本经济周期波动的时间

图4.3显示了由经济社会综合研究所确定的表征经济状况的同步指

数及其波峰和波谷。阴影部分表示的是收缩阶段，即从峰值到波谷。无阴影部分表示的是扩张阶段。表4.2总结了日本到2019年为止的战后经济周期。请注意观察，在第一次石油危机之前，扩张阶段的时间大约是衰退阶段的3倍。一个完整的周期是从波峰到波峰或者从波谷到波谷，持续3~4年的时间。一个值得注意的例外是，从1965年到1970年持续了很长时间的扩张（57个月），还有一次更长时间的扩张，于我们撰写本书时（2019年）尚未结束。

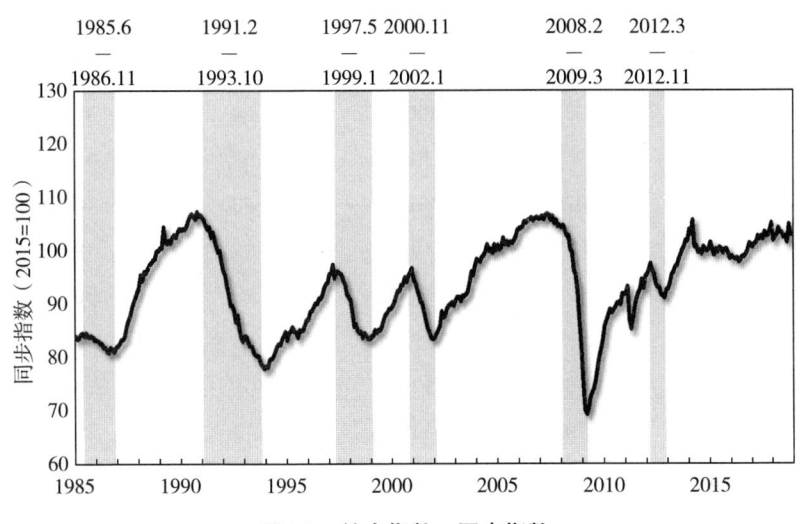

图4.3 综合指数：同步指数

注：阴影部分表示经济周期中的收缩期。
资料来源：日本内阁官房。

两次石油危机给日本经济带来了强劲的收缩压力。1974年经济收缩之后，日本的经济增长率只有之前扩张时期的一半，而在第二次石油危机之后，日本经历了一场异常漫长的衰退。那次衰退没有第一次石油危机时那么严重，但是它持续时间更长，一共36个月。造成这种差异的原因之一是，在第二次石油危机之后，政府立即实施了远为谨慎的货币政策。在第一次石油危机之后，货币紧缩政策实施得太晚，1974年以消费者价格指数衡量的通胀率高达28%。在第二次石油危机之后，日本央行迅速采取行动以抑制经济过热，从而避免了重蹈覆辙。

表4.2 日本的经济周期

周期	波谷	波峰	扩张（月数）	收缩（月数）
I		1951.6		4
II	1951.10	1954.1	27	10
III	1954.11	1957.6	31	12
IV	1958.6	1961.12	42	10
V	1962.10	1964.10	24	12
VI	1965.10	1970.7	57	17
VII	1971.12	1973.11	23	16
VIII	1975.3	1977.1	22	9
IX	1977.10	1980.2	28	36
X	1983.2	1985.6	28	17
XI	1986.11	1991.2	51	32
XII	1993.10	1997.5	43	20
XIII	1999.1	2000.11	22	14
XIV	2002.1	2008.2	73	13
XV	2009.3	2012.3	36	8
XVI	2012.11	*	*	

资料来源：日本内阁官房。

最长的扩张期是从2002年1月至2008年2月。这一时期发生在所谓的"失去的20年"（本章后面会讨论，第14章也将讨论这一问题）。在这一最长的扩张期，平均增长率或经济活动的扩张幅度远远低于20世纪七八十年代的扩张期，更不用说与20世纪五六十年代经济高速增长时期相比了。

4.3 经济周期与增长

4.3.1 增长与周期

GDP增长是衡量经济扩张和收缩（或衰退）最常用的综合指标。因此，考察一下官方确定的经济周期与GDP波动有多密切，不乏趣味。图4.4显示了1955年至今日本实际GDP的季度数据。

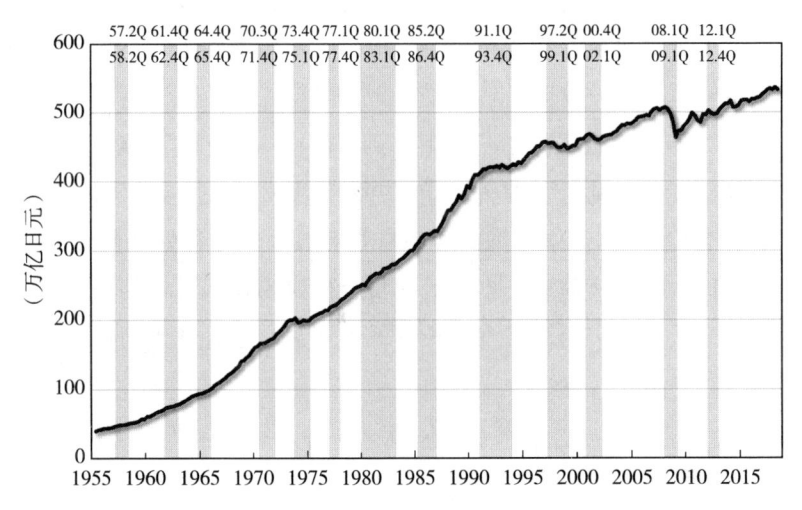

图 4.4　实际GDP

注：阴影部分表示经济周期中的收缩期。Q表示季度。
资料来源：日本内阁官房。

在20世纪五六十年代，日本经济实现了惊人的增长。每个十年，平均增长率接近10%。如前所述，在日本高速增长时期（大致为1955—1972年），"衰退"一词意味着增速下降。如图 4.4 所示，在这十几年间，年增长率从未低于零。官方确定的经济周期的任何收缩都只是增长率的下降，其实增长仍在继续。

货币政策失误（将在后面章节讨论）和油价突然上涨共同导致

了1973年的高通胀。而后，为抑制高通胀而突然紧缩货币，这导致了1974年严重的经济衰退。这是自1950年以来日本经济首次出现年度负增长。1975年经济增速有所回升，但未能恢复至以往9%以上的增长趋势。增长趋势的突然变化可以由几个因素解释，包括与高收入国家的趋同、与美国技术差距的缩小、污染控制费用的增加以及固定汇率制度的终结。最后一个因素抑制了出口的增长，从而降低了日本的经济增长。在20世纪60年代固定汇率制度下，日元在某种程度上被低估了，这使得出口的增长成为可能。1975—1990年，尽管日本避免了年度负增长，但增长率只能在4%~5%之间波动了。

1992年以后，平均增长率下降到1%~2%。此时，衰退实际上意味着GDP的收缩。事实上，自1992年以来，有很多年GDP都出现了负增长。图4.1中典型的经济扩张和收缩开始很好地契合1992年之后日本的经济周期。本节后面将会探讨为什么日本的增长率变得如此之低。事实上，日本增长率低于美国，这有悖于简单的趋同理论。

4.3.2 短观调查

除了经济社会综合研究所发布的经济周期指数外，日本央行实施的企业短期经济观测调查（tankan，以下简称"短观调查"）也是一个非常有用且受到密切关注的经济状况指标。[④] 短观调查是根据日本央行对企业进行的季度调查编制而成的。数千家企业接受了关于经济状况各种问题的抽样调查，答复率一直接近99%。在调查中，企业被要求对经济状况做出判断。问题很简单，比如总体经济状况（有利或不利）、公司员工数量（过多或不足）、公司财务状况（宽松或吃紧），以

---

④ 参见短观调查统计数据（http://www.boj.or.jp/en/Statistics/tk/index.htm/）。

及金融机构的贷款态度（宽松或严格）。这项调查每年举行四次，分别在3月、6月、9月和12月，并于次月初公布结果。当短观调查新闻发布时，众所周知，如果结果与金融市场参与者的预期不同或程度有偏差，他们就会做出反应。对金融分析师和交易员而言，短观调查一词已被收录进金融/宏观经济英语词典。

表4.3展示了2015年12月短观调查的部分结果，当时有1万多家企业接受了调查，其中98.5%的企业做出了答复。它显示了企业对经济状况的回答，即"有利"、"一般"或者"不利"。该表显

表4.3 日本央行有关2015年12月经济状况的短观调查

	2015年9月调查			2015年12月调查					
	实际结果			实际结果			预测		
	大企业	中型企业	小企业	大企业	中型企业	小企业	大企业	中型企业	小企业
制造业扩散指数	12	5	0	12	5	0	7	0	-4
1.有利	19	19	20	19	20	20	13	14	15
2.一般	74	67	60	74	65	60	81	72	66
3.不利	7	14	20	7	15	20	6	14	19
非制造业扩散指数	25	17	3	25	19	5	18	12	0
1.有利	29	25	19	29	27	20	22	20	15
2.一般	67	67	65	67	65	65	74	72	70
3.不利	4	8	16	4	8	15	4	8	15

百分点

注：扩散指数被定义为回答"有利"的受访者百分比减去回答"不利"的受访者百分比。大企业是资本在10亿日元以上的企业，中型企业是资本在1亿日元至10亿日元之间的企业，小企业是资本在2000万日元至1亿日元之间的企业。

资料来源：日本央行。

第4章 经济周期、繁荣与萧条

示了扩散指数（"净百分点"）的计算方法，即对这一问题，回答"有利"的受访企业百分比减去回答"不利"的受访企业百分比。调查还按照制造业和非制造业以及受访企业规模（大、中、小）分别列示。

表4.4展示了对其他问题的扩散指数，包括就业状况、财务状况和银行贷款态度。将2015年9月与2015年12月进行对比，我们发现经济状况变化不大。

一个更引人注目的例子是，表4.5展示了2008年6月至2009年6月短观调查的观点发生的变化。表中数据清楚地表明，经济状况在一年内恶化了。更多的企业认为经济状况不利而非有利，就业过剩而非不足，财务状况吃紧而非宽松，银行贷款态度严格而非宽松。日本企业明显感受到了2008年金融危机之后出现的全球性经济衰退。

表4.4 日本央行2015年12月短观调查结果

经济状况（有利减不利，百分点）	2015年9月	2015年12月
大企业		
制造业	12	12
非制造业	25	25
中型企业		
制造业	5	5
非制造业	17	19
小企业		
制造业	0	0
非制造业	3	5
所有企业		
所有行业	8	9

（续表）

就业状况（所有行业，过剩减不足，百分点）

	2015年9月	2015年12月
大企业	−9	−12
中型企业	−18	−21
小企业	−19	−21
所有企业	−16	−19

财务状况（所有行业，宽松减吃紧，百分点）

	2015年9月	2015年12月
大企业	22	22
中型企业	19	20
小企业	6	6
所有企业	12	13

金融机构贷款态度（所有行业，宽松减严格，百分点）

	2015年9月	2015年12月
大企业	27	26
中型企业	23	25
小企业	16	17
所有企业	20	20

资料来源：日本央行。

表4.5　日本银行2009年6月短观调查结果

	2008年6月	2009年6月
经济状况（所有企业，有利减不利，百分点）	−7	−45
大企业：制造业	5	−48
非制造业	10	−29
中型企业：制造业	−2	−55

第4章　经济周期、繁荣与萧条

(续表)

非制造业	−5	−36
小型企业：制造业	−10	−57
非制造业	−20	−44
就业状况（所有企业，过剩减不足，百分点）	−5	23
大企业	−9	20
中型企业	−6	22
小企业	−3	23
财务状况（所有企业，宽松减吃紧，百分点）	2	−12
大企业	18	1
中型企业	7	−7
小企业	−8	−20
金融机构贷款态度（所有企业，宽松减严格，百分点）	10	−11
大企业	19	−9
中型企业	12	−9
小企业	5	−13

资料来源：日本央行。

4.3.3　失业率与工业生产

失业率是反映经济波动的另一个指标。当经济活动收缩时，公司会裁员，停止招聘新员工，或两者兼有，从而提高失业率。然而，在解雇员工之前，企业往往会观望销售额和订单的减少是短期冲击还是会持续更长时间。这也解释了为什么这是经济周期中的一个滞后指标，如表4.1所示。

图4.5显示了日本（实线）和美国（虚线）的失业率。20世纪七八十年代，日本的失业率远低于美国，并且日本的失业率增长非常缓慢，没有太大波动，而美国的失业率波动很大，这反映了经济的周期波动。直至1992年，日本的失业率还很低，只有2%左右，而美国

的失业率直至2018年始终都在4%以上。第10章将列举并解释20世纪七八十年代日本维持低失业率的原因。

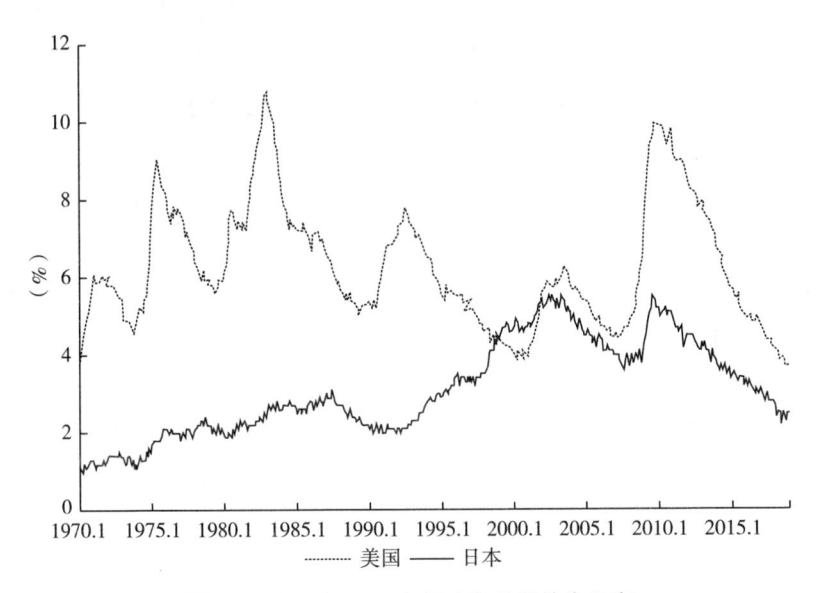

图 4.5　1970—2018年日本和美国的失业率
资料来源：美国劳工统计局；日本总务省统计局。

然而，在20世纪90年代初资产价格崩溃之后出现的停滞期，日本失业率迅速攀升，在1998年11月，也就是日本银行业危机爆发大约一年后，日本的失业率开始高于美国；而且这一逆转一直持续到2001年11月。从2003年到2014年，随着产出活动的扩大和收缩，日本失业率大幅波动，这表明日本的劳动力市场变得更有灵活性，与美国的劳动力市场也更相似了。

在1996年和2000年两次短暂的经济复苏期间，失业率没有下降，并在两次复苏之后的衰退中急剧上升。直到2003年之后，持续的经济复苏终于出现，失业率才开始下降，但并没有达到20世纪80年代那么低的水平。在2007年10月开始的经济衰退中，失业率开始上升，并在

2008年9月雷曼兄弟破产后急剧攀升。

图4.6显示了工业生产指数,这是一个同步指数。20世纪七八十年代,日本工业生产稳步增长,除了第一次石油危机之后有短暂的下降。然而,从1990年到2014年,这一趋势停止了,指数一直在某一常数值附近波动。在雷曼兄弟破产后,该指数大幅跌至20世纪80年代中期的水平。虽然这一指数很快复苏,但是截至2018年第三季度,它还没有恢复到2008年初的峰值。

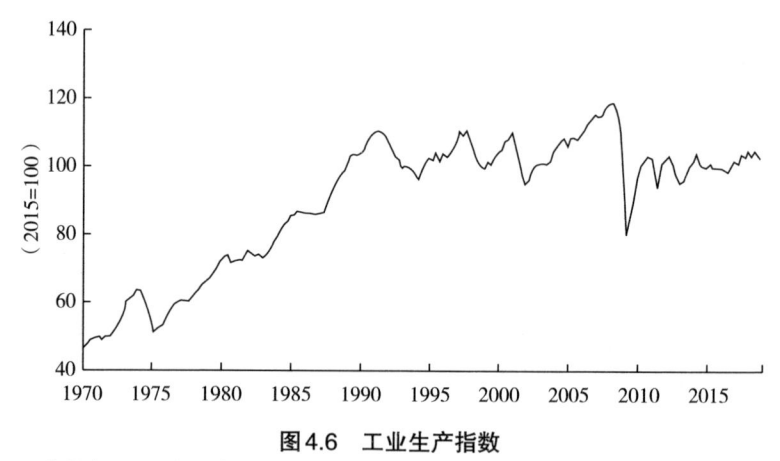

图4.6 工业生产指数

资料来源:日本经济产业省。

4.4 理解经济周期

4.4.1 两个思想流派

关于经济周期的成因以及经济政策能够和应该采取什么措施以平抑周期,存在各种各样的理论。我们可以把这些思想归纳为两个流派。一个流派认为,市场经济本质上具有产生周期波动的趋势,并且经济活动的大幅波动是有害的。另一个流派则倾向于认为,自由放任的市场经济是相当稳定的。即使经济有时表现出周期性的波动，这也是个体行为优化的结果，减轻经济波动即便有可能，也不会增加社会福利。

前者的观点联系到约翰·梅纳德·凯恩斯，他目睹了古典经济学在现实中遭遇的失败，后者是此前主流的理论范式，但无法解释和应对20世纪30年代的大萧条，为此，凯恩斯创建了一个新的领域，即我们现在所知道的宏观经济学。根据凯恩斯主义的观点，个体的最优行为加起来可能并不会使总体经济水平也达到最优的结果。在经济学中，这种观点被称为合成谬误。例如，当经济陷入衰退时，个人收入下降，对每个家庭而言，减少消费（即所谓的"勒紧裤腰带"）可能是颇有远见的。然而，如果每个人都减少消费，经济活动就会放缓，经济体就会陷入更严重的衰退。因此，干旱、洪水和油价上涨等外部冲击就会被放大，这会形成经济周期。宏观经济政策可以改善经济周期的无效状况。在这个例子中，政府财政扩张（即更多的支出）可以弥补私人部门消费的减少，从而缓解经济衰退。

在凯恩斯主义关于经济周期的观点中，需求冲击具有举足轻重的作用。在凯恩斯主义模型中，价格和工资不会随着需求和供给的变化立即调整。因此，这就可能会出现需求过剩（商品短缺）或供给过剩（库存增加）。刚性价格假设是凯恩斯主义以及最近的新凯恩斯主义宏观经济学的核心。由于价格无法对宏观经济冲击做出充分的调整，冲击就会导致产出、就业和其他经济总量指标的大幅波动。凯恩斯（1936）最初特别强调投资需求遭受的冲击是经济波动的外部原因。他猜测企业固定资产投资取决于企业家的动物精神。宏观经济冲击可能也会影响总需求的其他组成部分，比如消费或出口。

教科书中的凯恩斯模型讲述了一个故事，以解释宏观经济冲击如何传播，从而产生经济周期。故事是这样的：对于一个给定的生产水平，需求（销售）激增导致了存货的突然下降。生产者觉察到这一点，便开始通过雇用更多的工人来提高产量，并通过加大投资来扩大生产能力。投资增加，就业增加，这导致消费进一步增加。消费和投资同时增加会产生更多的产品需求。因此，需求增加趋向于自我强化，从而创造出持续的繁荣。

但是，这个过程不可能永远持续下去。尽管价格和工资具有刚性，但需求的持续增长给价格和工资施加了上行压力，最终，价格和工资开始上涨。因此，除非该经济体的生产能力能够持续与需求同步增长，否则繁荣将导致通胀，即一般价格水平的持续上涨。更高的物价水平使得对名义货币的需求增加，因为人们现在需要用更多的货币来购买同样数量的商品。这推高了货币的价格，也就是利率。（请注意货币本身通常不会产生利息收入。因此，人们在持有货币而不是政府债券等可以生息的金融资产时，实际上放弃了利息收入。从这个意义上讲，利息是人们为持有货币而付出的代价。在经济学中，利息是持有货币的机会成本。）更高的利率会阻碍投资，抑制经济的繁荣。通货膨胀还促使政府酌情对经济施以限制。一旦经济转向低迷，整个过程将发生逆转。

另一派的观点有时被称为新古典经济学，它遵循古典理论的传统，基于价格具有完全弹性的假设，这与凯恩斯主义的观点相反。因此，需求冲击对经济周期的作用是有限的。需求冲击会迅速改变价格和工资，在数量上并不会偏离供给太远。在新古典模型中，经济周期是由供给侧因素引起的。对于供给冲击，新古典模型强调冲击对全要素生产率的重要影响，这一点在第3章中已有论述。因此，经济周期分析与经济增长研究密切相关。

经济周期和经济增长的新古典模型经常被称为真实经济周期理论，通常将经济波动解释为个体优化的结果。可以证明，如果每个个体都具有相同的目标函数，并且市场是完全的和完美的，那么经济的表现就如同整个经济是由追求最优化的单个决策者（即代表性个体）构成的一样。经济可能会波动，但这种波动反映了最优结果。冲击主要来自供给侧，比如技术冲击（生产过程中的创新等）和自然灾害。就业波动是因为工人对工作或闲暇的偏好发生了变化。因此，即使政府干预可以暂时提高产出，对平抑经济周期也没有作用。

新古典主义思想的另一项重要内容现在被视为经济学和金融学的基准模型，就是强调私人部门如何理性地形成预期，以及在政府改变政策时私人部门的行为如何改变。理性预期假设意味着家庭和企业在形成预期时不会一直犯错，因为这些行为人足够聪明，如果预期不断被证明是错误的，他们就会改变自己的预期。例如，政府或许能够实施减税，从而出其不意地刺激经济，而减税的资金需要用未来的增税来弥补。但是，如果政府重复这样的政策，公众很快就会明白减税之后总是伴随着增税，从而不会再按照预期的方式做出反应。

4.4.2 政治经济周期

在回顾20世纪80年代至90年代日本经济令人瞩目的繁荣与萧条之前，让我们先考察另外一种强调非经济冲击的经济周期观点，看看它们是否契合日本的经验。政治经济周期理论是由诺德豪斯（Nordhaus，1975）、希布斯（Hibbs，1977，1987）以及其他学者发展起来的。[5] 这一理论认为，政治因素可以影响宏观经济政策，从而形成经济周期。现任政府可能会为了寻求连任在竞选之前刺激经济。执政党的更迭可能会彻底改变宏观经济政策。

这一理论的提出受到了美国经验的启发，在美国，总统选举每四年举行一次。现任总统及其政党有动机利用宏观经济政策影响经济，

---

[5] 关于政治经济周期，一篇精彩的文献综述参见Alesina（1988）。本节解释的两种说法都对应着Alesina所谓的"非理性选民"版本。关于拥有"理性选民"的两种版本的模型，请参阅他的专著，这里不再讨论。

试图说服选民相信，如果他们当选，会有好的经济结果。在日本，大选时间是一个内生的政策变量。首相可以在他四年任期内的任意时间解散众议院。因此，因果关系是双向的：既定的选举可能会导致经济周期，就像美国那样；但是经济扩张也可能会促使首相要求提前举行大选。

猪口（Inoguchi，1983）、伊藤（1990）和其他学者对议会制度中的政治经济周期进行了建模。猪口得出的结论是，日本政府更有可能抓住经济表现良好的时机，要求举行大选。他将自己的发现部分归因于日本强大的官僚体系，这一体系不受政治影响。

伊藤（1990）证实，在经济条件有利时，政府就会试图举行大选，但他也发现，政府每四年必须至少举行一次选举的限制是重要的。根据他的估计，选举的可能性会随着经济增长率的上升而增加，随着通胀率的上升而减少，随着上次选举以来的季度数量的增加而增加。特别是，在任期较早时举行的选举经常伴随着非常高的经济增长率，在任期接近结束时举行的选举可能伴随着相对较高的经济增长率，因为已临近必须举行选举的时间。

他还发现随着时间推移，有一个有趣的变化。在20世纪70年代中期之前，经济表现与距离上次选举以来的时间之间有着明显的负相关关系。在上次选举后的第10~11个季度举行的选举，都伴随着4%以上的经济增长率。当任期进入第4年（第13个季度及以后），选举举行时的经济增长率低至2%。无论是上述哪种情况，选举所处季度的经济增长率都高于上一季度。

20世纪70年代中期以后，这种关系变得不那么明显了。第一次石油危机后的第一个选举周期是首次完整的四年任期。政府可能没有意识到结构性变化已经永久性地降低了经济增长率。政府一直在等待一个高增长的季度，但它从未到来。从1980年第一季度开始的选举周期只持续了半年，而这次选举是在经济表现不是特别强劲的时候举行的。⑥

日本的经验表明，政府并没有像政治经济周期理论描述的总统制那样，在临近选举前操纵政策。相反，大选通常在经济扩张时期举行。换句话说，是日本政府采取机会主义行为，操纵了选举的时间，而不是经济状况影响了选举。⑦

4.5 日本的经济周期

4.5.1 经济高速增长时期

这一节考察20世纪80年代初之前日本的经济周期。我们会发现，需求冲击对这一时期的经济周期非常重要。因此，凯恩斯主义的方法更有价值，我们将从这一视角来理解日本的经验。

上述教科书式的凯恩斯主义理论过于简单，无法真正应用于任何经济体，包括日本。当我们回顾日本经济高速增长时期的这段经历时，还有一个重要因素需要考虑，这就是固定汇率制下国际资本管制的影响。直到20世纪60年代后期，日本还实行严格的资本管制，任何对日本的外国投资和日本对外投资都必须得到政府的批准。出口商赚取的外币必须兑换成日元，任何需要外汇的进口商必须向政府申请。因此，任何对外国的债权均以外汇储备的形式储存在外汇基金专项账户中。为了防止外汇储备的流失，日本必须在每个经济周期中都保持贸易差额为零。

---

⑥ 不信任动议通过之后，政府会提前解散。一些自民党议员在对不信任动议投票时缺席国会的会议。一些观察员认为他们是意外缺席，但另一些人认为他们是故意缺席。

⑦ 参见Ito和Park（1988）、Ito（1990）提供的证据。相反的观点参见Cargill和Hutchison（1990）。

在20世纪五六十年代，像几乎所有国家一样，日本加入了布雷顿森林体系，保持了对美元的固定汇率。固定汇率从几个方面使日本受益。例如，维持固定汇率提供了一种防止经济过热的自动机制，经济过热之后往往会出现增长回落和严重的衰退。当日本经济处于繁荣时期时，进口会比出口增长得更快。20世纪70年代中期之前严格的资本管制意味着，日本无法通过资本流入为贸易逆差融资。由于日元兑美元的汇率不能偏离360日元兑1美元，并且外汇储备匮乏，日本唯一的选择就是放缓经济增长。利率上升，银行信贷受到限制，政府支出减少，直到进口放缓至足以恢复国际收支平衡。从这个意义上讲，国际收支平衡为经济扩张设定了上限，并缩小了扩张和收缩的幅度。在20世纪五六十年代，国际收支平衡设定的增长上限远低于生产能力和通胀设定的上限。因此，这一时期的大多数经济波动都是由国际收支波动引起的。

4.5.2　1973—1974年的经济下滑

1971年8月，美国单方面放弃布雷顿森林体系，主要货币对美元重新估值。日本从1971年12月开始尝试新的日元兑美元汇率并围绕这一汇率允许在更大的范围内波动，试图通过调整汇率来恢复固定汇率制。然而，日元升值的压力仍然存在。最终，1973年2月日本放弃了恢复固定汇率制的所有努力。从1973年2月至今的大部分时间，日元兑美元的汇率一直是浮动的。[8] 就扩张受到的限制而言，20世纪70年代初的这些变化开创了新局面。早在20世纪60年代后期，贸易顺差就已持续了很长一段时间，甚至在扩张期也是如此。这意味着由国际收支平衡对需求扩张施加的上限提高了，而总

---

[8] 1985年9月签订《广场协议》后，政治风向开始转向对汇率的管理。第12章将详细描述和分析这段经历。

供给的上限很快就会低于国际收支平衡导致的上限。(有关汇率制度的细节将在第12章讨论，浮动汇率制下货币政策面临的挑战将在第6章讨论。)

20世纪70年代中期，当日本经济遭遇大规模供给冲击时，总供给上限的重要性开始凸显。1973—1974年的石油危机导致生产能力急剧下降，降低了总供给的上限。由于在短期内生产和使用的石油数量很难改变，日本要么减少国内能使用的产品数量（因为它不得不为进口原油支付更多的费用），要么降低总供给以减少石油的使用。不管是哪种选择，都意味着生产放缓和通货膨胀（总需求超过了现在较低的总供给）。伴随着20世纪70年代的石油价格冲击，许多发达经济体经历了滞胀（即经济停滞和通胀并存），日本也是其中之一。用经济学的术语讲，油价的急剧上涨代表了不利的技术冲击。生产者投入同样的劳动力和资本，却只能获得较少的产出。为了抵消不利的技术冲击，许多国家投资于节能技术，这最终使它们能够使用更少的石油来实现同样数量的产出。

原本可以抑制货币扩张的贸易逆差消失了，这使货币政策的制定出现了严重问题。20世纪70年代初期，日本经济扩张，但国际贸易仍然或多或少保持平衡。习惯于以这些赤字引导其货币政策的日本央行并没有采取紧缩性的货币政策。持续的货币扩张造成了所谓的"流动性过剩"。到1973年年中，以CPI衡量的通胀率上升到10%。从1973年10月到1974年，石油价格的急剧上涨使通胀率加速上升，达到日本自二战结束以来从未经历过的水平，最终导致了1973年至1974年的高通胀。第6章将详细分析这一时期的货币政策。

为了遏制通胀，日本央行在1974年大幅提高了利率。这引发了严重的经济紧缩，在前文所述的任何经济周期指标中都可以看到这一点。1974年是自1950年以来首次出现经济负增长的一年，与1973年前的高速增长时期相比，1975年以后的趋势增长率下降了一半。

4.5.3 中速增长时期

从20世纪70年代中期到80年代中期，日本经历了非常稳定的经济增长，尽管增速低于高速增长时期。从表4.6中可以清楚地看出这一点，该表提供了对日本和美国几个为期15年的时间段（1960—1974年、1975—1989年和1990—2004年）实际GDP增长率统计数据的比较。在第二个15年期，虽然日本的平均增长率下降了一半，但增长的波动性下降得更为明显。无论是标准差（SD）还是波动范围（经济增长率最大值和最小值之差），都明显反映了这一点。日本经济增长率的变异系数（即标准差除以平均值）减少了一半，但在美国并没有观察到类似的波动幅度下降。[9]

表4.6　增长趋势和波动概况

	平均值（%）	最大值（%）	最小值（%）	标准差（%）	标准差/平均值
日本					
1960—1974	9.2	13.6	−1.4	3.91	0.43
1975—1989	4.4	5.7	2.5	1.04	0.24
1990—2004	1.5	5.6	−2.0	1.81	1.23
美国					
1960—1974	3.9	6.5	−0.6	2.22	0.57
1975—1989	3.3	7.2	−1.9	−2.43	0.74
1990—2004	3.0	4.8	−0.2	1.42	0.47

资料来源：日本内阁官房；美国经济分析局。

为什么1975年以后日本经济的波动幅度下降了？首先，仔细研究总需求的构成，就会发现在这段时期投资变得更为稳定。准确地说，存货投资的比重下降了，并且存货投资和固定资产投资的波动性都下

---

[9] 参见Romer（1986）对二战前后经济周期的比较。

降了。由于投资波动是经济波动的一个主要来源，投资波动的下降有助于整体经济更平稳地运行。

1975—1989年，存货投资在日本GNP（扣除物价因素）中所占的比重平均为0.6%，而1960—1974年为2.0%。该比重的标准差从1960—1974年的0.63下降到1975—1989年的0.22。与1960—1974年相比，1975—1989年固定资产投资在GNP中的平均比重没有下降，实际上该数值从30.3略微升至32.1。然而，固定资产投资比重的标准差从4.81下降到1.91。这无疑造成了整体经济波动幅度的显著下降。

存货波动幅度下降的背后有三个可能的原因。首先，产业结构转向服务业部门占比更大型，因此存货占产出的比例可能会更小。（这种变化在美国更明显，但是在美国没有观察到类似的经济波动下降。）其次，日本的库存管理体系日益进步，制造业的库销比（库存量与销售额的比率）急剧下降。再次，1975年以后的十年间，货币政策趋于稳健。1975年以来，货币供应量的平均增长率逐步回落，波动也有所减弱。

20世纪80年代后期，日本正在经历长期的扩张。自1974年以来，它从未出现过负增长。随着扩张时期变得更长，衰退阶段下滑幅度变得更小，人们对日本经济周期的兴趣逐渐消失。没有人会想到，日本经济将很快进入一个长期停滞期。

4.5.4 泡沫与"失去的20年"：1987—2012年

20世纪80年代后期，日本经济经历了四年多的扩张（1986年11月至1991年2月），GDP增速加快。这次扩张伴随着资产价格异乎寻常地上涨，特别是股票和土地价格。正如前文所述，国际收支平衡对经济繁荣施以上限的时代早已远去。在这次扩张中，通胀发出的警告也不明显。经济持续增长，商品和服务只出现了轻微的通胀。然而，股票和土地价格在80年代急剧上升之后，在90年代又急剧下降。当股价在1990年开始下跌时，人们将这一下跌视为上涨过快的回调。人们认为，价格的下跌幅度不会超过回调所需的程度。然而，从1991年到1995年，股票价格一直未能企稳。土地价格在1991年开始下跌，这对银行体系产生了巨大的影响，因为许多对房地产和建筑公司的贷款都变成了不良贷款，最终不得不核销。为了更深入地理解这个问题，我们首先看一下数据。

资产价格在20世纪80年代后半段呈指数式增长。图4.7显示了从1970年到2018年的股票价格指数（日经225指数）和土地价格指数（东京都、横滨、名古屋、京都、大阪和神户六大城市的商业用地）。日经225指数追踪东京证券交易所225只主要股票的平均股价。该图显示，日经225指数从1984年的大约10 000点上升到20世纪80年代末期的将近40 000点。该指数在1989年最后一个交易日达到了最高点38 915.87，直到今天这仍是最高点。可见，股票价格在六年内翻了两番，年均增长率达到26%。然而，在接下来的十年里，所有收益都付诸东流。股价继续下跌，直至2009年3月10日跌至7 054.98点，回到了1982年的水平。

土地价格指数是由日本不动产研究所计算的。该指数将2000年3月的月度数据标准化为100。该图显示，平均地价指数从1984年的大约90上升到1991年的峰值150左右。商业用地价格的上涨更剧烈，该指数从1984年的110左右上升到1991年的接近200。这里的指数是日本所有城市的平均值。如果我们看大城市的地价，涨幅要大得多，特别是商业用地。

这些统计数据清晰地表明，股票和土地价格的膨胀并没有永远持续下去。在资产价格开始下跌、经济开始降温以后，很多人声称这一时期的资产价格远远高于其实际价值，包含投机成分，也就是泡沫。在日本，这一时期被称为泡沫经济。

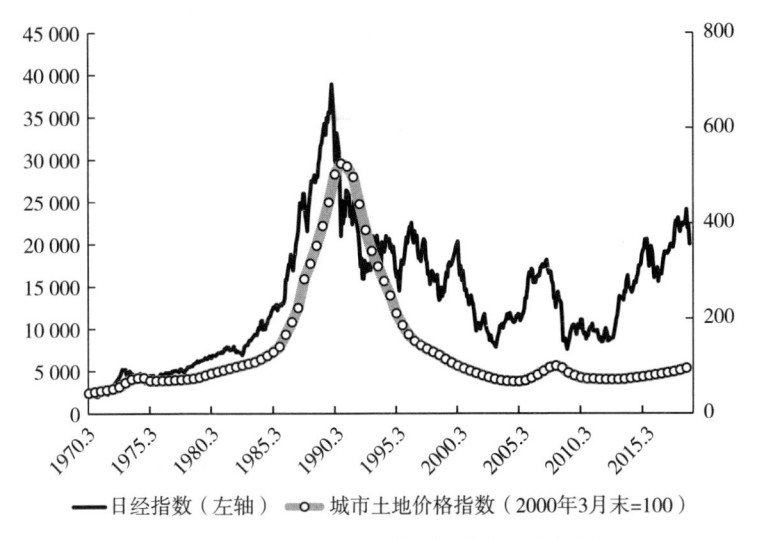

图4.7　1970—2018的股票价格和土地价格

注：土地价格指的是六大城市地区（东京都、横滨、名古屋、京都、大阪、神户）的商业用地指数。

资料来源：日本经济新闻社和日本不动产研究所。

在经济学中，泡沫被定义为资产价格对其基本价值的偏离，基本价值是当资产所有者持有资产到期时（对于没有到期日的资产，如股票和土地，则为永久持有），资产对所有者的内在价值。让我们举一个例子，一只股票的股息是固定的，为每股X日元。通过持有股票，投资者每年可以得到X日元的股息。因此，股票的基本价值是由股息收入流决定的。

股票的基本价值也受利率的影响。要了解这一点，请先考虑一个简单的金融投资决策案例。假设你有100万日元要投资。你有两个选择：以利率r（如果利率是2%，则r为0.02）将其存入银行账户，或者以价格P购买预期将支付X股息的股票。如果你存入银行，你将每年得到r百万日元的净回报。如果你买股票，你可以买到$1/P$百万股，这些股票每年支付X/P百万日元的股息。忽略风险，这两种投资策略的每年净收益必须相同。（然而，在现实世界中，股票价格可能会起伏，因此在 X 之外应加上风险补偿。不过，为了简单起见，我们在示例中忽略这一点。）如果股票投资的回报超过存入银行的回报，每个人都会试图购买股票，股价就会上涨。P 的增加会降低股票相对于存款的回报。因此，最终 X/P 必定等于 r。这意味着：

$$P=X/r$$

股票的基本价值就是股息除以利率。更一般地，我们可以证明，股票的基本价值等于未来股息收入流的贴现值。当股息和利率（贴现率）都不变时，公式就被简化为上面给出的表达式。

对于土地的基本价值，我们可以做出本质上相同的论证。通过持有土地，一个人可以从承租人那里或从出租人自己那里收取租金。对于后者，它被称为估算租金。因此，土地的基本价值是未来租金收入流的贴现值。当地租和利率都不变时，土地的基本价值就是地租除以利率。

这样，泡沫就可以定义为资产价格相对于基本价值任意持续的偏离，而且经常偏离得越来越严重。现实生活中出现泡沫的另一个迹象是，那些由于预期价格上涨而购买资产的人的占比上升，他们购买资产不是为了获得股票的股息或土地的租金。20世纪80年代末期，有很多记录在案的例子表明，房地产价格是如何被投机者推高的，他们纯粹是因为预测日本未来的房价会上涨。银行愿意向购房者提供超过其房产当前销售价格的贷款，因为他们设想房屋（即抵押物）的价格很快就会上涨到足够高的水平，可以为贷款提供充分的保障。

正如我们刚才在等式中看到的那样，永久性的低利率会增加资产的基本价值。实际上，这正是日本20世纪80年代末期资产价格上涨的最普遍原因。根据这种观点推断，日本央行在20世纪80年代末期实行的低利率政策使资金变得更便宜，流入股市和土地市场的资金进一步推高了价格。（这一时期的货币政策将在第6章详细讨论。）当时的政策利率是官方贴现率（ODR，即再贴现率），即日本央行向商业银行提供流动性的利率，再贴现率在1987年2月降至2.5%，创历史新低。因此，低利率是资产价格上涨的重要原因。[10]

低利率和其他基本面因素（例如更高的股息和租金）能在多大程度上解释日本20世纪80年代末期资产价格的上涨？如果这些基本面因素可以解释大部分的资产价格上涨，那就没有必要论证泡沫是否存在。植田和男（Kazuo Ueda, 1990）提出了这个问题。他研究了基本面因素的变化，比如低利率和对更高股息或租金的预期，是否可以解释股票和土地价格的上涨。他还考虑了风险溢价可能的变化，这并不包含在我们这一简单模型中。在经过仔细研究后，他得出结论，地价上涨大部分可以由基本面的变化来解释。然而，用基本面的变化来解释股价飙升更为困难，植田得出的结论是，20世纪80年代末期的股价上涨可能是泡沫。

植田（1990）是一个例外，他警告大家在资产价格暴涨期间可能存在泡沫。植田假设利率会永久性地下降，而伊藤和祝迫（Ito and Iwaisako, 1996）的研究表明，如果投资者预期低利率只会持续几年，那么对于股价上涨，可以用基本面解释的部分就更小了。

巴斯基（Barsky, 2011）指出，投资者对基本面的分歧可能是泡沫时期股价上涨的主要原因。如果卖空受到限制，股价就反映了最乐观的投资者的估值。调查资料显示，即使在20世纪80年代后期股价暴涨处于顶峰时，大多数投资者也认为，相对于基本面，股票没有被高估。因此，日本股市的暴涨可以用投资者对基本面的认知来解释。

资产价格的暴涨也带来了实体经济的繁荣，如工业生产和实际GDP。不管资产价格上涨的原因是什么，消费和投资都受到繁荣的刺

---

[10] 然而，如果投资者相信低利率会在几年内逆转，那么理论上资产价格就不会上升那么多。

激。资产价格影响实体经济活动有两个重要渠道。首先，家庭金融资产价值的增加鼓励人们更多地消费，从而产生消费繁荣。这就是所谓的财富效应。其次，企业资产价值的增加使企业为其投资融资变得更容易，因为企业可以将这些价值更高的资产用作额外的抵押品，向银行借更多的钱。这就是所谓的抵押效应。

在20世纪80年代末日本经济繁荣时期，财富效应和抵押效应都很重要，但是抵押效应相对更为重要。企业固定资产投资增长较快，对80年代经济扩张的贡献最大。

资产价格在20世纪90年代初期达到顶峰，然后开始急剧下跌。回想一下图4.7，它显示了股价指数和地价指数。该图表明，股票价格从1990年开始下跌，一年内下跌了近50%，然后继续下跌。图4.7还显示了20世纪90年代和21世纪头十年地价的大幅下跌。地价指数的峰值出现在1991年，比股价的峰值出现得稍晚一点。这可能是因为地价指数是根据评估价值构建的，评估价值可能会滞后于实际成交价格的变动。在接下来12年左右的时间里，地价逐步下降。到2004年，地价下降到仅有峰值的八分之一。2004年至2007年间略有增加，但2008年以后再次下降。

为什么股价和地价在1990年至1991年下跌得如此厉害呢？就像20世纪80年代后半期的低利率是推高资产价格的因素之一，1989年以来不断上升的利率对1990年开始的资产价格变动产生了不利影响。自1989年5月以来，日本央行一直在加息，以防止资产通胀会导致商品和服务的通胀。官方贴现率从1989年4月的2.5%提高到1990年8月的6%。正如公式$P=X/r$所示，由于高利率会压低股票的基本价值，这次加息必然会造成资产价格暴跌。虽然股价和地价分别在首次加息后半年内和一年内继续上涨，但最终还是开始下跌。

另一项对地价造成严重打击的政策是房地产贷款监管收紧。1990

年3月,大藏省*颁布了一项规定,限制银行向建筑、房地产和非银行部门发放贷款的数量,非银行部门包括租赁公司、消费金融公司和住宅金融专门会社(jusen,以下简称"住专")我们将在第5.5.1节详细说明。尽管非银行部门是一个监管漏洞,因为它可以通过批发融资向房地产开发商提供贷款,但这项规定发出了一个明确信号,即政府将尽其所能阻止地价进一步上涨。(这一政策转变得到了社会的支持,因为房价对普通员工而言太高了。)

当资产价格开始大幅下跌时,财富效应和抵押效应就会发生逆转。家庭持有的股票贬值,就会减少他们的消费支出。对于企业来说,当其抵押品贬值时,他们发现很难为其投资融资。总需求下降,经济进入收缩阶段。

4.5.5 "失去的20年"

如第3章所示,日本经济在整个20世纪90年代和21世纪头十年停滞不前,有几个时期还出现了负增长。许多人把这一时期称为"失去的20年"。经济在1996年和2000年曾短暂复苏,随后再次陷入衰退。2002年至2008年的经济扩张(第86页表4.2)是时间最长的扩张期之一。然而,在这次扩张过程中累积的增幅并不大。这是一次称不上繁荣的扩张。

就20世纪80年代后期日本资产价格出现泡沫的程度而言,泡沫破裂是不可避免的。一个重要的问题是,为何衰退持续了这么长时间,而且如此严重,拖累了整个经济。2003年的股票和土地价格跌到了20世纪80年代初的水平,市场失去了在泡沫时期获得的所有收益,甚至更多。失业率飙升,工业生产止步不前。泡沫及其破裂是战后日本经济大幅波动的又一例证。长期持续的经济停滞不仅是不可避免的泡沫破裂的结果,也反映了各种政策失误。这一点将在第14章详细解释。

---

* 2001年重组为财务省和金融厅。——编者注

我们对"失去的20年"的解释，强调了需求冲击的重要性，重点关注了财富效应和抵押效应。还有另一种观点聚焦于供给冲击。例如，林文夫和爱德华·普雷斯科特（Fumio Hayashi and Edward Prescott, 2002）认为，日本在20世纪90年代的停滞可以完全解释为对供给冲击的反应，如20世纪90年代初期工厂自愿停业和自愿闲置数量的增多，永久性地降低了全要素生产率。

20世纪90年代日本经济停滞是由需求冲击造成的吗？还是像林文夫和普雷斯科特所说的那样，供给冲击更为重要？或许两种冲击都很重要。然而，20世纪90年代日本经济停滞的一个重要特征表明，总需求是更重要的因素。在20世纪90年代和21世纪初的大部分时间里，日本经济普遍遭遇了通货紧缩。有关这一现象的详情将在第6章中讨论，这里只做简要描述。

通货紧缩被定义为物价总水平的持续下降，或通胀率持续为负。价格有几种不同的定义。最具代表性的价格指数是GDP平减指数和CPI（包括所有商品，或不包括生鲜食品）。然而，无论使用何种定义，在20世纪90年代后期和21世纪头十年的大部分时间里，通胀率都是负的。

通缩和工业低产出的并存，表明在大多数时期总需求都低于潜在产出。价格和产出的联动与基于需求冲击对经济停滞的解释是一致的。如果总供给萎缩是导致经济停滞的主要原因，而总需求几乎没有变化，我们观察到的应该是通胀而不是紧缩。因此，日本通缩伴随产出下降，这一事实表明需求因素对日本经济停滞的影响更大。有关"失去的20年"的更多内容，将在第14章中讨论。

4.6　需求不足还是结构问题？

1992—2012年间，日本的平均增长率降至约1%。因此，这时的收缩通常就像其字面意思一样，意味着GDP的萎缩。关于经济增长率如此急剧下降的主要原因，一直存在争论。对于一个高速增长的中等收入国家而言，一旦完成经济增长的追赶阶段，增速就会放缓，这是很自然的。然而，日本的增长率不仅下降了，而且变得比美国等更成熟的经济体还要低。

一种观点聚焦于总需求不足，而这又是由20世纪80年代泡沫经济崩溃以及随后的宏观经济政策失误所致。相反的观点则侧重于总供给，指出是结构性因素，比如人口老龄化和僵化的经济制度，降低了潜在增长率。

这两种观点指向截然不同的政策建议。如果日本经济停滞主要是由需求不足导致的，那么通过扩张性货币和财政政策刺激总需求就可以解决。然而，如果停滞源自结构性因素，那么扩张性货币和财政政策的作用就微乎其微。在这种情况下，日本需要的是结构性改革，以增进其供给能力。

那些将"失去的20年"归咎于需求不足的人，认为货币和财政政策的制定者应负主要责任。当泡沫经济崩溃时，货币和财政政策的制定者低估了资产价格崩溃产生的负向财富效应对消费的不利影响，因此他们迟迟没有转向扩张性政策。[11]

供给侧的观点强调结构性因素降低了潜在增长率。[12] 例如，生育率下降减缓了人口增长，更重要的是减缓了劳动力的增长，两者最终都转为负增长。除了人口方面的挑战，进入后赶超阶段，日本在调整经

---

[11] 然而，在股价开始下跌后，日本央行相当迅速地降低了政策利率。它将再贴现率从1990年的峰值6.0%下调到1993年的1.75%，接着到1995年秋季又降至0.5%。这肯定有助于1996年经济的复苏。在日本央行于1998年获得法定的独立地位以后，似乎变得更不愿意推行过度的扩张性货币政策。更详细的讨论见Hoshi和Kashyap（2015，第118页）。Cargill、Hutchison和Ito（2001，第6章）也断言，日本央行在独立后毫无必要地拒绝了来自外部的建议，并称其为"独立性陷阱"。

[12] 关于这一观点的例子，参见Hayashi和Prescott（2002）。

济结构以维持增长方面行动迟缓。对发达经济体而言，增长较少来自劳动力和资本投入的积累，而更多是源于技术进步。反过来，技术进步不仅来自现有生产单位生产率的增长，也来自经济结构的调整，即生产率较低的旧企业和工厂被生产率更高的新生产单位取代。日本缺乏这种创造性破坏的经济机制，这导致了当经济增长的赶超阶段结束后，生产率增长乏力。

在泡沫经济崩溃以后，日本对银行遇到的不良贷款问题久拖不决，这加剧了供给侧的困境。银行试图通过继续向几乎资不抵债的客户放贷（被称为僵尸贷款），以掩盖不良贷款问题的真实状况。这种借贷挤占了对生产性部门的贷款，并抑制了投资。

20世纪90年代中期以来持续的通缩趋势表明，与潜在增长率的下降相比，需求不足是一个更大的问题。如果对供给的约束占主导地位，日本本应经历通胀。然而，需求不足并不是唯一的问题。如果这是唯一的问题，并且潜在增长率未受到影响，我们就会看到通缩呈螺旋式上升，而不是小规模的持续通缩。因此，我们可以得出结论，在"失去的20年"中，日本遭受了需求短缺和潜在增长率下降的双重打击。

4.7 小结

对1973年之前的日本经济周期，最好用存在国际收支平衡限制的传统凯恩斯主义模型来理解。当经济扩张持续一段时间，外汇储备有所下降时，货币和财政政策被用来给经济降温，以减少进口。但随后20世纪70年代的两次石油危机（不利的供给冲击）导致了经济低迷。

总体而言，1975年之后的波动幅度要小得多。这可能归因于几个因素，包括通过采用浮动汇率消除国际收支限制，以及为抑制通胀采取更恰当的货币政策。

虽然商品和服务价格上涨受到抑制，但资产价格（即股票和土地的价格）上涨得非常快。20世纪80年代末令人叹为观止的资产价格暴涨如今被认为是一次投机泡沫，它也同样令人惊叹地崩溃了。日本经济从这次泡沫崩溃中复苏的速度极其缓慢。需求不足是经济停滞的主要原因，但抑制潜在增长的供给侧问题也很重要。

附录4A 一个简单的凯恩斯主义宏观经济模型：回顾

在这里，我们提供了一个简单的宏观经济模型，目的是回顾教科书中的宏观经济模型。关于这种模型的更详细讨论，请参考标准的宏观经济学教科书，比如布兰查德（Blanchard, 2009）。

总需求。回想一下总需求相当于用支出总和定义的GNP：

$$Y^d = C + I + G + (EX - IM)$$

在最简单的宏观经济模型中，假设消费是当前可支配收入Y的函数：$C = cY$。假设I和G是外生给定的。出口（EX）由外国的需求决定，因此对日本经济是外生的。进口（IM）取决于国内可支配收入：$IM = mY$。

短期的均衡产出Y由总需求决定，因此$Y = Y^d$。将所有假定的关系代入前面给出的方程中，我们得到：

$$Y = cY + I + G + (EX - mY)$$

即$(1-c+m)Y = (I+G+EX)$，或

$$Y^* = (I+G+EX)/(1-c+m) \qquad (A1)$$

对于均衡的收入水平Y^*，不能保证贸易差额（国际收支余额）$EX-IM$为零。考虑到$IM = mY$，抑制总需求（比如通过减少G）将恢复国际收支平衡。但随后总需求将会下降，可能导致经济衰退。

货币和利率。现在让我们引入货币和利率以扩展这一模型。货币是一种金融资产，但与其他资产的不同之处在于：（1）它可以用来购

买商品（交换媒介）；（2）它不产生任何利息收入。因此，人们需要货币来购买商品。我们假设对货币的需求为

$$M^d = P(hY - ki)$$

其中 P 是一般价格水平，i 是利率，h 和 k 是正的常数。随着人们收入的增加（Y），他们需要更多的货币。当一般价格水平上升时（P），人们也需要更多的货币。最终，高利率（i）意味着持有货币的机会成本很高，这样人们就会决定持有较少的货币。

在短期，我们假设价格水平不变，因此 P 保持不变。这反映了凯恩斯主义关于价格刚性的假设。

利率也会影响投资需求，因为它是企业进行投资需要支付的资金成本。现在我们假设投资是利率的递减函数：$I = \bar{I} - bi$。将其代入公式（A1）中，我们得到均衡产出与均衡利率之间的关系（通常称为 IS 关系）：

$$Y^* = (\bar{I} - bi^* + G + EX) / (1 - c - m) \qquad (A2)$$

假设货币需求等于货币供应量，后者由中央银行决定，我们得到了另一个关系（通常称为 LM 关系）。

$$M/P = hY^* - ki^* \qquad (A3)$$

我们可以通过解（A2）式和（A3）式来计算均衡产出和利率。然后，我们可以发现货币紧缩（减少 M）会提高利率，并减少产出。因此，进口下降，贸易余额改善。这就是在固定汇率制下的繁荣时期日本贸易逆差开始上升时，日本央行所做的事情。

生产能力与通货膨胀。如果经济在低于潜在产出水平的状况下运行，价格水平不变的假设可能就是合理的。由于有闲置生产能力，企业可以在不对工资和原材料价格施加太大上涨压力的情况下扩张。然而，当经济已充分利用其生产能力时，企业不得不提高工资以吸引工人。为了补偿这些较高的工资成本，企业不得不提高其产品的价格，总体价格水平将开始上涨。只要总需求超过潜在产出水平，这种情况

就会持续下去。这种一般物价水平的持续增长被称为通胀。

如果中央银行同时扩大货币供给，通胀可以通过减少实际货币供应量（M/P）扭转经济的扩张。利率上升，产出下降。至20世纪70年代初期，通胀对日本经济扩张施加的上限已经低于由国际收支平衡施加的上限。

附录4B　经济周期理论

IS–LM这一简单的宏观经济模型，可以概括不同经济周期理论之间的区别。

假设总需求由IS–LM模型决定。如果总需求大于总供给（即如果存在过剩需求），那么随着时间的推移，价格水平将缓慢上升，反之亦然。

凯恩斯主义者

凯恩斯主义经济学家假设价格在短期内是刚性的。这意味着不能保证总需求Y^d等于总供给Y^s。如果投资需求（I）随投资者的情绪发生波动（动物精神），那就会扰乱经济。另外，外国收入（Y^*）的波动也会影响本国的出口。总需求中I和EX等组成部分的波动会导致总需求本身的波动。另一方面，总供给在短期内是相对稳定的。因此，总需求波动会导致不同时期出现通胀和经济衰退，也就是经济周期。

政府使用货币和财政政策以抑制经济周期。当总需求中由市场主体决定的部分（$C+I+X-M$）较高时，这意味着经济过热（通胀即将到来），政府将削减支出（减少G），中央银行将紧缩货币供给，从而导致利率上升，进而I下降。当总需求中由市场主体决定的部分较低时，政府将通过增加G和M来刺激经济。通过这种方式，政府采取的政策可以稳定总需求，并缓和经济周期的波动（即波幅）。这种思路的各种变体在文献中通常被称为积极的、微调的或相机抉择的政策。

货币主义者

货币主义者认为，即使政府不采取行动，经济本质上也是非常稳定的。有弹性的价格被认为能使经济迅速达到平衡，因此总需求通常等于总供给。虽然实际产出可能偶尔偏离潜在产出，但政府不应试图干预。货币主义者认为，货币供给是一种强有力的政策工具。因为他们认为在货币供给的增加对经济产生影响之前，还有一个很长的、无法预测的时滞，因此政府能做的最多只是保持货币供给稳定。由于经济中的私人部门被认为是稳定的，货币主义者认为政府干预（特别是货币政策的变化）是经济波动的主要来源。

在 *IS-LM* 框架下，货币主义者假设货币需求函数 $L(Y,i)$ 是稳定的；价格具有足够的灵活性，从而使 Y 达到总供给 $F(K,L,A)$ 的水平；货币供应量 M 是扰动的主要来源。他们建议政府保持货币供给的稳定增长，避免相机抉择的政策或微调。

货币主义的观点在20世纪70年代变得流行起来，因为20世纪60年代后期的凯恩斯主义政策此时显然已经失败，全球范围内的滞胀（高通胀和低产出）与传统的凯恩斯主义有关经济周期的观点相矛盾。

货币主义的理论框架可以用所谓的货币数量方程式来表示：

$$MV=PY$$

其中 M 是流通中的货币，V 是货币流通速度，P 是一般物价水平，Y 是总产出。

这个等式只是说，在一定时期内，产出（PY）的所有交易可以看作货币存量乘以货币流通速度（也就是说，在一定时期内货币可以周转多少次）。

如果 V 和 Y 为常数，则货币存量（M）就会决定价格水平（P）：

货币供给是外生的。

货币需求是i和Y的稳定的函数。

实际利率是由实际因素（生产率）决定的。

真实经济周期理论

在20世纪70年代末，当微观经济工具被应用于宏观经济框架，尤其是应用于总需求和总供给总是相等的这一假设时，一种新的经济周期理论诞生了。

货币视角下的真实经济周期理论假设，货币供给是扰动的根源。该理论认为，信息不畅导致了产出偏离其趋势的传播和序列相关。它还依赖于特定的生产技术来传播随机冲击，使之从一个部门传播到其他部门，并在整个经济中产生长期持续的影响。

第5章 金融市场与监管

5.1 引言

　　金融体系促进资金从资金盈余部门流向资金短缺部门。这一体系是重新配置金融财富的金融机构和金融市场网络。银行、证券公司（经纪人/经销商）和保险公司是主要的金融机构。传统上，银行接受储户的存款，然后贷款给借款人，大部分借款人是企业。企业也发行债券和股票，前者支付固定利率，后者索取利润。债券和股票是在金融市场交易的金融产品。

　　从借款人的角度看，金融体系提供的信贷资金可以借来为投资或消费融资。从债权人的角度看，金融体系提供的金融资产可以作为价值储存手段。一些金融资产相对安全，本金损失的风险低，但收益也低，而另一些金融资产风险高，但收益也高。提供交易和结算手段是金融体系的一项重要功能。一个健全可靠的金融体系是现代经济基础设施的一部分。

　　在高速增长的经济中，家庭部门往往是净储蓄者，而企业部门往往是净借款人，因为企业会发现许多投资机会。日本在其经济高速增长时期也不例外。日本的家庭部门以节俭著称（这一点将在第8章进一步讨论），由于投资额总是超过企业储蓄，所以企业总是有资金缺口。因此，日本金融体系最重要的作用，就是将家庭部门的资金盈余有效地引向企业部门。

一般而言，将家庭部门的资金盈余转向企业，以为其财务赤字提供融资，主要有以下三种渠道：银行、债券市场和股票（权益）市场。图5.1展示了这些资金流动可选渠道简要流程图。在这三种渠道中，以银行为中介的资金流动被称为间接融资，通过债券市场和股票市场实现的资金流动被称为直接融资。

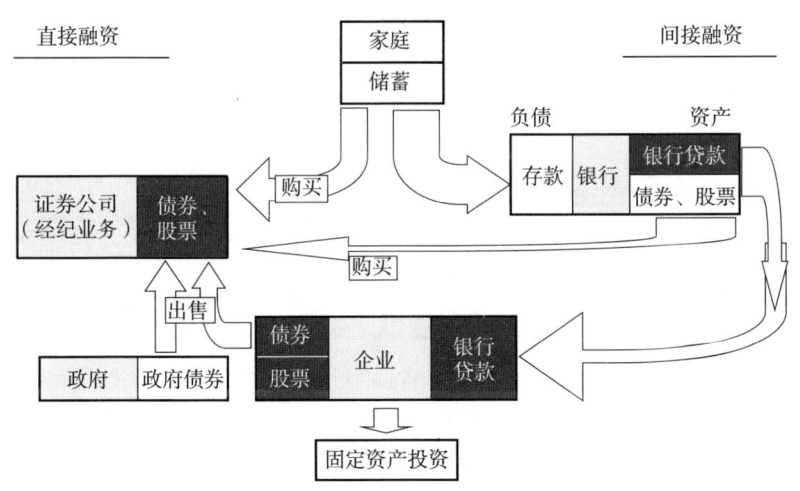

图 5.1 资金流向图：直接融资和间接融资
资料来源：作者自制。

在许多国家，金融部门通常受到严格监管。这种严格监管背后的原因之一是人们认识到，金融不稳定会对整个经济造成严重的破坏。在世界许多地区，金融体系都经历过严格监管的时期，包括20世纪70年代的美国和80年代之前的日本。在日本经济高速增长时期，利率受到管制，进入银行业（包括开设新的分支机构）和推出新的金融产品都需要得到金融监管机构的批准，公司债券发行也受制于各种监管约束条件。

本章研究日本金融体系。在研究的过程中，重要的是要注意到，随着时间的推移，该体系经历了重大的变革。在许多重要方面，今天的日本金融体系与经济高速增长时期的金融体系都有很大的不同。该体系仍在变化。早期的日本金融体系可能仍然是新兴市场经济体学习的榜样，而当前的金融体系则可能会为当今其他发达国家提供经验或教训。

为了介绍日本金融体系，我们首先考察以往日本金融体系和金融监管的一些重要特点，特别是在经济高速增长时期。其次，我们讨论这一体系如何在20世纪70年代开始改变，并在90年代经历了一场危机，这导致监管发生了重大的变化，还有当前又是如何继续转型的。

5.2　经济高速增长时期的日本金融体系

从20世纪50年代初至70年代中期的经济高速增长时期，日本金融体系的特点是：（1）通过资本管制，金融与世界其他地区隔绝，（2）严格的政府监管，（3）政府预算平衡，（4）家庭部门拥有巨额资金盈余，这为企业部门的巨额赤字提供了资金。企业无法从国外融资，在日本的外国投资很少，个人储蓄率居高不下。

在此期间的严格监管阻碍了金融机构自由地进入和退出，也阻碍了利率的自由浮动，但这并不是日本独有的。美国也有利率管制（如规定存款利率上限的Q条例），以及将商业银行业务与投资银行业务分离的限制规定（如1933年的《格拉斯－斯蒂格尔法案》）。从20世纪50年代到70年代，严格监管限制了竞争是全球的常态。

在日本经济高速增长时期，几乎所有的利率都受到政府的控制。除了短期拆借利率（银行间隔夜拆借利率）以外，其余利率均由大藏省银行厅通过指令设定。虽然日本央行设定了官方贴现率（即当时的政策利率），但众所周知，任何利率的变动都要得到大藏省的默许。日本央行根据其判断，在必要时对银行的贷款数量进行道义劝告，以限制信贷扩张。第6章将详细介绍在这一受到监管的金融体系中有关货币政策的内容。

监管还将金融业细分为几个领域。每个细分市场都应该由某种类型的金融机构提供服务，事实上相当于金融机构被禁止为其他市场提供服务。例如，不允许银行从事证券业务，也不允许证券公司从事银行业务。[①] 即使在银行之间也存在区别：城市银行应该服务于城市地区的大型企业和储户，而地区性银行（或地方银行）专门服务于区域性城市和农村地区的企业和储户。甚至还有一些规模较小的机构（互助银行、信金中央金库和信用社），为各自社区的小企业和个人提供服务。城市银行和地区性银行都是普通的商业银行，通过短期贷款为企业客户提供营运资金。另一类银行称为长期信贷银行，专门通过长期贷款为长期固定资产投资提供资金，并通过中期银行债券为自己融资。银行被禁止从事金融证券（如债券和股票）交易的经纪业务或承销这些证券。这些业务只允许证券公司承接。分业原则如此普遍，以至于连保险业务都被分割成了人寿保险和非人寿保险。

监管总体上有利于银行，但是抑制了证券市场，致使银行主导了日本的金融体系。在1980年之前对企业施加的众多限制中，企业被要求按面值发行新股。由于股票的市场价格通常高于最初的面值，这意味着企业被迫以低价出售股票，这显然是抑制股票市场成长的一个重大障碍。在债券发行方面也有类似的限制，例如，所有公司债券都必须有抵押品（实物资产）作为担保。这种抵押担保原则抬高了企业发行债券的成本，也拖累了资本市场的发展。

上述所有规制导致了一种非常特殊的资金流动模式。家庭部门是

[①] 日本证券公司部分对应于美国的经纪自营商，部分对应于美国的投资银行。

第 5 章 金融市场与监管

主要的盈余部门，企业部门是主要的赤字部门。金融体系的核心作用是吸收家庭储蓄，并为企业创造信贷。政府部门和国际收支没有持续的盈余或赤字。在此期间（即1975年前），政府预算基本平衡。这意味着日本的政府债券市场规模不大，因为政府的借款需求即使有也很小。经常账户（贸易账户加上在国外赚取的净收入）也基本平衡。严格的资本管制和对固定汇率的承诺，使日本无法维持经常账户盈余或赤字，直到20世纪60年代后期，日本才发现自己有持续的经常账户盈余。

这种资金流动模式，再加上无处不在的严厉监管，形成了几个显著的特点。首先，不同类型银行之间的流动性存在失衡：城市银行不断通过同业拆借市场向地区性银行借款。这反映了如下状况，即城市银行向大客户发放的贷款超过了它们吸收的存款，而地区性银行在各自地区持有的存款超过了它们发放的贷款。这是银行市场严格分割和利率监管产生的另一结果。其次，在将家庭储蓄引向企业的过程中，发挥重要作用的是银行部门，而不是证券市场。人们普遍认为间接融资占据了主导地位，这是监管阻碍证券市场发展产生的结果。[②]

5.3　主银行制

如前所述，在经济高速增长时期，在日本金融体系中居于核心地位、将家庭储蓄引向企业的是银行部门。获得银行融资对企业来说非常重要，许多企业都与银行建立了非常密切的联系。一家企业通常只与唯一一家银行建立密切的业务关系，这一点至关重要，因为银行通常是企业最大的贷款人或最大的股东之一，或者两者兼是。这样的银行被称为主银行。主银行与该企业保持着良好的关系，为其提供包括

[②] 通过股票或债券市场融资有时被称为直接融资，即家庭与企业在市场上直接产生联系。相比之下，间接融资则需要银行在家庭和企业之间充当中介。家庭把他们的储蓄存入银行，银行再以贷款的形式把储蓄借给企业。

外汇交易在内的各种银行服务。作为回报,即使企业陷入财务困境,主银行也应继续为该企业融资。主银行可以派遣前雇员担任该企业董事,监督企业的财务状况,或者在企业陷入困境时引导其扭亏为盈。这种建立在银企密切关系基础上的企业融资制度被称为主银行制。

典型的银企关系在经连会或企业集团中的企业身上体现得最为明显。正如将在第9章讨论的那样,每个大型经连会都至少有一家主银行,成员企业与集团的金融机构关系密切。然而,一家并非任何经连会核心成员的企业,通常也会与某一家银行有密切的联系,这使主银行制成为一个比经连会关系更为广泛的概念(就覆盖的企业而言)。在任何一个国家,一家企业与一家特定银行建立密切关系,这并不罕见。实际上,在许多国家,关系型银行业务对小企业来说都是一种常态。日本的主银行制与通常的关系型银行业务的区别在于,大企业是关系型银行业务的核心。

这一节介绍主银行制的三大功能:(1)作为一种保险机制,(2)减少信息问题,(3)降低财务困境的成本。

主银行制的保险功能最早是由中谷(Nakatani,1984)提出来的,他研究了经连会企业和非经连会企业之间的差别。他对1971—1982年间的317家大型制造业企业进行了调查,发现经连会企业向银行借的钱比非经连会企业多,导致这些企业付给银行的利息较高,平均利润较低。作为回报,银行使企业利息的支付更为平稳,从而使公司的利润更有保障。在经济学中,我们经常假设企业是风险中性的,因为那些拥有企业股票的人可以通过分散投资(持有大量股票的投资组合)来降低风险。因此,在经济学教科书中,企业永远不会支付保险费用。然而,中谷还发现,与教科书中的情形不同,经连会企业的管理层似乎比股东更关心工人的福利。如果经连会企业的管理是为了工人的利益,而工人无法使自己在不同的企业之间分散风险,那么经连会企业表现出风险厌恶的特征也就不足为奇了。

主银行制的第二个功能是降低贷款人（银行）与企业之间由信息问题造成的困难。例如，让我们考虑一家企业，它想要投资一个有利可图的项目，但它必须通过发行新债券来融资。问题是债券的潜在买家不知道企业的项目是否真的有利可图，因为一般而言，了解这一点太困难了。在没有更多信息的情况下，潜在的债券购买者不得不假设该企业的盈利能力处于平均水平。即使企业经营者知道这将是一个有利可图的项目，他们也未必能够说服潜在的投资者。这意味着有盈利项目的企业发行的债券将被低估。对这些企业来说，债券融资看起来成本太高了。在这种情况下，外部资金如此昂贵，以至于企业可能会放弃这项有利可图的投资。现在获得信用评级很容易，但在20世纪80年代以前的日本，获得信用评级既困难又昂贵。

如果该企业手头有足够的资金（例如，过去利润的留存收益），它不需要发行定价过低的债券就能够实施该项目。因此，当借款人和贷款人之间存在信息问题时，投资数量将对内部资金的可获得性非常敏感。

对于与银行关系更密切的企业来说，可能这样的信息问题不会那么严重，因为银行在它们之间的长期合作中积累了有关这些企业及经营者的信息。如果我们比较一下经连会企业（与它们集团的金融机构关系密切）和非经连会企业，可能会发现，前者的投资对内部资金量的敏感度要低于后者。星岳雄等人（Hoshi、Kashyap and Scharfstein，1991）的研究结果确实如此，他们比较了121家经连会企业和24家独立企业在1977—1982年间的投资行为，发现经连会企业的投资对内部资金的数量不那么敏感。

主银行制的第三个功能是降低财务困境的成本，财务困境是指企业无法履行其财务责任的情况。这不同于经济困境（即一家企业没有具有盈利前景的项目）。如果一家公司陷入财务困境，但没有陷入经济困境，那么理想的结果是债务重新谈判。通过重新协商债务偿还条件，该企业可以挺过财务困境,并投资于可盈利的项目。

事实上,这种有效的重新谈判可能不会发生。首先,如果该企业的债务由许多小债权人分散持有,这可能会面临搭便车的问题。一小部分债权人可能会坚持要求全额偿还其债务,并期望其他债权人通过重新谈判债务来帮助公司。其次,对于陷入困境的企业来说,前面讨论的信息不对称问题可能会变得尤为严重。特别是,该企业可能无法让债权人相信它只是陷入了财务困境而不是经济困境。再次,债务重新谈判失败和被迫破产的预期可能会自我实现。如果企业预计将申请破产,供应商就可能不愿延长销售回款时间,客户或许也不愿从企业购买商品。由于失去了供应商和客户,该企业可能真的会申请破产。这样,财务困境可能会付出惨痛的代价。

主银行制可以降低财务困境的这种成本,因为企业与其主银行之间更多的信息交流,可能会使银行相信企业能够应对其财务困境。为避免搭便车问题,主银行还可以在协调债权人方面发挥领导作用。在经连会制度下,一家企业的众多供应商和客户会与企业处于同一个经连会中,这有助于消除对破产会自我实现的担忧。

有许多关于经连会企业在其主银行的帮助下从财务困境中起死回生的逸事,经典的例子是20世纪70年代中期对马自达汽车公司的救助。[3] 马自达在1973年石油危机后陷入了财务困境。许多汽车公司都受到了油价上涨的打击,但是马自达受到的打击尤为严重,因为马自达转子发动机的燃油效率低于传统的内燃机。马自达的主银行住友银行开展了救助行动。

住友经连会的两家金融机构,即住友银行和住友信托银行,将其高管派驻马自达,以领导救助行动。这两家银行都向马自达提供了新的资金,并鼓励该公司出售经连会银行的股份,作为额外的资金来源。

---

③ 详情参见Hoshi和Kashyap(2001,第5章)。

其他住友经连会企业也通过转向购买马自达汽车来帮助它。救助最终成功，马自达恢复了盈利。

此类逸事得到了经验研究的支持。例如，星岳雄等人（1990）研究了125家被认为在1978—1985年经历过财务困境的企业。他们考察了企业在危机之后的经营活动，发现对于经连会企业来说，投资额和销售额往往增长得更快，这表明对于和主银行有密切联系的企业而言，财务困境的成本会更小。

5.4 金融自由化：20世纪70年代中期至80年代后期

20世纪70年代中期，日本金融体系开始发生变化。我们在前一节归纳的所有特征都开始消失，速度则有快有慢。首先，资金流动模式发生了显著变化。图5.2显示了1965—1985年各经济部门的资金盈余/赤字占GDP的比重（以百分比表示）。在整个期间，家庭部门仍有大量的资金盈余，这意味着家庭储蓄继续超过借款。在20世纪70年代中期之前，正如之前讨论的那样，家庭部门的盈余主要用于为企业部门的赤字融资。然而，20世纪70年代中期之后，企业部门资金短缺的规模大幅缩小。资金短缺减少的原因有两个：首先，20世纪70年代中期的增长放缓抑制了企业进一步扩张的欲望。其次，与此同时，在高速增长时期积累的留存收益使许多大企业能够为自身的投资融资，而无须求助于外部资金。

当企业部门的赤字缩小时，政府部门的财政赤字却在增加，20世纪70年代中期之后，它已经是赤字规模最大的部门。同样，我们可以找到政府在20世纪70年代中期财政赤字增加的两个原因。增长放缓意味着税收增加也更缓慢。与此同时，政府为了实施财政刺激政策和促进社会福利，也开始增加支出。1974年是1950年以来出现负增长的第一个年份，政府决定推翻平衡预算法（《公共财政法案》第4条），在1975年的预算中发行政府债券以为赤字融资。[④] 一旦破例，当支出压力增加时，再次这样操作就变得轻车熟路了。

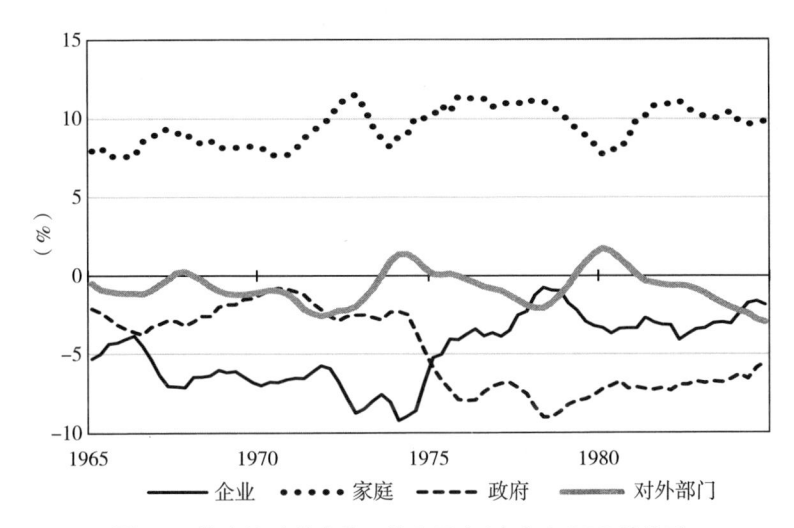

图 5.2 资金流动的变化：资金盈余/赤字占GDP的比重
资料来源：日本内阁官房。

资金流动模式的转变要求日本金融体系为数量日益增进的政府债券提供一个市场。最初，政府债券被出售给一个由大银行组成的辛迪加。一年之后，日本央行通过公开市场操作购买了大部分债券；日本央行直接购买新发行的政府债券被《公共财政法案》第5条禁止，直到现在仍是如此。只要政府债券的数量有限并且经济还在扩张，日本央行就能够这样操作，而且不用担心通胀，私人部门的银行也不用担

[④] 在1975年之前，为赤字融资而发行债券的唯一一年是1965年，这是另一个经济衰退的年份。同一条款（《公共财政法案》第4条）允许发行建设债券来为社会基础设施融资，这些债券将由该基础设施产生的收入偿还。自1965年以来，已发行了大量的建设债券。赤字融资债券和建设债券之间的区别纯粹是会计上的。在其他所有方面，建设债券和赤字债券都是一样的。

心政府债券缺乏二级市场。随着预算赤字的增加导致政府发行的债券越来越多，组成辛迪加的银行开始抱怨它们的资产负债表上积累了太多的债券，无法在市场上出售。最终，政府迫于放松管制的压力，允许创建一个买卖政府债券的二级市场。

因此，开启金融自由化的部分原因在于资金流动模式的转变。[5] 政府债券市场放松管制，很快扩展为对其他债券市场管制的放松，最明显的是企业债券市场。在这次放松管制之前，日本企业债券市场只给数量有限的大企业提供机会。那些想要发行债券的企业必须满足严苛的发行条件。随着时间的推移，这些条件逐渐放宽，以允许更多的企业发行债券。例如，1979年，只有两家企业（丰田和三菱）符合在日本国内债券市场发行无担保可转换债券的条件；到1988年，符合条件的企业已经有500多家。

在经济高速增长时期受到严格控制的利率也逐渐放松了。这类管制的放松最初始于20世纪70年代末，涉及企业银行业务和大额存单等大面额产品。存款利率的进一步放开要等到20世纪80年代末，而零售存款利率的放开要到90年代。

金融业内部的界限也开始变得模糊起来。1993年的《金融体制改革法》允许金融机构设立子公司，以开展其他类型的业务。允许银行设立证券子公司，以开展证券承销业务，设立信托银行子公司以开展信托业务。也允许证券公司设立信托银行子公司，开展信托银行业务。1998年，当允许成立金融控股公司（即一家包括商业银行、证券公司、信托银行和保险公司等各种金融机构的公司）时，分业变得更加不明显了。同年，商业银行也获准销售共同基金（在日本称为投资信托）。因此，日本战后将银行业务与证券业务分开的1948年《证券交易法》

---

[5] 推动自由化的另一个因素是来自美国的压力。有关美元–日元委员会的本质，参见Frankel（1984）。

第65条实际上已被废止了。

日本银行业务和证券业务的分离最初是复制了美国的《格拉斯－斯蒂格尔法案》，这一大萧条时期实施的法案要求将商业银行业务和投资银行业务分开。1999年，美国《金融服务现代化法案》允许商业银行、投资银行和保险公司合并为金融控股公司。值得注意的是，美国废除《格拉斯－斯蒂格尔法案》实施金融自由化的时间，与日本放松金融管制的时间大致相同。

持续放松金融管制导致了金融国际化，反之亦然。传统上，对国内市场和利率的严格监管要求实行严格的资本管制。如果不对进出日本的资本流动加以控制，国内监管就不会有效。那些可以在海外以更低的成本筹集资金的企业，只需在海外发行债券就可以完全避开国内市场。较低的国内存款利率会鼓励储户从外币存款和证券中寻求更高的收益，除非此类交易被禁止。较高的贷款利率将会下降，较低的存款利率将会上升，从而挤压银行的利润空间。

日本放松对金融市场的监管，在一定程度上也是美日对金融事务展开谈判的结果，谈判的主要内容是美国要求进入日本市场。由于日本金融资产和金融需求的规模越来越大，美国希望其机构能够在日本市场上扩张。20世纪80年代后半期，随着日本的金融实力在纽约和伦敦变得日益强大，通过向外资金融机构发放更多营业执照和取消资本流动管制以开放市场的要求，变得强烈起来。

1983年11月，当美国总统里根在东京拜会日本首相中曾根康弘时，提议召开所谓的日元/美元工作组会议，从而有了1984年5月29日的报告和后续的定期会议。美国要求日本不仅在国际贸易方面，而且在国内组织方面，大力放松对本国金融市场的管制。当时，美国希望日本金融市场壁垒的降低将增加对日元以及日元计价资产的需求，这有助于日元升值并抑制两国之间的贸易失衡。

随着时间的推移，经济高速增长时期金融体系的其他特征也开始消失。随着企业债券市场的发展，许多大企业的融资方式由银行转向资本市场。这导致间接融资减少，对拥有很多大客户的城市银行的贷款需求下降。这些力量最终消除了城市银行和地区性银行之间流动性失衡的现象。

尽管全面放松管制最终几乎涉及金融体系的所有方面，但推进速度有快有慢。企业债券市场放松管制的速度相对较快；然而，在为储蓄者扩充银行存款的替代品方面，管制的放松进展缓慢，在取消金融分业经营方面也是如此。这种不均衡性产生了一个重大后果。银行利润最丰厚的客户开始转到债券市场。尽管如此，银行存款仍在源源不断地涌入，因为储户当时并没有太多其他的选择。

银行在传统业务范围之外进行扩张的能力也是有限的。即使有越来越多的资金流入，它们也别无选择，只能继续把资金借给永远无法吸收额外存款的客户。这促使银行寻找新的贷款机会，许多银行在新兴的住房和商业房地产部门（尤其是中小型开发商，传统上它们不是大银行的重要客户）找到了这些机会。20世纪80年代后半期的地价暴涨，使这些新贷款由于抵押品价值不断增加而显得有利可图且安全可靠。即使这些企业破产，银行也预期可以通过出售抵押的土地来保全本金并获得收益。因此，许多银行最终增加了对地价风险的敞口。20世纪90年代初，当地价暴跌时，银行只能眼睁睁地看着许多这类贷款变成了坏账（详情参见第4章第4.4.4节）。

5.5 不良贷款与银行业危机（20世纪90年代）

5.5.1 住专

在20世纪90年代初，随着股票和房地产繁荣的终结，日本进入了一段漫长的银行业麻烦缠身的时期。正如有学者（Cargill、Hutchison and Ito, 2000; Hoshi and Kashyap, 2010）指出的那样，区分并厘清危机的几个阶段不无裨益。初始阶段或者说否认阶段，始于20世纪90年代初，直至1995年夏天才结束。尽管不良贷款问题迫在眉睫，但金融机构和政策制定者还是推迟了处理这一问题的时间，寄希望于未来房地产价格的复苏能消除这一问题。

20世纪90年代初，当资产价格暴跌时，日本各银行受到房地产价格冲击的严重影响，既因为直接向房地产开发商发放的贷款，也因为间接向商业和工业企业提供的房地产担保贷款。许多日本的银行还拥有住专并向它们发放贷款，这种金融机构最初是在20世纪70年代作为服务于细分市场的住房贷款公司而创建的。

20世纪80年代，随着金融市场放松管制，日本各种金融机构之间分业的界限变得模糊，在住房抵押贷款市场，住专面临来自银行日益激烈的竞争，于是开始在其他市场放贷，特别是向房地产开发商放贷。20世纪80年代后期的地价暴涨加剧了这一趋势。住专的创办银行还推出了高风险贷款，它们自己并不发放贷款，而是在其中充当中间人并向住专索取推荐费。

因此，毫不奇怪，一旦地价开始下跌，住专就会陷入困境。至1991年，住专的不良贷款达到4.6万亿日元，占其全部投资组合的38%。创办银行和大藏省共同制订了救助计划，包括创办银行的贷款减免和降息，非创办银行提供新的贷款支持，以及住专的成本削减措施。救助计划未能改善住专的财务状况，不良贷款继续堆积。

1993年，大藏省制订了第二项救助计划。根据这一计划，创办银行将其对住专的利率降至零。非创办银行将利率降至2.5%。借给住专大量资金的日本农协被要求将利率降至4.5%。该计划基于经济复苏的假设，预计未来十年房地产价值将增长25%。

不幸的是，经济并没有像大藏省希望的那样迅速恢复。至1995年，住专贷款中有75%是不良贷款，60%被认为是无法收回的。大藏省最终决定放弃住专。这导致创办银行、非创办银行和日本农协要分担责任，由此产生了激烈的政治斗争。日本国会经过漫长的商议之后，决定由创办银行（承担3.50万亿日元）、日本农协（承担0.53万亿日元）、其他贷款人（承担1.70万亿日元）和纳税人（承担0.68万亿日元）共同承担总计6.41万亿日元的贷款损失。其余被认为可能收回的资产（账面价值为6.6万亿日元）被转移到新成立的住房贷款管理公司（HLAC）。创办银行持有的股权被一笔勾销，它们比其他贷款人（尤其是日本农协）注销了更多的贷款，但仍然有人认为，创办银行应该承担更大的责任，以履行作为住专主银行的职责。

住专产生的问题，规模远小于随后出现的银行不良贷款。大藏省多次精心策划住专救助行动，但重组计划通常基于过度乐观的预测。最终，大多数住专贷款无法收回，贷款人不得不承受损失。尽管政府一再承诺不需要纳税人的救助，但还是不得不要求纳税人分担部分损失。尽管使用的公共资金相对较少（0.68万亿日元），但公众对政府违背其承诺感到愤怒，这意味着通过住专立法是有争议的。反对派利用了这种愤怒，几乎使政府陷于瘫痪（Milhaupt and Miller，1997）。这一事件影响深远，后来在商业银行的问题浮出水面时，政府极不愿意使用更多公共资金进行救助，而这些资金原本可能是必需的。

住专的倒闭是20世纪90年代初最引人注目的金融失败案例，但除住专之外的一些金融机构也受到房地产价格下跌的影响，并最终倒闭。

5.5.2　银行资不抵债

当一家银行的总资产低于其总负债时，该银行就资不抵债了。一家典型商业银行最主要的负债是存款，而最主要的资产是银行贷款和证券。银行的资本金由股东权益和其他权益类工具组成。所有者权益是资产价值和负债价值之间的差额，如图5.3所示。

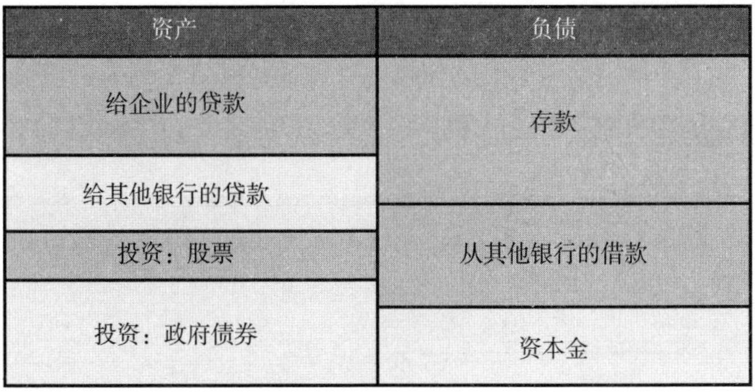

资产	负债
给企业的贷款	存款
给其他银行的贷款	从其他银行的借款
投资：股票	
投资：政府债券	资本金

图 5.3　银行资产负债表

资料来源：作者自制。

当借款人未能按照合同规定还款时（通常是利息加上一部分本金），银行贷款就会变成不良贷款。当不良贷款增加时，银行预计不良贷款不可收回部分会形成未来的损失，并在财务上增加贷款损失准备金。这些贷款损失准备金代表了由不良贷款造成的损失金额，银行预计最终要将它核销。然而，并不是所有的不良贷款都会损失，因此贷款损失准备金的数量小于不良贷款的总金额。一些借款人可能会重获新生，从而银行能够收回欠款，即使金额略有减少。甚至当借款人破产时，银行也可以收回抵押品并将其出售。

增加的贷款损失准备金，或称贷款损失准备，是计入银行损益表中的成本项的，因此不良贷款率的增加会减少银行利润，或者说如果银行已经出现了亏损，则会雪上加霜。因此，不良贷款率上升会通过增加损失间接减少资本金的数量。如果一些不良贷款在核销时被证明没有计提足够的准备金（换句话说，如果有意外损失），那么在核销时资本金就会受到直接影响。这种情况如图 5.4 所示。当发生核销时，资产规模按照核销金额缩水。但重点是，核销的规模大于负债端贷款损失准备金减少的数量，因此两者的差额就是资本金减少的数量。

当资本金数量变为负值时,银行就资不抵债了,根据定义,这意味着资产价值不足以偿付所有的债权人。然而,在许多国家(包括日本),破产的成本几乎不会由储户承担。小额储户明确受到存款保险的保护。

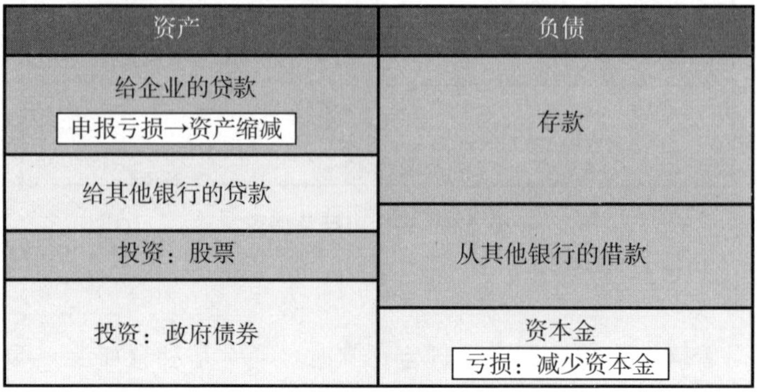

资产	负债
给企业的贷款 申报亏损→资产缩减	存款
给其他银行的贷款	
投资:股票	从其他银行的借款
投资:政府债券	资本金 亏损:减少资本金

图5.4　核销不良贷款导致亏损

注:不良贷款通常是指逾期超过3个月的贷款。
资料来源:作者自制。

与银行资本金减少相关的一个问题是,它激励了一些银行孤注一掷以实现起死回生。20世纪90年代,日本众多银行继续维持甚至增加了对商业房地产的贷款,也就是押注地价回升。对于一家非金融企业来说,债权人会极力制止这种孤注一掷的行为,因为即使押注成功,他们也不会分享收益,但是一旦失败,他们就会损失惨重。这种来自债权人的约束对银行是不起作用的,因为储户(和其他债权人,日本就是如此)是受到保护的。当押注地价回升失败时(实际上绝大部分情况确实如此),结果就是损失更多,资本金也减少得更多。这表明,建议银行监管机构及早采取行动,强制银行处理不良贷款,并要求资本金不充足的银行募集资金或接受公共资金注入,是非常正确的。

在20世纪90年代泡沫破裂之前,大藏省运用其监管权力:(1)尽可能长时间地维持银行的正常运营,即便是有问题的银行;(2)如果一家银行自己无力继续经营,就寻找一家实力更强的银行来收购这家陷入困境的银行。这种监管安排被称为"护航制度"。对银行业的进入施加严格的管制，使得处境不佳的分支机构总能保持盈利能力，这为实力雄厚的银行通过收购濒临倒闭的银行进行扩张提供了重要的动力（Hoshi，2002）。

5.5.3 "常青"延期和监管克制

在金融动荡的早期阶段，大藏省不愿强迫银行披露其不良贷款问题的真实状况。在1993年3月之前，银行没有披露任何有关不良贷款的数据。当银行首次披露时，只有大银行公布了一些估计的数据，对不良贷款的定义也很狭窄：只有对倒闭企业的贷款和逾期超过6个月的贷款才算（美国的标准是3个月）。直到1998年3月，这场重大的金融危机（本章稍后将会描述）过去之后，所有银行才开始以统一的标准披露不良贷款。1998年以后对不良贷款的定义包括对倒闭企业的贷款、逾期超过3个月的贷款以及条件放宽的贷款（即重组的问题债务）。

然而，即使在不良贷款的披露规则扩展之后，日本的银行仍然能够通过向借款人提供更多贷款来部分掩盖这类贷款。提供新贷款能使陷入困境的借款人按时偿还之前的贷款，因此这些贷款不会被归类为不良贷款。这种被称为"常青"延期（Evergreening）的做法得到了日本监管机构的默许。因此，在危机的这一阶段，日本监管机构希望银行能够悄悄地解决不良贷款问题，而不是向公众披露这一问题的真实状况。20世纪90年代中期，经济显示出复苏的迹象，这种有所克制的监管措施似乎起到了一定作用。

5.5.4 存款保险

存款保险制度是这样一种制度：所有银行在正常时期根据存款规模支付固定保费，积累的资金用于在危机期间赔偿倒闭银行的存款人。

在大多数情况下，每个储户的被保险金额都有一个上限，以限制保险基金承担的责任，并迫使规模更大的账户持有者增强风险意识。然而，一旦发生银行业危机，政府通常会进行干预，并提供完全的保障。日本也不例外，1995年日本政府宣布对所有存款提供全额保障。

日本在1971年7月引入存款保险制度。在20世纪七八十年代，虽然没有一家银行倒闭，但存款保险公司一直收取保险费，并在其资产负债表上累积了大量资金。尽管一些银行拥有问题贷款，资本状况恶化，但是当局的典型做法通常是安排兼并予以救助，而无须存款保险公司的援助。这方面的典型案例是平和崇光银行（Heiwa Sogo Bank）被住友银行兼并。后者合并了前者，承担了所有坏账，以换取前者在规模更大的东京都市区的分支网络，因为住友银行在这方面比较薄弱。

随着房地产价格暴跌，更多贷款成为不良贷款，存款保险公司和日本央行开始担心。为避免银行倒闭，《存款保险法》被修订，以允许存款保险公司向一家健康的银行提供资金，帮助其收购破产的银行，只要援助金额不超过应为破产银行偿付被保险存款的成本。首宗利用存款保险公司进行援助的案例发生于1992年。东邦崇光银行（Toho Sogo Bank）是一家小型地区性银行，于1992年破产，在存款保险公司的财务援助下被伊予银行（Iyo Bank）合并。1992—1995年，借助存款保险公司提供的资金，又发生了几起合并。

1995年夏天，随着环宇（Cosmo）和木津（Kizu）这两家大型信用社的破产，银行体系的动荡再上高峰。它们在信用社部门的相对规模向市场清楚地表明，很有可能爆发一场全面的银行业危机。在木津信用社破产时，一旦有关于这家机构即将倒闭的传闻，就会发生挤兑事件。8月，作为第Ⅱ类地区性银行的兵库银行（Hyogo Bank）破产，后来在存款保险公司、城市银行和日本央行的资金援助下，被重组为Midori银行。

1995年，私人部门银行分析师对木津、环宇和兵库银行的破产感到震惊，他们估计了大型银行不良贷款的规模并发出警告，称整个银行业都很脆弱。大藏省否认大型银行的偿付能力存在任何风险。在这份公开声明发表后不久，当兵库银行在1995年8月破产时，存款保险公司积累的准备金已经耗尽，从理论上讲，存款保险公司也已经资不抵债了（详情参见Cargill、Hutchison and Ito，1997，第127—132页）。这意味着，至少在短期内，对濒临破产的银行提供的进一步援助可能需要由政府提供资金，也就是由纳税人出钱。图5.5显示了存款保险公司的准备金（累积保费减去营运成本和资金援助）随时间变化的情况。准备金赤字不断累积，一直持续到2002年，直到2009年才恢复为零。

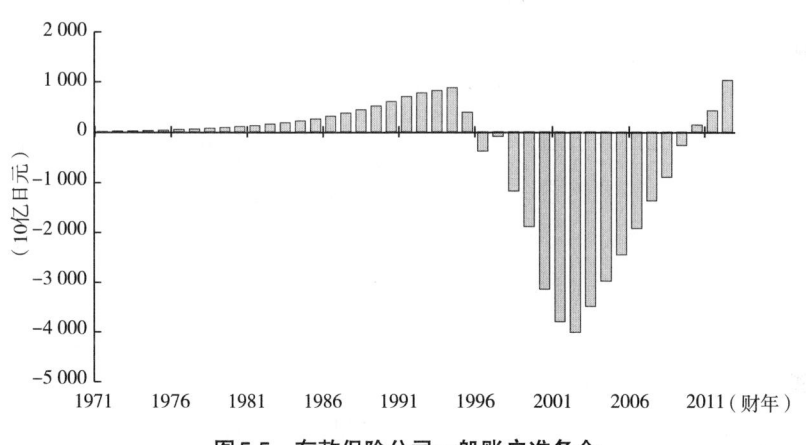

图5.5　存款保险公司一般账户准备金
资料来源：日本存款保险公司。

1995年8月的危机导致了日本溢价（Japan premium）的出现，即相比美国和欧洲的同行，日本的主要银行在获取银行间贷款时被要求支付溢价。虽然日本溢价的规模到1997年才大幅上升，但银行分析师在1995年便首次发现了这一点，并予以关注。

作为对危机的进一步回应，在通过清算住专的相关法律的同一期国会会议上，《存款保险法》再次修订，允许存款保险公司提供的资金援助超出赔付投保储户的成本。1995年前后对存款保险公司相关法律进行的一系列修订，反映了金融监管当局的如下担忧：及时安排救助合并的可能性越来越小；在一家金融机构明确破产之前，当局解决这一问题缺乏法律基础；用纳税人的钱来管理这类危机在政治上是很难通过的；一旦资不抵债的大型机构倒闭，存款保险公司获准支付的资金可能不足以阻止金融体系产生的负面溢出效应。

5.5.5 大爆炸改革

尽管银行业问题由来已久，金融自由化仍在继续，最终在1999年的金融改革大爆炸中达到了顶峰。这套改革方案可以说是20世纪70年代开始的渐进式自由化的最后一步。

1996年11月，日本首相桥本龙太郎首次宣布金融大爆炸改革。次月，大藏省外汇委员会发布了一份报告，概述了剩下的应该在大改革中完成的放松管制措施。其他三个委员会（银行、证券和保险）随后也在1997年6月发布了报告。根据外汇委员会的报告，修订后的《外汇法》将于1998年4月立法。1998年12月，《金融体制改革法》、《银行法》一揽子改革方案、《证券交易法》以及其他金融法案也通过了立法。

我们可以确定大爆炸改革的六个关键领域。第一，放松监管，以扩大投资者对金融工具的选择。这些措施包括加强投资信托，降低股票的最低投资额。第二，制定了扩大企业融资选择的措施，包括促进资产支持证券的发展和为首次公开募股提供便利。第三，允许金融机构提供更多种类的服务。这一领域的改革最重要的方面是废除了对控股公司的禁令，使得创建包括银行、证券公司、保险公司和其他金融服务公司在内的大型金融集团成为可能。第四，制定规则，旨在创建有效的金融市场。这些改革包括促进场外交易市场的发展，改进清算和结算系统。第五个领域涉及创建公平的金融市场，制定公平交易规则，加大对违规行为的处罚力度。第六，大爆炸改革还试图改善金融体系的稳定性。金融机构的信息披露规则得以加强，首次引入对证券公司资本充足率的要求。

大爆炸改革中规定的大部分内容都在2001年4月之前完成了。从20世纪70年代开始的渐进式和不平衡的金融自由化最终得以完成和整合。

5.5.6　1997年的银行业危机

1996年没有一家银行倒闭，但事实证明，这只是风暴来临前的平静。1995年开始的经济复苏并没有持续多久。到1997年年中，日本经济再次陷入衰退，金融动荡卷土重来。经济增长放缓的部分原因是重大的财政政策冲击，包括上调消费税税率，逐步取消从1995年开始的所得税减免，以及提高国家医疗保险中的雇主缴费，所有这些都发生在1997年。1997年7月开始的亚洲金融危机无疑是雪上加霜。

作为应对，1997年再次修订了《存款保险法》，允许存款保险公司为不涉及濒临倒闭的银行的合并以及已倒闭银行之间的合并提供资金援助。1997年10月，存款保险公司利用这一新条款提供资金，以促进关西地区四家状况非常糟糕的银行两两合并（即Fukutoku银行与Naniwa银行合并，Kofuku银行与Kyoto Kyoei银行合并）。使用存款保险公司的资金来支持实力较弱的银行合并，其经济合理性难言充分。这样的合并可能只是创建一家规模更大的银行，使之在困境中苦苦支撑，当新合并的银行最终倒闭时，损失的规模只会更大。实际上，由四家实力较弱的银行合并而成的两家银行都在一年之内倒闭了。

事实证明，1997年11月是日本战后金融史上最黑暗的一个月。11月3日，三洋证券这家中等规模的证券公司倒闭了。第二天，该公司仍然无力偿还无抵押的同业拆借贷款。这是同业拆借市场历史上第一次出现违约。由于金融机构开始对其同行的信誉持怀疑态度，同业拆借市场的交易量大幅下挫。那些一直在同业拆借市场上借款的机构，突然发现自己严重缺乏流动性。

实际上，监管机构知道三洋证券的问题已经有一段时间了。早在1994年3月，大藏省就游说金融机构为三洋证券安排救助计划。该计划包括重新安排三洋证券的银行贷款期限，向最大的股东（包括野村证券）发行新股，迫使寿险公司发放次级贷款。这些早先时候救助三洋证券的尝试似乎只是帮它延长了几年寿命。

11月15日，当时20家最大的银行中规模最小的北海道拓殖银行倒闭。由于受到不良贷款问题的影响，该银行一直在努力维持存款和优质客户。早些时候，它曾计划与同一地区的竞争对手合并，但计划落空。同业拆借市场流动性枯竭加速了这家银行的倒闭。北海道拓殖银行的大部分资产和负债被转给北洋银行（Hokuyo Bank），这是一家小型的地区性银行。

11月24日，当时四大证券公司之一的山一证券倒闭。后来发现，山一证券一直通过将自营交易损失在一组子公司之间转移，以此隐瞒大规模的损失（这种非法的操作被称为挪用补空，即kiting）。三洋和北海道拓殖倒闭后，市场参与者变得非常敏感，关于亏损的谣言在市场上流传，无法继续像往常一样经营。月底前，另一家银行，即督洋城市银行（Tokuyo City Bank）也倒闭了。

1997年11月发生的这些金融机构倒闭事件，给与日本的银行打交道的西方金融机构敲响了警钟。它们对监管机构允许这些金融机构倒闭感到惊讶，并断定日本的金融机构没有一家是安全的。结果，西方国家的银行开始对融资要求更高的日本溢价，这给日本银行体系带来了更大的压力。很快，日本的市场情绪就恶化了。这与美国十年后，即2008年9月雷曼兄弟破产时发生的情况类似。问题在于，对于倒闭的机构没有有序的处置机制；政府没有办法在让任何一家大型金融机构倒闭的同时，还能保持整个金融体系的稳定。

图5.6显示了日本溢价，计算方法为3月期欧洲美元的东京银行间同业拆借利率（TIBOR）与3月期欧洲美元的伦敦银行间同业拆借利率（LIBOR）之间的差额（引自Ito和Harada, 2005）[6]。三洋证券倒闭的消息一传开，日本各银行的相对借款成本立即大幅攀升。

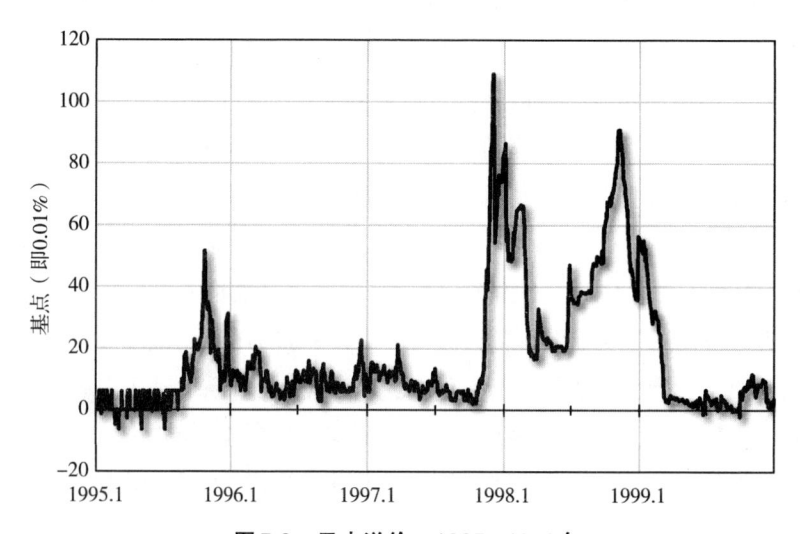

图5.6 日本溢价：1995—1999年

资料来源：Ito 和 Harada（2005）。

日本政府决定，应对金融危机迫切需要公共资金，并宣布计划在1997年12月拨出10万亿日元专门用于银行业。在讨论如何使用这笔公共资金的同时，政府批准了两项会计改革，允许银行粉饰其公开的财

---

[6] 欧洲美元TIBOR是由金融信息公司QUICK计算的，即13家参考银行中中间9家银行的同业拆借平均利率（最高的2家银行和最低的2家银行被排除在外）。这13家银行包括2家日本以外的银行，但它们的利率几乎总是最低的，因而总被排除在外，这使得TIBOR有效地反映了日本各银行的平均利率。由英国银行家协会计算的欧洲美元LIBOR是16家参考银行中中间8家银行的同业拆借平均利率。16家参考银行中包括3家日本银行，但它们几乎总是4家最高利率中的3家，因而也总被排除在外，这使得LIBOR实际上是日本以外的银行的平均利率（更多细节参见Ito和Harada, 2005）。

务报表。这些规则允许银行在两种方法中任选一种，即以市值或账面价值对其持有的房地产和股票进行估值。

当时，几乎所有银行的房地产资产都是以历史收购价（通常是几十年前的价格）计账的。尽管地价仍远低于其峰值水平，但转换为市值立即提高了银行资产的价值。此外，银行将持有股票的资本收益变现，以弥补经营损失。通常情况下，在出售股票以获得资本收益后，银行会迅速回购股票，以维持与客户的关系。到1998年，许多已被出售和回购的股票的市场价格低于这些股票的账面价值。因此，银行可以通过按照账面价值计入其所持股份，从而进一步夸大资产的价值。

1998年2月16日，日本国会通过了《金融功能稳定法案》，该法案允许政府动用30万亿日元的公共资金，其中17万亿用于保护倒闭银行的储户，13万亿用于银行资本重组。1998年3月，政府动用了13万亿日元中的1.8万亿对主要银行进行资本重组，但未能稳定局势。注资是在没有检查金融机构健康状况的情况下进行的，因此市场仍然认为银行还在隐瞒不良贷款。

1998年春，长期信用银行（Long-Term Credit Bank，LTCB）的股票在市场上被大量抛售。随着有关长期信用银行已经破产的谣言传开，该机构遭遇了一场悄无声息的银行挤兑：其债券被抛售，大批储户开始逃离。

整个春天，公众对政府反应的不满情绪继续上升。6月，作为执政联盟中主要政党的自民党，在参议院选举中失去了61个席位中的17个。桥本内阁倒台，首相小渊惠三领导的新内阁上台。这是自民党内部的权力更迭。

在这场市场动荡中，大爆炸式金融自由化仍在继续，金融监管体制在1998年进行了改革。一项最重要的改革是创建了金融厅（FSA），这是一家从大藏省中剥离出来的监管机构。图5.7的上半部分显示了金融厅成立时的结构。金融厅很快就真正独立了，并承担了更大的责任，但是组织结构与之前在大藏省时类似；银行局监管银行，证券局监管证券公司，银行局内部的保险部监管保险公司。图5.7的下半部分显示了金融厅在2000年是如何按照规划、监督和检查进行重组的。现在，每个局都与所有业态的金融机构打交道，包括银行、证券和保险。因此，金融厅成为一个综合的监管机构，监管所有类型的金融机构和产品。

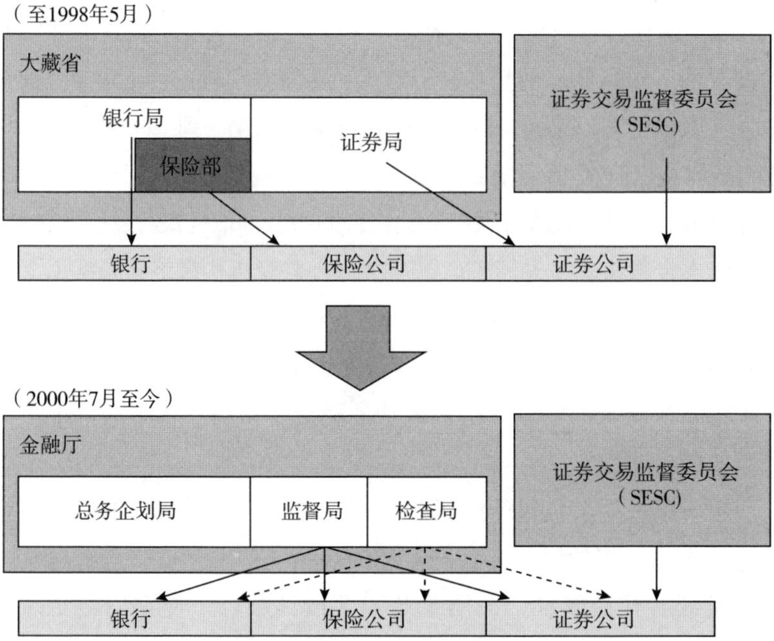

图5.7　日本金融监管结构的变化

资料来源：1998年6月至2000年6月，金融厅作为综合性的监管机构对金融机构实施监管。在这一时期，大藏省拥有规划职能。

小渕领导下的新内阁开始制订进一步的计划，以处理银行业的问题。此时，立法机构已经就两部立法达成协议，以处置资不抵债的机构并帮助有偿付能力但资本金不足的银行。《金融复兴法》（Financial Revitalization Act，FRA）建立了一个框架，通过国有化来重组濒临倒闭的系统重要性银行，而《快速资本重组法》（Prompt Recapitalization Act）允许政府向健康的银行注资。借助《金融复兴法》，1998年10月和12月，政府分别将长期信用银行和日本信贷银行（Nippon Credit Bank，NCB）国有化。[7]

日本信贷银行的问题实际上比长期信用银行早出现几年，监管机构很清楚这一点。早在1993年，大藏省就派出前官员洼田弘（Hiroshi Kubota）担任日本信贷银行的高管，帮助它扭亏为盈。但情况并没有太大改善。1996年，前日本央行官员后藤重意（Shigeoki Togo）被任命为首席执行官。然而，后藤未能阻止情况恶化。到1997年3月，该银行资本金已降至4%的标准以下，这是《巴塞尔协议》对国内银行的最低要求。此时，大藏省强制其他银行购买日本信贷银行发行的新股。新的资本金很快就损失掉了。再一次地，监管机构最终只是推迟了陷入困境的金融机构不可避免的倒闭。

1999年3月，监管当局根据《快速资本重组法》对这两家银行进行了第二次重大的资本重组，成功地稳定了市场。日本溢价很快消失，如图5.6所示。

从两家长期信贷银行的国有化开始，大力关闭濒临倒闭的银行持续了大约一年的时间。金融重建委员会（FRC）根据《金融复兴法》继续行使处置权，关闭了几家地区性银行，使它们接受破产处置。1999年10月，金融重建委员会第一任主席柳泽伯夫（Hakuo Yanagisawa）卸任后，政策变得更加宽松。从1999年到2001年，没有

---

[7] 如前所述，自1996年以来，日本一直实行无限额的存款担保。1997年11月，在三洋证券违约后，日本央行通知市场参与者，银行间贷款也受到保护。对于长期信用银行和日本信贷银行来说，虽然现有的股东眼看着自己的股份灰飞烟灭，但银行的所有债权人（包括次级债券持有人）都得到了全额赔付。

一家大型银行倒闭，自满的情绪日益滋生。然而，这场危机远未结束。

《金融复兴法》于2001年到期，而金融重建委员会被并入金融厅。柳泽被重新任命为负责金融厅的大臣，他呼吁"最终解决"不良贷款。柳泽领导下的金融厅对主要银行进行了特别检查，重点放在了对大客户的贷款上。这些检查工作于2002年4月完成，并使已公布的不良贷款数字有所增加。不过，与此同时，金融厅也宣布所有银行的资本都很充足，这与许多经济学家和分析师的观察不符。

金融厅之所以对前景持乐观态度，其中一个重要原因是递延所得税资产（deferred tax assets，DTAs）被计为一级资本。递延所得税资产是指由于时间性差异和亏损结转而产生的预期未来节省的税收。例如，当一家银行在其资产负债表上显示亏损结转时，这些亏损结转可以从其未来的应税收入中扣除。在这种情况下，预期未来节省的税收是公司税率乘以亏损结转额，然后加到当年的递延所得税资产中。对日本的银行来说，递延所得税资产最重要的来源是贷款损失准备金，这些准备金不允许从它们的应税收入中扣除。日本税务当局对可抵扣的贷款损失准备金有相对严格的标准。例如，在抵押品出售之前，担保贷款的准备金是不能抵扣的。这些严格的标准导致日本的银行持有如此大规模的递延所得税资产，以至于它们为自己的资产负债表描绘出一幅过于乐观的图景。

值得注意的是，只有当银行的应税收入变为正值时，递延所得税资产才能在未来产生收入。如果银行遭受亏损，递延所得税资产不会产生任何益处。如果有人认为一级资本是银行损失的重要缓冲，那么递延所得税资产是无法作为缓冲的，因为当企业没有盈利时，这些资产就会消失。然而，金融厅允许即使最羸弱的银行也可以积累递延所得税资产，只要它们不超过银行未来五年预期的应税收入总额。

政府在递延所得税资产的问题上产生了分歧。负责宏观经济政策（经济和财政政策委员会）的大臣竹中平藏（Heizo Takenaka）批评了金融厅的决定，即允许银行根据不切实际的预期情景积累递延所得税资产。柳泽和竹中之间的争论最终由首相小泉纯一郎做出裁决，他站在了竹中一边。

5.6 2002—2003年的竹中改革

2002年9月，竹中取代了柳泽，最终是竹中开始认真解决不良贷款问题。竹中上任不到一个月就宣布了"金融复兴计划"（Financial Revival Program），该计划要求（1）对银行资产进行更严格的评估，（2）增加银行资本，（3）对资本重组后的银行加强治理。

金融厅遵循了竹中计划，对银行的审计变得更加严格。在2003年初，这种压力导致许多规模最大的银行发行股票（通常是通过私募）来提高它们的资本充足率。2003年4月，大和银行（Resona Bank）聘任的会计师事务所不认可该银行认为应保留的全额递延所得税资产。该会计师事务所称，预期的利润轨迹显示未来几年利润将大幅增长，这是不现实的。这导致大和银行2003年3月的资本充足率降至4%以下，这是国内银行资本充足率最低的监管要求。根据《存款保险法》（第102-1条），金融厅向大和银行注资。虽然实际上大和银行被国有化了，但并没有使股市遭受打击。相反，其他主要银行的股票价格飙升，这可能反映了大和的股权并未完全蒸发这一事实。

2002年11月29日，当会计师事务所不认可足利银行（Ashikaga Bank）的任何递延所得税资产时，这家银行倒闭了。这一次，银行被认定破产，股东血本无归。

2003年8月，金融厅向15家进行资本重组的银行和金融集团发布了业务整改令，其中包括5家大机构，即瑞穗金融集团（Mizuho Financial Group）、日本联合金融控股集团（UFJ Holdings，以下简称日联控股)、三井住友金融集团(Mitsui Sumitomo Financial Group)、三井信托控股公司(Mitsui Trust Holdings)和住友信托银行(Sumitomo Trust Bank),原因是它们未能完成2003年3月的利润目标。它们被要求提交业务整改计划,并在每个季度向金融厅报告进展情况。

日联控股由三和银行(Sanwa Bank)、东海银行(Tokai Bank)与东洋信托银行(Toyo Trust & Banking)合并而成,2004年3月被发现未能遵守其修订后的计划,从而收到了另一份业务整改令。日联控股、日联银行和日联信托的首席执行官们被迫辞职,新上任高管的薪资也被停发。股息支付被叫停,其他董事的工资被削减了50%(他们的奖金已经被暂停),管理层的退休金也被暂停。正式员工的数量减少了,剩下的员工奖金减少了80%。[8]

当竹中改革开始时,政府对陷入困境的借款人的政策发生了转变。日本产业复兴公司(IRCJ)是一家成立于2003年4月的政府机构,它与主要银行合作,重组业绩不佳的银行以使其恢复正常,并从小银行购买不良贷款。处置与接收公司(RCC)是一家已有的政府资产管理公司,也将其业务重点转向重组陷入困境的借款人。

竹中计划的目标是,到2005年3月,将主要银行的不良贷款率降至2001财年(2002年3月底)的一半左右。这一目标实现了。图5.8显示了主要银行和其他较小的银行从1996年3月到2009年3月每年不良贷款的数量。这里的不良贷款被定义为银行披露的风险管理贷款。主要银行的不良贷款在2002年3月底超过27.5万亿日元,到2005年3月底迅速下降到7.3万亿日元左右。在竹中改革的推动下,日本的银行终于开始重建它们的资本金,如图5.8所示,从2002年到2006年,不良贷款的数量大幅下降。

---

[8] 参见日联控股(UFJ Holdings, 2004)。

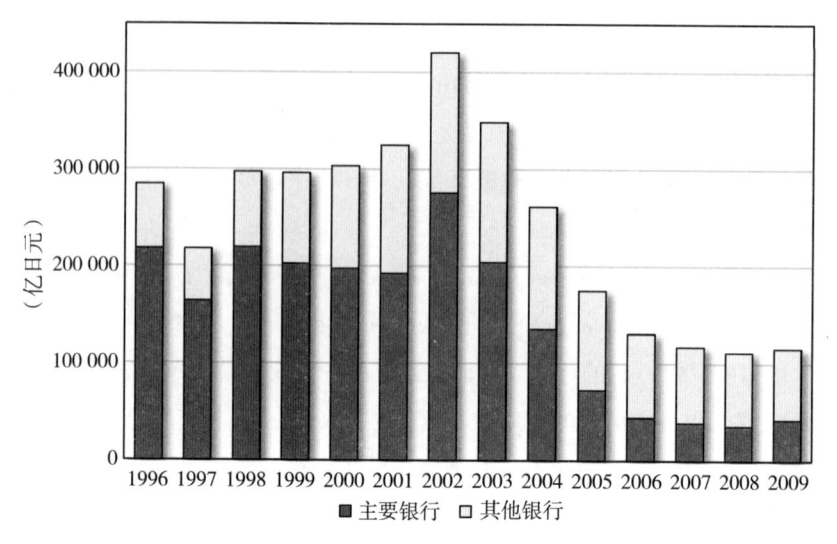

图5.8 1996—2009年的不良贷款（风险管理贷款）
注：数据截止日期为每年3月底。
资料来源：日本金融厅。

5.7 日本新的金融体系

5.7.1 全球金融危机

全球金融体系在2007—2009年遭受重大打击。美国和欧盟一些最大的金融机构由于资产负债表中结构性金融产品的价值缩水而破产。这些产品中的大部分都是基于美国的住宅抵押贷款。证券化产品利用金融工程，变成了债务抵押债券（CDO）。第一个预警信号出现在2007年夏天，当时美国一些地区的房地产价格开始陡然下跌。许多金融机构试图出售这些证券化产品，以避免进一步的损失。这些大甩卖进一步压低了价格，并将金融机构推入了深渊。2008年9月，雷曼兄弟破产后，世界金融体系陷入混乱。美国和欧盟的金融机构认为所有机构都有可能破产，银行间信贷停止了流动。美国政府和美联储迅速采取行动，以拯救他们的金融体系。有关全球金融危机期间美国和欧盟发生的事件和政策问题，参见伊藤隆敏的研究（Ito，2010）。

与美国和欧盟不同，日本的金融体系具有一定的弹性，因为日本的银行没有因证券化产品而蒙受巨大的直接损失。2007—2009年日本银行业的亏损总额仅为310亿美元，而美国和欧洲银行报告的亏损分别为7 090亿美元和8 470亿美元。截至2008年3月，日本大型银行持有的证券化产品余额的总账面价值为18万亿日元，占一级资本的71.6%。地区性银行的风险敞口更小，仅为1.897万亿日元，占一级资本的14.7%。两年后，对大型银行而言，这些证券造成的累积损失为2.2万亿日元，地区性银行为2 110亿日元。日本银行的资本充足率没有出现明显下降。

日本银行对次贷相关证券的风险敞口不大，因此，在全球金融危机期间，没有一家日本金融机构遭受重大损失。[9] 与十年前相比，这一转变令人注目，那时日本银行正遭受不良贷款之苦。现在尚不清楚日本的银行是因为足够聪明，所以意识到了债务抵押债券的风险，还是仅仅因为它们还处在十年前危机的恢复过程中，因而过于保守。由于美国和欧盟的银行在全球金融危机之后不得不出售金融资产、贷款组合和实物资产，日本银行购买了其中一些资产以图扩张，大部分都在亚洲。全球金融危机之后日本实体经济受到的损害，参见第14章。

5.7.2 处置机制

1998年日本政府处置陷入困境的大银行依据的两部法律，都是将在5年后失效的临时措施。为此，2001年日本修订了《存款保险

---

[9] 野村证券和瑞穗证券是日本仅有的两家报告因持有CDO而受损的主要机构。然而，与资本金的数量相比，每家机构的亏损额都很小。

法》，使这些框架固定下来。⑩ 修订后的《存款保险法》第5章和第6章规定了非系统重要性银行的破产程序。当一家银行被认定破产后，存款保险公司将作为其财务管理人接管该银行，并将业务运营移交给承担责任的金融机构（第5章）。⑪ 如果没有承担责任的金融机构马上站出来，业务运营则移交给由存款保险公司运营的一家过桥银行（第6章）。

该法的第7章规定了如何处理一家陷入困境的系统重要性银行。如果银行有偿付能力，存款保险公司将会注资并强制该银行进行重组（第7章，第102-1节）。如果银行资不抵债，存款保险公司会把这家银行国有化，并重组其债权（第7章，第102-3节）。2003年，根据第102-1节对大和银行进行了资本重组，同年，根据第102-3节对足利银行进行了债务重组。

因此，在全球金融危机爆发之前，日本为银行（包括系统重要性银行）建立了一个合理的处置机制。然而，与美国类似，日本仍然缺乏监管工具来处置可能已经资不抵债的系统重要性非银行金融机构。2013年《存款保险法》的修订解决了这一缺陷，增加的第7-2章将处置制度扩展至非银行金融机构，包括金融控股公司、保险公司和证券公司。

第7-2章规定的程序首先由金融危机应对理事会（Financial Crisis Response Council）向首相提出建议，要求一家系统重要性金融机构进入有序的处置程序。如果金融机构被认为具有偿付能力，它将受到存款保险公司的特别监督，并接受流动性援助（称为第I类措施）。如果金融机构资不抵债，存款保险公司则会接管它，将对金融稳定至关重要的债权转移给过桥银行，并提供资金援助（第II类措施）。第7-2章

---

⑩ 本节在很大程度上借鉴了Harada、Hoshi、Imai、Koibuchi和Yasuda（2015）一书的内容。

⑪ 这基本上等同于由美国联邦存款保险公司（FDIC）负责的破产商业银行的处置工作。

的程序还没有经过实际案例的检验,但是日本现在已经拥有处置一家濒临倒闭的系统重要性金融机构的框架。

5.7.3 《巴塞尔协议》（Ⅰ、Ⅱ、Ⅲ）与日本

巴塞尔银行监管委员会及其设在国际清算银行（BIS）的秘书处,一直是为积极参与国际业务的银行制定资本充足标准的主要国际机构。由巴塞尔银行监管委员会设计的监管制度的演变,揭示了过去30年来主要国家的金融监管机构需要担忧和应对的问题。20世纪80年代末达成的最初协议,现在被称为《巴塞尔协议Ⅰ》,目的是为在国际上活跃的银行建立一个共同标准。正如凯恩（Kane，1993）指出的那样,该协议的一个隐蔽议程是减缓日本银行的国际扩张（实际上这一议程也并非真的隐蔽）。与西方国家的银行相比,日本银行持有的资本金通常较少。这一事实使得西方银行及其监管机构辩称,日本的银行发展是基于不公平的优势,即拥有庞大的储户基础和低资本充足率。此时,20世纪80年代中期日元升值已使日本的银行跻身全球顶级银行之列,而美国商业银行在跨州扩张方面仍受到严格限制。

《巴塞尔协议Ⅰ》的主要内容是资本金要求。《巴塞尔协议Ⅰ》旨在为资本与风险加权资产（RWA）之间的比率设定一个最低标准。正如本章前面几节解释的那样,银行资本是吸收意外损失的缓冲垫。《巴塞尔协议Ⅰ》中资本比率的计算方法,是将银行资本除以风险加权资产。风险加权资产计算的是每个资产类别中资产的加权总和,权重与每个类别的固有风险成正比。例如,OECD（经济合作与发展组织）国家的政府债券被假定是安全的,对其赋予的风险权重为零。另一方面,商业贷款被认为是有风险的,风险权重则为1,也就是资产价值的100%。

有两种类型的资本:一级资本包括普通股,被认为是最可靠的;二级资本包括次级债务和其他资本,被认为是极不可靠的。典型的一

级资本就是普通股，二级资本包括次级债务。1988年，各方同意在4年之内，一家在国际上活跃的银行的资本充足率不能低于8%，其中至少4%是一级资本。

对于日本的银行来说，二级资本中的一个特殊类别是所持股票未实现的资本收益。巴塞尔委员会决定，45%未实现的资本收益被允许计入二级资本。这最初使日本的银行很容易达到最低标准，因为它们持有大量与其有业务关系的企业的股票。在20世纪90年代早期，股票价格急剧下跌，这减少了二级资本的数量。为此，资本充足率较低的日本银行发行了更多次级债，并减少了商业贷款（Ito and Sasaki，2002）。日本的银行不愿处置不良贷款的原因之一，就是它们希望将资本充足率保持在最低要求之上。

20世纪90年代，由于对跨州银行业务放松管制以及由此产生的合并，许多美国银行扩大了资产规模。日本的经济停滞和银行业危机与美国的繁荣形成了鲜明对比，这扭转了国际银行业的发展态势。日本的银行变得相对较小，至21世纪头十年结束时，它们中的许多家都被挤出了前十的行列。

图5.9显示了1969—1999年每年跻身全球前十大银行（以资产规模计）的日本银行数量。该数字清楚地展示了日本的银行在20世纪80年代和90年代的兴衰。在整个20世纪70年代，在全球金融市场还很少见到日本银行的身影。然而，到了1983年，有5家日本银行的资产规模跻身前十行列，而在1986—1995年，至少有7家银行跻身其中。

到了20世纪90年代中期，《巴塞尔协议I》资本监管存在的诸多缺陷已经变得非常明显。一个严重的问题是，将所有贷款和证券归类到少数所谓的风险束中，这助长了监管套利。在风险权重相同的贷款中，银行可以选择风险最高的贷款（也就是说，如果没有违约，它们的回报也是最高的），而不需要耗费更多的资本。此外，在《巴塞尔协议I》

中，所有OECD国家的政府债务的风险权重均为零，包括收益率高于其他OECD国家主权债券的墨西哥债券（这表明其违约风险较高）。银行能够享受到来自墨西哥债券的更高回报，而不需要留出更多的资本缓冲。这种行为被称为监管套利。

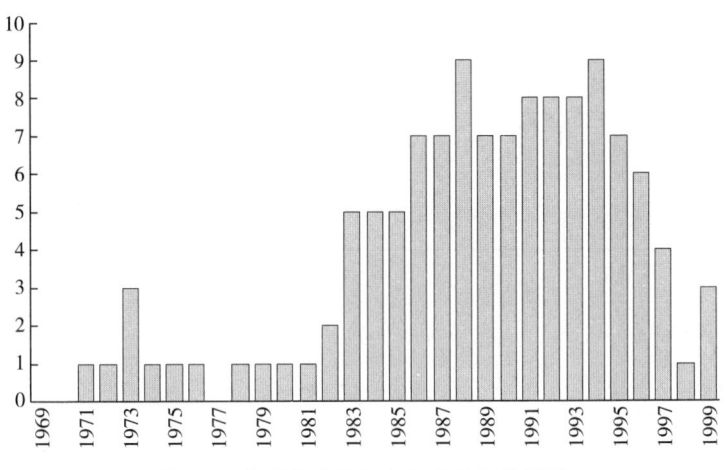

图5.9　全球十大银行中日本银行的数量

资料来源：*Bankers' Magazine*（各期）。

监管机构开始研究一个新的改进框架。在名为《巴塞尔协议Ⅱ》的新框架下，贷款和证券被更精细地划分为具有不同风险权重的风险类别。例如，主权债券的风险权重现在取决于评级公司的外部评级。墨西哥债券不再享有零风险权重，但所有其他OECD成员发行的债券评级较高，继续享有零风险权重。因此，在《巴塞尔协议Ⅱ》下，监管套利仍然存在。此外，对外部信用评级的依赖给了穆迪、标普和惠誉等信用评级机构一定的权力，使之可以向其客户（证券发行者）售卖监管利益（即对其证券需求的增加）。有人强调，评级机构的这种利益冲突正是全球金融危机的重要原因之一。

《巴塞尔协议Ⅱ》的另一个重要变化是，允许一些掌握先进风险管理技术的银行使用经监管机构批准的内部模型来计算其风险加权资产。美国各银行最初对这一举措表示欢迎，因为使用这种先进的风险管理方法通常会导致风险加权资产数量的减少，从而降低所需的资本金数量。

日本和欧盟的监管机构很快采用了《巴塞尔协议Ⅱ》的框架。然而，美国监管机构的行动非常缓慢，当全球金融危机开始爆发时，还没有一家美国银行符合《巴塞尔协议Ⅱ》的要求。表5.1显示了日本实施《巴塞尔协议Ⅱ》框架的时间表。

表5.1　日本与三版《巴塞尔协议》

监管	巴塞尔准则	日本
《巴塞尔协议Ⅰ》	1988年定稿	1993年全面实施
《巴塞尔协议Ⅱ》	2004年6月定稿	到2007年3月全面实施
《巴塞尔协议2.5》	2009年7月定稿	到2011年11月全面实施
《巴塞尔协议Ⅲ》：最低普通股权益资本充足率（4.5%）	到2019年全面实施	到2015年1月全面实施
《巴塞尔协议Ⅲ》：资本留存缓冲（2.5%）	到2019年全面实施	从2016年开始实施时的0.625%逐步上升至2019年的2.5%
《巴塞尔协议Ⅲ》：流动性覆盖率	2015年开始部分实施，到2019年全面实施	2015年开始实施（已完成60%）
《巴塞尔协议Ⅲ》：净稳定资金比率	2018年定稿	2018年开始实施

资料来源：Harada 等人（2015）和作者根据下列文档的更新，https:// www.fsb.org/wp-content/uploads /P281118-2pdf。

全球金融危机促使世界各地的监管机构重新评估现有的银行监管规定，巴塞尔银行监管委员会开始讨论如何才能制定出比《巴塞尔协议Ⅱ》更好的银行监管标准。要理解从《巴塞尔协议Ⅱ》向最终所谓的《巴塞尔协议Ⅲ》（这并不令人意外）的过渡，我们需要了解2007—2009年全球金融危机期间发生了什么。

全球金融危机显而易见的导火索是美国房地产繁荣的终结，这是由宽松的抵押贷款推动的。随着房价上涨，银行放宽了对借款人的要求，并发放了许多次级贷款，包括所谓的"忍者贷款"（NINJA，"No Income, No Job or Assets"，即给"没有收入，也没有工作和资产"的人的贷款）。这些高风险贷款通常被打包并证券化为抵押贷款支持证券（MBS）。然后，数以百计（如果不是数以千计的话）的抵押贷款支持证券被重新打包，并根据信用风险分成不同的层级，这就是本章前面讨论的债务抵押债券。优先级部分对来自证券池的现金流有优先权，并在出现违约的情况下最后才会遭受损失。因此，优先级部分被认为非常安全，可以获得信用评级机构的AAA评级。中间级部分通常被称为夹层，被认为风险略高，典型的评级为AA或更低，但它们的票面利率更高。最终，最低层（即最高风险）的部分被称为权益层，通常没有评级。随着2006年房价开始下跌，次级贷款开始违约。问题是房价下跌并不局限于某个特定的地区；实际上，构成债务抵押债券的很大一部分贷款开始违约，这产生了巨大的损失，即使AAA评级的部分也是如此。

《巴塞尔协议Ⅱ》对阻止金融崩溃没有发挥任何作用。[12] 实际上，《巴塞尔协议Ⅱ》给高评级证券赋予了较低的风险权重，这使银行有很强的激励将自己的高风险抵押贷款证券化并予以出售，同时购买包含这些抵押贷款的AAA级的债务抵押债券。

2008年9月雷曼兄弟倒闭后，全球金融危机达到顶峰，不久之后，巴塞尔银行监管委员会的监管人员开始组织国际社会修订资本充足监

---

[12] 最能说明问题的例子是英国规模相对较小的金融机构北岩银行，该机构被英国监管机构认定为符合《巴塞尔协议Ⅱ》模式，但仍面临银行挤兑，并在3个月内获得了英格兰银行的特别贷款。

管规定。规则制定工作的第一个成果就是2009年7月实施的《巴塞尔协议2.5》。[13]然而，很快就有人认为，完善《巴塞尔协议Ⅱ》的框架不足以解决全球金融危机暴露出来的重大问题。在《巴塞尔协议2.5》出台之后，国际社会的努力立即转向更为基础性的改革，即制定《巴塞尔协议Ⅲ》。

《巴塞尔协议Ⅲ》于2010年12月发布。新的监管框架与《巴塞尔协议Ⅱ》在三个方面有所不同：一是提高了资本充足率的要求，更加注重资本的质量；二是建立了对杠杆率的监管，这被认为不太容易受到监管套利的影响；三是出台了对流动性最低水平的要求。

与之前的监管规定相比，《巴塞尔协议Ⅲ》更加强调普通股权益资本。普通股权益资本最低要求最初（2013年）设定为风险加权资产的3.5%，到2019年提高到4.5%。一级资本的最低要求最初（2013年）设定为风险加权资产的4.5%，到2019年提高到6.0%。总资本的最低要求仍为风险加权资产的8.0%。除了这些最低资本比率之外，《巴塞尔协议Ⅲ》增加了两类必须以普通股权益资本的形式持有的缓冲，即资本留存缓冲和逆周期资本缓冲。当银行在周期性衰退中遭受损失时，它们的资本金就会耗尽。在传统的资本金监管中，银行会减少放贷以重新满足对资本金的要求，但这样做会加剧经济衰退，并给它们带来更多的损失。资本留存缓冲允许银行在经济低迷时进入缓冲区间，以打破周期，从而抑制经济周期的波动。到2019年，资本留存缓冲将逐步提高到2.5%。另一方面，逆周期资本缓冲试图解决信贷繁荣期间的一个问题。如果认为信贷繁荣提高了系统性风险，监管机构可以施加额外的普通股权益资本

---

[13] 《巴塞尔协议Ⅱ市场风险框架修订》（2009年7月）已做修订，并以《巴塞尔委员会公布的对巴塞尔协议Ⅱ市场风险框架的调整》的名义于2010年6月发布。《巴塞尔协议Ⅱ框架的完善》（2009年7月）和《交易账户新增风险资本计算指引》（2009年7月）已于2011年12月底实施。

金要求（最高为风险加权资产的 2.5%）。这一逆周期资本缓冲是在 2016 年 3 月引入的。

全球金融市场上规模最大、联系最紧密的银行被确定为全球系统重要性金融机构（G-SIFIs），根据《巴塞尔协议Ⅲ》，它们被要求持有额外的资本金。附加的资本金范围为风险加权资产的 1%~3.5%，具体取决于系统重要性的程度。全球系统重要性金融机构名单每年更新一次，每年 11 月由金融稳定理事会（FSB）公布。

除了增加最低资本金的数量并提高其质量外，《巴塞尔协议Ⅲ》还引入了对资产端流动性和负债端稳定性的最低要求。出台这项新监管规定的原因是，人们观察到在全球金融危机期间，许多倒闭的金融机构由于短期资金外流导致大量抛售非流动性资产，这使其陷入了更严重的困境。为解决这个问题，《巴塞尔协议Ⅲ》要求银行拥有（1）更多的流动性资产和（2）更稳定的资金来源。流动性覆盖率（LCR）监管代表前一种方法。其计算方法是，在同样由监管机构定义的压力情景下，政府债券等高质量流动性资产的数量与预期的流动性需求之间的比率。净稳定资金比率（NSFR）监管代表后一种方法。其计算方法是，将可用稳定资金（ASF）除以业务所需的稳定资金（RSF），前者是预计在一定期限（比如一年）内留在银行中的资本金和负债部分，后者是在这段时间内如果不遭受严重损失就无法出售的资产的一部分。《巴塞尔协议Ⅲ》要求银行始终满足最低流动性覆盖率和最低净稳定资金比率的要求。

日本有 16 家主要金融机构受《巴塞尔协议Ⅲ》的监管。其中，三菱日联金融集团、瑞穗金融集团和三井住友银行这三家是全球系统重要性金融机构，因此需要持有额外的资本金。这些金融机构以外的银行不受《巴塞尔协议Ⅲ》的约束，因为它们在国际上并不活跃。对于这些国内银行，要求的最低总资本金仍为风险加权资产的 4%。

5.8 未来展望

在过去的几十年间,日本的金融体系已经从一个监管严格的封闭体系演变为一个监管较少的国际开放体系。在20世纪80年代后期信贷繁荣之后,日本的银行遭受重创,1997—1998年,数家大型金融机构倒闭。金融监管体系进行了改革,银行最终被迫清理了不良贷款,这些不良贷款曾经严重拖累日本经济。

2007年起源于美国的全球金融危机对日本的金融机构并没有造成直接损失。这并不意味着为了应对本国的银行业危机,日本已经成功建立了稳健的金融体系。相反,日本金融体系之所以能够避免危机,主要是因为其资本市场还不发达,而资本市场恰好是其他国家最早出现问题的地方,且日本的银行对持有外国证券持谨慎态度。因此,许多日本金融机构对危机中突然贬值的证券化产品并没有实质性的风险敞口。

日本金融机构仍然面临着许多挑战。让我们来回顾一下几个主要问题。首先,日本银行的利润空间远低于它们的西方同行。随着金融体系的自由化,传统银行业务(即吸收存款和发放贷款)的利润率大幅缩水。在寻找有利可图的新商业模式方面,日本的银行一直落后于西方同行,比如专注于收取服务费的并购咨询。这在一定程度上是日本资本市场不发达的结果。这意味着日本的金融监管机构仍然需要继续放松管制,以发展资本市场,同时它们还要与世界其他地区的监管机构合作,在许多领域重新加强监管,以提升金融体系的稳定性。星岳雄和安田(Hoshi and Yasuda,2016)指出,日本金融厅确实一直在朝着这两个方向努力。

其次,随着日本经济增速放缓,对银行贷款的需求已连续数年下降。与此同时,投资于日本政府债券的资产组合在增长。银行持有日本国债可带来监管方面的好处,因为即使《巴塞尔协议Ⅲ》的资本金监管，也仍将日本国债的风险权重设定为零。然而，当经济从长期停滞和通缩中复苏时，债券收益率预期会上升。当利率上升时，长期债券投资组合将遭受资本损失。在经济摆脱通缩后，日本的银行可以从事哪些有利可图的业务仍不明朗。

第6章 货币政策

6.1 引言

6.1.1 日本是货币政策的实验室

货币政策旨在控制经济中的货币状况，包括商业银行的贷款意愿，这是决定消费、投资和生产活动的重要因素。这种政策通常由中央银行执行，中央银行通过公开市场操作、设定法定准备金率以及其他非常规政策工具来控制利率。货币政策的主要目标是价格稳定以及重要性略低的产出稳定。一些中央银行（主要是小型开放经济体的中央银行）将汇率管理放在优先位置，以促进国内价格和产出的稳定。

从20世纪50年代至今，日本的货币政策明显经历了几个阶段。每个阶段都有趣事、试验、失误和成就。随着金融环境的变化，货币政策的最终目标、中介目标（比如作为操作依据的目标）和政策工具也随着时间演变。国际上主要的中央银行，例如美联储、英格兰银行和欧洲中央银行（以及欧洲中央银行成立之前的德意志联邦银行），会影响日本央行货币政策的执行方式，反之亦然。日本央行有时处于政策挑战的前沿，有时则是其他央行的追随者。本章概述了日本货币政策的发展，并特别关注其他中央银行和学术界有关政策实践的变化。

货币政策的主要目标通常被认为是价格稳定。然而，经济真正重要的方面，如增长和失业，不能被忽略。这两个目标的权重因时间和国家而异。在很多国家，央行都受到政府的影响，政府往往偏重增长和就业。拥有一家软弱的中央银行往往会导致一段时期的高通胀，随后就是为了降低通胀而实施的货币紧缩并导致经济衰退。这些经验使经济学家和政策制定者达成共识，即中央银行应被赋予明确的使命，并在使用货币工具以实现这一使命时拥有独立于政府的法定地位。在这一演进过程中，日本央行也不例外。

二战以后，日本央行货币政策的历史可以分为6个阶段：

1.固定汇率时期（1949—1971年）；

2.短暂的高通胀并迅速修正时期（1972—1975年）；

3.通胀率逐渐下降（1975—1985年）；

4.泡沫及其破灭（1985—1997年）；

5.通缩（1998—2012年）；

6.采取非常规货币政策以摆脱通缩［2013年至今（截至本书撰写时）］。

图6.1显示了1958—2018年日本和美国的月度同比通胀率，即总体CPI。总体的意思是包括所有商品和服务。

在1949—1971年布雷顿森林体系时期（第1阶段），日本的货币政策受到优先维持固定汇率的制约。每当国内繁荣导致贸易账户逆差，就不得不紧缩货币政策和财政政策。在第1阶段，日本经历了增速约为10%的快速经济增长，大部分时间通胀率没有超过5%。这段时间的日本通胀率要高于美国。

1971年放弃固定汇率以后，日本央行获得了一定程度的自由，但失去了制定政策的锚。在第2阶段，日本的通胀率高达25%。这

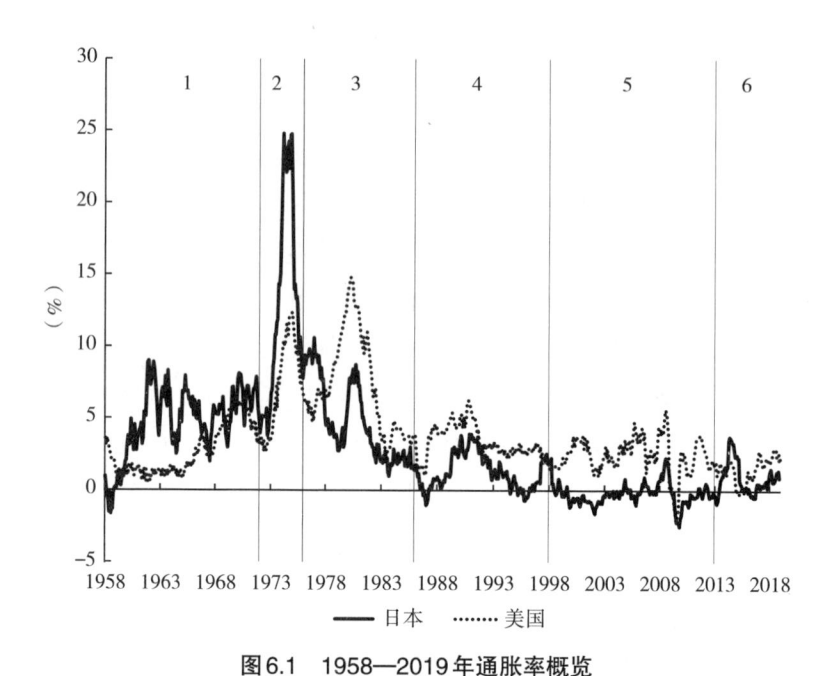

图6.1　1958—2019年通胀率概览

注：（1）日本的通胀率因消费税上调而有所调整。（2）6个阶段的确定见正文。
资料来源：国际货币基金组织，国际金融统计。

通常归因于1973年10月的中东危机，也就是后来所谓的"第一次石油危机"，这一直持续到1974年。然而，甚至在石油价格开始上涨之前，通胀率就已达到了10%。但是第一次石油危机加剧了通胀。因此，不论是否因为石油危机而加剧，允许通胀率居高不下显然是1972—1973年货币政策实施中犯下的错误。由于政府施加压力，要求保持低利率以防止日元升值，1973年的货币紧缩政策被证明实施得过晚。1974年日本经济经历了一次严重的衰退，才使通胀率降了下来。

这种高通胀的经历促成了几个变化。日本央行在决定利率方面从大藏省获得了实际的独立地位，因为它指出了避免重蹈之前高通胀覆辙的重要性。这些教训对1979年的第二次石油危机有重要价值，日本央行迅速采取行动，未让通胀率上升。

在1978年到20世纪80年代中期的第3阶段，日本央行实际上以货币总量作为中介目标。这一时期通胀率有所缓和，并没有对增长率产生不利影响。至20世纪80年代中期，通胀率已低于3%。日本央行自信满满，认为自己已经从1973—1974年允许通胀率大幅飙升的错误中吸取了教训。日本央行感觉自己已经熟练掌握了货币政策的操作，并让自己实际上不受政府压力的影响。

第4阶段的特点是1985—1989年资产价格迅速上涨，以及随后资产价格的暴跌。20世纪80年代后半期，尽管股票和土地价格大幅上涨，但令人瞩目的是日元大幅升值，而通胀率只是温和上涨。事后看，1985—1989年的特点是大规模的资产价格泡沫。股票和土地价格在几年内上涨了近4倍。在这一过程中，日本央行直到很晚才收紧货币，因为这些年以CPI衡量的通胀率相对较低。泡沫破裂后，日本经济出现了长期的产出停滞和CPI通胀率紧缩。在泡沫破裂期间，日本的通胀率一直低于美国，反映出缓慢的增长和不断扩大的GDP（产出）缺口。

随着20世纪90年代前半期泡沫破裂，股市指数在三年内下跌了一半以上，土地价格保持温和但稳定地下降，这持续了13年之久。资产价格下跌导致从事房地产和建筑业务的企业蒙受严重损失，其中许多公司实质上已经破产。资产价值大大降低，耗尽了这些公司的资本，其结果是它们无法偿还欠银行的债务。反过来，这又给银行业造成了严重的问题。在早期阶段，状况糟糕的银行变得资不抵债，并与更健康的银行合并，有时会得到存款保险公司的帮助。然后，1997—1998年，几家大型金融机构倒闭，造成了严重的金融动荡，日本的银行在银行间借贷时不得不支付更高的溢价。从1998年开始，遭遇重创的金融体系使日本经济陷入通缩。

在通货紧缩的第5阶段，日本央行必须发挥创造性，找到刺激经济的方法，使利率保持为零。该银行最早采用的货币政策，后来被称为非常规货币政策。但通货紧缩一直持续到2012年。当通胀率为负数时，货币政策将受到限制，因为中央银行可以设定的最低利率为零（或稍低于零）。二战以后，15年的通缩在主要国家中是非常罕见的。日本的货币政策通过将利率降到零来应对停滞和通缩。

当利率已经达到零时，有什么有效的政策工具可以摆脱通缩？在利率为零的情况下，随着通缩的持续，适当的货币政策是什么？最初，这些疑问中蕴含的问题被认为是日本独有的。但是，在2008年雷曼兄弟倒闭引发全球金融危机之后，随着美国、欧元区和英国都陷入严重的衰退，零利率下限已成为普遍问题。日本央行在2001—2006年首次实施了量化宽松（QE），其他主要的央行在2008年后也采用了这一政策。对于量化宽松的传导途径和整体有效性，仍有争论。

在第6阶段，日本引入了新制度来实施积极的货币政策，并将通胀目标设定为2%。这开始终结通缩。采用通胀目标制，是日本首相安倍晋三领导下的政府与2013年3月新上任的日本央行行长黑田东彦共同努力的结果。为实现这一目标，日本央行于2013年4月采取了定量和定性宽松（QQE）政策。这一举措被称为"安倍经济学"的第一支箭。"安倍经济学"是指安倍晋三首相采取的一揽子政策。通胀率从2013年3月的-0.5%，上升到2014年3月的1.3%。第一支箭射出后的第一年，似乎成功地将日本经济从通缩中解救出来。

6.1.2 理论

本节回顾了宏观经济学教科书中常见的货币政策基本框架。关于货币政策如何在经济中发挥作用以及中央银行应如何执行货币政策，有几种不同的思想流派。货币政策使用最广泛的工具是利率。有人认为，关注和控制流通中的货币数量更为重要。无论采用何种方式，货币政策都被视为影响总需求中投资和消费这两个主要组成部分的有力武器。但是，货币政策有一个缺点，它通常具有较长且可变的时滞。

日本经济在20世纪90年代和21世纪头十年经历了长期停滞。从1999年2月到2000年8月，利率几乎降到了零，然后是2001年4月到2006年7月，再是从2008年12月至今（本书写作时），这种情况重复出现。零利率在战后历史上是史无前例的，早在1999年就被视为情况异常的例证。然而，在2008—2009年全球金融危机之后，零利率和接近零的利率在发达国家中普遍盛行，包括美国。除了将政策利率设定为接近零以外，主要国家的央行还推行非常规货币政策，购买其通常不会买的各种资产，并扩大了资产负债表。非常规货币政策在2008—2009年成为经济学术语，但是日本央行早在2001—2006年就尝试了量化宽松政策。

6.1.3 以基础货币控制货币供给

中央银行可以在市场上出售或购买政府债券，以此控制经济中流通的货币数量，这被称为公开市场操作。通过购买政府债券，中央银行向证券的卖家（通常是商业银行）支付现金（这里是日元）。更确切地说，这笔款项将汇入商业银行在中央银行的账户。有了这些额外的现金，商业银行将更愿意向企业和消费者发放贷款，或者通过银行间拆借市场向其他银行放贷。它们也可以购买企业债券和其他证券。如果这些额外的现金被取出来并借给企业和消费者，那么企业就会投资，消费者就会增加他们的支出。最终，总需求会增加，因此公开市场操作会刺激经济。即使商业银行不放贷，而是购买企业债券或商业票据，这些证券的利率也会下降，这就降低了企业投资生产设备和机器的机会成本。

因此，在公开市场购买证券就是货币放松，这增加了基础货币的数量并降低了利率。在正常情况下，央行可以决定基础货币的数量或利率，但不能独立地决定这两者。

当中央银行担心通胀会加剧时，它可能会试图在市场上出售政府证券，从经济中收回基础货币，以此给经济降温。与在公开市场买入政府债券相反，在公开市场售出债券会减少货币供给量并提高利率。

6.1.4 货币政策与传导途径

在传统货币政策中，中央银行控制银行同业拆借的利率，这是金融机构借入和借出极短期（通常是隔夜）资金的市场利率。控制极短期利率对广泛的经济活动的影响似乎是遥远的、微弱的。确实，人们普遍认为，银行间市场利率的变化对实际经济活动的影响需要12~18个月才能充分发挥出来。

基本上，较低的同业拆借利率会刺激银行以较低的利率向消费者和企业提供更多的贷款。较低的银行贷款利率（即企业的借款利率）鼓励企业寻找一些原本可投可不投的项目，这些项目现在变得有利可图了。企业会增加对工厂和机器的投资，并雇用更多的工人。家庭发现从银行借钱建造新房或购买二手房变得更加容易了。最终，伴随着较低的利率，企业将进行更多的投资，家庭也会消费更多。利率影响经济决策，这被称为利率途径。传统和新凯恩斯主义者都倾向于将利率视为表明货币政策态度的关键指标。

在这一传导途径中有三点内容很重要。第一，传导的关键部分是银行贷款的增加，这是由较低的银行间利率和中央银行提供的更多流动性引起的。如果即使在利率较低的情况下，银行也不愿意放贷，那么这个途径就会中断。有一种观点强调银行向企业发放的贷款数额，这被称为信贷途径观点。银行不愿意增加对企业和家庭的贷款，可能的原因是什么？其中之一可能是，不良贷款和相关的损失导致银行资金短缺。第二，名义利率为零时存在一个下限（即最低值）。一旦政策利率降至这一最低值，货币政策就失去了一种传统的工具。自1999年以后，名义利率零下限成为日本经济关注的焦点。第三，许多论文都强调银行对企业和消费者扩大或紧缩信贷的重要性，而非利率波动。

传统的货币主义者没有区分利率途径和信贷途径。货币主义者强调，如果扩大基础货币，就会刺激经济，因为中央银行向市场投放了更多的流动性，这为企业和家庭的支出提供了资金。根据货币主义者的观点，基础货币的数量（和增长率）是货币政策最重要的指标。

专栏6.1　货币乘数

在这里，我们提供一个教科书中有关货币的解释：中央银行如何提供基础货币或高能货币（狭义的货币定义）H；货币供给或货币存量（广义的货币定义）M是如何通过银行系统创造出来的。基础货币是流通中现金Cu（即家庭和企业持有的纸币和硬币）和准备金（即商业银行在中央银行的存款）的总和：

$$H = Cu + R_e$$

货币存量是流通中的现金Cu和家庭与企业的银行存款D之和：

$$M = Cu + D$$

因此，货币（M）与基础货币（H）之比为：

$$\frac{M}{H} = \frac{Cu+D}{Cu+R_e}$$

将等式右侧的分母和分子同时除以D（存款），并将等式的两侧乘以H（基础货币），我们得到以下等式：

$$M = \frac{Cu/D+1}{Cu/D+R_e/D} \times H$$

让我们将Cu与D之比称为现金存款比，并用$c = \frac{Cu}{D}$表示。很自然地可以假设现金存款比是由家庭和企业的行为决定的。

> R_e 与 D 的比率是准备金率。让我们将其表示为 $r = \frac{R_e}{D}$。准备金率不仅取决于银行的行为，还取决于对银行的管制。传统上，中央银行设定每个银行必须拥有的最低准备金率。用简约形式重写前面的等式，我们可以发现货币供给由三个参数和变量 c，r 和 H 决定，其中，中央银行可以控制 H 和 r：
>
> $$M = \frac{c+1}{c+r} \times H$$
>
> 为了增加货币存量 M，中央银行可以增加基础货币 H 或降低准备金率 r。

包括1990年前的日本央行在内的中央银行，主要关注的是对抗通胀。20世纪六七十年代反复的货币扩张在许多国家造成了很高的通胀。在21世纪头十年，重点转向了通缩（即价格持续下降或负的通胀率）。在20世纪90年代后期至21世纪初，日本遭受通缩（价格持续下跌）和经济停滞（产出增长持续较低）的困扰。利率被降至零，以刺激经济。由于名义利率不可能为负（否则将导致大规模的现金囤积），传统货币政策达到了它的极限。1999年，日本央行成为自20世纪30年代以来第一家实行零利率的中央银行。

6.1.5 通胀偏差

现在，全世界的许多经济学家和政策制定者都充分理解了中央银行独立于政府的重要性，下面将详细讨论这一点。政府可能会禁不住要求中央银行降低利率，以在不久的将来刺激经济，但是这种短视行为有破坏长期价格稳定的风险。许多国家意识到由于政治原因干预货币政策的危险性，因此，在近30年的时间里，这些国家出台法律，赋予中央银行合法的独立性。一家独立的中央银行通常有一个任期相对较长且固定的行长，以及一个不包括政府代表在内的货币政策委员会。

然而，中央银行的独立性并不意味着中央银行拥有随心所欲地实施货币政策的权力。特别是在一个民主社会，独立的中央银行需要说服本国民众，它致力于为国民经济的整体福利制定货币政策。因此，独立的中央银行一直在努力提高自身的透明度和问责制。如今，几乎所有中央银行都能及时披露其政策委员会的会议纪要。他们还经常发布新闻稿和出版物，解释它们特定的政策措施，以及进行经济预测时使用的假设条件，而这些预测是其制定政策的依据。越来越多的中央银行也开始采用某种形式的通胀目标制，即设定并宣布一个量化的中期通胀目标。除了增强透明度和问责制，通胀目标制还有助于锚定通胀预期，从而促进价格稳定。

有关中央银行独立性的学术文献区分了法律上的独立性与事实上的独立性。如果国家有法律保证其独立地位，那么中央银行在法律上是独立的。但是，一些中央银行在没有这种正式法律基础的情况下仍独立于政府行事。在这种情况下，可以说中央银行事实上是独立的。正如本章稍后所述，日本央行在20世纪70年代后期获得了事实上的独立性，但到1998年才获得了法律上的独立性。

6.2　1950—1971年的货币政策

6.2.1　布雷顿森林体系

本节介绍1950年至1971年8月（即所谓的"布雷顿森林时代"）货币政策的演变。在这一时期，几乎所有主要经济体的汇率都按固定汇率与美元挂钩，而美元是唯一可以兑换为黄金的货币。从这个意义上讲，布雷顿森林体系是间接的金本位制。各种货币之间的汇率都是固定的，但是结算是通过买卖美元资产（例如美国国债）而不是黄金来完成的。美元的信誉以其与黄金的可兑换性为支撑。理论上，一个积累了美元资产的国家可以要求用这些美元兑换黄金，但很少有国家这样做。

在布雷顿森林体系下，对跨境资本流动的各种管制（如银行跨境借贷和在国外发行证券）是司空见惯的。资本管制意味着，一个国家必须通过出售中央银行持有的外汇储备来弥补经常账户赤字。因此，一个一直保持经常账户赤字的国家最终会失去其外汇储备。如果外汇储备消耗殆尽，该国就要被迫在以下两种选择之间做出艰难的决策：一是实施紧缩性宏观经济政策，以减少进口需求；一是经国际货币基金组织允许实施汇率贬值，以改善经常账户的状况。像英国这样的一些欧洲国家，在布雷顿森林体系下使其货币贬值，但日本一直保持360日元兑换1美元的汇率，直到该体系在20世纪70年代初寿终正寝。

在固定汇率制下，通过总需求扩张来推动经济增长，可能会撞上两条减速带中的一条。其中一条是由经常账户施加的，总需求的高速增长会导致进口增加，使经常账户恶化，这最终会使外汇储备下降，并使中央银行采取紧缩性货币政策，以便给经济降温。另一条是由通货膨胀施加的：总需求的高速扩张会导致高通胀率，这也使中央银行收紧其货币政策。在20世纪50年代和60年代的日本，起作用的减速带是经常账户赤字。通胀率虽然高于美国，但仍然是温和的。经济繁荣在产生高通胀威胁之前会先使经常账户恶化。因此，当经济繁荣导致大规模经常账户赤字时，日本央行经常会收紧货币政策。

从20世纪50年代到70年代，主要的货币政策工具是再贴现率和法定准备金率。货币总量的增长速度受到监控，但并不是重点。所有存款利率均由大藏省规定（直到20世纪80年代中期），并与再贴现率挂钩。银行对企业的贷款利率也受到间接控制。贷款总额也需获得日本央行的批准。每家商业银行每个季度都必须提交贷款计划，结果会受到仔细的监控。这种做法被称为窗口指导。

私人企业不允许从国外借款或在国外有存款。美元和其他外币形式的所有出口收入都必须兑换为日元，进口商不得不通过商业银行从日本央行获得外币。个人如果要获得外币，也必须遵守严格的规定。不允许有外币存款，也不允许有外币贷款。因此，无论是价格（利率）还是数量，日本金融体系都实施了严格的监管。

6.2.2 金融市场的不均衡

在存款利率和商业贷款利率都受到管制的情况下，人们自然会怀疑存在信贷配给。在20世纪五六十年代，随便观察一下就能发现许多信贷配给的间接证据。[①] 商业贷款的利率波动不大。日本央行和大藏省在这方面都实施了信贷约束。对每家银行每月新增贷款总额的监管，被证明是对银行放贷的有效约束。直到20世纪70年代中期，企业才有了其他资金来源可供选择，国内证券市场不发达，从国外贷款也是不允许的。

伊藤和植田（1981）对美国和日本商业贷款市场中的信贷配给进行了计量检验。他们确定并估算了每个国家商业贷款的需求函数和供给函数。对于每个季度，假定商业贷款利率是不变的（由于显性或隐性的监管），这就允许存在过剩的需求或供给。如果该市场存在过剩需求，则交易将在供给曲线上进行。如果存在过剩供给，交易将在需求曲线上发生。从一个时期到下一个时期，利率将做出调整。如果存在需求过剩，利率将会上升，而在供给过剩时则会下降。设定好利率将如何随时间调整，并对此（以及需求和供给函数）进行估计，将得出利率的调整速度。

---

① 例如，参见Patrick和Rosovsky（1976，第314页）。

这项研究估计了1968年第二季度至1977年第一季度美国和日本商业贷款的需求和供给。估计的调整速度意味着日本的利率调整速度要慢得多。由于利率具有黏性，日本商业贷款市场被认为比美国商业贷款市场更不均衡。

6.3 20世纪70年代早期的大通胀

6.3.1 布雷顿森林体系的终结

本节回顾20世纪70年代早期货币政策和通胀的经历。这一时期是由布雷顿森林体系下的固定汇率制向浮动汇率制过渡的时期。在20世纪五六十年代，经常账户赤字起到了抑制经济过热的作用。甚至在观察到通胀迹象之前，货币政策就已收紧，以对经常账户发出的信号做出反应。但在1970年前后，经常账户对经济增长设定的上限开始超过由通胀设定的上限。

1968年和1969年，日本经济经历了一次繁荣。GDP以超过12%的速度增长。经常账户盈余仍然很高，超过20亿美元（7 200亿日元）。通胀率（以总体CPI涨幅衡量）徘徊在5.5%。这使日本央行的政策陷入两难困境：如果继续实施宽松的货币政策，并允许总需求进一步增加，将危及价格稳定。但如果收紧货币政策，经常账户盈余将增加得更多。在这种情况下，一种既能恢复内部平衡（低通胀）又能恢复外部平衡（经常账户平衡）的方法是，让日元升值。然而，日本政府拒绝升值，部分原因是它将布雷顿森林体系视为牢不可破的承诺，还有部分原因在于它希望保护出口导向型产业。1970年，日本GDP再次以10%的速度增长，经常账户盈余保持在20亿美元，但通胀率上升到7.7%。

德国与日本的处境相似。在太平洋的另一侧，美国出现经常账户赤字，动摇了全世界对固定汇率制中关键货币的信心。显然，固定汇率制是不可持续的，变革势在必行。

1971年8月15日，美国总统尼克松宣布美国单方面终止美元的可兑换性，也就是说，政府不再保证将美元兑换成黄金。这意味着将汇率设定为1美元兑换360日元的固定汇率制实际上已被放弃。因此，布雷顿森林体系的崩溃使日本央行摆脱了维持固定汇率的义务。

日元在与美元脱钩之后，汇率逐渐升值，从1美元兑换360日元升至1971年12月中旬的315日元。与此同时，十国集团试图建立一套新的固定汇率，以反映已经改变的基本面。[②] 但是，主要国家的货币当局尚未有足够的勇气放弃固定汇率制。

1971年12月18日，十国集团签订了一项新的协议，即《史密森协议》。日元兑美元的中心汇率为308日元/美元，较布雷顿森林体系下的360日元/美元升值了16.88%。围绕这一中心汇率，允许在2.25%这一狭窄范围内波动。许多日本出口商认为308日元兑换1美元的史密森汇率过于强势。在《史密森协议》之后，他们的利润率确实下降了，出口量也同样如此。1972年初，日本工业生产低迷，以批发价格指数（以下简称WPI）衡量的通胀率几乎为零。出口商和政界人士对政府施加了很大压力，要求其阻止日元升值，这成为政府的一个重要政策目标。

1972年，由于日元仍然停留在《史密森协议》限制范围的上限（即根据该协议，日元被允许的最强势水平），政府采取了扩张性的货币政策和财政政策，以刺激国内经济，从而增加进口，减少经常账户盈余，进而缓解日元升值的压力。接下来，我们将解释为什么日本央

---

② 此时，十国集团实际上包括了11个国家，即美国、日本、德国、法国、英国、意大利、加拿大、瑞士、瑞典、荷兰和比利时。直至20世纪90年代中期，十国集团在布雷顿森林时代及其后的国际金融体系建设中发挥了重要作用，尽管重要程度一直在下降。例如，十国集团在国际货币基金组织需要流动性时，向该基金提供临时贷款，该计划被称为"借贷总协定"。

行在1972年6月屈服于政府的强大压力而降低了利率,尽管它认为这样做是不必要的。由于政府的压力,加息被严重推迟了。

6.3.2 政策失误导致大通胀

从1971年末到1973年春季,日本央行一直维持着宽松的货币政策。再贴现率在1971年12月和1972年6月两次降低。货币供给在整个1972年以大约25%的速度增长。工业生产在1972年春季开始增长,尽管人们强烈担心日元升值会严重减缓产出和出口。就在1972年6月降息之后,以CPI和WPI衡量的通胀率在夏季开始上升。1973年4月,WPI通胀率达到11%,而CPI通胀率达到9.4%,这促使日本央行自布雷顿森林体系崩溃以来首次提高再贴现率。[③]

第一次石油危机之后,日本的CPI和WPI通胀率进一步上升(如图6.2所示)。随着欧佩克实行了选择性禁运,石油价格从1973年7月到1974年1月翻了3倍。到1974年春季,WPI通胀率升至接近35%,CPI通胀率接近25%。这是日本在和平时期最高的通胀率。[④]工资在1973年和1974年急剧上升,以补偿生活成本的急剧上升。更高的工资推高了生产成本,导致价格水平进一步上涨。1973年和1974年显然出现了通胀的螺旋式上升。

虽然通胀率非常高,工业生产增长率在1974年却转为负值。实际GDP增长率自1955年以来首次变为负数。日本经济陷入了滞胀,即产出停滞和高通胀的组合。继1973年4月日本央行上调再贴现率之后,在9个月内又上调了4次。

到1974年下半年,紧缩性货币政策的影响最终开始显现,通胀率随着经济活动的转弱开始下降。1975年,工资上涨的势头得到了遏制。

---

③ 本节内容主要来自Ito(2013)。
④ 第二次世界大战刚结束的时候,通胀率有几年超过了100%,尽管在那段时期只有批发价格指数。第一次世界大战期间的通胀率也超过了20%。

第一次石油危机

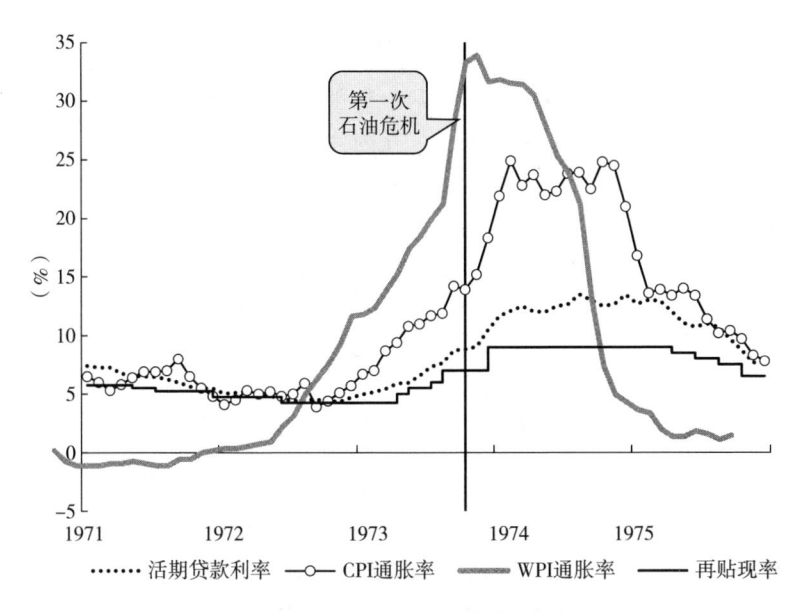

图6.2　1971—1975年日本的利率和通胀率

资料来源：作者自制。

1975年春，WPI通胀率降至5%以下，到1975年末，CPI通胀率降至10%以下。伴随着1974年产出的大幅下降，1973—1974年的高通胀结束了。1973年和1974年一度接近30%的严重通胀，通常被归咎于1973年10月开始的石油价格上涨。但是，在油价上涨之前，通胀率就已经达到了10%。因此，与其说这是由于外部（油价）冲击，不如说是政策失误。

6.3.3　货币政策失误的政治经济学

伊藤隆敏（2013）解释了20世纪70年代初期这一货币政策失误背后的政治经济学。一个关键问题是，日本央行是否知道推迟加息的危险，如果知道，日本央行是否冒着可能与政府发生冲突的危险，寻求提高利率。1971年和1972年错误的过度刺激政策，是缘于政府的压力。政府担心，在1971年8月布雷顿森林体系崩溃后，日元升值得太快。当时，日本央行还不具备独立于政府的法律地位。按照惯例，无论向哪个方向调整利率，日本央行行长都要获得大藏大臣（有时是首相）的非正式批准。更糟糕的是，在国会就预算进行辩论期间（12月至次年3月），不允许日本央行改变利率。

国际货币体系的变化一定程度上也影响了局势。如果有助于使名义汇率保持在《史密森协议》允许的范围内，政府就会明确地允许通胀存在。1972年8月9日，时任通产大臣的中曾根康弘提到，他更倾向于国内通胀而不是日元升值："日本被迫在另一次日元升值和调整通胀之间做出选择。我认为绝对应该避免使日元再次升值；因此应该刺激经济活动……"（日本央行，1986，第401页）。避免日元升值的通胀被称为通胀调整。经济学家普遍支持灵活的汇率，而不是高通胀。1973年2月14日，由于日元升值面临巨大的压力，日元最终开始浮动。1973年3月，欧洲普遍出现货币投机现象，从而形成了自由浮动汇率制度，这也是史密森汇率制度的终结。

尽管来自政府的压力是主要原因，但在1973年2月之前，日本央行与政府之间没有任何争斗的迹象（日本央行，1986）。日本央行可能过于克制，以至于太过轻易地放弃了与大藏省以及通胀的斗争。[5]

---

[5] 日本央行（1986，第409—411页）描述了当时内部的考虑。随着通胀步伐加快，日本央行决定在1973年2月提高再贴现率。日元于2月14日开始浮动，此后大幅升值。这消除了对货币政策的限制，但是，也产生了采取刺激政策的政治冲动。这时仍处于预算制定的过程中，在这个时间改变利率，在政治上很敏感，因此日本央行试图提高准备金率而不是利率。提高准备金率是在3月2日决定的，并于3月16日开始实施。货币政策委员会主席指出："近期经济变得更加活跃，价格高涨，企业投资变得强劲……为了限制金融机构的贷款和恰当地管理总需求……经大藏大臣批准，决定提高准备金率。"预算草案于3月13日在众议院获得通过，三天后的3月16日，田中角荣首相承认有必要转向紧缩性货币政策并调整财政政策，以抑制总需求。这使采取紧缩政策的行动获得了批准。3月31日决定提高再贴现率，并于4月2日实施，"以限制总需求"。此外，对城市银行贷款的量化约束也加强了。

6.3.4　1979年的迅速紧缩

1975年之后，CPI通胀率稳步下降，1978年经济从停滞中复苏。1979年1月，日本央行行长森永贞一郎（Teiichiro Morinaga）提到，不再继续放松货币政策，政策立场转为中性。1979年3月，欧佩克将石油价格提高了10%以上。从1月到3月，批发价格指数开始急剧上升。日本央行从第一次石油危机时所犯的错误中吸取了教训，这一次寻求尽早行动，采取紧缩性货币政策。在石油危机到来之前，随着经济的蓬勃发展，利率已经在上升，在危机发生之后，官方利率提高了3次（分别在1979年11月、1980年2月和1980年3月），累计提高了375个基点。[6]

1979年11月4日，美国驻伊朗大使馆遭到袭击，激进的伊朗学生把外交人员扣押为人质。这些人质直到1981年1月才被释放。石油市场的形势更趋紧张。12月27日，苏联出兵阿富汗。随着政治事件接二连三地爆发，石油价格继续上涨。

日本国内生产活动仍然活跃，钢铁和公用事业的价格上涨。1980年2月，WPI通胀率接近20%。鉴于事态的发展，新上任的日本央行行长前川春雄（Haruo Maekawa）决定提高利率。但是，此时正是国会讨论预算的时间，因此大藏省反对加息的提议。前川行长拜会首相大平正芳，要求提高再贴现率。大平首相答应在一周内给予答复。最终，他同意了。1980年2月18日，日本央行决定将再贴现率提高1%，并于一天后实施。

在1980年2月至3月间，CPI开始急剧上升。3月18日，再贴现率再次提高175个基点。政府还将应对通胀作为优先事项。日本不是唯一一个抗击通胀的国家。美国为了应对通胀，在1980年初将利率提高

---

[6] 本小节内容基于Nakagawa（1981，第111—134页），另见Ito（2013）。

到了将近20%。⁷

2月和3月加息的事实表明，日本央行的独立性得到了加强，因为这两个月正处于预算讨论期间。传统上，政府反对在预算讨论期间改变利率。

最后，日本在第二次石油危机中表现相对较好。CPI通胀率从未达到10%，由同业拆借利率减去CPI通胀率衡量的实际利率保持正值。最严重的通胀在1980年夏天结束了，再贴现率在1980年8月和11月两次降低。至1980年末，WPI通胀率下降到10%，而CPI通胀率降至7%。

日本央行充分吸取了1973—1974年大通胀的教训，说服大藏省和首相尽早行动，紧缩货币。在预算讨论期间两次提高再贴现率，这有力地表明日本央行已经获得了事实上的独立地位。但是，它仍然严重依赖日本央行行长与首相之间的个人信任而不是法律框架来保证货币政策的独立性。这种不稳定的关系一直持续到1998年修订《日本银行法》。

6.4 日本的大缓和时期：1975—1985年

在1973—1974年犯下高通胀的错误之后，日本央行于1975年宣布了一项新的货币政策，强调货币供给的重要性。日本央行在1975年开始公布货币供给预测。尽管被称为预测，但市场和一些学者开始怀疑这是一个像货币主义理论那样的目标。该理论认为，如果货币增长率逐渐降低，通胀就会下降，且不会影响实际GDP增长率。1975年以后，货币供给量的波动下降了。增长趋势和围绕趋势的波动都变小了。1978年以前，M2+CD的增长率保持在12%以上，1983年降至8%，这

---

⑦ 保罗·沃尔克于1979年接任美联储主席，并承诺以坚定的态度抗击通胀。

一增速一直保持到1985年。在同一时期，以GDP平减指数衡量的通胀率从4%~6%下降到2%。

日本央行认为，M2+CD与未来（而非当前）的名义GNP之间有高度相关性，并且M2+CD比M1更稳定，因此更适合作为逐步调整的目标。此外，日本央行一定以为它可以在中期内控制M2+CD。

铃木（Suzuki，1985，第9页）将日本的货币政策称为"折中的渐进主义"，这种立场处于凯恩斯主义的微调与货币主义的固定增长率规则之间。尽管他对自己的结论有所保留，但他的分析（尤其是他观察到的1975年以后的经历）符合货币主义者的主张。日本央行事实上是货币主义者吗？货币主义的创始人之一米尔顿·弗里德曼（Milton Friedman，1985）是这样认为的。在他的著作中，他赞扬日本央行默默地践行了货币主义。

6.5 泡沫及其破裂：1985—1998年

6.5.1 泡沫

在20世纪80年代后期，日本经济表现非常出色。从1984年到1989年（1986年除外），增长率超过4%，而CPI通胀率一直保持在低位。从1983年到1989年，股票价格指数和土地价格指数翻了两番。股票价格指数（日经225）从1983年底的10 000点上升到1989年底的近40 000点。由于经济预期很乐观，资产价格也快速上涨，从股票和土地到乡村俱乐部会员和绘画，均是如此。税收收入在增加，这弥补了困扰经济20年的财政缺口。

在20世纪80年代末，世界各地的许多经济学家和政策制定者都对日本经济的出色表现表示赞赏。尽管有几位经济学家对此表示担忧，但是许多金融分析师和银行家并未警觉相比于收益现金流，股票和土地的价格明显太高了。回想起来，日本经济显然正在经历泡沫。

尽管经济蓬勃发展，1989年之前日本央行并未收紧货币政策。的确，日本央行在繁荣时期最初的举动是一系列降息。日元从1985年2月的260日元/美元升值到1986年夏天的150日元/美元。日元急剧升值导致了经济衰退（由于出口下滑）和通缩的输入。从1986年到1987年的降息，旨在制止日元升值，以刺激由于日元急剧升值而受到抑制的经济。⑧

最终，货币政策在1989年收紧了。再贴现率从1987年以来的2.5%提高到1989年5月的3.25%。10月，再贴现率再次提高到3.75%，12月又提高到4.25%。尽管利率迅速上调，但CPI通胀率从1989年初的1%上涨到年底的3%。1990年8月，日本央行再次将再贴现率提高到6.0%（15个月内累计上调350个基点）。在加息的同时，监管也收紧了，以阻止土地价格上涨。抑制土地投机交易的监管措施包括1990年春季下令限制银行增加对房地产相关企业的贷款，并提高来自土地出售的资本利得税。

在1989年的最后一个交易日，日经225股票价格指数收于39 916点。从1989年底（达到峰值）到1990年底，该股票价格指数下跌了三分之一。股票价格仍在继续下跌，到1992年夏天，与峰值相比，该指数跌去了60%。1991年，土地价格开始下降，泡沫终于破灭。

对于1985—1989年的日本货币政策，即在1987年2月将再贴现

---

⑧ 参见Okina、Shirakawa和Shiratsuka（2001）的另一种观点。他们将迟迟未能出台紧缩性货币政策归咎于国际政策的协调，例如1985年9月的《广场协议》和1987年2月的《卢浮宫协议》。

率降至2.5%，并一直维持到1989年5月，有两种不同的观点：一种观点认为，货币政策过于宽松，并导致了资产泡沫，由于泡沫会威胁金融体系的稳定，因此应以先发制人的方式尽早使泡沫破裂；另一种观点认为，由于CPI通胀率较低且稳定，因此货币政策基本上是恰当的，但是第5章广泛讨论过的过于宽松的规制与监管，难辞其咎。

由于CPI通胀率处于低位，经济正在从1986年日元升值引发的衰退中缓慢复苏，而且1987年10月"黑色星期一"使道琼斯工业平均指数在一天之内下跌了22.61%，此时收紧货币政策是非常困难的。1988年，尽管实际通胀率仍然很低，但CPI的通胀预期开始上升。在预期1989—1990年CPI通胀率会上升的情况下，日本央行是否应该开始收紧货币政策？先发制人的紧缩政策能稍微抑制资产价格泡沫，但是如果不对金融体系造成严重影响，是不可能阻止泡沫的。接下来的几年，在世界上的许多地方，出现房地产泡沫的同时却没有出现CPI的高通胀，这一幕还将多次上演。

6.5.2 泡沫破裂

在1990年资产价格刚一下跌时，日本舆论赞成旨在阻止房价进一步上涨的货币政策和监管政策，因为许多潜在的首次购房者发现房价太高了。1990年3月，大藏省颁布了一项规定，即所谓的总贷款限额，规定了每家银行向房地产开发商发放的贷款上限。银行突然停止向建筑业务发放新贷款，不过非银行机构增加了它们对房地产开发商的贷款，部分填补了这一缺口。

不过，日本央行预计经济会放缓，因此相当迅速地采取了行动。1991年7月、11月和12月，再贴现率分别降至5.5%、5%和4.5%。1992年和1993年，再贴现率继续下调。尽管实行了扩张性货币政策，1992年日本的经济增长还是相当缓慢。1992年春夏两季，GDP季度环比增长率为负值。1992年底，为了刺激疲软的经济，日本出台了一揽子财政刺激政策。这只是一系列财政刺激计划的开始。

1993年和1994年经济继续停滞。土地价格稳步下降。CPI通胀率从1992年初的略高于2%下降到1995年中期的0%。但是，直到1995年4月再贴现率降至1%之前，利率一直保持不变。然后，再贴现率在1995年9月进一步降至0.5%。这是日本央行接近零利率的开始，并将持续二十多年。

1992—1995年，银行业的不良贷款成为一个严重问题。随着地价上涨的结束和经济停滞，许多建筑企业和房地产开发商陷入了困境。它们很难及时偿还银行贷款。这些贷款通常以借款人持有的土地作抵押，但地价泡沫破裂意味着抵押土地的价值通常远低于贷款金额。银行不想披露它们的贷款中有多少不良贷款，也不想披露如果房地产市场不能很快反弹，它们将蒙受多少损失。人们怀疑许多银行借债给这些公司以偿还旧债。这种做法被称为不良贷款的"常青"延期，在第5章中已对此有详细解释。

6.6　1998年的新《日本银行法》

《日本银行法》最初于1942年通过，1997年在经过公众和议会的激烈辩论后进行了修订，旨在使日本银行（即央行）在法律和机构上独立于政府。根据新法律，除了由于身体和精神原因无法任职外，政府不能解雇日本央行行长和委员会成员。得以加强的货币政策委员会由行长、两名副行长和必须从银行外部招聘的6名全职成员组成，在制定货币政策时完全独立。

时年72岁且早已从央行退休的速水优（Masaru Hayami）被任命为独立后的日本央行第一任行长。一些旧体制下的委员会成员得以留任，在其各自任期届满时被更换，空缺由新的任命来填补。委员会成员过去常常代表不同的商业利益集团（农业、大型金融机构、区域性金融机构和工商业），但新的法律要求每位委员必须具备金融和银行业的专业知识。讨论记录（无记名）和投票记录（记名）将在不超过一个月的时间内公开，而有姓名的完整记录将在10年后公开，以提高透明度。新出台的《日本银行法》规定，央行的目标是促进价格稳定，而此前的任务是最大限度地促进潜在经济增长。在实现独立的同时，日本央行必须就其行为向公众负责。第2条的准确措辞如下："日本央行控制现金和货币，旨在稳定价格，从而促进国民经济的健康发展。"

新法律下的日本央行变得有多独立？嘉吉尔等人（Cargill、Hutchison and Ito，2001，第4章）遵循库克曼等人（Cukierman、Webb and Neyapti，1993）的方法，根据1998年的《日本银行法》计算了其独立性的加权得分。如法律规定（1）日本央行行长任期很长（五年或以上），并且不会由于其主张而被解雇；（2）政策行动的决策不受政府影响；（3）目标是价格稳定；（4）禁止向政府贷款，则认为中央银行在法律上具有高度的独立性。由于原来的法律不满足这些条件，库克曼等人（1993）将日本央行排在OECD中央银行法律独立性排名的末尾。然而，新的《日本银行法》满足了这些条件。嘉吉尔等人（2001）发现，在OECD的中央银行排名中，新法律下的日本央行从最差的1/3上升到略高于中位数的水平。表6.1显示的是库克曼等人（CWN）计算的日本央行在原有法律下的独立性得分，以及嘉吉尔等人（CHI）计算的日本央行在新法律下的独立性得分。

表6.1 新法律下的日本央行的独立性指数：基于1998年《日本银行法》

内容	权重(1)	日本的分数 CWN (2)	日本的分数 CHI (3)	日本的加权得分 CWN (1)×(2)	日本的加权得分 CHI (1)×(3)
1. 行长					
a. 任期（5年）	0.05	0.5	0.5	0.025	0.025
b. 谁任命行长（行政长官集体决定者行政部门和立法机关一起决定）?	0.05	0.25	0.75	0.0125	0.0375
c. 解雇（由于与政策无关的原因）	0.05	0.83	0.83	0.0415	0.0415
d. 行长能否担任其他政府职务（经行政部门许可）?	0.05	0.5	1.0	0.025	0.05
小计				0.104	0.154
2. 政策制定					
a. 谁制定货币政策（央行参与，但影响力很小，还是只有央行）?	0.05	0.67	1.0	0.0335	0.05
b. 在解决冲突时，谁有最终的决定权（行政部门拥有无条件的权威，还是说对法律有明确规定，央行有决定权）?	0.05	0	1.0	0	0.05
c. 在政府制定预算过程中的作用（央行没有影响力，还是有积极的影响）	0.05	0	0	0	0
小计				0.0335	0.10

184　　繁荣与停滞：日本经济发展和转型

3. 目标				
a. 公开的目标不包括价格稳定				
b. 价格稳定是目标之一，还有其他与之兼容的目标	0.15	0	0	
c. 目标包括稳定的银行体系		0.6	0	0.09
4. 对向政府贷款的限制				
a. 为非证券化的贷款提供预付款（无法律限制）	0.1765	0		
b. 证券化贷款（无法律限制）	0.1176	0		
c. 贷款条件（央行与行政部门共同商定）	0.1176	0.33	0.33	0.039
d. 央行潜在的借款人（不适用）	NA			
e. 对央行贷款的限制（不适用）	NA	0	0	
f. 贷款期限（未提及）	0.0294			
g. 贷款利率（未提及）	0.0294	0.25	0.25	0.007
h. 禁止央行在一级市场上买卖政府债券？	0.0294	0	0	
小计			0.040	0.046
总计＝1＋2＋3＋4			0.18	0.39

注：CWN 是指 Cwkierman, Webb 和 Neyapti (1993)；CHI 是指 Cargill, Hutchison 和 Ito (2001)。
资料来源：根据 Cargill, Hutchison 和 Ito (2000，第 108—109 页) 的研究修改而成。

6.7 1998—2012年通缩的挑战

6.7.1 通缩

随着银行业危机在1997年11月达到顶峰，日本经济在1998年陷入严重衰退。增长率自1974年以来首次出现负值。1998年CPI通胀率也变为负值。日本进入通缩时期。

在这里，通缩被定义为一般价格水平的持续下降。尽管通缩的概念在20世纪90年代后期还不为人们熟知，但它对经济的损害是多方面的。首先，假定名义利率处于任一水平，通缩预期会提高实际利率和资本成本。这往往会减少企业在固定资产投资方面的支出。中央银行可能会尝试通过降低名义利率来应对。但是如果出现通缩预期，即使央行将名义利率降至零，实际利率仍将为正。这严重限制了央行实施逆周期货币政策的能力。

其次，通缩预期还会使耐用品的买家推迟购买，并等待价格下跌。如果出现这种情况，消费需求就会下降，通缩会进一步加剧。

再次，除非资产的名义价格与一般价格水平同步变化，否则未预期到的通缩会增加金融资产和负债的实际价值。因此，债权人受益，借款人却受损。借款人的债务负担可能会大大增加，以致其破产。这一过程被称为债务通缩。因为通过投资和生产引领经济增长的企业和企业家通常是借款人，由通缩导致的从借款人到债权人的财富转移最终会损害经济。

在20世纪30年代的大萧条时期，通缩是一个严重问题。通缩的危险，尤其是债务通缩的危险，在那时已广为人知，但在战后时期，高通胀通常是许多经济体关注的主要问题，通缩的风险基本上被遗忘了。日本是战后时期第一个经历了长期通缩的主要经济体。

6.7.2　1998—2000年的零利率政策

当日本央行于1998年获得独立性时，被人们寄予厚望，希望其可以采取积极行动阻止通缩。价格稳定是日本央行明文规定的法律要求，而不仅是事实上的任务。然而，回想起来，日本央行独立的时机不佳，因为抗击通缩经常需要协调货币政策与财政政策。

由于亚洲货币危机和日本银行业危机（请回忆一下第4章中有关该主题的讨论），经济状况迅速恶化。新上任的货币政策委员会成员刚开始讨论，就出现了分歧。在多次货币政策会议上，一些成员呼吁采取积极的宽松货币政策，但其他成员反对这一观点。[9] 1998年9月9日，日本央行决定将政策利率（无担保隔夜拆借利率）降至0.25%左右。这一政策的力度并不足以使日本经济走出低迷，1998年下半年出现了负增长。央行决定逐步降低政策利率，最终于1999年2月12日采取了零利率政策。

4月，速水行长澄清说，零利率政策将持续，直到对通缩的担忧消除为止。当时，这被视为承诺零利率政策将在未来无限期持续，直至经济状况好转。人们认为这一政策会产生"时间持续效应"，因而这可以被视为"前瞻性指引"的一种变体。"前瞻性指引"是2008年之后全球进入非常规货币政策时代的术语。但是，批评者指出，对于"通缩担忧"或"消除"，并没有清晰的量化界定。

在1999年2月至1999年秋季之间，日本央行没有采取任何其他行动。在1999年夏季至秋季，产出基本保持不变。政府和企业界担忧情况继续恶化，开始发声，呼吁日本央行采取更为激进的货币政策（即量化宽松）。[10] 就在1999年9月21日货币政策委员会召开会议之前，媒

---

[9] 在多次货币政策委员会会议上，中原伸之（Nobuyuki Nakahara）提议降低同业拆借利率。例如，7月他建议央行将该利率降至0.35%，在1998年8月11日的另一次会议上，他提议将该利率降到0.25%。他的这两次建议都被否决了。

[10] 中原继续在1999年的各种货币政策会议上建议采取进一步的行动，但是在货币政策委员会里，他孤立无援。

体界猜测，委员会将决定采取一系列行动，最有可能的政策包括与大藏省合作，对外汇市场进行非冲销式干预（nonsterilized intervention）。日元在8月和9月迅速升值，兑美元汇率突破110日元大关，这可能是媒体做出上述猜测的原因。

货币政策委员会对这些报道反应强烈。委员会在9月会议（日本央行，1999）结束时发表了声明，反对这类猜测和施压。该声明还强调，汇率变动不会影响货币政策，非冲销式干预政策没有作用。委员会强烈警告，媒体在会议之前进行猜测性报道是非常错误的。[11] 这番评论暗示，货币政策委员会认为任何事前对预期决定的报道，都是对日本央行独立性的挑战。嘉吉尔等人（2001，第173页）后来将这种不接受政府（或者就此而言，日本央行以外的任何人）任何建议的态度称为"独立性陷阱"。

日本央行货币政策委员会表示，对于宽松的货币状况，央行做得已经足够多了，它甚至引述了零利率政策的副作用。这也颠覆了市场对日本央行将采用非冲销式干预措施的预期。这被视为他们希望尽快结束零利率政策的一种迹象。[12]

重要的是理解委员会的这些强烈反应是基于日本央行从过去的错误中学到的教训：一次是1973—1974年的大通胀，另一次是1985—1989年的泡沫时期。1973—1974年的教训是，永远不要屈服于政府的压力。1985—1989年的教训是，永远不使用货币政策来抑制日元升值。

---

[11] 政策委员会报告说，"在过去几天中，市场因对货币政策的猜测而大幅波动。需要明确的是，货币政策的执行完全由货币政策会议（政策委员会的例行会议）通过多数票决定。我们的政策永远不会事先决定或与外部机构协商后决定。我们想要强调这一点"（日本央行，1999）。

[12] 政策委员会还指出，"尽管尚未看到私人需求有明确的、可持续的复苏，但我们认为日本经济当前的状况已经停止恶化，并出现了一些积极的信号。在实行零利率政策时，我们需要仔细研究由此产生的不利影响，但我们认为在未来一段时间继续实施宽松货币政策以支持经济复苏，是非常重要的"（日本央行，1999）。

在1999年秋季至2000年夏季期间，日本央行没有采取任何其他宽松措施，只是为了解决对计算机技术中千年虫问题（Y2K）的担忧而注入了流动性。6月份之前，速水行长经常暗示经济复苏已见曙光，因此零利率政策可以而且应该很快结束。然而，许多经济学家认为，结束零利率政策为时尚早。相反，他们呼吁实施更为宽松的货币政策或者量化宽松。

由于日本央行货币政策委员会认为对通缩的担忧已经消退，因此，2000年8月11日实际上取消了零利率政策。政策转向很可能为时过早，原因有二：首先，美国经济增长已经显示出减速的迹象；其次，更重要的是，通胀率仍为负值，并且预计至少还会持续一年的时间。

通缩期间的紧缩行为表明，行长和委员会多数成员对价格稳定的看法与传统经济学大相径庭。批评者开始要求澄清何为价格稳定，或者用现代中央银行的术语来讲，对"价格稳定"这一概念要增加透明度。当日本央行在2000年10月发布声明，将价格稳定界定为一种既没有通胀也没有通缩的状态时，那些主张量化通胀目标的人感到失望。由于通胀和通缩没有以数字来定义，因此并没有增加任何清晰度。

政府不同意日本央行对经济前景的看法以及加息的决定。参加货币政策会议的政府代表均为无表决权的成员，但法律明确规定政府可以提议推迟特定政策的决定。政府行使了这一权力，提出了推迟投票的动议。但委员会以8∶1的投票否决了该动议。最终以7∶2的投票结果终止了零利率政策。日本央行再次坚持认为，政府的任何建议都是对其独立性的威胁。

零利率政策终止后不久，日本经济进入衰退。经济周期的波峰后来被定在2000年10月。随着经济进入衰退，对日本央行行动的批评再次卷土重来。日本央行开始考虑改变紧缩政策。

2001年2月，日本央行推出了所谓的伦巴第贷款便利（Lombard lending facility），并将再贴现率从0.5%降至0.35%。该项便利措施促进

第6章 货币政策 189

了以再贴现率向银行自动发放抵押贷款,因此利率上限为0.35%。但是同业拆借市场的利率为0.2%~0.25%,结果,引入伦巴第贷款便利似乎影响不大。因此,这些行动被认为不足以刺激经济。货币政策将发生巨大变化。

6.7.3 2001—2006年的量化宽松

2001年3月19日的货币政策会议决定,将政策工具目标由同业拆借利率调整为准备金账户余额(即商业银行在日本央行的法定准备金和超额准备金)。通过将准备金账户目标余额设定为高于法定准备金,日本央行可以向商业银行提供超过法定准备金的资金,而银行间市场利率必须为零,以诱使商业银行将资金存入日本央行的零利率准备金账户。

事实证明,这一政策转向有几个方面的意义。首先,它通过增加银行间市场的流动性,有效地恢复了零利率政策。银行同业拆借的目标利率立即降至0.15%,最终降至零。其次,宣布将政策工具由利率转变为在日本央行的准备金账户余额,暗示会进一步扩大基础货币,就像量化宽松一样。再次,政策委员会宣布,新的货币宽松政策将一直持续下去,直到核心CPI(即不包括生鲜食品的CPI)通胀率"稳定在零以上或每年同比上涨"[日本央行,2001,第3(b)段]。

准备金账户余额的最初目标定为5万亿日元。从2001年3月到2003年3月,量化宽松政策逐步扩展。2001年8月,日本央行每月直接购买的长期政府债券的数量从4 000亿日元提高至6 000亿日元。同时,准备金账户余额目标提高至6万亿日元。2001年12月,每月购买的长期债券增加到8 000亿日元,准备金账户余额提高到10万亿~15万亿日元。2002年2月,每月长期债券的购买量增加到1万亿日元。2002年10月,每月长期债券的购买量提高到1.2万亿日元,准备金账户余额提高到15万亿~20万亿日元。

回忆一下前文有关早期的零利率政策于2000年8月过早结束的讨论。批评人士要求日本央行澄清价格稳定的量化含义。在2001年推出量化宽松政策时，日本央行明确规定监测的通胀率为核心CPI，退出条件是通胀率稳定在零以上。这是一个进步，但可能还不够。之所以是一个进步，是因为如果之前明确这一条件，就不会发生2000年8月终止零利率政策的情况。但是，新的条件还是不够清楚，因为对于使通胀率稳定在零以上，没有时间表，也没有讨论零通胀是否足以恢复经济增长。这与一些批评人士呼吁的通胀目标制相去甚远。他们要求日本央行宣布目标通胀率和退出量化宽松的明确条件。

速水行长和两名副行长的任期于2003年3月届满。新任行长福井俊彦（Toshihiko Fukui）在1998年3月辞职之前是副行长。前大藏省官员武藤敏郎（Toshiro Muto）和经济学教授岩田一政（Kazumasa Iwata）被任命为副行长。众所周知，岩田在任内阁官房长官期间提倡通胀目标制。在福井行长的领导下，日本央行与政府对抗的态度消失了，也不再执着于尽快提高利率。因此，市场对未来维持零利率政策的信心大为增强。

2003年，福井行长在日本货币经济学会发表的演讲中，解释了他承袭的货币政策框架，这与日本央行之外的主流经济学家的思想更为接近。量化宽松政策旨在产生投资组合余额效应："随着流动性服务的边际价值变为零，只要央行进一步增加流动性，人们就会通过投资更高边际价值的资产（无论是实物资产还是金融资产），开始重新平衡其投资组合，从而进一步提高流动性。因此，这一过程的目的是产生积极的经济势头，例如采取行动来推高资产价格"（Fukui，2003）。他还强调一定会坚守继续实行零利率和量化宽松政策的承诺，因为即使预期未来的通胀率为正值，只要当前的核心CPI通胀率还低于零，零利率政策就将继续。考虑到货币政策的效果有时滞，他认为政策最终可能会容忍通胀。2003年下半年，经济开始复苏，2003年增长率攀升至

3%以上，并且预计2004年将保持这一水平。通胀率仍然为负，但已升至接近于零的水平。

福井出任日本央行行长后，准备金账户的目标余额在2003年3月至2004年1月期间，从17万亿~22万亿日元提高到30万亿~35万亿日元。2003年10月，日本央行详细阐述了结束零利率政策的两个必要条件：（1）作为持续"几个月"的趋势，核心CPI通胀率为"零及以上"；（2）根据"货币政策委员会许多成员"的预测，预计未来CPI通胀率不会"低于零"。图6.3显示了1999年开始实施零利率政策，从2001年开始扩大日本政府债券的购买量以及2001—2004年准备金账户目标余额的提高。

6.7.4 2006年退出量化宽松

许多私人部门的预测者估计，如果2004年下半年和2005年上半年经济增长继续加速，在2005年的某个时候，结束零利率政策的必要条件将会出现。以通胀目标制作为零利率政策退出策略的一部分，呼声越来越高。2005年和2006年经济继续复苏。2006年春季，通胀率转为正数，日本央行准备退出量化宽松和零利率政策。

2006年3月9日，日本央行首次将其政策工具由经常账户余额改为政策利率，但继续维持零利率政策。它指出，通胀率几个月来一直处于正值区域，因此结束量化宽松的条件已经达到。图6.3显示了从2006年3月到6月准备金账户余额减少的速度。迅速减少的原因之一是，日本央行购买了即将到期的长期债券。为了退出零利率政策，日本央行首先缩小了资产负债表的规模，然后再提高政策利率。这一次序与十年后美联储退出美国的量化宽松政策时有所不同。

2006年7月14日，日本央行将政策利率提高至0.25%，从而结束了零利率政策。与2000年8月发生的情况不同，政府并未公开反对这一决定。2006年的退出似乎很顺利，但并非没有批评的声音。第一，

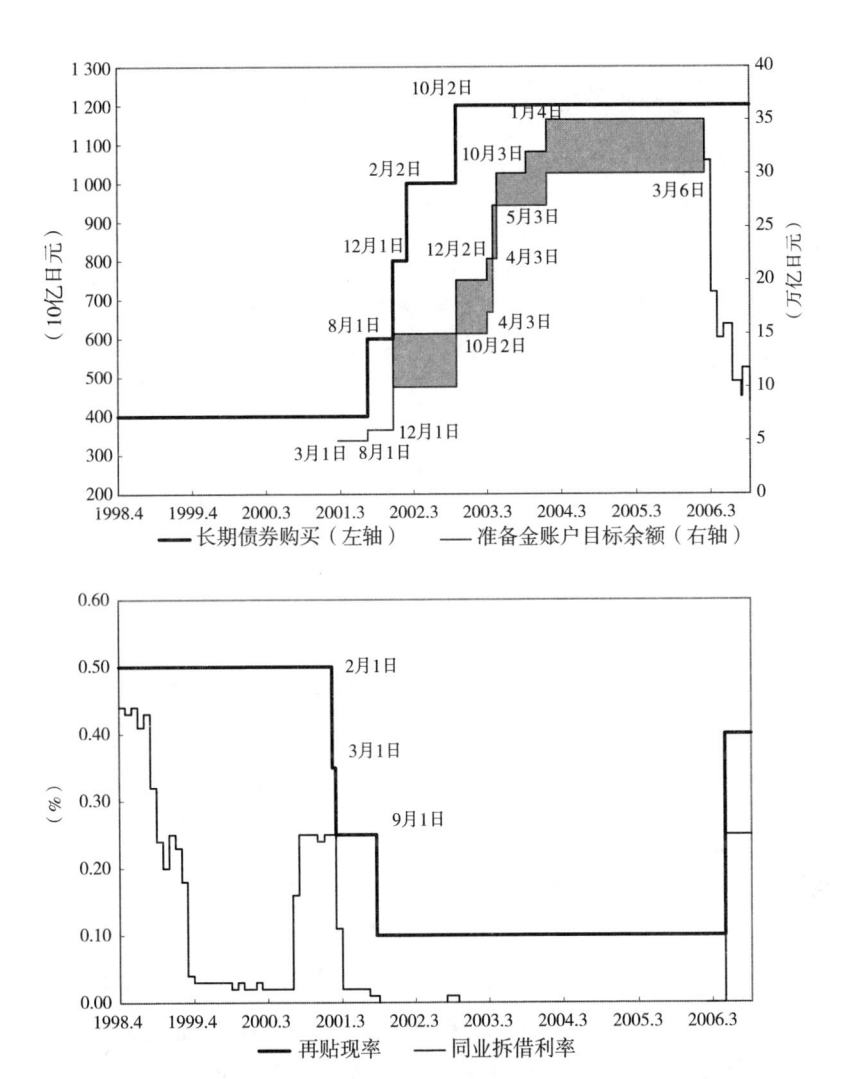

图6.3 零利率政策、量化宽松及其退出：1999—2006年
资料来源：Ito和Mishkin（2006）。

批评者指出，日本央行有可能退出得过于匆忙，因为8月CPI通胀率又下降了。第二，尚不清楚退出以后货币政策的操作目标（或"价格稳定"的量化定义）是什么。

6.7.5 2008—2013年全球非常规货币政策

2008年9月,雷曼兄弟依据《破产法》第11章申请破产后,源于美国次级住房抵押贷款繁荣和崩溃的全球金融危机愈演愈烈。包括抵押贷款支持证券、商业票据、企业债券以及银行间市场在内的诸多西方市场都已功能失调。美联储将利率降至接近于零,并开始购买各种私人部门的资产和政府债券。同样,英格兰银行也将其利率降至接近于零,并购买了政府债券。有关全球金融危机初期美联储和美国财政部采取行动的详情,请参见伊藤隆敏(2010)。

即使在市场失灵的初期结束后,美联储和英格兰银行仍继续维持迅速膨胀的资产负债表,以帮助经济复苏。它们自2008年以来的做法与之前讨论过的日本央行的零利率政策和量化宽松的经历十分相似。中央银行将其政策利率降至零,许多央行宣布未来将继续执行零利率政策,就像日本央行一样。正如日本央行从2001年开始实施量化宽松一样,许多央行开始实施大规模资产购买计划,并宣布这类操作的目标规模。一些央行通过将政策利率设定为负值,冒险采取了一些激进的政策,远超全球金融危机之前的日本央行。

这些货币政策措施被视为非常规货币政策,因为它们不同于许多人认为的传统货币政策,即很多中央银行在全球金融危机之前采取的措施。传统货币政策的目标是正的短期利率,并且不对政策利率的未来走势做任何承诺。在传统货币政策中,央行通过公开市场操作,将政策利率维持在目标水平,资产负债表的调整只是偶尔为之。

博里奥和扎拜(Borio and Zabai,2016)制作了非常有用的非常规货币政策分类表,本文将其转引过来,即表6.2。货币政策的实施包括两个方面的内容,即利率政策和资产负债表政策。传统货币政策包括特定的利率政策(设定正利率目标而不对未来承诺)和特定的、次要的资产负债表政策。如表6.2所示，非常规货币政策在某一方面或者同时在两个方面超越了传统货币政策。

表6.2 货币政策实施措施分类

政策	描述	例子
利率政策	设定政策利率并影响对其未来路径的预期	
对利率的前瞻性指引	对未来政策利率的路径进行沟通	中央银行"预计关键的……利率将长期维持在当前水平或者更低的水平"[1]
负利率	将政策利率设置在零以下	对欧洲央行和日本央行的存款实施负利率[2,3]
资产负债表政策	调整中央银行资产负债表的规模/构成，并影响对其未来路径的预期，以影响金融状况（不仅限于政策利率）	
汇率政策	干预外汇市场	
准债务管理政策	针对公共部门债务市场的操作	购买政府债券
信贷政策	针对私人部门债券市场和证券市场（包括银行）的操作	修改贴现窗口工具 调整中央银行操作的到期/抵押对手方 商业票据、资产支持证券和企业债券的融资/购买
银行准备金政策	针对银行准备金的操作	中央银行开展"货币市场业务，以使基础货币以每年60万亿~70万亿日元的速度增长"[4]
对资产负债表的前瞻性指引	对资产负债表的未来路径（构成/规模）进行沟通	"（日本央行）将购买日本国债，使其债务余额以每年约50万亿日元的速度增长……只要对于以稳健的方式维持（2%的价格稳定）目标是必要的即可"[5]

注：1. 欧洲央行（ECB），2013年7月4日，https://www.ecb.europa.eu/press/pressconf/2013/html/is130704.en.html。2. 从2014年6月5日开始，https://www.ecb.europa.eu/press/pr/date/2014/html/pr1406053.en.html。3. 从2016年1月29日开始，http://www.boj.or.jp/en/announcements/release2016/k160129a.pdf。4. 日本央行（BOJ），2013年4月4日，http://www.boj.or.jp/en/announcements/release 2013/k130404a.pdf。5. 日本央行，同上。

资料来源：转载自Borio和Zabai（2016，第3页）。

在2008年8月至10月的短短几个月内，英格兰银行的资产负债表扩大了两倍，美联储扩大了一倍。欧洲央行也扩大了资产负债表，但扩张速度比英格兰银行或美联储要慢一些。

在2010年10月全面的宽松政策下，日本央行开始扩大资产负债表，但增速远低于其他三家中央银行。直至2013年4月，日本央行才采取了激进的资产负债表扩张计划，这比全球金融危机之后其他央行的行动晚了很多。四家中央银行的资产负债表变动情况如图6.4所示。显然，日本央行的资产负债表扩张比其他三家中央银行晚了5年。

请注意图6.4中的资产负债表规模，其中2007年1月的数值标准化为100。标准化的另一种方法是，将每家中央银行资产负债表规模除以本国或本地区的GDP。如果使用后一种标准化方法，我们会发现相对于各自的GDP而言，日本央行的资产负债表规模要大于其他中央银行。我们在图6.4中使用的是第一种方法，因为我们对资产负债表的扩

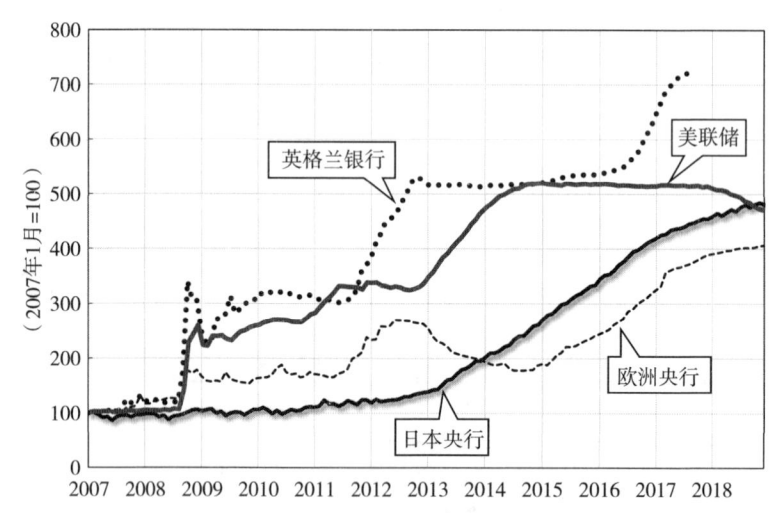

图6.4　四家主要中央银行的资产负债表

资料来源：日本央行、英格兰银行、欧洲央行和美联储。

张比对其水平更感兴趣。此外，使用相对于GDP的测算方法来衡量货币政策的立场，还会受到另外一个问题的影响：按照这种方法测算，只要GDP下降，即使中央银行资产负债表的规模保持不变，测算结果也会显示货币扩张。

非常规货币政策将如何发挥作用？传统货币政策传导机制的关键是利率，它会影响企业投资和家庭消费，本章前面已经讨论过。具体来说，影响重要宏观经济变量的利率是长期实际利率，它会受到政策利率的影响，而政策利率是由中央银行控制的非常短期的利率。非常规货币政策通过长期利率进行传导的机制，被认为与传统货币政策是相同的。如果非常规货币政策有效，其降低长期利率的效果将超过传统的利率政策，从而使经济走出衰退。

负利率政策是最容易理解的，尽管它是非常规货币政策清单中最新加入的内容。通过将短期利率降至略低于零，负利率政策试图降低长期实际利率。尽管许多人认为，中央银行负利率能负到什么程度是有限制的，但有些中央银行（包括日本央行和欧洲央行）已经表明，负利率政策是可能的。

伴随前瞻性指引的利率政策（通常为零利率）也有望通过降低长期实际利率发挥作用。如果中央银行可以让市场相信短期利率将长期为零，那么长期实际利率也会下降，降至接近于零的水平。

量化宽松等非常规的资产负债表政策可以通过两个途径影响长期实际利率。首先，如果各种类型的金融资产不是完美的替代品，中央银行就可以通过买卖特定类型的金融资产，影响这种资产的收益。如果长期政府债券不能完全替代其他金融资产，那么中央银行就可以通过大量购买那些债券，降低其收益率（即提高其价格）。其次，例如，大量购买长期政府债券可被视为未来利率政策的信号，在未来的货币政策路径既定的情况下，这意味着中央银行认为当前的长期收益率水平太低了。这样的信号可能是可信的，因为如果中央银行过快地提高利率，自己将遭受资本损失。这样，非常规资产负债表政策可以与前瞻性指引利率政策形成互补。

博里奥和扎拜（2016）系统评估了全球金融危机后多家中央银行采取的非常规货币政策，他们的结论是这些政策有效地影响了金融状况。总体而言，这些政策成功地降低了长期利率，使本国货币贬值，提高了股票价格或者至少减缓了其下跌的速度。非常规货币政策似乎也有助于提高产出和价格水平，但在这方面，其影响难以确定，这通常取决于反事实假设，也就是说，如果不采取非常规货币政策最有可能出现什么情况。

鉴于美国和欧洲非常规货币政策的成功，日本央行直到2013年4月才扩张其资产负债表，这一事实很可能助长了全球金融危机后日元的升值，从而增加了其产出和价格的下行压力。截至2008年，日本的通缩已经持续了十年。在全球金融危机期间，日本央行无所作为（未能回归非常规货币政策），可能加剧了日本的通缩问题。

6.8　有关通胀目标制的争论

新西兰于1990年首先采用了通胀目标制。瑞典、加拿大和英国的中央银行在20世纪90年代紧随其后。[13] 然后在21世纪头十年，新兴市场经济体也开始采用通胀目标制。通胀目标制是一种货币政策的框架体系，即在中期盯住某一特定的通胀率（许多国家为2%）。[14] 对于以价格稳定为首要目标的独立央行而言，通胀目标制涉及至少三种主要的制度安排：（1）公开宣布中期的具体目标（或范围），作为对价格稳定

---

[13] 本节借鉴了Ito（2004）。

[14] 早期对通胀目标制的一般性介绍，请参见Bernanke和Mishkin（1997）。Truman（2003）对全球通胀目标制的实践进行了全面考察，Ito和Hayashi（2004）研究了亚洲发展中经济体的通胀目标制。

的定义；（2）就实现通胀目标对中央银行进行问责；（3）通过政策委员会会议纪要、演讲和央行行长及其他高管的新闻发布会进行信息披露，实现货币政策的透明化。

实际上，独立于政府的中央银行必须对其政策行动和后果负责。它应该为货币政策设定明确的目标，然后据此评估政策后果，并且在审议、判断和决策方面要透明。通过宣布通胀目标，央行可以影响消费者和企业的通胀预期（即预期的未来通胀率）。通胀预期对于消费决策和投资决策非常重要。通过锚定预期，央行可以更有效地运用货币政策。

多年来，许多经济学家认为日本央行应当采用通胀目标制。[15] 克鲁格曼（Krugman，1998）可能是第一个建议采取某种通胀目标制的人。其核心观点在于，日本央行必须承诺以后会实现较高的通胀率，以影响通胀预期。伊藤隆敏（1999）建议日本央行采用通胀目标制。对独立的央行必须进行问责，在这方面，通胀目标会有所助益，它还将增强政策工具的独立性。此外，通胀目标制是影响通胀预期的有效方法。在零利率的情况下，改变通胀预期是避免高实际利率的最有效方法。斯文森（Svensson，2001）提出了一种摆脱流动性陷阱的简单可靠方法。他建议将汇率固定在使日元相对于美元贬值的水平，直到实现目标价格水平。通胀的启动源于日元贬值，而目标价格水平则指明了退出的条件。

拥护者认为，采用通胀目标制有三个好处。首先，如果日本央行宣布通胀目标，那么它就要对实现这一目标负责。因此，它将承受更大的压力，需要采取对策以提高通胀率。

---

[15] 在媒体上的争论还在继续。Ito（1999）在其专栏文章中最早呼吁日本采取通胀目标制。日本央行的经济学家翁邦雄在同一版面对此做了评论性回应（Okina，1999）。在几个月后的另一篇专栏文章中，委员会成员植田和男支持了翁邦雄的观点（Ueda，2000）。

第6章 货币政策

其次，自1998年以来，日本经济经历了周期性通缩的难题，而且通缩预期与零利率之间相互作用。对通缩的前景越悲观，就意味着实际利率越高，从而使经济活动越低迷。伊藤隆敏（2004）写道："结合非常规货币政策，通胀目标制还将有助于影响公众的预期……英国的经验表明，中央银行的独立性与通胀目标制的结合，将是把通胀预期稳定在目标通胀率附近的强大武器。"

再次，如果日本央行明确承诺要实现通胀率的量化目标，工具的独立性将得到加强。伊藤隆敏（2004，第242页）写道："由于日本央行将对其行动的后果负责，因此政府无须向它施加压力，要求它采取特定的政策措施。日本央行既不必对批评或施压做出回应，也不必对批评者提出的应采取何种政策的意见表现出如此提防的态度。"

在21世纪头十年，日本央行反对通胀目标制的建议，而且实施这一策略可能需要量化宽松。速水行长极力反对通胀目标制和量化宽松。货币政策委员会的许多成员以及该行的经济学家也对此表示怀疑。伊藤隆敏（2004，第242页）分析了货币政策委员会的会议纪要，并列举了日本央行反对这样做的原因以及支持者的反驳。

由于有这段学术辩论的历史，首相安倍晋三坚持认为要使日本经济摆脱通缩，就需要通过量化宽松政策来实现通胀的目标，这一点非同寻常。

6.9 安倍经济学：第一支箭

在经历了漫长的经济停滞和通缩之后，日本在2012年秋天出现了政权更迭。2012年11月，野田佳彦首相同意解散众议院（下议院），并在一个月内举行大选，此时，自民党（反对党）领袖安倍开始大张旗鼓地呼吁采取货币宽松政策。安倍认为，摆脱根深蒂固的长期通缩对于振兴经济是至关重要的一步，而要走出通缩，积极的货币政策是必须的。在2012年11月中旬下议院解散时，增长停滞已有20年，但仍没有复苏的迹象。通胀率是负值，经济陷入通缩陷阱。日本民主党执政已有三年时间，但已失去了众多选民的支持。

2012年12月，自民党赢得了大选，安倍晋三成为首相。他推出了一揽子经济政策，即所谓的"安倍经济学"。其中，以积极的货币政策为第一支箭，以灵活的财政政策为第二支箭，以增长战略为第三支箭。安倍宣布有必要改革日本央行，认为应采用2%的通胀目标，而积极的量化宽松政策应当成为实现这一目标的工具。

经过一些强力游说之后，政府和日本央行同意签署一份文件，宣布央行将于2013年1月25日将2%的CPI通胀率作为政策目标。一些批评家认为，政府对通胀目标施压，有违中央银行的独立性。但是，正如德贝尔和费希尔（Debelle and Fischer，1994）解释的那样，政府与中央银行具有共同的目标，并不违反这一原则。中央银行的独立性是指工具独立性，因为关于货币政策的决定可以独立于政府。

到2%的通胀目标被采纳时，日元已经贬值了11%，达到91日元/美元，日经225指数已上涨了24%，达到10 927。值得注意的是，仅仅谈话和预期就产生了这样的变化。日元是在没有任何外汇干预的情况下贬值的，而且是在日本央行进行大规模的资产负债表扩张之前。

随后，安倍开始呼吁在现任央行行长任期结束后，任命一位支持其通胀目标制和激进量化宽松的人为央行行长。最终，他选择亚洲开发银行行长黑田东彦担任新一届日本央行行长。黑田东彦于2013年3月20日就任。第一次货币政策委员会会议于4月3—4日举行。委员会就新政策达成一致，并于4月4日宣布。在新闻发布会上，黑田东彦用图表解释了名为定量和定性宽松（QQE）的新政策，这是一种沟通方式的创新。4月4日，日经225指数收于12 635点，自11月15日以来上涨了大约43%；汇率是96日元/美元，在同一时期贬值了16%。

当利率为零时，汇率、股票价格和通胀预期等非常规传导途径将变得更加重要。黑田东彦及其团队在这一框架下列出了4月4日政策的变化。日本央行的决定给投资者留下了深刻印象，投资者抛售日元，同时购买日本股票。5月9日，汇率超过了100日元/美元大关。股票价格继续上涨，日元继续贬值。5月22日，日经225指数收于15 627点（自11月15日以来上涨了77%），汇率变为103日元/美元（贬值21%）。

图6.5和图6.6分别显示了激进的货币政策对美元/日元汇率和日经225指数的影响。这些图表明，图中列出的事件，包括从2012年11月

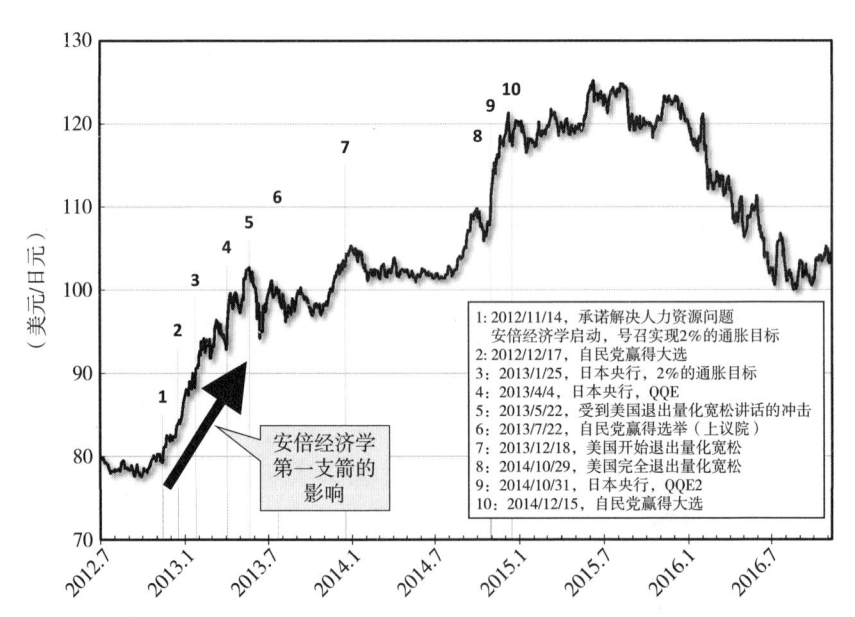

图6.5 2012年7月至2016年11月安倍经济学及各类事件对美元/日元汇率的影响
资料来源：日本央行。

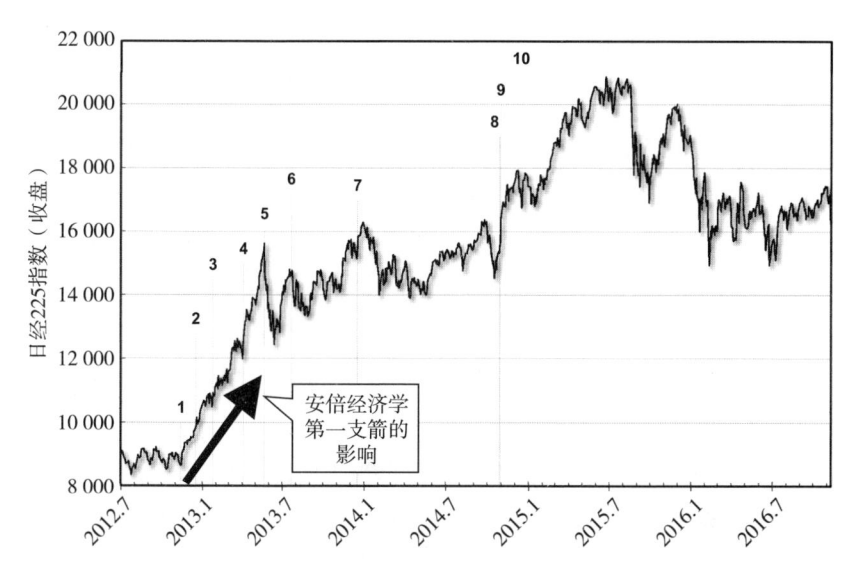

图6.6　2012年7月至2016年11月安倍经济学及各类事件对日经225指数的影响
注：时间节点同图6.5。
资料来源：日本经济新闻社，http://indexes.nikkei.co.jp/nkave/archives/data。

至2013年5月安倍晋三当选首相以及推出定量和定性宽松政策，既使日元贬值，也使股票价格急剧上涨。2013年第一季度和第二季度的增长率约为4%（按年化季度环比增长率表示）。

6.10　小结

在放松管制之后，日本金融机构、金融市场和货币政策的某些独有特征已经消失。就货币政策和金融市场的功能而言，日本堪与美国媲美，但值得注意的是，有一些差异仍然存在，包括日本的邮政储蓄体系、一直存在的对存款利率的管制、主银行制以及缺乏成熟的国债市场。日本货币政策有时会得到货币主义者的赞誉，称之为现实中货币主义实践的范例，但是更深入的研究显示，没有任何证据证明日本奉行了货币主义政策。

从20世纪90年代开始,日本央行成为第一家以非常规货币政策应对通缩和停滞的央行。它在1999年引入了零利率政策和前瞻性指引(尽管有些含糊)。然后,2001年它开始了量化宽松,并实施更清晰的前瞻性指引(即所谓的时间持续效应)。尽管日本央行在2006年成功退出了量化宽松,但它于2009年又重新采取了零利率政策。然而,2013年作为安倍经济学的第一支箭,货币政策发生了重大变革。2013年4月推出了大规模购买资产的货币宽松政策,即定量和定性宽松,目的是在两年内使日本央行的资产负债表翻一番,以实现2%的通胀目标。

截至2019年6月,2%的通胀目标尚未实现,并且定量和定性宽松仍在继续。当日本央行在20世纪90年代和21世纪头十年前半期采用非常规货币政策时,这被认为是日本独有的非同寻常的措施。但是,在2008—2009年全球金融危机之后,其他主要中央银行,包括美联储、英格兰银行和欧洲央行,也不得不采取类似于日本央行的非常规货币政策。日本央行现在被视为采用非常规货币政策的先驱。直至2019年,这些央行仍在使用非常规政策措施。

如果经济仍然停滞并且通缩持续,那么中央银行在零利率政策之外还能做什么,对此仍有争议。一些经济学家拥护量化宽松政策,即中央银行通过购买其通常不会买的各种资产,扩大自己的资产负债表。这类操作为经济提供了流动性,鼓励银行为风险较高的项目提供贷款。日本央行在21世纪初率先推出并在2007—2009年全球金融危机后被许多发达国家广泛使用的量化宽松政策是否有效,尚无定论。

附录6A 数据指南

有几种衡量价格水平的方法:CPI的各种变形,生产者价格指数(PPI),GDP平减指数。通胀率是价格水平的变化。

在全球范围内，CPI 是最流行的通胀指标。就其覆盖的内容而言，有四个不同的指标。可供研究的时间序列数据可在日本官方统计信息门户网站（e-Stat）上"消费者价格指数"一栏获取（https://www.stat.go.jp/english/data/cpi/index.html）。

然后，选择"历史数据"。对于以 2015 年为基数（撰写本书时为最后的更新）的数据，有四个选择：

- 全日本（月度或年度平均）
- 东京都（月度或年度平均）

对于大多数宏观经济研究，选择"全日本"。选择月度平均或年度平均，具体取决于你选择的分析频率。"东京都"表示东京的核心地区，东京 CPI 比全日本 CPI 提前一个月公布。例如，9 月公布 7 月的全国 CPI，而 8 月公布 7 月的东京 CPI。对于预测一个月后要公布的国家 CPI 和其他宏观经济变量，东京 CPI 很有用。

假设你选择"全日本，月度系列"。点击按钮，该按钮有指向数据集页面的链接。该页面有三组表：

- CPI 水平：此类别有"子类别指数（1970 年 1 月到最近一个月）"等子类及其他数据。
- 与上个月相比的变化。
- 与上年同月相比的变化（年度同比通胀率）。

在每个表中，都有项目类别。如果选择水平值，请选择第一行："子类指数（1970 年 1 月到最近一个月）"，或者如果希望避免季节波动，可以选择"经季节调整的消费者价格指数（2010 年 1 月到最近一个月）"。在表中，通常的通胀率变化（与上年同月相比）是没有经季节调整的序列，因为选择与上年同月相比的变化可以消除季节性变化。

为方便起见，在可下载的字符分隔值（CSV）文件（可转换为 Microsoft Excel）中，在每个类别的末尾添加了列字母，如下所示：

- CPI（所有项目）：[B]列

• CPI，不包括生鲜食品（核心 CPI，根据日本的惯例）：[C]列

• CPI，不包括食品，但包括酒精饮料，不包括能源（有时被称为日本的核心—核心 CPI）：[F]列

• CPI，不包括生鲜食品和能源（与美国的核心 CPI 最具可比性）：[CA]列，在该表的最右侧

"经消费税税率上涨调整的 CPI"选项仅在日语页面上可用。转到"CPI 结果"页面（https://www.stat.go.jp/data/cpi/1.html）。页面底部附近是"经消费税税率上涨调整的 CPI"（2017 年 5 月 26 日上传）。

附录6B　CPI的向下偏差

CPI 基准年要定期更换。在基准年，将选择消费篮子的权重以反映代表性家庭消费的实际支出。每五年对权重进行一次修订，以反映消费者的消费篮子（即消费行为）的变化。由于技术进步，个人计算机和移动电话等商品会变得更便宜，对这类商品的消费趋于增加，而对消费者偏好减弱的商品的消费则趋于减少。在极端情况下，会将新商品添加到消费篮子中，并从中剔除一些商品。

由于该指数的构建方式，以新基准年计算的通胀率往往低于以旧基准年计算的通胀率。一个简单的原因是，一些商品和服务由于供给条件的改善而变得更便宜，从而导致随时间变化对这些商品的消费数量有所增加，但是旧指数对这些商品赋予的权重过低。这被称为拉式指数（Laspeyres Index）的向下偏差。

例如，2006 年 8 月按照预定计划，将基准年由 2000 年转换到 2005 年。2006 年 6 月的 CPI 以 2000 年为基准年公布，但是在 2006 年 9 月，7 月的 CPI 以 2005 年为基准年公布。为了使不同基准年的两个 CPI 具有可比性，统计部门继续公布使用旧基准年计算的 CPI。不出所料，以新基准年计算的通胀率低于以旧基准年计算的通胀率。

从2006年夏季开始，CPI从以2000年为基准年转变为以2005年为基准年。计算和准备新的消费篮子及相关的CPI大约需要半年时间。众所周知，从2006年9月开始，日本央行将公布以2005年为新基准年的CPI。人们普遍猜测，以2005年为基准年的通胀率将比以2000为基准年低约0.5个百分点，而测得的CPI通胀率也将突然降低0.5个百分点。日本央行从2001年货币宽松和零利率政策中退出的条件是，将利率保持为零，直到通胀率稳定在零以上。在2003年10月，"稳定"被进一步定义为CPI在几个月内处于零以上（后顾条件），并且没有回落到通缩的风险（前瞻条件）。另外，虽然明确指定这两个条件为必要条件，但它们并非充分条件。

但是，应该使用哪个通胀率，是基于旧基准年的通胀率还是基于新基准年的通胀率呢？这是2006年春夏之交的问题。当日本央行在2006年3月宣布退出量化宽松，并改为零利率政策时，它援引的事实是通胀率在几个月以来一直为正（即2005年第四季度的通胀率勉强为正）。当零利率政策于2006年7月结束时，可获得的通胀率数据已经更新到2006年4月，显示比后顾型退出条件高出0.5%。日本央行预计通胀率还将继续上升。但是，当时可用的CPI通胀率是以2000年为基准年的。

9月，日本央行公布了以新基准年测算的CPI。实际上，CPI通胀率比按旧基准年测算的通胀率低了约0.5个百分点。在新的通胀率下，退出条件更难达到。的确，基于新基准年的通胀率在2007年第二季度和第三季度再次变为负值。批评人士怀疑日本央行急于退出，虽然他们完全了解CPI将在几个月后下行。日本央行可能担心，等待几个月会导致退出往后多延迟几个月的时间。但是，通胀率在2007年底急剧上升。这部分是由于经济持续扩张，部分是由于2007年年中大宗商品和能源的价格开始上涨。大宗商品繁荣吸引了大量投机资金，价格急剧上涨。

第7章　公共财政

7.1　引言

　　财政政策是政府影响一国经济进程的重要途径之一。与中央银行的货币政策类似，财政政策也被用来确保经济在价格和生产活动方面不要出现过于剧烈的波动。这一政策在广义上包括两大方面，即收入端的税收政策和支出端的政府支出政策。借助于税收和支出，财政政策旨在实现两大目标：一是平抑经济周期，二是实现收入由富人向穷人的再分配，以及从一代人转给另一代人。

　　日本政府在1973年之前一直保持着预算平衡（1965年除外，当时日本发生了一场严重的经济衰退，导致税收收入急剧减少）。因此，直到20世纪70年代中期之前，日本的政府债券市场不是必需的（实际上也并不存在）。在20世纪五六十年代经济高速增长时期，日本的财政收入不断增加，政府能够轻而易举地利用税收收入满足不断增加的财政支出。然而，随着1974年以后增长放缓，日本政府开始依靠发行政府债券来弥补财政支出和财政收入之间的差额。在保守派政治人士的支持下，大藏省在20世纪80年代开始进行财政整顿。在20世纪80年代后半期，日本政府的减税政策受到了限制，而名义收入的高增长使财政收入猛增。到20世纪80年代末，日本的预算赤字降到了最低水平。

从20世纪90年代起，日本经济陷入了长达20年的停滞和衰退，税收收入在战后以来首次出现下降，而财政支出却没有克制。政府的财政支出，特别是用于支持社会保障和养老金制度的部分，持续增加。到2018年，债务与GDP的比率超过了230%，并且仍在继续攀升。其他债务与GDP比率较高的国家，比如阿根廷和希腊，纷纷陷入财政危机，政府债务不得不违约。然而，截至2019年年中，我们未发现有任何迹象表明日本正在经历这类危机。对于日本是需要立即进行财政整顿，还是可以进一步推迟政策调整的时间，政策制定者也莫衷一是。对于日本当前的公共财政而言，债务的可持续性是最重要的议题。

7.2 基本事实

7.2.1 收入、支出、赤字和债务

为了平抑经济周期，政府的财政政策必须是逆周期的，也就是说，在私人部门需求疲软时，政府要增加支出和减税；在私人部门需求旺盛时，则反向操作。理论上，这种逆周期财政政策可以抑制产出和消费的波动，同时对经济增长保持中立。但是如果管理不当，财政政策就可能对经济增长产生相当大的危害。政府支出可能会取代或挤出私人部门的资金，而征税过高可能会影响工人工作的积极性以及企业投资的积极性。

当公共支出超过税收收入时，政府要么谋求税收以外的收入（比如出售资产，包括国有企业），要么发行政府债务工具，比如债券。从1992年到2012年，也就是所谓的"失去的20年"，日本持续出现巨额财政赤字，与此同时，由于经济反复衰退，税收收入不断下降。由于社会

保障支出的增加，以及政府为应对经济衰退一再推出经济刺激计划，因此政府支出一直在增加，尽管速度比前几年要慢。在2007—2009年全球金融危机之后，日本的财政赤字和债务飙升至新高。2008年雷曼兄弟破产以后，也就是在金融危机最严重的阶段，人们担心世界主要经济体会步日本政府的后尘。2009年4月在伦敦举行的二十国集团（G20）领导人会议倡议各国合作，一起扩大财政支出。与G20其他主要国家一起，日本决定扩大其政府赤字，以为不断萎缩的世界经济注入活力。自2009年以来，日本政府每年的预算赤字一直高达其GDP的6%~8%。直至21世纪第二个十年初期，债务与GDP的比率超过了200%。

图7.1显示了日本中央政府在1975—2019财政年度支出和税收的变化情况。两条线之间的差距（政府财政支出减去税收收入），大致

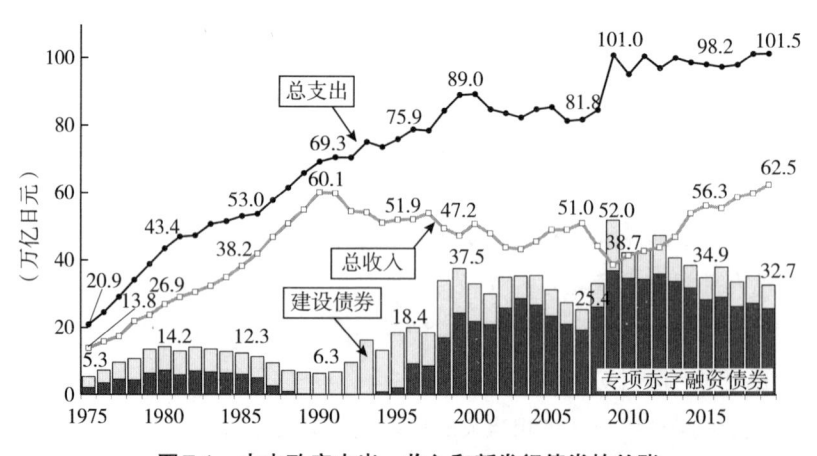

图7.1 中央政府支出、收入和新发行债券的总账

注：（1）1975—2017财年：结算金额；2018财年：包括补充初始预算；2019财年：初始预算。（2）以下债券不包括在内：为支持波斯湾地区和平与重建活动，在1990财年发行的债券；1994—1996财年发行的减税专项赤字融资债券，用于弥补消费税由3%调高至5%之前因一系列减税政策导致的税收下降；为实施日本东部大地震重建措施，于2011财年发行的重建债券；为实现全国基本养老金缴存减半的目标，于2012财年和2013财年发行的养老金专项赤字融资债券。（3）总账基本余额的计算方法是，政府税收与其他收入之和减去基本支出，这有别于基于国民经济核算体系（SNA）的中央政府基本余额。

资料来源：日本财务省《2019财年初始预算概要》，第5页。

对应新发行的政府债券（以柱状图表示）。该图清晰地显示了1975—1990年赤字的上升和下降，以及财政赤字在1990—2009年大幅上升。在此之后，日本的财政赤字在2009—2019年呈现极其缓慢的下降趋势。一旦在危机期间赤字大幅飙升，比如1998年或2009年，似乎就不会轻易回落到危机前的水平。

在为赤字融资时，日本政府曾发行过两类政府债券：旨在为政府投资（如基础设施）融资的建设债券和仅作为权宜之计的赤字融资债券。然而，这一区分很大程度上是出于政治考虑，因为就政府的责任而言，这两类债券没有区别。政府可以自行决定自己的投资有多少资金来自税收而不是债券融资。

在1965年之前，日本政府利用税收收入为预算中的所有投资提供资金，而不发行任何类型的政府债券。然而，1965年财政收入出人意料地大幅下降，政府通过了一部法律，授权政府发行赤字融资债券，以弥补财政赤字，但仅限于当年。该法律是必要的，因为1947年的《公共财政法案》禁止政府发行赤字融资债券。之后日本仍有预算赤字，但政府发行了不需要专门立法的建设债券，以弥补1966年至1974年规模较小的财政赤字。在1973年第一次石油危机爆发之后，日本经济出现下滑，迫使政府于1975年通过了另一部本应是暂时性的法案，并发行了赤字融资债券，即之后所谓的赤字债券。直至1989年，日本每年都要通过这一专项立法发行赤字债券。在1990财年，除了为到期债券再融资外，政府没有发行赤字债券。当时许多人认为，由于20世纪80年代的财政整顿，持续出现的赤字最终得到了控制。

然而，这种乐观情绪并没有持续多久，因为就在第二年（1991年），日本政府再次发行了新的赤字债券，以填补支出和收入之间的缺口。在接下来的20年里，随着税收不断减少和支出稳步增加，赤字债券的发行量不断攀升。在20世纪90年代和21世纪头十年经历的经济停滞期间，日本政府经常同时实施减税和扩大政府支出的经济刺激计划，以应对需求不足的窘境。财政赤字不断扩大，尤其是在1997年银行业危机之后和2008年全球金融危机之后。因此，政府债务与GDP的比率从1990年的大约65%攀升到2011年的200%，接着又在2015年达到240%。现在，许多研究人员认为，日本当前的财政政策是不可持续的，除非财政政策出现根本性的变化（如扩大税收），否则十年之内就会爆发严重的危机。

图7.2为日本政府债券余额及其与名义GDP之比的上升情况。政府债务余额大致与其新发行债券的累计金额相对应（如图7.1所示）。自1991年以来，日本政府债券的数额和占GDP的比率都在单调递增。至2018年，日本政府债券与GDP的比率约为160%。然而，日本政府债券仅是政府债务的一部分。除了由中央政府债务构成的日本政府债券之外，日本地方政府也发行自己的债券。地方政府发行的债券是由地方政府的未来收入偿还的，但其中有很大一部分来自中央政府的转移支付。除了债券以外，中央政府和地方政府还有其他债务，包括来自商业银行的贷款和为公共企业提供的担保。

图7.3显示了七国集团（G7）广义的政府总债务与GDP的比率，此处的债务不仅包括日本政府债券，还包括政府部门发行的所有债务

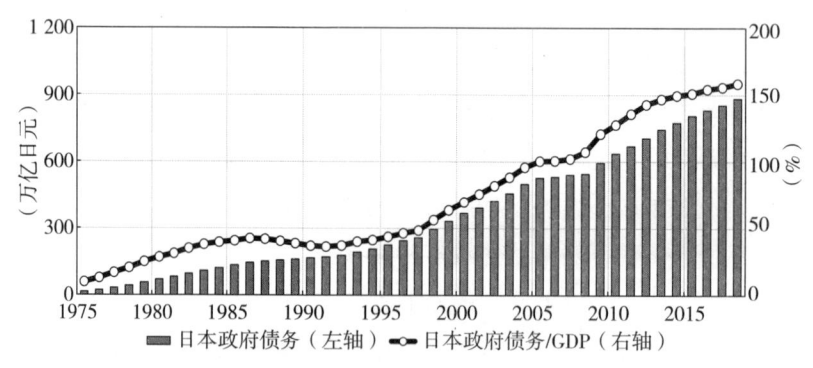

图7.2　日本政府债券余额及其与GDP的比率：1975—2018年
注：除2018年的数字为预测值外，所有的数字均为实际数据。
资料来源：日本财务省。

和债券。1990年，日本的债务与GDP的比率约为65%，位于七国集团的中游水平。然而，到2000年，日本政府债务超过了意大利，成为七国集团中负债最多的国家。截至2011年，日本政府债务与GDP的比率已经超过了200%。

对于高负债率是否会给日本带来一场毁灭性的财政危机，人们一直争论不休，因为在不久的将来，日本的偿债能力可能会遭到严重侵蚀。图7.3显示的是政府总债务，没有包括日本政府拥有的金融资产。若日本政府不仅有大量的债务，还拥有大量的金融资产，那么政府的净债务（按照负债总额扣减金融资产总额计算）可能是衡量其负债水平更合适的方法。

图7.4显示了七国集团各国的广义政府净债务与各自GDP的比率。在这一统计中，只有意大利的数据与日本相近。因此，无论我们从何种角度看待现在的局势，日本都存在着严重的政府债务问题。从净债务的角度看，日本的情况可能不像从总债务看那么危急，但是无论如何，债务状况都在不断恶化。日本政府拥有大量金融资产，包括日本

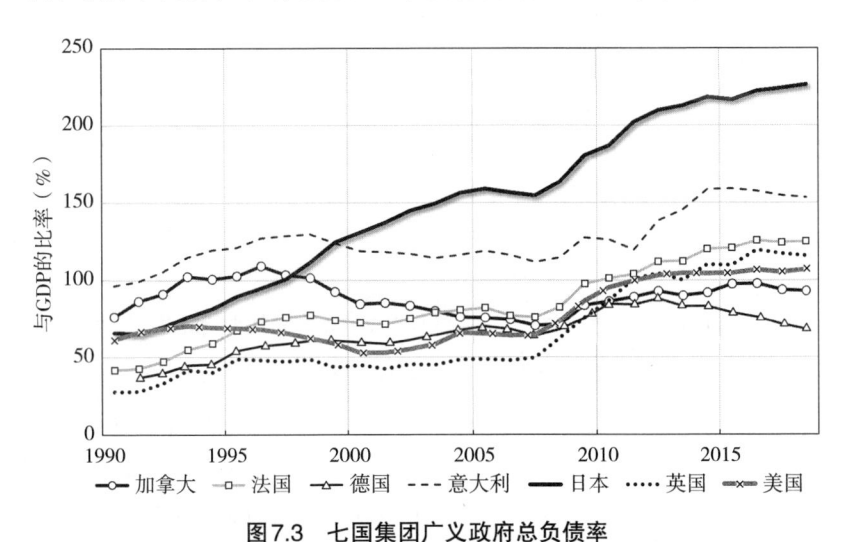

图7.3　七国集团广义政府总负债率

资料来源：OECD（2018）。

政府债券。这是有可能的，因为广义的政府部门还包括不属于中央政府的机构和部门，但它们也会持有中央政府发行的债券。例如，截至2018年3月，日本社会保障基金（政府运营的养老金体系的准备金）拥有价值156万亿日元的金融资产（占GDP的29%），其中44.5万亿日元是日本政府债券。2018年，日本政府的净债务与GDP的比率约为130%。然而，即使以净债务衡量，日本的债务与GDP比率在七国集团中也是最高的。图7.4也显示了政府累积的净债务在不断上升。

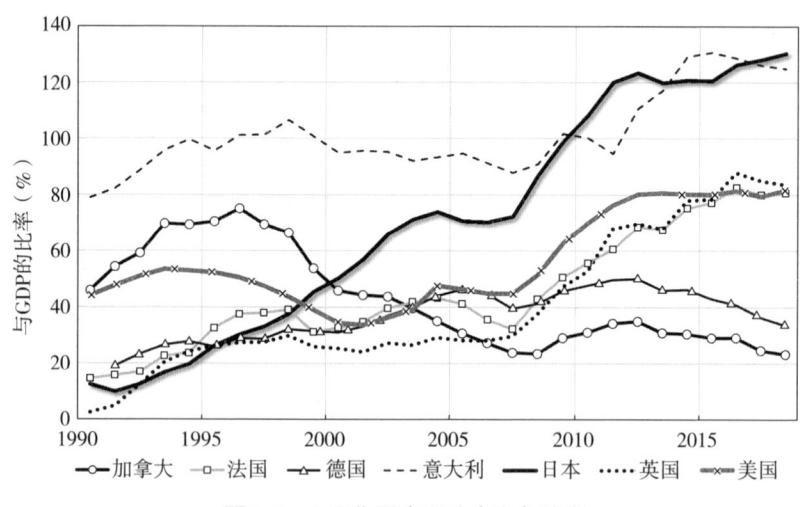

图7.4 七国集团广义政府净负债率

资料来源：OECD（2018）。

在讨论债务可持续性时，应该使用净债务额还是总债务额呢？有人可能认为应该选择净债务，因为政府可以随时出售金融资产，以减少总债务。然而，使用净债务的理由并不充分，因为政府部门拥有的一些金融资产实际上并不是对其他部门的贷款，不能抵消对这些部门的负债。例如，政府养老投资基金（GPIF）是持有金融资产最多的公共部门。政府养老投资基金的资产本质上是累积的社保缴费超过养老金支付的部分。政府养老投资基金将缴费超过支付的盈余拨入资产管理基金，而这些基金既可以持有股票和外国债券，也可以持有能够在市场上交易的国内政府债券。美国社保信托基金也可以将社保缴费超过支付的盈余部分积累起来。然而，美国社保信托基金并未持有任何可以在市场上交易的资产。未偿付余额是政府对支付养老金的承诺。这实际上就是一种纯粹的现收现付制，没有任何积累的资产，因为所有净支出都必须由当期的缴款来支付。在人口转型对现收现付制养老金体系产生不利影响时，未来政府养老投资基金的总额会下降。支付的养老金将开始超过缴纳的保费，政府养老投资基金的规模也将开始下降。

从这个角度讲，对未来养老金领取人的负债抵消了政府养老投资基金持有的金融资产，所以这些金融资产并不是真正的净金融资产。如果政府通过出售政府养老投资基金的资产来偿还政府债务，这对其净债务的数量不会产生影响，但是总债务将会减少。然而，这种交易将导致养老金体系中无资金储备的负债增加，在计算政府未来的负债和债务可持续性时，应将这类负债考虑在内。换句话说，政府可以发行债券并将其注入养老金体系，而不只是仅仅承诺在未来兑现养老金但不付诸任何实质行动。[①] 关于总债务与净债务的区别，将在本章第7.5节中再次讨论。

任何简单的宏观经济模型都会包括政府财政支出和税收。政府可以通过不同种类和不同税率的税收，甚至通过借款，来实现相同的收入水平。政府选择一种特定的税收组合，会对特定类型的消费、工作和投资产生激励或抑制作用。例如，提高个人所得税税率会降低工人的实际工资，这可能会抑制他们的工作积极性，甚至（在极端情况下）

---

① 基于这类推理，Green 和 Kotlikoff（2008）认为，政府债务和赤字的概念（无论是总债务还是净债务）对于判断政府的负债并无作用。

完全不工作。从这个角度讲，这种税收会产生扭曲作用，它们会改变个人和企业的经济决策。政府支出为许多公共品提供资金，其中有许多是基础设施，如公路、铁路、下水道、公园和公用设施。在这些可以选择的项目中分配公共资金，显示了政府的政治取向，并且可能影响私人部门的生产率。

7.2.2 制度

日本的中央、县和市政府大致相当于美国的联邦、州和市政府。日本的县和市政府有时被合称为地方政府，而在美国，地方一词通常为市政府的专用称谓。本节主要研究日本中央政府和地方政府的税收和支出政策。附录7A提供了有关日本公共财政的一些有用的数据来源。

日本的中央政府有三类预算，即总账预算、专项账户预算和政府机构预算。政府预算这一术语通常指总账预算。除了中央政府的这三类预算以外，财政投融资计划（Fiscal Investment and Loans Program，以下简称"FILP"）过去在为无数公共项目提供资金方面发挥了重要作用。我们可以将FILP理解为中央政府的资本预算，它与三大预算，特别是后两类预算密不可分。FILP从邮政储蓄和国家养老金系统中提取资金，用于各种专项账户预算和政府机构预算，或向其放贷。正如本章后面讨论的那样，随着时间的推移，日本FILP发挥的作用不断减弱，其规模在2001年的FILP改革后也大幅缩小了。

日本政府设立专项账户的原因多种多样。一些专门用于特定的项目，如高速公路和机场建设，另一些则是为了将特定收入用于特定目的而设立的账户，如社保账户。1990年，日本共设有38个专项账户。多年来，这一数字逐渐减少，到2015财年和2017财年，分别减至14个和13个。专项账户预算是总账预算的三倍左右。但是，总账和专项账户之间存在着大量的资金双向流动，例如用财政税收补贴社保账户的支出。总账和专项账户的总额扣除内部资金流动之后，约为总账规模的两倍。

中央政府预算过去曾包括几个国有金融机构的预算。它们的预算之和约占总账预算的10%左右。在过去，这些机构的大部分资金来自FILP。随着时间的推移，许多国有金融机构被合并、进行公司制改革或者撤销了。

如表7.1所示，专项账户预算的规模依然较大。专项账户预算的金额要超过总账预算。即使在扣除了两个账户重复计算的部分以后，两个账户合并后净额的规模仍在总账预算的两倍以上。就此而言，认为与其他经合组织国家相比，日本政府的规模较小（仅以总账预算占GDP的比率为准）的说法，可能是错误的。在20世纪80年代后期，由于国有铁路等大型国有企业的私有化，日本政府机构的规模出现了大幅缩减。

表7.1　总账预算与专项账户预算　　　　　　　　　　（单位：10亿日元）

	总账	专项账户	净额	政府机构预算
1981	46 921	92 321	80 212	22 172
1982	47 245	97 880	83 554	23 258
1983	50 635	106 277	90 798	24 253
1984	51 481	115 569	93 630	24 960
1985	53 005	111 775	90 834	13 952
1986	53 640	129 789	95 887	13 568
1987	57 731	145 205	102 867	5 008
1988	61 471	147 492	105 623	5 062
1989	65 859	152 802	113 391	5 042
1990	69 269	168 584	116 858	5 165
1991	70 547	177 879	120 622	5 790
1992	70 497	188 798	129 563	6 379
1993	75 102	202 241	137 912	6 778
1994	73 614	214 245	145 078	7 192

（续表）

	总账	专项账户	净额	政府机构预算
1995	75 939	232 466	155 325	7 536
1996	78 848	245 210	161 961	7 385
1997	78 470	247 036	169 939	7 256
1998	84 392	272 579	186 550	7 215
1999	89 037	279 369	198 763	6 920
2000	89 321	305 776	199 466	6 988
2001	84 811	363 337	248 343	6 628
2002	83 674	373 898	245 376	5 997
2003	82 416	357 691	230 854	5 206
2004	84 897	376 033	233 321	4 563
2005	85 520	401 184	230 183	4 103
2006	81 445	450 580	250 923	3 793
2007	81 843	353 283	203 515	2 065
2008	84 697	359 198	204 781	1 785
2009	100 973	348 060	212 710	1 530
2010	95 312	345 074	201 228	1 406
2011	100 715	376 463	223 615	1 274
2012	97 087	377 012	221 853	1 216
2013	100 189	382 717	227 684	1 133
2014	98 813	390 202	226 756	1 000
2015	98 230	386 214	228 749	920
2016	97 542	395 361	241 061	907
2017	103 426	391 445	244 673	
2018	97 713	388 496	238 920	

注：1981—2016年为事后的预算数据（即实际的支出和收入）；2017年为预测值；2018年为初始预算数据。

资料来源：日本财务省。

> **专栏7.1　财政年度**
>
> 　　日本的财政年度是每个日历年的4月1日至次年的3月31日。例如，日本的2019财年为2019年4月1日到2020年3月31日。它与学年和很多企业的会计年度相似。在美国，财政年度从每个日历年上一年的10月1日开始，至当年的9月30日。例如，美国2019财年是从2018年10月1日至2019年9月30日。在1977年之前，美国的财政年度是从7月1日开始计算的。1976年7月1日至1976年9月30日是一个单独的财政时期，人们称其为过渡季度。
>
> 　　在大多数情况下，政府税收和财政支出只有以财政年度为基础的数据。在将这些数据与按日历年计算的其他统计数据进行比较时，需要进行细心的调整。GDP和其他主要宏观经济统计数据均按日历年和财政年度提供。但是，对于使用年度数据进行分析的研究人员来讲，在将以财政年度为基础的财政数据与以月度、季度、日历年和财政年度为频率的许多宏观系列数据进行匹配时，一定要特别小心。

　　与美国不同，日本地方政府的资金很大程度上依赖中央政府的拨款，或者与中央政府一起分享的财政收入。例如，日本五分之四的消费税收入会进入中央政府的总账，五分之一拨给了地方政府。此外，其他税收收入也定期转给一些税基较小的县区。地方政府还有自己独立但规模相当有限的收入来源，如房地产税、地方个人所得税和地方营业税，但税率由中央政府统一制定。

专栏7.2 日本的预算程序

财政年度T从日历年T年的4月1日开始计算,截至日历年T+1年的3月31日。在T-1年的7月,日本财务省会公布每个部委或政府机构总预算的上限。从2001年至2008年,日本设立了一个名为首相经济和财政政策委员会的机构,大致相当于美国的总统经济顾问委员会,该委员会在T-1年6月确定预算编制框架,限制预算的总体规模,并为预算编制提供广泛的指导。然而,在2001年之前和2008年之后,尽管执政党在预算编制的过程中会施加很强的影响力,但日本财务省是确定预算的机构,包括从框架到所有具体细节的各个方面。根据预算上限,日本各部委和机构于8月末前将其预算要求提交财务省。之后,日本财务省和其他部委与政府机构会在T-1年的秋季商定预算计划。在T-1年12月底或T年的1月初,内阁会批准政府初始预算(《公共财政法案》第18条)。

虽然该预算草案的具体细节还有待完成并提交国会批准,但在内阁批准后,预算总额很少会发生变化。该草案包含了政府对T财政年度经济增长和通胀的预测,并通常会在T日历年的1月底或2月初公布。日本国会会在本财政年度开始(4月1日)前批准内阁的预算草案。

就预算而言,国会和内阁之间很少发生冲突。但在某一财政年度,可能会根据不断变化的经济状况对预算进行调整。例如,2009财年的预算就调整过两次(2009年5月和2010年1月)。实际的(事后)政府支出会于T+1年的3月31日厘定。

7.3 税制结构

7.3.1 税收收入

图7.5（左图）显示了日本2019财年预算中主要收入项目及其份额，包括计划新发行的债券。在税收收入中，个人所得税（约20万亿日元）、企业所得税（约13万亿日元）和消费税（约19万亿日元）是其主要的三个来源。消费税已成为日本最重要、最稳定的税收来源。现在，企业所得税占的份额要比个人所得税和消费税小得多。此外，还有约5万亿日元的其他收入。日本的个人所得税、企业所得税、消费税和其他税收及印花税占总预算收入的63%，合计约62万亿日元。剩下的约32万亿日元是需要通过发行新债来弥补的财政赤字，占预算总额的32%。这在图中被标注为"债务"，这也是遵循财务省的官方说法，但是确切地说，表示债务的增加量。自2009年达到峰值以后，政府对债务融资的依赖程度有所下降（参见图7.1），但是与日本的历史水平（20世纪70—90年代）或其他发达国家相比，仍处于较高的水平。

图7.5（右图）显示了美国联邦政府的税收收入及其份额。日本和美国最大的差别在于处理新发行债券的方式。在日本的预算中，这是一项收入，而在美国的预算中，这不包含在政府收入中。因此，与日本的财政赤字相似的是美国的总支出数量（如图7.8所示）与总收入数量之差。美国2019财年的赤字为9 840亿美元，占其总支出的22%。

在美国的预算中，规模最大的收入项目之一是社会保险与养老金缴费收入，这些是以社会保障税的形式征收的。在日本，社会保障被认为是一种社会保险，通过专项账户管理。因此，日本的社保缴费（相当于美国的社保税）不作为收入项目出现在总账中。

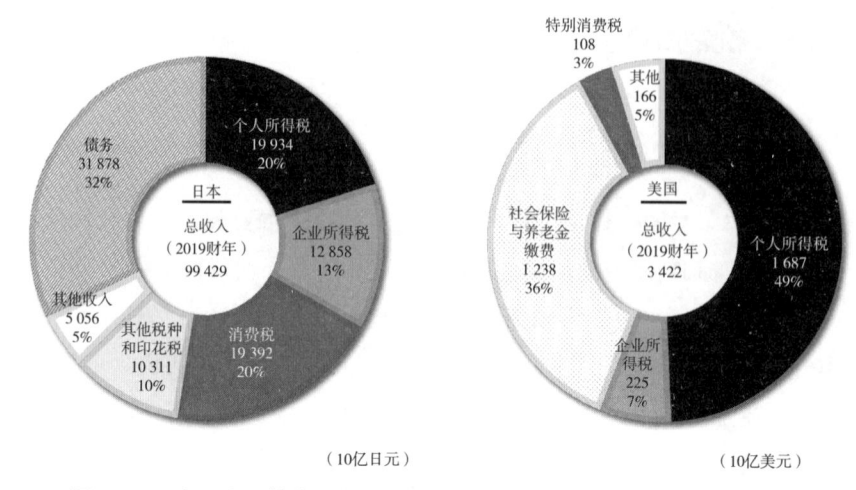

图7.5 日本总账预算收入与美国一般性政府收入的比较：主要收入来源

注：左图中的"债务"指"新发行的债务"，这在美国预算中未作为一项收入列出。

资料来源：日本财务省；美国行政管理和预算局，联邦预算（2019财年）。

就税收而言，两国都征收了个人所得税和企业所得税，但是美国个人所得税的占比要比日本大得多。美国不征收联邦增值税，而消费税现在是日本总账预算中一项重要的收入。美国的销售税不是联邦税，而是州税。

日本的消费税在设计上与欧洲的增值税相似，在每个阶段的交易中都要按增值额征收。这一税种在1989年以3%的税率推出，并取代了当时的多种特别消费税（excise tax）。1997年4月，消费税税率提高到5%，而后又在2014年4月提高到8%。2019年10月，日本再次将这一税率增至10%。

在1989年引入消费税之前，个人所得税和企业所得税是税收收入的两大主要来源。1988年，个人所得税和企业所得税分别征得了18.0万亿日元和18.4万亿日元，各占总账预算的大约28%。至1988年末，主要的间接税是特别消费税。1988年，特别消费税征得2.2万亿日元，占预算的3%。来自税收和印花税的收入占总预算的80%以上。

图7.6为个人所得税、企业所得税和消费税（1989年之前的特别消费税）的时间序列图。从1990年到2009年，日本个人和企业所得税收入的下降幅度十分惊人。在1991年，日本个人所得税收入达到了26.7万亿日元的峰值，而后在2009年下降到12.9万亿日元，还不到峰值的一半。然后在2018年又恢复到19万亿日元。从1990年到2009年，日本的个人所得税收入一直稳步下降，其中部分原因是个人收入（包括资本利得）急剧减少，还有部分原因是20世纪90年代实施的各种刺激计划中带有一些减税措施。

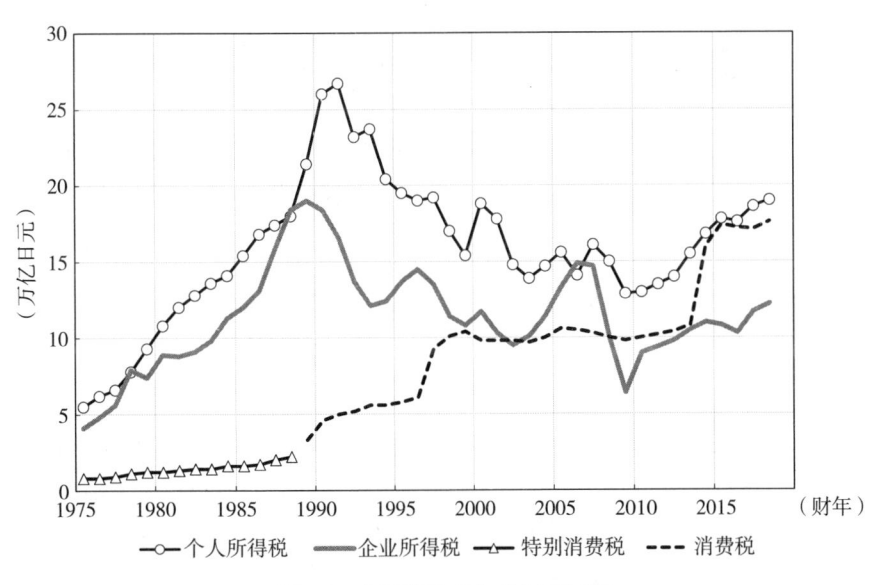

图7.6 主要税收收入的时间序列

注：2016财年之前以结算数据为准，2017财年为预测值，2018财年为预算数据。
资料来源：日本财务省。

日本县政府征缴的收入主要来自居民税和企业税。此外，一些由中央政府征收的税收会转移给地方政府。市政府的大部分收入来自居民税和房地产税。居民税基于人头和收入进行征收，这类似于美国州和地方的所得税。在美国，缴纳的州所得税可从联邦所得税中抵扣（有一定的上限），但日本没有这种可抵扣的规定。

7.3.2 个人所得税

日本的个人所得税制度与包括美国在内的其他发达国家有共同的特点。应税收入被定义为总收入减去各项扣除之后的部分。应税收入较低的，无须缴税。2015年，在4 000万日元（按100日元/1美元计算，约合40万美元）及以上的应税收入，全国所得税的最高边际税率为45%。除此之外，还有额外的地方税，因此，全国和地方个人所得税最高边际税率超过了50%。

日本和美国税收制度的一个主要区别在于，在2015年以前，日本没有类似于美国社会保障码那样的税务识别码，因此很难以累进的方式对个人的总收入征税。结果，日本严重违背了横向公平的征税原则，即对相同的收入，不论其来源如何，一律缴同样的税。2015年10月，日本引入了名为"我的号码"的税务识别码项目。"我的号码"系统于2016年4月基于自愿原则首次推行。现在，使用"我的号码"作为税务识别码是必须的。

在日本，利息和股息等几类收入是分开征税的。退休收入、林业收入、偶然所得和杂项收入有各种不同的扣除金额。日本工人在退休时可以得到一笔可观的遣散费。如果按照日本通常的所得税方案纳税，这项收入就会使工人进入累进税制的最高等级。因此，对退休收入有专门的抵扣额。偶然所得被定义为一年内临时的和特殊的收入；这可被视为所得平均法（income averaging）的替代方案。杂项收入包括了所有其他类型的收入，比如礼金和演讲费。

个人所得税的主要部分是通过代扣代缴工资和报酬征得的。代扣代缴的数额会在年末根据各种收入来源的扣除额进行调整，同时也根据该年工资水平、税法和家庭构成的变化来调整。因此，日本雇员每年收到的最后一次工资都要进行一次性调整。只从一位雇主那里领取工资或薪酬的人士，若其总薪酬在2 000万日元（20万美元）以下，且一年内第二份收入未超过20万日元（2 000美元），则不用填写纳税申报单。雇主被允许计算这些雇员标准的代扣代缴额，并向税务机关报告。大约85%的个人所得税通过代扣代缴的方式缴纳，并且如上所述，在年末会依据收入来源进行调整，因此大部分征缴是由雇主完成的。结果，通过向国家税务机关填报纳税申报单来申报收入的人口占比，要比向美国国税局申报的低一些。[②] 有其他收入的人士，例如，房地产收入、杂项收入或偶然所得超过某一特定的门槛值，就不得不在2月中旬到3月中旬填报纳税申报单。

在日本，许多工薪阶层（即通常所讲的上班族）都对自己被征收重税倍感挫折。这种挫折感主要有三个原因。首先，自我雇佣者、医生和农民享有慷慨的费用抵扣。其次，众所周知，工薪阶层的税收遵从度是最高的，因为他们缴纳的税从源头被代扣代缴。再次，包括社会保险金和长期医疗保险在内的社保缴费增加了，这使得拿到手的收入大幅减少。尽管财务省可能会说，对工薪阶层的抵扣标准是相当高的，但是许多上班族并不认同这一说法，因为政府允许其他职业的抵扣额度高得离谱。例如，通过为拥有医保的病人治病获得的收入，允许医生申请抵扣其中的72%。随后的改革将72%抵扣额的收入上限设定为2 500万日元，超出这一水平，抵扣比例会逐渐降低。然而，对于一般的工薪族而言，这一上限太过慷慨了。同时，家族企业可以向其家庭成员支付所谓的工资，家庭成员也可适用工薪工人的扣除标准，而企业主可以从其收入中扣除所有这些工资。人们常说，税务机关会征走一位工薪阶层90%的收入，征走一个自我雇佣者60%

---

② 一些学者和观察人士认为，由于许多日本纳税人不必申报纳税，他们对税收问题以及税收收入是如何用于工薪阶层的，既不太关注，也不太感兴趣。

的收入，但只征走一位农民40%的收入。通过比较向税务机关申报的收入与国民收入统计中的收入，可以证实这一经验法则（9-6-4）（Ishi, 1989, 第80—81页）。这种不公平感来自每个人的收入有多少被税务机关征走是模糊不清的，这也是人们强烈呼吁推行消费税的背后原因之一。

7.3.3 消费税

日本的消费税是一种增值税。它于1989年推出，税率为3%，而后于1997年提高到5%，并在2014年提高到8%。在国家税务机关征得的消费税收入中，中央政府保留其中的80%，然后将剩下的20%划拨给地方政府。在商品或服务生产和分销过程中的每个阶段，对增加的价值（即销售价格和成本之间的差额）征收5%的税额。与美国许多州的销售税和欧洲的增值税相比，日本没有对食品或服装行业实施免税。③ 然而，在2019年10月将消费税提高到10%时，日本计划引入类似于欧洲增值税那样的差别税率。

引入增值税（即消费税）的想法最初是由大平正芳政府于1978年提出的，但由于1979年自民党在大选中落败，这一动议也随之搁浅。中曾根康弘政府于1987年第二次推动这一动议，但（部分地）由于中小企业的反对而失败，因为中小企业是自民党的传统票仓。最终，竹下登政府成功地引入了这一税种。这一法案于1988年12月24日在国会获得通过，并于次年4月开始征收。

1989年开始征收消费税，背后有三个主要原因。第一，正如前面提到的，所得税存在很多漏洞。即使某些类型的收入逃过了征税，对

---

③ 欧洲主要国家已在全国层面引入了增值税。联邦德国和法国于1968年1月1日实施，英国于1973年1月1日实施。这样，这些国家间接税的份额达到了40%~60%。日本从对特定项目征收商品税的模式转向某种增值税模式（以消费税的名义），表明日本的税收结构在某种意义上正在从美国体制转向欧洲体制。

消费征税也可以部分地纠正这种不平等。消费税是公平的，因为所有消费者都适用于同一税率，无论贫富。然而，消费税可能是累退性的（即低收入人群的税负较高），因为穷人的消费倾向（即消费与全部可支配收入之比）通常比富人高。第二，预计21世纪社会保障支出的负担会非常沉重，这就要求必须有一种工具，可以较容易地增加税收收入。第三，对奢侈品征收的商品税已经过时。例如，照相机要缴纳商品税，而个人电脑则免税，因为后者是新商品。新的消费税旨在涵盖所有商品，从而可以消除这种扭曲。

选民对消费税极为反感。据说，这一新税种就是导致自民党在1989年7月参议院选举中败北的原因。选民的不满情绪可以归因于消费税的三个明显缺陷：（1）假借消费税名义的涨价，（2）消费税的累退性质，（3）存在有利于小企业的漏洞。

在引入这一新税种时，财务省建议批发商和零售商在现有价格上明确加上3%的税费。例如，200日元的牛奶应该变成206日元，1 000日元的书应该变成1 030日元。这一指导意见旨在解决消费者的担忧，他们担心一些企业会假借消费税抬高价格。例如，将牛奶的售价提高至210日元，而不是206元，或将书的售价由1 000日元提高至1 121日元，而不是1 030日元。④ 尽管这一指导意见最初似乎卓有成效，消费者开始看到许多稀奇古怪的价格，但最终许多商品和服务的价格都变成了整数。不过，消费者并没有抱怨，大概是为了简便，他们也想要以整数表示的价格。2004年财务省出台了一项规定，建议商家显示包括消费税在内的总价。然而，为了避免在2014年4月消费税上调时引发价格混乱，政府出台了一项法律，临时允许零售商在2013年10月至2018年9月期间展示扣除消费税以后的净价。

累退性是对消费税的第二个批评。为了解决这一问题，1989年出

---

④ 一些企业则有完全相反的顾虑，他们担心自己可能无法将3%的税额转嫁给消费者。

台的税收改革方案中包含向低收入家庭提供一次性现金支付的政策。一些批评者督促对食品和其他必需品实行免税或减税政策，但大藏省成功顶住了这些压力。

对消费税的第三个主要批评是明显存在有利于小企业的漏洞。一家年销售额在3 000万日元（按150日元/美元计算，合20万美元）以下的小型企业将免交消费税，一家年销售额在5亿日元（约330万美元）以下的企业可以依据简化公式来计算增加值（零售商为销售额的20%，批发商为销售额的10%），且不需要任何文件来证实相关的数据。恩地（Onji, 2009）发现，许多企业为了利用这些漏洞，将自己拆分为更小的实体。因此，这些漏洞起到的真正作用是让企业规模变得过小。为了限制由此税收漏洞获益的企业数量，政府在2003年将免税门槛降到了年销售额1 000万日元。

根据修订后的1989财年预算，来自消费税的收入为3.6万亿日元（占税收总额的6%）。接着，在1990财年的初始预算中，这一数额为5.3万亿日元（占税收总额的8.7%）。

1996年1月，桥本龙太郎就任首相，他强烈支持财政整顿计划，包括于1997年4月提高消费税税率并取消所得税抵扣。他还主导了中期财政整顿计划。1997年4月，按照预定的计划，消费税税率由3%提高到5%，同年9月，雇主缴纳的医疗保险费率由10%提高到20%。由于1997年7月开始的亚洲金融危机和1997年第四季度日本银行业危机的影响，日本经济比预期的状况要糟糕很多。1997年11月，一家大型证券公司山一证券和一家大型银行北海道拓殖银行倒闭（第5章详细讨论了这些事件）。随后日本经济出现了系统性动荡，所有日本银行的信誉都被认为逊色于西方的银行。1998年，日本又有两家大型银行倒闭，同年经济也陷入了严重衰退。许多评论家认为，1997年的财政整顿是1998年衰退的主要原因。尽管一些经济学家认为，对于1998年的衰退，银行业危机和亚洲危机发挥的作用更重要，但是，消费税是导致收缩的强力因素，这一印象已深刻地印在了很多政界人士的头脑中。在桥本政府之后，再也没有哪位首相提议提高消费税。即使非常受欢迎的小泉纯一郎首相（2001—2006年在任）也承诺在其执政期间不会提高消费税。

2009年，日本民主党在大选中击败了当时执政已超过半个世纪的日本自民党（除了在1993年和1994年短暂下台）。在日本民主党的政纲中，有一条是"不增加消费税"。

在最初的两年中，日本民主党试图削减浪费的开支，并寻找所谓的"隐藏财富"，这是专项账户中准备金和积累的资金的绰号。但是，这一策略并未奏效。至2011年，政府意识到仅靠削减开支并不能实现财政整顿的目标，也没有多少隐藏财富可供挖掘。

2011年夏天，欧洲国家的主权债务危机进一步加剧，意大利和西班牙发行的债券利差开始扩大。这为日本政府敲响了警钟。当时日本债务与GDP的比率已经超过了200%，远远高于西班牙和意大利两国的水平。野田佳彦首相迫切要求提高消费税。2012年8月，国会通过了相关法案，计划在2014年4月将消费税上调至8%，并于2015年10月上调至10%。

7.3.4　企业所得税

在讨论吸引企业的选址竞争中，企业所得税相关议题经常出现，因为许多新兴市场国家以及一些发达国家为吸引外资企业，都将企业税率控制在较低的水平。在这两类国家，这一问题都引起了企业界和税务机构之间激烈的争论。

在过去的几十年中，日本是发达国家中企业税税率最高的国家之一。那些对"空洞化"（即日本制造企业将其生产设施迁出日本）保持警惕的人，游说政府降低企业所得税。如图7.7所示，尽管日本仍是税率最高的国家之一，但最终还是在2011年降低了税率（于2012财年开始生效），并于2014财年再次调低。

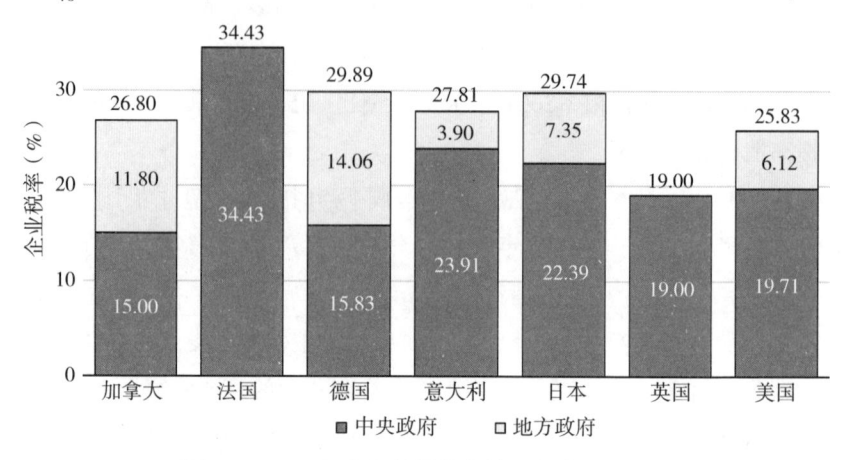

图7.7 2018年企业所得税有效税率的国际比较
资料来源：OECD。

7.3.5 遗产税

在日本，所有死者的遗产都需要缴纳遗产税，该遗产税由继承人（即受益人）承担。这与美国的遗产税不同。美国的遗产税是基于对死者遗产的评估，并在遗产分配给受益人之前缴纳。这种思想上的差异对遗产税的结构产生了重大影响，虽然这种差异并不像看上去那么显而易见。

在日本，每位法定继承人都适用累进税率，然后汇总计算总的纳税额度。如果一位既定的死者有多位法定继承人，将会减少对其遗产的总纳税额度。在美国，继承人的数量与遗产税的计算无关；遗产税根据遗产的价值按照累进原则计算，与其分配无关。两国对农业土地和家族企业财产都有优惠条款，这会降低遗产的估值。此外，日本对住宅用地和商业用地的估价明显低于市场价值（通常低20%左右），而遗赠的住宅用地的估价仅为市场价值的30%~50%。美国却没有类似的规定。

日本的土地和建筑物占遗赠资产的60%以上；但在美国，房地产只占遗赠资产的25%左右。日本对房地产实行较低的税率，鼓励有遗赠意识的老年人通过借债购买房产，因为债务可以从遗产价值中全额扣除。土地通常是不可分割的财产，因此相对于他们拥有的资产而言，上了年纪的父母持有土地可能会抑制他们的消费。人们有时会将较低的房产税视为日本高储蓄率的原因之一。两国的遗产税和赠予税至少在原则上对所有的代际资产转移都要征税。同代人之间的资产转移有各种扣减和抵免，并对转移给直系后裔以外的继承人实施惩罚性的税收。然而，对于如何在税法中反映这一原则，两国之间也存在差异。日本的民法保证配偶（如果配偶已不在人世，则为儿子或女儿）可以获得遗产的最低份额（法定份额的50%）。根据对代际转让征税的原则，美国的遗产和赠予税制度免除了所有转让的税费，无论是在当事人生前还是死后，甚至是转让给配偶。尽管日本对赠给配偶的遗产规定了相对较高的税收抵免⑤，但对配偶继承或赠予配偶的财产免税额度还是有所限制。

日本民法中的"法定继承人"概念对理解遗产税至关重要。民法推定，除非另有规定，遗产的一半归配偶所有，另一半由子女平分。举个例子，某人去世时，配偶和两个孩子健在。他们构成了三个法定继承人。配偶有二分之一的法定份额，每个子女有四分之一的法定份额。如有配偶和三名子女（即有四名法定继承人）健在，配偶仍享有一半的法定份额，每个孩子有六分之一的法定继承份额。如果配偶去世，只有三名子女在世，则每名子女都有三分之一的法定份额。

继承人有权至少获得其法定份额的一半。即使死者的遗嘱指定某个人继承全部遗产，如果此人不是法定继承人，则其法定继承人可

---

⑤ 实际上，无论死者遗产的数量如何，死者财产的一半以上且不超过1.6亿日元（2016年）的部分，都可以遗赠给配偶，且无须缴税。

以起诉，以获得最低继承权。无论财产的实际分配情况如何，法定继承人的数量和法定份额决定了全部的遗产税数额。[6] 2009年，日本有114.2万人死亡。其中，4.6万人的遗产需要缴纳遗产税。日本应税遗产的数量为10万亿日元，缴纳的遗产税略微超过1万亿日元。这一数额约为1989年的一半，当时正处于投机泡沫的巅峰时期。此后，土地和股票价格下跌使遗产税收入急剧减少。

2015年，日本下调了每位继承人的基本扣除额度。由于在"失去的20年"中房地产价格下跌，需要支付遗产税的家庭数量稳步下降。2015年的改革旨在恢复缴纳遗产税的人口比例。具体改革成效尚有待观察。

7.4 政府支出

日本2019财年的总账预算（即初始预算）为99万亿日元，约占GDP的18%。图7.8显示了日本和美国（为了对比）主要支出项目的构成。日本34万亿日元的社会保障支出所占的份额最大（34%），对地方政府拨款为16万亿日元（16%），用于教育和科学推广的支出为5万亿日元（6%）。日本用于偿还债务的支出（利息加上分期偿付的本金）高达24万亿日元（24%）。

在美国的联邦预算中，用于医疗、社会保障、医疗保险（Medicare）和医疗补助（Medicaid）的总支出占总预算的49%。美国的国防开支占其预算的14%，远高于日本的5%。日本政府债券的利息支出占9%，而

---

[6] 由于收养的孩子也被计为法定继承人，日本的富人有时仅仅为了减轻其纳税负担而领养孩子，并假定这些孩子实际上不会真正继承他们的财产。最终，日本对法律进行了修订，规定如果没有亲生子女，领养子女的上限为两人；当有一个或多个亲生子女时，领养子女的上限为一人。Barthold和Ito（1991）详细描述了在对领养孩子以减轻遗产税负担未做限制的旧制度下，日本富人领养很多孩子的情况。

美国为8%。在日本，政府债务分期偿还的部分（专项账户中积累的债务余额的1/60）占了另外的15%。

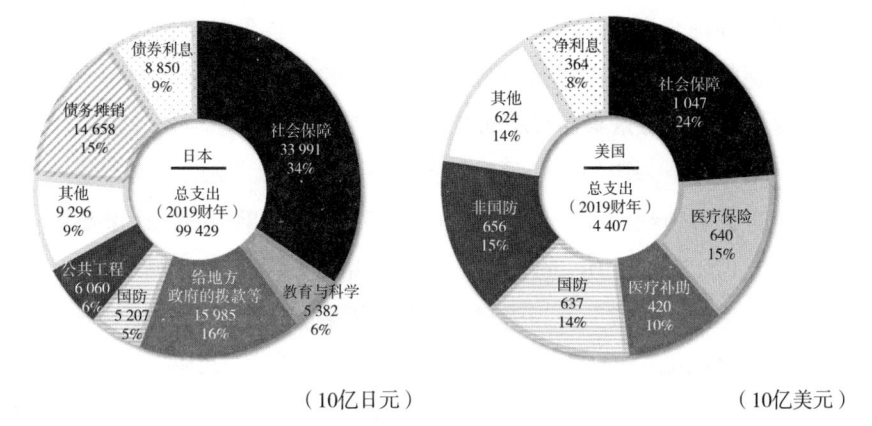

图7.8 日本中央政府总账预算和美国联邦政府的主要支出项目
资料来源：日本财务省；美国行政管理和预算局，联邦预算（2019财年）。

比较日本和美国政府支出的份额，会发现一个很有趣的现象。日本偿还债务（分期还款和利息支出合计占24%）的支出占比要比美国高出很多。在日本中央政府的预算中，给地方政府的拨款（分配给地方的税收拨款等）是很大的支出项目（占总额的16%），而在美国联邦预算中没有类似的支出项目。这并不意味着美国联邦政府不向州政府和地方政府提供财政支持。相反，美国联邦政府以联邦补助资金的形式向州和地方政府拨付相当多的资金。图7.8没有单独列出政府下拨款项，这些下拨款项包括在每项支出中。根据美国行政管理和预算局的数据（OMB，2018，表14.1），在2019财年，美国联邦政府下拨款项的总额预计为7 490亿美元（占联邦预算总额的17%）。因此，在中央政府向地方政府下拨款项方面，日本和美国没有区别，或者区别不大。在日本，大部分下拨款项是以分配给地方的税收形式拨付的，而且不会对地方政府如何使用这些资金提出具体要求，而在美国，下拨款项是通过专门的联邦项目划出的。

第7章 公共财政

日本政府的主要支出项目（总账）随着时间推移不断变化，如图7.9所示。在过去十年中，日本政府支出份额最显著的变化是社会保障支出的增长，这包括养老金、医疗费用和长期护理保险。社会保障在日本被称为社会保障保险。原则上，所有工人和自我雇佣者都必须缴纳社会保障金，年龄在65岁及以上者可以领取社会保障金。然而，它并不是一种不依赖政府帮助就可以独立运作的社会保险项目。这种养老金计划本质上采取的是现收现付制，即向退休人员支付的养老金来自当前劳动者缴纳的社保费用，就像美国一样。如果缴纳的社保费用不足以支付应付的款项，政府就必须介入并填补这一缺口，以维持系统的正常运行。实际上，当前日本的基本养老金预算中只有一半来自一般性税收收入。

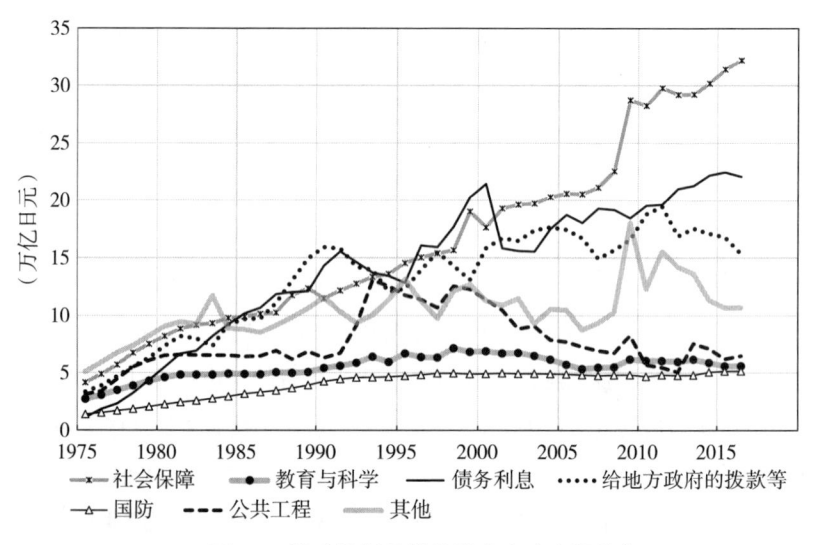

图7.9 按功能划分的总账支出（实际值）

资料来源：日本财务省。

在未来几十年，由于预期寿命延长，预计日本退休人口将会增加，而由于低生育率问题，预计劳动年龄人口将会减少。人口老龄化加剧将使现收现付制的社会保障体系产生严重问题。除非推行限制支出的综合改革计划，否则社会保障支出将进一步增加。第8章将详细讨论日本的人口问题。

日本预算中大约有10%用于公共工程，包括道路建设、灌溉和排水设施。然而，这并不意味着日本预算中用于公共工程的资金只占一小部分；更多的资金是以财政投融资计划的形式投入的（本章后面将会讨论这一计划）。在过去15年中，用于公共工程的预算份额一直在下降，这是因为有人批评日本对社会基础设施的投入过多。1995年，用于公共工程的支出占总账预算的比例高达16%，但是到了2016年，这一比例下降到了6.5%。一些大型项目的成本似乎超过了其收益，比如连接本州岛和四国岛的三座巨型桥梁。

7.5　1975—1990年政府赤字的上涨与回落

二战前和二战期间政府债务货币化的惨痛教训对日本1947年的《公共财政法案》产生了重要影响，根据该法案，日本政府只有将资金用于公共设施建设、入股（国际组织和政府机构）或贷款时，才能发行债券。[7] 据此发行的政府债券被称为建设债券。即使这些过去本可以依法发行的债券，在1965年以前也从未发行过。

1965年的经济衰退导致税收收入意外减少。政府通过了只适用于该年的法案，允许发行债券来弥补财政收入的不足。这些债券被称作特例债券（special case bonds）或赤字债券。1966年，随着经济的逐步好转，政府不必再发行赤字债券，但它们还是决定发行建设债券，并在接下来的十年里每年都发行。虽然建设债券和赤字债券在财政上是

---

[7]　日本一直有期限为60天以内的短期政府债券，旨在弥补季节性的资金短缺。它们不会跨越财政年度的最后截止日期（3月31日）。本章不考虑这些短期债券，因为它们只是临时性的。

等效的，但过去日本政府还是依据《公共财政法案》的规定来区分这两种债券。

在1975财年的补充预算中，政府再次发行了赤字国债，并通过了一部专项法案，允许政府在特定年份这样做。20世纪70年代中期出现的两个重大变化导致了预算赤字。首先，经济增长放缓（详见第3章）减缓了税收收入的增长速度。其次，社会福利相关支出的扩张增加了政府的支出。因此，与1965年经济急剧衰退造成的收入下降不同，此时的赤字是结构性的。日本政府每年都通过专项法案，以继续发行赤字国债。

日本政府的目的是，通过尽快恢复政府预算平衡，以停止赤字国债的发行。早在1976年1月，政府就将1980财年定为消除预算赤字的目标年份。这里的预算赤字被定义为发行新的赤字债券。然而，到了1979年，在1980年前实现预算平衡显然是不可能的。实际上，从1975年到1979年，赤字与GDP的比率一直在迅速攀升。1979年1月，日本出台了一项新计划，将1984财年设定为消除财政赤字的新目标年份。1983年以后，赤字与GDP的比率最终开始下降，但债务与GDP的比率仍在不断攀升。目标期限再次被推迟。1983年8月，政府宣布在1990财年前消除财政赤字。这一次，目标终于实现了。

日本是如何成功应对20世纪70年代后期的赤字攀升，最终在80年代降低赤字，并且没有严重危害宏观经济运行的呢？根据浅古等人（Asako et al., 1991）的说法，有三件事导致了1975—1980年财政赤字的大幅上升。首先，政府可能没有意识到，在第一次石油危机之后，经济的潜在增长率已经大幅下降。因此，政府徒劳无益地试图通过扩大政府支出来刺激看似萧条的经济，事后看来，当时已经接近产能利用的极限了。直到1977年或1978年，政府才真正意识到日本的潜在增长率永久性地下降了。其次，日本于1973年大幅扩大了社会保障支出。这些福利与通胀挂钩。因此，随着1974—1975年出现了严重的滞胀，政府的福利支出飙升，而其税收收入却受到了抑制（这一论点详见Noguchi，1987）。再次，日本大藏省对在20世纪70年代末引入增值税（或某种形式的销售税）以提高税收收入的前景过于乐观了。

1978年以后，政府尝试控制不断增长的财政赤字。然而，第二次石油危机（1979—1980年）迫使政府采取扩张性的财政政策，这使赤字进一步增加。

真正的努力一直推迟到20世纪80年代。削减赤字主要通过两种途径。首先，全面冻结政府支出的增长。其次，由于通胀使很多人进入税率更高的所得税应税等级，税收收入增加了。被称为税级攀升的第二种途径特别重要。在数年之内，按名义值确定的所得税税率表保持不变。遗产税税率表也有超过13年的时间保持不变。20世纪80年代，预算赤字最终缩小，并在1990财年停止了国债的发行。

7.6 预算赤字的回归

由于20世纪80年代努力提高税收收入，1990年几乎实现了预算平衡，但是好景不长。为了应对资产价格泡沫崩溃之后的经济衰退，日本政府在20世纪90年代实施了一系列财政刺激政策。由于1992年税收收入急剧下降，财政赤字再次扩大（回想一下图7.1）。

图7.10显示了七国集团国家预算盈余/赤字与GDP的比率。请注意，负数代表预算赤字。日本政府的总账预算在1990—1991年出现了盈余，是当时七国集团中境况最好的国家。然而，由于经济遭遇了泡沫破裂的打击，这一状况迅速恶化。在1994财年，政府通过专项法案来规避《公共财政法案》中的有关规定，再次发行赤字国债，并且此后每年都是如此。赤字与GDP的比率在1993年为2.5%，在90年代末期和21世纪头十年的大部分时间，这一比率升至8%左右。1997—2005年，以及2013年以后，日本预算赤字与GDP的比率是七国集团中最糟糕的。从20世纪90年代中期到21世纪头十年中期，是日本出现

巨额预算赤字的第一个时期，主要是因为这一时期日本的银行业危机和金融动荡。第二个时期主要是由于2007—2009年全球金融危机之后，经济复苏非常缓慢。持续的巨额赤字意味着新发行的国债会使现有债券的规模不断扩大。

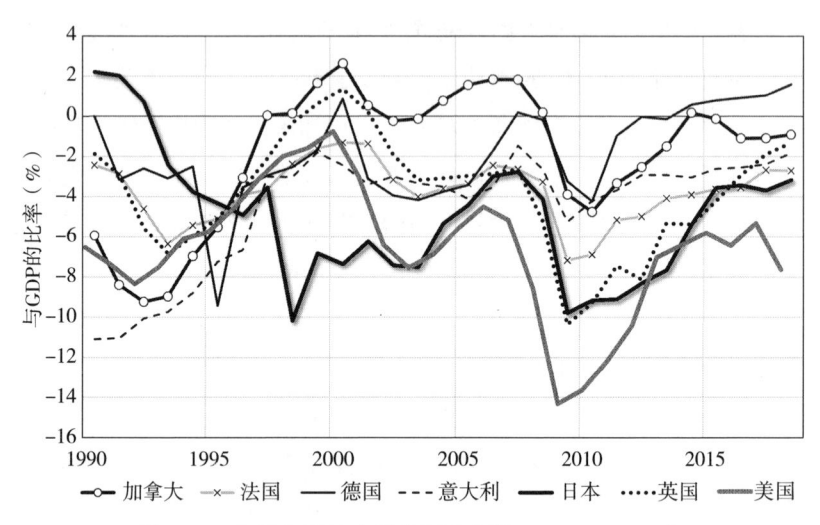

图7.10　七国集团政府总体财政余额：1990—2018年
资料来源：OECD（2018）。

要判断某一债务水平是否过高从而无法持续，就需要将这一水平与预期政府在未来产生的净盈余进行比较。净债务水平可能因为政府在某些账户中持有金融资产而处于较低水平，比如由养老金体系持有的金融资产。然而，如果政府出售这些资产，并以此来偿还债务，那么未来替代这些资产功能的支出将会增加，例如将更多的支出用于养老金，而不是用这些资产的收益来偿付债务。这样的话，净债务可能较低，但是预期政府未来的盈余也会较低。因此，对于债务的可持续性而言，是使用总债务还是使用净债务并不重要，只要政府未来的盈余匹配得当即可。所以，使用总债务还是净债务，无关紧要。

借助图 7.11，可以说明这一点。[8] 在这一涉及两个时期的简单例子中，公共部门包括两个账户，即中央政府账户和社会保障基金账户，前者负责收税和支出，后者负责收取社保缴费和支付福利金。在第一阶段，中央政府没有税收收入但支出 60 万亿日元，并通过发行政府债券融资。这一时期的社保基金收取了 20 万亿日元的保费，但没有支付任何福利款项。该基金将 15 万亿日元用于投资政府债券，其余投资于其他资产。因此，剩余的政府债券（总计 45 万亿日元）将由私人部门持有。

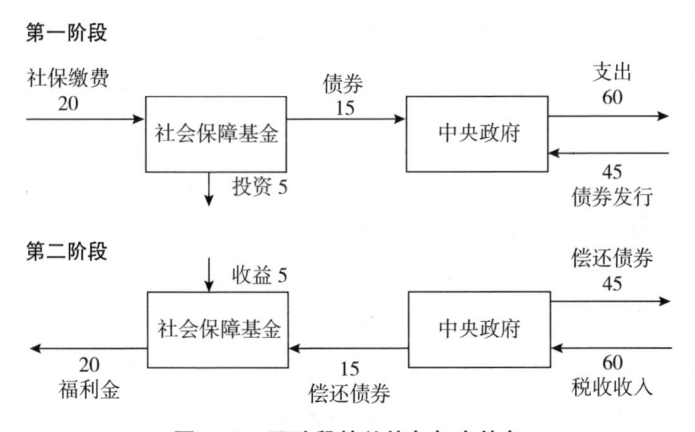

图 7.11 两阶段的总债务与净债务

资料来源：Doi 和 Ihori（2009，第 249 页）。

假设政府债券和其他资产的回报率都是 0%（如果回报率为正，对于讨论没有任何实质性影响）。在第二阶段，社会保障基金利用到期的政府债券（15 万亿日元）和来自其他资产的收益（5 万亿日元），支付 20 万亿日元的福利金。中央政府征收 60 万亿日元的税收，偿付所有的债务，同时没有任何支出。

在第一阶段结束时，总债务是 60 万亿日元，净债务为 40 万亿日

---

[8] 这里所举的例子借鉴了 Doi 和 Ihori（2009，第 249 页）。

元。因此，政府的净债务较低，但是就两种情况而言，政府债务的可持续性是相同的。就总债务而言，中央政府预期在第二阶段获得60万亿日元的税收收入，因此这一债务水平具有可持续性。就净债务而言，政府预计第二阶段的净收入为40万亿日元（税收收入减去社保福利金的支出），因此这一债务也具有可持续性。

以这种方式来看待这一问题，总债务和净债务之间的区别显然就在于对公共部门的定义范围宽窄不同。如果我们只关注中央政府，就可以考察总债务。不过，只要社会保障体系是可持续的，考察净债务也会得出同样的结论。如果我们想更广泛地考察公共部门，使之包括社会保障体系，那么我们就需要考察净债务，并对政府未来的债务进行适当的调整。

7.7　政府债务的可持续性

正如我们在之前的讨论中看到的那样，日本政府的债务一直在单调上升。显然债务与GDP的比率不可能一直上升。在某一水平上，债务与GDP的比率必须稳定下来（除非日本政府宣布违约）。未来将债务与GDP的比率稳定在某一水平上的条件是什么？

布罗达和温斯坦（Broda and Weinstein，2005）在2002财年刚一结束时，针对日本探讨了这一问题。他们将可持续的财政政策定义为能够将债务与GDP的比率稳定在当前水平（即2002财年）的政策。布罗达和温斯坦计算了在几种不同的情景下，使财政政策具备可持续性的不变税率。本章末尾的附录7B利用该模型的一个简化版本，介绍了如何推导这一税率。

布罗达和温斯坦（2005）使用的是净债务的概念，当我们想要研究广义政府部门（包括社会保障账户）的可持续性问题时，使用这一概念是合适的。表7.2显示了实现财政可持续性所需税率的几种估计值，这些估计依据的情景是两位作者考虑的多种情景中的两种。在情景2中，假设未来的人均政府支出按照与GDP增速相同的速度增长。情景3假设未来的人均政府支出按照与劳均GDP增速相同的速度增长。情景3更为慷慨，因为日本的工人数量预计将由于老龄化而持续下降。该表还列出了根据国际货币基金组织的人口预测结果所做的估计。对于利率和增长率之差，他们考虑了五种不同的选择，从2%到6%不等。最后，对于必须将债务与GDP的比率降至2002财年水平的年份，他们选择了两个日期，即2040年和2100年。

该表显示，如果政府支出按照GDP增速增长，日本需要将其税收收

表7.2 布罗达和温斯坦的可持续税率

A组（%，布罗达和温斯坦，情景2）				
人口预测	IPSSR		IMF	
目标年份	2100	2040	2100	2040
$i-\eta=0$	32.3	35.3	32.2	34.6
$i-\eta=1$	33.7	35.9	33.4	35.2
$i-\eta=2$	34.9	36.5	34.6	35.8
$i-\eta=3$	36.0	37.0	35.6	36.4
$i-\eta=4$	36.9	37.6	36.4	37.0
B组（%，布罗达和温斯坦，情景3）				
人口预测	IPSSR		IMF	
水平值	2100	2040	2100	2040
$i-\eta=0$	44.9	40.2	40.7	39.0
$i-\eta=1$	44.4	40.4	41.0	39.3
$i-\eta=2$	43.9	40.6	41.1	39.6
$i-\eta=3$	43.3	40.8	41.1	39.8
$i-\eta=4$	42.9	41.0	41.2	40.1

注：IPSSR为日本国立社会保障和人口问题研究所。
资料来源：Broda和Weinstein（2005）。

入提高到GDP的35%左右；如果按照劳均GDP增速增长，则需要提高到40%左右。这些数字应该与27%左右的税率进行对比，这是日本2003年的实际数值（包括社保缴费）。布罗达和温斯坦（2005）认为表7.2中的数值较高，但与其他发达经济体的税率相比，并不算特别高。例如，情景2中的35%与美国的税率（包括社保缴费）相当。情景3中的40%更高，但是仍与欧盟的许多国家相当。因此，布罗达和温斯坦（2005）得出结论，认为日本的财政状况并不像一些观察者宣称的那样严重。

自布罗达和温斯坦做出估算以来，日本政府的债务进一步扩大了。而且，预算赤字大幅增加，如图7.10所示，自从2008—2009年全球经济衰退以后，随着安倍晋三政府实施扩张性的财政政策，日本成为七国集团中赤字率最高的国家。

为了了解在21世纪头十年后期日本实施财政刺激计划后，财政的可持续性发生了何种变化，土居等人（Doi、Hoshi and Okimoto，2011）以2010年为起点，重复了布罗达和温斯坦的估算。他们还使用了调整后的净债务，即总债务减去政府部门拥有的可随时处置的金融资产。这一调整后的净债务大于布罗达和温斯坦使用的净债务，但是低于总债务。另一个不同之处是，土居等人（2011）使用了日本政府对未来政府支出的预测结果。根据土居等人的研究，当利率和增长率之间的差值为2%时，实现财政可持续性所需的税率约为42%，这比布罗达和温斯坦情景2的估计结果高出7%，比情景3高出2%。土居等人认为，从21世纪初到2010年，日本财政的可持续性严重恶化。

班巴和温斯坦（Bamba and Weinstein，2019）也重复了这一估算，这次是以2005年为起点。按照布罗达和温斯坦（2005）的方法，他们假设了三种情景，其中情景2是人均政府支出按照GDP增速增长，情景3是人均政府支出按照劳均GDP增速增长。对于情景3，他们得出的结果与土居等人（2011）的研究非常相似，即日本要想在2100年之前将债务与GDP的比率降至2000年的水平，税率需要达到44%左右。

但是情景2显示的结果截然不同，它表明低至30%的税率就足以实现财政的可持续性。仔细考察这一分析就会发现，情景2表明，由于日本人口的减少，在整个预测期间政府总支出与GDP的比率会有所下降。既然政府总支出与GDP的比率还没有开始下降，情景2的预测结果可能太低了。

布罗达和温斯坦以及其他两项研究采用的方法，在任何时间点都没有设置债务与GDP比率的上限。只要这一比率在遥远的将来降至初始水平，就认为政府债务具有可持续性。然而，当债务数额变得极高时，如何化解这些债务可能就有疑问。当新的政府债券不能以合理的利率出售时，就会面临财政危机。债务与GDP的比率可能会有一个上限，除了其他决定因素外，这取决于国内投资者的能力，因为与国外投资者相比，他们对政府债券的需求波动要更小一些。

我们（2013，2014）研究了国内储蓄继续吸收日渐增加的日本政府债券，还能持续多长时间。我们通过以下方法估计，即计算可用于为政府债务融资的国内金融资产的未来路径，并将它与由政府支出、税收收入和利率决定的政府债务的未来路径进行比较。日本预期将面临劳动年龄人口减少和退休人口增多的问题。劳动年龄人口减少意味着经济增速更慢、税收收入下降，以及劳动者的家庭储蓄减少。退休人员数量增加意味着社会保障相关的政府支出增加，包括国家养老金、长期护理费用和保健费用，以及更多的家庭要动用储蓄。

基于一系列合理的假定，我们之前的研究表明，政府债务水平将在21世纪20年代前半期的某个时间（也就是说，在今后几年之内）超过其国内私人部门的金融资产总数；届时，政府将不得不通过提高收益率来吸引外国投资者，这可能会立即影响财政的可持续性。根据我们模拟的结果，如果经济增长速度极快，15%的消费税就能使政府债务低于国内金融资产的数量。如果日本经济增长表现平平，则消费税率就需要提高到20%才可以。

在上述对可持续性的估算中，政府未来的支出是外生给定的，而且没有考虑政府为应对不断恶化的财政状况可能对支出水平做出的调整。正如本章前面第7.4节提到的，在20世纪80年代，当政府债务飙升时，政府试图减少预算赤字。如果在债务水平上升时，政府有意控制赤字，那么财政状况也会变得更具可持续性，即使当时财政似乎是不可持续的。波恩（Bohn，1998）指出，美国联邦预算赤字长期以来都存在这种趋势，并且认为从这个角度讲，美国的财政政策是可持续的。土居等人（2011）考察了这种从债务水平到财政赤字的反馈机制在日本是否存在。尽管有20世纪80年代后期的这段经历，他们还是发现当债务与GDP的比率上升时，日本的预算赤字并未减少。土居等人也考虑了如下这种情况的可能性，即存在多种体制，并且有时一种财政体制会转向另外一种，从而使债务水平提高时预算赤字可以缩小，但是他们并未发现具备这种反馈机制的体制。⑨

总而言之，研究人员发现，在目前的税率和财政支出模式下，日本的财政政策是不可持续的。如果税率足够高的话，是可以稳定债务与GDP的比率，尽管这一税率确实比较高，但在过去十年左右的时间，推迟财政整顿使情况进一步恶化了。当20世纪70年代末和80年代政府债务迅速增加时，日本政府最终成功地降低了预算赤字。然而，对债务和预算赤字之间关系进行系统的实证分析表明，政府为恢复财政可持续性所做的努力并不一定能降低赤字。

7.8 财政政策作为维持宏观经济稳定的工具

传统的凯恩斯主义宏观经济政策建议，在衰退时增加政府支出在GNP中的份额，在繁荣时减少政府支出在GNP中的份额。这种"逆风

---

⑨ 相比之下，Ito、Watanabe和Yabu（2011）在考察长期时间序列（包括战前时期）时，在类似的模型中判定日本是存在这种体制的。

而行"或逆周期的财政政策如果实施得当，将会缩小经济波动的幅度。在某种程度上，失业救济、对低收入家庭的各种补贴和累进所得税等制度将会起到"自动稳定器"的作用，这里的自动意味着政府不需要改变补贴率或税率。如果补贴率或税率本身发生改变，以及增加政府在公共项目方面的支出，这被称为"相机抉择的逆周期政策"。一个有意思的问题是，日本和美国是否一直奉行这种政策。

要判断财政政策是否具有逆周期性，一个简单的方法是计算经济增长率和财政扩张指标之间的相关性，例如政府支出占GDP的比重和预算赤字占GDP的比重。如果财政政策是逆周期的，那么经济增长和财政扩张之间就存在负相关性（可能会有时滞）。

图7.12显示了日本和美国的政府支出占GDP的比重与财政赤字占GDP的比重，并与上一年的增长率进行了比较。在这两个经济体中，增长率与这两种财政扩张的测度指标之间都呈负相关关系。因此，两国的财政政策看上去都是逆周期的。但是，经济增长和财政扩张之间的负相关性并不一定意味着逆周期的财政政策。这一相关性为负，可能只是因为经济增长率和赤字占GDP的比重都随着时间的推移呈下降趋势。为了了解短期各部分的相关性，表7.3的组2和组4计算了增长率变化、支出占比变化和赤字占比变化的相关系数。经济增长的变化与财政扩张的变化之间仍是负相关的。

只看同期数据的相关性也会有问题。因为编制财政预算要比实际收入和支出提前好几个月的时间，相机抉择的财政政策根据经济增长状况进行调整，可能需要花费一段时间。在这种情况下，财政扩张将与之前的经济增长而不是与当前的经济增长相关。如果逆周期的财政政策主要源自自动稳定机制，那么财政扩张可能与当前的经济状况更为相关。解决这种担忧的一个简单方法，就是按照不同时滞计算相关系数。表7.3的组1和组3显示了这三个变量之间的相关系数，既包括有滞后期的，也包括无滞后期的。有滞后期的相关性似乎比同期的相

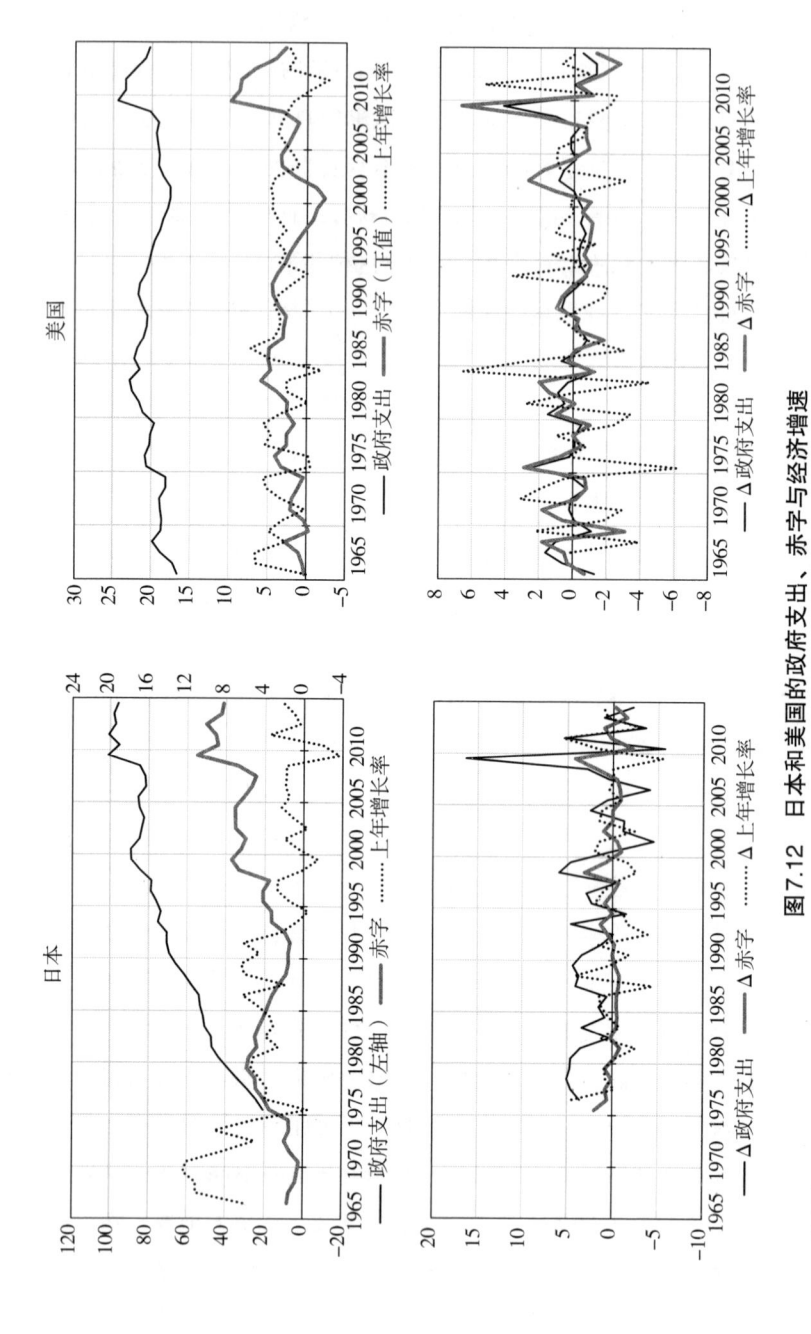

图7.12 日本和美国的政府支出、赤字与经济增速

资料来源：日本数据来自内阁官房和财务省；美国数据来自财政部、行政管理和预算局以及经济分析局。

表7.3 赤字/政府支出与增长之间的相关性（样本期间：1965—2004年）

A 日本的相关系数			B 美国的相关系数		
组1			组3		
日本	赤字（t）	政府支出	美国	赤字（t）	政府支出
g（t）	−0.64	−0.64	g（t）	−0.24	−0.32
g（t−1）	−0.53	−0.74	g（t−1）	−0.52	−0.49
组2			组4		
日本	赤字（t）的变化	政府支出（t）的变化	美国	赤字（t）的变化	政府支出（t）的变化
Δg（t）	−0.09	−0.02	Δg（t）	0.00	−0.18
Δg（t−1）	−0.47	−0.25	Δg（t−1）	−0.46	−0.40

注：Δx（t）指x从t期到t+1期的变化速度。g代表实际GDP增速。
资料来源：作者基于内阁官房和财务省的数据计算得出。

关性更强，这表明对于逆周期的财政政策而言，相机抉择的政策可能比自动稳定器更为重要。

浅古等人（Asako、Ito and Sakamoto，1991）提出了一种更复杂的方法，以识别相机抉择型政策。其中的关键在于考察财政当局对经济意外放缓的反应。根据凯恩斯主义政策，如果经济比预期的更疲软，就应该增加预算赤字以刺激经济。对于日本来说，T财政年度的内阁预算计划可被视为政府基于T年1月的信息所做的计划。因此，该计划与本财政年度实际支出之间的差异，反映的应该是政府根据实际的经济状况对原来意图的改变。如果政府采用凯恩斯主义的相机抉择型政策来稳定收入，如果对上年增长率的预测偏高，那么今年的预算应比上年有所增加。浅古等人（1991）用政府对经济增长预测的误差值对预算的增加进行回归分析，发现系数为负。他们得出的结论是，日本政府确实奉行的是凯恩斯主义的相机抉择型政策。

20世纪80年代，日本推行财政整顿是一段美妙的经历，但紧随其后的就是20世纪90年代和21世纪头十年财政日趋崩溃的悲惨遭遇。本章前几节已经解释过，日本的税收收入不断下降，而政府支出不断增加。经济停滞意味着实际增长低于潜在增长率，这使得税收收入缩减，特别是企业所得税。经济停滞也促使政府采取凯恩斯主义财政政策，出台临时性的税收优惠，扩大政府支出。结果，财政赤字继续扩大，债务与GDP之比不断攀升。

表7.4列出了日本在1990年至2016年间实施的财政刺激计划。当政府发觉经济疲软时，就倾向于实施这样的一揽子计划。在2008—2009年那样严重的经济衰退中，一年之内就出台了三套方案。20世纪90年代，基础设施和购置土地是政府偏爱的支出项目，但在21世纪头十年，这些领域不那么受欢迎了。在2000年以后，取而代之的是在中小企业、环境和创造就业机会等方面的支出，这些支出更受欢迎。

一揽子方案既包括已列入原来某些预算项目下的财政资源，也包括补充预算中增加的资金。前者只是改变某项支出的目的或时机，后者则是真正的相机抉择型支出增加。为了了解相机抉择型支出增加的具体数量，必须确定每套方案中是否包含增加的资源。表7.4的最后一栏显示了每套方案大致对应的补充预算的规模。当然，每套方案的规模和补充预算的规模是相关的，但并非一一对应的关系。就补充预算的规模而言，数量最多的出现在1995年、1998—1999年、2009年、2011年和2013年。最后三年的规模超过了20世纪90年代最高值的两倍。这也反映了全球金融危机对日本造成的严重影响。

按照浅古等人（1991）对20世纪七八十年代的分析方法，表7.5显示了20世纪90年代和21世纪头十年预算的修订情况。补充预算的规模与对增长预测的误差负相关，1992—2017年的相关系数为-0.27。当经济增长落后于政府的预测时，就会出现补充预算。

表7.4 20世纪90年代和21世纪头十年的相机抉择型财政政策

首相	日期	总规模（万亿日元）	基础设施（公共工程）	税收减免	土地购置	中小企业	住房投资	促进出生率	环境	就业	金融与信贷	与整套方案相关的补充预算（日元）
宫泽喜一	1992/03	NA	—	—	—	—	—	—	—	—	—	NA
	1992/08	10.7	5.7	—	1.6	2.1	—	—	—	—	—	−728 340 194
	1993/04	13.2	6.6	—	1.6	2.4	0.8	—	—	—	—	2 188 707 063
细川护熙	1993/09	6.2	2.0	—	—	0.8	2.9	—	—	—	—	708 717 581
	1994/02	15.3	3.9	5.9	2.8	1.3	1.2	—	—	—	—	2 185 248 615
村山富市	1995/04	NA	—	—	—	—	—	—	—	—	—	2 726 062 392
	1995/06	NA	—	—	—	—	—	—	—	—	—	NA
	1995/09	14.2	9.1	—	3.2	1.3	0.5	—	—	—	—	5 325 240 493
桥本龙太郎	1997/11	NA	—	—	—	—	—	—	—	—	—	1 143 156 292
	1998/04	16.7	7.7	4.6	—	2.0	0.7	—	—	1.0	—	4 645 452 787
小渊惠三	1998/11	23.9	8.1	6.0	—	—	1.2	—	—	—	—	5 676 852 702
	1999/11	18.0	6.8	—	—	7.4	2.0	—	—	1.0	—	6 788 975 717
森喜朗	2000/10	11.0	4.7	—	—	4.5	1.1	—	—	—	—	4 783 173 642
	2001/04	NA	—	—	—	—	—	—	—	—	—	NA
小泉纯一郎	2001/12	4.1	1.1	—	—	—	—	0.7	1.2	—	—	2 639 222 200
	2002/12	4.4	2.6	—	—	0.5	—	0.5	—	0.5	—	2 458 991 316
福田康夫	2008/04	NA	—	—	—	—	—	—	—	—	—	NA
	2008/08	11.5	—	—	—	9.1	—	—	1.9	—	—	1 064 122 005

主要项目（万亿日元）

（续表）

首相	日期	总规模（万亿日元）	主要项目（万亿日元）								与整套方案相关的补充预算（日元）
			基础设施（公共工程）	税收减免	土地购置	中小企业	住房投资	促进出生率	环境	就业	金融与信贷	
麻生太郎	2008/10	26.9				21.8	0.4			0.3		NA
	2008/12	10.0		1.1								4 785 750 798
	2009/04	56.8	3.8					2.8	2.2	2.5	41.8	13 925 558 233
鸠山由纪夫	2009/10	NA										NA
	2009/12	24.4					8.2		4.1	0.6	10.4	84 595 989
菅直人	2010/09	9.8					8.1			1.1		NA
	2010/10	21.1	#（17.8）			#（17.8）		1.4		0.3		4 429 200 066
野田佳彦	2011/10	23.6				12.1	9.7					11 683 206 319
	2012/11	2.0										NA
安倍晋三	2013/01	20.2	5.5			8.5		0.9		0.3		10 202 717 433
	2013/12	18.6	4.5					1.0				5 465 428 138
	2014/12	3.5*										3 118 034 864
	2016/08	28.1	8.9**			1.3				3.4		3 286 870 424

注：# 共计17.8万亿日元用于基础设施、中小企业和农村社区复兴等方面。

*2014年共计3.5万亿日元被用于①帮助消费者和中小企业（1.2万亿日元）；②帮助农村社区复兴（0.6万亿日元）；③帮助灾后重建（1.7万亿日元）。

**基础设施包括"21世纪的基础设施"和"地震灾后重建"两部分。NA为数据不可得。

资料来源：作者对Ito（2015，第208—209页）的数据做了更新。

表7.5 补充预算与增长预测误差

年份	1 补充预算 （万亿日元）	2 刺激计划 （万亿日元）	3 每年1月预测 的经济增速	4 每年实际 增速	5 预测误差 =（4）-（3）
1992	−0.7	10.7	3.5	1.1	−2.4
1993	5.1	34.7	3.3	−0.8	−4.1
1994	0.3	0.0	2.4	2.3	−0.1
1995	7.0	14.2	2.8	2.7	−0.1
1996	2.7	0.0	2.5	2.7	0.2
1997	1.1	0.0	1.9	0.1	−1.8
1998	10.3	40.6	1.9	−1.5	−3.4
1999	7.2	18.0	0.5	0.5	0.0
2000	4.8	11.0	1.0	2.0	1.0
2001	3.7	8.5	1.7	−0.4	−2.1
2002	2.5	0.0	0.0	1.1	1.1
2003	0.2	0.0	0.6	2.3	1.7
2004	4.8	0.0	1.8	1.5	−0.3
2005	4.5	0.0	1.6	1.9	0.3
2006	3.8	0.0	1.9	1.8	−0.1
2007	0.9	0.0	2.0	1.8	−0.2
2008	5.8	48.4	2.0	−3.7	−5.7
2009	14.0	81.2	0.0	−2.0	−2.0
2010	4.4	30.9	1.4	3.5	2.1
2011	15.1	23.6	1.5	0.4	−1.1
2012	10.2	2.0	2.2	1.0	−1.2
2013	5.5	38.8	2.5	2.1	−0.4
2014	3.1	3.5	1.4	−0.9	−2.3
2015	3.3	0.0	1.5	1.3	−0.2
2016	3.5	28.1	1.7	0.9	−0.8
2017	1.7	0.0	1.5	1.9	0.4

资料来源：日本财务省和内阁官房。

因此，到21世纪头十年，日本政府仍在继续奉行凯恩斯主义政策。如果前一财政年度的经济增长低于预期，则政府的初始预算就会扩张；如果本财政年度显示出增长乏力的迹象，则在该财政年度的中期就会形成一两个大规模的补充预算。

小泉纯一郎首相（2001—2006年在任）宣布新发行的政府债券上限为30万亿日元，从而对实施大规模的财政刺激计划保持克制。在其执政期间，经济增长率开始上升，税收收入有所增加。由于支出也没有增加，政府发行的债券减少了。小泉成功扭转了经济的颓势，并稍微改善了财政状况。然而，在全球金融危机爆发重创日本经济之后，财政整顿的努力只能被弃之不顾。正如在第7.2节中解释的那样，史无前例的政府支出水平使日本出现了巨额财政赤字，规模大约为44万亿日元，占GDP的8%。与小泉时代相比，赤字规模增加了50%。

小泉纯一郎之后的政府仍然坚持2006年宣布的到2020年实现基本预算平衡的目标。2012年通过的法案将分两步上调消费税，第一步是在2014年4月将税率从5%提高到8%，第二步是在2015年10月将税率再次提高到10%。第一步已如期完成。但是，政府认为第一次税率上调后经济过于低迷，因此必须将第二步推迟到2017年4月再实施（最终推迟到2019年10月）。

有人认为，尽管反复实施大规模财政刺激计划，经济仍长期停滞不前，这证明凯恩斯主义财政政策是无效的。这些批评者认为，这些支出实际上直接投向了毫无益处的领域，乘数效应极不显著。在债务与GDP比率居高不下的情况下，财政政策失效导致的损失尤其巨大。消费者对财政赤字变得更为敏感，在政府通过发行新债券来为财政支出融资时，消费者会节制自己的消费。下一节将详细解释这一点。

一些呼吁增加财政支出的人认为，在利率非常低时，特别是在利率趋近于零时（有时称为流动性陷阱），财政政策是非常有效的。他们还列举了政府债券利率极低的例子。他们认为，这证明投资者根本不担心债务的可持续性。按照这些人的说法，政府的财政政策似乎是无效的，这是因为刺激计划中真正增加的支出规模相对较小。

受这些经历的影响，许多经济学家开始强调自动稳定器的重要性，而不是相机抉择的逆周期政策。累进所得税、失业救济和福利项目等自动稳定器提供了一种机制，在经济衰退时自动增加政府支出，而在经济繁荣时则自动减少政府支出。

在全球金融危机之后，相机抉择的凯恩斯主义财政政策突然变得流行起来。2009年4月二十国集团伦敦峰会商定了财政刺激的国际协调方案：

> 我们正在致力于一项史无前例的财政扩张合作计划，它将挽救或创造数以百万计的就业岗位，如果没有这一计划，这些就业岗位就会被摧毁。到2010年底，这一刺激计划的规模将达到5万亿美元，将使产出提高4%，并促进向绿色经济的加速转型。我们承诺将坚持实施必要的财政措施，以恢复经济增长。
>
> 伦敦峰会声明，2009年4月2日

货币政策也变得极为宽松。包括美国、英国、欧元区和日本在内的主要发达经济体都将政策利率降至接近于零的水平。此外，美国和英国还在2009年出台了大规模的量化宽松政策（中央银行购买资产）。与以前的传统观点相比，这是一个显著的变化，之前自动稳定机制更受各国青睐。

得益于强有力的政策努力，类似于20世纪30年代的全球经济崩溃并没有发生。到2009年底，危机最严峻的时刻已经过去，财政赤字就成了经济政策中最让人担忧的问题。2009年，日本最终预算中的一半以上是由政府新发行的国债来融资的。在2010年6月的多伦多二十国集团峰会上，各国领导人承诺要进行财政整顿。除了日本，发达经济体特别承诺在三年内将其财政赤字缩减一半：

> 发达经济体承诺实施财政计划，到2013年至少将其财政赤字缩减一半，到2016年使债务与GDP的比率稳定下来或使之降低。考虑到日本的实际情况，我们对日本政府最近与增长战略一同宣布的财政整顿计划表示欢迎。
>
> 多伦多峰会声明，2010年6月27日

最近一段时期凯恩斯主义的复兴源自以下几个因素。首先，在利率为零或者经济陷入流动性陷阱时，财政政策是最有效的，因为它不会挤出私人部门的投资。其次，全球金融危机造成的冲击被认为规模过于庞大，因此任何能够刺激经济的政策措施都可以实施，而不用考虑或者担心未来可能产生的副作用。关于2008年之后经济思想和政治经济学发生的变化，详见伊藤隆敏等人的研究（Ito et al., 2012; Auerbach, 2012）。

正如伦敦峰会声明中提到的那样，日本政府与其他发达经济体的政府采取的措施是一致的。然而，一年后，对于承诺实施在三年之内将赤字缩减一半的财政整顿，日本犹豫不决。

7.9 李嘉图中性与非凯恩斯效应

7.9.1 政府赤字的影响

研究财政政策，一项重要议题就是政府赤字对宏观经济的影响。如果给定需要融资的政府支出数量，通过税收融资和通过债券融资有区别吗？私人部门会将政府债券视为净财富吗？政府债券会挤出私人部门的投资吗？就日本和美国政府赤字的涨落而言，这些问题极为重要。

按照传统的凯恩斯主义观点，用政府债券替代税收，可以增加居

民的可支配收入，因此总消费和总产出都会上升。然而，这也会抬高实际利率，挤出私人投资。

另一种观点认为，理性的消费者会将政府债券视为未来的债务，也就是他们将来不得不支付的更多税金。因此，如果当前税负的下降正好被未来的税负（也就是替代当前税收负担的债券所暗含的税负）增加抵消，以债券为支出融资（与以税收为支出提供资金相反）就无法刺激私人消费。这一命题被称为李嘉图等价。当消费者看到赤字增加时，他们就会意识到未来税负必然增加。为了应对这一情形，他们就会增加储蓄，数量正好等于当前税收减少的数量（即未来增加的税负的现值）。因此，私人消费水平将会保持不变。李嘉图等价的核心要点在于，对消费者而言，当前减税的数额正好等于未来增加的税负的现值。例如，如果从当前减税政策中受益的一代人与将来承担税负的一代人不同，那么这一定理可能就不成立。巴罗（Barro，1974）证明，即使涉及两代人，他们也可以通过利他性的遗赠联系在一起，从而使这一等价仍然成立。

大量文献致力于确定，对于李嘉图等价而言，哪些假定是最核心的，并检验它们是否成立。如果当代人中有一些受制于流动性约束（即储蓄为零且禁止消费者基于未来的收入借款），则政府用债务替代税收就会刺激消费，因为对于那些受流动性约束的人来说，通过增加当前的可支配收入，就可以实现一种更好的（增加效用的）消费模式。在这种情况下，政府本质上有可能基于未来的收入进行借款。

如果税收是扭曲性的（即如果对于不同种类的收入或消费存在不同的边际税率），那么等价定理就不成立。例如，如果当前的减税集中在资本的边际收入上，就会鼓励储蓄，抑制消费。[10]人们普遍认为，现实世界不可能满足等价定理要求的所有假设，但是等价定理仍然提供了一

---

[10] 等价理论的支持者可以通过经济模型的不同设定来反驳上述每一点；但是我们在这部分内容中对这些问题不感兴趣。有关这一议题的详细探讨，参见 Bernheim（1987）。

个很好的基准，由此我们可以讨论偏离这一基准的原因及偏离程度。

与李嘉图等价这一概念相联系的，是对财政政策的非凯恩斯效应的激烈争论。按照传统凯恩斯主义的观点，更大规模的财政赤字会导致更高的总需求，而更小规模的财政赤字（或平衡预算）会导致紧缩。基亚瓦茨等人（Giavazzi and Pagano，1990；Giavazzi、Jappelli and Pagano，2000）的实证研究发现，在某些情形下，减少预算赤字的财政整顿似乎反而刺激了消费。这是有可能的，因为规模更小、更可控的预算赤字会让居民相信，政府未来不必大幅提高税收。预期未来税收的降低增加了居民一生的可支配收入，从而提高了居民消费。这一逻辑听起来与李嘉图等价相似，但是，即使在李嘉图等价不成立时，非凯恩斯效应也可以存在。例如，当有些人相信政府不会在他们有生之年增税时，李嘉图等价可能就无法成立了。不过，只要有人预期在有生之年会增税，这种非凯恩斯效应就会发挥作用。

这种非凯恩斯效应在日本是否存在？现有的几项实证研究得出了不同的结论。龟田（Kameda，2012）考察了最近一些估计日本这种效应的研究。总体而言，基于20世纪90年代以后的数据进行的研究未能发现这种非凯恩斯效应。在20世纪90年代，财政扩张通常会推动经济复苏，而1997年的财政紧缩使经济再次陷入衰退。以21世纪以来的数据进行的研究发现了日本存在非凯恩斯效应的证据。21世纪初，小泉政府努力减少预算赤字，使经济得以复苏。因果方向到底是财政整顿使经济复苏，还是经济复苏使税收增加，目前尚无定论。

7.9.2 方法和证据

现在让我们大致考察一下赤字与私人储蓄之间的关系。从实证分析的观点看，1965年至1990年的日本和20世纪80年代的美国，为检验李嘉图等价定理提供了有趣的实验。

日本的财政赤字从20世纪60年代中期的几乎为零上升到了1980

年占 GDP 的 5.5%，然后逐渐下降至 1989 年的不到 2%。从 70 年代中期到 1980 年，在财政赤字增加时，私人储蓄并没有明显的变化（高于或超过趋势）。这与等价定理的推论不符。

在美国，财政赤字占 GDP 的比重从 1981 年的 2.6% 上升到 1983 年的 6.3%。尽管这一比例在 80 年代末期有所下降，但在 1988 年依然高于 3%。在 20 世纪 80 年代前期，在政府财政赤字增加并且与 GNP 之比保持高位时，私人储蓄下降了，实际利率达到了很高的水平。如果等价定理成立，私人储蓄应该增加，因为消费者会认为未来必然增税。这表明，在这一案例中李嘉图等价定理可能并不成立。

当财政赤字随着减税而增加时，根据李嘉图等价，消费应保持不变；然而，在凯恩斯主义框架下，消费应该增加。区分这些含义的一个流行方法，就是估算一个包括赤字项的总消费函数（即将消费作为收入的函数）。当然，研究人员必须控制其他因素，比如私人财富、利率和政府支出水平。如果赤字得到（未得到）一个正的系数，则判定李嘉图等价不成立（成立）。

很多研究使用美国的数据考察了赤字与消费之间的关系，以及赤字与利率之间的关系。度量问题使我们无法从这些研究中得出确定的结论，反而通常会得到矛盾的结论。费尔德斯坦（Feldstein，1982）发现了与李嘉图等价定理相悖的证据，而科曼迪（Kormendi，1983）则发现了有利于这一定理的证据。总而言之，根据伯海姆（Berheim，1987，第 291 页）的说法，"一系列的研究确认赤字与总消费之间存在稳健的短期关系。虽然对于这一模式有很多可能的解释，但是至少这与传统凯恩斯主义的观点是一致的"。

本间等人（Homma et al.，1987）使用的策略是估算一个包含税收变量和政府支出变量的消费函数。假定消费为永久性收入的函数，而永久性收入的定义是当前财富加上未来收入减去未来税负。未来纳税额可以由过去的税收和政府支出推断出来。如果消费受政府支出的影响，而不受税收的影响，可以判定与等价定理一致。从1965年到1975年，日本的赤字几乎为零，因此难以直接用赤字作为解释变量。本间等人利用1965—1983年的季度数据估计了这一消费函数，得到的结果与等价定理一致。然而，他们还用年度数据尝试了其他的实证方法，得到的结果却与该定理不一致。因此，他们从研究中得出的最终结论是，对李嘉图等价在日本的有效性，必须持更为谨慎的态度。

7.10　财政投融资计划和邮政储蓄

FILP是一项政府计划，它通过政府所有的金融机构（最重要的就是邮政储蓄）筹集资金，随后用于投资和贷款。它有时被称为第二预算，因为FILP每年必须经日本议会批准。政府经常强调FILP和常规预算之间的区别。在一般预算中，政府通常会花到一分不剩，而在FILP中，这些资金投资或贷款给通常是政府所有的实体，并预期未来获得收益。

图7.13是2001年4月进行重大改革之前FILP结构的简单示意图。FILP最重要的资金来源是邮政储蓄。过去，日本全国各地有2万多家邮政网点，提供着种类繁多的存款工具。邮政储蓄曾占家庭部门大约三分之一的银行存款。尽管邮政储蓄（目前是在日本邮政银行）的份额有所下降，但在2018年仍占银行存款总额（日本邮政银行存款＋其他银行存款）的18%。

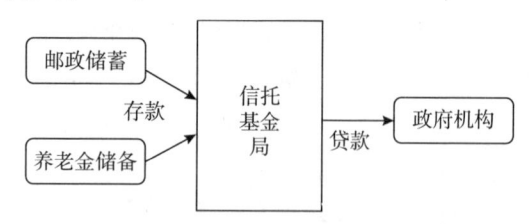

图7.13　2001年4月之前的FILP结构
资料来源：作者自制。

在2001年4月以前，存入邮局的大部分资金与全国养老金体系的储备金合并，一起存入大藏省的信托基金局。从20世纪80年代开始，其中一些资金由邮政机构直接在资本市场上管理。然后，信托基金局的资金再以资本金和贷款的形式分配给政府机构。

FILP最重要的作用是允许政府为大型项目（如基础设施投资）融资，同时无须增加税负。政府本来可以通过发行长期国债来做这件事，但是《公共财政法案》禁止政府发行债券，直至20世纪60年代中期，政府一直遵守这一规定。这使FILP成了为日本公共投资项目融资的有效工具。

在20世纪五六十年代早期，FILP的资金主要通过日本开发银行（JDB）、电力开发公司和国有铁路为工业基础设施和发展项目提供资金。20世纪70年代以后，重点从工业基础设施转向了住房和其他与家庭相关的目标。对住宅金融公库（GHLC）的贷款显著增加，并且超过了对日本开发银行的贷款。20世纪70年代中期预算赤字的增加使FILP承担了另外一个角色，即为中央政府的债务融资。比如，截至1986年3月，FILP总资金的33%投向了日本政府债券。

在2001年4月之后，日本FILP的结构发生了实质性改变。图7.14显示了改革以后的FILP结构，它取消了强制将邮政储蓄和养老金储备存入信托基金局的规定。因此，邮政储蓄和养老金储备可以自行做出投资决策。曾经从信托基金局接受资金的政府机构被鼓励通过发行FILP机构债券，自己筹集资金。通过这种方式，FILP改革旨在为政府机构募集资金引入市场纪律。一旦预期某一FILP机构难以从市场上筹集足够的资金，政府的财政贷款基金就会向该机构提供贷款。财政贷款基金通过发行国债的方式筹集资金。为了鼓励对政府机构的管理施以市场纪律，FILP改革还增加了对这些政府机构的信息披露要求，要求每家机构进行政策成本分析，并估计政府对这家机构未来净补贴的现值。

第7章 公共财政

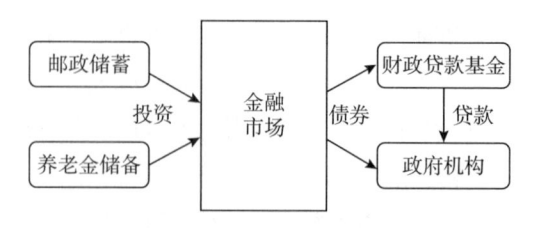

图7.14 改革后的FILP结构

资料来源：作者自制。

自FILP改革之后，该项目的总体规模开始缩减。从图7.15可以看出，从2001年3月到2018年3月的17年间，FILP基金的余额急剧下降，从超过400万亿日元降至不足150万亿日元。如果我们看一下流量，就会发现这一变化发生得更快（图7.16）。FILP基金新增资金总额从2000财年的超过38万亿日元降至2007财年的不到15万亿日元，此

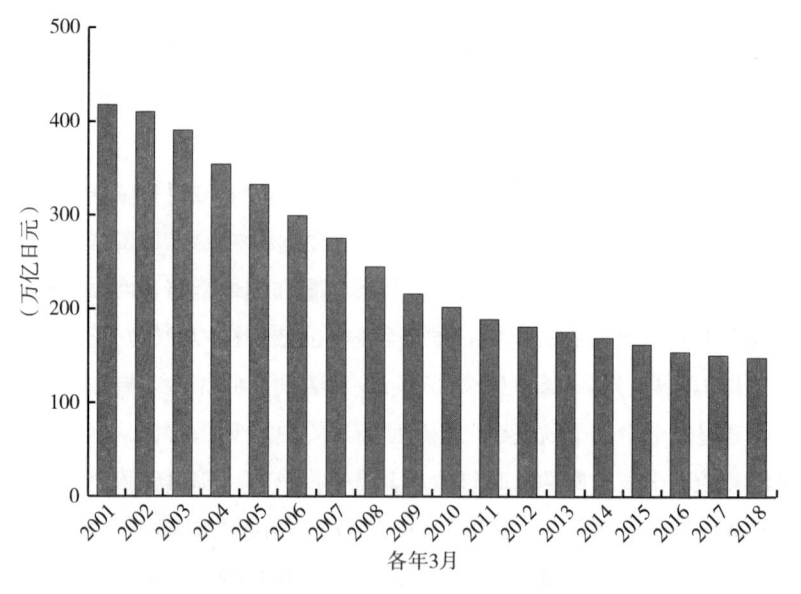

图7.15 2001—2018年FILP的余额

注：t年3月指$t-1$财年的数据。
资料来源：日本财务省，财政投融资计划。

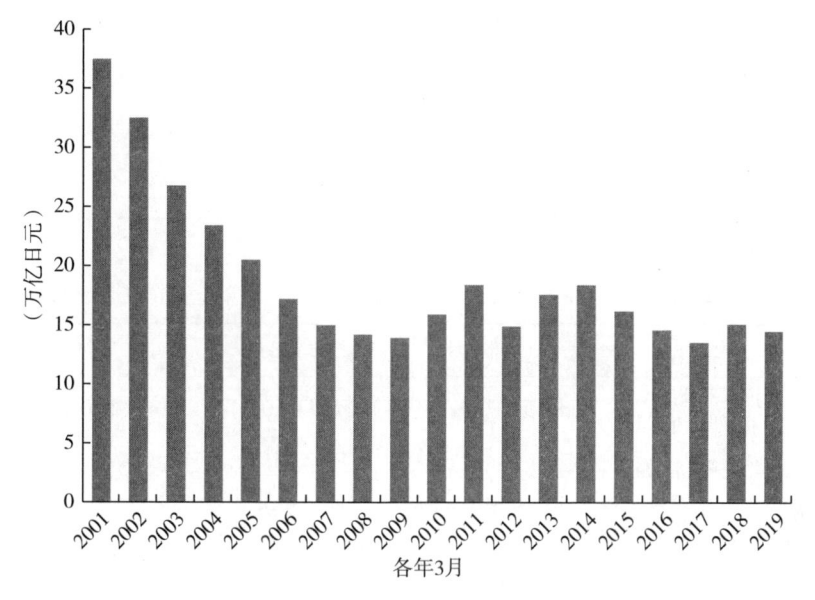

图7.16　2001—2019年FILP的流量

注：t年3月指$t-1$财年的数据。
资料来源：日本财务省，财政投融资计划。

后一直稳定在这一水平（约15万亿日元）。

FILP改革至今已有近20年的时间，但由各个机构发行的FILP机构债券发挥的作用仍然微不足道，政府机构主要还是依靠财政贷款基金（也就是政府债券）来融资。比如，在2018财年的FILP计划中，FILP机构债券数额为4.4万亿日元，而财政贷款基金的数额为10.9万亿日元（财务省金融厅，2018，第60页）。⑪

FILP改革的另一个目标是通过取消强制性的转存要求，使邮政储蓄可以实现更好的资金配置。表7.6显示了从2004年3月至2007年9月（就在下面要讨论的私有化之前），邮政储蓄的资产配置发生了何种变

---

⑪ 在4.4万亿日元的FILP机构债券中，有1.8万亿日元是由日本住房金融厅发放的抵押贷款支持债券（2017年FILP报告，第61页）。

第7章　公共财政　　261

化。在此期间，FILP的存款数量急剧下降。FILP存款在总资产中的比例下降了42个百分点。同时，政府债券（包括FILP债券）的数量急剧增加。政府债券占总资产的比例上升了42个百分点。总体而言，尽管对FILP进行了改革，在2007年仍有超过80%的邮政储蓄被投资于政府资产，包括政府债券和FILP。

表7.6 邮政储蓄资金的使用　　　　　　　　　　　（单位：10亿日元/占比）

使用	2004年3月	2006年3月	2007年9月
日本政府债券（包括FILP债券）	86.0（37.8%）	124.3（62.0%）	145.0（80.1%）
地方政府债券	9.5（4.2%）	8.7（4.3%）	8.0（4.4%）
FILP机构债券	3.8（1.7%）	5.1（2.6%）	4.4（2.4%）
其他证券	6.6（2.8%）	5.9（2.9%）	2.9（1.7%）
对地方政府的贷款	2.0（0.9%）	3.5（1.7%）	3.7（2.0%）
FILP存款	112.7（49.6%）	46.6（23.2%）	14.0（7.7%）
其他	6.7（3.1%）	6.5（3.2%）	3.1（1.7%）
合计	227.4	200.6	181.1

资料来源：2004年、2006年和2007年日本邮政控股公司披露的公报（2007年10月之前），现已停止公布。

2007年10月1日，日本邮政银行宣布解散并拆分成5家新的股份公司，分别继承该银行的职能：（1）日本邮政服务公司，继承了邮政业务；（2）日本邮政网络公司，继承了邮政网点和其他实物资产；（3）日本邮政银行，继承了邮政储蓄业务；（4）日本邮政保险公司，继承了邮政保险业务；（5）日本邮政控股公司，是最初持有其他四家公司100%股份的持股公司。由于政府持有日本邮政控股公司100%的股份，所谓的邮政私有化并没有使邮政服务实现通常意义上的私有化。相反，它只是开启了长期私有化的进程。

2012年，日本邮政服务公司与日本邮政网络公司合并，创建了日本邮政。2015年11月，日本邮政控股公司、日本邮政银行、日本邮政保险公司终于完成了上市。2017年，政府出售了部分日本邮政控股公司的股份。因此，邮政服务的私有化最终是始于2015年，但政府仍持有日本邮政控股公司的多数股份（截至2018年9月持有其57%的股份）。日本邮政控股公司也仍持有日本邮政银行和日本邮政保险公司的绝大部分股份（截至2019年3月，持有每家89%的股份）。自2007年所谓的私有化以来，日本邮政银行的投资组合发生了一些变化。截至2017财年末（2018年3月），在日本邮政银行的总资产（13.92万亿日元）中，以日本政府债券的形式持有6.27万亿日元（日本邮政银行，2018，第62页）。虽然这些国债仍占其总资产的48%，但对日本政府债券的依赖程度远低于表7.6所示的水平。

7.11 地方公共财政和分权

日本地方政府传统上严重依赖中央政府提供的资金。比如，表7.7列出了2002财年按资金来源分列的地方政府收入状况。表中第一列显示了县级数据的分解，第二列显示了其他市级（如城市、乡镇和村庄）的数据。对这两者而言，只有三分之一的地方政府收入来自地方税。其余大部分资金来自地方交付税、国家补贴和地方债券（这些债券大多是由FILP购买的）。正如我们前面看到的那样，美国联邦政府向州和地方政府提供的预算份额，与日本的情况大致相同。但是，美国联邦政府拨给州和地方政府的资金只占这些政府总收入的20%（美国人口普查局，2018，表1）。

在地方交付税下，部分由中央政府征收的国税要分配给地方政府。转移支付的目的是调整地方政府之间税收收入的不平衡，这意味着收入少的地方政府将从收入多的地方政府那里获得补贴。中央政府没有

表7.7 FILP改革前地方政府的收入（2002财年）　　（单位：万亿日元/占比）

收入来源	县	市及以下
地方税	15.6（30.2%）	17.8（34.4%）
地方交付税	10.8（21.0%）	8.7（16.8%）
其他一般性收入	0.4（0.8%）	2.9（5.7%）
国家补贴	8.3（16.1%）	4.8（9.3%）
地方债券	7.5（14.6%）	5.9（11.3%）
其他	8.9（17.3%）	11.7（22.5%）
合计	51.5（100.0%）	51.8（100.0%）

资料来源：日本总务省（2004）。

明确规定如何使用地方交付税，因此地方政府对此有充分的自主权。国家补贴也被称为"国库支出金"。中央政府对地方政府的特定项目（如公共工程）给予补贴。因此，与地方交付税不同，这些资金的使用是由中央政府具体规定的。

在20世纪90年代，中央政府开始致力于降低地方政府的财政依赖，并给予地方政府更多的自主权。这些努力最终促成了2000年《全面分权法案》的出台。为了贯彻该法案的主要部分，政府于2003年6月宣布了由三部分组成的"三位一体式改革"。

首先，国家补贴将随着时间推移而减少。为了给地方政府更多的自主权，中央政府不再规定某些补贴应当如何使用。其次，地方交付税也将随着时间的推移而减少。再次，中央政府将逐步把税基转交给地方，这样地方政府就可以实现更大程度的财政独立。这项改革的目标是在2003—2006财年，每年减少4万亿日元的国家补贴和地方交付税。

这项改革成功地减少了地方交付税和国家补贴。表7.8显示了改革后地方交付税和国家补贴的数额变化。从2003财年到2006财年，国家补贴削减了2.6万亿日元，地方交付税削减了2万亿日元，这远远超过了4万亿日元的目标。

表7.8　三位一体式改革的效果　　　　　　　　　　（单位：万亿日元）

财政年度	2001	2002	2003	2004	2005	2006	2007	2008
总收入	100.0	97.0	95.0	93.4	92.9	91.5	91.1	92.2
地方交付税	20.0	19.5	18.0	17.0	17.0	16.0	15.2	15.4
国家补贴	14.5	13.3	13.0	12.4	11.8	10.4	10.2	11.6
地方债券	13.1	14.5	13.8	12.4	10.4	9.6	9.6	9.9

资料来源：Hoshi 和 Kashyap（2011）。

然而，这项改革并没有成功地建立起地方政府的财政自主权。地方税收收入的增加数量远低于地方交付税和国家补贴的减少。将税基从中央转交给地方，这一过程中出现的种种问题迟迟得不到解决。到目前为止，讨论的只是税收收入的转移，而不是税权的转移。结果，在三位一体式改革期间（2003—2006财年），地方的总收入减少了3.5万亿日元。

在三位一体式改革之后的十年，各县的地方税收收入最终还是增加了。表7.9显示了2016财年地方政府的收入来源。我们可以将它与表7.7进行比较，评估旨在增强地方政府财政自主性的政策（包括三位一体式改革）的远期成效。县级税收收入占比从2002年的30.2%提高

表7.9　改革后地方政府的收入（2016财年）　　　（单位：万亿日元/占比）

收入来源	县	市及以下
地方税	20.3（39.3%）	19.1（32.7%）
地方交付税	9.1（17.6%）	8.2（14.0%）
其他一般性收入	2.0（3.9%）	3.2（5.5%）
国家补贴	6.5（12.6%）	9.2（15.8%）
地方债券	5.5（10.7%）	4.9（8.4%）
其他	8.2（15.9%）	13.8（23.6%）
合计	51.6（100.0%）	58.4（100.0%）

资料来源：日本总务省（2018）。

到了2016年的39.3%。不过，对市及以下政府而言，税收收入占比略有下降，从34.4%降至32.7%。地方政府对国家补贴的依赖程度实际上增加了，从9.3%提高到了15.8%。日本的城市、城镇和农村似乎变得更加依赖中央政府了。

7.12 关于消费税的争论

不断增加的政府债务总会促使对财政持保守态度的政策制定者和经济学家呼吁减少无谓的财政支出，实施监管改革以刺激经济增长，并提高税率。如前所述，除了与社会保障有关的支出（养老金、医疗和长期护理），财政支出一直在下降。公共工程曾是日本浪费性支出的典型代表，现在也一直在稳步下降。实际上，日本中央政府的预算规模相对于GDP的比例，在经合组织国家中是最低的。

如果日本只靠削减支出来恢复财政的可持续性，就意味着需要大幅削减社会保障支出，这在政治上是不受欢迎的。如果可以在不增加财政支出的情况下提高经济增长率，这将是恢复债务可持续性最不痛苦的方式。然而，这需要实施大规模的监管改革，而这又会遭到既得利益集团的反对。此外，这样的改革至少需要几年时间才能见效。

那增税呢？提高个人所得税税率将把成本集中到正在工作的人身上，而已经退休的人不会承担任何成本。大幅提高所得税也会抑制工作的积极性，从而阻碍经济增长。提高企业税率可能会将跨国公司赶出日本，从而起到适得其反的效果。因此，许多人认为，日本唯一的选择是提高消费税。这一成本将由各代人（包括已经退休的人）共同承担，并与其消费成正比。呼吁提高消费税的人还指出，日本的消费税税率远低于许多欧洲国家的增值税税率。他们认为提高消费税还有很大的空间。

在2007—2009年全球金融危机期间，与二十国集团的其他许多国家一样，日本背负了更多的债务，以便为增加的财政支出提供资金。

2009财年新发行的政府债券比上一财年增加了50%，达到50万亿日元（相当于GDP的10%）。[12] 日本于2010年开始研究如何恢复财政平衡。2012年，当时的执政党日本民主党与反对党之一的自民党达成协议，同意于2014年4月将消费税从5%提高到8%，2015年10月再从8%提高到10%。政策制定者还决定增加社会保障支出，尽管由于提高消费税而增加的税收预计将超过支出的增加。

安倍晋三领导的自民党于2013年12月赢得了大选。2014年4月1日，消费税按原计划上调。2014年第一季度，由于消费者将支出提前至税率上调之前的一段时期，经济经历了短暂的繁荣，但在税率上调后，消费下降，经济萎缩。在上调税率之前，有经济学家曾预测消费将在3~6个月后回升至税率上调之前的水平。然而，直到2014年底，消费水平和整体GDP一直停滞不前。安倍首相及其顾问对这一状况非常担忧，因此就像之前提到的那样，他们将第二次上调税率的时间推迟至2017年4月。安倍首相表示，除非出现类似全球金融危机期间雷曼兄弟破产或者2011年3月东北海岸东日本大地震那样大规模的冲击，否则政府不会再次推迟增税。2015年和2016年初，增长仍然低迷，通胀率远低于日本央行2%的目标。2016年6月，安倍首相再次将提高消费税率的时间推迟到了2019年10月。在为自己的决定辩护时，安倍首相强调了日本经济疲弱，尤其是接近于零的通胀率。

7.13 小结

本章介绍了日本财政状况和财政政策的基本情况和历史，并讨论了重要的税收项目（个人所得税、企业所得税和消费税）、大型政府支

---

[12] 财政扩张是2009年4月伦敦二十国集团峰会制定的国际协调政策。Auerbach（2012）讨论了2008—2009年全球金融危机之后相机抉择型财政政策的复活。

出的类别和政府债务的变化。在总需求疲弱时实施的财政刺激政策与财政长期的可持续性之间的平衡尤为重要。日本财政状况最显著的特征就是政府债务失控。总债务与GDP之比超过了240%,而且还在不断攀升。如果不大幅削减赤字,这一债务水平是不可持续的。经济增长(提高潜在增长率)对此会有所帮助,但是即使能够实现更快的增长,也必须提高消费税税率。日本如何在不突然大幅提高消费税或严重削减公共支出的情况下恢复财政的可持续性,是一个迫在眉睫的政策问题。

附录7A 数据指南

对于理解日本预算和债务的统计数据,有必要注意一些重要的细节。这些数据大多是基于财政年度(从T年4月到T+1年3月)进行统计的。因此,在与其他经济变量进行比较时,其他变量也应以财政年度为基础。一项存量的余额,例如政府债务,通常是在该财政年度结束时报告的,也就是T+1年的3月31日。

每个财政年度会报告几组预算数字。首先,初始预算是指T年4月财政年度开始时的预算。其次,补充预算或修订预算,可能会在秋季并入。在有些财政年度,政府会不止一次编制补充预算。这些追加的补充预算被称为第二次补充预算、第三次补充预算,如此等等。最后,当财政年度结束,所有收入和支出执行完毕时,会报告最终预算或结算预算。通常结算统计数据要在财政年度结束以后数月才能获得。

日本预算统计数据可以从财务省预算局的统计数据网页上获取(http://www.mof.go.jp/english/statistics/index.html)。尤其是2010年6月公布的数据(http://www.mof.go.jp/english/budget/statistics/201006/index.html),包括了很多有关总账预算收入和支出的时间序列数据。

日本国税的结构和统计数据可以从国税厅发布的《国税厅报告》中获得(http://www.nta.go.jp/foreign_language/index.htm)。另一个来源是日本财务省2010年的《综合税务手册》（http://www.mof.go.jp/english/tax_policy/publication/taxes2010e/ index.htm ）。

有关FILP的文件可在以下财务省网站上查阅：http://www.mof.go.jp/english/filp/filp_report/index.html.

有关公共财政的更多详细统计数据只提供日文版。

附录7B　可持续性的计算

本附录介绍布罗达和温斯坦（2005）计算可持续性的简化版本。我们先从政府基本的跨期预算约束开始：

$$B_t - B_{t-1} = G_t - T_t + iB_{t-1}$$

其中B_t表示t期期末政府债务余额，G_t和T_t分别为t期政府支出（包括转移支付）和税收收入，i为利率，并假设利率为常数。将等式两边同时除以t时期的GDP，然后重新整理，可以得到：

$$\frac{B_t}{Y_t} = \frac{G_t - T_t}{Y_t} + \frac{1+i}{1+\eta} \frac{B_{t-1}}{Y_{t-1}}$$

$$b_t = g_t - \tau_t + \frac{1+i}{1+\eta} b_{t-1}$$

其中b_t、g_t和τ_t分别表示政府债务、政府支出和税收收入与GDP之比，η是GDP的增长率，也假设为常数。

重新整理这些项后，我们现在可以将债务与GDP之比表示为未来债务与GDP之比与未来基本预算盈余的函数：

$$b_{t-1} = \frac{1+\eta}{1+i} b_t + \frac{1+\eta}{1+i} (\tau_t - g_t)$$

解这一方程，我们得到：

$$b_0 = \left(\frac{1+\eta}{1+i}\right)^n b_n + \sum_{t=1}^{n} \left(\frac{1+\eta}{1+i}\right)^t (\tau_t - g_t)$$

当前债务与GDP之比必然等于未来债务与GDP之比和未来一系列基本预算盈余的现值。

可持续的条件是$b_0 = b_n$。我们可以计算出使$b_0 = b_n$的不变税率τ^*

$$\tau^* = \frac{i-\eta}{1+\eta} \left\{ b_0 + \left[1 - \left(\frac{1+\eta}{1+i}\right)^n \right]^{-1} \sum_{t=1}^{n} \left(\frac{1+\eta}{1+i}\right)^t g_t \right\}$$

布罗达和温斯坦（2005）计算了日本在不同情景下的这一数值。通过这一公式我们可以看到，如果初始的债务与GDP之比越高，未来政府支出水平越高，利率越高，经济增长率越低，那么，实现财政可持续性所需的税率就越高。

第8章 储蓄、人口和社会保障

8.1 引言

日本曾以其极高的国民储蓄率而闻名，尤其是家庭部门的储蓄率。然而，自20世纪70年代初达到峰值以来，日本的储蓄率已大幅下降了。本章探讨了日本为何储蓄率曾经很高，又为何会下降，以及这些变化对整体经济意味着什么。

研究储蓄至少有两个重要原因。首先，家庭储蓄是资本投资的重要资金来源，特别是对于一个实行严格资本管制以限制国外资金流入的国家，就像20世纪五六十年代的日本。投资是经济增长的重要源泉，因为它增加了资本存量。传统上，家庭部门有储蓄，而企业部门需要借款。银行通过吸收存款并发放贷款，使家庭储蓄流向企业，资本市场也发挥着同样的作用，但作用较小。在资本市场上，企业通过发行债券和股票来募集资金。

其次，国民储蓄，即家庭储蓄、企业储蓄和政府储蓄的总和，与经常账户余额密切相关。如果经常账户余额持续出现盈余或赤字，就会引起人们的担忧。高储蓄率和经常账户盈余是20世纪七八十年代日本经济增长强劲的标志，它们是同一枚硬币的两面。

要解释家庭储蓄率在过去几十年中的变化,理解家庭在当前消费和未来消费(即现在储蓄)之间的选择至关重要。许多人在工作时存钱,在退休时花掉储蓄。基于这一观察,经济学家建立了家庭储蓄的生命周期模型。根据这一模型,劳动年龄人口与退休人口的比例是决定家庭总储蓄率的重要因素。

随着时间的推移,日本的生育率下降了。第二次世界大战刚结束时,日本出现了婴儿潮。1947年至1949年的总和生育率(即每名妇女生育的子女数)高于4。到20世纪50年代中期,生育率稳步下降到2左右。直到20世纪70年代中期,每个妇女生育2个孩子的比例一直保持不变。从那以后,生育率在20世纪90年代初期几乎单调下降到1.5,并在2005年降至1.26,最近又回升到1.4以上。因此,新生儿的数量一直在减少,只是在所谓的回声婴儿潮时期(即婴儿潮一代成为父母时),婴儿的数量短暂增加。另一个重要趋势是预期寿命延长。出生时的平均预期寿命从1960年的女性70岁和男性65岁上升到1970年的女性75岁和男性69岁,再到2010年的女性86岁,男性79岁。生育率下降和预期寿命延长的共同作用导致了劳动年龄人口与退休人口之比持续下降。这意味着家庭储蓄率的下降。

许多人一边工作一边积累个人金融资产,并拥有其他有形资产,比如房屋,以便未来可以将这些资产变现,用来支付退休后的生活费用。在政府引入公共养老金体系以后,家庭由于关注生命周期而进行资产积累的动机发生了显著变化。公共养老金体系被视为对个人储蓄的替代。因此,在引入公共养老金体系之后,家庭成员可能会认为,为退休积累个人资产变得不那么重要了。从这个意义上讲,在其他条件相同的情况下,更慷慨的公共养老金会降低家庭储蓄率。

日本的公共养老金体系在20世纪七八十年代得到了加强。在被称为"国家福利元年"的1973年,公共养老金体系得到了极大的改善。

社会福利提高速度比以往的工资和通胀增长更快。此外，还进行了通胀调整，以便社会福利将随着通胀而继续增加。社会福利水平在1976年、1980年和1985年再次提高。

目前，日本养老金体系包括两块，即雇员养老金体系和基本养老金体系。雇员养老金体系包括企业雇员（约3 600万名员工）和政府雇员（约440万名员工）。政府雇员过去有单独的养老金体系，但在2015年被并入了雇员养老金体系。任何在60岁之前缴纳固定数额养老金费用的公民都可被纳入基本养老金体系。目前，基本养老金福利支出的一半由来自一般性税收的国家预算补贴。

日本公共养老金原则上是按照现收现付制运行的，即工人目前的缴费被支付给现在的退休者。众所周知，当收入增长和人口增长都很快时，该体系可以为各代人带来巨大的福利。当1973年日本加强养老金体系时，该国的经济增长和人口增长都处于高峰，劳动人口与退休人员之间的比例也很高。但是，到了2000年，这些有利于现收现付制的条件已经消失了。高山宪之（Takayama，1998）是最早发出警报的研究人员之一，他认为宏观经济因素的变化会威胁日本慷慨的养老金体系。堀冈等人（Horioka、Suzuki and Hatta，2007）还研究了在人口发生变化的情况下，储蓄与养老金体系之间的关系。面对这些经济和人口挑战，为了维持公共养老金体系，日本政府在21世纪前十几年推行了几项改革，增加了养老金缴费，降低了福利水平。

虽然日本的养老金体系基本上是现收现付制，但它有一个储备基金，即日本政府养老投资基金（GPIF）。日本政府养老投资基金在现收现付制中起缓冲作用，以消除波动，比如缴费的意外短缺。并不是所有的缴费都会作为福利发放，一些被转移到日本政府养老投资基金。该基金最终成长为全球规模最大的公共养老基金。到2019年3月底，日本政府养老投资基金拥有价值159万亿日元（按100日元/美元计算，约合1.6万亿美元）的资产。公众需要渡过人口结构向较低的工人/退休人员比率转变并且工资增长较慢的困难时期，在这一过程中，日本政府养老投资基金将发挥特别的作用。

8.2 日本的储蓄率

在讨论一国的总储蓄率时，可以区分为三个层次。第一个是所有家庭的个人储蓄（也称为家庭储蓄），其中储蓄是在扣除消费以后剩余的可支配收入。第二个层次是私人部门的储蓄，它是在家庭储蓄的基础上加上企业储蓄（即企业以未分配利润的形式进行的储蓄）。第三个层次是国家层面的总储蓄，即国民储蓄，它是在私人部门储蓄的基础上加上政府储蓄。

个人储蓄包括家庭和为家庭服务的私人非营利机构积累的资产，企业储蓄包括非金融机构积累的资产。政府储蓄是各级政府税收和其他收入超过支出的盈余。在计算政府储蓄时，很难确定一些政府活动是消费还是储蓄/投资。例如，建造一艘战舰是消费还是投资？然而，在实践中，包括购买武器和向官员支付工资在内的大多数政府活动在国民收入核算中都被认为是政府消费。因此，政府储蓄大致等于政府盈余。如果政府出现赤字，国民储蓄往往低于私人储蓄，而如果政府有盈余，国民储蓄往往高于私人储蓄。

图8.1显示了日本从1955年到2017年的储蓄率（即国民、家庭、企业和政府的储蓄率）。[①] 储蓄率等于储蓄额除以国民可支配收入。

从图8.1可以看出，在经济快速增长时期，日本的国民储蓄率迅速上升，并在20世纪70年代初达到31%的峰值。然而，在20世纪70年

---

① 图8.1中的储蓄率是通过将GDP统计数据与不同的方法和基准年结合在一起得出的。有关GDP的统计，参见第3章。

代之后，国民储蓄率开始下降，到21世纪头十年末降至接近于零的水平。个人储蓄率的趋势与国民储蓄率非常相似：在经济快速增长时期储蓄率上升，在20世纪70年代中期以后逐渐下降，在20世纪头十年末几乎为零。这并不奇怪，因为个人储蓄占国民储蓄的大部分。个人储蓄率在1976年达到了20%的峰值，比国民储蓄率的峰值出现得稍晚一些，因为企业和政府的储蓄在1974年为负值。

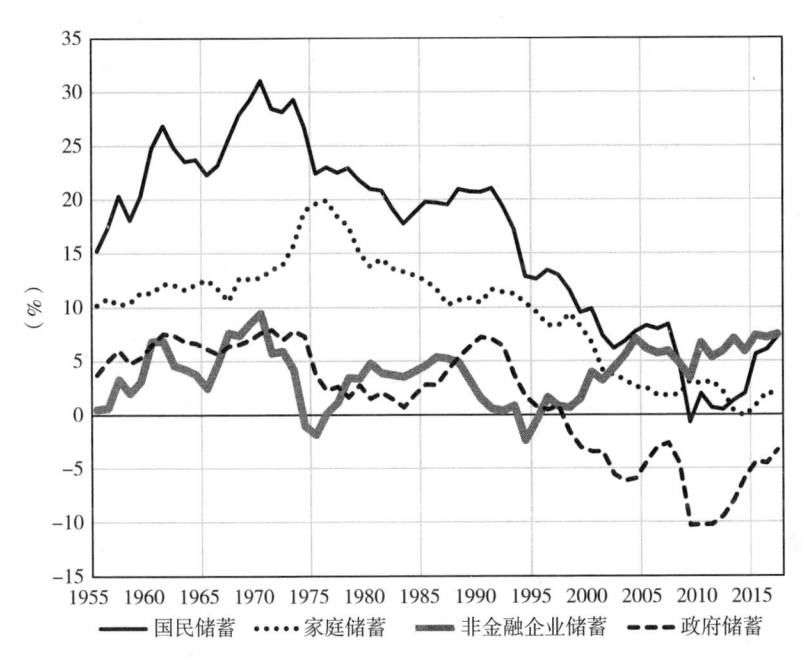

图8.1　家庭、(非金融)企业和政府的储蓄率

资料来源：日本内阁官房。

20世纪90年代以后国民储蓄率的急剧下降也是政府赤字增加的结果，这一点在第7章中已有过讨论。全球金融危机（2008—2009年）之后，国民储蓄率降为零左右，这几乎完全可以由政府赤字的大幅增加来解释。最后，在经济快速增长时期，企业储蓄率上升，这也有助于国民储蓄率的提高。从20世纪70年代末到90年代初，企业储蓄率或多或少保持稳定，但在90年代末和21世纪初大幅上升。企业储蓄率的上升削弱了个人储蓄率和政府储蓄率下降对国民储蓄率的影响。

在20世纪50年代中期至70年代中期的经济快速增长时期，日本的储蓄率比大多数发达经济体都要高。随着日本储蓄率的下降，它逐渐向其他国家收敛，目前其储蓄率比许多发达经济体都要低。例如，图8.2显示了1994年以后七国集团中每个国家的家庭净储蓄率（净储蓄除以净可支配收入）。我们可以看到，随着时间的推移，日本的储蓄率已经下降，现在是七国集团中储蓄率最低的国家之一。

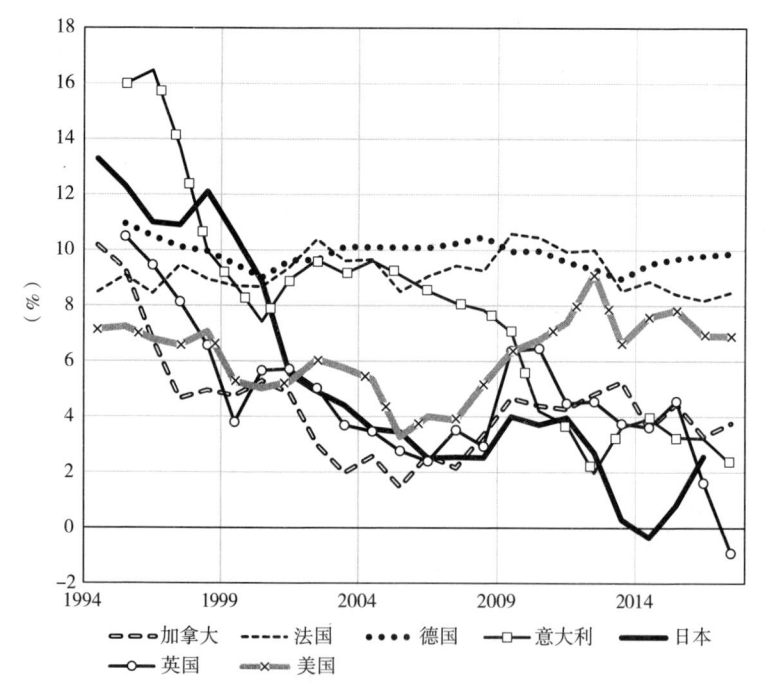

图8.2 七国集团的家庭储蓄率

资料来源：经合组织，《国民核算统计：国民核算概览》，https://data.oecd.org/hha/household-savings.htm（最后访问时间为2019年6月30日）。

8.3 储蓄和消费的生命周期模型

家庭储蓄和消费是同一枚硬币的两面。一旦消费者决定在其可支配收入（总收入减去所得税）中有多少用于消费，剩下的就是储蓄。因此，关于消费的经济模型也是关于储蓄的经济模型。

许多关于消费与储蓄的理论和实证模型都是生命周期模型的变体。在这一节的讨论中，我们提出一个简单的关于消费与储蓄的生命周期模型。生命周期模型的关键假设是消费者在其生命周期内使消费变得平滑。人们倾向于在不同时期保持相似的消费水平，而不是在一年里大量消费，在另一年则忍饥挨饿。如果消费的边际效用随着消费水平的提高而递减，那么，这是一个合理的假设。消费平滑假设意味着从高消费年份（即低边际效用）向低消费年份（即高边际效用）的消费再分配，可以增加消费者的效用。换言之，当其收入水平较高时，消费者倾向于储蓄，以便在收入下降时能够维持消费水平不变。在低收入年份（通常是在退休以后），消费者倾向于动用储蓄（即消费超过当前的收入）。

为了说明生命周期模型如何解释国民经济中的储蓄率，让我们研究一个简单的例子。考虑一个消费者的生活分为三个阶段：年轻阶段（例如25~44岁）、中年阶段（45~64岁）和老年阶段（65~84岁）。我们考虑该消费者三阶段的决策问题。假设属于t代的消费者在年轻时的收入为$Y(t,1)$，中年时的收入为$Y(t,2)$，老年时的收入为$Y(t,3)$。假设利率和通胀率均为0，则第t代消费者终生的收入为：

$$Y(t,1)+Y(t,2)+Y(t,3)$$

假设消费者没有从父母那里得到任何遗产，也没有给子女留下任何遗产。那么，消费平滑意味着消费者在每个时期消费相同的数量。[②]

---

② 这里我们隐含地假设贴现率与利率相同，在这个例子中假设利率为零。

以符号来表示，最优行为意味着：
$$C(t,1)=C(t,2)=C(t,3)$$

我们用 $\overline{C}$ 表示相同的消费量，那么每个时期的消费量是在 t 时期出生的人一生收入的三分之一。

$$\overline{C(t)} = \frac{Y(t,1)+Y(t,2)+Y(t,3)}{3}$$

然后，将消费者在每个时期的储蓄 S 定义为收入与消费之间的差额：

$$S(t,1)=Y(t,1)-\overline{C}$$
$$S(t,2)=Y(t,2)-\overline{C}$$
$$S(t,3)=Y(t,3)-\overline{C}$$

为了更好地理解这个模型，我们可以假设消费者在人生每个阶段的收入为一个具体数值，然后看一下这个模型对其消费和储蓄意味着什么。（如果你想让这一模型更有现实感，不妨把这些数字的单位想象为百万日元或万美元，每一时期为20年。）假设消费者在阶段1和阶段2时收入为150，在阶段3（退休）时收入为0。即 $Y(t,1)=Y(t,2)=150$，$Y(t,3)=0$。那么终生收入是300。如前所述，平滑消费为 $\overline{C(t)}=100$。那么，对于 $k=1,2,3$，$C(t,k)=\overline{C(t)}$。在每个阶段，消费者消费的都是终生收入的三分之一。不过，根据阶段的不同，储蓄的数量也不同。年轻人和中年人的储蓄是50，而退休的人则变成了负储蓄（即动用储蓄）。消费者在退休阶段动用的储蓄为100。因此，$S(t,1)=S(t,2)=50$，$S(t,3)=-100$。储蓄以金融资产的形式积累起来，第一阶段结束时达到50，第二阶段结束时达到100。100的金融资产全部用于第三阶段的消费。这个生命周期模型的数值例子在图8.3A和图8.3B中以图形的形式描述出来。数值的例子也归纳在表8.1中。

该模型描述了消费者在其生命周期内如何分配消费，这包括三个阶段。考虑一个经济体中有许多处于不同生命周期的消费者并计算总

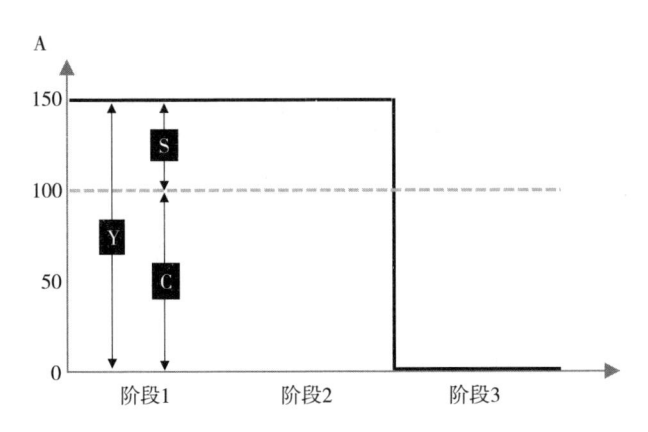

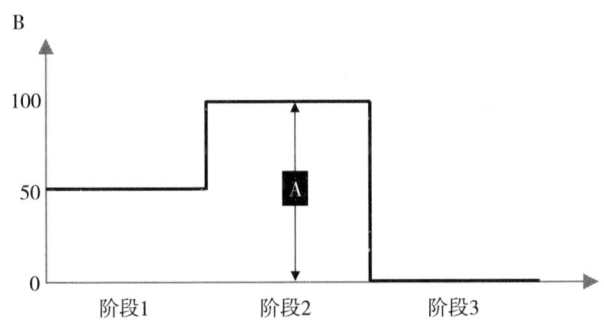

图 8.3　生命周期模型

表 8.1　生命周期储蓄示例

	年轻阶段 25~44 岁	中年阶段 45~64 岁	老年阶段 65~84 岁	终生
收入（Y）	150	150	0	300
消费（C）	100	100	100	300
储蓄（S）	50	50	−100	0
每期结束时的 金融资产（A）	50	100	0	

储蓄，这是很简单的。在这样一个经济体中，总储蓄率取决于年轻人和中年人与退休人口的比例。这是因为年轻人和中年人是储蓄者，而

退休人口是动用储蓄者。与退休人口相比，人口中年轻人和中年人越多，家庭总储蓄率就越高。如果人口是静态的（也就是说，每一代人都是一样的），总储蓄为零，因为年轻人和中年人的储蓄完全被退休人口对储蓄的消耗抵消了。利用表8.1中的例子，假设年轻人口是退休人口的两倍，而中年人口比退休人口多50%，那么总储蓄是175，退休人员动用的储蓄是100。因此，总的净储蓄为75。同样，如果年轻一代的工资水平高于退休人员，那么即使没有人口增长，净储蓄也会是正值。详见本章末尾的附录8C"世代交叠模型"。

8.4　日本的人口转型

8.4.1　人口金字塔

现在，让我们回顾一下日本已经经历过的以及在不久的将来要经历的人口结构变化。图8.4比较了1950年（上图）和2015年（下图）的人口金字塔（按年龄组别划分的人口柱状图）。[3] 女性人口的测度是从中间到右边，男性人口的测度是从中间到左边。年龄层是按顺序排列的，最年轻的一代在底部，最年长的一代在顶部。对于一个人口不断增长的国家，人口结构呈完美的金字塔形，具有一个宽大的底部。

1950年，日本的人口结构图就是金字塔形的。但快进到2015年，我们看到了一个非常不同的形状。它不再是一个金字塔，更像是一个啤酒桶。人口最集中的年龄段在65～70岁。事实证明，1950年金字塔底部5岁以下的人口来自婴儿潮，即婴儿数量的激增。在日本，许多婴儿潮一代已经退休，人口的激增正在向生命的老年阶段移动。

---

[3] 可以在日本国立社会保障和人口问题研究所的网站上获得日本不同年份的人口金字塔图（http://www.ipss.go.jp/site-ad/TopPageData/pyrea.html）。

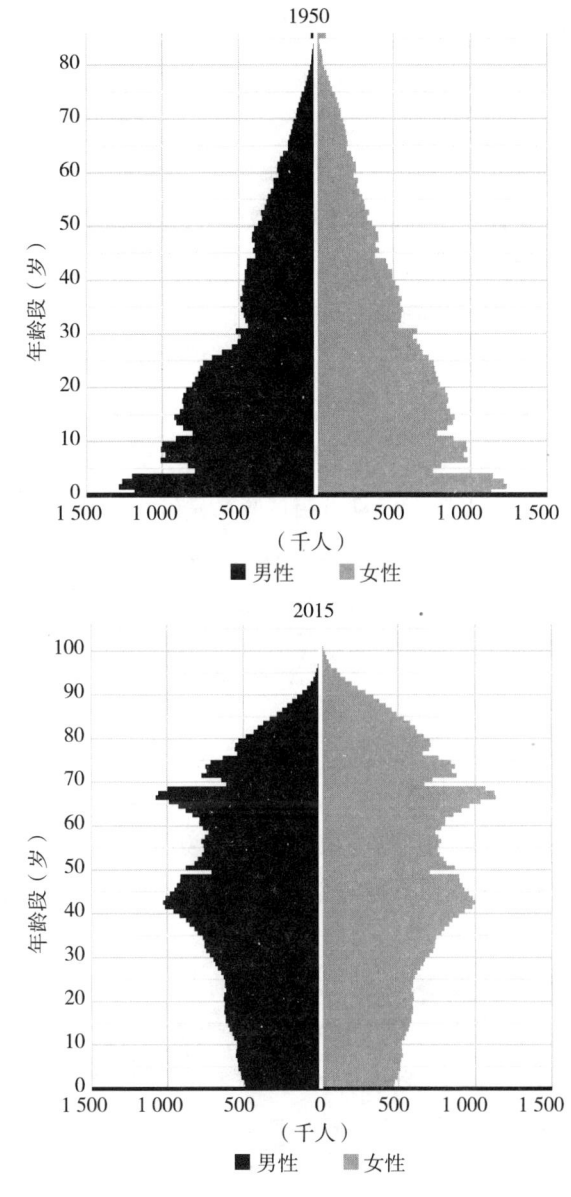

图8.4 人口金字塔

注：人口普查，包括不明年龄人口（按比例分配到每个年龄段）。
资料来源：日本总务省统计局。

第8章 储蓄、人口和社会保障

婴儿潮一代的孩子现在45～50岁。在2015年的人口金字塔中，第二代婴儿潮造成了中年人口的激增。[④] 在20～25岁人群中，我们没有看到类似的激增，他们是第二代婴儿潮的孩子。这表明，第二代婴儿潮生育子女的时间与第一代婴儿潮有所不同。这也是因为生育率的下降之剧烈，甚至超过了第二代婴儿潮导致的人口增长。[⑤] 因此，日本并没有出现第三代婴儿潮。

从金字塔形向啤酒桶形的转变有几个重要的经济含义。在日本以及许多其他发达国家，老年人得到各种财政转移支付的帮助，包括国民养老金、国民医疗保险、长期护理福利和对低收入家庭的救济。这些转移支付来自税收收入，而税收的征缴又主要来自更为年轻的工作一代。显而易见的是，当劳动者与这些社会福利转移支付的受益者之比下降时，平均每个劳动者抚养老年人的负担就会加重。因此，重要的不仅是人口增长，还有随着时间的推移劳动者与退休人员的比率如何变化。在日本，劳动人口与退休人口的比率已经在下降了，年轻一代的负担不断增加。

8.4.2 日本的人口和劳动力

二战以后，日本人口稳步增长，直到2010年达到1.28亿的峰值。从那时起，人口一直在下降。预计到2053年，人口数量将低于1亿（见图8.5）。

劳动年龄人口是指年龄为20～64岁的人口，1998年达到7 900万的峰值。（一些政府统计数据和其他研究人员有时使用20～59岁年龄组作为劳动年龄人口。我们认为20～64岁年龄组更符合现实。）21世纪第二个十年，随着婴儿潮一代达到65岁，劳动年龄人口急剧下降。

[④] 第二代婴儿潮有时被称为回声婴儿潮。
[⑤] 总和生育率从1989年的1.57下降到2005年的1.26。到2015年，这一数字又回升至1.45。

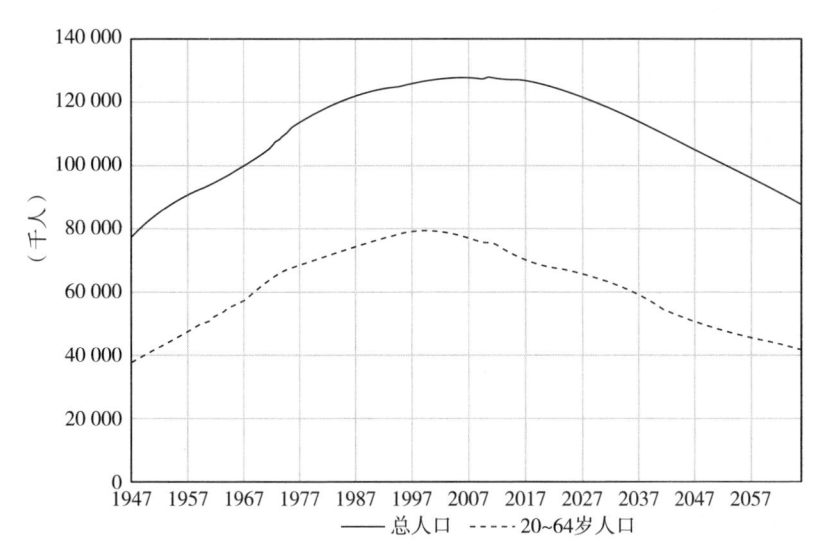

图 8.5　总人口（所有年龄段）与劳动年龄人口（20~64岁）的长期预测值
资料来源：日本国立社会保障和人口问题研究所，日本总务省统计局。

从2010年到2015年，劳动年龄人口每年减少近100万人。

这样定义的劳动年龄人口，并不等于实际工作的人数，因为很多人即使超过65岁仍然在工作，还有些人不到20岁就开始工作了。当我们比较劳动人口数量和退休人员数量时，更准确的方法是使用就业人数或劳动力的规模（就业加上失业的人数）。⑥ 直到1997年，就业人数和劳动力都在稳步增长，但自那以后两者都停滞不前。从2013年开始，就业人数和劳动力再次增加，这主要反映了女性劳动参与率的提高，第10章将讨论这一问题。

正如第8.3节所述，理解总储蓄率变化的关键，在于为退休而工作和储蓄的年轻人与不工作和动用储蓄的老年人的比率。生命周期模型中的年轻人与老年人的比率，在实证中可以用劳动年龄人口与65岁及以上人口的比率，或者由劳动者人数与退休者人数的比率衡量。尽管

---

⑥ 对劳动力、就业和失业的定义详见第10章。

这两个比率在理论上不同，但它们在经验上非常相似，并且朝着同一方向移动，如图8.6所示。在这里，退休者是那些年龄在65岁及以上且没有工作的人。21世纪第二个十年末期，劳动者与退休人员的比率比劳动年龄人口与老年人口的比率稍高一些，表明妇女和65岁及以上老年人的劳动参与率有所提高。

较高的劳动者与退休者比率或劳动人口与老年人口的比率，意味着较高的总储蓄率。1950年，劳动人口与退休人口的比率超过了10，但自20世纪50年代以来，这一比率急剧下降。该比率在1998年降至4.0以下，2006年降至3.0以下，在2017年接近2.0。现在，退休人口已经占到劳动人口总数的一半左右。展望未来，日本将会经历这样一种情况，即劳动者或储蓄者的人口比重低于退休者或动用储蓄者的人口比重。当这种情况发生时，该模型预测总储蓄率将变为负值。

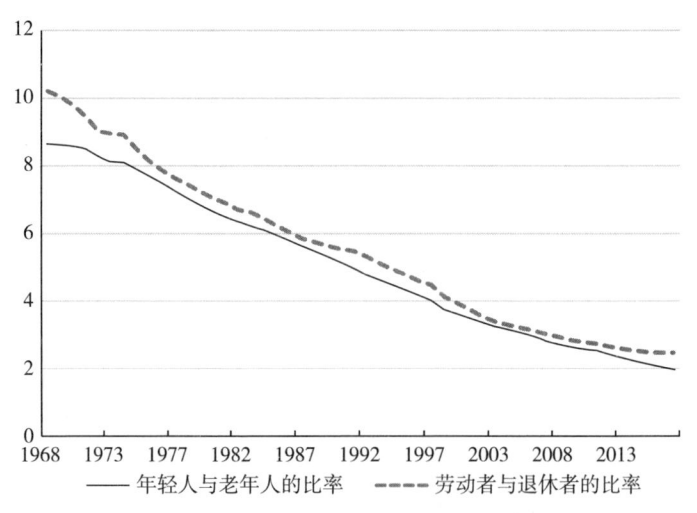

图8.6　年轻人与老年人的比率及劳动者与退休者的比率

注：（1）年轻人与老年人的比率不分工作状况，按25~64岁人口与65岁及以上人口的比率计算；（2）劳动者与退休者的比率是劳动者（在职的，不分年龄）数量与退休者数量（年龄在65岁及以上的不工作人口）的比率。

资料来源：日本总务省统计局。

8.5 为什么日本的储蓄率曾经这么高？

如第8.2节所示，日本的储蓄率曾经非常高，特别是在20世纪六七十年代。这激发了许多研究，试图说明为何储蓄率这么高，由此也形成了各种各样的解释，堀冈（1990）概述了其中40多种可能的解释，但我们此处只讨论以下几种更有可能的解释。

8.5.1 高增长和老年人口的低比重

许多研究发现，在20世纪五六十年代，日本的高增长率和劳动力大军中老年人口比例低是家庭储蓄率高的主要原因。正如我们之前看到的，这些都是简化的生命周期模型和世代交叠模型的结论。在前一节展示的世代交叠模型中，我们分别考虑了人口增长和人均收入增长两种情况。然而，在现实生活中，两者同时发生。日本在20世纪五六十年代经历了经济和人口的高速增长。在20世纪七八十年代，人口和经济增长都比以前放缓了。真正的变化发生在20世纪90年代到21世纪头十年。在这一时期，增长率降幅更大，总人口和劳动年龄人口都开始下降。这些变化对解释家庭储蓄率的变化具有重要意义。

即使增长率较高，一旦超过一定的门槛，实际上也会由于鼓励非常年轻的人现在借款并在以后储蓄（此时他们的收入通常较高）而降低总储蓄率，因此，最终的结果取决于消费者是否知道未来收入增长率的假设（借助于依据以往经验的外推法，对未来的预测具有高度的确定性），以及银行是否愿意向没有任何资产的年轻人放贷。如果增长很大程度上出乎意料，那么高增长率就更有可能增加总储蓄。如果年轻人的借贷受到限制，那么储蓄率将会更高。在20世纪五六十年代，高速增长出人意料地持久。再加上当时老年人口占比很小，意外的高增长提高了日本的储蓄率。因此，生命周期模型似乎可以解释这一现象。日本储蓄率随着人口老龄化而下降，这一经验也符合生命周期模型。

8.5.2 不完善的社会保障体系

日本和美国实行现收现付制的社会保障体系，从年轻劳动者那里收取社保费，将其作为福利金发放给老年人。根据生命周期模型，这种从年轻人到老年人的转移支付体系通过减少年轻人的收入（使他们无法储蓄）和增加老年人的收入（因此他们不必在年轻时储蓄），降低了总储蓄率。此外，由于死亡时间在现实世界中是不确定的，引入保险精算上公平的社会保障（养老金）制度将减少预防性储蓄。我们将在本章后面用数值例子证实现收现付制社会保障体系产生的影响。

美国的社会保障制度是在20世纪30年代推出的，但在1973年的社会保障体系改革之前，日本的社保制度尚不完善。缺乏慷慨的社会保障体系或许可以解释日本的高储蓄率。费尔德斯坦（1974，1980）关注公共养老金对总储蓄的影响。虽然在理论上很有吸引力，但是基于不完善的社会保障制度的解释在许多实证研究中并没有得到很好的效果。日本的社会保障体系自1973年以来迅速扩张，但黑坂和浜田（Kurosaka and Hamada，1984）发现，社保福利与国民收入的比率和个人储蓄率之间没有显著的负相关关系。林文夫（1986，表13）也发现，1973年以后日本"退休老夫妇"的储蓄率没有显著变化。此外，在战前几乎没有社会保障的时期，储蓄率也较低。

8.5.3 高昂的住房成本

昂贵的住房成本和教育、婚礼等花费不菲的项目，是日本高储蓄率的另一个流行解释。实际上，当日本家庭被问到为什么要存钱时，很多人的回答是为了支付这些昂贵的消费项目。例如，关于储蓄的年度民意调查经常发现，许多日本人存钱是为了积攒足够的钱来买房，或者支付子女的教育和婚礼费用。然而，虽然购买住房是个人储蓄的重要动机，但并不一定意味着总储蓄水平高。这是因为那些希望买房

（或为支付子女教育或结婚买房的费用）的人的储蓄，被那些动用储蓄来买房的人抵消了。正如我们在图8.3生命周期理论的例子中看到的，即使个人为退休而储蓄，总储蓄也可能为零。出于同样的原因，如果没有人口增长或生产率增长，高房价并不意味着总储蓄率更高。

对于购房或结婚而言，如果储蓄者多于动用储蓄者，那么住房（或婚礼）成本居高不下就会导致较高的储蓄总额。导致日本购房成本高于美国的一个因素是，首付款的占比很高。另一个因素是抵押贷款利息的税收减免。在日本，利息支付的可抵扣额通常是有限的，但在美国，抵押贷款的利息支付通常是完全可抵扣的。

林文夫等人（Hayashi、Ito and Slemrod，1988）借助一个模拟模型研究了首付限制对总储蓄率的影响，其中选择的参数重现了日本和美国购买住房的时间和储蓄率。他们得出的结论是，首付的差异使日本的储蓄率高于美国，但影响非常小。他们还在一个模拟模型中估计了改变有关利息收入免税和利息支出抵扣的税法规定产生的影响。该模型预测，如果美国采用日本1988年4月1日之前使用的制度，美国的储蓄率仅会上升1.5个百分点。这些结果并不意外，因为为买房而进行的储蓄被实际购房者动用的储蓄抵消了。与为退休储蓄需要很长一段时间不同，对于买房而言，储蓄和动用储蓄之间的间隔通常要短得多，对于结婚或教育也是如此。因此，从总体上看，这些大额消费项目的净储蓄并不多。

最近，有人提出了一个类似的假设，以解释中国的高储蓄率。魏尚进和张晓波（2011）认为，婚姻市场中男女比例上升，在21世纪头十年末高达124∶100，这激发了年轻男性（及其父母）在积累财富方面的竞争。出于与前面所述相同的原因，为婚礼而储蓄的影响在总体水平上可以忽略不计，无论它在个人层面上有多重要。有点令人惊讶的是，魏尚进和张晓波（2011）发现，21世纪头十年中国储蓄率上升中可以归因于男女比例上升的部分高达三分之一。这可能是因为有些男人找不到伴侣，从而永远没能动用他们的储蓄（但仍然对结婚抱有希望）。

8.5.4 遗产的赠予

与我们之前研究的三种解释不同，这一解释与标准的生命周期模型有很大的差别。在标准生命周期模型中，消费者储蓄是为了支付自己未来的消费。对遗赠动机的解释是，人们储蓄是为了把钱留给自己的孩子。人们关爱自己的孩子，从而放弃了自己的消费，以使他们的子女将来可以消费更多。[7] 这一假设与日本的情况是一致的，有学者发现，日本老年人的财富并没有出现快速的减少（Hayashi、Ando and Ferris，1988；Dekle，1990）。

是什么决定了为遗产而储蓄的数量，以及这一理论可以在多大程度上解释日本的储蓄率？在一个正在经历高生产率的经济体中（但预计未来生产率会降低），对当前这代人来说，进行大量储蓄以利用他们的高生产率，这可能是合理的。这样一来，省下的大笔金钱就会传给下一代，让他们从中受益。这一推理表明，当经济快速增长时，用于遗赠的储蓄会很高。因此，基于遗赠动机的解释可以说明日本经济快速增长时期的高储蓄率。

以上哪一种是日本高储蓄率的正确解释？储蓄主要是出于生命周期的考虑，还是由遗赠动机决定的？请注意，这些解释并不是互相替代的，正确的解释不止一种。似乎可以得出这样的结论，即所有的解释都是正确的，且每一种解释都可以至少部分说明日本的高储蓄率。

对于日本快速经济增长结束之后储蓄率的变化方向，生命周期模型和遗赠动机也有相同的预测。生命周期模型预测，储蓄率将因人口老龄化而下降。老年人和退休人口比例越高，总储蓄率就越低。基于遗赠动机的解释也预测，随着经济增长率的下降和日本向更发达经济

---

[7] Bernheim、Shleifer和Summers（1985）提出了一个假说，即老年人策略性地将自己的财富作为可能的遗产，以诱使其子女来照顾他们。

体的趋同，储蓄率会下降。此外，如果期望的遗赠金额是由平均每个孩子拥有多少遗产来确定的，那么子女数量的减少意味着总遗赠额会更少。的确，日本的储蓄率在21世纪头十年大幅下降，如图8.1所示。

8.6　人口变化的国别比较

在经济快速增长时期，从人口角度看，日本是一个年轻的国家。衡量一国人口年龄结构的一个概括性指标是老年抚养比，即年轻人和劳动人口（通常为20~64岁）与老年人口（通常为65岁及以上）的比率。高抚养比意味着这个国家有更多的年轻人来赡养老年人口。图8.7显示了从1950年到2012年七国集团各国老年抚养比以及从2013年到2070年的预测值。在20世纪80年代中期之前，日本是七国集团中抚养比最高的国家，但随着时间的推移，这一比率迅速下降。到2005年左右，日本成为人口老龄化最严重的国家。

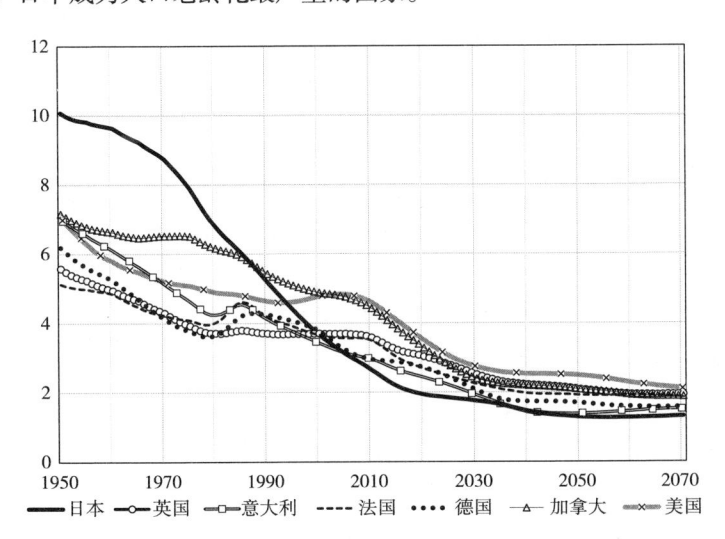

图8.7　七国集团各国老年抚养比的比较

资料来源：联合国《2017年世界人口展望》，https://population.un.org/wpp/Download/Standard/Interpolated/（最后访问时间为2019年6月30日）。

人口结构的急剧变化对日本经济产生了严重影响。首先，正如我们在第3章中看到的，劳动力增长是经济增长的重要源泉。人口老龄化和总人口的急剧下降意味着劳动力也在减少，这拖累了日本的经济增长。需要注意的是，实际GDP增长率可以表示为总人口增长率、劳动参与率增长率以及劳动生产率增长率之和，如下所示：

$$\Delta rGDP = \Delta POP + \Delta\left(\frac{LF}{POP}\right) + \Delta\left(\frac{rGDP}{LF}\right)$$

在上式中，$rGDP$是实际GDP，POP是总人口，LF是劳动力。

因此，总人口增长率的下降直接降低了实际增长率。人口老龄化也降低了劳动参与率的增长速度，因为老年人工作的可能性比年轻人更低。劳动参与率的下降降低了实际增长率。除非劳动生产率增长得足够快，足以抵消这些不利因素，否则老龄化和人口增长减速将导致经济增长放缓。

表8.2显示了从人口角度对过去几十年日本经济增长的分解。我们可以看到，在1955—1965年和1965—1975年，人口增长和劳动参与率的提高对日本经济增长做出了重要贡献，但在1975年之后，它们的贡献显著下降了。由于此时生产率的增速也下降了，日本的经济增长直线下降。

表8.2　对以往日本经济增长的分解　　　　　　　　　　　　　　（单位：%）

	实际GDP增长	人口增长	劳动参与率增长	劳动生产率增长
1955—1965	8.60	0.96	0.36	7.28
1965—1975	7.45	1.30	−0.24	6.39
1975—1985	3.80	0.78	0.35	2.67
1985—1995	2.98	0.37	0.75	1.86
1995—2005	1.01	0.17	−0.20	1.02
2005—2010	0.33	0.05	−0.10	0.31

资料来源：GDP数据来自日本内阁官房，人口数据来自日本总务省。

确实，劳动参与率下降的原因之一就是老龄化，或者说老年人口与劳动年龄人口比率的变化。由于老年人一般不工作，总人口的劳动参与率随着老龄化程度提高而下降。劳动参与率可表示为各年龄组劳动参与率的加权平均数：

$$\frac{LF}{POP} = \sum_i \frac{POP_i}{POP} \frac{LF_i}{POP_i}$$

其中下标 i 指的是特定年龄组。因此，如果我们假设每个年龄组的劳动参与率不变，就可以发现未来老龄化对劳动参与率的影响。表8.3显示了2010—2060年的这类计算结果。伴随着预期的人口总量下降，持续的老龄化对经济增长率将产生巨大的负面影响。即使生产率增速跃升至2.0%（这几乎是1995—2005年平均值的两倍），经济增长率也将继续保持在1%以下的水平。

表8.3 对未来日本经济增长的分解　　　　　　　　　　　　　（单位：%）

	人口增长	劳力参与率增长	劳动生产率增长	实际GDP增长
2010—2020	-0.31	-1.10	2.00	0.59
2020—2030	-0.62	-0.55	2.00	0.83
2030—2040	-0.83	-0.65	2.00	0.52
2040—2050	-1.00	-0.73	2.00	0.27
2050—2060	-1.13	-0.26	2.00	0.61

注：人口预测来自日本国立社会保障和人口问题研究所。

其次，根据生命周期模型，老龄化也会改变总储蓄率。源自生命周期的储蓄是总储蓄的重要组成部分，因此，随着人口逐渐老龄化，经济中有更多动用储蓄的老年人口，总储蓄会随之下降。正如本章前面所述，日本曾经是世界上储蓄率最高的国家之一，但随着时间的推移，特别是在21世纪头十年，日本的储蓄率显著下降。

最后，老龄化对日本公共养老金体系的融资产生了严重影响。日本公共养老金体系有一定的现收现付性质，即政府从年轻人那里征收社保缴费，并将其支付给现在的老年人。这是我们下一节将要讨论的内容。

8.7 日本的养老金体系

日本的公共养老金体系在战前只适用于有限的工种，如政府雇员、军队人员和平民船员，但在战争期间扩展到一般企业雇员。随着1959年《国家养老金法案》的出台，公共养老金体系进一步扩大到涵盖所有工作岗位（包括自我雇佣者）。多年来，该法案变得更加慷慨，尤其是在1973年之后，福利水平进一步提高并与通胀水平挂钩。

如本章前文所述，公共养老金体系过去有三种类型，即公务员养老金、雇员养老金和基本养老金。公务员养老金于2015年与雇员养老金合并。[⑧] 雇员养老金是一项界定清晰的福利计划，缴费水平取决于每位雇员的薪水。缴费的一半由雇员支付，另一半由雇主支付。通常，雇员缴费部分从其每个月的工资中扣除。此外，缴费率一直在上升，以补偿劳动者与退休人员比率的下降。

基本养老金向每个人开放，包括自我雇佣者、雇员的配偶和失业者。因此，职工既可以享受雇员养老金，也可以享受基本养老金，但自我雇佣者只能享受基本养老金。

雇员养老金体系有个特殊之处值得一提。雇员养老金还覆盖了参保员工的配偶，并且只要其本人收入低于一定限额（截至2019年为每年130万日元），配偶就无须缴纳任何保费。这对配偶（主要是留在家里的妻子）挣得比该水平更高的收入产生了明显的抑制作用。

这些公共养老金计划是一个无资金积累的系统，也就是说，支付

[⑧] 对公务员养老金与雇员养老金合并之前养老金制度的描述与分析，详见Takayama和Kitamura（2009）。

给退休一代的养老金福利与他们年轻时积累的保费没有关系。但是，它也不是一个纯粹的现收现付制体系，因为某一年的保费金额可能超过给付的养老金金额。如前所述，中间的差额在政府养老投资基金中累积起来。实际上，即使在20世纪70年代早期扩张之后，政府养老投资基金的资产仍在持续增长，因为直到最近，年轻人缴纳的保费一直超过对老年人的福利支付。

随着日本人口老龄化和经济增长放缓，包括公共养老金、全民医疗保险、长期护理保险和残疾保险在内的社会保障体系已经变得难以为继。在职劳动者的养老金缴费率逐渐提高，已经达到了18.3%的法定上限，如图8.8所示。因此，一个年龄段接着一个年龄段，一生领取的养老金福利与其缴费率之比一直在下降。人们出生得越晚，这一比

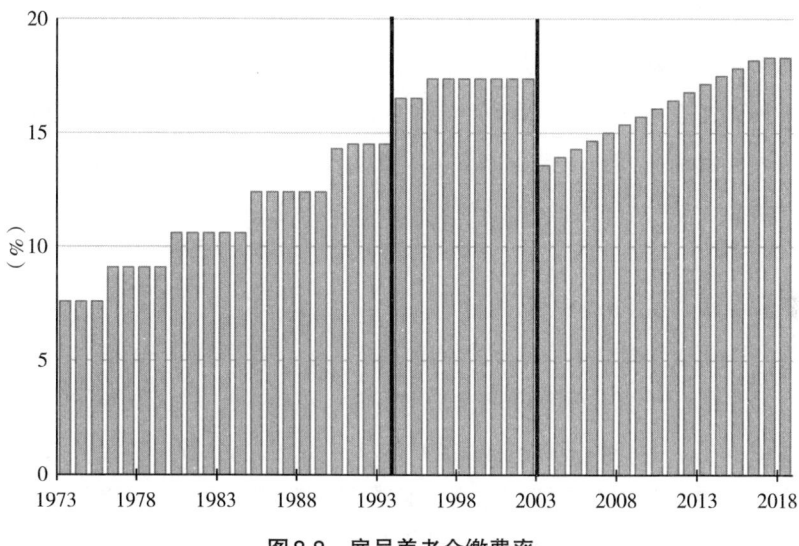

图8.8 雇员养老金缴费率

注：（1）每年的实施月份各不相同。但是，这里没有显示月份的信息。（2）直到1993年12月，女性劳动者的缴费率都低于男性劳动者。在此表中，1993年12月及以前，只列出了男性劳动者的缴费率。（3）2003年3月以前，缴费只按月薪计算；2003年4月及以后，缴费计算以每月的工资与奖金的总额为准。（4）法律规定，18.3%为最高缴费率。因此，18.3%的缴费率将无限期地持续下去。

资料来源：日本年金机构。

率就越低，将来也会如此。随着日本经济从20世纪90年代开始停滞不前，这个问题变得越来越严重。这使得基本养老金明显不可持续，并导致了一场剧烈的变革。此次改革从2009年4月开始，由税收（而非社保缴费）资助的基本养老金福利占比从三分之一提高到二分之一。

日本的劳动者，尤其是年轻人，普遍认为日本的公共养老金体系是不可持续的。这导致许多年轻人不愿意缴纳基本养老金。那些不缴纳养老金的人，在年老以后就没有资格领取养老金，所以从长远看，这可能会减轻公共养老金体系的资金压力。但在短期内，这加剧了公共养老金体系的财政困难，并进一步危及这一制度的可持续性。

日本公共养老金体系仍有大量储备金（截至2019年3月为159万亿日元），目前由政府养老投资基金管理。公共养老金体系的运作过去由社会保险局负责。大约在21世纪头十年中期，爆发了几起涉及该机构的丑闻。例如，数百万参保者的缴费记录被发现不准确或完全丢失。此外，还发现社会保险局的一些网点给予某些雇主不合理的缴费豁免。丑闻使政府蒙羞，以至于如果不进行大规模的重组，该机构就无法继续运作。最后，社会保险局被废除，公共养老金体系的运作被移交给新成立的日本年金机构，累积的资金由政府养老投资基金管理，并由其单独负责管理这些投资组合。

由于日本的人口结构转型对公共养老金体系产生了不利影响，因此该体系很难保持福利和缴费水平不变。年轻一代将在工作时缴纳更多的保费，而得到的福利却比老一辈少。为了减轻代际的不公平，避免政府养老投资基金资产枯竭，必须实施下列某项或多项改革措施，（1）降低目前已退休和即将退休人员的福利水平，（2）提高缴费率，（3）推迟领取全额养老金的退休年龄，（4）增加一般税收收入的注入，（5）提高政府养老投资基金投资组合的收益率，并将其注入养老金体系，（6）提高劳动力市场的总体参与率。

为了恢复养老金体系的可持续性，削减老年人的福利水平显然是一个选择，但这在政治上可能非常困难，因为这相当于违背了几十年前对这些人做出的承诺。过去15年间，通货紧缩导致了生活成本的下降，因此降低福利水平只是一项滞后的修正，政府希望通过指出这一点来证明这样做的正当性。

另一个显而易见的选择是增加年轻人的社保缴费。然而，目前公众已经认为18.3%的缴费率（雇主和雇员各承担一半）够沉重了，而且现行法律明确规定这是缴费率的上限。此外，一些人可能会认为此举是不公平的，因为现在的年轻一代已经比前几代人的境况更糟糕了。这也会鼓励更多的年轻工人拒绝加入公共养老金体系。

还有一个选择是提高领取养老金的年龄。日本已经这样做了。2013年，领取养老金的最低年龄从60岁提高到61岁。符合领取条件的最低年龄将继续逐步提高，直到2025年达到65岁。然而，将退休年龄提高到65岁以上（一些欧盟国家正是这样做的），对于日本而言似乎在政治上也行不通。为了减少这一变化对较年长劳动者的不利影响，还必须修改劳动法，使雇主必须（1）将强制性退休年龄提高到65岁以上，（2）完全废除强制性退休，或者（3）继续雇用达到法定退休年龄以后仍愿意工作的工人。随着预期寿命不断延长，许多人将退休年龄推迟到70岁甚至更晚，这在经济上是合理的。

另一种选择是在整体上增加税收，并用其中的一部分来补贴公共养老金体系。很多人赞同将提高消费税作为一种解决方法。老一辈人只要活着，也必须支付消费税，因此与提高养老金缴费率相比，这可以在更大的范围内分摊维持养老金体系的负担。2014年4月1日，消费税率从5%提高到8%。该税率本应在2015年10月1日再次从8%提高到10%，但到目前为止，已经推迟了两次。目前计划在2019年10月调高消费税。

另一种可能性是通过承担经过精算的风险，来提高政府养老投资基金投资组合的回报率，该投资组合的价值约为160万亿日元。2013—2015年的政府养老投资基金改革使之能够改变自己的投资组合，可以持有更多的国内外股票，而它过去几乎只持有日本国债。[9] 这提高了回报率，尽管波动率也必然会上升。

增加在职并向公共养老金体系缴费的劳动者数量，对实现该体系的可持续性也有间接的帮助。许多人认为，鼓励妇女留在劳动力市场中是一个有效的解决办法。正如我们将在第10章中看到的，日本妇女各年龄段的劳动参与率显示出明显的M形曲线；也就是说，许多妇女在20多岁和30多岁组建家庭时就退出了劳动力市场。创造一个鼓励妇女继续工作的环境，会增加额外的社会保障缴费。此外，至少在发达国家，可以观察到妇女劳动参与率与生育率之间呈正相关关系。较高的生育率将有助于降低抚养比。最后，欢迎更多的外国工人也会增加社会保障缴费。

附录8A　数据指南

家庭收支调查（FIES）

家庭收入和支出调查旨在提供包含两个或两个以上成员的所有非农业家庭收入和支出的综合数据，以及其他相关信息。农业、林业和渔业的家庭曾经被排除在外，但在1999年它们成为调查的一部分。在2 600万户符合条件的家庭中，随机抽取约9 000户家庭进行调查（2002年样本量从8 000个增加到9 000个）。

可支配收入和消费支出按月计量。消费支出分为不同的用途和项目。消费量是由数量、价格和支出衡量的。统计数据按家庭特征（比如收入、户主的年龄和职业）和地理区域（比如"所有样本""所有城市""大城市"）制成表格。由于填写支出明细会占用被抽样家庭的时间，一些研究

---

[9] 2013年11月由完善公共/准公共基金管理委员会发布的报告建议进行此项改革。参见以下网址：https://www.cas.go.jp/jp/seisaku/koutekikisikin_unyourisk/pdf/e_final_report.pdf.

人员怀疑，积极的受访者会存在偏差，从而破坏了抽样方法的无偏性。

抽样是经过精心设计的，以使中小城镇和大城市一样，能够得到充分的反映。对于样本较小的消费-支出类别，比如汽车和其他耐用消费品，在进行计量分析时应特别小心。年度报告在每年6月左右发布。月度报告也可在调查月份后2~3个月获得。

全国家庭收支调查（NSFIE）

全国家庭收入和支出调查每五年进行一次，是对消费者行为进行的最全面的调查。它在抽样家庭的规模和覆盖范围以及调查的问题范围等方面，与FIES有所不同。NSFIE通常包括单人家庭、农业、林业和渔业家庭以及其他类型的家庭。这项调查的规模现在是56 400个家庭，其中4 700个是单人家庭。家庭按户主的年龄和职业以及家庭类型（单人、一对夫妇、一对夫妇和一个孩子，诸如此类）对家庭进行分类。购买特定消费品的商店类型也列在表中。对于耐用消费品，该调查会询问每件商品的购买时间，以及购买这件商品是为了置换，还是额外购买。

注重全面性的代价是，自1959年以来，这项调查只能每五年进行一次。在调查年度的9月、10月和11月，对家庭的收入、支出、耐用消费品、持有的资产和借款进行调查（单人家庭只在11月进行调查）。应注意抽样月份的季节性影响。NSFIE是最全面的家庭调查。

全民健康和福利生活状况综合调查

从1986年开始的全民健康和福利生活状况综合调查（*Kokumin Seikatsu Kiso Chosa*），整合了此前分别进行的四项不同调查（四项之前的调查分别是*Kosei Gyosei Kiso Chosa*、*Kokumin Kenko Chosa*、*Kokumin Seikatsu Jittai Chosa*和*Hoken Eisei Kiso Chosa*）。这一涵盖约29万户家庭的大型调查每三年进行一次。在另外的两年里进行小规模的调查。这项大型调查询问三类问题：家庭构成、健康状况、收入和储蓄。家庭构成的问题包括户主的年龄、其他家庭成员的年龄、性别以及领取或发放的抚恤金种类。健康状况方面的问题包括家庭成员生病的情况、家庭成员去医院就医的频率，以及家庭成员住院的时长。收入和储蓄（金融资产和住房条件）问题是按不同家庭类型交叉列出的，比如家里是否有65岁及以上的老年人。

附录8B 储蓄与投资相等

在宏观经济学导论中，我们知道储蓄等于（事后的）投资。只有在一个封闭的经济体中，政府预算平衡时才是如此。在中级水平，我们知道以下收入等式。采用通常的符号，$Y=$总收入，$C=$消费，$I=$投资，$G=$政府支出，$X=$出口，$M=$进口，$S=$储蓄，$T=$税收，首先考察总收入恒等式和消费的定义：

$$Y=C+I+G+X-M$$

$$C=Y-T-S$$

有了这两个方程，我们可以把储蓄S改写为：

$$S=Y-C-T=I+G+X-M-T$$

因此，

$$S-I=(G-T)+(X-M) \quad (A1)$$

用文字表述，（A1）式简化为：

$$储蓄-投资=政府赤字+贸易顺差$$

另一个核算关系表明，经常账户盈余等于资本流出（减去第6章中的外汇储备增加和银行总部分支机构之间的会计处理）。简单地说，

$$贸易顺差=资本流出$$

这个等式让我们可以洞察储蓄对宏观经济的影响。简单地说，在没有外贸或政府赤字的情况下，储蓄增加会导致投资增加，即资本存量增加（减去替换现有存量的折旧）。资本存量增加意味着经济生产率增长

得更快。这一推理经常被用来说明为何应将刺激储蓄作为经济政策目标（例如，参见Summers，1985）。然而，在一个资本自由流动的世界里，没有理由期望储蓄与投资相关。然而，储蓄和投资之间存在着高度的相关性。这通常被称为费尔德斯坦-堀冈之谜（Feldstein and Horioka，1980）。

（A1）式可以用一种不同的方式来解释：政府赤字必须通过储蓄超过投资的部分和/或贸易赤字来融资。

总而言之，在其他条件相同的情况下：

- 高储蓄率可能会维持高投资，从而导致更快的经济增长。
- 高储蓄率将为政府赤字提供资金，而不会导致较高的实际利率或者必须从国外借款。政府赤字的增加会给子孙后代留下更多的政府债务。
- 高储蓄率会产生对外借贷（资本外流）。从长远看，这将使一国成为国际贷款人。

在日本，储蓄率一直居高不下。在20世纪五六十年代，证实了高储蓄率的第一个含义，即更高的投资。在1973—1974年的石油危机之后，投资锐减，政府赤字迅速增加。20世纪80年代，政府赤字减少，投资仍落后于60年代的步伐，资本大量外流。高储蓄率的最后一重含义将在第9章详细分析。在不同的时期，日本展现了高储蓄率对宏观经济的三个影响是如何在实际中发挥作用的。

附录8C 世代交叠模型

本附录以第8.3节讨论的模型为基础，发展了一个世代交叠模型，并以此来讨论人口增长/下降和收入增长对总储蓄和现收现付制社会保障体系的影响。

接着那一节的内容，我们考虑消费者有三个不同生命阶段的经济。

那么，在任意t年，经济中有处于三个不同生命阶段的三代消费者（即出生于不同的时期）。[10] t-2代是t年的老年人，t-1代是中年人，t代是刚刚开始其职业生涯的年轻人。这种类型的模型被称为世代交叠模型，在宏观经济分析中经常使用。

回想一下，我们用符号$Y(g, s)$来表示g代人在s阶段的人均收入（s=3代表老年人，s=2是中年人，s=1是年轻人）。将t年不同代消费者的收入、消费和储蓄相加，我们可以得出t年的总收入[$Y(t)$]、总消费[$C(t)$]和总储蓄[$S(t)$]。假设t代有$POP(t)$个消费者。那么：

$Y(t)=POP(t-2) \times Y(t-2, 3)+POP(t-1) \times Y(t-1, 2)+POP(t) \times Y(t, 1)$

$C(t)=POP(t-2) \times C(t-2, 3)+POP(t-1) \times C(t-1, 2)+POP(t) \times C(t, 1)$

$S(t)=POP(t-2) \times S(t-2, 3)+POP(t-1) \times S(t-1, 2)+POP(t) \times S(t, 1)$

我们可以用这个模型观察，随着时间的推移，人口和收入的变化如何影响总的消费和储蓄。在本附录的其余部分，我们假设老年人不工作也没有收入，即对于所有的g，有$Y(g, 3)=0$。

人口不变，收入不变

首先，让我们考虑一种静态经济，在这种经济中，人口一代一代保持不变，一生的收入模式不会随着世代更替而变化。我们假设消费者年轻时和中年时收入都为150，年老时收入为0。我们将每一代的人口规模标准化为1。

那么，经济体的总收入是恒定的：150+150+0=300。总消费量是100+100+100=300（回想一下第8.3节中讨论的消费平滑）。储蓄是总收入和总消费之差，在这里等于0。表8A.1说明了这一点。

这个数值例子表明，如果所有世代的所有个体收入模式相同，并

---

[10] 严格来说，这里的符号t不是日历年，而是我们三时期模型中的一个时期。通过明确一个时期包含多少年，我们可以区分年份和时期。只要每个时期包含相同的年数，以下计算就不会改变。

且人口一代一代保持不变，那么总储蓄为0，储蓄率也因此为0。在这个经济体中，除非资本来自国外，否则没有资本积累。要获得正的总储蓄，要么需要人口增长（年轻储蓄者比动用储蓄的老年人更多），要么需要生产率的增长（年轻储蓄者的终生收入比动用储蓄的老年人高）。

表8A.1 静态经济中的世代交叠模型

	t年
$t-2$代	老年人
收入[$Y(t-2,3)$]	0
消费[$C(t-2,3)$]	100
储蓄[$S(t-2,3)$]	−100
$t-1$代	中年人
收入[$Y(t-1,2)$]	150
消费[$C(t-1,2)$]	100
储蓄[$S(t-1,2)$]	50
t代	年轻人
收入[$Y(t,1)$]	150
消费[$C(t,1)$]	100
储蓄[$S(t,1)$]	50
宏观总量	
收入（Y）	300
消费（C）	300
储蓄（S）	0
储蓄率（S/Y）	0.0%

注：$Y(t)=Y(t-2,3) \times POP(t-2) +Y(t-1,2) \times POP(t-1)+Y(t,1) \times POP(t)$，$C(t)=C(t-2,3) \times POP(t-2)+C(t-1,2) \times POP(t-1)+C(t,1) \times POP(t)$，$S(t)=Y(t)-C(t)$。
资料来源：作者自制。

人口增加

让我们假设人口一代一代地增长。因此，在任意t年，更年轻的消费者更多。由于处于储蓄阶段的一代人的数量大于处于动用储蓄阶段的一代人的数量，因此总储蓄为正。

假设人口每一代就翻一番。那么，在任何一年，对于每一个老年消费者，就会有两个中年消费者和四个年轻消费者。如果我们将在t时刻老年人的人口标准化为1，那么中年人和年轻人的人口分别是2和4。因此，t时刻的总收入为：

$$Y(t)= 0 \times 1+150 \times 2+150 \times 4= 900$$

与此相似，总消费是：

$$C(t)=100 \times 1+100 \times 2+100 \times 4=700$$

因此，总储蓄为$S(t)=900-700=200$，总储蓄率为2/9（约22.2%）。这个数值例子如表8A.2所示。

表8A.2 加入人口增长因素的世代交叠模型

$t-2$代	老年人
收入[$Y(t-2,3)$]	0
消费[$C(t-2,3)$]	100
储蓄[$S(t-2,3)$]	-100
人口[$POP(t-2)$]	1
$t-1$代	中年人
收入[$Y(t-1,2)$]	150
消费[$C(t-1,2)$]	100
储蓄[$S(t-1,2)$]	50
人口[$POP(t-1)$]	2
t代	年轻人
收入[$Y(t,1)$]	150
消费[$C(t,1)$]	100
储蓄[$S(t,1)$]	50
人口[$POP(t)$]	4
宏观总量	
收入（Y）	900
消费（C）	700
储蓄（S）	200
储蓄率（S/Y）	22.2%

注：$Y(t)=Y(t-2,3) \times POP(t-2)+Y(t-1,2) \times POP(t-1)+Y(t,1) \times POP(t)$，$C(t)=C(t-2,3) \times POP(t-2)+C(t-1,2) \times POP(t-1)+C(t,1) \times POP(t)$，$S(t)=Y(t)-C(t)$。$POP=$人口。

资料来源：作者自制。

人均收入的增长

在不断增长的经济中，包括20世纪60年代的日本，人均收入伴随着人口的增长而快速增加。当劳动生产率提高时，人均收入的增长成为可能。在一个新兴经济体中，企业可以投资于技术更先进的机器，并让工人学习如何使用更好的机器。

让我们考虑生命周期模型中的人均收入增长对个人消费和储蓄的影响，以及在世代交叠模型中对总收入和储蓄的影响。为简便起见，假定人口增长为零。假设人均收入每一时期翻一番。表8A.3展示了每代人如何计划其一生的消费/储蓄（遵循生命周期模型），以及三代人的计划在t年的总和。$t-2$代人是t年的老年人，他们所做的只是动用储蓄（100）。虽然当前的中年人挣得的收入与年轻人相同，但由于其终生收入较少，他们的消费有所不同。中年人将收入的一半（400）存起来，而年轻人则将所有收入用于消费。年轻人指望下一年收入会大幅增加。在这个例子中，消费者只在中年时为退休储蓄。

在这个例子中，总储蓄变成正值，因为老年人动用的储蓄小于中年人的储蓄。老年人的终生收入比随后的人群（即同一时期的中年人或年轻人）要少，因此他们的消费（以及动用的储蓄）也比随后的人群要少。

因此，无论是人口增长还是人均收入增长都能产生正的总储蓄。然而，两者之间有一个重要的区别。对人均收入增长而言，在达到一定的临界值之后，较高的增长率可能会降低总储蓄率。这是因为生产率的高增长对总储蓄率有两个方向相反的影响。首先，收入高增长意味着年轻一代的收入更高，因此他们的储蓄往往超过老年人动用的储蓄。其次，高收入增长也意味着每个消费者的年龄–收入曲线更陡峭。这意味着年轻人可以推迟为退休而储蓄的时间，直到中年阶段再储蓄（"当我以后有更多收入时，我再储蓄"），并在年轻阶段减少储蓄。实际上，在表8A.3的例子中，年轻人根本不储蓄。

表8A.3　加入收入增长因素的世代交叠模型

	t−2年	t−1年	t年
t−2代	年轻人	中年人	老年人
收入[Y(t−2,3)]	100	200	0
消费[C(t−2,3)]	100	100	100
储蓄[S(t−2,3)]	0	100	−100
t−1代		年轻人	中年人	生命继续→
收入[Y(t−1,2)]		200	400
消费[C(t−1,2)]		200	200
储蓄[S(t−1,2)]		0	200
t代			年轻人	生命继续→
收入[Y(t,1)]			400
消费[C(t,1)]			400
储蓄[S(t,1)]			0
宏观总量			
收入(Y)			800
消费(C)			700
储蓄(S)			100
储蓄率(S/Y)			0.125

注：$Y(t)=Y(t-2,3) \times POP(t-2)+Y(t-1,2) \times POP(t-1)+Y(t,1) \times POP(t), C(t)=C(t-2,3) \times POP(t-2)+C(t-1,2) \times POP(t-1)+C(t,1) \times POP(t), S(t)=Y(t)-C(t)$。

资料来源：作者自制

人口增长时的现收现付制社会保障体系

正如第7章讨论的，日本的公共养老金体系本质上是一种现收现付制，它从正在工作的年轻人那里收取养老金费用，并将其作为福利金发放给生活在同一时期的退休人员。在一个不断增长的经济体中，推行现收现付制的养老金体系可以改善每一代人的福利。这是因为每个退休人员都可以获得从年轻群体那里转移来的福利金，而年轻群体人数比退休群体人数更多（人口增长）和/或收入更高（生产率增长）。让我们用存在人口增长的世代交叠模型来说明这一点。

我们再次假设人口每一代都会翻一番。我们按照以下方式引入现收现付制养老金体系。假设政府对工人的收入征收10%的社会保障费，并把所有这些收入都转给当代的老年人。每个消费者在年轻和中年时工作，都要支付社会保障费（10%）。所缴费用被分配给已经退休的老一辈人。

在我们的数字例子中，每个消费者在年轻和中年时支付15。当消费者步入老年并退休时，每个老年消费者对应2个中年消费者和4个年轻消费者。因此，每个老年消费者得到90 [15×（2+4）]。在整个生命周期中，每位消费者工作时支付30（15×2），退休后领取90。终生收入净增60。在现收现付制养老金体系刚一实施时已经是老年人的这代人，他们的情况会更好，因为这些人不用向该社会保障体系支付任何费用，福利金就增加了90。因此，当现收现付制体系被引入时，每一代人的福利水平都提高了。计算结果如表8A.4所示。

现收现付制养老金体系降低了总储蓄率。在人口增长的经济中（即每一代人口翻一番），总储蓄率从没有现收现付制时的22.2%下降到有这一制度时的6.7%。

表8A.4　加入人口增长和社会保障因素的世代交叠模型

$t-2$代	$t-2$ 年轻人	$t-1$ 中年人	t 老年人	终生
收入[$Y(t-2,3)$]	150	150	0	300
消费[$C(t-2,3)$]	120	120	120	360
储蓄[$S(t-2,3)$]	15	15	−30	0
社保税率（10%）	−15	−15	90	60
人口[$POP(t-2)$]		16		

$t-1$代	年轻人	中年人	老年人	终生
收入[$Y(t-1,2)$]	150	150	0	300
消费[$C(t-1,2)$]	120	120	120	360
储蓄[$S(t-1,2)$]	30	15	−120	−75
社保税率（10%）	−15	−15	90	60

(续表)

	$t-2$	$t-1$	t			
人口[$POP(t-1)$]			32			
t代			年轻人	中年人	老年人	终生
收入[$Y(t,1)$]			150	150	0	300
消费[$C(t,1)$]			120	120	120	360
储蓄[$S(t,1)$]			15	30	−120	−75
社保税率（10%）			−15	−15	90	60
人口[$POP(t)$]			64			
宏观总量						
收入（Y）			14 400			
消费（C）			13 440			
储蓄（S）			960			
储蓄率（S/Y）			0.067			

注：$Y(t)=Y(t-2,3) \times POP(t-2)+Y(t-1,2) \times POP(t-1)+Y(t,1) \times POP(t), C(t)=C(t-2,3) \times POP(t-2)+C(t-1,2) \times POP(t-1)+C(t,1) \times POP(t), S(t)=Y(t)-C(t)$。

资料来源：作者自制。

人口减少时的现收现付制养老金体系

如前所述，在人口增长的情况下引入现收现付制养老金体系，会增加未来几代人的终生可支配收入，从而使其受益。原因是年轻人比退休人员多，退休后从年轻一代得到的比自己年轻时缴纳的要多。赡养每个退休人员的人员数量都在扩大，因此，随着现收现付制养老金体系的引入，未来每一代人的终生收入都有可能增加。

但是如果人口在下降呢？那么，退休人员得到的比其年轻时支付的要少。从养老金体系获得的终生净收入变为负值。因此，在人口不断减少的经济体中引入现收现付制养老金体系只会使第一代人受益，因为他们可以领取养老金但不用缴纳任何保费。

表8A.5中的数值例子解释了这一点。对每个工人征收10%的社会保障税，并在同一时期将其支付给退休人员。每一代人得到的退休福利是比自己年轻一代的人和年轻两代的人缴纳的社保费之和。社保费

表8A.5　人口减少的世代交叠模型

	1970	1990	2010	
t−2代	年轻人	中年人	老年人	终生
收入[Y(t−2, 3)]	150	150	0	300
消费[C(t−2, 3)]	93.75	93.75	93.75	281.25
储蓄[S(t−2, 3)]	41.25	41.25	−82.5	0
社保税率（10%）	−15	−15	11.25	−18.75
人口[POP(t−2)]		16		
t−1代		年轻人	中年人	老年人	终生
收入[Y(t−1, 2)]		150	150	0	300
消费[C(t−1, 2)]		93.75	93.75	93.75	281.25
储蓄[S(t−1, 2)]		41.25	41.25	−82.5	0
社保税率（10%）		−15	−15	11.25	−18.75
人口[POP(t−1)]		8			
t代			年轻人	中年人	老年人	终生
收入[Y(t, 1)]			150	150	0	300
消费[C(t, 1)]			93.75	93.75	93.75	281.25
储蓄[S(t, 1)]			41.25	41.25	−82.5	0
社保税率（10%）			−15	−15	11.25	−18.75
人口[POP(t)]			4			
宏观总量						
收入（Y）		1 800				
消费（C）		2 625				
储蓄（S）		−825				
储蓄率（S/Y）		−0.458				

注：$Y(t)=Y(t-2,3) \times POP(t-2)+Y(t-1,2) \times POP(t-1)+Y(t,1) \times POP(t), C(t)=C(t-2,3) \times POP(t-2)+C(t-1,2) \times POP(t-1)+C(t,1) \times POP(t), S(t)=Y(t)-C(t)$。SS=社会保障。

资料来源：作者自制。

总额是15，即每个工人总收入150的10%。假设每代人口比上一代下降一半，因此1990年那一代人口（8）是1970年那一代人口（16）的一半；2010年那一代人口（4）是1990年那一代人口（8）的一半。

1970年那一代人的退休福利金额是两代更年轻的人缴纳的社保费之和：15×12（两代更年轻的人口数为8+4=12）。将其除以人口，1970年一代的人均退休福利为15×（8+4）/16=11.25。如果每一代人的人口减少一半，那么这一数额（11.25）比人口每代翻倍的情况下1970年那一代退休人员所获的福利（90）要少得多（见表8A.4）。更重要的是，这一数额小于1970年那一代在其一生中向社保系统缴纳的总额（30）。因此，在这个例子中，每一代人的境况都恶化了，除了在引入现收现付制时已经退休的那一代人。

对于人均收入下降的经济体，也可以进行类似的计算。显然，在人均收入下降的经济体中，引入现收现付制社保系统将使福利从收入较低的一代（年轻人）转移到收入较高的一代（老年人），这并不合理。根据这些数字例子，对日本的经历可以做如下解释：

现收现付制社会保障体系是在人口和劳均收入都在增长的情况下引入的。在这样的情况下，该体系可以让每一代人的境况都有所改善。然而，40年后，人口开始下降，收入增长停滞。老一代正在享受40年前承诺的退休福利，但年轻一代看到，为了使现收现付制能够持续，他们享受的福利必须减少。这就是他们不满的根源。

第9章 产业结构

9.1 引言

日本的产业结构曾经是美国大众和财经报刊一直讨论的话题。导致这种现象的一个明显原因就是，日本独特的产业结构被怀疑是该国制造业突飞猛进的源泉。20世纪七八十年代，日本制造业的成功成为美日贸易冲突的一个根源，而被称为"经连会"的企业集团扮演的角色，也受到了美国政策制定者的严格审查。在20世纪90年代，由于资本市场放松管制，经连会中的银行对经连会内部工业企业成员的重要性降低了，而且过去处于经连会核心的银行也与其他经连会的银行合并，因此经连会的作用就变得不那么重要了。许多经连会企业发行公司债券并偿还银行贷款。日本经济增长放缓降低了企业投资以及对银行贷款的需求。最后，经连会银行的合并（包括住友和三井的合并以及富士、第一劝业银行和日本兴业银行的合并）破坏了经连会企业与经连会银行之间的排他性关系。

在经济快速增长时期，美国和日本在产业组织方面存在着三个重要区别：

许多日本企业都属于横向经连会。经连会所属机构通过相互持股，将工业企业、银行和其他金融机构成员绑在一起（交叉持股）。经连会这一制度安排还涉及通过集团内金融机构的贷款建立联系。一家企业集团的核心通常是银行。与美国的银行不同，日本的银行被允许持有其他企业的股权。银行拥有集团成员企业的股份，这构成了交叉持股的重要环节。除了持有股份之外，银行还向集团附属企业提供贷款，有时还会向其派出董事。一些企业计划在集团内部成立合资企业。一些批评者认为，集团内部的排他性交易形成了一种壁垒，使非关联企业，尤其是外国企业，无法进入这一市场。

在日本，大企业与中小企业有诸多不同。在一家大企业里，许多工人一直在同一家企业工作到退休，不断晋升到更高的职位。大企业很少雇用曾任职于其他企业的员工。小型制造企业通常为大企业提供零部件。它们雇用更多的临时工和季节性工人，工资相对较低。服务业的许多小公司，包括零售商店，都是由家庭经营的。将企业划分为"大企业"和"中小企业"，即所谓的二元结构，是一个值得深入探究的课题。[1] 一些为人熟知的日本产业组织和劳动力市场的特征，通常只适用于大企业。

日本的政企关系看起来与美国大不相同。传统观点强调政府与大企业之间的合作关系：政府和企业共同选择目标产业（被称为朝阳产业），然后通过高关税和进口配额保护这些产业，并用优惠贷款和其他资源加以培育。通产省（MITI）还促使需求下降的行业组成抑制性的卡特尔组织，试图协调企业有序退出导致结构性衰退的产业（夕阳产业）。

---

[1] 二元结构一词在其他语境中还有另外的用法。例如，就战前劳动力市场而言，这意味着城市工人要求的工资很高，而农业部门的工人工资只能勉强维持生计。就战后经济而言，这意味着大企业的工人比小企业的工人享有更高的工资和奖金、更短的工作时间和更好的工作保障。

9.2 从财阀到经连会：战后的转型

由占领军强制实施的三大政策，旨在为日本产业界创造一个竞争性的环境。这些措施包括解散财阀、拆分大型（垄断）企业，以及制定反垄断法。

在战前的日本，有四大财阀，涉及钢铁、国际贸易和银行等重点行业。在战争结束时，四大巨头（三菱、三井、住友和安田）控制着大约四分之一的企业资本。占领军认定它们是协助日本政府发动战争的垄断企业，目标是将其解散。1945年11月实施的"财阀解散令"计划向公众出售财阀控股公司拥有的股份（当时日本国内公司4.43亿股中的1.67亿股）。此外，因为其战争期间的活动，解散令还清除了632家财阀企业的2 210名管理人员，以及其他大企业的约2 500名高级管理人员和大股东（更详细的信息参见Nakamur，1981，第24页；Patrick and Rosovsky，1975，第465页）。

1947年12月，同盟国颁布了《限制经济势力过度集中法案》，目的是拆分大企业。最初的目标是325家大企业。然而在1948年，政策目标从实现日本经济的民主化转变为帮助日本成为一个强大的盟友。最后只有18家企业被拆分了。

为了确保市场竞争，同盟国于1947年4月制定了《反垄断法》。这部法律复制了美国的反垄断法，禁止控股公司、在任何市场上的垄断行为、卡特尔和其他合谋活动。然而，该法在1949年、1953年和1977年进行修订时，被大大削弱了，而且政府执法通常也不严格。

专栏9.1　两类经连会

经连会有两种类型，即横向经连会和纵向经连会。

横向经连会是指不同产业的企业通过交叉持股和从经连会银行贷款的方式组成企业集团。这类经连会中最大的六个企业集团是大多数研究关注的焦点。但其他银行也发展了自己的经连会。

纵向经连会是指由关联企业组成的纵向网络。我们可以识别出三种类型的纵向经连会（Gerlach, 1992）。生产型经连会是由主要制造商组织在一起的一系列零部件供应商。例如，丰田、本田和日产等大型汽车企业组织的生产型经连会。在设计生产流程时，这些主要的制造企业与其经连会供应商密切合作。分销型经连会是一家主要制造商的产品分销商组成的集团。许多大型电子企业，如松下、日立和东芝，将自己的分销商组织成经连会。最后，资本型经连会是一系列通过所有权与一家主要企业联系在一起的企业。例如，东急电铁（Tokyu）起初是一家铁路公司，为集团内企业提供资本，以实现在零售、房地产和旅游等产业的多元化。

专栏9.2　财阀的定义和起源

战前的财阀是由家族控制的大企业组成的联合体，企业分散于不同的产业。到二战结束时，财阀开始以控股公司组织集团企业，该控股公司通常被称为"本社"（honsha，总部的意思）。每家财阀的创始家族持有本社的股权，而本社则拥有并控制着各个行业的集团企业。

财阀的起源和历史各不相同，但通常都是在明治维新以后，一家成功的家族企业进行业务扩张和多元化，并且往往与政府关系密切。三井和住友的历史最悠久，它们的起源可以追溯至17世纪。三井的前身是越后屋和服公司（Echigoya Kimono Company），由三井高利于1673年创立。十年后，三井货币交易所成立。1928年，和服公司发展壮大并转型为三越百货公司（Mitsukoshi Department Store），至今仍是日本最负盛名的百货公司之一。

住友家族在1600年左右开始了铜矿开采和冶炼，并在17世纪早期迅速发展，包括铜器制造和货币兑换业务（1662年成立）。江户时代的货币兑换商经营利润丰厚的货币兑换业务，从事黄金（椭圆形硬币）、白银（条状和按重量计）和铜（中间有孔的硬币）之间的兑换并收费，还以很高的利率向大名和德川将军放贷。三菱在明治时期才起步，在19世纪末从事航运和金融交易，并得以迅速发展。岩崎弥太郎通常被认为是三菱财阀的创始人，他通过将旧江户钞票兑换为新明治钞票以及在西南战争之后出售军事装备，赚取了巨额利润。

9.3 企业集团：20世纪50年代至80年代

9.3.1 六大巨头

战后的企业集团（经连会）是不同行业企业的集合，它们相互持股，从集团内的金融机构借款，在战略上像一个集团那样行动。每个集团内都有一家大银行，负责提供咨询服务和资金支持。银行被允许拥有股权，因此银行既可以作为贷款人行动，又可以作为股东行动，尽管法律要求的持股与放贷之间的比例很小。在一家企业发行的总股份中，银行可以持有的部分是受限制的。当《反垄断法》（1947年）首次出台时，这一限制被定为5%。1953年日本独立后，该法案进行了修订，上限被提高到10%。1977年对《反垄断法》的修订再次降低了这一限制，并且命令所有金融机构在1987年12月之前将其持股比例降到5%以下。

到20世纪90年代，日本共有六大企业集团：三井、三菱、住友、富友、三和以及劝银（Ichikan）。劝银是第一实业（Daiichi）和劝业（Kangyo）的缩写，分别是两家大银行的名称，1971年合并成立了日本第一劝业银行。由两家创始银行领导的这一企业集团也合并了，创建了劝银集团。前三家是之前的财阀企业重新组合而成的，以成员企业之间关系紧密而闻名。战后，来自几家以前财阀（安田、浅野、日产和内津）的企业与几家新企业联合成立了富友集团，富士银行（以前的安田银行）领导着这一集团。三和集团和劝银集团也是在战后围绕着大银行成立的。富友集团、三和集团和劝业集团有时被称为银行主导的集团，从而与三个前财阀集团有所区别。

参加一个集团的社长俱乐部，是成为该集团核心成员的标志。例如，三菱集团始于20世纪50年代中期的"星期五俱乐部"，1987年的核心成员为29家企业。在1946年财阀解体后，住友集团率先将自己重塑为新型的企业集团，其社长俱乐部于1951年4月开始开会。三井社长俱乐部直到1961年才开始，尽管"周一俱乐部"，即由该集团企业高管（不限于社长）的聚会，可以追溯到1950年。我们看到，在每个主要行业中，每个集团几乎都有一个且只有一个核心企业。

据说社长俱乐部的会议相当于非正式的午餐会。虽然这些会议可能有助于集团成员之间更好的交流，但它们通常与协调集团公司战略的决策会议相去甚远。与所有成员公司相关的问题是个例外，比如品牌名称和标志的使用。例如，若一家成员企业收购的外国公司希望使用三菱的名称，就要在星期五俱乐部会议上进行讨论，然后做出决定。

一个集团内各企业之间的联系强度，通常可以由集团内企业之间持有的平均股份比例（交叉持股比例）以及从集团内部的银行和保险公司获得的平均贷款比例（集团内贷款比例）来衡量。表9.1列出了这些比例，以及每个集团的员工总数、总资产和销售额。

从表9.1可以看出，与其他三个集团相比，以关系密切著称的三个前财阀集团交叉持股比例和集团内贷款比例更高一些。三菱和住友尤

表9.1 六大集团的交叉持股和集团贷款

	交叉持股（股权占比，财年，%）						
	1962	1966	1970	1974	1986	1992	1998
三菱	17.30	16.81	20.71	26.57	27.44	26.33	25.97
三井	8.80	10.52	14.14	17.37	17.58	16.58	15.82
住友	20.13	18.43	21.83	24.71	24.67	24.65	20.81
劝银	10.14	10.85	17.19	16.90	12.74	12.19	12.11
富友	10.49	11.17	15.26	19.10	15.81	15.62	19.41
三和	7.58	9.07	11.18	13.01	16.70	16.72	15.11

	来自经连会金融机构的贷款（贷款占比，财年，%）		
	1986	1992	1998
三菱	22.37	20.22	19.37
三井	22.17	19.67	20.59
住友	27.29	19.89	20.43
劝银	11.48	11.91	15.29
富友	19.41	16.27	16.31
三和	19.22	17.76	18.58

注：前三个集团基于财阀，后三个集团基于银行。

资料来源：1962—1974年的数据来自Itoh、Misumi和Ichimura（1990）。1986—1998年的数据来自东洋经济新报社（1986，1989，1992，1998，2000）。

其以集团导向而闻名。三菱的交叉持股比例最高，一家三菱企业的股份平均有四分之一是由其他三菱企业持有的。住友的集团内贷款比例最高，其交叉持股比例以微弱差距排名第二。三井在三个前财阀集团中集团导向最弱。

三菱集团中每家企业由另外一家企业持股的比例以矩阵形式显示在表9.2中。例如，该表显示，1987年东京海上日动火灾保险公司（Tokio Marine and Fire）拥有三菱银行4.53%的股份，而三菱银行拥有东京海上日动火灾保险公司4.90%的股份。城市银行、信托银行和保险公司等金融公司是集团内其他企业主要的所有者。

表9.3显示了三菱集团企业向该集团的金融机构贷款的比例。该集团中的许多制造企业从集团金融机构获得的贷款占其总贷款的1/4～1/2。从这张表中可以很容易看出，交叉持股的程度和集团内贷款的程度是高度相关的。

三家由银行主导的集团，成员之间的联系比较松散。这些集团的交叉持股比例和集团内贷款比例均远低于三菱和住友集团。此外，一些企业在社长俱乐部拥有双重甚至三重会员资格。日立隶属于所有这三家由银行主导的集团，即富友、三和以及劝银。1984年，神户钢铁（Kobe Steel）、运输行业的新日铁（Nippon Express）和从事贸易的岩井日昌公司（Nissho-Iwai）这三家公司同时属于三和集团与劝银集团。

20世纪80年代末，三菱、三井和住友集团的成员企业遍布日本经济的各个行业，如表9.4所示。表9.4显示了从20世纪80年代末至2017年，三大企业集团社长俱乐部的会员人数。原则上，每个集团都试图在任何主要行业中保留一家且只有一家企业（称为一套原则）。集团试图跨越所有行业（大概是为了与其他集团进行有效竞争），但同一行业没有两家企业（以避免集团内部的竞争）。该表还显示了从1987年到1999年再到2017年，核心集团企业成员的变化。集团企业大致上保持不变。

表9.2 三菱集团交叉持股比例

1987

被持有者＼持有者	银行	信托银行	寿险公司	非寿险保险公司	贸易公司	电力公司	重工业	房地产	集团合计
三菱银行	—	1.93	5.92	4.53	1.80	1.50	3.16	1.08	24.69
三菱信托银行	3.12	—	5.43	1.97	3.14	1.75	3.02	1.87	28.98
明治寿险	—	—	—	—	—	—	—	—	—
东京海上日动火险	4.90	3.99	4.55	—	2.36	0.41	1.89	0.94	23.31
三菱企业(综合贸易)	4.77	4.81	5.47	5.95	—	1.45	3.19	0.85	31.75
三菱电机	3.18	5.57	4.05	1.21	0.98	—	1.56	0.53	17.65
三菱重工	3.94	6.17	3.25	2.27	1.73	0.97	—	0.76	20.76
三菱地产	4.21	7.09	4.22	3.53	0.67	0.66	1.20	—	25.06
平均值	3.74	5.02	4.99	2.90	1.96	0.68	2.76	0.85	27.80

1999

被持有者＼持有者	银行	信托银行	寿险公司	非寿险保险公司	贸易公司	电力公司	重工业	房地产	集团合计
三菱银行	—	1.29	5.30	2.65	1.03	0.99	2.00	0.77	18.05
三菱信托银行	4.51	—	3.86	1.86	1.57	1.74	2.72	1.86	26.83
明治寿险	—	—	—	—	—	—	—	—	—
东京海上日动火险	4.99	1.83	4.46	—	2.32	0.41	1.81	0.89	21.15
三菱企业(综合贸易)	4.99	4.69	5.13	6.11	—	1.13	3.12	0.83	31.42
三菱电机	4.07	1.74	4.19	1.37	0.93	—	1.47	0.49	15.03
三菱重工	3.72	1.85	3.49	1.95	1.57	0.71	—	0.69	15.52
三菱地产	4.75	3.43	4.49	3.29	0.80	0.49	1.18	—	22.04
平均值	4.75	2.45	4.52	2.44	1.64	0.58	2.24	0.74	25.97

资料来源：东洋经济新报社（1989，2000）。

表9.3 1987年和1999年三菱集团的内部贷款

	交叉持股比例（合计）		来自以下机构的贷款比例					
			三菱银行		三菱信托银行		合计[a]	
	1987	1999	1987	1999	1987	1999	1987	1999
三菱商事	31.75	31.42	6.46	2.15	4.40	—	13.13	7.10
麒麟麦酒	18.77	21.61	35.79	36.92	2.80	11.54	41.56	56.15
三菱人造纤维	25.52	19.29	19.78	29.17	8.34	15.35	30.56	51.34
三菱造纸	33.65	28.76	21.54	16.52	12.12	9.97	39.66	34.28
三菱瓦斯化学	26.55	22.04	16.08	16.87	12.95	12.27	30.66	31.89
三菱化学[b]	22.75	23.45	14.61	8.36	8.40	6.58	26.54	19.41
三菱石化[b]	34.36		17.80		9.50		29.83	
三菱塑料	59.93	55.15	19.53	16.00	16.94	11.80	38.61	38.57
三菱石油[c]	45.63	—	23.65	—	6.12	—	30.38	—
旭硝子玻璃	28.60	26.66	5.52	—	0.18	—	7.12	—
三菱钢铁	35.92	34.51	16.66	18.20	13.63	9.74	43.48	33.44
三菱矿业水泥[d]	35.02	20.68	19.13	12.93	19.14	9.04	47.20	28.82
三菱金属制品[d]	21.37		15.91		9.63		28.46	
三菱电缆	52.10	46.66	15.30	34.25	16.05	21.97	32.63	64.97

三菱化工机械	35.77	36.87	14.63	24.66	13.55	21.43	33.34	52.59
三菱电机	17.65	15.03	18.66	8.90	13.03	5.99	36.67	23.64
三菱重工	20.76	15.52	12.92	12.62	6.73	8.67	21.18	27.64
日本光学（尼康）[e]	27.73	26.03	21.22	9.20	11.00	6.52	38.79	20.16
三菱地产	25.06	22.04	18.21	12.37	16.25	10.33	44.06	31.43
日本邮船	25.70	22.27	6.79	6.45	2.78	4.18	11.81	19.91
三菱仓储运输	41.08	41.03	22.56	31.99	10.24	7.95	36.25	43.79
集团平均	**27.80**	**25.97**	**10.69**	**8.24**	**6.63**	**4.98**	**20.17**	**19.37**

注：a. 包括来自三菱银行、三菱信托银行、明治寿险公司、东京海上日动火灾保险公司和日本信托银行的贷款。b. 三菱化学工业公司和三菱石化于1994年10月1日合并为三菱化学公司。c. 1931年至1999年三菱石油是一家三菱集团所属企业，此后成为JXTG能源公司的一部分。d. 三菱矿业水泥和三菱金属制品于1990年12月1日并入三菱材料。e. 日本光学（Nippon Kogaku）在1988年改名为尼康（Nikon）。

资料来源：东洋经济新报社（1989，2000）。

表9.4 按行业划分的经连会集团企业在社长俱乐部会议中的名单

		1.三井			
	1987年的企业名称	2017年的企业名称	1987	1999	2017
银行	三井银行	三井住友金融集团	√	√	√
证券					
信托银行	三井信托银行	三井住友信托控股	√	√	√
人寿保险	三井互助人寿保险		√	√	−
海上火险	大正海上火灾保险	住友三井保险公司	√	√	√
贸易	三井物产	三井物产	√	√	√
采矿	三井采矿	−	√	√	−
林业					
建筑	三井建筑	三井住友建筑	√	√	√
	三机工业	三机工业	√	√	√
食品饮料	日本面粉制造	日本面粉制造	√	√	√
纺织	东丽工业	东丽工业	√	√	√
造纸	王子制纸	王子控股	√	√	√
		日本制纸	−	√	√
化学	三井化学 / 三井石化	三井化学	√ / √	√	√
	−	日本电化	−	√	√
石油					
玻璃					
钢铁	日本制钢所	日本制钢所	√	√	√
水泥	小野田水泥	太平洋水泥	√	√	√
有色金属	三井金属矿业	三井金属矿业	√	√	√
电子	东芝	东芝	√	√	√
交通工具	三井造船	三井造船	√	√	√
	丰田	丰田	√	√	√
	−	石川岛	−	√	√
光学	−	富士控股	−	−	√
房地产	三井房地产开发公司	三井不动产	√	√	√

（续表）

1.三井

	1987年的企业名称	2017年的企业名称	1987	1999	2017
百货商店	三越百货	三越伊势丹控股	√	√	√
信息通信	–	东京放送控股	–	–	√
交通运输	三井商船	三井商船	√	√	√
	三井仓库	三井仓库控股	√	√	√
橡胶					
制药					

2.三菱

	1987年的企业名称	2017年的企业名称	1987	1999	2017
银行	三菱银行	三菱东京UFJ银行	√	√	√
证券		三菱UFJ证券控股	–	–	√
信托银行	三菱信托银行	三菱UFJ信托银行	√	√	√
人寿保险	明治互助人寿保险	明治安田人寿保险	√	√	√
海上火险	东京海上火灾保险	东京海上日动火灾保险	√	√	√
贸易	三菱商事	三菱商事	√	√	√
采矿					
林业					
建筑	三菱建筑	P.S.三菱建筑	√	√	√
食品饮料	麒麟麦酒	麒麟控股	√	√	√
纺织	三菱人造丝	–	√	√	–
造纸	三菱制纸	三菱制纸	√	√	√
化学	三菱瓦斯化学	三菱瓦斯化学	√	√	√
	三菱化工		√		
	三菱石化	三菱化工	√	√	√
	三菱塑料		√	√	√
	三菱孟山都化学		√		
石油	三菱石油	–	√	√	–
	–	JXTG控股	–	–	√
玻璃	旭硝子玻璃	旭硝子玻璃	√	√	√

第9章　产业结构

（续表）

		2.三菱			
	1987年的企业名称	2017年的企业名称	1987	1999	2017
钢铁	三菱制铁	三菱制铁	√	√	√
水泥	三菱矿业水泥	三菱材料	√		
有色金属	三菱材料		√	√	√
	三菱铝业	三菱铝业	√	√	√
机械	三菱电线工业	-	√	√	-
电子	三菱化工机械	三菱化工机械	√	√	√
	三菱电子	三菱电子	√	√	√
交通工具	三菱重工	三菱重工	√	√	√
	三菱汽车	三菱汽车	√	√	√
		三菱扶桑卡车巴士	-	-	√
光学	日本光学	尼康	√	√	√
房地产	三菱地产	三菱地产	√	√	√
百货商店					
信息通信	-	三菱研究所	-	-	√
交通运输	日本邮船	日本邮船	√	√	√
	三菱仓库运输	三菱物流	√	√	√
	-	日邮物流	-	-	√
橡胶					
制药					

		3.住友			
	1987年的企业名称	2017年的企业名称	1987	1999	2017
银行	住友银行	三井住友银行	√	√	√
证券					
信托银行	住友信托银行	三井住友信托银行	√	√	√
人寿保险	住友人寿保险	住友寿险	√	√	√
海上火险	住友海上火灾保险	住友三井保险	√	√	√
贸易	住友商事	住友商事（住友商事公司）	√	√	√

（续表）

		3.住友			
	1987年的企业名称	2017年的企业名称	1987	1999	2017
采矿	住友采煤	-	√	√	-
林业	住友林业	住友林业	√	√	√
建筑	住友建筑	三井住友建筑	√	√	√
食品饮料					
纺织					
造纸					
化学	住友化学	住友化学	√	√	√
	住友电木	住友电木	√	√	√
石油					
玻璃	日本板硝子	日本板硝子	√	√	√
钢铁	住友金属	-	√	√	-
水泥	住友水泥	住友大阪水泥	√	√	√
有色金属	住友金属矿山	住友金属矿山	√	√	√
	住友轻金属	-	√	√	-
机械	住友重工	住友重工	√	√	√
电子	住友电气	住友电气	√	√	√
	NEC	NEC	√	√	√
交通工具					
光学					
房地产	住友不动产	住友不动产	√	√	√
百货商店					
信息通信					
交通运输	住友仓库	住友仓库	√	√	√
橡胶		住友橡胶	-	-	√
制药		大日本住友制药	-	-	√

资料来源：作者基于东洋经济新报社（1989，2000）的数据自制而成；1987年的公司名称取自东洋经济新报社（1988），2017年的公司名称取自《钻石周刊》（*Weekly Diamond*，2017年7月29日，第33页）以及东京证券交易所上市公司名单。

表9.5显示了20世纪80年代末六大巨头在日本经济中的比重。这六大集团总共占劳动力的大约5%，销售额和利润的大约16%。因此，"六大"中一个代表性工人的生产率大约是六大以外企业工人的3倍。在东京和大阪证券交易所上市的1 820家公司中，六大巨头持有大约四分之一的已发行股票（表9.6）。此外，这些公司38.1%的贷款来自六大集团内的金融机构。在上市公司的8 431名董事会成员中，来自企业外的董事有45%是由六大集团的企业派出的（大部分来自它们的金融机构）。因此，这六家集团在日本大企业中占有举足轻重的地位。

表9.5　六大集团在日本经济中的权重　　　　　　　　　　　　　（单位：%）

年份	雇员	资产	资本	销售额	利润 普通利润	利润 净利润
1975	5.11	15.76	14.74	14.94	8.29	18.55
1980	4.91	15.34	15.09	15.59	12.08	12.84
1985	4.51	14.24	14.29	16.01	14.22	17.16
1987	4.14	12.96	15.00	4.35	11.70	11.88
1993	3.79	11.89	14.91	13.27	10.96	23.82
1998	3.24	11.29	13.23	11.50	9.94	—

注：剔除属于一个以上集团的公司，以免重复计算。
资料来源：东洋经济新报社，各期《企业系列总览》(*Kigyo Keiretsu Soran*)。

表9.6　六大集团对上市公司的影响力　　　　　　　　　　　　　（单位：%）

	三井	三菱	住友	富友	三和	劝银	合计[a]
股权份额[b]							
1987	3.27	5.03	4.11	3.70	5.50	3.41	24.20
1993	4.32	5.06	4.64	3.79	5.58	3.20	25.78
1998	3.39	5.19	4.31	3.76	4.93	2.89	23.73

（续表）

	三井	三菱	住友	富友	三和	劝银	合计[a]
贷款份额[c]							
1987	5.96	7.17	6.75	6.03	7.30	4.44	37.70
1993	7.37	7.08	6.47	5.09	7.55	4.69	38.26
1998	6.37	9.14	7.31	5.39	8.46	5.23	41.90
董事会成员份额[d]							
1987	6.69	7.08	6.58	9.38	8.97	12.44	45.5
1993	7.14	7.28	6.44	9.15	9.61	12.50	45.72
1998	8.08	7.47	6.19	8.78	9.53	12.58	52.63

注：剔除属于一个以上集团的公司，以免重复计算。a.这并非六大集团的加总，因为属于一个以上集团的企业持有的股份被剔除了；b.由集团企业拥有的股份占总发行股份的份额；c.由集团金融机构发放的贷款余额占总贷款余额的份额；d.由集团企业指派的董事占全部外部董事的份额。

资料来源：东洋经济新报社（1989，2000）。

9.3.2 其他企业集团与主银行制

除了六大企业集团，还有许多规模较小或类型不同的企业集团存在，其中一些至今仍很活跃。一些是纵向经连会。有时，一个大型纵向企业集团的核心是一家大型企业，而这家企业又是六大横向经连会的成员，如表9.1所述。例如，丰田是三井集团的成员，而它又是自身这一生产经连会的核心企业。松下曾经组织了一个由零售商组成的分销经连会，在日本各地销售其产品。住友商事是住友集团旗下的一家综合贸易公司，它有自己的资本经连会。六大巨头之外的一些企业也建立了纵向经连会。例如，索尼有一个由87家子公司和附属企业组成的资本经连会。六大集团每个都有一家集团银行和集团其他金融机构作为核心。集团的成员企业高度依赖从集团银行的借款，而集团许多企业的董事会成员都是银行的前雇员。这些银行也是集团企业的最大股东之一。

银行和企业之间如此密切的联系是横向经连会的标志，但类似的关系也经常出现在大银行及其大企业客户之间。这家银行被称为主银行，通常是最大的贷款人和最大的股东之一，有时还会将自己以前的雇员安插到相关企业的董事会。大企业与其主银行之间的这种关系被称为主银行制，第5章曾对此有详细的探讨。

主银行通常是一家主要的商业银行，但长期的信贷银行，比如兴业银行和长期信用银行，也是许多企业的主银行。兴业银行和长期信用银行可以发行期限长达5年的银行债券（类似企业债券），这样它们就可以比商业银行更容易地为长期贷款融资，而商业银行则严重依赖期限短得多的存款。

9.3.3 综合商社的作用

综合商社是日本一种独特的企业形式，传统上专门从事进出口业务。日本九家最大的综合商社占出口额的47%、进口额的65%和国内批发额的18%，1983年的总销售额为84万亿日元约（4 200亿美元）。它们一半的销售是进出口，但第三国贸易占总销售额的比例从1970年的5%上升到1983年的16%，原因是日本大企业直接的进出口增加了。

综合商社交易的商品种类繁多，从方便面（杯面）到导弹无所不包，这是20世纪80年代后期对综合商社经营业务的一个广为人知的说法。作为对外贸易的中间商，它们通常提供与进出口业务有关的信贷和短期贷款。

这些企业拥有遍布全球的分支机构和网点，并由此收集与进出口贸易有关的信息。每家前财阀企业集团都有一家大型综合商社，如三井商事、三菱商事和住友商事。在财阀时代，综合商社在集团中扮演核心角色，这一传统保留至今。正如本章后面将要解释的，综合商社的角色在20世纪90年代经历了巨大的变化，比如濒临破产和兼并。然而，三大综合商社，即三菱、三井和住友，在21世纪仍然保持了各自独立的地位，尽管其他产业（包括银行业）出现了一些跨集团的合并。

9.3.4 财阀与战后企业集团的比较

战后的企业集团就像战前的财阀一样,由不同行业的企业组成。典型的产业之间的组合包括商业银行、信托银行、保险、采矿、石油化工、钢铁、贸易、重工业、光学、电气、天然气和化工行业。

一个重要的区别是集团企业的治理。在战前的财阀制度中,主要控股企业(即本社)是集团其他企业的控股股东,影响着集团成员企业的管理决策。战后的企业集团没有主要的控股公司来支配集团中每个成员的行为。战后企业集团中的公司是独立的决策单位,某些情况下在决策时会与集团中的其他企业进行合作。有时企业之间会相互竞争,并在集团内部引起冲突。

9.3.5 日本交叉持股的历史

战前财阀通常是典型的金字塔结构。财阀家族拥有主要控股公司的控股股份,而主要控股公司又持有遍布各行业的其他成员企业的控股股份。二战后,财阀被解散,主要公司被清算。主要公司持有的股份被公开拍卖,财阀家族被禁止参与竞价。这样,以前集中在主要公司的股份很快就分散到了许多投资者手中,包括这些企业的员工。

然而,正如亚费(Yafeh, 1995)指出的,财阀公司所有权分散的现象并没有持续太久。小投资者很快开始出售这些股份,这些股份又重新集中到原财阀企业的手中,因为这些企业有财力吸收这些股份,特别是银行。

根据伊藤等人(Itoh、Misumi and Ichimura, 1990)的研究,交叉持股现象在20世纪60年代愈演愈烈。在加入经合组织时,日本被要求向世界其他国家开放资本市场。许多日本企业担心自己会成为外国资本恶意收购的目标,试图进行自我保护。借助于对《商法》第280条的修订,政府对这些企业提供了帮助。新的规定允许两家企业发行额外的股票,并将这些股份直接授予对方，从而在没有得到当前股东正式批准的情况下，稀释现有的股份。由于更多的股份最终由集团成员企业持有，上述行动使得外国企业想要控制日本企业变得难上加难。从20世纪60年代中期到70年代，前财阀企业的交叉持股比例大幅上升，如表9.7所示。

表9.7　1962—1974年交叉持股比例　　　　　　　　　　　　（单位：%）

	三菱	三井	住友	富友	劝银	三和
1962	17.30	8.80	20.13	10.49	10.14	7.58
1966	16.81	10.52	18.43	11.17	10.85	9.07
1970	20.71	14.14	21.83	15.26	17.19	11.18
1974	26.57	17.37	24.71	19.10	16.90	13.01

注：所有数据的时间都是各自年份的9月。
资料来源：Itoh、Misumi和Ichimura（1990）。

除了在收购防御中的作用，许多观察家指出了交叉持股的其他好处。例如，交叉持股在企业间的长期合作关系中可以作为一种约束机制。通过相互持股，装配商和其零部件供应商可以缓解所谓的要挟问题。例如，当供应商需要投资于某些只对一个买家的生产有用的资本设备时，就会出现这种问题。由于在供应商已投资该设备后，买方可能会威胁不向其采购，从而试图重新谈判，以获得更有利的条件，所以供应商可能根本不愿进行这项投资。如果买方持有供应商的股份，这样双方企业都将因买方的机会主义行为而蒙受损失，那么这种要挟问题就可以缓解。此外，正如我们在第5章中看到的，主银行对其客户企业的持股是主银行制的重要组成部分；它为主银行帮助陷入财务困境的企业提供了额外的激励，因为作为大股东的主银行也会从这些企业的恢复中受益。这可能是即使没有迫在眉睫的恶意收购威胁，交叉持股仍是常态的原因。

虽然交叉持股程度在20世纪80年代以后开始逐渐下降，但是，每当出现外国投资者的恶意收购威胁时，企业对交叉持股就会更为关注。例如，布恩·皮肯斯（T. Boone Pickens）获得了小糸制作所（Koito，丰田集团的一家零部件供应商）的股份，要求在该企业的董事会中获得代表权但未能成功，这引发了冲突。房地产公司秀和株式会社（Shuwa）购买了稻毛屋（Inageya）和忠实屋（Chujitsuya）两家大型连锁零售店的大量股份。据报道，随着21世纪头十年跨国并购活动的活跃，最近许多企业的交叉持股再次增加。

9.4 横向经连会的经济影响

有大量的实证研究检验了横向经连会的经济影响。早期研究的前提假设是，经连会企业可能会实现共同利润最大化。通过相互合作，经连会可以做单个企业能够独立完成的所有事情（甚至更多）。例如，通过分享技术信息或者在一个项目中协调不同产业的活动等（如房地产开发项目涉及铁路公司、银行、建筑企业、房地产开发商、大型零售商等），一个横向经连会可能会比未经协调的企业获得更高的利润。基于这一逻辑，早期的研究将横向经连会与不属于任何大型经连会的其他企业的绩效进行了比较。

通常而言，这些研究未能发现经连会企业拥有更优异的表现。例如，凯伍兹和植草（Caves and Uekusa，1976，第72—83页）在考虑到结构差异的情况下，检验了附属于某一经连会是否可以提高盈利能力和效率。利用1961—1970年243家大型制造业企业的数据，他们发现经连会附属关系对毛利润有负面影响，其中附属关系是由财阀或主银行经连会所属企业持有的股份比例衡量的。他们还发现，没有证据表明作为经连会成员能够提高企业的利润率，实际上，附属于经连会似乎降低了盈利能力。

凯伍兹和植草还发现尽管财务结构没有明显的差异，但经连会企业支付的利息往往比非经连会企业更高。结合这一结果和经连会企业的低盈利能力，他们得出结论，经连会的银行独享了共同利润最大化的成果。

中谷（1984）扩展了凯伍兹和植草的研究，并有其他的重要发现。他发现，与非经连会企业相比，经连会企业的利润较低（这与凯伍兹和植草的发现类似），成长速度较慢，业绩的波动较小，支付的工资更高，债务与股权比率更高（这与凯伍兹和植草的发现相反），支付的股息较少。中谷认为，如果经连会企业的管理者都是风险厌恶者，并且相互为经济周期中的利润波动提供隐性保险，那么所有这些发现都可以得到一致的解释。经连会的银行在这一收入平滑中发挥着特别重要的作用，最终以收取更高利息的形式获得了巨额保险费。根据这一观点，横向经连会的好处不在于获得更高的盈利能力，而在于维持利润的稳定性。

然而，为什么经连会企业会规避风险？如果一家企业由股东控制，而股东又可以通过持有多家企业的投资组合来分散自身的风险，那么股东和为股东利益服务的经理人就不必担心单个企业的风险。然而，中谷的研究结果表明，经连会企业可能不太重视股东的利益，经连会企业的股息支付率低于非经连会企业。这还表明，经连会企业似乎更加重视他们的工人，经连会企业的员工薪酬更高。由于日本大企业的普通员工大部分职业生涯都在同一家企业（更多信息，请参见第10章关于终身雇佣制的讨论），经连会企业的风险规避策略可能正是反映了这些工人的利益。

由于和主银行的关系通常都是横向经连会的核心所在，所以经连会的利弊与主银行制相似，后者在第5章中已经讨论过。因此，经连会中企业之间的关系缓解了企业为投资进行融资时的信息问题，也降低了其摆脱财务困境的成本。

在20世纪80年代末期美日贸易争端最激烈的时候，经连会经常被诟病，称其阻碍了外国企业进入日本市场。几项实证研究考察了这个问题。其中最著名的当数劳伦斯（Lawrence, 1991, 1993），他的研究发现，在经连会附属企业占有较大市场份额的部门，来自外国的进口和外国直接投资都较少。他还发现，附属于经连会也没有促进出口。

劳伦斯的研究结果与以下观点一致，即不同的经连会勾结起来，以阻止外国企业进入日本市场。在由经连会主导的行业中，外国企业如果侥幸取得了成功，原因可能是经连会之间也存在激烈竞争而不是相互勾结。温斯坦和亚费（1995）比较了经连会和非经连会企业的利润率，以寻找经连会企业相互勾结还是相互竞争的证据。他们发现，经连会企业的利润率往往较低，这表明它们面临的竞争比非经连会企业更激烈。因此，经连会企业之间的激烈竞争而不是它们之间的勾结，似乎才是经连会企业主导的行业（国外和国内企业）市场进入率低的主要原因。

9.5 纵向经连会的经济影响

现在来谈谈纵向经连会的结构和功能。在这一章中，我们将讨论两种类型的纵向经连会：生产型经连会和分销型经连会。

9.5.1 生产型经连会

生产型经连会在汽车行业尤为突出。丰田和日产等大型汽车制造商传统上一直与大约100家供应商保持直接联系，这些供应商被组织成排外的合作型协会。

例如，丰田的主要供应商过去按地区划分为三个机构，即关东丰田供应商联盟、东海丰田供应商联盟、关西丰田供应商联盟。这三个组织在1999年合并为一个，即丰田供应商联盟。截至2009年，丰田供应商联盟的成员包括217家企业。日产和马自达也有类似的零部件供应商组织。虽然本田没有这样正式的组织，但其主要供应商与整装厂有着类似的合作关系。主要供应商还与较小的二级供应商建立了合作关系，后者又与三级供应商建立了合作关系。

浅沼（Asanuma，1989）研究了汽车行业的生产型经连会，他区分了两种类型的一级供应商。一类供应商拥有相对独立的生产知识储备，并向主要制造商供应重要的部件，如变速箱、制动器和发动机零件。他们被称为认可图纸（Drawings-Approved，DA）的供应商，他们的设计经过主要制造商的批准后，就可以据此生产零部件。相反，由制造商提供图纸（Drawings-Supplied，DS）的供应商需根据制造商指定的设计进行生产。它们的技术专家相对较少，而且供应不那么关键的零部件，比如灯具或仪表盘上的塑料部件。

生产型经连会中的供应商，尤其是DA供应商，据说都会参与新车型早期阶段的开发。传统上，日本汽车制造商的车型每四年会有一次大的变化。DA供应商通常在设定的车型推出日期之前的两到三年，开始与主要制造商合作，为新车型设计零部件。

我们可以确定生产型经连会企业关系的几个好处。例如，供应商和制造商之间的密切交流降低了整体开发成本。主要制造商的规模通常大于供应商，它们可以通过建立长期关系为供应商提供保险，以抵御生产成本的波动。浅沼等人（Asanuma and Kikutani，1992）表明，日本汽车制造商似乎确实与供应商共担风险。根据对丰田、日产、马自达和三菱四家汽车制造商及其核心供应商的数据分析，他们发现在生产成本增加时，供应商的销售价格倾向于上升，这使得供应商的经营收入与销售成本的变化相比要小得多。

生产型经连会也有一些缺点。首先，通过经连会内部零部件供应商的努力来降低成本，通常是有限的。即使经连会以外有一些低成本的供应商，主要制造商也无法利用这一点。其次，技术创新通常只保留在经连会内部，不会外溢到整个行业。这对单个经连会来说可能是优势，但对整个经济体来说代价高昂。最后，对于一家供应商来说，完全依赖一家整装厂可能是非常危险的策略。如果整装厂出现问题或者倒闭，也会击垮供应商。

过去十年左右汽车行业的变化已经影响了传统经连会制度的成本收益计算。日益激烈的全球竞争意味着，只在经连会内部努力降低成本往往是不够的。同时，新车型开发中信息技术的发展，如计算机辅助设计（CAD）的使用，降低了新部零件的开发成本。而且，即使没有一个精心设计的经连会架构，信息技术的发展也降低了整装厂及其供应商之间的沟通成本。最后，模块化作业的增加进一步降低了长期关系的重要性，因为现在不同的企业可以独立设计和生产零部件。

为了应对这些变化，许多日本汽车制造商一直在改变它们的经连会结构。日产的变化最为明显，该公司先是组建了一个联盟，然后成为法国汽车制造集团雷诺的一部分。1999年，雷诺派其董事长卡洛斯·戈恩（Carlos Ghosn）担任日产的首席运营官，后来成为日产的总裁，当时日产正面临严重的财务问题。戈恩制订并实施了日产的复兴计划，其中包括出售大部分经连会供应商的股份，以及其他改革措施。日产开始从经连会以外的供应商那里购买零部件，供应商也开始为经连会以外的制造商生产。通过这种方式，日本汽车制造业中的生产型经连会一直在萎缩。

9.5.2　分销型经连会

分销型经连会是由制造商组织起来的一系列分销商。分销型经连会在日本电子产业中尤其盛行。松下商店、索尼商店、东芝商店和其他一些商店销售的电子产品种类繁多，但都来自同一品牌。许多人认为，这种准纵向一体化的结构使得新进入者，尤其是外国的出口商，难以进入日本市场。新进入者需要建立自己的分销网络，这会产生很大的风险，很少有外国企业愿意承担这一风险。

通过建立分销型经连会，制造商可以对批发商和零售商施加纵向限制（Flath，1989b）。制造商控制每家商店应该销售哪些品牌，以及对标准零售价的折扣（如果有的话）。因此，分销型经连会是维持零售价格的有效机制。作为对零售商努力维持零售价格的回报，制造商（通过批发商）大方地接受未售出商品的退货，并经常向零售商提供回扣。回扣的条款往往事先没有说明，事后才确定。弗莱思等人（Flath, 1989a; Flath and Nariu, 1989）建立了一个面对不确定的需求曲线的寡头制造商模型，得出的结论是，慷慨退货政策和零售价格维持策略都是利润最大化的结果。

虽然百货公司不属于特定制造商的分销型经连会，但大型制造商通过所谓的借调销售人员施加影响，这些销售人员虽然由制造商付工资，但在百货公司工作。每个销售人员推销他为之服务的制造商生产的产品。销售人员还收集顾客对产品的评价，并反馈给制造商。[②] 20世纪80年代末，在日本12家百货公司中，这些销售人员的数量超过了商店本身的销售人员。如果以人员编制的规模来考察零售业的生产率，拥有500名以上员工的商店具有极高的生产率（Maruyama et al., 1989）。这种高生产率的很大一部分被认为是由于存在借调的销售人员，因为他们不被记为百货公司的雇员。

9.6　20世纪90年代横向经连会中的银行合并与转型

20世纪80年代金融管制的放松降低了银行对大企业融资的重要性（第5章），并开始削弱银行和企业之间的联系，而这种联系是横向经连会的核心。接着，在20世纪90年代，银行受到大量不良贷款的困扰。为了恢复金融实力，并应对金融业进一步的自由化，各大银行通过相互合并进行了重组，这通常涉及不同横向经连会中的银行。到21

---

② Flath（1989a）将Telser（1960）的转售价格维持理论应用于对日本经连会企业纵向约束的分析。但Telser强调销售人员给顾客做讲解示范的价值，这一点同样适用于借调的销售人员。

世纪头十年，银行之间的整合大大模糊了横向经连会的界限。

由于20世纪80年代金融管制的放松，银行与企业之间的关系开始弱化，这种情况贯穿了整个90年代，而这时日本经济已停滞不前。由于银行自身也在为不良贷款苦苦挣扎，相对强大的企业看不到与银行保持密切关系有什么好处。它们减少了银行贷款，削弱了与银行的联系。一方面，银行必须出售股票以筹集资金，另一方面，为了在股价持续下跌时降低估值损失的风险，交叉持股的现象也在减少。这些企业的反应是减持银行股。只有那些仍然需要银行支持的实力较弱的企业，才会关注维持横向经连会的好处。

各大银行通过相互合并来应对金融危机。早在1996年4月，三菱银行就与东京银行合并，成立了三菱东京银行。2001年4月，利用1998年《反垄断法》改革允许设立控股公司的契机，三菱东京银行和其他三菱经连会的金融机构重组，成立了一家新的金融控股公司，即三菱东京金融集团。

2002年，住友银行和樱花银行（三井集团的主银行）的合并公告震惊了市场，因为这两家银行是两个传统经连会的核心。樱花银行和住友银行合并形成三井住友银行。随着住友和三井集团两家主银行的合并，一些企业（如建筑公司）也跨越经连会的边界进行了合并。

2001年，三和银行与名古屋地区一家大型地区性银行东海银行以及东洋信托银行合并，组建了日本联合金融集团（即日联）。然而，由于其糟糕的资产负债表状况，在试图向监管机构隐瞒问题的努力失败后，日本联合金融控股公司不得不接受三菱东京金融集团的纾困。2005年，这两家金融控股公司合并成立了三菱日联金融集团。

2002年4月，富士银行、第一劝业银行和日本兴业银行合并成两家银行——瑞穗银行（专注于银行零售业务）和瑞穗企业银行（专注于批发和投资银行业务）。这些集团中的信托银行和证券公司也被合并，并入新成立的瑞穗金融集团。

第9章 产业结构

企业集团在21世纪已被大大削弱，尽管它们仍保留了社长俱乐部。表9.4显示了1987年、1999年和2017年三菱、三井和住友集团社长俱乐部的成员情况。尽管核心企业的数量有所下降，一些核心企业彻底退出了俱乐部（主要是由于合并和收购），但是在从20世纪80年代末至今的30多年间，许多企业一直隶属于同一个集团。

在经过所有这些合并之后，六大经连会的金融机构被合并成三大金融巨头，即三菱日联金融集团（前三菱与三和集团合并）、三井住友金融集团（前住友和三井集团合并）、瑞穗金融集团（由富友集团和劝银集团与日本兴业银行联合组成）。企业集团的转型如图9.1所示。

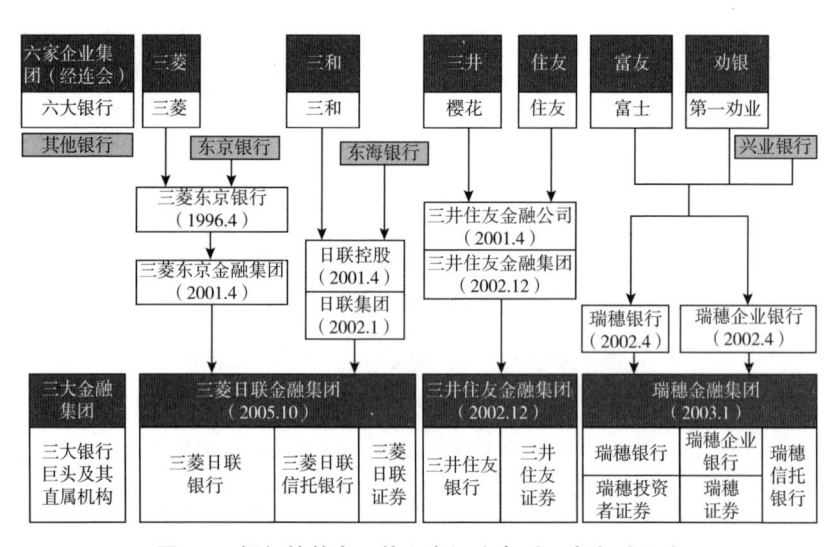

图9.1 银行的整合：从六家经连会到三大金融巨头

注：（1）除商业银行、信托银行和证券公司以外的金融机构不在此列；（2）信托银行和证券公司的前身未在此图中显示；（3）三井住友金融集团的信托银行并非该金融集团的子公司；（4）也有人将大和控股与大和银行纳入，并称"四大金融集团"和"四大银行巨头"；（5）在三井住友金融集团（和银行）的日文名称中，两者名称的顺序是颠倒的；（6）瑞穗金融集团内的证券公司为各自银行的附属公司；（7）野村控股和野村证券也是重要的金融机构。

专栏9.3　银行监管和交叉持股的下降

如果股票的市场价值低于账面（购买）价值，银行必须在损益表中显示估值损失，并根据巴塞尔资本标准从资本中扣除这些损失。当股票价格从1997年到2001年变得越来越低时，许多银行后悔在投资组合中持有了股票。股票的未实现利润甚至在20世纪90年代前半期也是一个巨大的缓冲，但显然股票投资组合的损失成了包袱。一些银行出售股票止损。然而，银行大量出售股票进一步拉低了股价。

政府决定引入一部法案，将银行资产负债表上可持有的资产数量限制在资本金水平。为了平稳过渡，政府和日本央行各自推出了一项机制，购买非金融企业持有的银行股票和商业银行持有的企业股票，从而在不影响市场的情况下解决交叉持股的问题。政府于2002年成立了银行持股收购公司，在两年内收购了超过1万亿日元的股票。日本央行首先在2002年9月被授权从商业银行购买价值2万亿日元（后来扩大到3万亿日元）的股票。该行在两年内购买了超过2万亿日元的股票。

如图9.2所示，所有这些股票市场、银行和监管措施的变化，导致交叉持股的急剧下降。这一过程在2007年前后似乎已经停止了。这可能是许多日本企业努力保持或增加股权以实现稳定的结果，这是为了应对日益活跃的股东维权主义，包括21世纪头十年中期的主动要约收购。

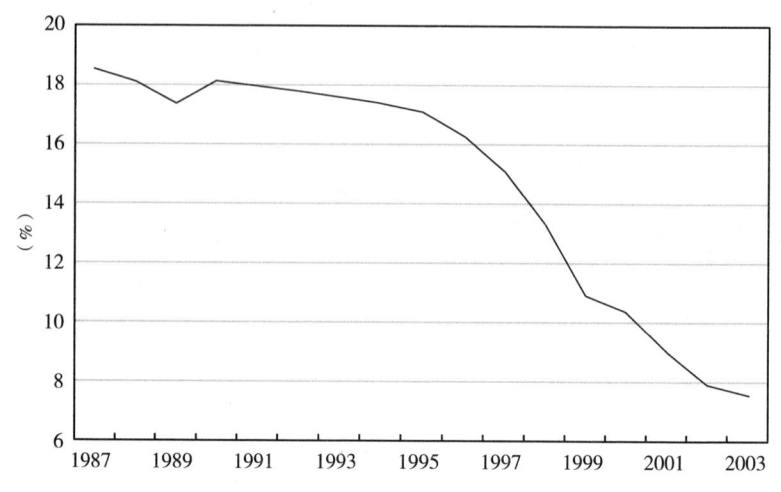

图 9.2　被一家企业持有股份的企业对该企业的平均持股比例
注：感谢 Hideaki Miyajima 与我们分享这些数据。
资料来源：日本生命研究所（Nippon Life Institute）。

9.7　产业政策

产业政策可以被定义为政府为改变资源在各产业之间的市场配置而进行的干预。[3] 在日本，保护幼稚产业免受来自国外的竞争，运用多种政策手段带动出口，被认为是产业政策的基本要素。幼稚产业是指现在没有国际竞争力，但是如果可以得到暂时保护不受外国竞争的影响，就能发育壮大并变得有竞争力的国内产业。经济产业省的前身通产省在执行产业政策方面发挥了主要作用。代表产业政策的日语"Sangyo Seisaku"直到1970年才被创造出来，但是日本政府在二战之后就开始实施这类政策。例如，战争刚一结束，政府就对煤炭和钢铁

---

[3] 一项经典的产业政策的政治经济学研究来自 Johnson（1982）。日本经济学家对产业政策的研究包括 Komiya、Okuno 和 Suzumura（1984）以及 Itoh、Kiyono、Okuno 和 Suzumura（1988）。Eads 和 Yamamura（1987）总结了当时对产业政策的积极观点和消极观点。本节内容受益于这些经典研究。

产业给予了特别援助。

从微观经济学的角度看，在市场失灵的情况下，政府的干预是合理的。[④] 与市场失灵相关的一些因素包括规模经济、外部性、可能的垄断、幼稚产业、基础研发，以及逆向选择和道德风险等信息问题。理论上具有合理性的政策实例包括基础设施建设（具有巨大的正外部性）、污染控制（解决负外部性）、对电力行业的监管（自然垄断）、保护新兴产业以及制定产品标准。

虽然从理论上讲，政府干预可以纠正市场失灵，但在现实世界中，一项纠正措施是否能够得到实施，这通常是值得怀疑的。很难将许多政策的总收益与总成本进行比较。例如，虽然计算建造桥梁的成本相对容易，但要确定一座拟建桥梁的所有用户获得的收益却很困难。有时很难找到一个具有发展潜力的幼稚产业。即使找到了幼稚产业，对于应该采取何种政策，政府也可能会犯错；例如，可能很难确定应该鼓励多少家企业进入一个幼稚产业，任何武断的选择都可能是错误的。政府持续监管和监督产业活动，也不是没有成本。

日本产业政策经常提到的目标是减少进口，促进关键产业更快地增长，以及改变国家的产业结构。尽管在整个战后时期，日本政府的侧重点有所不同，但它一贯采取四大类政策：

- **为所有产业创建基础设施**。政府为道路系统、工业港口、工业供水和发电厂的建设提供资助。
- **在各产业之间配置资源**。政府对某些目标产业给予补贴和进口保护。在国内制造商能够与外国制造商竞争之前，幼稚产业受到

[④] 如果不存在规模经济、垄断、公共品或外部性，且存在完美和完全的信息，所有或有商品都存在（比如保险），从而经济主体可以对冲风险，则完全竞争市场的均衡（需求=供给）可以实现资源的有效配置。了解更多这方面的内容，参见 Itoh 等人（1988）。

进口限制的保护。只有在国内制造商变得强大和有竞争力之后，才会取消进口限制。例如，1961年取消了公共汽车和卡车的进口限制，1964年取消了彩色电视机的进口限制，1965年取消了乘用车的进口限制，1971年取消了彩色胶卷的进口限制，1973年取消了收银机的进口限制，1974年取消了大内存集成电路的进口限制，1975年取消了计算机的进口限制。现在主导这些产品市场的日本制造商，如果在其还没有充分发育时不实行进口保护，它们可能无法达到现在的规模。

- **各个行业的产业结构调整**。政府帮助各个行业"重组"其结构，在结构性萧条期间组织成卡特尔，为了"合理化"而组成卡特尔（自动化和劳动节约型技术常常伴随着裁员），协调经营活动或产能削减，协调工厂投资和生产。日本此类政策的基本理念是防止"过度竞争"。
- **解决中小企业的问题**。采取各种措施保护和帮助中小企业。这些企业通常在产业结构转型和经济周期中遭受的损失最大。

前两类涉及在所有产业之间配置资源，后两类是解决个别行业的问题。

通产省制定并实施了大部分具体政策，但其他部委制定的政策也有一部分是产业政策。其中包括农林水产省负责的农业政策，递信省（现为总务省的一部分）负责的对通信行业的管制，运输省（现隶属国土交通省）负责的对铁路、卡车运输和航空业的管制，以及大藏省（现财务省）负责的对金融业的管制。在下面的讨论中，我们集中讨论通产省采取的政策。

日本产业政策的发展可以分为四个阶段。[5] 在20世纪40年代后

---

[5] 这一分类基于Tsuruta（1982）以及Komiya、Okuno和Suzumura（1984）的第1—3章。

期和50年代，日本经济正从战争的破坏中恢复，受制于生产能力的不足以及进口原材料和消费品所需的外汇储备的短缺，货物也普遍短缺。由于进出口都受到严格管制，经济与世界其他地区隔绝。直到1949年，360日元兑换1美元的统一汇率才得以确立。政府优先将原材料和资金配置到重点行业。在1946—1948年的优先生产计划中，钢铁优先分配给煤炭工业，煤炭也优先分配给钢铁工业。补贴贷款、与补贴相结合的价格控制以及限制进口材料的分配是对该计划的补充。

在这一阶段，日本的产业政策类似于计划经济。一些人认为这一阶段成功地为以后的重工业和化工产业的发展做好了准备，但正如我们在第3章中看到的，该政策也使通胀问题更加严重。20世纪50年代，政府放弃了对煤炭工业的偏重，国内煤炭价格过高在接下来的40年一直是一个问题。在20世纪50年代，合理化计划成为政策的重点。[6] 这一阶段的主要政策工具是专项税收规定，以及利用财政投融资计划购买劳动节约型设备和现代工厂。特别是政府对目标产业进口的机器采取了加速折旧和关税豁免的措施。

此时的政策是在带有税收激励的市场经济框架内实施的。这些政策可以被解读为一项分担巨大风险的计划，这些风险来自建造昂贵的现代机器和工厂。实施合理化政策的目标产业包括钢铁、煤炭、造船、电力、合成纤维、化肥，在20世纪50年代后期还包括石油化工、机床和零部件以及电子产品。钢铁工业受益于合理化计划，成为重要的出口产业。钢铁行业成功的重要原因之一，就是煤炭、铁矿石和石油的投入由国内转为进口。没有补贴，煤炭工业就无法生存。汽车和重型电机等行业受到保护，免受外国竞争，但这种保护被认为是暂时的。

---

[6] 在日本，合理化意味着努力削减成本，带有强烈的自动化（劳动节约型技术）和重新配置或解雇工人的含义。因此，在20世纪60年代，许多工会为反对合理化政策而斗争。

总的来说，产业政策对钢铁等存在规模经济的产业是成功的，对煤炭等不具有规模经济的产业则是失败的。

20世纪60年代，日本逐渐融入国际经济体系。作为加入世界贸易组织（WTO）前身的关税及贸易总协定（GATT）、国际货币基金组织和经合组织等国际组织的条件之一，日本被要求在进口配额、关税和资本管制等方面实行自由化，或至少给出一份自由化的时间表。[7]

因此，产业政策的目标转向在贸易和金融自由化的时限内加强日本的产业竞争力。这通常意味着，通产省将大企业组织（或试图将它们组织）起来，合并成为更大的企业（如新日铁的合并），协调固定资产投资以避免产能过剩，促进中小企业的专业化和相互协调，以及制定综合性的能源政策。显然，通产省认为如果放任自流，许多日本产业无法在与外国的竞争中生存下来。

20世纪70年代，政府的产业政策有重大转型，不仅努力壮大国内产业，使之可以经受住国际竞争，而且还追求产业增长以外的其他目标。政府的新目标包括实现污染控制（即工业发展与环境需求相协调）和更严格地执行反垄断政策。[8] 具有国际竞争力的产业开始抱怨政府干预过多。反垄断政策还限制了政府在产业内部实施产业政策的能力，比如组织限制产量的卡特尔。在逐渐解除管制的背景下，日本的产业政策开始转向利用市场机制。

在20世纪70年代后期和80年代，日本的产业政策导致了与其他国家的冲突。日本出口的迅速扩张引发了抗议。日本受自己的成功困扰。早在1971年，贸易冲突就已初露端倪，当时美国和日本就一

---

[7] 日本于1964年成为经济合作与发展组织成员，并于1964年4月成为国际货币基金组织的第8条款国。

[8] 从1971年到1973年，一系列法律案件都做出了不利于产业的判决，尤以"四大污染案"而闻名。这增强了日本的环保意识，并使日本的公共舆论发生了改变，不再不惜一切代价地追求经济增长。

项纺织品协定进行了谈判。20世纪80年代,贸易冲突更加频繁和激烈(20世纪80年代的一些贸易冲突将在第12章中讨论)。通产省的产业政策开始考虑一些措施,以防止贸易冲突并控制贸易冲突造成的损害。

从20世纪80年代起,产业政策的重点之一就是建立能够加快技术进步的产业集群。1983年的《科技城法案》、1988年的《智能区法案》和2001年的《产业集群计划》都指定了许多地区,这些地区将获得政府补贴和监管支持,以集中发展工业生产设施、研究实验室以及支撑科技进步的大学。

9.8 日本的产业政策成效如何?

9.8.1 产业政策工具

以许多产业生产率的高增长为支撑的日本经济快速增长,可能被视为产业政策成功的证据。通产省瞄准的关键产业(仅举几例,如造船、钢铁和计算机)也按照计划发展壮大起来。政府与大企业的研究合作(或者协调)减少了重复投资。针对外国产品的关税和非关税进口壁垒虽然是暂时的,但保障了生产者获得国内市场。

20世纪50—70年代,日本使用的一个重要的非关税工具是外汇配给制度。在这一制度下,政府控制了企业可以用来进口外国商品的外汇配给。由于政府在商品层面限制外汇的配给,这实际上起到了对特定外国商品实施进口配额的作用。因此,政府利用这一制度对国内特定产业实行战略保护,使之免受来自外国的竞争。对于某些商品,政府不仅分配了用于进口该商品的外汇总额,而且还分配了每个国内企业进口这些商品的最高限额。出口更多、投资更多的企业获得了更多的外汇储备。因此,外汇配给制度在出口补贴和投资补贴方面也发挥了作用。⑨

　　然而，也有人批评日本的产业政策，他们有三个观点。首先，许多产业在没有政府帮助的情况下也取得了成功（即发展壮大并开始出口），如20世纪五六十年代的缝纫机、照相机、自行车、摩托车、钢琴和收音机，以及从20世纪60年代后期到现在的彩色电视机、录音机、磁带、音频元件、手表、袖珍计算器、机床、纺织机械、陶瓷和机器人。

　　其次，产业政策并非总能实现通产省想要的结果。实际上，在一个重要的案例中，通产省产业政策的失败反而促进了产业的成功。在20世纪五六十年代初，通产省试图在汽车产业组成卡特尔，它认为像日本这样的小国只需要一两家汽车企业。然而，汽车产业顶住了通产省的压力，到今天我们发现，许多日本汽车制造商不仅生存下来，而且在全世界繁荣发展。

　　再次，从经济理论的角度看，实际的（或尝试的）政策并不总是合理的。换言之，支持产业政策的理由在理论上往往是站不住脚的。例如，计划中的造船业在战后立即实施，以帮助节省外汇储备。到20世纪60年代末，这一政策是否仍然合理并不清楚。旨在限制石油行业竞争的《石油工业法》于1962年颁布，当时石油行业似乎并没有受到任何市场失灵的影响。

　　然而，那些赞扬日本产业政策的人通常会指出，日本经济的整体表现非常出色。他们还认为，瞄准和培育某些产业的政策是成功的：在实施促进政策以后，日本的钢铁和造船业在世界上首屈一指。日本在产业政策方面付诸的努力一直是"前瞻性的"，也就是说，他们瞄准有高增长潜力的产业，并利用了规模经济的优势。

---

⑨　关于外汇配给制度的更多信息，参见Okazaki和Korenaga（1999）。

9.8.2 汽车行业的例子

汽车产业经常被视为产业干预政策失败的例子。1955年，通产省制订了一项计划，为国内乘用车制定标准规格，设定价格，在汽车制造商之间举行设计和性能竞赛，并将生产汽车的执照授予一家企业。这一想法是为了利用规模经济。但是，来自汽车制造商的强烈反对使该计划胎死腹中。

1961年，通产省提出了另一项计划，即专业化和集团化方案。根据这一方案，汽车将被分为三类：量产车、运动车和豪华车，以及微型汽车。然后，汽车制造商需要相互协调，以限制每个集团的企业数量和规格。该计划在遭到汽车行业的抗议后也被束之高阁。历史表明，这一计划考虑不周，可能会对经济产生可怕的影响。幸运的是，它没有成为现实，因为通产省缺乏将其计划强加于汽车产业的合法权力。[10]

9.8.3 产业政策评估

星岳雄和卡什亚普（Hoshi and Kashyap，2001，第206—208页）总结了日本产业政策的主要收益和成本。其产业政策的主要好处是促进了幼稚产业的发展。日本将这一理念应用于许多行业，保护和促进了它们的发展。就连先前讨论过的受政府干预相对较少的汽车行业，也在1954—1975年间受到外汇配给制度的保护，不受外国进口的影响。

由于促进幼稚产业发展的关键一点是对产业提供暂时的保护，直到国内企业具备国际竞争力为止，因此，政府对某一产业提供支持的累积数量与该产业的绩效之间存在着一种反向的关系。如果幼稚产业

---

[10] 更多参考文献，参见Yakushiji（1984，特别是第281—283页）、Tsuruta（1982，第168—174页）和Komiya等（1984，第11章）。

保护成功，国内产业具有了效率，政府就可以停止保护。如果该政策不能立即提高效率，政府可能会延长保护期限。在最糟糕的情形下，政府可能最终花费大量的补贴来长期推动一个从未取得成功的产业，这会造成金钱的浪费。

比森和温斯坦（Beason and Weinstein，1996）确实发现了这种关系，他们评估了13个制造业产业政策的成功程度。通过测量产业政策以日本开发银行贷款、补贴、税收减免和对外国竞争征收关税等形式向特定产业投入的资源，他们发现获得更多资源的产业往往增长较慢。这种关系不仅在整个样本时期（1955—1990年）可以观察到，并且将样本限制在经济快速增长时期（1955—1970年）同样如此，而在这一时期，产业政策原本被认为是更有效的。

大久和富浦（Okubo and Tomiura，2012）研究了科技城政策和智能区政策的影响。他们发现，这些政策指定的地区确实拥有更多的新工厂，但它们的平均生产率仍低于其他地区。因此，他们得出结论，这些政策没能成功地创造出高增长的产业集群，只是将工厂迁往欠发达地区，其作用最多也就是缩小了地区间的不平等。

9.8.4　产业政策为何未能打造出日本的"硅谷"

科技城政策和智能区政策只是一系列政策尝试中的两个，这些政策试图形成创新型企业集中的区域，就像美国的硅谷那样。正如达什等人（Dasher、Harada、Hoshi、Kushida and Okazaki，2015）指出的，通产省的产业结构委员会在1980年提出了"技术密集型国家"的概念，并希望通过产业政策在日本创造出类似硅谷的区域。这些尝试都没有成功（至少到目前为止）实现这一目标。为什么？

简言之，硅谷的成功不仅仅是集聚的结果。很多其他因素共同推动了硅谷生态系统的发展，仅仅依靠产业政策很难（如果不是不可能的话）创造出和准备好所有这些构件。达什等人（2015）列出了支持硅谷那样的创新型经济的六个重要因素：（1）为风险投资提供资金的金融体系；（2）提供高质量、多样化和可流动的人力资源的劳动力市场；（3）产业、大学和政府之间的互动，以产生源源不断的创新想法；（4）已建成的大企业和初创小企业共同发展的产业组织；（5）鼓励创业的社会制度；（6）协助初创企业建立和发展的专业服务。日本的产业政策仅仅关注通过补贴鼓励企业在目标地区进行集聚，而忽视了制度基础。因此，这些政策没有成功也就不足为奇了。

9.8.5 美国关于产业政策的争论

20世纪80年代，对于日本的成功，美国的反应是恐惧和嫉妒。许多美国商界人士和公民领袖都对日本的成功表示赞赏，并羡慕政府与企业之间的合作。他们认为，政府和企业界携手并进，合作研究，帮助夕阳产业无痛落幕，培育后起之秀，这是一个好主意。政府也应该对夕阳产业的工人进行再培训，让他们掌握目前需要的技能。但是他们认为，当美国试图帮助衰退的产业时，它将自己的资源用错了地方，政府应该把资金用于新兴产业。

当然，这些观点并不是所有人的共识。许多保守的权威人士反驳，认为通产省的做法是将经济活动卡特尔化，压制了自由竞争市场的积极特性。他们认为，政府监管天生低效。一项规制引来另一项规制，官僚机构产生了大量的繁文缛节。他们进一步指出，某些美国产业的衰退不是由于日本的产业政策，而是由于糟糕的管理决策。例如，美国汽车和钢铁行业允许其工资比其他行业增长得更快，还做出了不明智的投资决策。最后，他们指出，很难确定夕阳产业和朝阳产业，没有理由相信政府比市场更擅长此道。

20世纪80年代和90年代初关于产业政策的争论使美日贸易关系蒙上了阴影，一些美国官员认为日本的产业政策是对出口到美国的产业提供补贴，这种补贴构成了不公平竞争，并使美国人丢掉了工作。日本人在反驳中提出的许多论据都是依据以下某种理由：

· 所有国家都有不同形式的产业政策。1979年美国对克莱斯勒的救助是一种产业政策，美国国家航空航天局（NASA）和农产品价格支持则是另外的例子。空中客车工业经济利益集团（GIE）是在欧洲各国政府的共同努力下建立和培育起来的。因此，日本的做法符合国际标准，例如经经合组织批准的积极调整政策。在这方面，法国可能是比日本更严重的违规者。[11] 实际上，在整个20世纪80年代，就研发资金中来自政府的比例而言，日本比美国还要小。
· 日本的平均关税低于任何其他经合组织国家。因此，对幼稚产业的保护（如果有的话），也早就不存在了。总而言之，产业政策远非合谋、强制和干预，而是没有公开承诺的愿景和合作。换句话说，产业政策通过创造一个有竞争力的市场进程，来补充自由市场。这并不是要有意扼杀自由市场。

产业政策的支持者和批评者之间的分歧仍然很大，而且无论是学界还是政界都存在。日本学者和美国学者一样，都曾对产业政策提出过批评。然而，20世纪80年代在垄断竞争、规模经济和范围经济等领域的研究进展，促使一些学者修正了他们的新古典主义观点，而幼稚产业保护与战略性贸易的研究又以战略贸易理论的名义重新兴起。

---

[11] 要了解欧洲的产业政策和"日本的教训"，可参见Eads和Yamamura（1987，第435—448页）。

> **专栏9.4　日本和美国的官僚体系**
>
> 在日本，官僚体制相对独立于领导内阁的行政人员，因此政策决定的政治激励较少，而更多地以经济为导向。此外，官员整个职业生涯预计将在同一部门工作（伴有轮换），直到他们55岁左右退休；这确保了战略决策的连续性和稳定性。这两个方面的因素共同作用，使得日本官僚比其美国同行更有能力制定和实施战略规划。日本的官僚经常起草与产业政策相关的立法，并严格执行监管规定。
>
> 日本财务省只有三名政治任命的官员：财务大臣和两名副财务大臣，传统上这两名副大臣分别来自议会两院。相比之下，美国财政部的大多数高级职位都是由政府任命的。1986年，有13位由总统任命（由参议院确认）的官员和13位非常任官员（由行政管理和预算局批准）。
>
> 日本的官僚从20岁出头到50岁出头，很可能会待在一个部里，退休后才加入私人部门，而在美国，官僚机构和私人部门之间的工作变动相当普遍。这两种制度之间的区别很好地体现在两国使用的俗语中：在日本，退休官僚进入私人部门被称为"空降"，而在美国，不论是从官僚机构调入私人部门还是从私人部门进入官僚机构，其工作变动都被称为"旋转门"。

9.9　反垄断法和竞争政策的演变

美国占领军的政策最初包括拆分日本大企业和建立严格的反垄断

法。为了应对冷战，占领政策有所变化，正如我们在第3章中看到的，反垄断法及其执行变得相当宽松。1952年日本恢复主权后，《反垄断法》变得更为宽松。1953年的修正案（1954年颁布）允许陷入萧条的产业或者出于现代化的目的而组成卡特尔。此外，通产大臣可以建议关闭工厂或缩短其营业时间。因此，1953年的修正案使得通产省通过允许（甚至鼓励）现有企业合谋和组成卡特尔以帮助陷入困境的产业完全合法化，而这在美国或在由占领军最初设计的反垄断法中都是非法的。当通产省认定某一行业（暂时地）处于萧条状态时，根据该法第24-3条，将形成卡特尔以保持低供给和高价格。[12] 通产省还协调卡特尔成员的生产和投资计划。因此，卡特尔被用作一种有用的工具来实施产业政策，以保护陷入困境的产业。大多数萧条产业的卡特尔组织持续时间不到一年。

萧条产业成立卡特尔的基本原理是，处于萧条行业的企业要平摊损失（至少接近于此），这样就可以避免代价高昂的破产和大规模裁员。例如，煤矿开采业的卡特尔不仅提供了暂时的救济，而且为该行业的所有企业提供了有序退出的手段。

萧条产业的卡特尔有几个潜在的问题。首先，它们往往最终会保护那些长期效率低下的企业。此外，它们鼓励企业在繁荣时期过度投资，因为企业知道，当困难来临时，它将受到萧条卡特尔的保护，卡特尔允许的生产水平将与其生产能力成正比。

反垄断法放松管制的趋势在20世纪70年代被逆转了。谢德（Schaede，2000，第97—103页）认为，加强反垄断法限制公司的反竞争行为（特别是价格操纵），这一行动得到了公众的支持，因为他们对大企业（特别是石油公司）感到愤怒，这些大企业被认为在1973年石

---

[12] 例如，在20世纪70年代和80年代，日本煤炭开采、铝业和造船业有时会获准成立卡特尔。详细信息请参见Uekusa（1987，第490—499页）。

油危机期间操纵价格以实现自己的利益。《反垄断法》修正案在1975年和1976年的国会上都失败了，但最终在1977年获得通过，因为在1976年的全国大选中自民党遭受重创以后，首相福田赳夫领导的政府最终承诺要修订该法案（Schaede，2000，第102页）。

1977年的修正案引入了一些变化，开始逐步加强日本的竞争政策。最重要的变化是征收行政附加费。这使得监管机构，即日本公平贸易委员会，可以对承认有反竞争行为的企业给予财务处罚，而不必对它们进行刑事定罪，因为这需要花费相当长的时间。尽管附加费数额不大（制造商为销售额的2%，零售商为1%，批发商为0.5%），但这为《反垄断法》逐渐变得更加严格奠定了基础。修正案还将银行对一家企业的最高持股比例从10%降低到5%。此外，该法允许日本公平贸易委员会下令拆分高度集中行业中的大企业，只要其国内销售额超过500亿日元就可以。[13]

即使在1977年修正案之后，日本的反垄断政策仍不如美国严格。实际上，许多萧条卡特尔都是以1978年《萧条产业法》和1983年《结构性萧条产业法》为基础的。

在1989—1993年的结构性障碍倡议（Structural Impediments Initiative）中，美国要求日本加强其反垄断政策。作为回应，日本在1991年、1992年、1996年、1997年、1999年和2002年修订了《反垄断法》。这最终导致2005年对这项立法进行了重大修订。正如马奎斯和塞尔沃（Marquis and Seryo，2014）总结的那样，2005年的修正案包括三大变化。第一，附加费被提高到有意义的水平，即现在制造业企业按要求支付销售额的10%，而零售和批发企业则分别按要求支付3%和2%。第二，实行了宽大处理的方案，即合谋安排的参与者如果在同伙之前

---

[13] 在这里，一个高度集中的行业被定义为行业内龙头企业的份额超过50%，或者前两名企业的份额超过75%，明显阻止新企业进入这一行业，或者被认为利润在三到五年内高得离谱。参见Uekusa（1987，第481—486页）。

向日本公平贸易委员会报告（即供认不讳），将被完全免除支付附加费的惩罚，第二名和第三名承认参与的成员也可以获得部分豁免。第三，简化了阻止反竞争行为的流程。在2005年修正案以前，日本公平贸易委员会首先发出一项勒令停止的命令，被指控的公司可以选择同意或不同意该命令。如果这些企业同意，就会被征收附加费，但是如果不同意，日本公平贸易委员会就不得不举行听证会，以决定是否存在反竞争的情况。2005年的修正案取消了征收附加费之前的听证会，允许日本公平贸易委员会在没有发出任何命令或举行听证会的情况下征收附加费。在征收附加费以后，允许企业请求日本公平贸易委员会召开听证会，但这意味着日本公平贸易委员会要为自己的决定充当上诉法院的角色，这是一个难以逾越的障碍。

日本最著名的合谋安排可能是名为"谈合"（dango）的活动，在政府竞争性采购中，几个竞标者聚在一起，安排谁得到这份工作。[14]"谈合"经常被发现在为建筑企业服务，有时还会被起诉。如果像"谈合"这样的合谋安排预期会被日本公平贸易委员会发现，宽大处理制度就会激励人们成为第一个（或前几个）站出来揭发的人，这导致了举报卡特尔和申请宽大处理的企业越来越多。

《反垄断法》在2009年和2013年也进行了修订。在2009年的修正案中，可以获得宽大处理的企业数量从3家增加到5家。附加费也可以对更广泛的反竞争行为征收。2013年的修正案废除了由日本公平贸易委员会举行征收附加费之后的听证会的规定，并指定东京地方法院审理上诉案件。

图9.3显示了运用宽大处理制度的企业数量。2005年修正案中引入的宽大处理制度似乎非常有效。申请数量在前六年飙升。虽然这一

---

[14] 要了解英文中有关"谈合"清晰而简洁的讨论，请参阅McMillan（2001，第141—147页）。正如他指出的，"'谈合'的主要受害人是日本的纳税人"，他们最终因为在道路建设和其他公共工程领域中出现的合谋行为而付出高昂的代价。

数量在2013年和2014年有所下降,但在2015—2018年却有所上升。然而,申请成功的相对较少。以这一小样本,很难判断该制度是否成功,特别是这一制度的威慑效果。据报道,该制度正努力诱导企业高管在内部合规调查中发现有不当行为时向当局报告。

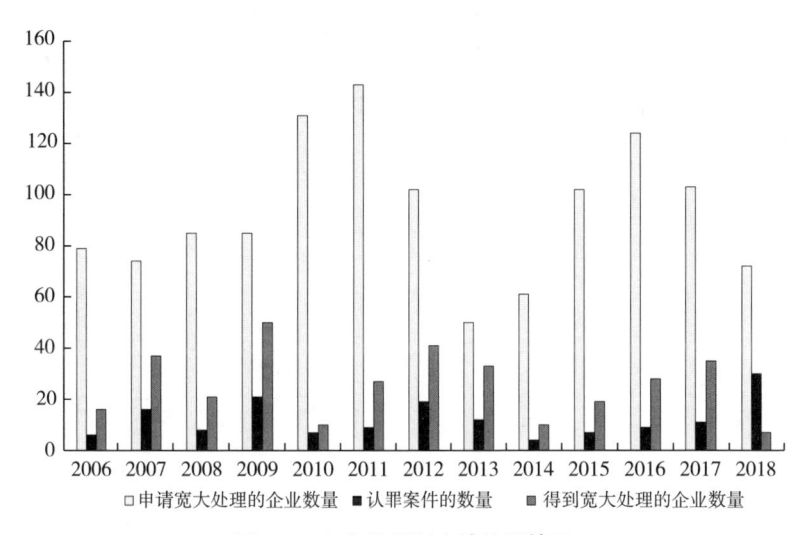

图9.3 宽大处理制度的使用情况

资料来源:日本公平贸易委员会。

附录9A 数据指南

对于交叉持股,优质信息源包括1972年至2000年东洋经济新报社每年出版的《交叉持股年度报告》(*Interlocking Enterprise Annual, Kigyo Keiretsu Soran*),以及《日本的企业集团》(*Enterprise Group in Japan, Nihon no Kigyo Group*)。

《日本公司手册》(*Kaisha Shikiho*)列出了东京证券交易所上市公司的所有基本信息。

《日本交叉持股企业》(*Interlocking Enterprise in Japan*)列出了东

京证券交易所上市公司的前20名股东。它还列出了从主银行（包括信托银行和长期信贷银行）以及城市银行借款的金额，并列出董事会成员过去的隶属关系。这本书还提供了六大企业集团之间交叉持股的矩阵。

《日本的企业集团》列出了母公司及其附属企业和子公司，2017年共计32 409家。未在证券交易所上市的公司也位列其中。研究调查的目的是为了获得股票份额、企业类型、地址、销售额和员工数量等信息。

第10章 劳动力市场

10.1 引言

　　直至今日，日本的劳动力市场一直因几个鲜明的特点而闻名，包括终身雇佣制、年功序列制和以企业为基础的工会，这些都被认为是日本独有的。早期研究往往将这些特点归因于日本文化。例如，家长式的企业和忠诚的员工被比作200～500年前日本的封建领主及其武士下属。然而，许多解释在后来的研究中都未能经得住检验。例如，许多据称是日本劳动力市场独有的特征被证明是在战后时期才发展起来的，而此时多数日本传统文化已经开始衰落了。

　　从经济学的角度看，这些特点被解释为合理的制度安排。例如，终身雇佣制的目的是使工人和企业能够分担风险和共享利润。作为长期隐性合同的一种极端形式，终身雇佣制还允许劳动者针对当前的就业进行人力资本投资，以获取数十年后才能得到的更高回报。

　　与金融体系等日本经济的其他方面类似，日本的劳动力市场在过去30年中也经历了重大的变化，一些突出的特征变得不那么明显了。本章首先描述战后日本劳动力市场的主要特征。然后，我们考察其中的部分特征是如何开始变化的，尤其是在20世纪90年代经济泡沫破裂之后。最后，我们探讨当前日本劳动力市场的重大政策问题，进而对本章进行总结。

10.2 基本统计指标

对劳动力市场而言，最好的统计指标是失业率，它经常被用来测度经济状况或用于政策目的。总人口被分为三类：就业者、失业者和非劳动力。其中失业者是指有工作能力，愿意工作并积极寻找工作，却未能找到合适工作的人。就业者指的是为获取报酬而工作的人，包括企业雇员以及在家族企业工作的人和自我雇佣者。就业者和失业者之和被称为劳动力。失业率是失业者与劳动力的比值。这些定义如图10.1所示。

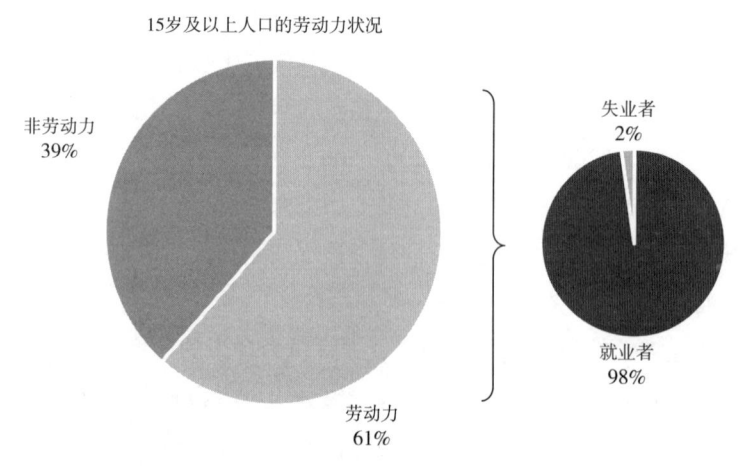

图10.1　就业者、失业者和非劳动力
资料来源：劳动力调查（Labor Force Survey），2018年12月。

失业率随着总需求的变化而波动。当经济繁荣时，很多企业都急需工人，失业率就会很低。高失业率通常出现在经济衰退时，这表明经济中的生产资源没有得到充分利用。

专栏10.1 劳动力调查中就业者、失业者和非劳动力的定义

劳动力调查与就业和失业状态

就业和失业状态是由人们在一个月内的最后一周是否有工作决定的（其中12月例外，它看的是12月20—26日这段时间），这段时间被称为调查期。

就业者

就业者是指在调查期内，为了获得报酬而至少工作了一个小时的人。这样的工作可以是体力劳动或脑力劳动，可以是全职或兼职。对于从事农业和其他家族企业的家庭成员而言，就业者就是为企业出力的人，无论是否得到报酬。

如果一个位于工资单上的人，由于假期或带薪休假的原因实际上没有工作，他依然被记为就业者。此外，就业者也可以是不工作的时间不到30天的某个企业主。

失业者

当一个人以下三个条件全部满足时，就是一个失业者：（1）他在整个调查期内都没有工作；（2）如果有人为他提供工作，他是可以胜任的；（3）他有求职活动，包括在就业安置、就业匹配或就业派遣服务中心注册登记，申请公开发布的工作机会或向朋友询问工作机会。求职活动还包括为自我雇佣所做的准备，比如购买办公用品或企业设备。

非劳动力

就业者和失业者的总和就是劳动力。15岁及以上且不属于这两组中任意一组的人被归为非劳动力。这一群体包括学生、家庭主妇和退休人员，他们都不为了获得报酬而工作。

劳动力与总人口的比率被称为劳动参与率。人们可能会出于不同原因而成为非劳动力。有些人选择上学而不是工作，比如去读高中、大学或研究生；有些人选择成为全职家庭主妇；有些人可能希望工作，但并不积极寻找就业机会，因为他们认为找到工作的希望太渺茫了。最后这类人被称为沮丧劳动者（discouraged workers）。

图10.2显示了1955年至2016年日本和美国失业率的时间序列。在20世纪50年代到80年代，日本失业率的水平和波动幅度都远低于美国。这说明日本劳动力市场长期处于紧张状态。即使在1965年和1974年这样的衰退中，其失业率也没有上升。[①] 日本的失业率从1973年12月的1.1%缓慢升至1987年6月的3.0%。这可能反映了十多年来劳动力需求的逐渐下降或者这一时期的一些结构性变化。美国的失业率对经

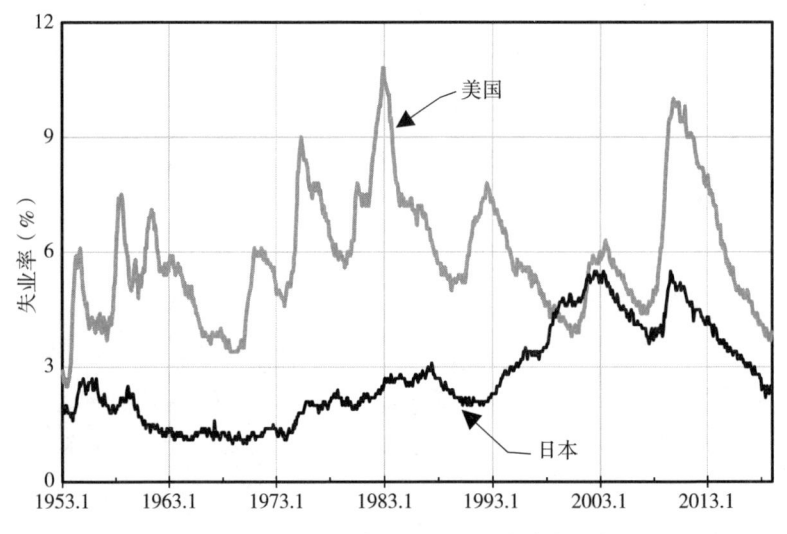

图10.2　大约60年间美国和日本的失业率
资料来源：美国劳工统计局；日本总务省。

[①] Odaka（1980）认为第一次石油危机之后，工业部门释放出来的一部分劳动力被农业部门吸收了。

济周期更为敏感，在20世纪50年代到80年代，其失业率在3%到10%之间波动。

在1993年到2002年间，日本和美国的失业率明显朝着不同的方向移动，日本失业率从2%稳步上升到5.5%，而美国失业率从7.6%下降到3.8%。1999年1月，日本的失业率在二战后第一次超过美国。

2003年以来，日本失业率一直与美国失业率同步变化。由于两国经济强劲，它们的失业率在2003年至2007年间有所下降，并在全球金融危机以及由此导致的经济下行之后，又有所上升。美国失业率在2009年12月达到9.9%的峰值，而日本失业率在2009年9月达到5.4%的峰值。之后，随着经济复苏，两国的失业率再次下降。

日本失业率开始随美国的变化而变化的事实表明，日本劳动力市场的结构和习惯已变得与美国相似，尽管不完全相同。本章稍后将回顾日本传统劳动力市场的特点及其变化。

本书第一版于1992年出版，其中有一节的标题是"为什么日本的失业率如此低且缺乏弹性？"那一节考察了研究人员发现的很多因素，可以解释日本低且稳定的失业率。现在，这已经不再是一个正确的问题了。

失业率是劳动力市场的一个关键的概括性变量，但不是表征劳动力市场状况的完美指标。20世纪80年代一些日本劳动力市场的观察者怀疑，日本人在被解雇或下岗后，往往会退出劳动力市场，而不是继续寻找工作。将潜在工人纳入"失业"这一类别的关键是，一个没有工作的人在回答调查问卷时，声称自己正在积极寻找工作。如果这个人既无工作也没有寻找工作，那么他就被排除在劳动力统计之外。

因此，为了更好地了解劳动力市场的状况，我们需要看看劳动力参与的情况。图10.3显示了日本和美国25~54岁不同性别人群的劳动参与率。这两个国家的男性劳动参与率都高于女性，且参与率都很高。随着时间的推移，美国男性劳动参与率下降了，并在21世纪第二个十年下降到90%以下，但日本男性劳动参与率仍保持在95%左右。

从20世纪70年代中期直至最近，美国女性的劳动参与率远高于日本。通常的解释是日本女性在结婚和首次生子后，倾向于退出劳动力市场。当她们所有的孩子都长大之后，通常又会回到劳动力市场，但无论如何，20多岁和30多岁女性的劳动参与率很低。然而，在21世纪头十年，这一差距已经显著缩小了。2015年，日本女性劳动参与率已经高于美国。这一逆转有两个可能的原因。首先，日本女性生育孩子的数量比以前少了，所以她们退出劳动力市场的时间也更短了。其次，21世纪第二个十年出台了一系列鼓励女性在生育和照料子女期间不辞职的新政策，这些政策可能发挥了作用。在本章后面部分，我们将回到日本不断变化的女性劳动参与率这一问题，并讨论"女性经济学"的政策建议。

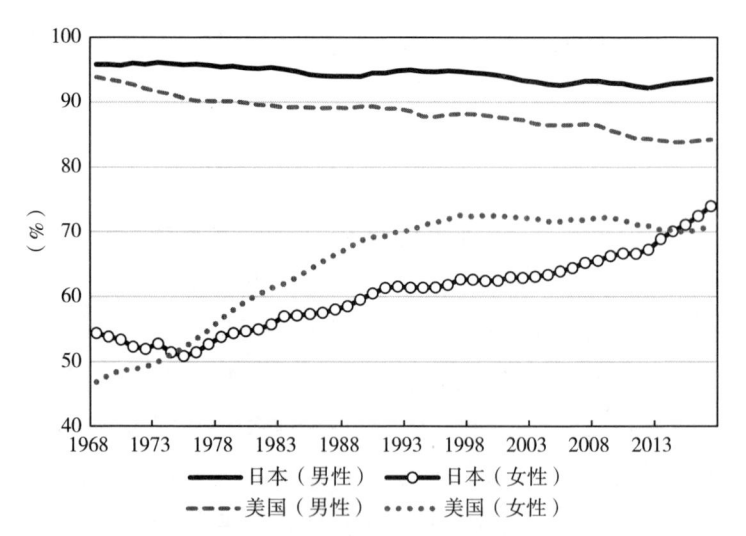

图10.3 美国和日本不同性别25~64岁年龄段的劳动参与率
资料来源：OECD。

当劳动生产率提高时，基本工资往往会上升。劳动生产率是整个经济和单个企业重要的增长源泉。图10.4比较了20世纪70年代中期到2016年名义工资（即基本工资）的变动与名义GDP的变化。正如我们在第3章看到的，日本的经济增长在20世纪90年代初期陡然下降，而工资的增长也是如此。

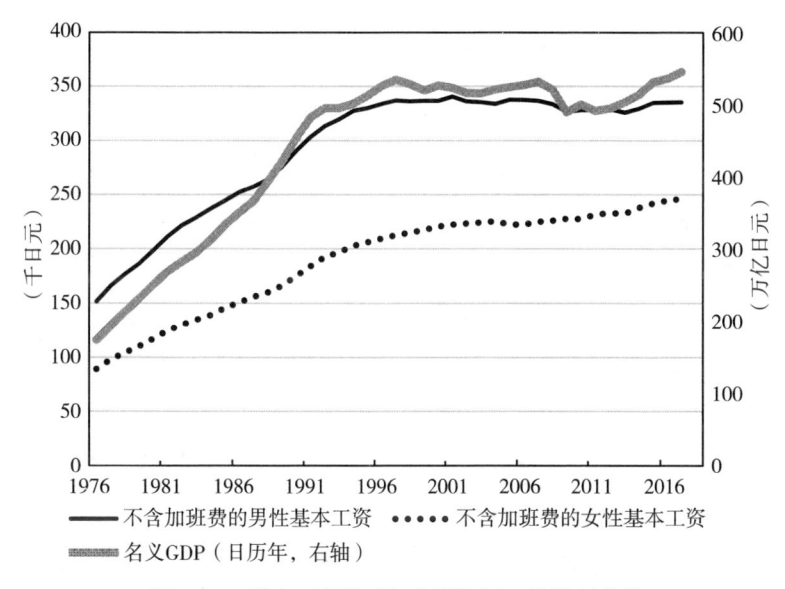

图10.4 基本工资的时间序列数据：按性别分类

资料来源：《工资结构基本调查》（*Chingin Kozo Kihon Tokei Chosa*），国民经济核算年度报告。

表10.1显示了1986年、2004年和2014年日本和美国就业的产业结构。在过去的30多年中，这两个国家的就业人员都从第一产业（农业、林业、牧业和渔业）和第二产业（采矿业、建筑业和制造业）转向了第三产业（服务业及其他）。因此，服务业的扩张趋势显而易见。日本第一产业就业比例仍高于美国或德国，这可能是由于日本对农业部门的保护更强大。

表10.1 1986年、2004年和2014年日本和美国主要产业部门的就业情况

1986	第一产业	第二产业	第三产业	总计
日本	4 950	19 860	33 720	58 530
	(8.5%)	(33.9%)	(57.6%)	
美国	3 163	29 130	77 304	109 597
	(2.9%)	(26.6%)	(70.5%)	
2004	第一产业	第二产业	第三产业	总计
日本	2 860	17 380	43 050	63 290
	(4.5%)	(27.5%)	(68.0%)	
美国	2 111	21 815	120 120	144 047
	(1.5%)	(15.1%)	(83.4%)	
2014	第一产业	第二产业	第三产业	总计
日本	2 310	15 530	45 870	63 710
	(3.6%)	(24.4%)	(72.0%)	
美国	2 138	19 171	129 231	150 540
	(1.4%)	(12.7%)	(85.8%)	

注：单位为千人，括号内为占比。第一产业：农业、林业、牧业和渔业；第二产业：采矿业、制造业、建筑业；第三产业：其他。

资料来源：日本总务省统计局；美国劳工统计局。

人们早就指出，日本工人工作时间很长。这不仅影响了年轻工人的生活质量，还阻碍了女性员工从事稳定、高薪但总是要求加班的工作。有时，雇主故意允许甚至要求工人的劳动时间超过《劳动基准法》规定的最长工作时间。[②] 直到最近，政府才开始严厉打击非法加班。图10.5展示了日本、美国、英国、法国、德国和韩国的平均工作时长。欧洲国家有着较短的工作时间，比如德国、法国以及时间稍长的英国，这是由于他们每周的工作时间更短，而假期的时间更长。2000年，美国和日本工人的工作时长超过了1 800小时，而德国不到1 500小时，法国不到1 600小时。同时，英国工人的工作时长为1 700小时。在接

---

② 传统上，很多工人加班时并没有得到合理的加班费，或者他们的工作时间长于有偿的加班时间。无偿加班被称为超时服务（service overtime）。即使人们屡次呼吁要减少这种现象，一些终身雇佣的工人仍在这样做。

下来的16年里，日本工人的工作时长有所缩短。2016年，日本和英国的劳动时间已经相差无几，都是每年大约1 700小时。此时美国工人仍然工作1 800小时。法国和德国还在继续减少工人们的工作时间，现在法国不到1 500小时，德国不到1 400小时。韩国工人在2000年的工作时长超过了2 200小时，2016年仍然有2 100小时左右。

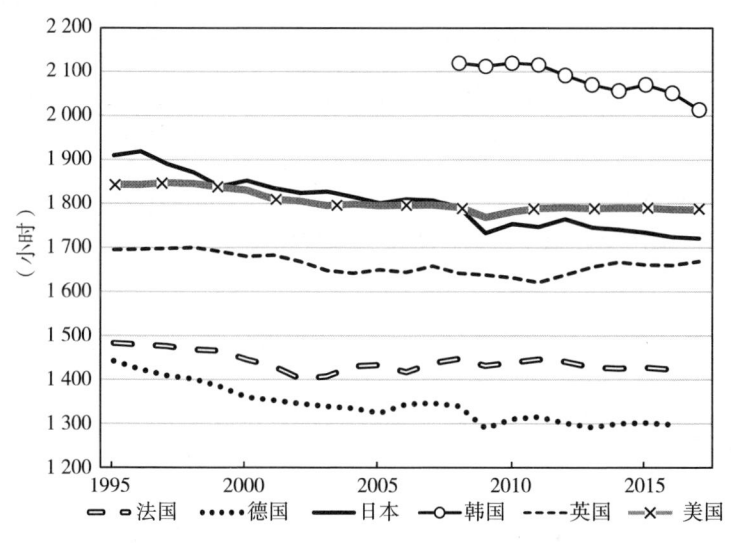

图10.5　年劳均实际工作时长（不含自我雇佣者）
资料来源：OECD。

当日本经济以8%～10%的速度增长时，工人每年的总工作时间超过了2 000小时，这就如同21世纪第二个十年的韩国一样。图10.6显示了日本工作时长更长的时间序列数据，并将其分解为正常工作时间和加班时间。每个雇主规定了正常的工作时长，这个时长不能超过《劳动基准法》规定的上限，所有超过的部分都要记为加班。正常工作时长和总工作时长都呈下降趋势。这个趋势反映了过去50年来的诸多变化。最重要的变化就是1988年《劳动基准法》的改革，它将法定最长工作时间从48小时，即一周工作6天，每天8小时，减少到40小时，即一周工作5天，每天8小时。在1988年之前，很多日本工人经常在星期六上半天班。雇主，特别是中小企业主，被允许逐步减少工人的正常工作时间。所以，很多日本工人开始隔周休一个星期六。在1994年《劳动基准法》改革以后，开始实施40小时的法定最长工作时间，不再要求工人在星期六工作了。通过分析更长的时间序列数据，黑田（Kuroda，2010）的研究表明，增加假日的政策变动，如增加法定节假日和改革《劳动基准法》，以及20世纪90年代和21世纪头十年长期的经济停滞，一起结束了日本工人曾经臭名昭著的长时间劳作。工人的加班时间没有明显的随时间变化趋势，它似乎在随着经济周期而波动。在经济繁荣或扩张时期，例如20世纪80年代和21世纪头十年中期，加班时间有所增加；经济衰退时期则有所减少，例如1998年和2009年。

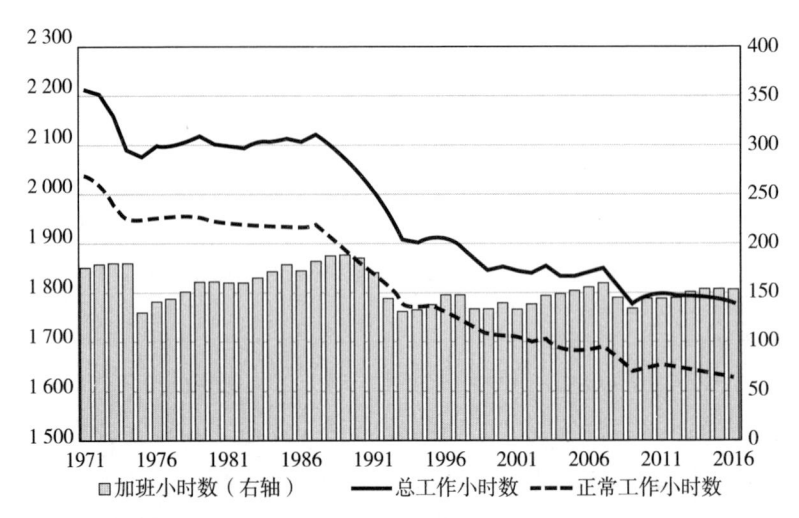

图10.6 年工作时长：总计时长、正常时长和加班时长（财政年度）
注：正式员工规模在30人及以上的企业。
资料来源：日本厚生劳动省（2017）。

日本的工会曾经非常强大。20世纪60年代，许多罢工扰乱了正常的工作和服务。然而，在20世纪80年代和90年代，劳资纠纷已经少多了。③ 工会力量的削弱不只发生在日本，美国也有类似的趋势。图10.7显示了在1990年至2015年间，日本、美国、德国和法国因劳资纠纷而损失的工人工作天数。从图中可以看出，日本在20世纪90年代和21世纪头十年有着十分和谐的工会。

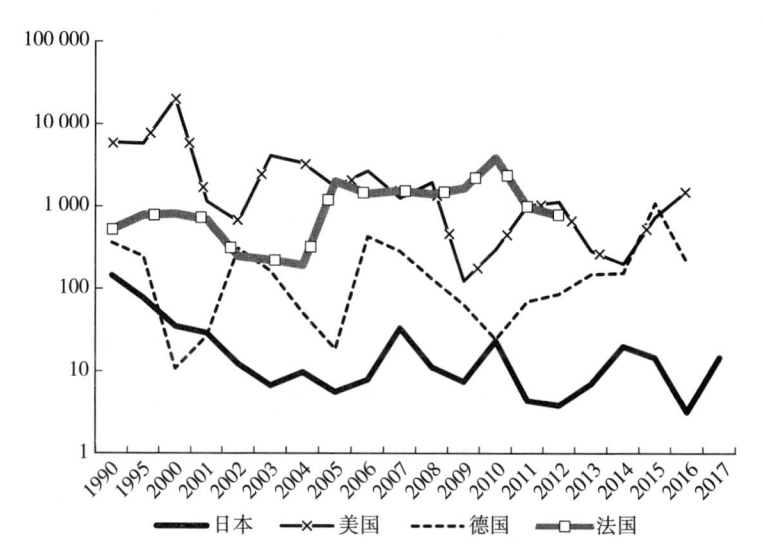

图10.7　过去25年间由于劳资纠纷而损失的工作天数：国际比较
注：损失的天数按一天工作8小时计算。
资料来源：国际劳工组织；日本厚生劳动省。

10.3　日本传统劳动力市场的典型化事实

10.3.1　七个特点

正如本章开篇指出的那样，日本劳动力市场以其独有的特点而闻

---

③ 见Freeman和Rebick（1989）以及Rebick（2005，第5章）对日本工会参与率下降的分析。

名。工人倾向于长期在同一家企业任职,并缓慢有序地晋升。他们的工资(或薪酬)随年龄增长而增加,同时,工人的劳动生产率总体上也有所提高。按照更正式的说法,研究文献指出日本劳动力市场有七个独有的特点。这些特点在20世纪50年代至80年代最为突出,但在90年代开始消失。

- **终身雇佣制**:即使在处境艰难时,企业也不同意解雇或辞退工人,工人保证对雇主有几乎无限的忠诚。他们既不辞职,也不拒绝任何指派的工作。因此,企业和员工关系贯穿工人的整个职业生涯。这种关系不会体现在任何书面合同中,而是完全隐性的。对工人的雇佣被认为是终身的。相反,那些有限任期的员工会签订标有明确工作时限的合同,这些人通常被称为非固定工人。虽然终身雇佣没有正式合同,但它在法庭上经常得到支持。日本法院通常会判定解雇终身雇员是雇主在滥用解雇权。虽然不是所有日本员工都是终身雇佣的,但大部分大企业里的男性工人都符合这一规则。

- **年功序列制和升职**:日本企业的晋升与工资增长取决于为企业服务的年限,而不是个人业绩。在终身雇佣工人中,主管极有可能比下属年长。大企业的中层管理职位空降的情况仍然极为罕见,尽管比以前要多一些。

- **基于企业的工会**:日本工会通常是在每个企业内组织起来的,不同工作岗位的人都可以参加。人们通常认为,企业工会比普通工会更容易与管理层合作。这一特点可能解释了日本劳资纠纷发生率低的现象(图10.7)。

- **技能培养体系**:白领和蓝领工人都被鼓励去学习技能,企业提供大量的在职培训。

- **蓝领工人白领化**:在一家典型的制造企业里,蓝领工人的待遇更像白领工人。他们按月领薪水而非按时薪计算收入。[4] 蓝领和白领之间的工资差距很小，他们属于同一个工会，在同一个食堂用餐。蓝领工人还接受广泛的在职培训。

· **奖金**：几乎所有日本企业的正式员工每年领取两次奖金。这些奖金通常占雇员年收入的 15%~30%。

· **春斗**（*Shuntō*）：每年春天3月至5月，几乎所有主要的劳资谈判同时举行。这与美国等其他经济体形成了鲜明的对比，在这些经济体多数劳动合同的期限都超过一年，不同企业的谈判也在不同的时间进行。

日本传统劳动力市场的典型化特征与盎格鲁-撒克逊劳动力市场形成了对比，如表10.2所示。应该注意的是，这些比较非常简化，并且存在很多例外情况。此外，日本劳动力市场已经发生了变化，一些特点已经不再明显了。本节其余部分将考察每一个特点，讨论它们的经济含义，并描述其随时间的变化。

10.3.2　终身雇佣制

终身雇佣制和年功序列制是文献中最常提到的两个特征，它们被视为日本劳动力市场的独特之处。重要的是要认识到这两个特征是密切相关的。它们也可以被视为企业和工人之间理性选择的某种均衡。

---

[4] 日式英语中的"上班族"一词指的是按月领取工资的正式雇员，无论是白领还是蓝领。这类工人不包括临时工、非全职工人、自我雇佣者或小企业主。女工还可以细分为其他类别。虽然女工的数量在不断增加，但在企业内能够快速升职加薪的女性员工仍然很少；在大型企业和行政部门，女性高管几乎不存在。例如，在日本所有上市企业中，只有1.4%的董事是女性（*Toyo Keizai*，2011年9月21日）。在日本，女性高管通常被称为职业女性，这一术语既包括雇员，也包括自我雇佣者。许多大企业的女性后勤人员预期在结婚或者她们第一个孩子出生时就会辞职。这些人被称为白领女士（office ladies，OLs）。

表 10.2　典型化事实：传统观点

日本	美国
终身雇佣制	频繁地更换工作
年功序列制	每份工作对应不同的薪水
岗位轮换和全能工人	直线晋升和专业工人
在职培训和内部培训，企业专用型人力资本	人力资本可以在企业之间转移
普遍的奖金制度	只有高管才有奖金
企业工会	跨企业的工会
每年同一时间签合同（春斗）	错开时间签多年制合同
稳定的就业（低失业率）	频繁解雇工人（失业率高且不稳定）
灵活的赔偿金	固定的赔偿金
为所有退休人员支付一大笔遣散费，企业年金很少	只对高层管理人员支付遣散费，普遍有企业年金

资料来源：改编自"编者按"，刊于《日本和国际经济杂志》会议特刊，第3卷，第4期，1989年12月。

现在，研究人员已有共识，认为终身雇佣制和年功序列制并非日本封建时代的遗产。直到二战结束，许多正式员工才获得了保障工作的隐含承诺。大约在一战期间，高速发展行业中的一些企业开始实行年功序列制，以防止熟练工人辞职。但是这一做法扩展至其他行业，是由于二战期间政府的严格控制，此时政府基于主要行业的经验，建立了理想的工资结构。[5]

终身雇佣与其字面意思并非完全一致，因为工人并没有一辈子待在他们的企业里。[6] 几乎所有企业都规定了强制退休年龄，到了这个年龄之后，许多工人通常在原来企业的帮助下，寻求其他形式的就

---

[5] 在20世纪30年代，日本绝大多数工人都从事纺织业，该行业熟练工人的离职率堪比20世纪80年代美国任何一类工人。承诺终身雇佣和年功序列是为了留住熟练工人。只是在二战之后，这种终身雇佣和年功序列的做法才扩展到其他部门的蓝领和白领工人。更多历史细节请参见 Galenson 和 Odaka（1976，特别是第614页）以及 Taira（1970，第156页）。

[6] Shimada（1980）以及 Shimada、Seike、Furugori、Sakai 和 Hosokawa（1981）都指出了这一点。

业。⑦此外，为工人一直在同一家企业任职提供重要激励的年功序列制并非日本独有。正如之前所述，在除日本以外的许多国家，白领的工资也会随着他们年龄的增长而增加，这部分反映了生产率随着人力资本的积累而提高。⑧

因此，应当问的问题是，与美国等其他发达国家相比，在日本的劳资关系中，工人是否更稳定地依附于企业。至少有两种方法可以证实这一点。第一，对相同年龄的人而言，日本的平均任职期限比美国更长。第二，对同一年龄组的人而言，日本工人在随后15年的留职率高于美国。许多研究都提出了这个问题。第一篇开创性的论文来自桥本和雷森（Hashimoto and Raisian，1985），他们比较了日本工人与美国工人的情况。如果日本工人持续待在一家企业的时间更长，那么可以预期在同一家企业里，日本工人的平均工作期限长于美国工人。此外，所有年龄组都应该如此。加藤（Kato，2001）更新了桥本和雷森的数据，并对日本数据进行了更多的研究。上林和加藤（Kambayashi and Kato，2017）利用日本和美国的长期数据进行了比较研究。

桥本和雷森（1985）的研究表明，日本的任职期限确实很长。表10.3中的组A清楚地表明，在每个年龄组，日本男性工人工作期限在10～20年以及在20年以上的比例均高于美国。这是日本终身雇佣制的有力证据。

可以利用日本和美国最近一段时期的官方数据来构建类似的任职期限表。表10.3的组B显示了两国在某一特定年龄组别男性任职期限的平均数或中位数，即他们在同一家企业的工作年限。此表显示，年

---

⑦ 在经济高速增长时期，许多企业的强制退休年龄为55岁。到20世纪70年代中期，许多企业的退休年龄随着时间的推移逐渐增加到60岁。从20世纪90年代开始，法定退休年龄进一步提高。在21世纪第二个十年，许多企业的退休年龄在60～65岁。
⑧ Koike（1977，1981，1983，1984）强调了这一点。他指出日本劳动实践的特殊性在于对待蓝领工人的做法，而非对待白领工人。

龄在 35 岁以上的工人任职期限会更长。虽然两国的年龄组别不同，但对于每个年龄组别，日本的平均任职期限都比美国更长。例如，在 35~43 岁年龄组，美国工人中有 70% 任职期限不到 10 年，而大多数日本工人的任职期限超过 10 年。对于 45~54 岁年龄组，大多数美国工人的任职期限仍不到 10 年，而大多数日本工人的任职期限超过 20 年。对于年龄在 55~64 岁之间的美国工人而言，他们中有 30% 的人拥有超过 20 年的任职期限。在 55~59 岁年龄段的日本工人中，将近 60% 的工人任职期限超过 20 年。在 60~64 岁的日本工人中，拥有 20 年或以上任职期限的比例下降到 41%。这可能是由于许多企业仍然强制工人 60 岁退休。

桥本和雷森（1985）也计算了 15 年的留职率，即一个工人在接下来的 15 年将保留同一工作的概率。利用日本 1962 年和 1977 年、美国 1963 年和 1978 年的数据，他们比较了两个国家不同年龄组的 15 年留职率。日本工人的 15 年留职率高于同年龄段且有相似工作经历的美国工人。例如，对于一名典型的男性工人，如果年龄在 25~34 岁之间且在 1962 年的任职期限为 5 年或更长时间，那么在 15 年后（即 1977 年）他们仍在同一家企业的概率，日本为 73.0%，而美国则为 47.3%。

人们可能会怀疑，在日本"失去的 20 年"这一低增长期间，终身雇佣制弱化了。上林和加藤（2017）计算了四个时期的 10 年留职率，即日本的 1982—1992 年、1987—1997 年、1992—2001 年和 1997—2007 年以及美国的 1981—1991 年、1987—1997 年、1991—2001 年和 1996—2006 年。为了集中考察日本的固定工人或者美国的核心工人，检验的对象被定为那些有 5 年及以上工作经验的人。结果以"男性核心员工"（图 10.8A）和"男性职业中期雇员"（图 10.8B）列出。有几个特点显而易见。首先，日本的留职率普遍高于美国对应的群体。其次，对于男性核心员工而言，没有证据表明，在 20 世纪 90 年代和 21 世纪头十年低增长时期的留职率有所下降，尤其是在 1997 年银行业危机之后。

表10.3 日本和美国男性工人任职期限的分布

组A

日本，1977年/美国，1978年（%）

年龄	0~9	30~40 10~20	20+	0~9	35~39 10~20	20+	0~9	40~49 10~20	20+	0~9	50~54 10~20	20+
日本	40.0	59.7	0.3	25.2	65.4	9.4	18.6	50.5	30.9	16.4	46.1	37.5
美国	76.4	23.5	0.1	62.9	35.6	1.5	48.3	36.1	15.6	34.1	36.3	29.6

组B

日本，2015年/美国，2016年（%）

任职期限	0~9	10~14	15~19	20+	其中 20~24	其中 25~29	其中 30+
年龄							
美国（35~44）	70.3	16.3	9.6	3.8			
日本（35~39）	47.4	26.7	21.7	4.2			
日本（40~44）	35.1	14.2	21.5	29.2	24.4	4.8	0.0
年龄							
美国（45~54）	52.7	15.4	12.5	19.4			
日本（45~49）	28.3	10.5	9.0	52.3	24.1	23.9	4.4
日本（50~54）	25.4	8.5	6.6	59.5	9.0	22.6	27.9
年龄							
美国（55~64）	45.9	13.7	10.1	30.3			
日本（55~59）	27.7	7.7	5.8	58.7	7.1	8.1	43.4
日本（60~64）	43.7	9.8	5.3	41.2	4.8	4.7	31.7

资料来源：10.3A，Hashimoto 和 Raisian（1985）。10.3B，美国数据来自美国劳工统计局，日本数据来自日本工资结构基本调查。

第10章 劳动力市场

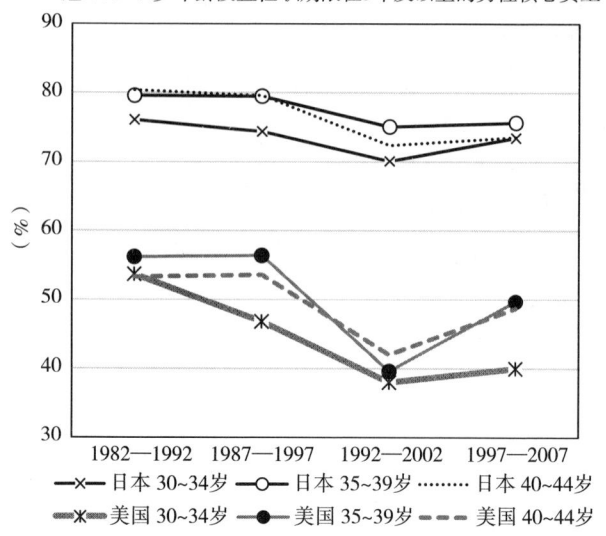

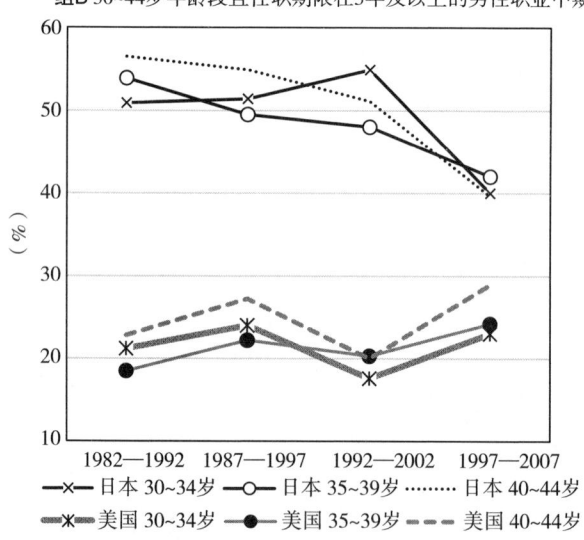

图10.8 过去25年美国与日本男性核心员工和男性职业中期雇员10年留职率的变化

注：为了集中考察私人部门，排除了政府部门职员。
资料来源：Kambayashi 和 Kato（2017）。

再次，在最近一段时期（1997—2007年），日本的职业中期雇员的留职率下降了约10个百分点。根据上林和加藤（2017）的研究，对核心员工而言，终身雇佣制在日本仍然存在并且保持得很好。

综合我们考察的这些证据，对于那些大学毕业以后就幸运地被聘为正式员工的日本工人，终身雇佣制似乎完好无损。加藤（2001）也得出了同样的结论：即使经历了1997—1998年危机的重大冲击，终身雇佣制仍然维持了下来。

10.3.3　年功序列制

终身雇佣制下的员工享受薪水的自动增加，也就是薪水几乎总是随着其任职期限（差不多等同于他们的年龄）的增长而增加。年龄-收入曲线呈上升趋势。年长的员工极有可能比年轻的员工得到更高的薪水。图10.9显示了普通工人的年龄-收入情况，其中组A为男性工人，组B为女性工人。每组显示了三种不同教育水平的情况，即大学或研究生学位，专科或职业学校毕业以及高中文凭。男大学生的工资增长最迅猛，从20～24岁到50～54岁，他们的工资会增加一倍以上，而在同样的30

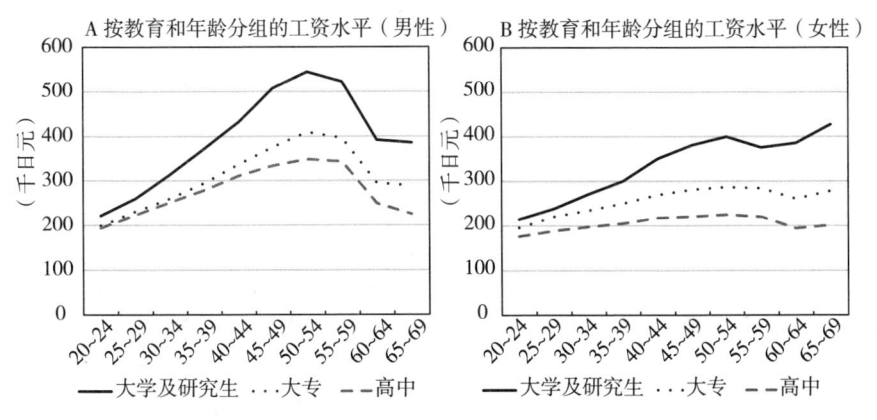

图10.9　薪资随教育水平、性别和年龄变动的情况
资料来源：2017年工资结构基本调查。

年里，受过职业培训的男性和女性大学生的工资仅增长一倍。

然而，证明年功序列制是否存在，要比简单地绘制年龄-收入曲线复杂一些，因为工资可能还取决于许多不属于任职期限但与之相关的因素。比如，如果工人一直待在一家企业，他们可以通过积累知识和技能来增加人力资本。那么，即使单靠工龄并不会导致工资的增长，我们仍然会观察到工资随着任职期限的增长而增加，这是由于人力资本的积累。因此，我们需要控制与工龄相关的人力资本和其他因素。

此外，不同年龄段的就业结构也有所不同。因此当我们横跨不同部门来估计年龄-收入曲线时，就会出现一个问题。例如，相对老年人而言，更大比例的年轻人在工资较低的行业就业。因此，如果我们发现年轻人的平均工资低于老年人，就会得出结论，即使处于同一行业的年轻人和老年人工资相等，工资-收入曲线也是向上倾斜的。人们需要观察，在控制了影响工资的所有其他因素之后，工资和工人年龄之间的正相关关系是否仍然存在。⑨

人们可能会想，终身雇佣和年功序列是否具有经济上的合理性，还是只是一种文化遗产。至少在经济学家中间，大致的共识是这确实给企业和工人带来了经济收益。

终身雇佣和年功序列有三个重要的经济影响。第一，终身雇佣能让企业投资于工人的培训，而不必担心工人跳槽去竞争对手那里。企业也

---

⑨ Hashimoto 和 Raisian（1985）做了这方面的研究，他们发现，相比于美国，在日本任职于同一家企业的时间对工资的影响更大。在控制了包括行业和教育水平在内的各种因素后，他们将个人工作年限对其收入的影响分离出来。他们进一步将工作年限分解为在当前企业工作的年限和在其他企业工作的年限。利用20世纪80年代的数据，他们发现，日本大企业员工的平均收入在工作24年后达到峰值，其最高收入大约是初始收入的3.4倍。对于在大型企业工作的美国员工来说，他们的平均收入在工作25年后达到峰值，但最高收入大约是初始收入的2.4倍。日本员工收入增长的一半以上，都可以用他们在当前企业的工作年限来解释，而美国员工收入增长的一半以上来自他们在其他企业的工作经历。因此，年功序列制在日本发挥的作用远高于美国。

可以专注于培训企业专用的技术，这进一步巩固了终身雇佣制。在20世纪50年代至80年代末期，许多日本企业的销售额和就业人员都在增加。随着企业的逐年扩张，继续雇佣能力全面、业绩突出的人才并不困难。

第二，年功序列制强化了终身雇佣。由于工人预期一生的大部分收入都是任职多年以后才能挣得的，因此他们有在当前企业工作更长时间的激励。

第三，在经济波动中保持终身雇佣制，需要企业进行灵活的工作分配，工人也要服从。因此，许多日本企业在工人的早期职业生涯中实行岗位轮换，以训练他们可以胜任不同的业务。例如，当20世纪80年代中期汽车销量下滑时，日产将闲置生产线上的员工派往经销商那里，以帮助其销售。当20世纪80年代中期日本钢铁工业开始衰退时，日本最大的钢铁厂日本钢铁开始建立生物技术部门，以实现多样化。

尽管终身雇佣和年功序列从长远看是合理的，因为它们鼓励工人和雇主重视企业专用技能的积累，但是这使临时裁员变得困难，也降低了企业应对短期周期波动的能力。为了缓解暂时性的需求下降造成的问题，日本企业通常使用以下三种策略中的一种或多种：第一，它们可以将受需求下降影响的部门的员工转移到那些需要更多员工的部门。第二，企业可以调整加班时间。第三，企业通常向所有正式员工支付奖金，而在经济衰退期间无须与雇员进行艰难的谈判，就可以减少奖金的数量。

从短期看，这些措施有助于保护就业。然而，在长期的经济衰退中，企业就不得不做出更多努力来保护终身雇佣制，包括停止雇用新员工。正如我们将在后面第10.5节中看到的那样，玄田（Genda，2003）发现这正是20世纪90年代日本发生的实际情况，为了保护年长的正式工人的就业，年轻工人的就业机会受到了损害。因此，从长远看，保护现有工人的就业会减少总体的就业数量，因为如果他们知道当经济不景气时，解雇这些年轻工人是很困难的，那么即使在繁荣时期,企业也不愿意雇用新工人。

有学者(Bentolila and Bertola, 1990; Lazear, 1990)指出并证实了20世纪80年代欧洲和美国的就业保护减少了总体就业。对日本的终身雇佣制而言,在经济一直扩张、没有经历任何长期衰退的时候,这个问题并不明显。直至20世纪90年代,情况开始变化。

日本的几家企业在经历了长期的停滞之后,陷入了史无前例的严重困境,它们不得不放弃对终身雇佣的承诺。20世纪90年代的日产就是一个明显的例子。与80年代的危机不同,日产不能仅仅通过在企业内部重新分派工人的工作来求生。最终,它接受了雷诺的注资,并成了它的子企业(1999年,雷诺持股36.8%)。雷诺派卡洛斯·戈恩担任日产的CEO。他关闭了工厂,通过提前退休来削减劳动力,并出售了日产的资产。雷诺的大量投资使日产的工厂实现了现代化,与雷诺共用生产平台使日产得以复兴。这段插曲表明日本劳动力市场已经发生了明显的变化。首先,尽管会导致失业率上升的严重后果(至少是短期的),劳动力还是可以被裁减的。其次,如果你的企业陷入了困境,你的新老板可能不是日本人。

在21世纪头十年,许多企业减少了隐含的终身雇佣的正式工人数量,增加了非正式员工的数量,包括非全职员工、合同工、劳务派遣工以及其他类型的工人。随着经济状况的不确定性日益严重,企业已经不愿意承诺永久雇用大量劳动力。

10.3.4 企业工会

许多日本企业都有工会,既包含白领工人,也包含蓝领工人。全国性工会往往基于行业类别,比如金属行业,而不是特定的工种。[10] 在决

---

[10] 对于某些特殊工种,有一些基于工种的工会。比如,一家航空企业一般有独立的机组人员工会、飞行员工会和地勤人员工会。不过,这只是特例。

策权方面，日本工会更像是美国的工会。本企业的工会拥有强大的决策权，就像美国企业工会一样。在美国的全美汽车工人联合会中，福特和克莱斯勒的工人可以就不同的合同展开谈判。在日本，产业层面的工会与该产业的谈判管理小组会谈，并制定指导方针，但最终的决定是由企业层面的工会做出的，而且在不同的企业之间可以有所不同。例如，电机制造工人工会与管理层集体谈判，并制定适用于各企业劳动谈判的标准，但其细节因企业而异，反映了企业绩效的差异。实际上，日本和美国的工会处在一端，即给予企业最大的权力，而欧洲和斯堪的纳维亚地区的工会则处于另一个极端。在一些欧洲国家，强大的中央总工会会就全国性合同进行谈判，而这一合同对地方工会有约束力。

　　日本和美国都经历了工会参与率（即员工中工会成员的占比）急剧而全面的下降。从1975年到1986年，美国的工会参与率从25%下降到17%，日本则从35%下降到28%。在接下来的24年里，工会参与率进一步下降，美国降至11%，而日本降至18%。[11]

　　到目前的30多年间，日本工会与管理层之间的关系一直非常和谐，但是在此之前，主要行业经常发生罢工和停工。劳资纠纷发生的频率很高，暴力冲突也时有发生。此外，工人运动受到了马克思主义意识形态的强烈影响。一些劳资纠纷源自阶级斗争而不只是工资上涨和改善工作条件的问题。图10.10显示了1946年至2015年有关劳资纠纷的两个指标，即案件数量和参与工人总数。从1946年到1973年，这两个指标都在逐渐增加，这一增长反映了在经济快速扩张时，工人要求获得更多的报酬。它还包含了趋向于社会主义政策议程的政治倾向。在1973—1974年第一次石油危机期间日本经历了高通胀和负增长，此时劳资纠纷达到顶峰，此后工会的势头开始减弱。1975年，工会试图使公共部门工会的罢工合法化，但他们没能实现这一目标。之后，劳资关系开始趋向缓和。

---

[11] 数据来源为OECD数据库。

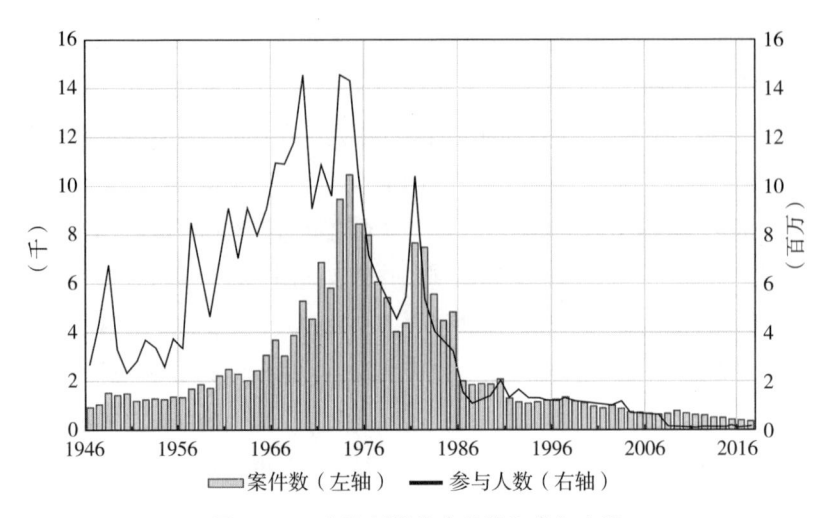

图 10.10　劳资纠纷的案件数和参与人数

资料来源：厚生劳动省，劳资纠纷统计。

衡量工会力量的另一项指标是工会在所有员工中的覆盖率。工会参与率是工会成员与所有员工的比率。图10.11显示了1947年至2015年工会成员人数、所有雇员人数和工会参与率的时间序列数据。从20世纪50年代中期到70年代中期，参与率稳定在35%左右。员工人数和工会成员人数都迅速增加，但比率保持稳定。工会参与率在20世纪90年代末期开始下降，并且持续下降；至21世纪第二个十年中期，下降到18%以下。这一下降部分是由于没有组织起来的劳动力增加了，特别是非全职员工的增加，部分是由于对加入工会的兴趣消失了。

日本的工人运动在1987—1989年经历了一次重大变革。在此之前，有四个主要的全国性劳工组织。在超过35年的时间里，工会总会主导了日本的劳工运动，其会员约占全国工会会员的三分之一。另外，工会同盟约占17%，中立劳联约占13%，全国产业组织联盟约占1%，其余都来自较小的组织。工会总会的成员遍布私人部门和公共部门。它的左派成员非常支持共产党，而大多数人则支持社会党。同时，工会

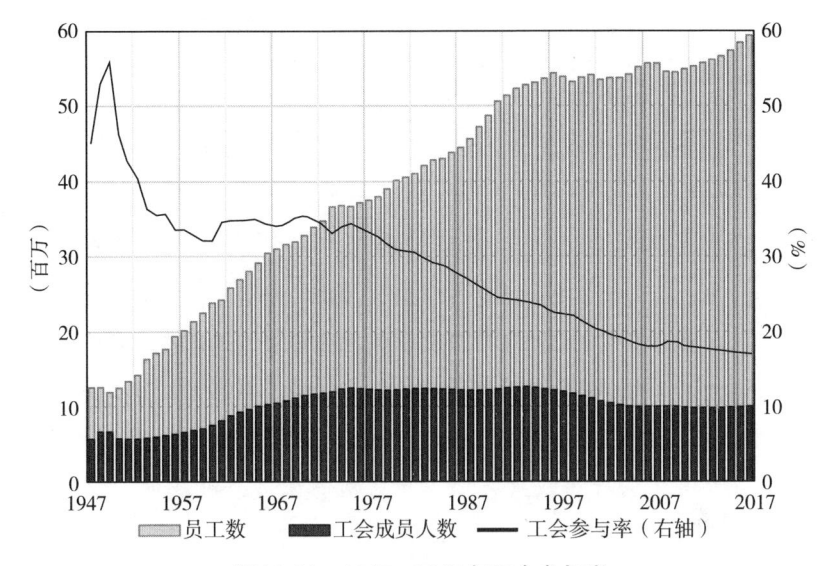

图10.11　1947—2017年工会参与率

资料来源：日本厚生劳动省，工会基本调查。

同盟支持民主社会党。

1987年，四大工会决定成立一个大型总工会。在经过一些调整后，一个名为日本工会联合会（Japanese Trade Union Confederation）的大型工会或者通常所称的Rengo（即联盟），于1989年11月成立了。⑫ 在最初成立时，Rengo有800万名成员，占有组织劳动者的三分之二。随着时间的推移，Rengo的成员逐渐减少，但占有组织劳动者的比例几乎没变。2016年，Rengo有690万成员，占有组织劳动者的70%。⑬

---

⑫ 工会同盟、中立劳联和全国产业组织联盟合并为全民联盟（Zenmin Roren）是第一阶段。对于是否加入有反共意图的或者纯粹是为了与资本家斗争的总工会，工会总会内部有分歧。一些工会总会领导下的地区工会和产业工会分裂出来，加入了全民联盟，并组成了Rengo。余下的工会总会成员组成了全劳联和全劳协，前者绝对拥护共产党。在成立时，全劳联声称其成员数约为150万，远少于Rengo。全劳联和全劳协的成员都在持续减少。

⑬ 更多有关日本工会和工人运动的信息，请参见Rebick（2005，第5章）。

专栏10.2　工会

20世纪80年代对日本工会影响最大的事件之一就是日本国铁（JNR）的私有化并在1987年4月被分拆为地方性企业。这一经常出现赤字的公共机构在经过了几十年减少负债、提高生产率的努力之后，日本首相中曾根康弘凝聚政治力量，领导了一场彻底的改革。国家铁路机构私有化并按地区拆分，是由特别委员会提出建议并由自民党领导的政府予以实施的。这遭到了由社会党领导的反对党甚至自民党自己内部的反对派的强烈反对。

私有化的一个重要方面，是将新的铁路公司裁员三分之一。在私有化之前，日本国铁内部存在几个工会。其中最大的是Kokuro，它是工会总会的一部分。尽管日本国铁是公共机构，Kokuro的成员也在努力争取罢工权。Kokuro反对私有化，但其他工会更多地与政府合作，以换取他们在新企业或其附属企业继续工作的保证。在私有化进程中以及由于国铁最终的私有化，Kokuro失去了很多成员，也丧失了大部分的政治影响力。1987年4月日本国铁的私有化和拆分成地方性企业，对日本有组织劳工影响力的下降而言，是一个关键的时间节点。

Rengo成立了自己的政党，并在1989年的选举中成功地将11名成员送入了众议院。然而，这只是暂时的成功，Rengo在1992年的下一届众议院选举中失去了所有席位。1995年，它作为一个政党解散了，并开始支持1996年成立的日本民主党。

10.3.5　职业培训和蓝领工人白领化

正如前面讨论的，终身雇佣制能让企业在员工身上投资，而不必担心他们会跳槽到竞争对手那里。许多日本企业利用这一点,强调培养工人技能的重要性。主要通过在职培训,日本企业鼓励工人学习技能。

小池(Koike,1994)认为,日本工人有望获得广泛而精深的技能。技能的宽度影响工人能够处理的一般业务范围。日本工人通常在许多类型的岗位中轮换,这样他们就可以胜任许多不同的任务。当企业试图通过将工人重新分配到不同的工作岗位,以在经济周期中维持终身雇佣制时,这种全面的能力变得至关重要。

在日本,人们有时会说全才比专才更有价值。一名员工的价值通常是由他在企业中接受过多少个不同部门的培训,以及他对这些职位之间的关系有多了解来衡量的。这些技能也是企业专用的,并巩固了终身雇佣制。[14] 除非有迫切的需要,否则一家日本企业很少雇用现成的专家担任正式的中层职务。

技能的深度是指员工完成非常规操作的能力。日本的蓝领工人可以发现和解决工作现场发生的常见问题。因为不常见的问题是无法提前预料的,工人只能通过职业培训来获得精深的技能。

小池(1994)指出,年功序列和晋升机制被用来鼓励学习技能。任职期限不是决定工资和晋升的唯一因素。企业经常要求工人达到一定的技能水平,才能晋升至更高的工资等级。如前所述,许多企业还有轮岗制,让工人体验许多工作,尤其是在他们年轻时。外派是另一种扩展工人技能的机制。在外派制度下,工人被派往另一家企业,他在那里全职工作几年,然后工人带着更全面的技能返回原来的企业。

在美国,如果一家企业提供这种类型的人力资本投资,工人可能

---

[14] 因此,挖走中层管理人员的事情在日本并不经常发生。同样,从外部引进经理也会挫伤工人的士气,因为这减少了未来可能的晋升机会。

会决定换工作，而且也确实经常这样做。正是由于工人有不会退出终身雇佣制的隐含承诺，日本企业才愿意支付培训费用。为了让工人获得广泛而精深的技能，日本企业在其员工职业生涯的早期，就会出钱投资工人的各种技能，而在工人以后的职业生涯中，这些人力资本投资会使企业得到回报。

广泛的在职培训不限于白领工人。蓝领工人也接受广泛的在职培训，并参与岗位轮换和派往子公司或者附属企业。实际上，日本的蓝领工人在许多方面很像日本的白领工人。小池（1994）将这一现象称为蓝领工人的"白领化"。不仅白领工人的年龄-收入曲线是陡峭的，蓝领工人也是如此。工会通常是以企业为基础的，白领和蓝领工人都属于同一个工会。

专栏10.3　MBA们都去哪了？

在20世纪80年代后半期日本泡沫处于顶峰时，现金充裕的日本企业将其富有才干的员工送往美国商学院攻读工商管理硕士（MBA）学位。在顶级商学院，接近10%的学生是日本人，他们由其企业派遣并支付所有的费用。所有这些MBA都去哪里了？在回到原来的企业后，他们中的许多人即使没有马上辞职，也在几年内辞职了。企业试图将学成归来的MBA重新整合进日本的职业模式，即强调全面的工作经验，然后将他们送到各地的分支机构。这是为了将MBA们塑造成传统的经理人，熟悉所有的国内业务。高管们认为这是一个好方法，然而，MBA们认为他们在美国商学院学到的专业知识和经验没有受到企业的重视，于是他们寻找更有挑战的工作，通常是外企。例如，许多持有MBA学位的日本银行员工辞职加入了外国金融机构。

蓝领工人的白领化给企业带来了一定的经济效益。例如，拥有精深技能的蓝领工人意味着他们能自行解决生产线上的一些常见问题，而无须依靠工程师。这导致生产活动中更少出现停工，从而使产量增加。然而，将年功序列和终身雇佣制扩大至生产工人可能会产生一些问题，特别是在经济低迷时期。在受到大规模的不利冲击时，终身雇佣制使企业难以调整其劳动力。

工人拥有全面的技能必然会有所助益，因为企业可以通过重新安排工作来解决上述问题。然而，如果冲击规模太大且持续时间很长，企业就需要调整工人的数量。在实行终身雇佣制和重视技能培养的情况下，日本调整劳动力的成本往往集中在两类工人身上。首先，新进入就业市场的年轻工人受到的影响最大，因为许多企业只能通过自然减员和停止招聘来调整劳动力。另一个容易受到伤害的群体则是年龄较大的员工。他们学习技能可能已经很慢了，但由于年功序列制，其工资水平很高。

10.3.6　奖金和共享经济

全职员工的报酬由三部分组成，即基本工资、加班费和奖金。几乎所有全职员工都能获得奖金，无论白领还是蓝领，这是日本劳动力市场的显著特征之一。不同于近期似乎正在衰落的终身雇佣制，上述做法一点也没有改变。日本的许多工人每年收到两次奖金：第一次是在6月或7月，第二次在12月，金额通常比第一次更大。在美国，通常只有高管才能得到奖金，但在日本，新人和高管都可以得到奖金。在大企业，这两笔年度奖金加起来相当于3~5个月的正常工资。作为总收入的一部分，奖金收入一般是大企业的工人更多，同一企业中任职更长的员工更多。

关于奖金制度有几个有趣的问题。为什么年度报酬的一部分以一次性付款的方式支付？奖金是变相的工资，还是使劳动报酬更加灵活的手段？如果奖金是灵活的，它们如何应对各种冲击？奖金制度有助于宏观经济绩效吗？我们下面将讨论这些问题。

首先，尽管奖金相当于变相的工资，因为这部分奖金无论如何都会支付，但有一部分是基于企业的业绩和员工的表现。图10.12A显示了制造业部门40~44岁男性工人奖金与月薪之比的时间序列数据，单位是月薪的倍数。这一比率在整个20世纪80年代保持稳定。其下降趋势始于20世纪90年代中期。在全球金融危机之后，2010年这一比率出现了急剧的下降。对大学毕业生和高中毕业生而言，奖金比率的变化方向非常相似，尽管大学毕业生的这一比率更高。对于大学毕业生而言，20世纪80年代的奖金比率大约为5；到21世纪第二个十年中期降到4左右。奖金比率围绕趋势值的波动与失业率呈负相关。当失业率上升时，比如1997—2003年和2009—2010年，奖金比率下降。当经济繁荣导致失业率下降时，比如2003—2007年和2012—2016年，奖金比率上升。观察到的奖金和失业率的负相关与如下假说是一致的，即奖金是对就业调整受到限制的一种缓冲，也就是说，在面对严重的负向冲击时，企业可以用减少奖金的方式代替解雇工人。

调整加班是另一种抑制经济周期中就业波动的机制。通过减少加班时间，企业可以降低工资成本，避免辞退或解雇工人。从某种意义上讲，这是工人之间的成本分担机制。图10.12B显示了制造业部门40~44岁男性工人的加班费与基本工资的比率。高中毕业生的加班率比大学毕业生要高得多。大学毕业生的加班率呈上升趋势。这个比率围绕趋势值的波动与失业率也呈负相关。无论对大学毕业生还是高中毕业生，2010年失业率的急剧上升都与加班率的骤降相吻合。这与以下假说也是一致的，即加班是一种缓冲机制，也就是说需求的下降部分被加班的减少吸收了。

20世纪90年代后期的经验表明，正如黑田和山本（Kuroda and Yamamoto，2003a，2003b，2005，2014）发现的那样，调整奖金和减少加班以应对长期的经济衰退。许多企业为了维持就业水平，削减了

组A 奖金与基本工资的比率以及失业率，制造业部门40~44岁男性工人

——— 大学毕业生的奖金比率　- - - 高中毕业生的奖金比率
········ 失业率（右轴）

组B 加班费与基本工资的比率以及失业率，制造业部门40~44岁男性工人

——— 大学毕业生的加班费比率　- - - 高中毕业生的加班费比率
········ 失业率（右轴）

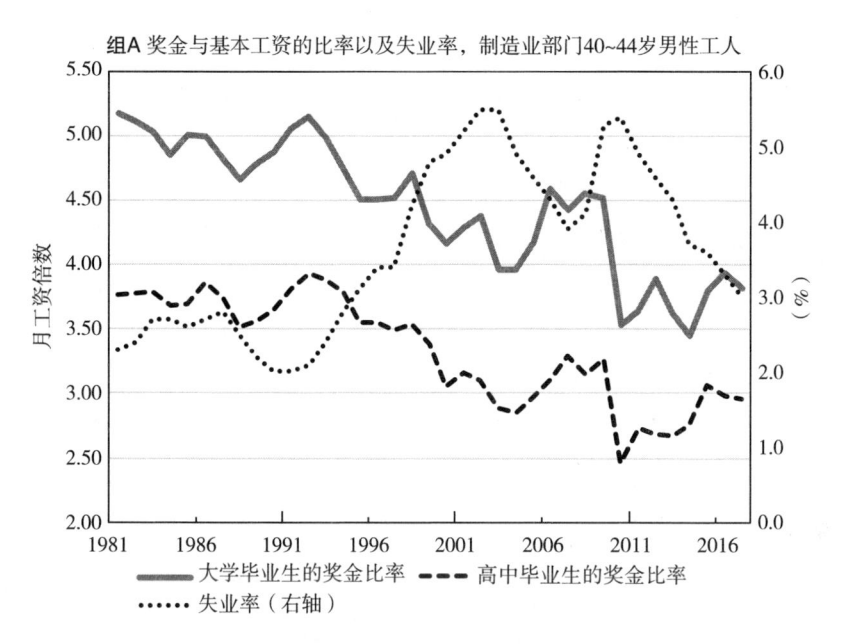

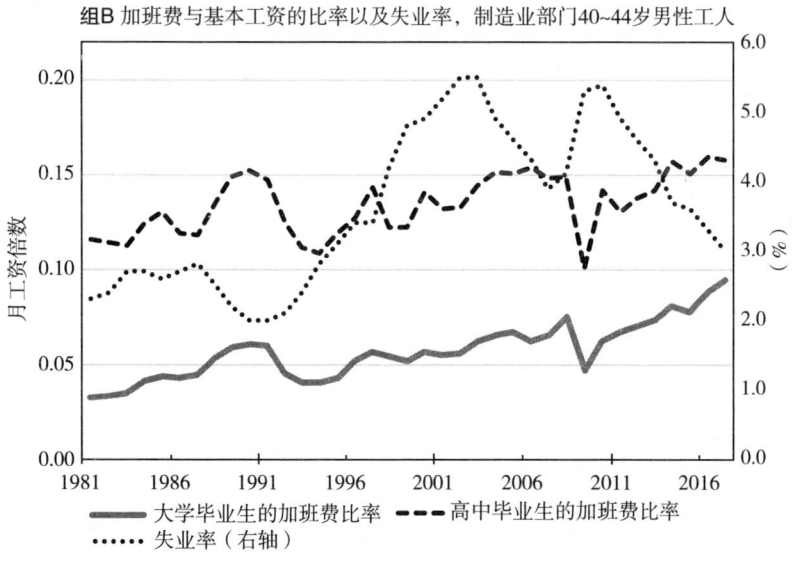

图10.12　奖金和加班费

资料来源：日本厚生劳动省，工资结构基本调查和劳动力调查。

第10章　劳动力市场

奖金和加班费。然而，到了1998年，它们开始削减基本工资，但即使如此也不足以恢复企业的盈利能力。最后，许多企业开始削减就业岗位，失业率开始飙升。

表10.4显示了2018年所有产业和制造业工人的奖金与工资之比如何随企业规模而变化。该表表明，大企业工人的奖金在绝对水平和用月正常工资倍数衡量的相对水平上都更高。小企业的工人获得的夏季奖金相当于1.16个月工资，年终奖金相当于1.22个月工资，但大企业的工人分别获得相当于1.94和1.96个月工资的夏季和年终奖金。对于制造业而言，这一差距更为明显，大企业的工人获得的这两种奖金大约是其月工资的5倍。

表10.4 奖金及其与工资的比率

企业规模	所有产业			制造业		
	全部企业	大企业	小企业	全部企业	大企业	小企业
夏季奖金（日元）	387 034	751 425	337 787	521 725	956 115	350 939
月工资倍数	1.06	1.94	1.16	1.12	2.57	1.25
获得奖金的工人比例（%）	81.5	97.4	89.5	90.2	98.4	91.7
年终奖（日元）	389 920	756 458	343 977	518 188	903 112	368 771
月工资倍数	1.10	1.96	1.22	1.14	2.47	1.36
获得奖金的工人比例（%）	84.6	97.2	92.5	91.6	99.4	94.0
总奖金（日元）	776 954	1 507 883	681 764	1 039 913	1 859 227	719 710
月工资倍数	2.16	3.90	2.38	2.26	5.04	2.61

注：大企业为工人数量不少于1 000人的企业，小企业为工人数量为30~99人的企业。全部企业为工人数量不少于5人的所有企业。月工资不包含加班费和其他临时性收入。

资料来源：厚生劳动省，月度劳动力调查。

至少有三种观点可以解释奖金在日本劳动力市场中的作用：文化和历史说、变相工资说和利润分配说。

一种观点认为，奖金是封建制度的文化遗产，即一位领主（企业）向武士（工人）展示家长般的善意。根据这一假说，奖金的数额主要是由雇主任意决定的，雇主在有能力且有意愿的情况下，像家长一样发放额外的款项。与对日本劳动力市场其他做法的文化解释一样，比如终身雇佣制，这很难解释当代的奖金制度。奖金最初是在20世纪30年代引入的，目的是奖励特定行业中的技术工人，经历了战时计划经济时期和战后的岁月，这一制度扩展至所有行业的工人。在整个20世纪50年代和60年代，奖金在全年薪酬中的比重增加了。很难想象，在这几十年中文化传统变得越来越强大。然后，伴随着20世纪90年代和21世纪头十年宏观经济的下行，奖金比率也下降了。这一事实表明，是经济状况而非文化背景决定了奖金的变化。

另一种观点是，奖金只是变相的工资。赞同这种观点的人强调，奖金的大致数量是在春斗（即每年春季重新谈判合同）时，与工资谈判同时敲定的。奖金的发放对雇主和员工都是意料之中的事。对政府官员而言，奖金的规模就像工资的规模一样，都是固定的。有些人认为奖金是变相的绩效工资。由于年功序列制是根据工人在企业中的服务年限来决定工资水平的，奖金就代表了员工绩效奖励的部分。然而，这一观点并不能解释为什么日本劳动力市场必须发明特殊的制度，给予工人公平的报酬。此外，即使奖金是以相当于工资年度调整的方式来补偿超额利润或突出的个人业绩，它们也可以每年进行一定程度的灵活调整。如果利润在某一惊人的盈利年度之后恢复正常，奖金可以下调且不会引发严重的冲突；但工资通常不能这样。至于业绩奖励的功能，一些经验表明，同一年功等级内的薪酬变化并不像预期的那么大。

第三种观点是，奖金发挥着利润分配的作用（Weitzman，1985），奖金的数额与企业一年内赚取多少利润有关。理论上，通过分享一些利润，一家企业可以激励员工更努力地工作，而在利润下降时，它不必解雇工人。

魏茨曼（Weitzman，1985）认为，日本的奖金制度是最接近"共享经济"的例子。为了证实这一论点，他在不同的总量水平上研究了奖金和利润之间的关系。魏茨曼（1986）表明总奖金与总利润相关。他的分析说明，对于战后日本的所有产业，当利润增加10%，奖金提高1.4%。

弗里曼和魏茨曼（Freeman and Weitzman，1987）更深入地研究了奖金对企业利润和部门增加值的反应灵敏度，他们发现，无论是总体水平还是在每个产业部门，奖金对利润的敏感度远大于工资。因此，一些超额利润以奖金的形式分配给员工。企业似乎也参与了利润共享。他们的结论是，这种利润共享至少在一定程度上是日本强劲增长和稳定就业的原因，这种良好的经济表现在20世纪80年代给许多人留下了深刻的印象。

根据共享经济的解释，奖金制度有助于稳定就业的原因是显而易见的。奖金的存在增加了劳动报酬的灵活性。奖金在短期内更容易增减，与工资下降相比，奖金的减少让人觉得更体面一些。因此，奖金不太可能表现出工资那样的下调刚性。劳动力成本的灵活性也使企业不必在面临短期的不利冲击时解雇工人。

奖金的另一个作用是，由于一部分薪酬与企业利润相关，所以工人愿意在必要时加班，并在工作中付出更多的努力。换句话说，奖金作为一种利润分享机制，有助于促进企业与其员工之间的合作关系。

通过奖金实行利润共享也减少了衰退期间的裁员数量。当利润出乎意料地降低时，签订了固定工资合同的企业就可能需要解雇一些工人。然而，通过利润共享，低利润减少了员工的报酬，由于节省了成本，企业可能不需要解雇太多工人。

奖金对宏观经济绩效还有另外一个作用。大部分奖金至少暂时被工人储蓄起来，而不是消费掉。根据消费的持久性收入假说，暂时性收入用于消费的比例要低于持久性收入。当奖金相对于年度薪酬增加时，储蓄率似乎有所提高。石川和植田（1984）考察了这一观点。

> ### 专栏10.4 共享经济
>
> 魏茨曼（1984）提出了一个简单的数学模型来解释共享经济。假设有一个利润最大化的企业，生产函数为$F(L)$，产品价格为p，需要决定雇用多少员工。在固定工资合同的情况下，员工数量由边际产出等于工资的那一点决定：$pF'(L)=w$，此时F'代表F的导数。假设现在员工只获得一个低于w的基本工资z，再加上奖金，使得总薪酬与工资合同中规定的数额相等，奖金为总利润的一个固定比例s，即$s[pF(L)-zL]$，由此可得：
>
> $$wL = s[pF(L)-zL]+zL$$
>
> 对现有的工人而言，新制度和原来的制度没有差别。但在共享利润合同下，管理层有激励雇用更多的工人，因为增加的收入要高于基本工资。
>
> $$pF'(L) = w > z$$
>
> 这样，企业就有很强的动力扩大就业了。

10.3.7 春斗

日本大多数主要的劳动合同谈判集中在春季，大致是3~5月。所有的合同每年都要重新谈判，而在美国，主要的多年期合同在全年都可以谈判。

每年2月左右，日本工会都会发布他们对即将到来的合同谈判的要求。在经济高速增长时期，谈判的核心问题是年薪的增加，但从20世纪80年代开始，春斗谈判开始涉及其他问题，如工作条件和工作时长。[15] 最近，工会开始将更广泛的议题列入春斗谈判的内容，包括工作与生活的平衡和非标准员工的招募。

强大的工会，即早期的铁路工人和钢铁工人联合会以及后来的金属工人工会，通常在谈判中代表劳方，但在Rengo成立后，Rengo开始代表主要私人企业的劳方。成立于1989年的全劳联规模较小，它也参与了春斗，不过它们主要代表公共部门和小企业的员工。

管理方也通过一个联合会进行协调。在21世纪初期以前，一直由日本雇主协会（Nikkeiren）代表管理方，它是由一些处理劳资关系的大企业创建的。2002年，因为两个集团的成员几乎是相同的，所以日本雇主协会与日本经济团体联合会（Keidanren）合并了，后者最初是由大企业创建的，旨在提出政策建议。目前，日本经济团体联合会在春斗谈判中代表大企业的管理方。

在国家层面（针对某一特定行业）和地方（企业）层面都会进行谈判。在国家层面，讨论的是市场共同的问题，如平均工资的增长和带薪休假的天数。在个体和企业层面，讨论工资增长的细节和企业其他具体问题。一些企业会完全满足工会的要求，从而轻松地结束谈判，而另一些企业则需要经历漫长的谈判，但无论哪种方式，大多数企业和工会都会在5月底之前完成谈判。

春斗中每年同步举行的合同谈判可以使日本的工资调整比其他国家更灵活。泰勒（Taylor，1980）和费希尔（Fischer，1977）指出，当工资合同谈判交错进行时，一家工会的要求取决于其他工会最近已经谈判好的内容，以及它对其他工会在未来几个月行动的预期。在这种

---

[15] 单个员工的工资增长可以分为两个部分，一是随工龄增长而自动增加的部分，二是被称为基础上调（base up）的全面加薪。春斗谈判的是基础上调部分。

情况下，迅速调整可能会受到阻碍，因为工会将不愿意削减工资，这既因为无法保证未来其他工会也会削减工资，也因为其他工会在近期谈好的合同中得到的妥协无法被取消。换句话说，工会之间无法协调。通过春斗，日本工会可以避免这个问题。

如果工人的工资和他们的生产率同步增长，那么工资的增加不会产生通胀效应。然而，在工资谈判时，并不能准确地知道生产率超出合同工资水平多少。假设工会和管理方试图使工资增长与工资谈判时预期的生产率增长等同起来，当实际生产率的增长低于预期时，工资合同就可能导致通胀。这样，工资增长和生产率增长就不一致了。在美国，许多合同有效期超过一年，这意味着一旦出现上述不一致的情况，就会持续一年以上的时间。相比之下，日本的失调可以在一年之内得到纠正。格罗斯曼和哈拉夫（Grossman and Haraf, 1989）的计量分析验证了工资增长和生产率增长之间可能存在的失调现象。

交错进行的合同（Staggered contract）还使这一问题蒙上了另外一层阴影。假设工会试图获得的工资增长等于其他工会在此前后的谈判获得的工资增长的预期平均值。泰勒（1980）证明，在交错合同的背景下，一次失调产生的经济影响将远远超过该合同的期限。其背后的原因是，当一家工会将工资定得太高时，在它之后进行谈判的工会也不甘落后。换句话说，如果工资增长和生产率增长在一份合同中不一致，那么随后的合同也必须不一致，以保证工人的生活水平不受影响。这一过程在合同到期后仍会继续很长时间，因为当最初调整失误的工会开始重新谈判它的合同时，在这个工会的合同期限内，其他所有工会都复制了这一失误，所以新的合同还将继续如此。所有工会需要一起行动，否则，必须有一些政策干预，以消除这种交错合同背景下的失调现象。

有了同步的合同谈判，所有合同都可能一起失误，一并修正。由于所有的工会同时谈判，他们可以协调各自的行动。

第一次石油危机时的高通胀经历提供了一个有趣的案例，可以观察工资合同同步谈判是如何发挥作用的。宽松的货币政策已经在1973年产生了通胀压力。当石油价格在10月猛涨时，高通胀开始了。由于将石油价格上涨这一供给冲击误认为是货币通胀导致的总需求冲击，劳方在1974年的春斗中要求大幅提高工资。因此，工资增长了26%，CPI增长了23%，而经济增长率却下降到了−1.4%。由于石油价格上涨是一种不利的技术冲击，即需要更多的出口来支付更大的进口账单，因此可供国内消费的商品变少了，为应对通胀而商定的名义工资上升，与生产率的增长不一致。在意识到发生了什么以后，企业和工会在

专栏10.5　在大企业的生活

日本大学毕业生非常喜欢去大企业工作，原因有几个。第一是工作有保障。即使在20世纪90年代和21世纪头十年经济长期停滞期间，大企业的正式员工也享有比小企业的员工或者兼职人员等非正式员工更安全的工作保障。这种工作保障还可以延伸到退休以后，因为大企业经常帮助其退休员工找到第二份职业。第二，如果一个人厌倦了为大企业工作，他可以很容易地跳槽到小企业，但在职业生涯中期从小企业跳槽到大企业几乎是不可能的。第三，大企业的工资和奖金往往更高。第四，大企业的额外福利通常更好。这些福利包括企业提供的住房补贴（无须纳税）、通勤津贴（无须纳税）、家属津贴（须纳税）、收益率高于银行存款利率的企业存款计划以及利率低于银行贷款利率的企业住房按揭贷款。虽然许多企业在20世纪90年代和21世纪头十年经济停滞期间一直在减少这些福利，但大企业员工得到的福利仍然要比小企业员工的更好一些。最后，为知名的大企业工作也能带来某种声望。

1975年大幅降低了工资。这种快速纠正应该归功于灵活的工会领导人和同步的合同谈判。

10.4 变化中的劳工惯例

日本传统劳工惯例的某些突出特征，如终身雇佣、年功序列和企业专有的培训等，自20世纪90年代初期以来就开始发生了变化。在许多方面，这些变化缓慢且不易察觉。

加藤（2001）是有关终身雇佣制近期变化最早的研究者之一。表10.5比较了根据1982年和1997年数据计算的男性工人15年留职率，并将结果与桥本和雷森（1985）计算的1962—1977年的15年留职率进行了比较。从1962—1977年到1982—1997年，只有一个组别（20~24岁且任职期限在5年以上）的15年留职率降低了。对于所有其他组别，15年留职率都上升了。因此，日本工人更有可能留在同一家企业，这表明终身雇佣制并没有衰落，甚至从20世纪60—70年代到80—90年代，这个制度变得更为普遍了。表10.6比较了日本和美国（同样为男性工人）从20世纪80年代初到90年代末的15年留职率。对于所有年龄组别和所有任职期限，日本的留职率远高于美国。例如，1982年日本工作年限为5年及以上的25~34岁年龄段的人，留职率为73.6%，而1983年美国的这一数据为48.1%。实际上，与美国相比，日本的劳动惯例仍然更接近终身雇佣制。

上林和加藤（2012，2017）利用更多最近的数据并找到了证据，表明终身雇佣制度可能最终还是发生了变化。表10.7比较了1982—1992年、1987—1997年、1992—2002年和1997—2007年不同年龄组男性员工的10年留职率。在1982—1992年和1987—1997年，所有年龄组的留职率非常相似。然而，从1987—1997年到1992—2002年，留职率显著下降。对于年轻人而言，从1992—2002年到1997—2007年留职率继续下降。也许这是终身雇佣传统终结的开始。

表10.5　1982—1997年日本男性员工的15年留职率

1982			1997			1982—1997	1962—1977
年龄	任职期限（年）	占员工总数的比例	年龄	任职期限（年）	占员工总数的比例	15年留职率（%）	15年留职率（%）
15~19	0~4	16.85	30~34	15~19	6.74	39.99	36.40
20~24	0~4	53.70	35~39	15~19	27.43	51.08	45.10
	5+	12.20		20+	6.74	55.22	65.30
25~34	0~4	24.84	40~49	10~14	12.98	52.24	42.70
	5+	59.35		15+	43.70	73.64	73.00
35~39	0~4	10.74	50~54	15~19	5.01	46.65	37.70
	5+	69.62		20+	54.61	78.44	75.90

资料来源：Kato（2001，表Ⅳ）。

表10.6　日本与美国男性员工15年留职率的比较

1982（1983）		日本（1982—1997）	美国（1983—1998）
年龄	任职期限（年）	15年留职率（%）	15年留职率（%）
15~19	0~4	39.99	4.59
20~24	0~4	51.08	13.92
	5+	55.22	28.45
25~34	0~4	52.24	20.13
	5+	73.64	48.14
35~39（35~44）[a]	0~4	46.65	22.06
	5+	78.44	52.14

注：a. 日本的年龄段是35~39岁，美国的年龄段是35~44岁。
资料来源：Kato（2001，表Ⅴ）。

玄田（2003）还发现了一些间接证据，表明终身雇佣和年功序列制已经发生了变化。通过研究不同年龄段男性全职员工的平均任职期限从1984年到1991年和1998年的变化，他发现45岁及以上较年长的

表10.7 过去25年日本男性员工的10年留职率

日本/核心		10年留职率(%)	10年留职率(%)	10年留职率(%)	10年留职率(%)
年龄	任职期限	1982—1992	1987—1997	1992—2002	1997—2007
20~24	0~4	56.1	51.4	46.3	40.6
25~29	0~4	56.9	60.0	58.9	49.8
30~34	5+	76.1	74.4	70.1	73.5
35~39	5+	79.6	79.5	75.1	75.7
40~44	5+	80.4	79.6	72.4	73.6

资料来源：Kambayashi和Kato（2012）。

工人平均任职期限增加，但一些年轻工人的平均任职期限下降了。因此，至少对一些年轻群体而言，终身雇佣制弱化了。玄田还考察了1984年、1991年和1998年大学毕业的男性全职员工的任期收入曲线，发现随着时间的推移，任期收入曲线变得更为平缓，特别是对年轻一代而言。

10.5 青年失业

图10.13显示了1990—2016年日本各年龄段的失业率，包括15~24岁的青年组、全部人员（平均值）和45~54岁的壮年组。该图表明，在20世纪90年代末至21世纪头十年初期和期末的衰退期，日本失业率上升，特别是青年。青年的失业率通常高于其他年龄组，日本也不例外。

我们已经看到，在20世纪90年代后期的衰退期间，终身雇佣制大多是有效的，至少对相对年长的一代而言是这样。这表明青年失业率上升的原因可能是终身雇佣制保住了老员工的岗位。为了保住原有工人的工作，很多企业停止了招聘，这减少了青年的就业机会。玄田

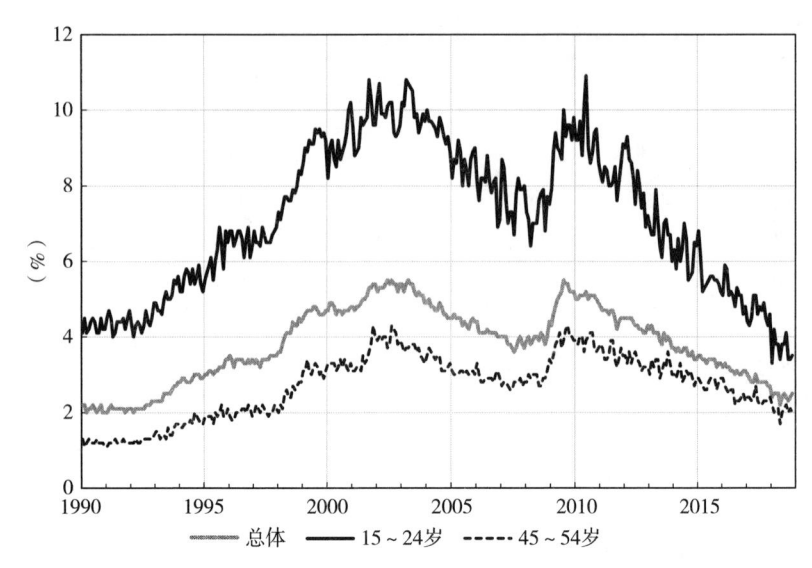

图10.13　1990—2016年日本各年龄段的失业率
资料来源：劳动力调查。

（2003）的研究表明，20世纪90年代的日本确实如此。34岁以下的青年组和65岁以上的高龄组人均收入增长率为负，但35～64岁的工人人均收入增长率为正。这些相对年长的工人的工作受到了保护。玄田还利用企业层面的数据进行了回归分析，发现45岁及以上员工比例较高的企业倾向于（1）较少招聘，（2）较少解雇，（3）较少雇用应届毕业生，（4）较少发布招聘应届毕业生的广告。

一些青年人只是打零工，因为他们只能从事短期兼职工作。他们被称为"飞特族"（freeters）。根据日本厚生劳动省的说法，飞特族是指"不停地从事各种短期兼职工作的15～34岁的年轻人"（MHLW，2008，第56页）。2003年，该部估计有217万飞特族。一些观察家认为，飞特族是新一代的工人，他们宁愿拒绝所谓的正式工作和常规职业，选择摆脱工薪阶层传统的价值观。然而，当日本经济在21世纪头十年中期复苏时，至2008年，飞特族的数量下降到了170万人。这说明至少有相当一部分飞特族从事短期兼职工作是因为他们无法找到稳定的全职工作。

虽然日本的总体失业率一直低于美国和欧洲，但青年人持续的高失业率是一个严重的问题。由于找不到工作，青年人可能失去积累人力资本的机会，这在日本企业里特别重要，因为他们强调通过在职培训获得广泛而精深的技能。如果发生这种情况，在经济衰退时无法找到工作的青年人，即使在经济复苏后也可能找不到工作。他们中的一些人最终可能会放弃并退出劳动力市场，甚至与整个社会脱节。这种退出的极端形式可能就是"尼特族"，即"既不参加就业，也不接受教育或培训的人"（Not in Employment, Education or Training, NEET）。截至2009年，厚生劳动省估计有63万尼特族。

10.6 日本工人的工作时长

关于日本工人工作时间有多长、工作有多努力，过去有很多故事。根据这些故事，处于终身雇佣制中的典型工人，习惯性地工作到晚上10点或11点。而且工人不会使用他们本来有权享受的带薪假期。例如，1987年日本工人平均有15.1个带薪休假日，但只有7.6天被使用了。许多日本人过去星期六至少工作到中午。在1987年9月接受调查的6 000家企业中，只有7.3%的企业回答说，他们每个星期六都让工人完全休息。

在20世纪90年代和21世纪头十年，这种情况发生了显著的变化。日本员工过去每周比美国员工多工作4个小时，约占工作时长的10%。到了2008年，日本工人的每周工作时间减少了4个多小时，而美国工人的工作时间增加了2个小时。因此，现在日本工人比美国工人每周少工作2个小时。

平均的带薪假期天数也有所增加，2011年已达到18.1天，尽管许多日本工人仍然不愿意完全使用这些假期，比如2011年平均使用的带薪假期为8.9天。日本工人比任何其他发达经济体都享有更多的法定节日。截至2012年，他们有15天法定节日，高于1987年的12天。几乎所有企业现在每周都只工作5天。

这一变化是由于人们有意识地减少了私人部门和政府部门的工作时长。到20世纪80年代后期，日本工人及其家庭开始关注长时间工作的问题。在春斗谈判期间，工会开始要求缩短每周工作时间，并且拥有更多的带薪假期。政府对这些要求做出了积极的回应。例如，1989年2月，政府率先说服金融市场和金融机构每周六都关门歇业。

10.7 女性经济学

传统上，日本女性在工作场所会遇到各种形式的歧视。男性工人晋升的速度很快，而女性工人局限于辅助的角色。许多企业对男性和女性有明显不同的职业规划，前文所述的基于终身雇佣和年功序列制的人力资源管理几乎从不适用于女性。一般而言，女性预期在结婚后或最晚在生育第一个子女时，就会离职。许多女性在子女长大后重返劳动力市场，但她们通常从事收入较低的兼职工作。

这导致了日本女性劳动参与率的曲线呈明显的M形，如图10.14A所示。例如，在1975年的图形中，我们看到日本女性在20~24岁年龄段的劳动参与率在60%以上，在25~34岁年龄段下降到略微超过40%，然后在更年长的组别逐渐上升，在40~54岁年龄段回到60%左右。在图10.14B中，我们观察到1975年美国30~34岁年龄段的女性劳动参与率也出现了类似的下降，但幅度不如日本明显。而且，到1985年时这个M形曲线在美国消失了。直至2015年，日本的M形曲线虽然已大为平缓，但仍然显著。

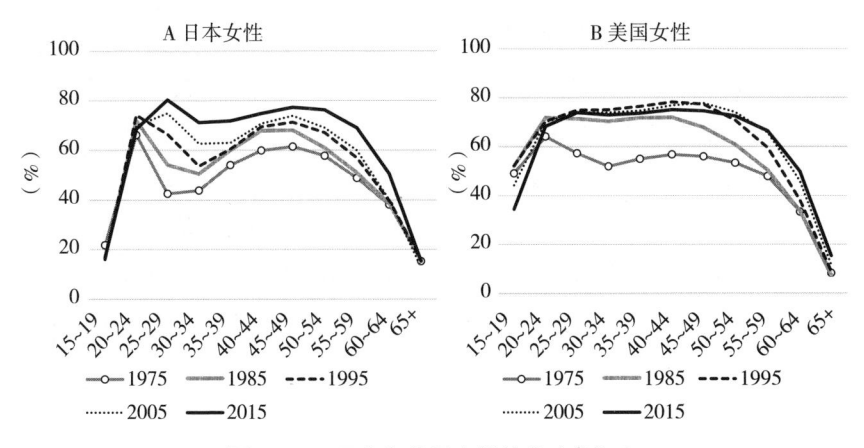

图10.14 日本和美国女性的劳动参与率

资料来源：OECD。

借助未充分利用的女性劳动力资源恢复经济增长，这一直是安倍政府增长战略中的一项重要政策，这也是安倍经济学的第三支箭。不难理解，提高女性在工作场所的地位，至少可以从两个途径促进经济增长。首先，职业女性的增多显然增加了工人的数量。25~40岁女性有丰富的工作经验且学习曲线仍处于上升阶段，是工人的主力。例如，国际货币基金组织（IMF，2012，第26页）估计，将日本女性劳动参与率提高到经合组织的平均水平，将使该国的GDP水平提高5%。其次，性别多样化有助于生产率的增长，这方面的研究正在兴起。这些研究表明，性别多样化与生产率之间正相关。例如，利用一家美国企业员工的数据，艾利森和穆林（Ellison and Mullin，2014）发现，尽管在性别分布更不均衡的办公室中员工更快乐，但是在性别分布更均衡的办公室，工作效率更高，在办公室中会有更多的合作，且士气更高。

安倍政府一直提出许多动议，以提升女性的劳动地位。性别平等局（Gender Equality Bureau，2017）对这些行动做了很好的总结，包括改善公共育儿支持系统的计划、政府雇用更多女性并为其提供更多晋升机会的政策、将性别多样化作为政府采购的中标标准之一、促使女性在私人部门获得更多的赋权、倡导生活和工作的平衡以帮助女性（男性也一样）能兼顾工作和家庭。

所谓的女性经济学政策是成功的，至少提高了女性的劳动参与率。图10.15显示了2007年至2017年全部男性和女性的就业情况。我们可以清楚地看到，2012年底，即安倍经济政策开始实施时，女性就业的趋势发生了变化。在随后的5年中，女性就业人数增加了大约200万，而男性就业人数仅增加了大约60万。

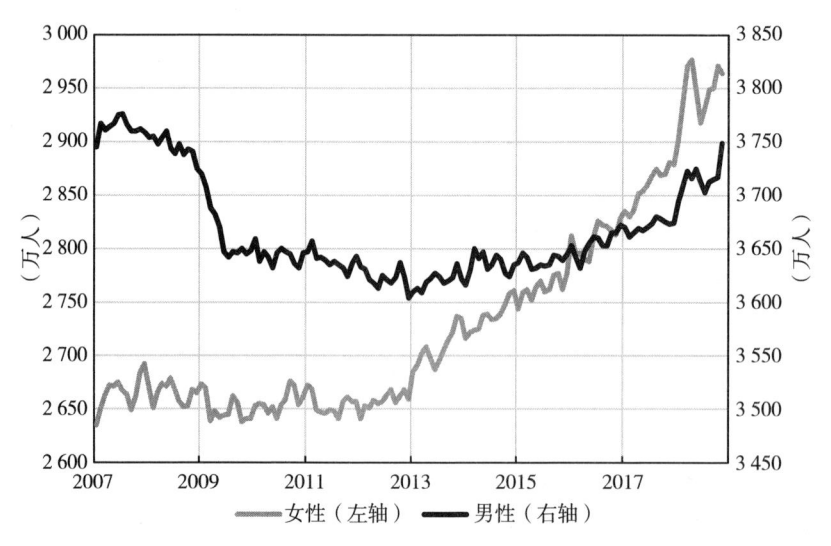

图10.15 2007—2017年分性别的就业人数
资料来源：OECD。

长濑（Nagase，2018）对女性经济学政策的影响进行了更深入的研究。她发现，在安倍政府实施女性经济学政策以后，子女在9岁以下的已婚妇女的劳动参与率显著提高。此外，她们的收入主要来自正式工作而不是兼职，至少对有6岁以下子女的女性而言是这样。在实施女性经济学政策后，男女之间的工资差距也缩小了。长濑（2018）

没有发现女性经济学对帮助女性晋升到管理职位有任何重大影响，至少在截至2015年的样本调查期内是这样。

安倍经济学似乎成功地提高了日本女性的劳动参与率。然而，人们经常担忧劳动参与率的增加可能对本来就很低的生育率产生不利影响。一些人认为，提高女性劳动参与率将会不可避免地进一步降低生育率，使人口下降和老龄化问题更加严重，使日本经济继续停滞。20世纪70年代和80年代的跨国比较确实表明女性劳动参与率与生育率之间有这种负相关关系。然而，正如费雷尔等人（Feyrer、Sacerdote and Stern，2008）指出的那样，在20世纪90年代之后，这种模式发生了变化，至少对发达国家而言是如此。现在，女性劳动参与率高的国家生育率也高。

我们可以理解劳动参与和生育之间的权衡取舍似乎消失了，因为这两个问题都取决于女性在该国现有的社会和经济约束下所做的决策。正如罗森布鲁斯（Rosenbluth，2007，第21页）所说的，在日本，低生育率和低女性劳动参与率都反映了"女性在决定如何在家庭和职业之间分配精力和时间时受到的约束"。对许多发达经济体而言，过去几十年来，对女性的这种约束逐渐放松了。在约束放松之后，这些国家的女性可以选择在家务和工作方面都投入更多的时间，从而导致劳动参与率与生育率之间呈正相关关系。因此，发达国家的经验表明，如果安倍经济学继续放松女性在追求自己职业成就时所受的限制，它最终将会提高日本的生育率。

10.8　小结

日本劳动力市场有几个鲜明的特点，使之有别于美国的劳动力市场。日本就业的惯例，包括终身雇佣、年功序列、灵活的工作分配、奖金和加班，应该被视为一个整体。许多日本工人走出校门后直接受到终身雇佣。这在大企业的男性正式员工中极为普遍。日本企业很少解雇或辞退工人，也只有少数工人在职业生涯的早期阶段会辞职，这样的工人肯定比美国要少得多。年龄－收入曲线相当陡峭，因此工人很少有工作几年后再跳槽的激励。

长期雇佣关系是日本传统就业惯例的一个重要特征，包括终身雇佣，这是企业管理方和员工之间能长期保持和谐关系的关键，人们很久以前就观察到了这种现象。虽然终身雇佣的承诺限制了一家企业随市场条件的变化而调整劳动力规模的能力，但是灵活的奖金和每年进行的工资谈判使日本总体的劳动报酬调整起来比美国更灵活。

由于工资和任职期限之间的强相关性和终身雇佣的承诺为工人留在一家企业提供了很强的激励，所以日本企业能够在人力资本方面进行大量投资。从对各种岗位的在职培训到赴美国商学院的公费交流，企业内部培训涵盖了诸多方面。作为这种人力资本投资的回报，企业获得了将工人从一个部门调任另一个部门的权力，有时还根据企业的需要将工人调到子公司和附属企业。

从20世纪80年代开始，许多曾被认为是日本独有的劳动惯例开始逐渐变化。一些做法仍然存在，如企业坚持只雇用应届毕业生；但许多其他做法一直在改变，尽管速度很慢，比如终身雇佣制（有些人错误地认为这植根于日本文化）。更多的日本企业开始在工人达到法定退休年龄之前就让他们离开，也有更多的日本工人开始辞职。企业似乎减少了对人力资本的投资，特别是在脱产培训方面。现在只有少数企业为他们的员工到美国商学院的深造支付全部费用。奖金和春斗使日本劳动力市场在工资调整方面更灵活，并帮助日本企业在不增加失业的情况下度过经济周期，但这些在20世纪90年代初期泡沫破灭后的停滞期间不再那么有效了，日本的失业率也开始上升。

失业问题对青年人而言特别困难。他们中的许多人经历了就业的"冰河时代"，即缺乏对应届毕业生的需求。许多青年找不到稳定的终身雇佣职位，只能从事兼职工作、临时工作和其他非正规就业，没有太多的晋升机会。他们中的一些人不停地从一份临时工作转到另一份临时工作。也有一些人完全放弃了寻找工作，退出社会，依靠年迈的父母或社会福利勉强度日。

曾经备受推崇的日本就业制度似乎正在崩溃。通过工人和企业的长期承诺来维持人力资本投资的制度似乎已被打破。日本尚未想出有效的办法，以确保年轻工人获得充分的技能发展。

附录10A　失业的概念与理论

一般定义

在日本，劳动力市场上的劳动年龄人口通常被认为是15~64岁的人，而美国的年龄范围是16~64岁。通过调查，统计数据每月进行更新。失业者是指没有工作但确实想要工作的人。以下等式总结了这些基本概念之间的关系：

总人口＝劳动力＋非劳动力

劳动力＝就业者＋失业者

就业者＝自我雇佣者＋家族企业就业人员＋雇员

日本或美国的失业率＝失业者/劳动力

重要的是记住，如果一个没有工作的人在回答调查问卷时说他"没有在寻找工作"，那么他就被归类为"非劳动力"，只有当他在调查周没有工作并积极寻找工作时，他才算作"失业者"。

还有一些细节问题，比如如何处理那些有工作但正在带薪休假的人、那些已经找到工作但尚未开始工作的人、那些断断续续地帮助家族企业但没有获得明确报酬的人，以及那些因为生病而没有条件去工作甚至没有条件去找工作的人。对这些不常见的情况，有时美国和日本的处理方法有所不同。然而，修正这些统计差异对总体统计数据并没有实质性影响。

工人如何在就业和失业状态之间转换，可以提供一些有用的信息。第一次进入劳动力市场的工人可能会在经历过失业或者没经历过失业的情况下就业。就业后，工人可能会失去他的工作，成为失业者。失业可能是自愿的，也可能是非自愿的。

大多数自我雇佣者和家族企业成员都属于农业部门和小企业部门。因此，经济发展阶段将影响工人的产业构成。如果制造业有更多的工人，这通常会使失业率对经济波动更敏感。有时，根据研究目的按年龄、性别和种族划分就业和失业是很重要的。

失业率虽然是一个非常受欢迎的总体指标，但可能不是概括劳动力市场状况的良好指标。有两个例子可以说明这一点。首先，一个工人从事不喜欢的工作并想换工作，他不会被记录为"未从事更好的工作"，而从事兼职工作或家庭企业的工人被归类为"就业"。在从以农业为主的社会向工业经济转型的过程中，经济（产业–部门）波动导致的失业可以被这种"隐蔽性失业"或"非充分就业"吸收，而不体现在失业统计中。

其次，有一些"边缘"工人，他们徘徊于就业者和非劳动力之间。众所周知，这些工人在失业时会退出劳动力队伍，因此不计入失业统计。女性，特别是作为第二经济支柱的已婚女性，往往有这样的行为。已婚女性是否参与劳动力市场，取决于她最小的孩子的年龄、她丈夫的就业状况和收入以及劳动力市场的总体状况，包括失业率和工资率。已婚女性决定是否进入劳动力市场，比作为户主的男性对劳动力市场的状况更敏感。在某些情况下，很难区分失业与退出劳动力市场。一些人推测，日本没有工作的女性往往说自己没有在找工作，故而被归类为"非劳动力"。其实她们即使找了但没找到工作，也会这样说，而这时她们本应被归类为"失业者"。

劳动力市场理论

现货市场

劳动力需求函数可以从企业的利润最大化决策中推导出来。市场状况和劳动节约型技术进步会影响劳动力需求。如果一家企业假定产出价格和工资不变，那么劳动力需求是由边际产品价值（即价格乘以劳动的边际产出）与名义工资相等的点决定的。劳动力供给是以下家庭决策的结果：给定价格和工资水平以及总的时间禀赋，家庭决定应该将多少时间用于工作，以赚钱来支付消费支出，以及应该分配多少时间用于闲暇。对劳动力市场的新古典分析强调，就业和工资水平是由需求和供给共同决定的，就像竞争市场中任何其他商品一样。

如果工资不是完全灵活的，总需求不足就可能造成失业（劳动力供给过剩）。当总需求下降时，在任何给定的工资率水平下，劳动力需求（即劳动投入）都会减少。如果工资率没有迅速调整以减少劳动力供给，并阻止劳动力需求急剧下降，劳动力市场就将处于供给过剩的状态，失业将会增加。许多经济学家相信，经济周期中的下降阶段就会发生这种情况，尽管他们对工资刚性有不同的意见。这种由经济低迷造成的失业对社会而言是个严重的问题，对宏观经济学和经济政策也是一个挑战。

搜寻理论和摩擦性失业

求职相当费时费力。这可能是一个合理的假设，即当一个人不工作时，找一份工作更有效率。在这种情况下，当工人想换工作时，他们可能会先辞职，再开始寻找新工作。

在搜寻范围很广的情况下，最好的搜寻策略是保留策略，根据该策略，工人有一个能够接受的最低工资水平，然后继续找工作，直到找到一份达到或超过这一工资水平的工作。有时候，在搜寻过程中修改保留工资水平才是最优选择。

那些为了寻找另一份工作而辞职的人将被归类为"失业者",但这是一种临时状态,在正常运行的经济中也是必然现象。即使在实现了"充分就业"的经济中,人们也会发现一定数量的人失业;这是由于对失业的统计定义所致。这种性质的失业被称为"摩擦性失业"。在某些模型中,通胀被认为是由总供给和总需求之间的差异引起的,摩擦性失业的水平被称为"自然失业率"。两者的逻辑是一样的。对一个经济体而言,某种失业水平是自然的正常现象。

从宏观经济的角度看,那些在求职过程中处于自愿失业状态的人并不是经济政策关注的重点。问题是,我们无法断定多少失业是摩擦性的,又有多少是由总需求不足造成的。

工会、劳动合同理论和人力资本理论

在凯恩斯主义宏观经济模型中,对劳动力市场的处理方法与其他市场截然不同。工资通常被认为是固定的,或者至少是不灵活的。实际上,工资统计表明,名义工资是刚性的。这很好解释。工会谈判通常会确定一定时期的工资率。一些美国工会谈判的是三年期合同,另一些则是一年期或两年期合同。在日本,几乎所有的劳动合同期限都是一年。较长的合同必然意味着在合同期内名义工资难以调整。此外,工会可能会使劳动力市场具有一定的垄断性质。那些强调以工会作为谈判单位的人认为,工会试图最大限度地扩大劳动力在企业收入中的份额,或最大限度地提高当前工会成员(也就是内部人)的福利。这妨碍了劳动力市场中的竞争;特别是,它阻碍了市场根据过剩需求和供给调整工资率。

隐性或长期劳动合同理论强调工人和企业之间经常能观察到的长期关系。假设一个经济体面临生产率冲击,再假设劳动力边际产品(即对劳动力的需求)的波动是随机的,如果工资水平是以新古典方式确定的,在给定劳动力供给不变的情况下,工资将随着劳动力需求的波动而变化。

假设工人是风险厌恶的，企业是风险中性的，也就是说，工人更喜欢有固定的收入，而不是暴露在工资波动的风险中，而企业愿意承担风险。在这种情况下，最优安排是在实际生产率未知之前，企业和工人明确或隐含地商定一个固定工资。然后，如果生产率低于平均值，企业就会蒙受损失；如果生产率高于平均值，企业就会获得额外的利润。利润和损失相互平衡。从某种意义上讲，固定工资类似于收入保险：工人在好光景时支付保险费，即当生产率超过工资时企业获得超额利润；在困难时期获得赔偿金，即当工资超过生产率时企业蒙受损失。

然而，如果工人能够随时辞职并且在不用支付太多费用的情况下跳槽到其他企业，这种安排可能是不可行的。这可以通过以下思想实验来证明：在好光景时（生产率较高的时期），边际产出与固定的合同工资之间存在差距。任何企业都有动机向另一家企业的工人提供略高于合同工资的工资，而这位工人将接受这份工资，除非原来与其签合同的企业将工资提高到这一水平。因此，A企业试图从B企业挖人的行为将使B企业的工资提高到边际产出水平，反之亦然。所以在好光景时，工人的工资必然处于高边际产出的水平。但如果是这样，超额利润就会消失。由于没有支付保险费（即超额利润），企业也就不会提供赔偿金了。因此，在一次性博弈的情况下，保险机制或隐性合同就无法维系。

然而，如果隐性合同是重复的，保险机制就可以维系。假设同一合同重复多次，例如两期。在第二个时期，由于刚才描述的竞争，当生产率很高时，工资必须上涨。但在第一阶段，工人可以接受低于其劳动边际产出的工资，以保障未来的收入。换句话说，保费是在第一个时期支付的，以便未来遇到困难时获得赔偿金。因此，作为保险的长期劳动合同可以采取预缴保费的形式。

在这种结构下，隐性合同理论可以预测，平均而言，工资有向上的趋势和向下的刚性（详见Holmström，1983）。实际上，任何类型的"延期付款"，包括更陡峭的年龄–工资曲线、遣散费和退休费以及不可提取的养老金，都可以用来实施工人和企业之间的隐性合同。另一种确保工人留在企业的方法是提供企业专用型技能，即只有在他们获得技能的这家企业，技能才能派上用场，才能提高生产率。

对于向上倾斜的工资曲线，新古典理论的解释是，人力资本是一般技能和企业专用技能的积累，这将随着服务期限的增加而增加。隐性合同理论的解释是，即使工人的生产率不随其任职期限的增加而增加，工资也会因为前期的付出而增加。

我们可以发现，工资的调整不像生产率的变化那么灵活。在经济周期中的下行阶段，生产率下降，但实际工资没有大幅度下降。这一观察与隐性合同理论的预测非常一致。

在一个隐性劳动合同、人力资本或工会影响力都发挥重要作用的经济中，静态的新古典工资决定理论无法为理解劳动力市场的运行提供合理的框架。

附录10B　数据指南

美国官方劳动力统计数据可以在《劳工评论月刊》和《就业与收入》中找到。这与下列的日本出版物类似。

《劳动力调查》(http://www.stat.go.jp/english/data/roudou/)

这项调查报告了日本就业和失业的统计数据，对部门和企业规模有许多细分的子项。这项调查自1947年7月以来，每月实施一次。工人每月接受调查，以提问的方式确定他们在每个月最后一周的就业状况。统计局管理和协调处每年春天出版一份便于使用的年度报告。过去有一项每年进行一次的特别调查，用于收集更详细的信息，但它被整合进月度调查中，每季度出版一次。样本包括大约4万户家庭。关于就业状况的问题是向15岁及以上家庭成员提出的。因此，样本中大约有10 000人。问卷调查分发给家庭，然后再收集起来。这些数据可通过日本统计局获得。

《月度劳动力调查》（https://www.mhlw.go.jp/english/database/db-l/monthly-labour.html）

这项调查是日本工资数据的官方来源。除了其他统计数据外，还报告正常工资和加班工资、奖金、正常工作时间和加班时间。它还公布就业人数，特别是正式员工的人数，以及由于新招和返聘导致的入职和自愿或非自愿离职造成的人数变化。企业层面和行业层面的统计数据都被列出。与劳动力调查不同，月度劳动力调查要求雇主提供他们劳动力投入的数据。请注意，当企业工人的结构发生变化时，企业平均工资水平的含义可能会发生变化。这一细节也适用于时间序列数据的解读和横向数据的比较。如果有更多低收入的兼职工人，平均工资就会下降。还有一项每年进行一次覆盖范围更广、问题更多的专项调查。

《工资结构基本调查》（https://www.mhlw.go.jp/english/database/db-l/wage-structure.html）

这项年度调查自1948年以来每年6月实施，它可以提供更详细的工资结构信息。它收集关于工人的数据，并根据教育程度、任职期限和不同工种的职业状况对工资进行分解。该调查涵盖所有拥有5名以上正式员工的私人企业和所有拥有10名以上正式员工的公共企业。月度劳动力调查和基本调查都由统计局管理和协调处公布。

《就业状况调查》（https://www.stat.go.jp/english/data/shugyou/index.html）

这项大规模调查在每5年的10月1日进行一次，收集有关就业状况的数据。它对大约93万人进行调查，以了解他们通常的工作状况是就业还是失业。对于就业者而言，他们需要提供以下数据：职业、一年中的工作天数、个人是否希望获得额外的工作或换工作、年收入、现在和以前的任职期限。那些没有工作的人将被问到他们是否想工作以及为什么。家庭成员中的兼职工作者也要接受调查。然而，这项调查对就业者和失业者的定义与劳动力调查中的定义不同。在后者中，一个人在调查期内是否从事实际（即有偿）工作，决定了他是否就业，这与美国的定义一致；而在就业状况调查中，一个人"通常"是否有工作，才是判断他是否就业的标准。

对于工会的统计资料，应当查阅工会基本调查。除其他统计数据外，这一出版物还报告了各行业的工会成员情况。

各种劳动统计数据都会在《劳动统计年鉴》中公布。自1948年以来，这一年鉴每年由厚生劳动省秘书处的政策规划和研究部发布。在这本书中，有日文和英文的原始来源、定义和术语解释。

第11章　国际贸易

11.1　引言

本章和接下来两章研究日本经济在国际方面的问题。考察国际经济往来有三种方式。首先，可以考察商品和服务的跨境流动。这是国际贸易的主题。其次，可以分析更广泛的货币或金融资产的跨境流动。这属于国际金融领域。最后，可以考察工人的跨境流动，这是传统的贸易或金融文献不涉及的。在本书中，我们研究了日本国际经济往来的前两个方面。本章先考察国际贸易。

在20世纪五六十年代，国际贸易与国内投资一起，成为日本经济高速增长的发动机。作为一个资源匮乏的国家，日本必须进口原材料和石油。另外，部分由于耕地的约束，日本在农产品方面没有比较优势。为了支付购买的石油和农产品，日本用原材料生产各种产品并将其出口。通过价值增值，该国得以赚取足够的外汇，以支付用于生产出口商品的进口原材料和供国内消费的进口商品。

20世纪五六十年代，日本产业政策的一个重要组成部分，就是将来自出口的外汇分配给那些渴望获得更多外汇的行业。这个国家繁荣起来，并朝着可以生产高附加值产品的产业结构迈进，这些产品有很强的赚取外汇的能力。日本主要的出口产品从20世纪50年代的纺织品和收音机转变为60年代的录音机、电视机、船舶和钢铁。在70年代，汽车和钢铁成为日本主要的出口商品。汽车在20世纪80年代仍然是日本最重要的出口品。虽然日本经济在20世纪90年代和21世纪头十年多数时间停滞不前，但日本的出口继续增长。实际上，在所谓的"失去的20年"间，日本取得的微不足道的经济增长大部分也来自外部需求（净出口）的增长。汽车和电子产品仍然是主要的出口商品，石油和其他自然资源也一直是主要的进口商品。随着其他亚洲经济体效仿日本，并成功地实现了出口导向型经济增长，日本开始进口一些过去出口的轻工业产品，比如来自这些经济体的纺织品。

从1949年到1971年，汇率固定在360日元兑换1美元。在20世纪50年代，这一汇率高估了日元，因为如果没有实施外汇管制以限制进口，这本来会导致贸易赤字。然而，到了20世纪60年代后期，按通行的汇率计算，日元被低估了。即使在经济周期的繁荣阶段，日本也成功地积累了贸易顺差。当汇率在1971年开始浮动时，许多经济学家预计由市场决定的汇率会出现波动，这样各国的贸易就会自动平衡。全球经济的经验已经证明，情况并非如此。浮动汇率制度并不能保证贸易平衡。我们已经看到了很多持续的全球贸易失衡现象，某些国家持续存在贸易逆差或顺差。这也包括日本从20世纪80年代初期到21世纪头十年持续的贸易顺差。

即使在某些时期，汇率变化最终可以导致贸易平衡，这也需要花费很长的时间。例如，日元兑美元的汇率在1985年上升了。正如我们后面了解到的，汇率的这种变化预计会减少日本对美国的出口，增加日本从美国的进口。因此，日本的贸易顺差预计将会缩小。一些观察者预测，日本的贸易顺差将在一年内开始缩小。然而，日本对美国的贸易顺差直到1987年才出现了逆转。经济学现在有几种理论可以解释这种贸易顺差对汇率波动的滞后反应。其中一个原因是，日本对美国的出口都是用美元计价的,这样在美国的零售价格就不会立刻改变。这种行为被称为市场定价(pricing to market,参见 Marston,1990)。本章稍后将研究这些问题。

日本经历了许多贸易争端,尤其是与美国的贸易争端,美国一直是日本最重要的贸易伙伴之一。日本出口的快速增长常常导致有关倾销(以低于国内价格销售出口商品)和其他不公平贸易行为的指控。日本还被指责本国市场对外国商品关闭。我们将在第13章研究日美经济冲突的历史。

11.2　国际收支的定义

一个国家在货物和服务以及金融资产的国际交易都记录在其国际收支统计数据中。[①] 国际收支包括三种类型的账户,即经常账户、金融账户和资本账户,以及被称为"错误和遗漏"的项。经常账户分为三类,即商品和服务的进出口、收到和支付的要素收入(例如劳动收入、利息收入和来自过去跨境投资的红利),以及净单边转移支付(例如海外经济援助)。货物和服务进出口之间的差额被称为贸易差额。

金融账户记录了资本的流入和流出,包括为了持有资产组合而购买和销售的外国金融产品(如股票和债券)和直接投资(如在国外建厂)。资本账户记录单方面的资本转移,如债务豁免。金融账户和资本账户都记录资产交易。这两个账户有时被合并起来,称为资本账户(广义定义)。两者的区别在于资本账户记录的是资产的非市场交易,而金融账户记录的是市场交易。对大多数国家来说,与资本账户余额相比,金融账户余额的规模要大得多,对经济分析也更重要,因为私

---

① 国际收支统计数字由日本央行编制,并由财务省每月发布。可以在财务省网站(http://www.mof.go.jp/english/international_policy/reference/balance_of_payments/index.htm)上获得各种频率的国际收支数据。

人部门出于短期利润动机而进行的金融产品跨境交易以及长期投资，远超过非市场金融交易。更让人迷惑的是，所谓的金融账户过去被称为资本账户。

在日本的国际收支统计中，财务省拥有的外汇储备资产的变化是金融账户的重要组成部分，这是单独报告的。如果财务省和日本央行干预外汇市场，通过出售日元买进美元以防止日元升值过快，货币当局需要购买外汇（主要是美元），这些外汇大部分会被增计入由政府专项账户持有的官方储备中。第12章将更详细地探讨外汇干预。这类金融交易与其他市场的金融交易是分开记录的，因为官方部门是其所有者。最后，国际收支统计还报告了一类被称为"统计误差"或"错误和遗漏"的数据。将这一类别纳入统计，是为了使国际收支达到实际平衡，因为国际收支的各组成部分是依据不同的数据来源和方法构建和估计的。

因此，国际收支描述的是对该国国际预算的约束。这是一个简单的会计原则：如果把所有交易（金融、货物和服务）都记录下来，一个国家向世界其他地区支付的费用必须等于该国从世界其他地区获得的收入。一个国家向外国出口时，会收到外币（外国资产增加）。当一个国家进口时，它会向外国支付外币。因此，当一个国家的出口额大于进口额时，它获得的外币就多于其支付的外币。在这种情况下，经常账户显示有盈余（即出口多于进口），而金融账户也显示有盈余（即外国资产数量增加）。因此，以下等式必然成立：

经常账户+资本账户（单边转移支付）=金融账户-错误和遗漏

重要的是要理解以下定义：如果购买的外国资产超过向外国人出售的本国资产（有外国资产的净收入），金融账户显示为正值。正如专栏11.1解释的那样，在2014年之前，如今所称的金融账户被称为资本账户，金融账户中正的项目在资本账户中是负的（反之亦然）。

> **专栏11.1　国际收支：修订**
>
> 日本于2014年1月采用了目前的国际收支编排格式。该格式称为《IMF国际收支手册》（IMF Balance of Payment Manual, BPM）第六版。在此之前，使用的是称为BPM第五版的格式。第五版和第六版有三个重要区别。首先，第六版中所谓的"金融账户"在第五版中大部分归为"资本账户"。其次，在第五版中，资本流出（即购买外国资产）在资本账户中记为负项，而在第六版中则是金融账户中的正项。再次，外汇储备的变化在第五版中被归类为与资本账户并列的独立账户（外汇储备的增加被记为负项），但在第六版中，它是金融账户的一部分，并且外汇储备的增加被记为正项。

11.3　国际收支基本状况

图11.1显示了经常账户与GDP之比的时间序列数据。在布雷顿森林体系（图中的1955年至1970年）期间，平均而言经常账户保持平衡（0%）。在汇率固定为1美元兑换360日元的年代（即1949年至1971年），日本的经常账户在繁荣时期往往是负值，而在国内增长放缓时往往有盈余。经常账户在20世纪70年代开始经常出现盈余，并且自1981年以来一直保持盈余。1985年以后，经常账户盈余的规模平均为GDP的2%。1986年和2007年，盈余超过了GDP的4%。

图11.2（A和B）显示了1996年至2017年日本国际收支的细节。图11.2A显示了经常账户及其分解。在2007年之前，商品净出口额约为10万亿日元，初次收入（即来自国外资产的利息和红利）稳步增

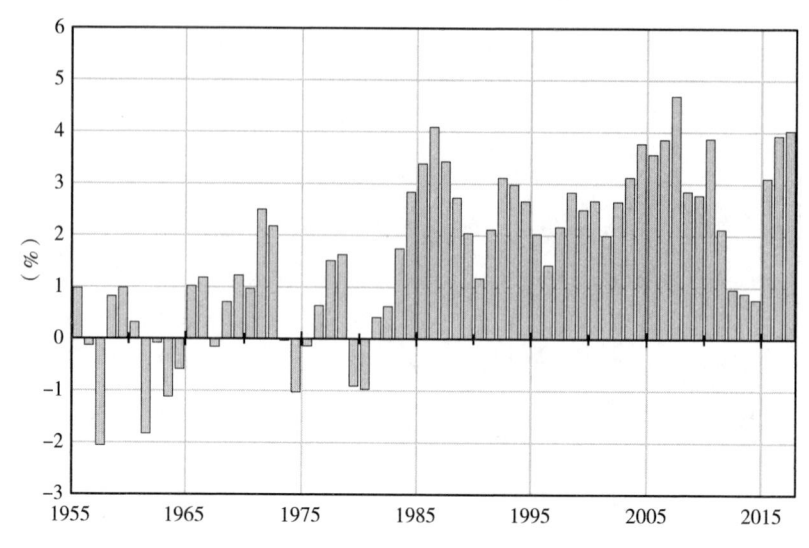

图11.1 经常账户与GDP的比率

注：1985年之前，官方公布的经常账户数据是以美元计的，美元数量按照美元兑日元的市场汇率进行了转换。1955年至1971年，汇率为360日元兑换1美元；自1972年以来，为每日或每月平均汇率。

资料来源：作者根据日本财务省的贸易数据、日本内阁官房的GDP数据以及日本央行和美联储的汇率数据自制。

长。服务贸易一直处于赤字状态。2011年，货物贸易净额突然变为负值，并且直至2014年一直为赤字。这是由于福岛第一核电站发生事故并导致日本其他核电站关闭以后，用于发电的天然气进口突然增加了。传统上，贸易余额是经常账户中最大的盈余项目。这引发了与日本贸易伙伴的贸易冲突，特别是美国。然而，这种模式最近发生了显著变化。从2011年到2015年，贸易余额一直为负值。

然而，初次收入部分随时间增长。初次收入由来自海外业务的股息和利息收入构成。这是由于日本过去利用贸易顺差积累了大量外国资产，最终开始产生利息收入和股息。到2005年，初次收入超过了贸易顺差。因此，当2011—2015年出现巨额贸易赤字时，初次收入足以冲抵贸易赤字，并且还有剩余。经常账户仍然有盈余。随着时间的推

图11.2 日本的国际收支

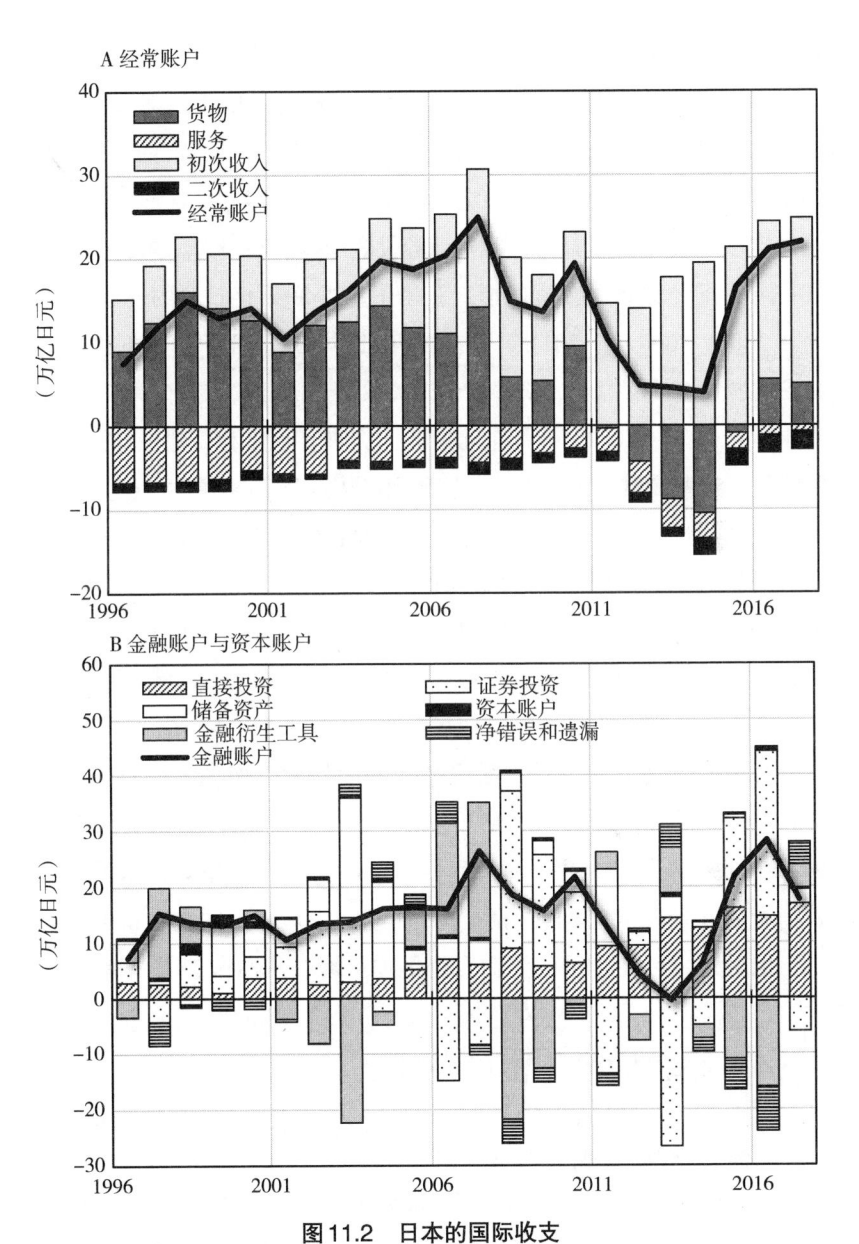

资料来源：作者根据日本财务省国际收支数据自制。

第 11 章 国际贸易

移，服务贸易逆差稳步缩小。

　　根据国际收支相等的原则，经常账户盈余意味着外部资产的增加（即金融账户盈余）。图11.2B显示了对增加的外部资产的分解。自1996年以来，直接投资一直稳定增长。到21世纪第二个十年中期，直接投资已超过10万亿日元。对外证券投资净额波动很大。在2008年和2016年，日本以证券投资的形式获得了超过20万亿日元的外部资产，而在2006—2007年、2011年和2013年证券投资急剧下降。据说2011年证券投资净赤字（即外部资产减少）的部分原因，是日本保险公司卖出资产以支付2011年3月东北地区大灾难（地震和海啸）导致的保险赔偿。这些灾难还引发了福岛核泄漏事故。

　　金融账户的另一个组成部分是官方储备的变化。如果日本央行代表财务省偶尔购买美元（并出售日元）以干预外汇市场，外部净资产就会增加，就像2003—2004年和2011年那样。中央政府的外汇干预特别账户持有几乎所有的外汇储备。储备资产一些较小的变化反映了估值的变化。第12章将详细分析这些干预。

　　对国民经济而言，经常账户盈余是净储蓄。净储蓄投资于外国资产，这些外国资产将来会产生收入，或者可以将其出售以弥补未来由于外部和国内冲击而产生的贸易账户赤字。就像储蓄能让个人消费者平滑不同时期的消费，弥补经常账户赤字的能力也非常有用，因为这可以使全国的消费变得更加平滑，从而增加国民福利。

11.4　比较优势和贸易模式

　　一国为何进行贸易？对这个国际经济学问题的经典回答，集中于不同国家之间生产技术和资源禀赋的差异。由于不同国家有不同的技术和禀赋，一些商品在某些国家的生产成本会比其他国家更低。在极端情况下，一些国家可能无法生产某些资源或商品（例如，日本的原油）。贸易使各国能够获得某些商品，这些商品如果在国内生产将非常昂贵，有时甚至是不可能的。

根据这一理论，一个国家最终将出口本国生产成本相对较低的商品，进口本国生产成本相对较高的商品。这里的关键词是相对。经济学中使用的一个概念可以使讨论变得更精确，这就是比较优势。

为了理解比较优势的概念，让我们考虑一个简单的两个国家（美国和日本）和两种商品（飞机和汽车）的例子。假设每个国家生产一单位每种商品的成本由表11.1中的2×2矩阵给出。在日本，生产一架飞机的成本为900亿日元，生产一辆汽车的成本为1 500万日元。在美国，生产一架飞机要花费2亿美元，生产一辆汽车要花费5万美元。假设在每个国家每种产品的价格等于生产该产品的国内成本（即假定利润为零）。因此，一架飞机的价格在日本是900亿日元，在美国是2亿美元；一辆汽车的价格在日本是1 500万日元，在美国是5万美元。

在这个例子中，我们可以很容易地看到，如果跨境运送货物且方向正确，就可以获得利润。假设你有2亿美元。你可以在美国买到一架飞机。把飞机运到日本，你可以按照当地价格900亿日元出售。用900亿日元的收入，你可以在日本购买6 000辆汽车。把这些汽车运回美国，你一共可以卖3亿美元。忽略运输和其他成本，你的利润将是1亿美元，或者回报率为50%。

表11.1　比较优势：一个例子

	日本	美国
	（百万日元）	（千美元）
飞机	90 000	200 000
汽车	15	50

请注意，在上述计算中汇率（多少日元兑换一美元）并不重要，因为我们没有按照名义值比较日本生产飞机（或汽车）的成本与美国

生产飞机（或汽车）的成本。重要的是在日本和在美国生产飞机与汽车的相对成本。在这个例子中，在日本，飞机的生产成本是汽车生产成本的6 000倍，而在美国则是4 000倍。从这个意义上讲，在美国生产飞机相对便宜（4 000<6 000）。同样，日本生产汽车的相对成本比美国便宜。

在这种情况下，美国在飞机生产方面具有比较优势，而日本在汽车生产方面具有比较优势。这个例子表明，美国最终将把飞机出口到日本，而日本最终将把汽车出口到美国。一国出口自己具有比较优势的商品。因此，比较优势是决定一国贸易模式的关键因素。

众所周知，日本的贸易模式恰好反映了比较优势（Leamer，1984；Saxonhouse，1983，1986，1989）。[②] 日本的出口仍然偏向机械和运输工具等制成品，其进口主要是燃料和矿石。海关进出口数据记录了按产品以及目的地或原产国分类的货物进出口详细信息。

表11.2显示了2003年、2011年和2017年日本按商品分类的贸易格局。主要进出口项目及其所占份额当然会逐年变化，但在这些年中，汽车始终是日本的第一大出口商品，石油则一直是日本的第一大进口商品。半导体、汽车零部件和钢铁产品排在第二到四名，尽管随着时间推移出口产品排序有所变化。在这三年中，我们可以清楚地看到日本主要出口制成品，进口自然资源。

在进口方面，2011年和2017年液化天然气排名第二。这反映了2011年3月福岛第一核电站发生核泄漏事故以后，对液化天然气的需求突然增加。"服装饰品"类在2011年和2017年居第三位。其他进口商品的排名每年会发生变化。2017年，电话（尤其是苹果手机）和医疗产品分别排名第四位和第六位。

---

② 另请参见Tyson（1989）和Bowen（1989）对Saxonhouse（1989）论文的讨论。

表11.2 按商品分类的贸易模式：2003年、2011年和2017年

主要出口项目（在出口总额中的占比，%）					
2003		2011		2017	
1.机动车	16.3	1.机动车	12.5	1.机动车	15.1
2.半导体	7.5	2.钢铁产品	5.7	2.半导体	5.1
3.机动车零部件	4.2	3.半导体	5.4	3.机动车零部件	5.0
4.钢铁产品	3.8	4.机动车零部件	4.6	4.钢铁产品	4.2
5.科学光学仪器	3.7	5.发电机	3.5	5.发电机	3.5
6.视觉仪器	3.3	6.塑料材料	3.3	6.半导体制造设备	3.2
7.发电机	3.2	7.科学光学仪器	3.2	7.塑料材料	3.2
8.计算机部件	2.9	8.船舶	3.1	8.科学光学仪器	3.1
9.有机化学品	2.7	9.有机化学品	2.9	9.电气设备	2.6
10.电气设备	2.5	10.电气设备	2.6	10.有机化学品	2.5
主要进口项目（在进口总额中的占比，%）					
1.石油	12.0	1.石油	16.8	1.石油	9.5
2.服装饰品	5.1	2.液化天然气	7.0	2.液化天然气	5.2
3.半导体	4.5	3.服装饰品	3.8	3.服装饰品	4.1
4.计算机及部件	4.2	4.煤炭	3.6	4.电话电信	4.1
5.液化天然气	3.8	5.石油产品	3.3	5.半导体	3.7
6.海鲜	3.3	6.有色金属	2.7	6.医疗产品	3.5
7.视听设备	2.6	7.半导体	2.6	7.煤炭	3.4
8.科学设备	2.5	8.医疗产品	2.5	8.计算机及部件	2.6
9.有色金属	2.3	9.铁矿石和精矿	2.5	9.有色金属	2.3
10.肉类	2.3	10.计算机及部件	2.4	10.科学光学仪器	2.3

资料来源：日本财务省海关局。

如本章引言所述，出口是日本经济高速增长时期增长的重要引擎。然而，日本的出口占GDP的比例相当低。图11.3显示了一些经合组织国家的出口依存度。日本出口占GDP的比例与美国类似（近年约为

15%），远低于欧洲国家或韩国，而韩国是另一个以出口导向型增长著称的亚洲国家。毕竟，日本是一个拥有广阔国内市场的国家，类似于美国。然而，日本与美国的不同之处在于，日本的出口严重倾向于商品而非服务。图11.4显示了几个经合组织国家的服务出口在总出口中的占比。在这方面，日本过去与韩国和德国类似，直到最近才有所改变。然而，日本的服务出口在2014年之后迅速扩张。2017年，这一比例超过了20%。但是要达到美国（30%）和英国（45%）的水平，日本还有很长的路要走。

尽管日本一直到2011年都保持商品贸易顺差，但服务贸易一直是赤字。如图11.5所示，服务贸易逆差的规模已经变小了。服务贸易发生这种变化的一个重要驱动因素是旅行业（或国际旅游业）的收支平衡，该项目过去一直有巨额赤字，但在2015年转为正值。正如我们在图11.5中看到的，这一项目继续以更快的速度改善。旅行业的进步是

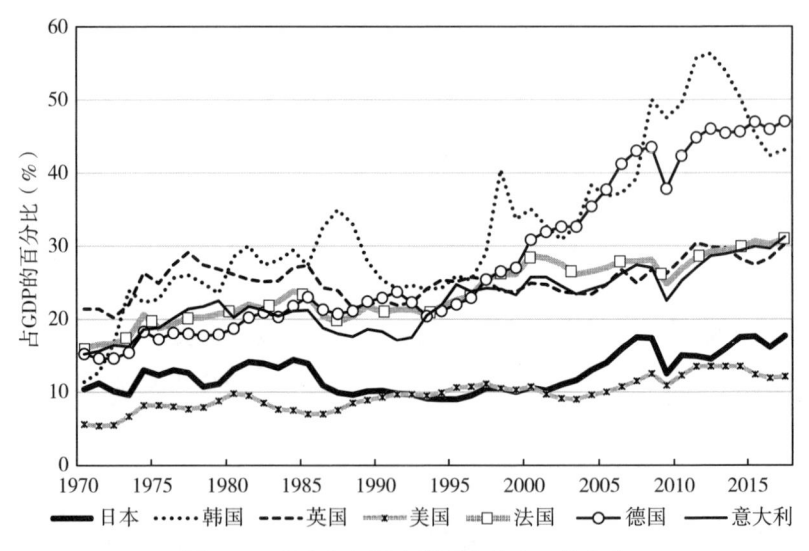

图11.3　经合组织代表性国家的出口依存度
资料来源：经合组织，《国民核算统计：国民核算概览》。

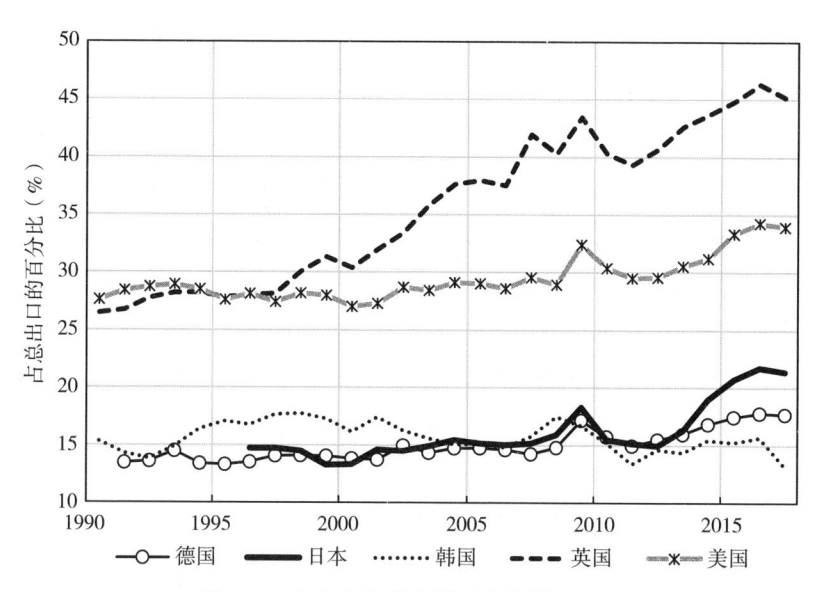

图11.4 经合组织代表性国家的服务出口

资料来源：经合组织，国际收支（第六版格式）。

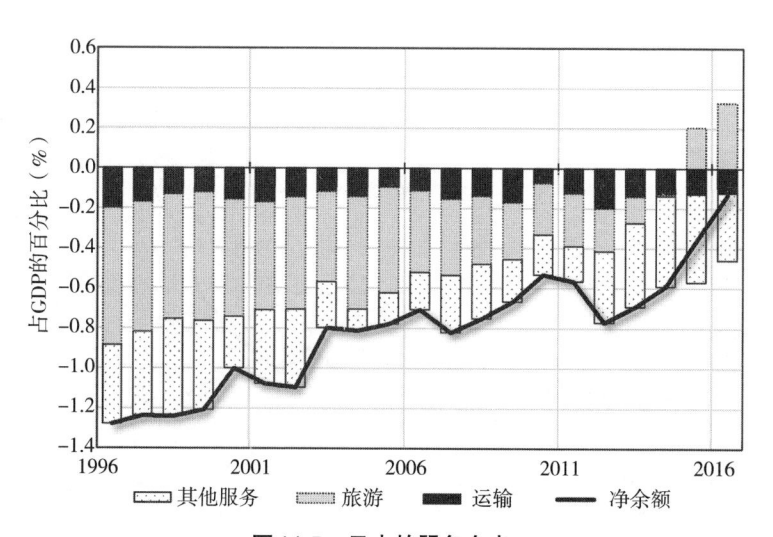

图11.5 日本的服务净出口

资料来源：作者根据日本央行的国际收支数据和日本内阁官房的GDP统计数据自制。

由于到访日本的外国游客迅速增加，在日本媒体中，这些外国游客通常被称为入境游客。

图11.6在同一张图中显示了入境游客数量（实线）和国际旅游收支（虚线）。随着访日外国游客人数与日俱增，国际旅游收支逆差越来越小，最终转为顺差。安倍政府将入境游客的增加视为经济增长的来源，因为游客将钱花在住宿、交通、餐饮和纪念品上，该政府还实施了多项政策以促进日本的国际旅游业。日本免除或放宽了对许多国家的签证要求，政府自己也加大了促进旅游业发展的力度。最初的目标是到2020年达到2 000万游客。政府惊喜地发现，2015年几乎就实现了这一目标。在过去两年中，游客人数几乎翻了一番。2016年3月，政府宣布了一个新的目标：到2020年达到4 000万游客，到2030年达到6 000万游客。随着日本成功申办2020年东京夏季奥运会，外国游客的数量有望在2020年实现新的目标。

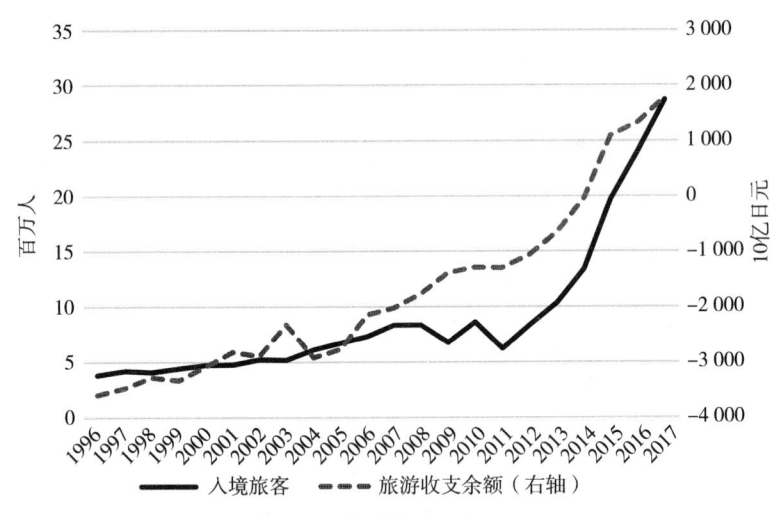

图11.6　游客数量和旅游收支余额

资料来源：作者根据日本全国旅游组织的游客人数数据和日本财务省的旅游收支余额数据自制。

致使访日外国游客急剧增加的因素可能有以下几个。首先，为了扩大服务范围，日本采取了开放天空政策，即只要有闲置的降落位置，以日本机场为目的地的国际航线便会自动获得批准。第一届安倍政府（2006—2007年）帮助开放了羽田机场，这个机场比成田国际机场离东京市中心更近。运力的扩大使飞往日本许多机场的国际航班数量得以增加，包括低成本航空公司。许多低成本航空公司开始从亚洲机场飞往日本，这鼓励了更多的亚洲游客前往日本。航空公司竞争的加剧也有助于控制从北美到日本的旅行成本。

　　其次，以美元计算，游客到日本后的住宿和旅行成本大幅下降。这部分是由于20世纪90年代和21世纪头十年日本的停滞和通缩。第12章将会说明，日元的实际有效汇率从20世纪90年代中期到21世纪第二个十年中期确实大幅下降了。

　　再次，许多外国游客发现东京或京都以外的城市也各有魅力。许多外国游客，无论是商务旅行还是休闲观光，过去都只光顾东京（和京都）。但是，在21世纪头十年，许多游客开始游览其他城市和度假胜地。一些外国游客也开始将日本的地区性城市和度假胜地视为良好的投资机会。新雪谷这一北海道的滑雪胜地已经成为由澳大利亚和中国香港的资本开发的国际小镇。2018年，新雪谷创下了全日本地价平均涨幅最高的纪录。

11.5　贸易政治

　　自20世纪50年代以来，与美国以及欧洲国家（程度相对较轻）的贸易冲突一直是日本政策制定者面临的重大挑战。每当日本的制成品出口（从20世纪50年代的女式衬衫和凉鞋到70年代和80年代的消费电子和钢铁）激增时，贸易伙伴就抱怨日本出口增长太快，并常常指控日本倾销。日本反驳说本国商品出口增加是因为日本企业努力提高生产率，并提升商品质量。此外，由于日本不能生产石油，必然在该产品领域产生巨额赤字，所以比较优势要求日本必须在其有优势的领域（例如制造业）实现贸易盈余。

日本政府的论点有可取之处，但我们也不能完全当真，因为在某些领域日本的贸易模式确实偏离了比较优势。农业部门就是一个明显的例子。日本许多农产品的生产成本都高于美国，但日本的农产品进口量很小。主要出于政治原因，日本政府保护农业免于国际竞争。农业利益集团组织良好，很有政治影响力。

日本政府关于制成品贸易的立场更能站得住脚。到20世纪80年代，美日之间的贸易冲突成为两国外交关系的中心议题。日本取消了几乎所有制成品的关税。一些制成品的非关税壁垒仍然以排他性的企业关系和安全法规的形式存在，美国政府为此经常批评日本。然而，从汽车到半导体，日本制成品的主导地位以及美国竞争对手的衰落，主要是由于比较优势的变化：日本企业的生产率和产品质量迅速提高，并在20世纪80年代超过了美国企业。

为了回应对不公平贸易行为和出口过多的批评，一个简单方法就是将生产设施转移到贸易伙伴国。20世纪80年代中期，许多日本制造企业在美国和欧洲建厂。结果双方都很满意。抗议从日本的进口激增的工人受益于日本汽车工厂带来的新就业机会，日本制造商得以在全球实现多元化，以减轻供应链风险和汇率风险。

随着时间的流逝，自20世纪80年代以来，日本与美国和欧洲之间的贸易经过反复谈判，实现了实质性的自由化。戴维斯（Davis，2003）认为，两类谈判策略使贸易自由化加速，特别是在农业部门。包括日本在内的许多国家都有强大的利益集团呼吁对农业实施保护。一是各个议题之间相互关联：一个领域（例如农业）的贸易谈判与另一个领域（例如汽车）的谈判联系在一起。这使得任何一个利益集团都难以主导某次谈判，从而为增进国民福利的自由化创造了更好的机会。另一个是法律框架：贸易谈判是依据正式规则（例如关贸总协定或世贸组织）进行的，通常会有潜在的第三方进行干预。由于正式规则将会减少不合理的贸易壁垒，因此，在此类规则的范围内开展工作会提高贸易自由化的可能性。在1995年世界贸易组织建立了争端解决机制以后，情况尤其如此。第13章将更详细地讨论日美之间贸易冲突的历史。

11.6 垄断竞争与产业内贸易

比较优势的概念有助于解释一国产业间的贸易模式，说明哪些货物出口，哪些货物进口（这两者有所不同）。我们还看到，日本的贸易模式很好地反映了它的比较优势。然而，比较优势无法解释一国为什么在同一产业中既有出口，又有进口，就像我们在当今世界经常看到的那样。例如，表11.2显示日本同时出口和进口半导体。

比较优势无法解释这一点，因为它假定一个产业中的所有商品（在上述例子中为半导体）都是相同的。为了理解这种产业内贸易，经济学家需要提出一种不同于通常的同质商品假设的理论。因此，20世纪80年代所谓的"新"贸易理论认为商品是有差异的。例如，汽车的型号和设计并不相同。福特金牛座与丰田凯美瑞不同，而丰田凯美瑞又与现代索纳塔不同。计划购买金牛座的人不会仅仅因为索纳塔的价格便宜就去买索纳塔。因此，如果这些商品在设计和品牌知名度方面有所差异，就不适用同质商品完全竞争的标准假设。同一商品类别中有各种商品（例如中型汽车）以不同的价格出售，即使在市场均衡的情况下也是如此。

由于商品是有差异的，因此就消费者偏好而言，日本生产的汽车与美国或欧洲生产的汽车有所不同。一些日本消费者偏爱美国汽车的特定车型，而一些美国消费者也会偏爱日本汽车的特定车型，因此日本和美国最终都同时出口和进口汽车。这样，差异化商品的概念就可以解释产业内贸易。

日本的贸易伙伴（特别是美国）过去曾抱怨其产业内贸易额太小了。这些批评者至少在暗示（如果没有完全说明的话）日本存在各种贸易壁垒，从而阻碍了贸易的自然流动，特别是进口。用一个简单的指标衡量各国的产业内贸易，并且指出日本的产业内贸易程度非常低，这一度非常流行。

这一指标计算如下。取第i个产业的进出口总额$EX_i + IM_i$，然后减去两者之差的绝对值$|EX_i - IM_i|$。如果这个产业只有出口或者只有进口，那么做减法的结果为零。如果出口和进口规模相等，那么差额就是$EX_i + IM_i$。如果我们将不同产业的这一指标加起来，然后用贸易总额进行标准化，我们就得到以下产业内贸易的测度指标：

$$m = \frac{\sum_{i=1}^{n}[(EX_i + IM_i) - |EX_i - IM_i|]}{\sum_{i=1}^{n}(EX_i + IM_i)}$$

指数m的值在0到1之间。m值越高，说明产业内贸易程度越高。使用这一定义，劳伦斯（1987）测算了主要国家的产业内贸易指数，并且认为日本进口过少的制造业数量，从1970年的20个中仅有3个增加到1983年的20个中有9个。[3] 表11.3显示了日本的产业内贸易指数。从1990年到1997年，该指数大幅增长，尽管仍低于其他发达经济体的水平。

重要的是要认识到产业内贸易指数值受许多因素的影响，包括那些与贸易壁垒无关的因素。的确，如果该国不接受外国商品，产业内贸易指数往往会很低，但是还有其他一些因素也会导致该指数值较低。首先，各国对不同商品不同品种的偏好可能会有所不同。例如，如果相比宝马和福特，即使有合理的价格差异，日本消费者也更偏爱丰田的设计，那么在日本街头看到的都是丰田汽车，这也是自然而然的事。

---

[3] 劳伦斯承认，偏好的差异可能是产业内贸易指数较低的原因。如果是这样的话，政策对此几乎无能为力。20世纪80年代后期制成品进口量（例如宝马和梅赛德斯汽车）的快速增长是由于消费者偏好发生了变化，还是由于日本旨在降低非关税壁垒的各种政策措施？

消费者的偏好可能是进口的主要障碍,但经济学家并不能因此责怪消费者。其次,与其他市场的距离很远且运输成本较高,也会降低产业内贸易的指数值。表11.3中有趣的一点就是,产业内贸易水平都很低的日本和韩国,与其他拥有先进工业品的国家距离甚远。

表11.3　1990年和1997年产业内贸易指数

	1990	1997
日本	0.26	0.36
美国	0.55	0.62
德国	0.56	0.50
英国	0.59	0.59
韩国	0.28	0.43

资料来源:C. Fred Bergsten、Takatoshi Ito 和 Marcus Noland(2001,表4.2)。

11.7　引力方程

如果所有商品都是有差异的,并且所有国家对各类商品的偏好相同,那么一个生产大量差异性商品的大国,也会从世界其他地区购买大量差异性商品。因此,大国之间往往会有大量的相互贸易。这产生了一个重要的方程式,可以解释国家之间的贸易量,称为引力方程。

国际贸易中的引力方程为:

$$Trade_{ij} = b \cdot \frac{GDP_i \cdot GDP_j}{d^n}$$

其中 $Trade_{ij}$ 是国家 i 和 j 之间的贸易额(以出口、进口或其总量衡量);GDP_k 是国家 k 的 $GDP(k = i, j)$;d 是两国之间的距离(比如以千米为单位);n 是一个非负常数。④ b 是一个常数,它涵盖了除GDP和距

---

④ 引力方程最初是受牛顿万有引力定律的启发,该定律表明,质量分别为 M_1 和 M_2 且距离为 d 的两个物体之间的引力由公式 $F = G \cdot \dfrac{M_1 \cdot M_2}{d^2}$ 决定。

离以外影响两国贸易量的所有因素，比如贸易壁垒。引力方程表示，两国之间的贸易与两国的GDP成正比，并且随着两国之间距离的增加而下降。两国的GDP代表拉近两国的引力。

引力方程已在许多研究中得到应用，并且已经证明它对实际数据拟合得相当不错。正如有学者（Arkolakis、Costinot and Rodríguez-Clare，2012）表明的那样，除了上面列出的具体模型以外，引力方程还出现在许多国际贸易模型中。因此，用计量经济学估计的b值现在被视为两个国家之间贸易摩擦的一种度量，而不是取决于模型的设定。

表11.4列出了1998年、2011年和2017年日本的主要贸易伙伴。美国是最重要的出口目的地，1998年占30%的份额。2011年，中国成为最重要的出口目的地；2017年，美国和中国都很重要，各占大约20%的份额。1998年，美国还是日本进口产品最重要的来源地。但是到了2011年，中国取代了美国。2017年，中国所占的份额进一步增加。由于中国比美国离日本更近，因此随着中国GDP的增长，中国超过了美国，成为日本最大的贸易伙伴。这是引力方程很自然的含义。同样的道理还可以解释如下事实，即中国已成为几乎所有亚洲经济体最大的贸易伙伴。然而，有悖于引力方程的是，美国在2017年再次成为日本的第一大出口目的地。这可能反映了自2012年以来日本和中国之间紧张的政治局势。

从1998年到2011年再到2017年的另一个趋势是，亚洲较小经济体对日本的重要性增强了，尤其是作为出口目的地。由于这些经济体比发达的欧洲经济体增长更快，后者过去曾是日本重要的出口目的地，引力方程可以很好地解释这一变化。

引力方程无法解释的是，远离日本的石油生产国作为进口来源地的重要性日益增加。这是2011年的一个特例，当时日本发生了福岛第一核电站事故，于是在那年春天关闭了所有核电站，由此增加了石油

表11.4　1998年、2011年和2017年日本的主要贸易伙伴

主要出口目的地（占出口总额的比例，%）					
1998		2011		2017	
1. 美国	30.5	1. 中国	19.7	1. 美国	19.3
2. 中国台湾	6.6	2. 美国	15.3	2. 中国	19.0
3. 中国香港	5.8	3. 韩国	8.0	3. 韩国	7.6
4. 中国	5.2	4. 中国台湾	6.2	4. 中国台湾	5.8
5. 德国	4.9	5. 中国香港	5.2	5. 中国香港	5.1
6. 韩国	4.0	6. 泰国	4.6	6. 泰国	4.2
7. 新加坡	3.8	7. 新加坡	3.3	7. 新加坡	3.2
8. 英国	3.8	8. 德国	2.9	8. 德国	2.7
9. 荷兰	2.8	9. 马来西亚	2.3	9. 澳大利亚	2.3
10. 泰国	2.4	10. 荷兰	2.2	10. 越南	2.2
主要进口来源地（占进口总额的比例，%）					
1998		2011		2017	
1. 美国	23.9	1. 中国	21.5	1. 中国	24.5
2. 中国	13.2	2. 美国	8.7	2. 美国	10.7
3. 澳大利亚	4.6	3. 澳大利亚	6.6	3. 澳大利亚	5.8
4. 韩国	4.3	4. 沙特阿拉伯	5.9	4. 韩国	4.2
5. 印度尼西亚	3.9	5. 阿联酋	5.0	5. 沙特阿拉伯	4.1
6. 德国	3.8	6. 韩国	4.7	6. 中国台湾	3.8
7. 中国台湾	3.6	7. 印度尼西亚	4.0	7. 德国	3.5
8. 马来西亚	3.1	8. 马来西亚	3.6	8. 泰国	3.4
9. 阿联酋	3.0	9. 卡塔尔	3.5	9. 阿联酋	3.1
10. 泰国	2.9	10. 泰国	2.9	10. 印度尼西亚	3.0

资料来源：日本财务省，日本贸易统计。

进口。日本不得不迅速增加天然气和石油的进口。2017年进口来源地的排名比2011年更接近1998年。因此，基于比较优势的贸易对日本的重要性也体现在其贸易伙伴的分布中。

11.8 分散化

日本的制造企业从20世纪80年代开始在国外投资,并在20世纪90年代和21世纪头十年有所加速。对外直接投资有两个主要动机。首先是绕开对跨境贸易的限制。如本章前面所述,汽车工业开始在北美和欧洲建立工厂,部分是为了规避紧张的贸易关系。在美国的强大压力下,日本于1981年对汽车实行了自愿出口限制(Voluntary Export Restaint, VER)。欧洲国家要求日本对欧洲的汽车出口也采取类似的安排。日本汽车制造商意识到他们需要将工厂转移到靠近大型消费市场的地方。

其次是节省成本。制造商有动力将生产转移到低工资国家。低收入和中等收入的亚洲经济体显然是日本制造商转移劳动密集型业务的理想候选地。日本企业开始在亚洲市场建立从原材料到最后组装的生产链。在越来越多的企业将各种生产环节转移到国外时,亚洲经济体按照各自的比较优势开始出现差异。一些经济体有便宜的劳动力从事缝纫工作,而另一些经济体则有能够操作复杂机器的技能工人。

一些亚洲城市进行了开发,以吸引日本(和韩国)各类制造商的特定制造环节,并成为亚洲生产链的一部分。在最后组装和检测之前,半成品多次在亚洲城市之间运输。生产过程现在是分散化的,支撑这种分散化的是亚洲内部低成本的海运和空运、贸易壁垒的减少、特定生产工序的集聚和规模经济,以及复杂的物流系统(如准时交货)。

琼斯等人(Jones and Kierzkowski, 1990; Arndt and Kierzkowski, 2001; Deardorff, 2001)将分散化的思想予以理论化。它可以定义为伴随着零部件跨境专业化并在一组国家之间来回运输的生产过程。贸易数据表明,零部件海外分包已经和在国外建立装配厂一样成了普遍现象。正如芬斯特拉(Feenstra, 2016, 第83页)解释的那样,在文献中,分散化也用离岸外包、非本地化、垂直专业化、价值链分割以及其他术语表示。一些作者区分了企业内部的分散化(狭义上的离岸外包）和将海外生产流程分配给不同企业的分散化（海外外包）。

木村和安藤的两篇文章（Kimura and Ando，2003；Ando and Kimura，2005）将分散化的理论框架应用于东亚地区。他们描述了日本制造企业如何扩展东亚的生产网络。前一篇论文表明，与拉丁美洲国家相比，东亚经济体之间的相互关系更为盘根错节。导致这种区别的一个关键因素就是由日本企业领导的跨境生产和分销网络的发展。他们尚未在拉丁美洲建立产业集群。同时，后一篇论文使用企业层面的数据表明，不同行业的分散化在亚洲经济体中普遍存在。该网络包括企业内部交易和远距离交易，不仅涉及日本企业，还涉及其他经济体的企业。

木村和安藤（2005）提出了两个维度的分散化理论：地理距离和外国子公司的可控性。地理距离对生产流程的分散化决策很重要，因为运输和物流成本与距离有关。外国子公司的可控性决定了分散化是发生在组织内部（狭义上的离岸外包）还是发生在不同组织之间（海外外包）。分散化成本增加是由于生产地点的物理距离和远距离附属企业的不可控性，而成本降低是由于低工资的技能工人产生的区位优势和对生产型子公司的直接所有权。他们利用日本分解的国际贸易数据和企业的微观数据得出的实证结果表明，东亚的生产网络是通过零部件反复交易以及企业内部交易和市场交易的复杂组合而发展起来的。

当然，分散化已在世界各地变得十分普遍。木村和安藤认为，东亚地区的不同之处在于，分散化促成了关联多个经济体的生产网络。由于许多企业参与分散化，一个特定的城市会集中发展特定行业的特定生产环节。例如，每个汽车零部件（压铸件、线束、电子零件、电池等）都是在生产该零部件方面具有比较优势的某个特定城市生产的。中间产品在许多亚洲城市之间反复运送。因此，产业内贸易既发生在企业之间，也发生在各经济体之间。

小桥和木村（Obashi and Kimura，2017）表明，东南亚国家联盟（ASEAN，简称"东盟"）成员的机械生产网络确实在不断深化和扩大。他们的分析基于传统的贸易价值数据，以及有关出口产品和目的地的详细信息。这些数据表明，双边贸易联系在稳步发展。该网络现已扩展到越南、柬埔寨、老挝和缅甸等低收入的东盟成员国。

11.9 世界贸易组织和自由贸易协定

自二战结束以来，主要国家一直在进行有关贸易自由化的谈判，有时是通过多边共同努力，这被称为"回合"，例如肯尼迪回合（1964—1967年）、东京回合（1973—1979年）和乌拉圭回合（1986—1994年）。由于一个国家的出口国不一定与该国的进口国相同，因此，仅通过双边谈判可能无法实现使所有国家受益的贸易妥协。例如，如果A国主要从B国进口，B国主要从C国进口，C国主要从A国进口，那么仅在其中两个国家之间就降低关税进行双边谈判，只能使出口国受益，即A国和B国之间进行协商时只有B国受益。这样，无法受益的国家将不会签署这一协议。

多边谈判可以解决这个问题。如果所有三个国家都同意同时降低关税，则B国将从A国的低关税中受益，而A国将从C国的低关税中受益，C国又从B国的低关税中受益。这样，所有国家都可以增加它们的社会剩余。

1947年建立的关税及贸易总协定（以下简称"关贸总协定"）为各国之间的贸易谈判提供了一个框架，并确定了谈判的原则。日本于1955年加入关贸总协定，定期参加有关贸易自由化的多边谈判。例如，从1973年到1979年，在东京举行了一轮谈判会议，这就是众所周知的东京回合。1995年，关贸总协定改组为世界贸易组织，减少贸易壁垒的谈判一直持续到今天。最新一轮多哈回合（又称"多哈发展议程"）开始于2001年，但未能达成协议。

世界贸易组织成员必须向所有其他同为成员的贸易伙伴征收相同的

关税，这就是最惠国待遇（MFN）规则，但世界贸易组织也允许使用差别关税和配额作为例外。例如，一个国家可以针对另一个国家的不公平贸易行为（例如倾销）征收关税。如果某些产品的进口突然大量增加，而这可能对国内生产者造成严重损害，这种情况也允许该国提高对这些产品的关税（保障条款）。最后，作为最惠国待遇规则的一种例外情况，世界贸易组织允许各国形成两种类型的区域优惠贸易协定：（1）自由贸易区，即一组国家同意为彼此之间几乎所有商品大幅减少贸易壁垒；（2）关税同盟，即自由贸易区的成员对非成员征收相同的关税。

在20世纪90年代后期之前，日本并不赞同签订优惠贸易协议的想法。日本更为关注在关贸总协定及后来的世界贸易组织框架下为减少贸易壁垒而进行多边的努力。日本坚持的立场是，仅对特定国家提供优惠待遇的自由贸易协定（FTA）与关贸总协定/世界贸易组织主导的多边努力不一致。1998年前后，日本发现美国、加拿大和墨西哥之间的《北美自由贸易协定》（NAFTA）以及欧盟更深层次的一体化取得了明显的成功，于是日本的思路发生了显著的改变。它开始奉行与许多经济体，特别是亚洲经济体建立贸易协定的战略。日本的举动也是防御性的，因为它担心自己被与日俱增的自贸协定网络排除在外而处于不利地位。日本开始声称，自由贸易协定实际上可以补充世界贸易组织所做的，或为此提供基础。

表11.5和表11.6列出了截至2019年2月底日本已签署或正在谈判的所有自由贸易协定。日本通常将贸易协定称为经济伙伴关系协定（EPA），而不是自由贸易协定，以强调该协定比通常的自由贸易协定走得更远，因为该协定还包含有关对外直接投资、移民和技术合作等议题，而这些议题传统上并不被认为是与贸易有关的内容。日本的第一份自由贸易协定是2002年1月与新加坡签署的经济伙伴关系协定。与《北美自由贸易协定》的成员国墨西哥签订了第二份协定。截至2019年2月，日本已签署了17份自由贸易协定和经济伙伴关系协定。日本正在与7个国家和

地区就自由贸易协定和经济伙伴关系协定进行谈判，其中之一是东南亚国家联盟+6国（日本、中国、韩国、澳大利亚、新西兰和印度，即ASEAN + 6）。后者被称为区域全面经济伙伴关系协定（RCEP）。日韩自由贸易协定的谈判已经中断了很长时间。

表11.5 截至2018年2月日本已签署并生效的自由贸易协定

	签署	生效
日本–新加坡EPA[1]	2002年1月	2002年11月
日本–墨西哥FTA[2]	2004年9月	2005年4月
日本–马来西亚EPA	2005年12月	2006年7月
日本–智利EPA	2007年3月	2007年9月
日本–泰国EPA	2007年4月	2007年11月
日本–印度尼西亚EPA	2007年8月	2008年7月
日本–文莱FTA	2007年6月	2008年7月
日本–东盟EPA	2008年4月	2008年12月
日本–菲律宾EPA	2006年9月	2008年12月
日本–瑞士EPA	2009年2月	2009年9月
日本–越南EPA	2008年12月	2009年10月
日本–印度EPA	2011年2月	2011年8月
日本–秘鲁EPA	2011年5月	2012年3月
日本–澳大利亚FTA	2014年7月	2015年1月
日本–蒙古EPA	2015年2月	2016年6月
跨太平洋伙伴关系协定（TPP）[3]	2016年2月	
全面与进步跨太平洋伙伴关系协定（TPP11）	2018年3月	2018年12月
日欧经济伙伴关系协定	2018年7月	2019年2月

注：1.2007年9月修订了与新加坡的EPA。2.2012年4月修订了与墨西哥的FTA。3.美国于2017年1月退出了TPP；其他11个国家同意以新名称"全面与进步跨太平洋伙伴关系协定"（CPTPP）实施修订后的协议。有时简称为"TPP 11"。

资料来源：日本外务省。

表11.6 日本协商中的自由贸易协定

	谈判开始于	
日本 – 韩国FTA	2003年12月	于2004年11月暂停
日本 – 海湾阿拉伯国家合作委员会、沙特阿拉伯、科威特、巴林、阿曼、卡塔尔FTA	2006年9月	于2014年11月暂停
日本 – 加拿大EPA	2012年11月	于2017年1月暂停
日本 – 哥伦比亚EPA	2012年12月	
日本 – 中国 – 韩国FTA	2013年3月	
区域全面经济伙伴关系协定（RCEP）	2013年5月	
日本 – 土耳其EPA	2014年12月	

资料来源：日本外务省。

《跨太平洋伙伴关系协定》（以下简称TPP）是最初由新西兰、智利、新加坡和文莱于2005年签署的区域自由贸易协定的扩展版本。最初的TPP建立后不久，美国开始就扩展的TPP进行谈判，包括澳大利亚、马来西亚、秘鲁和越南以及最初的四个成员。加拿大和墨西哥也于2012年加入了谈判，在2013年，日本成为最后一个加入的国家。现在除了地理范围扩大到12个国家之外，涵盖的内容也已扩大到投资条约和知识产权。TPP已于2016年2月达成协议并签署。

TPP将成为历史上规模最大的贸易协定。但是，美国前总统唐纳德·特朗普一上任就决定于2017年1月退出TPP。同月，日本批准了TPP，并继续与其余11个国家一起在美国退出的情况下达成协议。努力的最终成果就是2018年3月签署的《全面与进步跨太平洋伙伴关系协定》（以下简称CPTPP）。大多数国家都批准了CPTPP，并于2018年12月30日生效。同样在2018年12月，日本和欧盟最终敲定了《经济伙伴关系协定》，日本 – 欧盟《经济伙伴关系协定》已于2019年2月1日生效。

图11.7显示了2016年自由贸易协定和经济伙伴关系协定中的伙伴

国家在日本贸易中所占的份额。2010年，它与拥有自由贸易协定的国家的贸易占总额的18%。在接下来的8年中，日本建立了更多的自由贸易协定和经济伙伴关系协定，包括CPTPP和日本–欧盟《经济伙伴关系协定》。这几乎使自由贸易协定/经济伙伴关系协定伙伴国在日本贸易中的占比翻了一番。美国和中国这两个日本的最大贸易伙伴目前尚未包含在任何自由贸易协定之中。

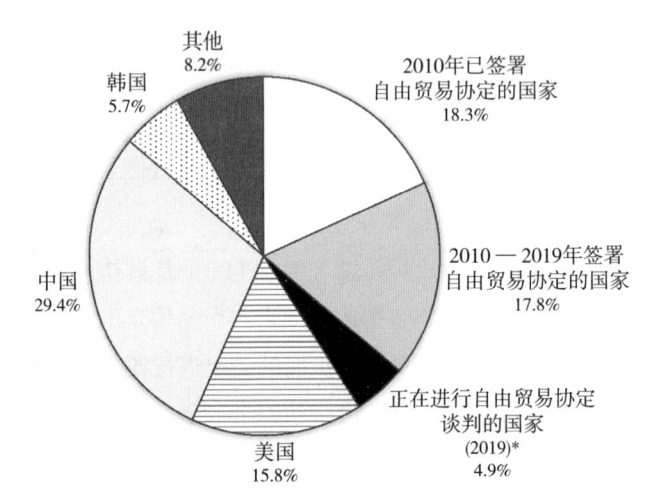

图11.7 日本与多国自由贸易协定的扩展：
2010—2019年（占2016年贸易总额的百分比）
注：*不包括RCEP和韩国（已暂停谈判）。
资料来源：贸易数据来自日本财务省，签署FTA的历史资料来自日本外务省。

11.10 小结

日本过去具有独特的贸易结构，这是经典的比较优势理论的一个明显例证。日本从中东进口石油，并将制成品（主要是汽车）出口到其他工业化国家（主要是美国）。日本工业已将出口产品从纺织品转向钢铁、消费电子产品、汽车和半导体，从而追赶美国工业。日本贸易结构的一个显著特征是制成品的进口很少。比较优势理论预测，日本本应拥有较少的制成品净进口。但批评者断言，日本的进口总额太低了，这意味着存在非关税壁垒。据称，日本的产业内贸易太少。这到底是由于日本的各种政策将外国产品拒之门外，还是由于日本消费者的偏好，或者是要素禀赋，争论仍在继续。然而，随着时间的推移，这种模式已经发生了变化。日本许多制成品都是从亚洲邻近经济体进口的。许多日本研究人员相信，日本的非关税壁垒并不比其他发达国家更高。

对美国的双边贸易顺差一直很大，产业内贸易的比率很低。这些特征导致了20世纪80年代和90年代与美国的贸易冲突。两国举行了几次重要的双边会谈。美国的要求已经从日本的自愿出口限制转为美国对日本的市场准入，再到国外市场份额的量化目标。其中一些贸易冲突导致两国之间的政治关系非常紧张。第13章将详细讨论美日贸易冲突。

然而到了21世纪头十年，日本的贸易模式在几个方面发生了变化。第一，在全球市场上，日本制造业面临来自韩国和中国的激烈竞争。因此，日本不再是对美国工业的唯一威胁。第二，日本的贸易顺差一直在萎缩，特别是在2011年之后。但是，作为经常账户一部分的投资收入有所增加，已能弥补贸易顺差的减少。第三，到现在为止，中国已经成为和美国一样重要的贸易伙伴。就出口和进口而言，随着日本制造业的一部分供应链扩展到亚洲，日本与亚洲经济体的贸易也有所增加。第四，日本已经从仅参与多边贸易体系（即关贸总协定/世界贸易组织）转变为加入自由贸易区（或经济伙伴关系协定）。由于《北美自由贸易协定》和欧盟已成为重要的贸易集团，因此这一转变在一定程度上是防御性的。

总而言之，日本的贸易模式在过去的几十年中不断演化，现在的贸易模式看起来与其他成熟的发达国家非常相似。正如引力方程预测的那样，日本与其亚洲邻居的贸易变得越来越重要了。

附录11A　贸易收益

通过与其他国家进行贸易，消费者可以获得在本国难以生产的商品和服务，或者以更便宜的价格购买更多相同的商品，从而从中受益。出口生产商也可以从贸易中受益，因为他们可以以更高的价格出售更多的产品。这会导致工资提高，工作岗位增加，因此工人也可以受益。福利经济学中的消费者剩余和生产者剩余的概念为讨论贸易收益提供了一个简单的框架。

消费者剩余是衡量消费者福利的标准。它被定义为需求曲线以下和市场价格之上的区域，如图11A.1所示。要了解为什么这是衡量消费者福利的合理方法，需要知道市场需求曲线可以解释为消费者愿意为每单位相关商品支付多少。有一些消费者愿意为商品支付高价，但是更多消费者只愿意为商品支付较低的价格。因此，需求曲线是向下倾斜的。那么，消费者愿意支付的价格与市场价格（消费者实际支付的价格）之差，就是对消费者收益的度量。消费者剩余就是所有最终以市场价格购买商品的消费者所获收益的总和。在图11A.1中，消费者剩余等于三角形ACE的面积。

同样，我们将生产者剩余定义为供给曲线上方和市场价格下方的区域（也如图11A.1所示）。这是一个衡量生产者总收益的好方法，因为我们可以将供给曲线解释为对每单位商品，生产者必须得到的支付。他们得到的任何额外支付都是他们的收益。如图11A.1所示，生产者剩余用三角形CBE的面积表示。消费者剩余和生产者剩余之和被称为社会剩余。

使用消费者剩余和生产者剩余的概念，我们可以讨论一个国家如何从贸易中获益。让我们从进口的收益开始。在图11A.2中，我们考虑一个国家从进口中获益的情况。假设某商品的世界价格低于国内价格，而国内价格是由不存在贸易时的国内供求关系决定的。让我们把

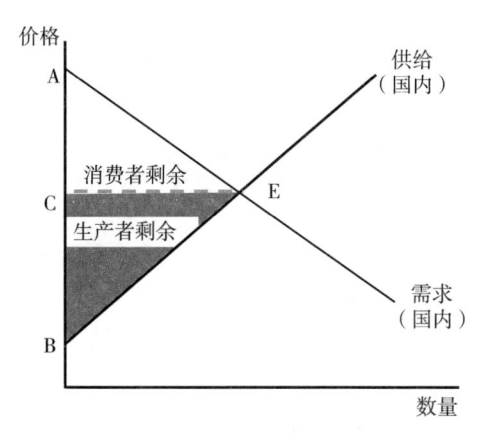

图11A.1 消费者剩余和生产者剩余示意图
资料来源：作者自制。

不存在贸易时的价格称为封闭市场价格（autarky price）。当该国经济向国际贸易开放时，该国将开始进口这种商品。假设相比世界其他地区，该国规模很小，因此该国的进口不会改变世界价格。我们称其为小国假设。这一假设对日本可能适用也可能不适用，这取决于日本进口的是哪种商品。

当本国开放贸易时，价格将从封闭市场价格下降到国际市场价格。这会使需求从CE增加到DG，并将本国的供给由CE降至DF。国内需求和国内供给之差来自从其他国家的进口。消费者剩余从ACE增加到ADG。尽管生产者剩余从三角形CBE下降到三角形DBF，但整个经济获得了由三角形EFG的面积代表的净收益。生产者剩余减少了，但是消费者剩余的增加超过了生产者剩余的减少。与封闭市场相比，社会剩余增加了。还要注意重要的一点，向外国商品开放国内市场，减少了生产者剩余，因此，国内生产者经常强烈反对贸易自由化。为了使贸易自由化在政治上可以接受，可能需要采取某种政策，将一部分消费者的收益转移给生产者。

出口收益可以理解为生产者剩余的增加。假设高收入的贸易伙

第11章　国际贸易

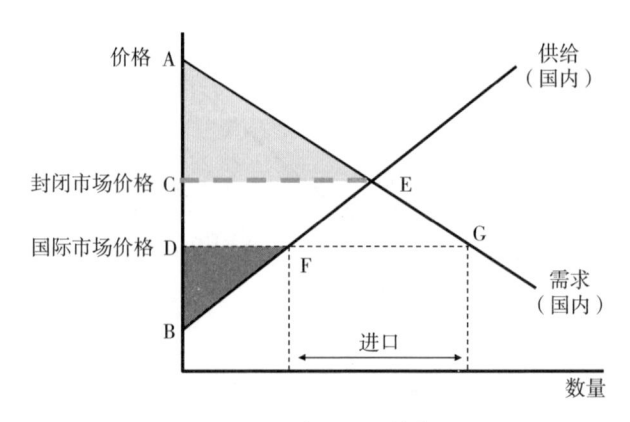

图 11A.2　商品进口的收益

资料来源：作者自制。

伴降低了对本国进口的贸易壁垒。商品价格在贸易伙伴的市场上比较高。图11A.3a描述了这种情况。尽管消费者剩余减少了，但该国总体上获得了三角形EFG的净收益。这隐含地假设消费者会购买其他一些产品作为替代品，以维持其生活水平。然而，具有多种消费品的经济或动态分析超出了这种简单的剩余分析的范围。

在更现实的情况下，如果生产者可以出口，它将进行投资，并有能力以较低的边际成本进行大规模生产。如图11A.3b所示，这是一条新的位置更低的供给曲线。在这种情况下，出口不会减少消费者剩余。

例如，日本汽车工业在质量方面取得了巨大的进步，首先是小型汽车（20世纪70年代），然后是中型汽车（20世纪80年代），最后是豪华轿车（20世纪90年代）。日本汽车制造商勇于创新并降低成本，这使更多日本汽车出口到美国成为可能。日本汽车制造商向美国出口的汽车数量越来越多，质量越来越好。从美国的角度看，多年来所有型号的汽车都面临低价进口汽车的竞争，这增加了消费者剩余，同时减少了生产者剩余。

消费者剩余和生产者剩余分析还可以用于考察各种贸易限制对福

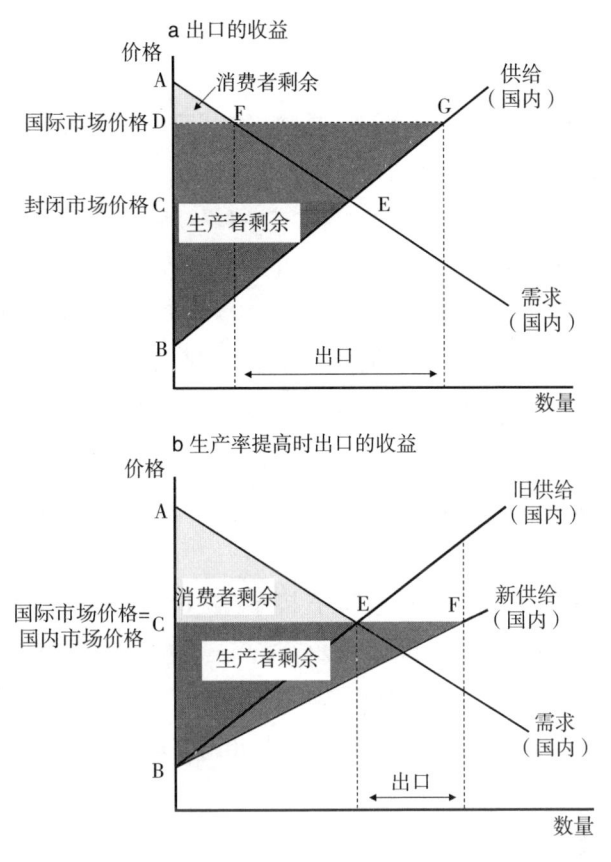

图 11A.3　出口的收益

资料来源：作者自制。

利的影响，比如关税、配额和资源出口限制。在美日两国长期贸易冲突的历史上，所有这些贸易限制措施在特定时期都曾被美国用来限制日本对美国的出口。

无论何时也无论哪个行业的日本制造商对美国的出口激增，无论是20世纪60年代的纺织品，70年代的消费电子产品，80年代至90年代的汽车以及90年代的半导体，失去销售份额的美国生产商都向美国政府抱怨。如前面图11A.2所示，在进口大量商品的情况下，生产者剩余减少了。华盛顿经常威胁日本并施加压力，要求对日本出口到美国的产品施加一些限制。

关税是对进口商品征的税。关税增加了进口商品的成本，这通常会被转嫁给消费者。关税的福利含义如图11A.4所示。如果对进口的每单位商品征收BD这么多的关税，这将提高商品价格，并将进口从FG减少到HI。由于价格上涨，国内生产商将供给由DF增加到BH，但这种增长不足以弥补进口量的减少。消费者剩余从三角形ADG减少到三角形ABI。生产者剩余的增加量为四边形BHFD，矩形HIJK的面积为政府的关税收入，这可以用来改善消费者和生产者的福利，但两者加起来仍然小于消费者剩余的减少量。总的来说，社会福利损失相当于FHK和IGJ这两个三角形的面积，这有时被称为无谓损失（deadweight loss）。

政府可以不征收关税，而是直接限制进口量，这就是所谓的进口配额（import quota）。图11A.5显示了实施进口配额对福利产生的影响。进口数量限制为KJ。配额的实施使需求超出了按照配额之前的价格形成的供给，因此价格必须上涨以使市场出清。现在，新的消费水平是BI。由于价格提高，国内生产商能够将供给由DF增加到BH。消费者

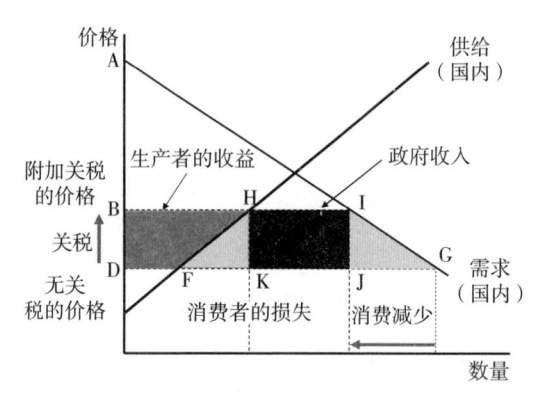

图11A.4 关税的影响

资料来源：作者自制。

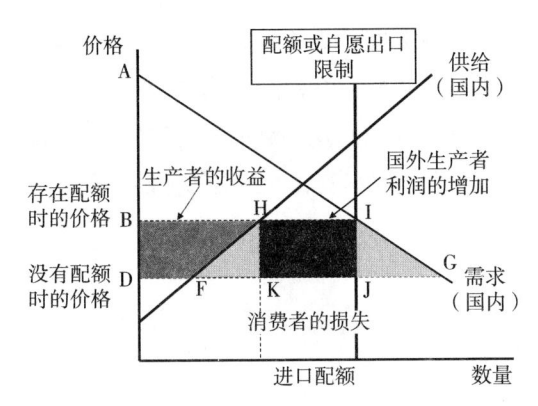

图11A.5 自愿出口限制与配额产生影响的比较

资料来源：作者自制。

剩余的减少为四边形BIGD，生产者剩余的增加为四边形BHFD。

到目前为止，配额的福利含义与关税完全相同。区别在于谁得到HIKJ。在征收关税的情况下，这成了政府的收入，但是在实施配额的情况下，这增加了外国企业的收入。因此，对于整个世界而言，无谓损失仍然是由两个三角形表示的，但是对于国内居民而言，福利损失如四边形HIGF所示。

保护美国就业机会的第一个本能反应可能就是提高关税或实行配额限制，以便日本汽车在美国的价格上涨（举例）。但是，实施这样的关税或配额有可能违反全球贸易规则，比如关贸总协定。正如之前已经提到的，这一机构后来变成了世界贸易组织。

自愿出口限制之所以得名，是因为假定出口商自愿限制自己的出口不超过一定门槛。自愿出口限制与配额非常类似，但是两者之间的区别是，据称限制是由出口国自愿对自己施加的，而不是由进口国强加的，因此这不违反关贸总协定/世界贸易组织的规则。这一区别在政治上可能是重要的。

自愿出口限制对福利的影响与配额几乎相同。实施自愿出口限制的外国出口商实际上会由于价格上涨而获得更多的利润。从国内居民的角度看，福利减少的数量为四边形HIGF所示。里斯（Ries，1993）研究了日本企业的股票价格对1981年自愿限制对美国（以及对联邦德国）出口的反应，发现结果与这一简单的模型是一致的。日本汽车制造商受益于自愿出口限制，尽管日本的零部件供应商并未获益。

第12章 国际金融

12.1 引言

12.1.1 国际收支

国际金融涵盖了与跨境金融交易相关的主题，这些交易源自贸易、投资和转移支付。国内居民获得出口收入，支付进口款项。外国人购买国内资产的付款会支付给国内居民，而国内居民购买外国资产的付款则会支付给外国人。跨境投资包括对外直接投资（即FDI，如建造工厂、兼并和收购外国企业）与对债券和股票等有价证券的投资。

汇率对跨境资本流动发挥重要作用。资本流动也会影响汇率的变动，但反过来汇率，特别是对未来汇率变动的预期，会影响资本流动的规模和方向。对日本而言，汇率一直是非常重要的宏观经济变量，它影响经济增长率、通胀率和企业的利润。因此货币当局（即财务省和日本央行）经常试图干预汇率的变动。当日元升值过多时，货币当局可能会抛售日元以阻止日元进一步升值。货币当局为了影响货币组合的价值而买卖货币组合的行为，被称为对外汇市场的干预。对日本货币当局而言，大多数时候它们买卖美元/日元或欧元/日元。当它们卖出日元买进美元时，外汇储备会增加；当它们卖出美元购买日元时，外汇储备就会减少。

正如本书前面提到的，国际收支记录了一个国家的所有跨境交易，它包括三个账户：经常账户、资本账户和金融账户。经常账户记录了货物与服务的出口和进口，以及投资收入和外国援助等单边转移支付。资本账户记录了土地等非生产性资产和非金融资产的交易，以及政府债务减免等单边资本转移。经常账户余额和资本账户余额的总和体现了该国居民通过出口商品和其他资源，从世界其他地区获得的（净）回报。金融账户记录了资产（不含非生产性资产和非金融资产）的跨境交易，即资本流入和流出。金融账户余额显示该国居民增加了多少（净）外国资产。资本外流的形式可以是收购企业（直接投资）或购买用于资产管理的金融产品（有价证券投资）。这三个账户是密切相关的。简单来讲，一个国家只有经常账户和资本账户有盈余时才能进行海外投资，而当经常账户和资本账户之和出现赤字时，它必须向海外借款。因此，从理论上讲，经常账户余额和资本账户余额之和必须等于金融账户余额。然而在实际操作中，因为这三个账户是分别估算的，所以这种相等关系并不成立。因此需要引入错误和遗漏项来保持等式成立。由此可以得到国际收支的基本等式：

经常账户＋资本账户＝金融账户＋错误和遗漏

从历史和语义上讲，这里的金融账户过去被称为资本账户，而这里的资本账户不是一个独立的条目。这是一个重要的等式，表明了国际贸易和国际金融之间的关系。图12.1显示了这一等式的概念，为简洁起见，资本账户与错误和遗漏并没有列出来，因为就规模而言，它们对日本并不重要。该图表明，经常账户盈余与金融账户盈余（资本流出减去资本流入）密切相关。

本章后面的章节将详细分析国际收支。

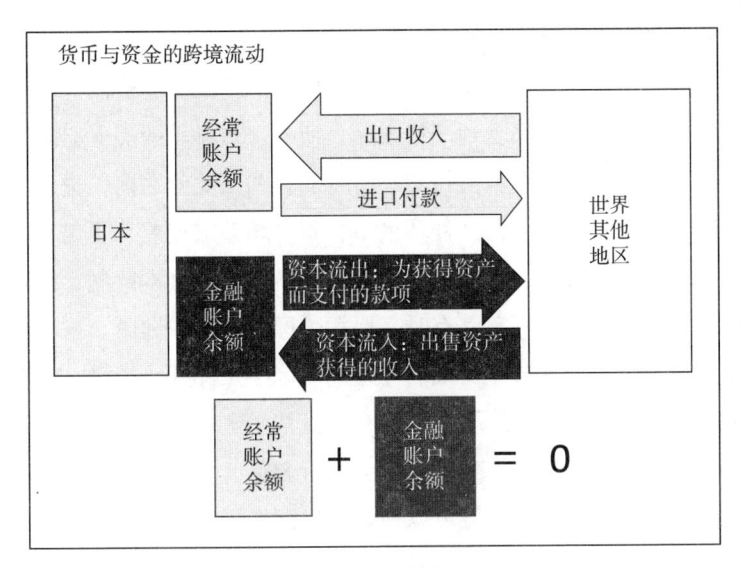

图12.1 国际收支等式

资料来源：作者自制。

12.1.2 布雷顿森林体系

汇率是两种货币的相对价格。当一国货币价值降低时，这个国家往往在出口方面变得更有竞争力。这在固定汇率制度下称为币值低估（devaluation），而在浮动汇率制度下称为货币贬值（depreciation）。如果一国让自己的货币贬值，那么它的贸易竞争对手可能也会被迫贬值。20世纪30年代大萧条期间发生了这种竞争性贬值。二战之后，布雷顿森林体系的建立就是为了防止30年代的竞争性贬值重演。在这一体系下，主要国家的货币币值与美元挂钩，美元可兑换黄金。美元与黄金的可兑换性在20世纪四五十年代是可信的，因为美国持有大量黄金，以支持世界其他国家持有的美元。国际货币基金组织的创立就是为了监督和执行这一汇率制度。1949年，日元兑美元的汇率固定在360日元兑1美元，尽管日本又花了三年时间才加入了国际货币基金组织。360日元兑1美元的汇率一直维持到1971年夏天。在布雷顿森林体系下，国内政策必须调整以保持与美元的固定汇率。

在布雷顿森林体系时期，日本一直实施严格的资本管制。私人部门向外国借款和贷款都受到严格限制。所有出口赚得的美元必须兑换成日元，因此美元由日本央行集中持有。在购买美元之前，进口必须得到相关部门的批准。在这种环境下，贸易顺差或逆差几乎与日本央行外汇储备的增减一一对应。由于外汇储备有限和资本管制，固定汇率制意味着为了维持汇率，有时需要牺牲国内经济的健康。这一政策的规则很简单。如果外汇储备因贸易赤字而耗尽，政府会减少进口，即使这意味着整个经济放缓。当所有国家都遵守这一规则，并且汇率只有在某些基本要素发生变化时才会进行调整，比如生产率增速有所差异，那么固定汇率制度就可以很好地发挥作用。布雷顿森林体系在20世纪50年代和60年代前中期运行良好，但在60年代末，该体系开始出现一些运转困难的迹象。

一个问题是，一些货币（尤其是日元和德国马克）被低估，而美元却被高估，因为日本和德国的生产率比美国增长得更快。[①] 事实证明，及时调整汇率以反映生产率增长的差异，这在政治上是困难的。另一个问题是美国持续的贸易逆差，这引发了美元是否能与黄金继续挂钩的问题。到20世纪60年代末，美国境外持有的美元远远超过了美国的黄金储备。

1971年8月15日，美国总统尼克松宣布美元跟黄金脱钩，美国将单方面征收10%的进口附加税。外汇市场因此陷入混乱。许多外汇市场暂时关闭，因为政策制定者对适当的汇率水平还是一头雾水。到8月底，包括日元在内的世界主要货币开始浮动。在对新的均衡汇率探索了4个月之后，1971年12月达成了《史密森协议》，在该协议中，主要工业国同意了有浮动幅度的新汇率。日元兑美元的中间汇率为

---

① 这就是所谓的巴拉萨－萨缪尔森效应，本章后面将会讨论。

308日元兑1美元，比布雷顿森林体系360日元兑1美元的汇率升值了16.9%。从1971年12月到1973年2月，各国努力确保汇率保持在《史密森协议》的范围内。

到1972年底，可以明显看出史密森汇率无法维持。日元汇率一直接近协议允许的上限（即低于308日元兑1美元的某一汇率）。然而，日本的贸易顺差和美国的贸易逆差在1972年都有所扩大。1973年2月，美国单方面使美元贬值，然后在一个月之内，日本和主要的欧洲国家认为史密森汇率是无法维持的。真正的浮动汇率制度由此开始。在20世纪70年代剩下的时间和80年代，五种主要货币是美元、日元、德国马克、法国法郎和英镑。

12.1.3　浮动汇率制度

对日本而言，美元兑日元汇率是最熟悉和最重要的汇率，因为美国长期以来一直是日本最重要的贸易伙伴和跨境投资目的地之一。它通常用日元兑换美元的数量表示，一般缩写为美元/日元（USD/JPY）。美元/日元上升（例如，从100到110）意味着日元贬值，反之亦然。

美元一直是全球主要储备货币。许多国际贸易和投资交易都是以美元计价和结算的。许多国家的货币当局持有的外汇储备主要是美元。即使在日本成为世界第二大经济体且增速超过美国的时候，日元在国际金融交易中仍远远落后于美元。1999年，许多欧盟国家联合创建了一种共同货币，即欧元，它立即成为仅次于美元的常用货币。那时，欧元/日元（EUR/JPY）汇率对日本也变得重要起来。欧元/日元汇率（欧元/日元）必须完全等于美元/日元乘以欧元/美元。[②] 图12.2显示了美元/日元和欧元/日元的走势。

---

② 如果它们有明显的差异，就存在套利机会来轻松获利。例如，如果欧元/日元高于欧元/美元 × 美元/日元，就可以将日元换成欧元，用欧元买美元，再用美元买日元，从而赚取丰厚利润。

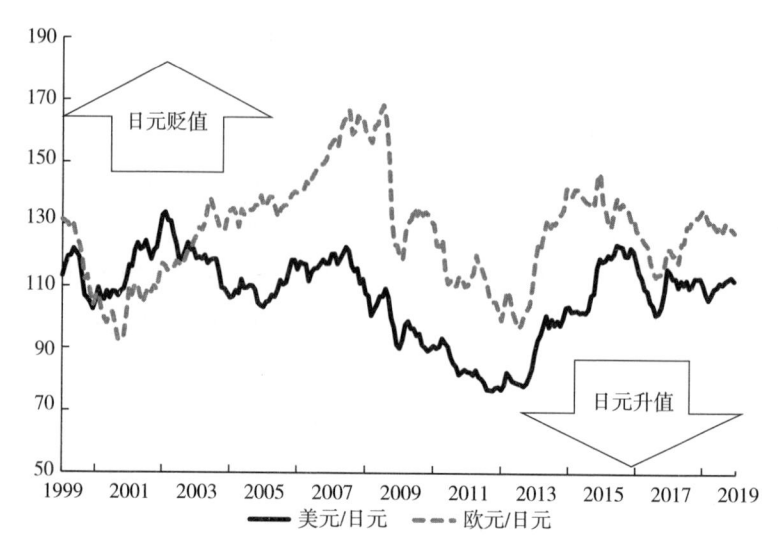

图12.2　日元兑美元和日元兑欧元的汇率

资料来源：美联储经济数据（Federal Reserve Economic Data，FRED）。

上升趋势意味着需要更多日元来购买1美元或1欧元，这相当于日元贬值。相反，曲线向下运动就是日元升值。当美元/日元（图12.2中的实线）和欧元/日元（虚线）平行移动时，就像2010年至2014年那样，这种变动主要是由于日元的价值相对于美元和欧元发生了变化，而欧元/美元的汇率相对稳定。当美元/日元和欧元/日元走势相互偏离时，欧元/美元就会有所改变。在2000年，美元/日元变动不大，而日元对欧元升值。当时的情况是，欧元相对于美元和日元都出现了贬值。

浮动汇率本应自动实现贸易平衡（更准确地说是经常账户平衡）。有贸易顺差的国家往往会经历（并允许）货币升值，而有贸易逆差的国家往往会经历货币贬值。但事实上，汇率的波动比预期的要大得多。汇率似乎也无法稳定在使贸易账户平衡的水平上。

汇率持续偏离使贸易账户平衡的水平（通常称为失调），主要原因之一就是冲抵经常账户差额的资本流入和流出之差。20世纪70年代后期和80年代，由于日本取消了资本管制，资本流动成为影响汇率的更重要因素。汇率的变动将在第12.2节中详细分析。

即使在1973年汇率开始浮动之后，日本仍然保持着贸易顺差。正如理论预测的那样，日元突然升值，但升值的速度仍不足以使贸易平衡。围绕升值的趋势，汇率的波动也很大。尽管1973年以后的汇率是由市场决定的，但许多发达国家的货币当局偶尔也会干预外汇市场。

每当日元兑美元、欧元或兑两者一起升值时，日本的出口商就会遭殃，媒体对此进行了广泛的报道。当日元兑美元升值时，日本出口商必须决定是在美国市场上保持美元销售价格不变并接受利润率的下降，还是将日元升值转嫁到销售价格上，并承担销售量下降的风险。自布雷顿森林体系结束以来，日本出口商一直在与汇率风险做斗争。许多日本企业在国外建厂（即对外直接投资），要么是为了利用廉价劳动力，要么是为了靠近零售消费者。对许多日本大型制造企业而言，到了21世纪头十年中期，在外国的产量已经超过了国内的产量。

汇率的大幅变动通常会通过进出口对宏观经济的表现产生影响。反过来，宏观经济变量，包括货币和财政政策变量，也会影响汇率。因此，汇率和国内宏观经济变量是相互影响的。有许多研究考察宏观经济变量的变动如何影响汇率的变动，但反向的因果关系也是成立的。

根据国际清算银行三年一度的调查，以下七种货币是2016年全球金融市场使用最多的货币（按降序排列）：美元、欧元、日元、英镑、澳元、加元和瑞士法郎。所有这些货币自20世纪70年代以来一直是浮动的，而且所有这些货币（除了欧元）都是规模相对较大的国家（以GDP计算）的货币。欧元是一些欧盟成员国形成的货币联盟所使用的货币（见专栏12.1）。自2010年以来，中国一直是世界第二大经济体，仅次于美国，位居日本之前。然而，人民币的使用只排在第八位，这或许反映了中国较严格的资本管制。

专栏12.1 欧元

欧洲主要国家于1979年3月成立了欧洲货币体系,其目的是限制欧洲国家之间汇率的波动,同时对其他主要货币一起浮动。欧洲货币体系的核心是欧洲货币单位(ECU)和汇率机制,前者的价值定义为欧洲各国货币的加权平均值,后者为每种货币兑换欧洲货币单位设定了固定汇率。尽管英镑加入了欧洲货币体系,但英国直到1990年才加入欧洲汇率机制。相比之下,德国马克是20世纪80年代欧洲汇率机制的代表性货币。在20世纪80年代,美元、日元、德国马克和英镑的相对价值在市场上可以自由浮动。

许多其他国家将其汇率与四种主要货币中的一种(英国加入欧洲汇率机制以后是三种)或由其构成的一篮子货币挂钩。1990年,欧洲货币体系的成员包括德国、法国、英国、意大利、荷兰、比利时、卢森堡、丹麦、爱尔兰、西班牙、希腊和葡萄牙。前10个国家构建了汇率机制;这些国家货币的汇率几乎是固定的(±2.25%,英国和西班牙除外,为6%)。

在1992年6月发生了投机性货币攻击之后,英国发现自己无法维持英镑币值相对于欧洲货币单位的稳定,于是退出了汇率机制。欧洲大陆主要国家在20世纪90年代相互之间维持了固定汇率,此后,它们于1999年引入一种叫作欧元的记账单位,然后从2001年开始使用欧元纸币和硬币。欧元区的中央银行是欧洲中央银行,于1998年6月在法兰克福成立,为欧元的诞生做准备。

12.2 汇率

12.2.1 名义汇率

名义汇率是两国货币的相对价格。如果某一天1美元被交给银行，银行会给你一定数量的日元，比如100日元。那么汇率就是100日元兑1美元。假设第二天，1美元可以兑换成99日元。同样的美元只能兑换更少的日元。那么，美元相对于日元的价值就降低了，或者说贬值了。也可以说日元相对于美元价值更高了，或者说升值了。请注意，美元兑日元的汇率从100变为99（一个较小的数字）是日元升值，从100到101（一个较大的数字）是日元贬值。这可能一开始听起来违反直觉，但这是惯例。

严格来讲，市场上确定的汇率是名义汇率。相比之下，实际汇率被定义为外国商品对本国商品的相对价格。实际汇率比较的是10万日元在日本和美国分别能够买到多少商品。

12.2.2 实际汇率和购买力平价

如果两国间的商品价格不同，则实际汇率不同于名义汇率。如果在日本价值10万日元的一篮子商品在美国也价值10万美元，实际汇率就等于名义汇率。但对日元和美元而言，这种情况几乎不太可能出现，因为日元和美元的名义汇率一直处于100日元/美元左右。因此，如果日元在日本的购买力与美元在美国的购买力大致相同，我们会发现在日本价值10万日元的一篮子商品在美国的价值约为1 000美元。在这种情况下，如果名义汇率是100日元/美元，那么实际汇率，即以同一货币衡量的美国商品对日本商品的相对价格，将会是1。

既然实际汇率是外国商品的相对价格，它就可以作为进出口竞争力的衡量标准。如果国内商品相对于进口商品变得更便宜了（实际汇率贬值），则本国出口将更具竞争力。如果价格水平不变，名义汇率和实际汇率就会朝同一方向变化。例如，假设日元/美元汇率从100日元/美元变为105日元/美元，或者说日元从名义汇率的角度贬值5%。如果价格水平不变，名义汇率贬值5%也就意味着实际汇率贬值5%，这将使日本出口商更具竞争力。如果日本物价水平增加10%而此时美国物价水平保持不变，这就意味着日元的名义汇率贬值5%，但日本商品的价格相比美国商品将会上涨5%，或日元实际汇率升值了5%。这样一来，日本商品就会贵5%，竞争力就会下降。

正式的，实际汇率S_t^{real}定义如下：

$$S_t^{real} = S_t \frac{P_t^*}{P_t}$$

其中S为名义汇率，P为日本商品以日元计价的价格，P^*为美国商品以美元计价的价格。有时用对数表示这些变量会更简单：

$$s_t = \ln(S_t)$$
$$p_t = \ln(P_t)$$
$$p_t^* = \ln(P_t^*)$$

则，

$$s_t^{real} = \ln(S_t^{real}) = s_t + p_t^* - p_t$$

正如我们在这里看到的，如果一种货币的购买力在两国之间是相同的，实际汇率就是1。在这种情况下，我们说购买力平价（PPP）在绝对意义上成立。在方程中，我们可以将绝对购买力平价写成如下形式：

$$S_t^{real} = S_t \frac{P_t^*}{P_t} = 1 \text{（绝对购买力平价）}$$

实际上，一个国家计算的任何价格水平都是一种指数，而非用货币单位来衡量。因此，以汇率变化和不依赖于计量单位的价格水平变化来表述购买力平价的条件是有用的。让我们把名义汇率和实际汇率的变化率定义为：

$$\Delta s_t = \ln(S_t) - \ln(S_{t-1})$$
$$\Delta s_t^{real} = \ln(S_t^{real}) - \ln(S_{t-1}^{real})$$

ln是自然对数。同样，日本和美国的通胀率定义如下：

$$\Delta p_t = \ln(P_t) - \ln(P_{t-1})$$
$$\Delta p_t^* = \ln(P_t^*) - \ln(P_{t-1}^*)$$

那么实际汇率的变化率为：

$$\Delta s_t^{real} = \Delta s_t + \Delta p_t^* - \Delta p_t$$

如果实际汇率不变（即名义汇率变化等于价格变化），我们说购买力平价在相对意义上成立：

$$\Delta s_t^{real} = 0$$

这就是所谓的相对购买力平价关系。

图12.3显示了名义汇率的自然对数（即美元/日元的自然对数）和两个实际汇率的自然对数，一个使用消费者价格指数（CPI），另一个从1949年到1995年使用批发价格指数（WPI），在1995年以后使用生产者价格指数（PPI）。从中可以看到一些有趣的现象。

首先，在固定汇率期间或者说在布雷顿森林体系下，名义汇率保持不变（360日元兑1美元）。因此，名义汇率这条线是平的，360的对数值标准化为0。虽然名义汇率是固定的，但按照CPI计算的日元实际汇率是升值的。使用WPI或PPI计算的实际汇率在1949年至1951年间上升，随后20年几乎没有变化。实际汇率升值的原因是日本的通胀率一直高于美国。

其次，在1973年实行浮动汇率以后，日元名义汇率和实际汇率都出现了升值。由于名义汇率和实际汇率的变动非常相似，我们可以判断，当时实际汇率变化的主要驱动因素是名义汇率，而不是两国通胀率之间的差异。

1951—1971年用CPI而不是WPI计算实际汇率的升值，原因有以下几个。日本和美国的生产者价格和出口商价格的通胀率具有可比性，这

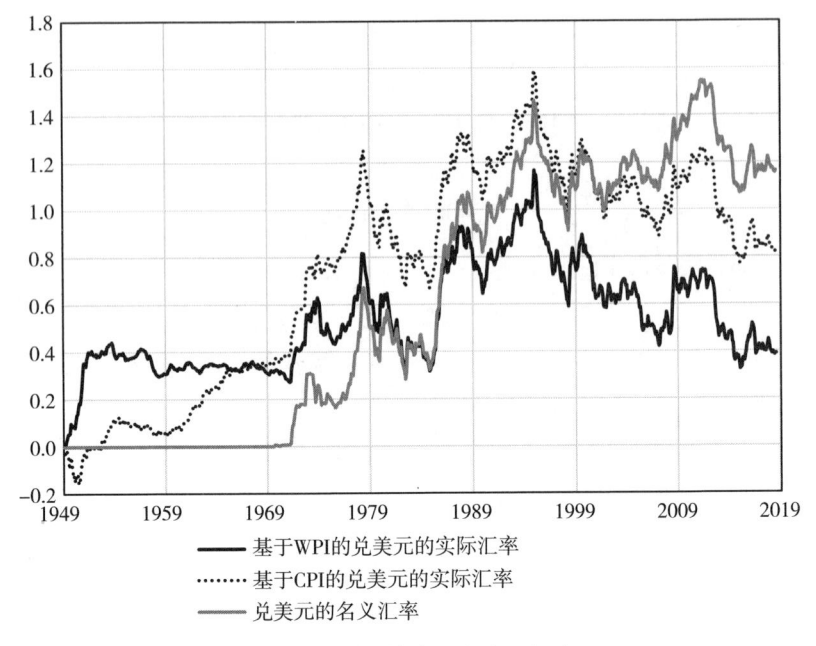

图12.3　日元的名义和实际汇率

注：（1）基于WPI的实际汇率定义为log［（美元/日元）（日本WPI）/（美国WPI）］，并令1949/1950 = 0，其中WPI中断后改为PPI；（2）基于CPI的实际汇率定义为log［（美元/日元）（日本CPI）/（美国CPI）］，1949—1950年为基准年，令其为0；名义汇率为log［（美元/日元）］，1949—1950年为基准年，令其为0。

资料来源：作者根据日本和美国的CPI和名义汇率自制而得。

意味着日本出口产品在美国市场上并没有失去竞争力。然而，日本包含在CPI中的非贸易商品和服务的价格，比美国有所上升。这是因为出口（可贸易）部门的生产率增长通常比国内（非贸易）部门的更快，而且两者的差距日本大于美国。较快的生产率增长提高了贸易和非贸易部门工人的名义工资。因为非贸易部门生产率增长不够快，工资的增长就会推高其生产成本和非贸易品的价格。因此，日本CPI涨幅快于WPI涨幅，日本CPI涨幅与WPI涨幅之间差距的扩大速度快于美国。

即使在日元开始浮动之后，日元的实际汇率仍在继续上升。事实上，日元升值似乎还在加速。然而，实际汇率升值的主要驱动因素是名义汇率升值。从1975年到1995年，日元兑美元持续升值，而两国的通胀率非常相似。由生产率增速差异导致实际汇率升值的现象被称为巴拉萨-萨缪尔森效应。1951年至1995年日元实际汇率升值就是这种效应的典型例子。巴拉萨-萨缪尔森效应既适用于固定汇率制度，也适用于浮动汇率制度。

> **专栏12.2　为什么二战后汇率被设定为360日元兑1美元**
>
> 日本在二战之后的几年中深受恶性通胀之苦（请回忆第3章和第6章）。1949年，盟军占领军推出了一揽子经济政策，其中包括将用于不同商品的多种汇率统一为一种汇率。在选择统一汇率的过程中，东京的盟军和华盛顿当局讨论了这样一个问题：在日本经历如此高的通胀之后，合适的日元/美元汇率应当是多少？
>
> 实际汇率和购买力平价的概念帮助他们回答了这个问题。他们调查了批发价格和消费价格，计算了它们与战前相比的变化，随后又比较了同一时期日本和美国的价格水平变化。他们发现，日本物价的上涨大约是美国物价的90倍（即9 000%）。战前的名义汇率是4日元兑1美元。因此，如果战前的汇率是合适的，那么在日本的价格水平比美国高出90倍之后，恰当的名义汇率应为360日元/美元。

12.2.3　有效汇率

即使日元相对于欧元走弱，日元相对于美元也可能会走强。在这种情况下，日元是在升值还是在贬值？要确定一种货币，比如日元，对世界其他国家的所有货币是升值还是贬值，我们可以使用该货币的有效汇率来衡量。这一汇率是对其他各国货币汇率的加权平均数。以日元为例，名义有效汇率（NEER）计算如下[③]：

$$NEER_{(t)} = \Sigma_1^N w_j S_j$$

其中S_j是日元兑货币j的名义汇率，w_j是赋予货币j的权重，N是贸易伙伴国的数量。在计算有效汇率时，通常以外币表示的日元价格来表示汇率，例如，使用美元/日元而不是日元/美元。因此，有效汇率上升意味着该货币升值。权重通常由国家间贸易关系的强弱决定。国际清算银行计算了自1994年以来26个经济体的广义有效汇率指数，以及自1964年以来61个经济体的狭义有效汇率指数。（这两个指数中的货币数量偶尔会改变。这里引用的是截至2019年6月的数据。）实际有效汇率（REER）的定义与之类似，唯一的区别是使用了实际汇率[④]：

$$REER_{(t)} = \Sigma_1^N w_j S_j^{real}$$

实际有效汇率的变化被认为是该国可贸易部门竞争力变化的最佳指标。实际有效汇率的贬值不仅意味着出口商具有更强的竞争力，即可以获得更高的利润或者由于目的地市场价格下降而增加出口数量，还意味着国内生产者可以更好地抵御进口产品。名义有效汇率或实际有效汇率的水平本身并不意味着什么，它只是对各种汇率的概括，但自某一时间点发生的变化表明了竞争力变化的幅度。

图12.4显示了1973年至2018年日元的名义有效汇率和实际有效汇率。从1974年到2012年，日元的名义有效汇率指数稳步上涨。它表明以贸易伙伴的货币计算，日元的价值上涨了4倍以上，并伴有大幅波

[③] 实际上，在如何估计或计算权重、考虑多少贸易伙伴国家、是否考虑第三国的竞争以及使用哪些价格指数等方面，定义可能有所不同。准确定义请参见国际清算银行的网站（https://www.bis.org/statistics/eer.htm?m=6%7C381%7C676）。

[④] 关于如何计算权重以及名义有效汇率和实际有效汇率最新统计数据的详细信息，请参阅国际清算银行网站有关有效汇率的内容（https://www.bis.org/statistics/eer.htm）。

动。日元的主要升值（及美元贬值）发生在1978年和1985—1986年。我们可以发现1973—1974年、1979—1980年和1981—1985年是日元主要的贬值时期。其中1973—1974年和1979—1980年是由于两次石油危机。由于日本的原油产量不到其消费量的1%，它无法在短期内找到石油的替代品。因此，油价上涨往往会使日本的贸易逆差恶化，并对日元施加贬值压力。美元在1981年和1985年走强的原因和后果将在下文进行分析。

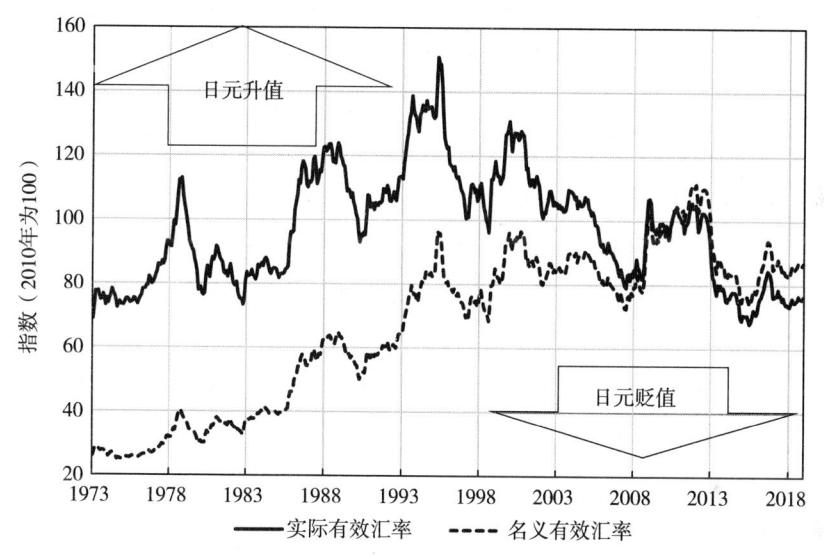

图12.4 日元名义有效汇率和实际有效汇率
资料来源：日本央行。

1978年美元贬值（和日元升值）的原因是美国贸易余额恶化。美元一直在贬值，直到1978年11月1日美国总统吉米·卡特宣布了捍卫美元的措施。接下来将深入分析另一个日元大幅升值的时期（1985—1986年）。

在最动荡的时期，即从1992年年中到1995年4月，名义有效汇率上升超过50%，然后到1997年4月又贬值了30%。尽管日元的名义有效汇率在2012—2018年间主要由于日本央行的定量和定性宽松政策下降了20%，但名义有效汇率的水平仍处在20世纪90年代中期至21世纪头十年中期的平均值附近。

从20世纪70年代初到1995年4月达到峰值，实际有效汇率与名义有效汇率大致一起变化。名义有效汇率和实际有效汇率都有日元升值的明显趋势。然而，这两个指标在20世纪90年代中期之后走势开始分化。1995年4月，实际有效汇率达到了150的峰值（以基年2010年为100），并开始了持续21世纪头十年的贬值趋势。到2008年，实际有效汇率的水平与20世纪80年代中期持平。实际有效汇率与名义有效汇率一起，在2009年升值了20%，但是2010年的水平仅仅是1995年峰值的三分之二。相比之下，2012年1月，名义有效汇率指数创下新高，比上一次1995年4月出现的峰值高出15%。按照名义有效汇率，2012年之前日元一直升值，而实际有效汇率的峰值出现在1995年，此后日元便一直贬值。2014—2015年，实际有效汇率跌至新低，实际上相当于20世纪70年代初的水平。

为什么20世纪90年代中期之后，实际有效汇率和名义有效汇率的变化趋势如此不同？在调整了日本与其贸易伙伴之间通胀率的差异后，日元在2015年的价值是否与其在1973年的价值相当？1973—1995年的所有升值是否都在随后的20年里消失了？

要解释20世纪90年代中期之后实际有效汇率与名义有效汇率之间的差异，关键在于日本的通缩。随着日本物价的下跌和贸易伙伴物价的持续上涨，日元的实际有效汇率相较名义有效汇率持续下跌。2015年的实际有效汇率和1973年一样，这意味着对外国人而言，日本的商品和服务与1973年一样便宜。从日本出口商的角度看，从1973年到1995年，他们产品的质量和生产率都有所提高，因此尽管日元的实际有效汇率上升了，但仍然保持了贸易顺差。这就是本章前面解释过的巴拉萨-萨缪尔森效应。

1995年之后，这一进程发生了逆转。日本出口商的质量提升、生产率增长和创新落后于贸易伙伴，这导致了日元实际有效汇率的下降。这也是巴拉萨-萨缪尔森效应在起作用，但其方向与之前发生的情况相反。由于实际汇率贬值，日本得以在生产率增长下降的情况下保持了贸易顺差。

12.2.4 汇率变化与微观结构

近半个世纪的浮动汇率积累的经验证据揭示了以下关于汇率变化的典型化事实。首先，无法准确预测汇率高频率的变化。换句话说，汇率在短期内是一个随机游走过程。预测下一个时期汇率的最好指标就是当前的汇率。其次，汇率的波动性随时间而变化，而且是持续的。一旦波动性上升，高波动性往往会持续下去，这也被称为波动集聚（volatility clustering）。换句话说，动荡时期与平静时期交替出现。再次，在没有资本管制的情况下，抛补利率平价保持不变，而无抛补利率平价可能无法保持不变。即使有人发现有一段时期后者确实保持不变，远期汇率偏离实际即期汇率的幅度也会很大。从这个意义上说，远期汇率并不能很好地预测未来即期汇率。

现在，大多数研究人员将外汇视为一种资产组合，汇率就是资产的价格。在外汇市场以及国内外证券市场上，有许多不断调整资金的大投资者和投机者。大型货币中心银行、证券公司、保险公司和养老基金将其部分资产投资于国际市场。出于各种现实目的，它们押注于汇率的变化以及不同国家之间的利差。这些跨境证券投资活动导致资本流动，进而导致汇率波动。

第一个典型化事实（即汇率的变动是随机游走过程）是大型机构投资者在组织良好的市场上进行外汇交易的自然结果。如果在决定汇率时每时每刻都考虑到所有信息，那么至少在短期内汇率的变动就无法预测。任何价格变动都反映了新信息的出现，而按照定义，新信息是无法预测的。

从长期看，汇率是由各国的利率、货币供给量、GDP和生产率等基本面因素决定的。然而，短期走势取决于与这些基本因素有关的新信息。因此，汇率不在货币供给实际发生变化时变动，而是在市场发现有关货币供给未来动向的新信息时发生变动。例如，当公布的上个季度的GDP数据不尽如人意时，央行可能会降低利率以刺激经济，或者扩大货币供给以防止衰退，或两者兼而有之。预见未来货币会扩张，货币就可能会立即贬值。

几乎所有货币的汇率数据都是从银行间外汇市场的交易汇率（交易价格）中提取出来的。20世纪80年代，银行间市场实际上被主要银行和做市商银行之间的双边交易分割开来，比如主导美元/日元汇率的东京银行。此外，经纪人在撮合买方银行和卖方客户方面也很重要。在20世纪80年代，经纪人通过专人向银行交易厅连续报价和要价。买方报价来自随时准备买入货币组合的做市商，而卖方报价来自随时准备卖出货币组合的做市商。以美元—日元市场为例，100.01—100.02的买卖价差意味着有银行准备以100.02日元卖出1美元，同时也有银行准备以100.01日元买入1美元。可能还有其他的报价，但是100.01和100.02代表了最佳报价（即最低购价和最高出价）。交易的单位是100万美元。

20世纪90年代，电子经纪人取代了真实经纪人；也就是说，银行的交易员通过电子经纪人系统发送买卖指令。到20世纪90年代末，电子经纪系统（EBS）和路透系统（Reuters）成为两个主要的电子经纪系统。电子经纪系统在美元—日元市场占有较大的市场份额。大约在2005年，银行带有算法的外汇交易计算机被允许直接连接到电子经纪系统。一旦银行的计算机被连接起来，报价修改和交易就会由速度更快的机器完成，不需要人工参与。银行交易员的重要性大大降低。由于机器之间可以相互交流，有关GDP、通胀率和就业数据等内容的新信息就可以比以前更快地处理。负买卖价差等任何异常行为都可以比以前更快地被发现和利用。

如果市场价格反映了当时所有可用的信息，这时的市场就被称为有效市场。因此，不会发现有任何重大的异常现象。此外，如果买卖价差较小，大额订单可以在不改变最佳买卖标价的情况下匹配和执行，则市场就被认为是具有流动性的。在新信息出现后能够迅速发现价格，这通常被认为是有效市场的另一个特征。虽然在20世纪80年代就有许多人认为主要货币的外汇市场总体上是有效的，但在上述微观结构发生重要变化，特别是人工交易商/经纪人被机器取代之后，它甚至变得更有效了（即异常情况减少）。

有两种方法研究新闻报道与汇率变动之间的关系。首先，通过考察汇率在重要经济消息（如货币供给或价格水平）公布前后的变化，我们可以推断汇率对新信息的敏感程度。其次，通过挑选汇率变动幅度较大的日子，我们可以推断汇率急剧变动背后的信息。前一种方法会首先选取理论上与汇率相关的特定经济新闻。研究者必须事先知道汇率的决定因素。在第二种方法中，汇率的决定因素是通过分析推导出来的，而不是根据假设得出的。

外汇市场从周一（东京）到周五（纽约）几乎全天24小时开放，机器是不休息的（至于为什么这可能带来便利，可以参见专栏12.3）。当与外汇相关的新闻出现在世界某地时，汇率会立即变动。通常情况下，与某一特定国家相关的经济政治新闻都是在该国市场交易时间报道的。因此，通过主要金融中心之间的时差就可以确定新闻的来源。

在工作日的24小时中，只有几个小时的报价和交易活动极不活跃，大致相当于纽约市场收盘和东京市场开盘的时候。为什么这很重要？根据有效市场假说，对新信息的反应是即时发生的。如果时间间隔较短，信息对汇率变化的影响就可以更好地被分离出来。例如，如果某一天东京市场出现了汇率的大幅跃升，而纽约市场却没有出现，那么我们就可以合理地推断东京市场上披露了一些有关日本经济或政策的重要新信息。

> **专栏12.3 时差**
>
> 日本全国使用的标准时间比格林尼治标准时间（GMT）早9个小时。在美国，东部标准时间（EST）比格林尼治时间晚5个小时。因此，当冬天的纽约是晚上7点（或夏天是晚上8点）时，东京则是第二天早上9点；当冬天的纽约是早上9点，东京则是同一天晚上的11点。日本在1948年到1952年实行过夏令时，但现在已经取消了这一设定。
>
> 因此当纽约金融市场营业时，东京金融市场（例如外汇和股票市场）是关闭的，反之亦然。因此，两个市场中哪一个会首先对特定的政治或经济信息做出反应，这取决于消息发布的时间。

12.3 资本流动和资本管制

12.3.1 金融账户

在第11章中，包括经常账户和金融账户的国际收支以时间序列的形式显示（请回忆一下图11.2，该图显示了下列关系）。

经常账户＝贸易余额＋初次收入＋二次收入

金融账户＝直接投资＋证券投资＋其他账户＋外汇储备变动

其他账户＝资本账户＋金融衍生工具＋其他投资＋错误和遗漏

本小节将进一步分析金融账户中主要项目的变动情况。图12.5和图12.6分别显示了从1996年至2016年日本金融账户的直接投资和证券投资。这两个项目可以进一步细分为日本居民海外投资（资本外流）和非日本居民对日本的投资（资本流入）。日本居民海外投资（对外投资）一直为正（2013年的证券投资除外），这意味着日本居民购买的外国资产总额一直超过售出的之前购买的外国资产总额。

日本对外直接投资规模从1996年的2.8万亿美元飙升至2016年的18万亿美元。这反映了日本制造商在海外建厂以及日本金融机构和企业收购外国企业呈现强劲而稳定的趋势。2008年的增幅尤其明显，这表明日本企业充分利用了全球金融危机期间西方出售企业的机会。相比之下，由于东日本大地震后的重建热潮，2011—2013年的对外证券投资急剧下降，即出售海外金融资产以满足国内的资金需求。

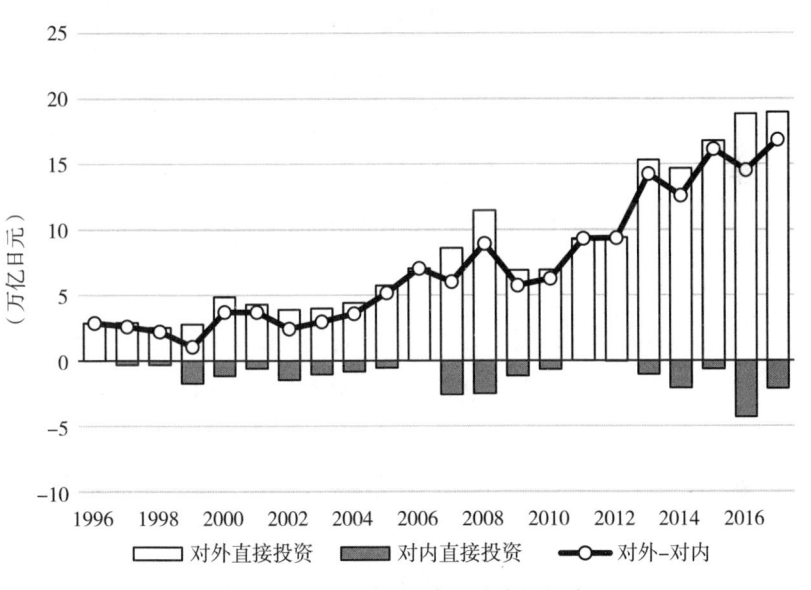

图12.5　日本金融账户中的直接投资

资料来源：日本财务省，国际收支。

对内直接投资（即流入日本的外国直接投资）的规模一直比对外直接投资小得多。从这里引用的流量数据中很难发现任何趋势，但是对内直接投资的存量呈现明显的上升趋势。对内直接投资存量从1996年底的4万亿日元（占GDP的0.8%）增加到2015年底的24万亿日元（占GDP的4.6%）。与其他发达经济体相比，日本的对内直接投资存量

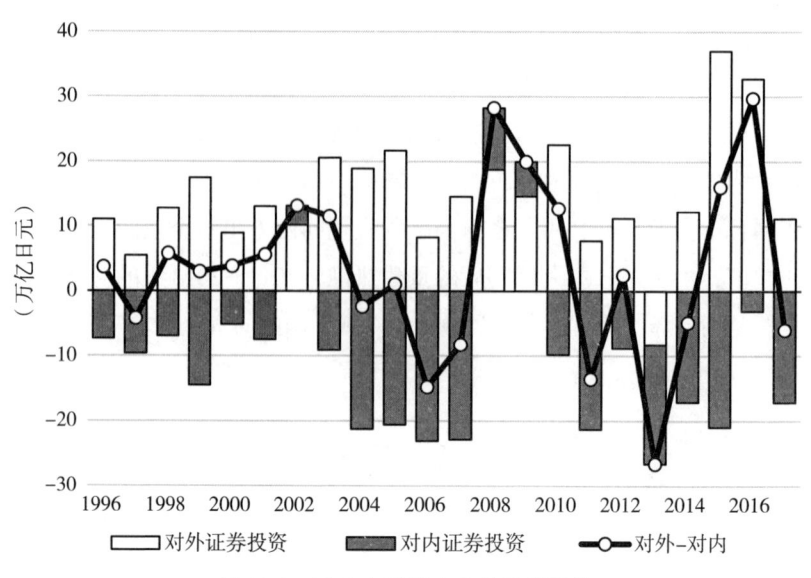

图12.6 日本金融账户中的证券投资

资料来源：日本财务省，国际收支。

水平仍然较低。增加外国对日本的直接投资是安倍经济学的目标之一，但星岳雄（2018）发现自安倍经济学启动以来，没有证据表明对日本的直接投资呈增长趋势。

有价证券投资无论是对内还是对外，变动都大得多。对外证券投资的规模在过去几十年里有所扩大，但也有很大的波动。对内证券投资（即流入日本的证券投资）也有很大的波动，但没有明显的趋势。尽管平均而言，有价证券投资净额为正，但与直接投资相比，对内和对外有价证券投资的规模更为平衡。

有价证券投资可以分为"股权和投资基金份额"、"长期债务证券"和"短期债务证券"。债务证券主要是债券。与直接投资不同，从2003年到2007年股票投资的流入超过了流出，2013年也是如此。在大地震之后的2012年和2013年，有大量的资金回流（居民出售持有的外国资产）。表12.1显示了这些详细的分类。

表12.1 有价证券投资明细

(单位:亿日元)

	股票和投资基金份额				长期债务证券			短期债务证券	
	对外-对内	对外	对内	对外-对内	对外	对内	对外-对内	对外	对内
1996	-43 937	9 045	52 982	68 671	87 980	19 309	12 348	13 028	680
1997	-15 522	16 447	31 969	-9 203	28 269	37 472	-16 678	10 020	26 698
1998	229	18 508	18 279	106 202	80 595	-25 607	-48 443	28 063	76 506
1999	-80 853	36 441	117 294	75 865	95 962	20 097	35 010	42 500	7 490
2000	22 580	21 396	-1 184	-10 214	51 104	61 318	26 104	16 775	-9 329
2001	-33 827	14 020	47 847	83 528	118 062	34 534	6 591	-1 407	-7 998
2002	66 960	46 333	-20 627	79 633	62 251	-17 382	-15 108	-6 960	8 148
2003	-94 994	4 995	99 989	229 957	207 260	-22 697	-20 233	-6 832	13 401
2004	-71 242	34 222	105 464	103 475	161 564	58 089	-55 636	-6 692	48 944
2005	-123 391	25 652	149 043	135 551	201 270	65 719	-1 460	-10 423	-8 963
2006	-54 437	28 963	83 400	-26 118	64 760	90 878	-67 406	-11 002	56 404
2007	-23 045	30 881	53 926	41 732	120 747	79 015	-101 202	-5 744	95 458
2008	138 744	65 251	-73 493	154 865	116 501	-38 364	-11 723	5 734	17 457
2009	17 633	28 023	10 390	182 270	117 515	64 755	-419	720	1 139
2010	-15 282	19 234	34 516	203 278	208 352	5 074	-60 981	-2 359	58 622

(续表)

	股票和投资基金份额			长期债务证券			短期债务证券		
	对外-对内	对外	对内	对外-对内	对外	对内	对外-对内	对外	对内
2011	3 646	9 645	5 999	34 907	75 036	40 129	-173 798	-7 256	166 542
2012	-46 919	-17 880	29 039	105 680	132 331	26 651	-34 327	-2 207	32 120
2013	-233 182	-66 263	166 919	-11 736	-18 562	-6 826	-20 734	2 587	23 321
2014	28 660	66 322	37 662	-77 641	45 158	122 799	651	11 006	10 355
2015	188 334	201 614	13 280	65 538	164 508	98 970	-93 577	3 707	97 284
2016	141 994	90 683	-51 311	159 157	246 902	87 745	-4 655	-10 514	-5 859
2017	93 669	112 226	18 557	-117 002	-8 202	108 800	-36 348	7 669	44 017

资料来源：日本财务省，国际收支。

日本持续的资本净流出，意味着日本居民购买的外国资产多于出售给外国人的国内资产。这些外国资产经年积累。日本居民积累的国外资产余额（资产总额）和非日本居民积累的国内资产余额（负债总额）以及净余额（国外资产净额），如图12.7所示。外部净资产一直在增加，到2018年底时接近341万亿日元。

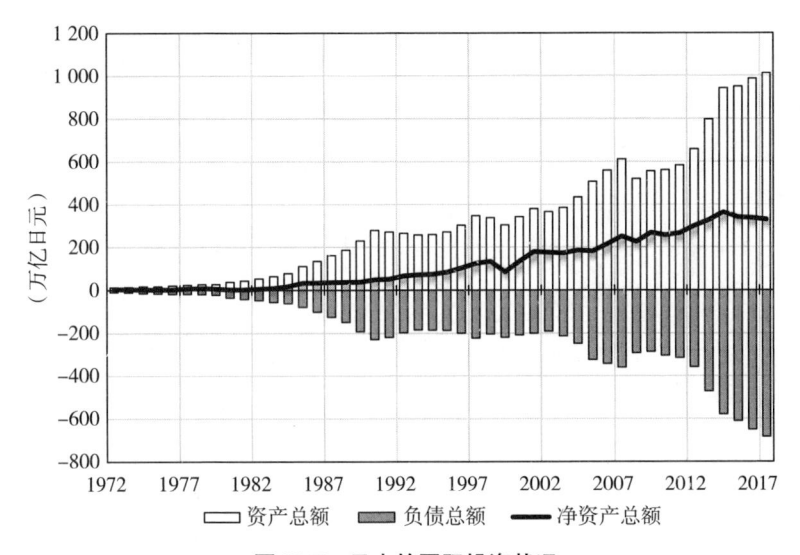

图12.7　日本的国际投资状况

资料来源：日本财务省。

日本企业对外直接投资随着时间的推移而增加，原因有以下几个。在20世纪80年代和90年代的贸易冲突中，美国和一些欧洲国家抱怨日本出口电子产品、钢铁、汽车和其他制成品，并要求日本限制出口，这促使日本企业在目的地建厂投资。即使在21世纪头十年贸易冲突逐渐平息以后，日本汽车企业仍继续在海外投资，因为它们意识到对外直接投资是应对日元持续升值的一种办法，这一升值损害了在日本国内生产产品的盈利能力。在21世纪第二个十年，从制造业到服务业，许多日本国内企业都断定国内市场会因老龄化而萎缩，而且未来几十年劳动年龄人口将会减少。那些渴望发展的企业被迫向海外扩张。

12.3.2 资本管制和自由化

在1971年之前，日本的金融市场对世界其他国家实际上是封闭的。进口商不能自由地获取外汇，他们必须向政府申请并得到许可，才能获得外汇配额。那些想出国旅行的人能够获得的外汇额度也受到限制。此外，日本人不得购买外国证券或房产，外国人也不得购买大多数日本证券或股权。这种对国际金融资本流动的限制被称为资本管制。

然而在一种灵活的汇率制度下，有几个原因可以解释为什么私人部门和货币当局都希望金融市场自由化（即放松管制），日本也不例外。首先，出口商、进口商和外国资产投资者希望对汇率波动进行对冲和投机。例如，假设日本出口商持有3个月后到期的出口合同，他可以现在签订一份在出口品销售之日购买日元（即卖出美元）的合同，这样一来，他以日元计算的收入就不会受到可能出现的汇率波动的影响。为了在未来进行这种外汇交易，出口商必须与愿意进行反向交易的其他实体进行匹配，最有可能的就是进口商。如果没有这种市场存在，匹配这些客户将是非常困难的。一旦市场建立起来，持有特定头寸并押注汇率变动的投机商将会参与并深化市场。对冲和投机需要对相应的金融工具进行投资，而限制金融工具的买卖（如资本管制）不利于降低对外贸易和投资的汇率风险。

其次，在灵活的汇率制度下，日本央行无须购买由于经常账户盈余而带回日本的外汇。所以，私人部门中积累了外汇的企业就会试图将其投资组合多样化，投资于以外币计价的各种资产。因此，20世纪70年代中期，对持有外国资产放松管制的压力不断增大。

从20世纪70年代到80年代中期，日本分几步放松了大部分的资本管制。在放松管制的过程中，日元兑美元的汇率像过山车一样。日本货币当局很明显要以稳定汇率作为目标，所以当货币当局想要防止日元快速升值（贬值）时，对资本流出（流入）的限制就取消了。1977年至1979年有一段时间政府收紧了资本管制。例如，非日本居民持有的"自由日元账户"的存款准备金要求在1977年11月提高到50%，在1978年3月提高到100%，然后在1979年1月降低到50%，在1979年2月降低到0%。从1978年3月到1979年2月，非日本居民被禁止购买在5年零1个月之内到期的日本证券。这是少数几个收紧管制的案例之一，但在那之后不久管制又被解除了。

表12.2总结了1964年至1998年日本金融市场融入世界市场的主要步骤的时间表。1980年12月颁布的《外汇及外贸管理法》（FEFTCA）特别重要。在此之前，除非有明确的许可，否则任何资本流动都是被禁止的；此后，情况正好相反：除非明确禁止，否则资本流动一般是允许的。允许外国投资者参与证券市场和日本债券回购市场（或互换市场），这是向资本流入自由化迈出的一大步，然后外国对日本股市的投资在20世纪80年代早期大幅增加。

不过，日本的国内制度结构和国内法规仍可能成为外国投资者的障碍。例如，外国投资者可以合法地购买一家企业的股票以控制其管理层，但在大多数情况下，如第4章所述的交叉持股使得这样的行动对许多企业而言实际上是不可能的。外国投资者可以合法购买日本政府的长期债券；然而，正如第5章所述，大量新发行的长期债券是由财务省和日本金融财团之间的谈判决定的。1984年，外国证券公司受邀加入了承销团，并且一部分长期债券采用了拍卖的形式。

1984年4月，真实需求原则被废除。在此之前，日本居民如果想要签订期货合约，必须证明存在真实需求，比如进出口交易或即将到期的外国证券。1984年以后，他们就不需要证明存在真实需求了。

表 12.2 1964 年至 1998 年日本放松资本管制年表及其动机

	事件
1964 年	
4 月	成为国际货币基金组织第 8 条款成员国。
5 月	在证券公司为外国人开设特别账户。
6 月	第一轮资本账户开放方案：对内直接投资，33 个行业外国股权不超过 50%，17 个行业外国股权可到 100%；对内股权投资，对限制性行业，投资数额不到发行资本的 10%，对非限制性行业，不到发行资本的 15%，对个人投资者，不到 7%，可以自动核准。
1969 年	
3 月	第二轮资本账户开放方案：对 160 个部门允许 50% 的对内直接投资，44 个部门为 100%。
10 月	对外直接投资开始自由化。
1970 年	
4 月	对外证券投资部分自由化，随后出台后续措施。
9 月	第三轮资本账户开放方案：447 个部门（包括银行和保险）允许 50% 的对内直接投资，77 个部门允许 100%。
12 月	允许非日本居民发行以日元计价的债券（第一个发行人为亚洲开发银行）。
1971 年	
8 月	对内直接投资转为负面清单制度。
8 月 15 日	美元（对黄金）的可兑换性暂停。
8 月 28 日至 12 月 19 日	日元进入浮动汇率制。
12 月 19 日	设立史密森汇率（308 日元 ± 2.5%）。

474　　繁荣与停滞：日本经济发展和转型

1972年	
2月	恢复了对预收出口款项的控制（数额超过1万美元需要批准）。
3月	日本的银行获准购买外国证券。外国投资者被禁止购买融资性票据（FBs）。
5月	《外汇集中法》（出口商必须将出口所得的美元兑换给日本央行）被废除。
6月	日本对非居民自由日元账户实施了25%的边际准备金要求。加强对预收出口收益的控制（凡超过5 000美元的交易均须得到批准）。
7月	提高了非日本居民自由日元账户的边际准备金要求。允许日本居民购买外国房产。
10月	外国投资者购买日本证券的数量只限于其他外国投资者出售的数量。
1973年	
2月	日元汇率自由浮动。
5月	除农林、零售和其他三个行业以外，对内直接投资可达100%。对内股权投资原则上100%自由化。
11月	将预收出口收益需要批准的门槛从5 000美元放宽至1万美元。取消对外国人购买日本股票数量的限制（即受限于其他外国人出售的数量）。
12月	取消外国人购买日本债券的限制（即受限于其他外国人出售的数量）。
1974年	
1月	（日元进一步贬值促使政府采取政策行动，以限制资本外流，鼓励资本流入。）放宽了对预收出口款项收益的限制，批准门槛从1万美元放宽到10万美元。禁止居民购买短期外币有价证券。新开户外币存款账户需经批准。
7月	放宽了对预收出口收益的限制，批准门槛从10万美元放宽到50万美元。
8月	外国投资者购买融资性票据自由化。

第12章　国际金融

（续表）

	事件
1975年	
6月	取消除银行以外所有机构购买外国证券的"自愿限制"。零售行业开放对内直接投资（4个行业仍在负面清单上）。
1977年	
3月	（日元升值促使政府采取政策行动以鼓励资本外流。）
6月	取消银行购买外国证券的"自愿限制"。
11月	取消对居民购买短期外国证券的管制（到当时为止实际上是禁止的）。非居民购买股票和债券转为自动批准。通过停止公开发行短期融资性票据，实际上禁止非日本居民的自由日元账户引入50%的边际准备金要求。
1978年	（日元进一步升值促使对资本流入实施更严格的限制。）
3月	出台对外国投资者购买日元计价债券的控制措施。（禁止购买到期期限少于5年零1个月的普通债券。）对非日本居民的自由日元账户重新引入100%的边际准备金要求。
1979年	（日元的快速贬值促使政府出台政策，鼓励资本流入。）
2月	废除了对外国投资者购买日本债券的控制。废除对非日本居民自由日元存款的边际准备金要求。
5月	允许非日本居民参与日本债券回购市场。废除对预收出口收益的控制。允许引入短期无指定用途外币贷款（即日本企业的无约束外币借款）。
1980年	
3月	取消外国政府持有的自由日元账户的利率上限。

12月	实施《外汇及外贸管理法》改革。（除非明确禁止，所有资本交易都是允许的。）完全放开日本居民在日本外汇银行的外汇存款，无指定用途外币贷款。居民通过指定证券交易商购买外国证券（被视为直接投资的交易除外，这些交易需事先通告）。非日本居民通过指定证券交易商购买国内证券（被视为直接投资的交易除外，这些交易需事先通告）。如果资本大量流动和/或外汇率大幅波动，财务省保留实行许可证制度的权利。如果日本投资外国房产，日本金融系统可能受到严重的不利影响，财务省保留建议或命令暂停交易或修改限制的权利。从非日本居民自由日元账户转为非日本居民日元账户，因为对居民日元账户的兑换限制完全取消，从而无须对日元和非自由日元区分自由日元和非自由日元。
1984年	
4月	废除期货市场的"实际需求原则"。
6月	取消对外汇银行即期头寸的管控（日元兑换配额）。（这使得银行可以完全自由地借入外币，然后在本地以日元投资干基金。）
7月	放开对非日本居民购买国内房产的限制。
1986年	
12月	日本离岸市场成立。银行与非日本居民之间的离岸交易（存款、借款和贷款）与国内交易分开，因此此类交易免于准备金要求、利率管制、存款保险和预扣税。
1998年	
4月	对《外汇法》的修订（将"管理"一词从该法案的标题中删除）。主要内容如下： ● 向非银行机构和企业开放外汇业务。 ● 资本流入流出从事前许可或报告转为事后报告。 ● 澄清财务省为回应其他国家的经济制裁而采取行动的条件。

资料来源：作者基于Fukao（1990）和Aramaki（2004）的研究自制。

第12章 国际金融　　477

剩下仅有的几项资本管制也在1998年4月被彻底废除了，这是号称"日本大爆炸"的金融改革计划的一部分。[5] 例如，在1998年4月1日以前，外汇业务只能由持有经营许可证的银行交易。这项限制被废除，从而一般贸易公司（即综合商社）和其他大企业被允许以外币结算其应收账款和应付账款的净额。证券公司还获准对外汇买卖的订单进行净额结算，但仍禁止它们将自己买卖的头寸进行相互冲销（匹配），因此不得不在银行进行交易。此外，日本投资者还获准在海外金融机构持有银行和证券经纪账户。这些变化消除了银行在外汇交易中的垄断地位，从而使得与日元相关的外汇市场竞争更激烈，也更有效率。

12.3.3 抛补利率平价

在没有资本管制的世界里，投资者会努力寻找最好的投资机会。在这种情况下，对特定国家资产的选择取决于投资规模、投资期限和投资者对风险的偏好。由于美国、日本、英国和德国等主要发达国家的许多投资者都在不断寻找机会，大部分甚至可能是所有的套利机会都被利用了。也就是说，如果一种资产的收益率相对诱人，那么许多投资者就会想购买这种资产，从而将其收益率压低到与具有类似风险的其他资产相当的水平。

无套利机会所暗示的这种关系就是抛补利率平价。研究日元计价资产和美元计价资产之间的抛补利率平价，是从计量经济学角度检验日本资本市场与美国资本市场融合程度的一种方法。

例如，假设一位日本投资者希望在未来3个月内从一笔 X 日元的投资中获得回报。如果该投资者将这笔资金投资于以日元计价的资产（策略A），3个月后这笔资金将增加到 $(1+R^{JA})X$ 日元，其中 R^{JA} 是以

---

[5] 1996年11月，日本首相桥本龙太郎宣布了绰号为"日本金融改革大爆炸"的金融体系改革方案，有三项原则，即"自由、公平和全球化"。此举是为了提高日本金融市场的效率和竞争力，这对经济增长至关重要。大爆炸包括银行、证券和保险行业实质性的自由化，特别是允许以子公司的形式进入对方的传统业务领域。

日元计价资产的3个月利率。或者，投资者可以投资于以美元计价的资产（策略B）。在这个策略中，X日元首先被转换成X/S美元，其中S是日元兑美元的现汇汇率。然后将X/S美元投资于一项利率为R^{US}的资产。3个月后，这笔资金将增加到$(1+R^{US})X/S$。最后，投资者在期货市场签订合同，在3个月后按照F日元/美元的汇率将美元兑换为日元。这一策略中所有的三个步骤是同时进行的。按照策略B，该笔资金将在3个月内增长到$(1+R^{US})X(F/S)$日元。

假设以日元计价的资产（可产生R^{JA}的利息）和以美元计价的资产（可产生R^{US}的利息）具有相同的违约风险。[6] 策略A和策略B之间的任何收益差异都会创造纯粹的套利机会，且没有汇率风险。如果存在这样的机会，那么投资者会发现它并调整一个或多个价格，从而恢复平价。因此两者必须相等。这种相等被称为抛补利率平价。

在没有资本管制的情况下，这一平价应该成立。因此，如果平价的偏离超过名义交易成本，就表明存在资本管制。[7] 因此，偏离抛补

---

[6] 从这个角度看，欧洲美元存款利率和欧洲日元存款利率是一对很好的货币组合。但由于它们都是离岸报价（即不处在国内资本市场和监管范围之内），因此不能很好地检验一个国家的资本管制情况。美国和日本的存单利率具有可比性。如果使用无风险的美国国债利率作为R^{US}，则日本也应相应使用类似的无风险利率作为R^{JA}；然而，20世纪90年代末之前，日本的国债市场尚未得到充分发展。

[7] 其他可能观察到偏离平价的原因包括政治风险、国内利息收入和国外利息收入的税收待遇差异、国内法规和观测误差。首先，如果投资者由于某些原因（如政权更迭），怀疑这笔钱未来无法兑换成原来的货币（例如期货合约无法履行），就可能出现偏离。其次，如果国内利息收入与国外利息收入的征税方式不同，那么套利就不会起作用。正如文中其他地方提到的，一些利率是受管制的。在这种情况下，对该资产的套利也不起作用。因此，重要的是在两个国家找到违约风险、税收待遇和监管措施等方面具有可比性的资产。最后，正如任何其他实证检验一样，抛补利率平价的实证检验必须避免观测误差。特别是由于汇率和利率的变动相当快，所以同时观察即期汇率、远期汇率和两国的利率是至关重要的。在理想情况下，观测必须同时进行，但由于时差的关系，日本和美国的国内汇率和利率可能无法同时报价。如果不是在同一时间观测，这一检验的最低标准是在同一天观测这些指标。

利率平价意味着一个国家的资本市场没有融入世界资本市场。从这个意义上讲，抛补利率平价是对资本管制或资本市场一体化程度的检验。平价应适用于任何期限的资产及其相应的期货交易，例如对于1周、1个月或3个月到期的具有相同信用风险的类似资产或理论上无风险的主权资产，这一平价都应成立。期货市场合约的期限通常不超过1年。因此，许多研究利用1个月、3个月或6个月到期的资产进行检验。

伊藤（1986）检验了抛补利率平价，以考察资本管制是在什么时候放开的。正如上一节所述，日本在20世纪70年代开始解除其资本管制，并在1980年12月完成了这项工作。通过检验抛补利率平价关系以考察这些放松管制的措施的有效性，很有意义。在日本实施这一检验，存在的问题是国内利率通常受到管制（请见第5章的讨论）。融资性票据利率的数据直到20世纪80年代中期才能获得，存单直到1979年5月才开始发行，而其他银行存款利率受到严格管制。在20世纪70年代，日本债券回购市场（回购协议）利率不受这些管制措施的限制。下面我们以3个月日本债券回购市场利率代表R^{JA}，以3个月欧洲美元存款利率代表R^{US}。

伊藤（1986）表明在整个20世纪70年代，偏离平价的现象屡见不鲜；但是1980年12月新法律实施以后，再没有出现偏离抛补利率平价的现象。从1972年到1974年的大幅偏离是存在资本管制的明显迹象。例如，1973年12月，偏差高达28.5%（按年化的百分点差值计算）。当月的日本债券回购市场利率为13.85%，欧洲美元利率为10.13%，同时即期汇率为280日元/美元，远期汇率为302日元/美元。这与1973年2月的情况形成了鲜明对比，当时偏离平价的幅度要小得多，不到10%。

如果没有实施资本管制，这些巨大的偏差将导致大规模的资本流入和流出，从而通过套利使偏差消失。换句话说，日本利率的决定几乎完全独立于远期溢价（即期汇率与远期汇率之间的差额）和国外利率。这之所以成为可能，是因为日本的资本市场与世界其他地区的资本市场是隔绝的。在20世纪70年代初，由于严格的资本管制，一些明显的套利机会没有被利用，如限制日本居民购买外国证券、限制外国投资者参与日本债券回购市场，以及只在有真实需求的情况下才能出售外汇期货合约，而且真实需求原则一直执行到1984年4月。

1975年至1979年2月，日元汇率有偏离平价的趋势，这使得持有日元计价资产存在明显的套利机会。在1975年初和1978年尤其如此。因此，对日元持续的过度需求导致了这一时期日元的快速升值。如前所述，直到1979年5月日本才允许外国居民购买日本债券回购市场的资产；直到1980年12月，日本政府才取消了对本国居民从国外借款的其他限制。在这些改革之后，日本债券回购市场和美元计价资产之间的抛补利率平价开始成立。伊藤详细研究了抛补利率平价，并明确考虑了买卖价差这一主要交易成本，而该价差在本章所举的简单例子中被忽略了。

总之，从抛补利率平价的证据看，到1980年，日本短期资本市场就已经融入了世界资本市场。

12.3.4　无抛补利率平价和利差交易

在前面解释的抛补利率平价关系中没有考虑汇率风险。与之相反，假设对外国证券的投资没有进行抛补，也就是说在购买外国证券时没有签订远期交易合同。换句话说，策略B的第三步不是在远期市场实施的，而是在证券到期时在现货市场实施的。在这种情况下，该策略就包含了汇率风险。投资时并不知道未来的汇率是多少，但假设投资者是风险中性的。那么，策略B的预期收益必须等于策略A确定的收益。风险中性投资者的无套利条件被称为无抛补利率平价，用一个等式表示为：

$$(1+R^{US})S^e/S - (1+R^{JA}) = 0$$

其中，S^e为预期的未来即期汇率。如果抛补利率平价和无抛补利率平价都成立，则远期汇率等于预期汇率：$F_{t,k}=S_{t,k}^e$。

很难检验无抛补利率平价是否成立，因为预期变量$S_{t,k}^e$一般不可观测。一个普遍采用的假设是预期的形成是理性的，即预期误差与投资者拥有的任何信息（包括过去的期望误差）均不相关。对预期汇率的分析请见伊藤（1990）。

理性预期意味着$S_{t,k}^e=S_{t+k}+e_{t+k}$，其中$e_{t+k}$是一个期望值为零的随机变量，不存在序列相关。如果风险中性的投资者在有效市场中形成理性预期，那么$F_{t,k}=S_{t+k}+e_{t+k}$的关系一定成立。

因此，远期汇率是未来即期汇率的一个无偏的预测值。这个假说容易验证。许多文献研究了不同样本时期不同汇率之间的这种关系。一些文献拒绝了这个假说，而其他的则没有。[8] 这一假说的问题在于，由于需要三个假定条件才能得出这一关系，我们不清楚实际检验的是哪一个。当研究者发现了相反的证据时，并不清楚拒绝的是理性预期假说、风险中性假说还是外汇市场的有效市场假说，或者说所有这些假说在实证中都是不成立的。

自20世纪90年代初以来，对于大多数证券到期期限而言，日本利率一直低于美国利率。随着日本利率持续下降，日本机构投资者和个人投资者开始被海外可获得的更高收益吸引。然而，高收益的国外证券也存在着汇率风险。如果日本投资者希望通过签订远期合约来覆盖汇率风险，那么由于抛补利率平价，收益率差异将消失。签订远期合约之后的国外收益率与国内收益率相同。那么国外投资就没有什么优势了。

假设面临国内较低收益率的日本投资者在没有远期合约抛补的

---

[8] 关于无抛补利率平价的检验，参见 Boothe 和 Longworth（1986）、Cumby 和 Obstfeld（1984）、Frenkel（1981）、Geweke 和 Feige（1979）、Hansen 和 Hodrick（1980）、Ito（1988），以及 Burnside、Rebelo 和 Eichenbaum（2008）。

情况下寻求更高的收益率。投资者接受汇率风险以获得更高的预期收益。那么这些投资者会比只投资国内金融资产的投资者获利更多吗？这完全取决于到期时的实际即期汇率是否高于合同签订时的远期汇率。如果无抛补利率平价成立，那么平均而言，这些投资者的状况并不比只投资国内市场更好。然而，如果无抛补利率平价不成立，导致低收益货币（比如日元）的升值幅度不像远期合约表明的那么大，那么投资于高收益的海外资产就比投资于低收益的国内资产获益更多。在文献中，有大量实证结果表明，就日元资产和美元资产的利率而言，无抛补利率平价就是这样偏离的。随着日本利率在20世纪90年代急剧下降，对外证券投资增加，这表明至少有一些日本投资者试图从无抛补的投资中获益（回顾本章前面的图12.6和表12.1）。

国内外投资者都可以利用日元的低利率借入日元，并投资于高利率货币。借入低利率货币并投资于高利率货币的策略被称为套息交易（carry trade）。在20世纪90年代和21世纪头十年，这对日本和日元而言是最普遍的套息方式；直到2008年全球金融危机以后，所有发达国家的利率都暴跌至接近零的水平，这一利差才消除。

专栏12.4 渡边太太

投资于高利率货币和汇率波动的日本个人投资者，被昵称为"渡边太太"（Mrs. Watanabe）。这个昵称的由来不得而知，因为当时的富豪中并没有人使用这个名字。当日元大幅升值时，这些投资者购买外国货币，以投资于收益率更高的资产。因此，它们在日元波动中充当了一股天生的逆势（可能也是稳定的）力量。

12.4 干预

12.4.1 什么是干预?

官方对外汇市场的干预指货币当局以本国货币买卖外国货币,目的是影响汇率水平。[9] 由于这种干预,国际(外汇)储备可能上升或下降。例如,日本当局通过在美元/日元市场上卖出日元来购买美元,目的是阻止日元升值或主动使日元贬值。经过这样的干预,日本持有的外汇储备将会增加。

当一个国家采取固定汇率制度时,它必须不断地干预以维持固定汇率。当持续有贸易逆差和资本外流时,政府必须出售外汇储备以捍卫固定汇率。那么,如果外汇储备耗尽或几乎耗尽,该国就会受到货币危机的袭击。然后,它将面临许多艰难的政策选择。它可能会大幅提高利率以吸引资本流入并抑制资本外流,而此举会抑制国内需求。它可能会采取紧缩性的货币政策和财政政策,从而导致进口需求下降,但国内经济将受到影响。它可能会使货币贬值,从而使出口更具竞争力,但进口商品(和原材料)将更加昂贵。

在主要发达国家于1973年使其货币汇率自由浮动以后,许多人认为干预的必要性会下降,因为汇率将使贸易账户平衡,从而不需要干预。但是货币当局继续干预市场,因为他们认为汇率剧烈波动会损害贸易。此外,如果大规模的贸易失衡持续很长一段时间,汇率也会长期处于失调状态。

从20世纪80年代末到90年代,主要发达国家开始避免干预。它们意识到外汇市场规模已然变得如此庞大,用有限的资源进行干预已

---

[9] 货币当局包括日本央行和日本财务省(或美国财政部)。政府可以购买外汇来支付自己从其他国家进口的商品,比如战斗机。这些交易不被视为干预。

经无法改变它了。此外，美国越来越接受这样一种观点：其贸易伙伴利用外汇干预将本国货币相对于美元的价值保持在均衡水平以下，以此推进其重商主义的目标。

在发达国家中，日本是一个例外，直到21世纪初它一直在积极干预外汇市场。本节其余部分将分析日本干预的动机和后果。

12.4.2 日本的干预

在日本，干预是由财务省实施的。在以下意义上它是一种财政行为：当财务省进行干预以阻止日元对美元升值时，它发行短期国债以获取日元，然后卖出日元购买美元。外汇储备作为资产存入外汇基金特别账户（FEFSA）。这个账户包含以日元计价的短期政府债券的负债。外汇储备投资于以外币计价的政府债券和票据。外汇基金特别账户收到利息收入，该收入在支付负债方的日本国债利息后计入资产方。如果外币证券（主要以美元计价）的利率高于日本政府债券，那么该账户就会获得净利息收入。自1991年以来，由于美国利率一直超过日本利率，该账户一直有净利息收入。

实施汇率政策的权力，包括是否干预以及干预力度，属于财务省。一旦财务省决定干预，指令就会通过日本央行下达。虽然央行是这种操作的代理人而非决策者，但媒体通常将日本的这类干预称为"日本央行的干预"。为了方便起见，我们在本章中也使用这一术语，但应该注意政策实际上是由财务省制定的。

多年来，由于实施购买美元的干预要比出售美元（以阻止日元贬值）的干预更为频繁，因此外汇储备稳步增长。截至2018年夏季，外汇储备约为1万亿美元。外汇基金特别账户可被视为一个巨大的套息交易者，其投资策略是借入低利率货币（在本例中为日元），投资于高利率货币（美元）。套息交易的一个共同特点是，当日元升值和以日元计价的资产价值下跌时，它会蒙受损失。请回忆一下之前对无抛补利率平价的讨论。

1991年4月1日以后的日本干预数据可在财务省网站上的每日报告中查阅，并按照3个月以上的延迟披露进行更新。伊藤等人（Ito and Yabu，2017）利用政府预算数据，通过估计20世纪七八十年代的干预对月度数据进行补充。他们还使用估计程序生成了1991年4月以后的月度干预数据，并且证实估计的干预与财务省网站上显示的实际干预非常接近。

在图12.8中，每个月的干预数量以条形图显示，美元/日元汇率以实线显示。

1991年4月之前每月的干预数量来自伊藤等人（2017）构建的序列数据。1991年4月以后的每月干预数量是由该月每日干预数量的加总而得。从图12.8可以看出，日本干预有以下基本特征：（1）几十年来干预频率持续下降；（2）1978年、1987年、1989年和2003—2004年的干预规模特别大；（3）卖出日元的干预多于买入日元的干预；（4）卖出日元的干预往往发生在日元昂贵且升值的时候，买入日元的干预发生在日元便宜且贬值的时候。

1978年采取了一系列干预措施以阻止当时的美元贬值。1987年的干预是由《卢浮宫协议》推动的，这也是本章第12.5节的主题。2003年和2004年的干预与零利率下的货币扩张有关。

伊藤等人（2007）发现当美元/日元偏离长期趋势时，日本当局倾向于干预，而最近的变化是偏离趋势的方向。他们还发现一旦进行了一项干预，就可能会有更多的干预。换句话说，干预是聚集的。政府干预的目的是使汇率向趋势线靠拢。1991年4月以后，当日元币值低于125日元/美元时，再也没有实施过抛售日元的干预；此外，当日元币值高于125日元/美元时，也从未实施过购买日元的干预。

干预措施有效吗？这是一个有趣但很难回答的问题。如果日元汇

图12.8 月度干预和日元/美元汇率

资料来源：干预数据来自日本财务省；汇率数据来自日本央行。

率比没有干预时更弱，则卖出日元的干预措施是有效的，同理，如果日元汇率比没有干预时更坚挺，则买入日元的干预措施是有效的。困难的是，如果构建这一反事实的汇率，还需要一些假设。通过估计无干预时可能出现的合理的反事实日元/美元汇率，伊藤（2003，2007）发现干预在很大程度上是有效的。

另一个问题是，外汇干预对货币当局而言是否有利可图。利润或损失有三个来源：已实现的收益或损失、未实现的收益或损失和净利息收入或支出。日本货币当局在1997年12月以及1998年4月和6月实现了资本收益。在这些干预中，在80～120日元/美元区间买进美元，随后在130～140日元/美元区间卖出。

货币当局持有的外汇储备可能有未实现的资本收益或损失。如果日元升值超过最初买进外汇储备时的平均汇率，外汇储备就会出现未实现的资本损失。当日元贬值到低于原来的汇率时，外汇储备会出现未实现的资本收益。

日本持有的外汇储备包括美国短期和长期国债以及其他外国有价证券。按资产类型划分的外汇储备细目没有披露。这些证券产生利息收入（以美元和其他外币的形式）。减去短期政府债券（以日元计价）利息支付的融资成本，我们就可以计算出外汇储备账户的净收入。由于美元利率自1992年以来一直高于日本，因此通过发行日本财政贴现票据筹集资金进而持有大量外汇储备，可以产生净收入。在这个意义上，正如伊藤等人（Ito，2007；Ito and Yabu，2017）指出的，日本的外汇干预通常被认为是一种套息交易，并从中获得了净收益。

12.5 汇率和宏观基本面

12.5.1 20世纪80年代前期的失调

1980年，美国的进出口是平衡的。日本的经常账户恰巧也是平衡的。当年的平均汇率约为227日元兑1美元。如果以平衡的经常账户作为日元/美元均衡汇率的标准，那么它应在220～230之间。从两国生产率和通胀率的差异看，许多经济学家预测，在整个20世纪80年代前半期日元将对美元升值。此外，美国的利率要高得多，所以日元的远期汇率对即期汇率有溢价。换句话说，假设无抛补利率平价成立，远期汇率预测未来日元会升值。然而，事实恰恰相反。日元在1982年贬值了，从1月份的220跌至10月份的270。从1983年到1984年年中，日元反弹并保持在230~240之间，之后再次贬值，从1984年年中的230贬值到1985年2月的263。

20世纪80年代的前半段是美元的"高光时刻"（dazzling dollar），美元在各种不利条件下依然升值。事后，许多经济学家对美元的高估解释如下：在20世纪80年代初，美联储采取了紧缩性的货币政策以遏制70年代遗留下来的高通胀问题。1980年，基础利率达到20%的峰值，直到1982年夏天一直保持在两位数的高位。在财政方面，减税加上军事开支的增加造成了巨额财政赤字。[10] 联邦政府赤字从1981年的640亿美元飙升到两年后的1 760亿美元。正如标准的宏观经济理论预测的那样，紧缩的货币政策和宽松的财政政策相结合推高了利率。高利率反过来又吸引了外国资本，导致美元被高估。

许多人认为，美元汇率过高不利于美国商品的竞争力。事实上，美国经常账户从1981年的60亿美元顺差转为1984年的1 070亿美元逆差。从这个意义说，美元汇率是失调的。

里根政府不愿承认财政赤字、高利率与高估的美元之间存在任何联系。该政府认为，美国实际利率较高和强势美元很可能是由于美国比世界其他地区实际增长得更快。强劲的经济扩张、低通胀和企业税减免都提高了企业新投资的税后实际回报率，并普遍提高了美元计价资产的回报率，这使美国对全球投资者更具吸引力。对美元计价资产需求的增加抬高了美元实际的外汇价值（经济顾问委员会，《总统经济报告》，1986年2月，第52页）。

---

[10] 减税是由供给学派提出的，他们在里根第一个总统任期的早期阶段很有影响力。他们的观点是，削减所得税将刺激劳动力供给和固定资产投资。税基（收入）的扩大将带来税收收入的增加，这将超过由于减税而导致的税收收入的减少。

然而，许多经济学家指出财政赤字是主要因素。财政赤字加上国内私人储蓄的下降使得资本流入（即经常账户赤字）成为必然。财政赤字和经常账户赤字的组合被称为孪生赤字。

美国政府提出的另一个论点是，日本金融市场的监管和其他结构阻碍了资本流入日本。日本的监管规定使东京市场对世界其他地区关闭，这是导致日元缺乏吸引力和被低估的原因。为了纠正美元的高估，美国政府认为日元计价的资产应该更具吸引力。按照这一逻辑，1983年里根政府呼吁成立一个委员会来讨论日本金融市场，目的是通过放松管制来刺激对日元计价资产的需求，并导致日元升值。这一论点促使美国和日本就解除日本金融市场的管制进行对话，这也是本书接下来要讨论的问题。

12.5.2　日元/美元工作组和金融自由化

1983年11月里根总统访问日本期间，成立了日元/美元工作组（正式名称为"日美日元/美元汇率、金融和资本市场问题联合特设小组"）。该小组由副大藏大臣大场智满（Tomomitsu Ōba）和美国财政部副部长贝里尔·斯普林克尔（Beryl W. Sprinkel）领导，在1984年2月至5月间召开了6次会议，并向大藏大臣竹下登和美国财政部部长唐纳德·里根提交了一份报告。弗兰克尔（Frankel，1984）对日元/美元工作组的谈判和经济影响进行了卓越的调查研究。

报告建议日本放松对金融市场的管制，包括放弃对存款利率的管制，引入货币市场存单和大额定期存款。日本采纳了其中的许多建议。一些放松管制的措施放宽了日本市场对外国资本准入的条件，但另一些措施鼓励日本机构进行海外投资。例如，1984年6月取消了将外币资金兑换成日元的限制，使资本流入日本更加容易。允许外国证券公司买卖日本国债，使外国投资者更容易将这些债券纳入他们的投资组合，也给了在日本的外国企业有利可图的商业机会。允许非日本企业发行欧洲日元债券，这被认为是增加对日元需求的一种方式，但影响有限。1984年4月废除了外汇期货市场的实际需求原则，总体上降低了日本和外国投资者的交易成本，因此这对日元币值的影响是中性的。总体而言，放松对日本资本市场的管制与它本应造成的日元升值之间的联系是微弱和不明确的。

12.5.3 《广场协议》

20世纪80年代前半期，美元升值导致日本经常账户盈余不断增加，而美国经常账户赤字不断扩大。从1981年1月到1985年3月，美元的实际汇率上升了大约40%。美国对其不断膨胀的经常项目赤字感到失望，于是在汇率管理方面寻求贸易伙伴的合作，以减少赤字。这是国际金融合作的开始，最后以1985年9月的《广场协议》和随后1987年2月的《卢浮宫协议》告终。[11]

1985年9月，美国主动召开了五国集团财政部长和央行行长会议，主要是为了纠正美元的高估。一开始，美国财政部长詹姆斯·贝克（James Baker）建议发布一份公报以使即将采取的行动能最大限度地发挥影响。在此之前，五国集团的财政部长和央行行长举行过会议，但并未声张。

公报声明如下："财政部长和央行行长们一致认为，汇率应在调整外部失衡中发挥作用。为此，汇率应该比以往更好地反映经济基本面。他们认为，必须实施和加强已商定的政策行动以进一步改善基本面。鉴于基本面目前和未来的变化，主要非美元货币相对于美元进一步有序升值是可取的。如果此举是有益的，他们随时准备进行更密切的合作以鼓励这种做法。"（财政部长和央行行长会议联合声明，1985年9月22日）

这份1985年9月22日（周日）发布的联合声明没有提到汇率调整

---

[11] 本节主要来自Ito（2016）。

的具体目标和实现这一目标的工具，比如干预。媒体和学术界纷纷猜测是否存在目标汇率。[12]

9月23日（周一），欧洲各国央行和美联储开始大举干预。[13] 联合声明发布后的干预措施震惊了市场。美元对其他四种主要货币大幅贬值。

由于东京股市在9月23日（周一）因全国假日而休市，当天只在欧洲和美国的市场上进行了干预。到9月24日东京市场开市时，日元兑美元的汇率已从前一个星期五收盘时的240日元兑1美元升值至230日元兑1美元。在9月24日星期二的东京营业时间，尽管日本央行大力抛售了13亿美元，日元仍然没有升值。在前一天已经发生大跳水后，干预措施似乎收效甚微。不过，它可能阻止了汇率的急剧反弹。事实上，在宣布《广场协议》的那个周末之后一个月内，日元升值大部分发生在纽约市场开放时而不是东京市场开放时，这表明东京的银行和出口商不相信干预会产生永久性的影响（Ito, 1987）。

《广场协议》签署后的一周内，日元兑美元升值11.8%，兑德国马克和法国法郎升值7.8%，兑英镑升值2.9%。就五国集团的既定目标而言，这些努力获得了巨大的成功。干预仍在继续，美元也继续贬值。截至10月底，美国卖出了32亿美元，日本卖出了30亿美元，德国、法国和英国合计卖出20亿美元，其他十国集团国家合计卖出了20亿美元。许多观察人士强调，在《广场协议》签署后，干预措施在迅速推动汇率变动方面发挥了重要作用。《广场协议》之后，赞同干预有效的人增多了。[14] 美元贬值的成功可以归因于联合声明效应和相关货币政策

---

[12] 当时还不知道五国集团的代表在准备会议时实际上准备了一份非正式文件，声明"在短期内美元由目前水平向下调整10%~12%是可控的"。这份非正式文件还提到了出售美元和购买非美元货币，特别是日元和德国马克。这些信息来自Gyohten（2013）和Funabashi（1988）。

[13] Gyohten（2013，第77页）表明，在《广场协议》宣布后的7天内，日本出售了12.5亿美元；超过了法国的6.35亿、美国的4.8亿、联邦德国的2.47亿和英国的1.74亿。

[14] 关于干预有效性的文献，参见Sarno和Taylor（2001），Ito（2003, 2007）。

的变化，以及干预措施对货币供求的直接影响。日本央行提高了短期利率以促使日元升值。

甚至到了1986年初，日元还在继续升值。日本货币当局以及出口商开始认为日元币值太高了。1986年3月18日货币当局进行了反向干预（买入美元，卖出日元）以阻止日元升值。事后证明，这只是一系列此类干预的开始。

到1986年年中，汇率接近160日元/美元，这引发了更多的干预。如何阻止日元进一步升值成为政策议程的重中之重。日本首相中曾根康弘在接下来的大选中获得了压倒性胜利，然后改组了内阁，并于1986年7月22日任命宫泽喜一为大藏大臣，而宫泽喜一以对日元升值持怀疑论著称。

宫泽立即寻求美国财政部长贝克的合作，以阻止日元升值。他们协商了合作条件，并于1986年10月31日达成了《宫泽－贝克协议》。该协议包括以下内容：（1）日本央行将贴现率从3.5%降至3%；（2）日本政府提交一次补充预算，包括3.6万亿日元的公共工程支出；（3）日本政府考虑减税；（4）当前日元/美元汇率与经济基本面相符。最后一条意味着美国和日本同意限制日元/美元汇率的波动。两位财政部长还同意将日元兑美元汇率的波动限制在某一特定范围内，但未向公众披露。两国政府还同意进行干预，以将汇率波动控制在这一范围内。市场参与者很快发现了协议的隐含部分，他们称之为目标区间，并将基准设定为1986年10月31日日元/美元汇率上下浮动5%的区间。

12.5.4 《卢浮宫协议》和目标区实验

《宫泽－贝克协议》成为1987年2月《卢浮宫协议》的序曲。2月21日和22日，七国集团（G7，五国集团和意大利、加拿大共同组成了七国集团）财政部长和央行行长举行会议。会议公报声明："财政部长和央行行长们一致认为，自《广场协议》以来汇率的大幅变动将越来越有助于减少外部失衡，鉴于本次声明总结的政策承诺，目前已使货币汇率处于与经济基本面大体一致的范围内。如果这些国家货币之间的汇率进一步大幅变动，可能会损害各国增长和调整的前景。因此，在当前形势下，各方同意密切合作，以促使汇率稳定在当前水平附近。"

当年3月底，5%的目标区间经受了考验。3月23日周一，在纽约市场日元升值至150日元/美元以下，并超出了目标区间。美联储出手干预，买入5 000万美元。3月24日，日元继续升值，日本央行也进行了干预，买入17亿美元。美联储也进行了干预，3月24日买入了7.202亿美元。这是自1981年以来，美国首次通过抛售日元进行干预。此举意义重大，因为这表明美国致力于实现《卢浮宫协议》中规定的目标区间。美国的大规模干预行动在3月余下的时间里继续进行。美国3月份的干预金额累计达到24亿美元，日本当局3月份购买的美元数额更大，达到61亿美元。

然而，尽管采取了这些协调措施，日元兑美元汇率仍在目标区间之外。4月在华盛顿举行的七国集团会议上，宫泽表示应继续协调干预汇市，以使日元重回目标区间，但遭到欧洲人的反对。有研究（Funabashi，1988，第189页）认为，贝克提议将基准汇率重新设定在146日元/美元左右。新的5%目标区间改为139.04～153.30日元/美元。

尽管七国集团的官方公报没有明确提及重新商定的基准数或新的目标区，但市场似乎不知为何明白了这一点。日元在整个4月持续升值，兑换美元的汇率跌至略低于139日元/美元的水平。尽管4月最后一周几乎没有采取什么干预措施，日元/美元在4月27日跌至新确定的目标区之外，但随后迅速回到该区间内。在有限的干预之下，日元汇率从5月至7月底维持在141～152日元/美元之间。

1987年10月19日的"黑色星期一"，纽约股市的股票价格大跌。就在这天之后，上述目标区被放弃了，或者至少是暂时搁置了。10月初，有许多迹象表明日本央行和美联储希望引导美国加息，以防范可能出现的通胀,而通胀会使美元走软。然而,股市近乎崩盘促使美联储注入流动性以防止恐慌。股价没有迅速反弹,这消除了人们对美国收紧货币政策的预期。

10月28日在没有受到货币当局过多阻力的情况下,美元兑日元的汇率在纽约市场突破140大关。此后两周,许多美国传出的报道和访谈暗示《卢浮宫协议》已被放弃,美国将优先考虑宽松的货币政策。这一消息令市场确信目标区已经一去不复返,日元升至133~134日元/美元的水平。在美国宣布10月份有巨额贸易逆差(176亿美元)之后,日元进一步升值,并在12月10日突破130大关。尽管日本央行和美联储进行了干预,但抛售美元的压力太大了。

重新设置的《卢浮宫协议》目标区随着"黑色星期一"一同结束,但日本和美国的干预一直持续到1988年。图12.9显示了日本和美国每月干预美元兑日元汇率的金额,两国之间有明显的政策协调。只要美

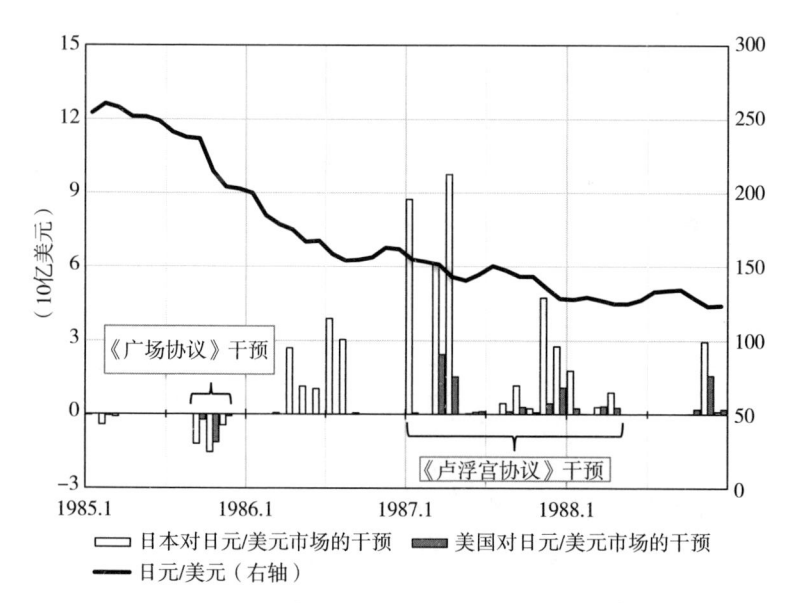

图12.9　1985年至1989年的干预和日元/美元汇率

资料来源:Ito和Yabu(2017),美联储。

国出手干预，日本也会跟进。《广场协议》签署后的3个月和《卢浮宫协议》签署后的15个月都是如此。《卢浮宫协议》的干预规模比《广场协议》的干预规模大得多。

《卢浮宫协议》目标区成功了吗？有关目标区的建议有两个优点，即灵活性和相机抉择性（即区间可以随着经济基本面的变化而变化），因此人们不能仅通过研究某一特定区间的持续时间来判断目标区的成败。衡量其有效性的标准应该是目标区生效时的汇率波动情况，并与没有目标区时的汇率波动进行比较。目标区可以起到稳定汇率的作用，克鲁格曼（1988）在一个简单的理论模型中证明了这一点。如果市场相信汇率不能超过某一上限或下限，在目标区内的实际波动将比没有目标区时更稳定。我们称之为"克鲁格曼效应"。

当波动范围受到挑战时，目标区就会出现问题。如果央行试图捍卫一个不切实际的汇率，此举会引起针对央行的严重投机行为，并导致防线被突破以后汇率突然变化，从而导致额外的波动。目标区政策成功的关键是确定区间的范围有多宽，捍卫区间的政策力度有多大，以及何时修改区间。

从1986年10月下旬开始的为期1年的目标区以及对区间范围进行的修正是成功的，因为汇率被控制在这个区间之内，国内政策没有太多扭曲，而且汇率在区间内的波动也相当稳定（克鲁格曼效应）。问题在于调整区间范围的时机。虽然这是后见之明，但不再合适的目标区本应早点放弃。

1985年至1987年这段时期令人记忆犹新，因为通过协调干预措施各国进行了国际金融合作，这也是二战后国际金融史上最重要的事件之一。对日本的政策制定者、经济学家和媒体而言，《广场协议》一直是大量研究和报道的对象，其政治和经济重要性堪比1949年日元兑美元汇率固定在360日元，以及1971年布雷顿森林体系的瓦解。

对于《广场协议》和《卢浮宫协议》谈判期间到底发生了什么，

以及这对日本经济有何影响,日本的政策制定者与学术界存在广泛的分歧。一些人认为,这是日本在管理国际金融架构的五国集团中牢牢获得一席之地的标志性事件。也有很多人认为非美元货币被迫升值是美国欺凌的结果。[15] 有些人认为这是触发日元在随后十年间长期升值的导火索,他们把《广场协议》看作因国际政策协调而扭曲国内货币政策的一个糟糕例证。然而即使在《广场协议》之后,日本经济增长仍然强劲,因此不能将《广场协议》视作问题的唯一根源。

12.5.5 非冲销式干预

日本经济在20世纪90年代末陷入通缩。尽管日本央行将政策利率一直下调至零,但通缩仍在继续。2003年3月,央行采取了量化宽松政策并开始通过购买政府债券向市场提供流动性。从2003年4月到2004年1月,日本央行向金融市场注入了13万亿日元。

这段时期恰逢格外积极的外汇干预。从2003年4月到2004年1月,日本当局总共花费了25万亿日元购入美元。图12.10显示了2003年1月至2004年3月基础货币的累计增长和干预措施的累计金额。2003年这两个变量的增长速度似乎相当吻合,但是在2004年前3个月,干预数量超过了基础货币的增幅。

在此之前,由于干预是通过发行短期政府债券来融资的,所以日本当局的外汇干预并没有增加基础货币。例如,当日本央行(代表财务省)进行干预时,用日元买入美元,同样数量的日元就会被发行短期政府债券的财务省吸收。用外汇干预的术语来说,这是一种冲销式干预,即通过出售政府债券迅速吸收流通中增加的日元。然而,在2003年和2004年初,日本央行在干预的同时积极增加了基础货币。正

---

[15] Gyohten(2013)认为,以财务大臣竹下登为代表的日本在政策协调方面最为积极,他在广场会议中愿意接受日元进一步升值。日本以及欧洲国家并不是完全因为美国的欺凌才达成协议的。

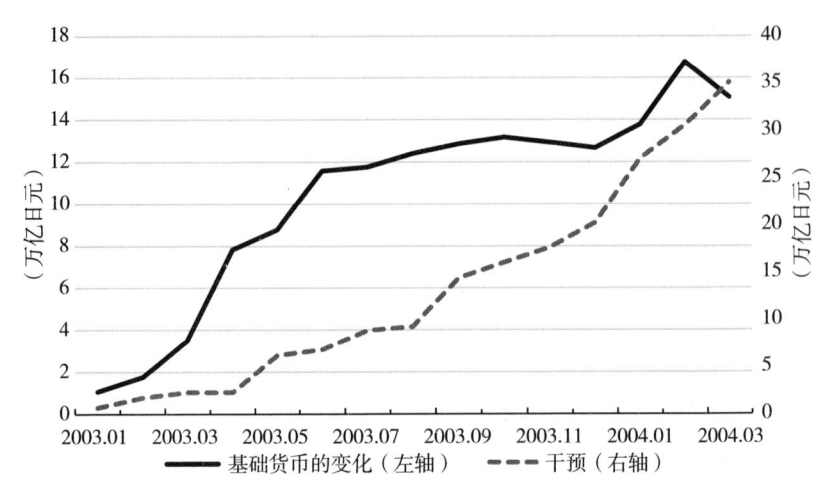

图12.10　2003年1月至2004年3月累计基础货币增加和累计干预
资料来源：日本央行，日本财务省。

如日本央行副行长岩田一政在接受采访时解释的那样，其结果实际上是非冲销式干预：

> 今年到目前为止的干预金额为13.5万亿日元，日本央行提供的额外流动性为10万亿日元，其中3月提供了2万亿日元，4月提供了5万亿日元，5月到现在为3万亿日元。尽管这肯定是巧合，但这两个数字大致相同。因此，同时进行干预和提供流动性作为非冲销式干预，在事后来看具有同样的效果。同样从事后来看，当日本央行购买美国政府债券时，效果相同。[16]

重要的一点是，干预拓宽了量化宽松的政策选择。换句话说，干预政策和货币政策的指向是相同的。正如斯文森（2001）指出的，许

---

[16] 岩田副行长2003年10月1日在仙台接受媒体采访时的谈话。原文为日文，由作者翻译，http://www.boj.or.jp/announcements/press/kaiken_2003/kk0310a.htm/，最后访问时间为2018年7月19日。

多经济学家赞成非冲销式干预,因为他们认为这将有助于日本在零利率约束下摆脱通缩。

12.5.6 全球经济失衡

2005年至2006年,美国对其规模庞大且不断增加的经常账户赤字感到震惊。从1998年到2005年,美国经常账户赤字占GDP的比例从2%增加到6%。相比之下,中国经常账户盈余占GDP的比例从2001年的1.5%增长到2005年的6%。两国经常账户与GDP之比呈明显的镜像关系,如图12.11所示。

20世纪80年代和90年代初,日本对美国的贸易顺差最大。这导致美国和日本之间爆发了一系列贸易冲突,第13章将详细讨论这一问题。2000年,中国取代日本成为美国双边贸易逆差第一名,如图12.12所示。

虽然不仅是中国,其他亚洲新兴经济体和石油出口国对美经常账户的盈余也增加了,但美国对其经常账户赤字不断扩大的不满主

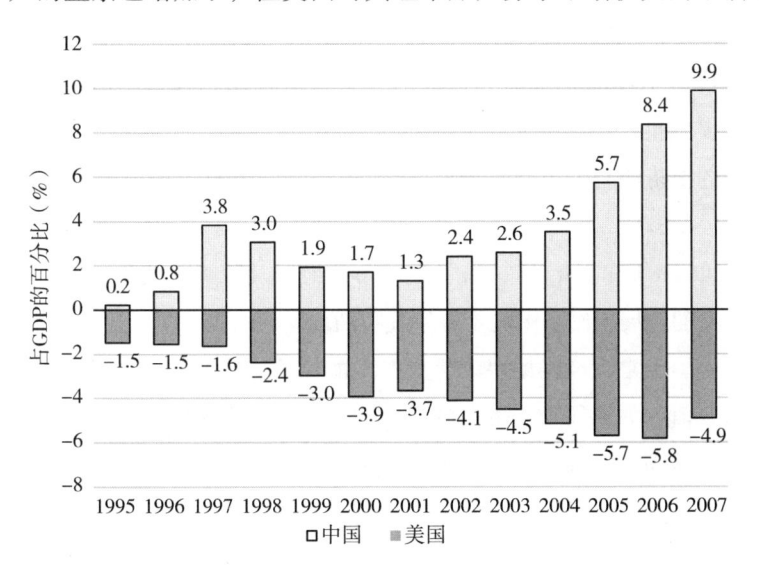

图12.11 经常账户余额

资料来源:IMF。

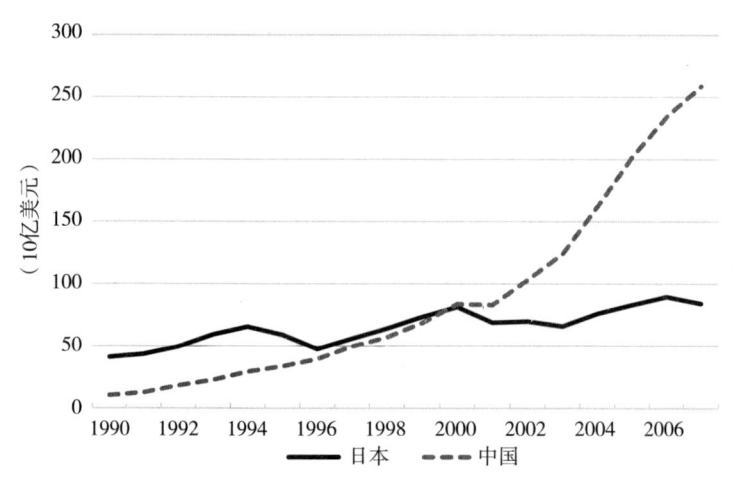

图12.12 美国对日本和中国的贸易逆差
资料来源：美国人口普查局。

要指向了中国。2005年7月之前，中国经常账户盈余在不断增加的同时，人民币兑美元的汇率是固定的。外国对中国直接投资的需求也很强劲。中国经常账户盈余和净资本流入给人民币带来了升值压力。中国人民银行作为中国的央行，通过买进美元以化解人民币升值的压力。美国批评中国维持固定汇率的调门越来越高，并威胁要在美国财政部的报告中将中国列为汇率操纵国。即使在2005年7月21日中国允许人民币升值2%，并且之后每天逐步升值，美国仍认为升值幅度不够大。⑰ 2006年和2007年，由于人民币升值以及减少由此导致的中美贸易失衡的进展缓慢，中美矛盾持续不断。

中国经常以《广场协议》后日本的经验为依据，认为不应该让人民币升值。如果屈从于美国的升值要求，最终会导致中国经济的长期衰退。然而，这种说法无法令人信服。虽然《广场协议》之后日元的

---

⑰ 与2005年7月人民币升值前的汇率相比，2005年底人民币升值了2.5%，2006年底升值了5.7%，2007年底升值了11.75%。

急剧升值暂时抑制了日本1986年上半年的经济增长，但其资产价格持续攀升，直到1989年底。《广场协议》和《卢浮宫协议》并没有使日本的经济增长脱轨。日本未能阻止资产价格泡沫，而后来的泡沫破裂使日本金融体系和20世纪90年代及其以后的增长潜力遭到了破坏。

除了中国外，许多亚洲经济体也出现了大量的经常账户盈余。它们也积极地购买美元以增加其外汇储备。从美国的角度看，其巨额经常账户赤字以及亚洲和产油国的巨额外汇储备都是这些国家操纵货币的证据。当然，中国是其关注的焦点，但其他亚洲国家，包括日本和沙特阿拉伯，也在美国财政部的监测名单上。[18]

关于全球失衡的原因，以及全球失衡是否代表某些不良的趋势，这些趋势是否将持续，有关的争论在2008—2009年全球金融危机之后暂时停止了。这次危机使全球经济陷入深度衰退。由于经济危机，美国进口大幅下降，贸易伙伴对美国的出口也急剧下降。

12.6 日元的国际化

12.6.1 过度特权

美元在国际金融体系中被认为具有特殊地位。在全球范围内，许多贸易合同都是以美元计价和结算的。在国际市场上几乎所有的石油和天然气合同都是以美元报价和交易的。许多国际债券、国际贷款

---

[18] 美国财政部每半年发布一份题为"美国主要贸易伙伴宏观经济和外汇政策"的报告，其中可能将某个贸易伙伴列为汇率操纵国。在21世纪前20年，尽管在这个问题上存在激烈争论，但没有一个国家被认定为汇率操纵国。2006年的报告篇幅格外长，并在附录中分析了中国及其汇率。在2018年4月的报告中，中国、日本、韩国、德国、瑞士和印度被列入监测名单。从1989年至今的报告可在如下网址查阅，https://www.treasury.gov/resource-center/international/exchange-rate-policies/Pages/index.aspx（最后访问时间为2018年7月19日）。

和衍生品合同也都是以美元计价的。世界各地的商店和酒店都接受美元。美国的进口商和出口商不必担心汇率波动，因为合同是以美元签订的。尽管美国经常账户赤字已持续很长时间，但它不必担心出现货币危机，因为外国人乐于持有以美元计价的证券，无论是作为政府部门的外汇储备，还是作为私人部门的投资组合。[19] 因此，美国政府、企业和家庭都因持有美元这种主要国际储备货币而获得了"过度特权"（Eichengreen，2010）。

20世纪80年代末，有人猜测日元很快就会成为一种可以与美元相抗衡的国际货币。该猜测基于这样一种观点，即货币在全球金融体系中的权重反映了货币发行国在全球经济中的比重。随着日本经济在20世纪80年代的持续增长，日元看起来是下一个国际货币的完美候选者。日元国际化的支持者认为，即使不是在全球范围，日元至少也会在亚洲成为主导性的货币，因为日本经济在亚洲经济中占主导地位。在欧洲，德国马克在20世纪七八十年代已经成为最重要的货币。

日元国际化的支持者将减少汇率风险视作日元成为全球货币的主要好处。如果日元成为重要的进出口报价货币，日本进口商和出口商的汇率风险将大大降低。日元的国际化也会提高日本金融市场的重要性，吸引更多的外国金融机构。因此，一直向日本施压开放金融市场的美国并不反对日元国际化。

反对日元国际化的声音主要来自那些担心由于对日本金融资产的需求扩大而导致日元升值的人。一些人不愿过快地采取措施来开放市

---

[19] 如果外国投资者突然停止放贷、拒绝对现有贷款展期或两者兼而有之，借入美元的新兴市场国家往往会陷入货币危机。无论是由于国内通胀还是经常账户赤字导致的货币贬值，都加大了偿还美元计价债务的难度。就在2008年9月雷曼兄弟破产之后，许多欧洲金融机构突然发现自己缺少美元，因为它们的许多到期债务是用美元计价的，其资产价值一落千丈。欧洲央行只能通过与美联储互换额度来帮助这些欧洲机构。尽管危机起源于美国，但美元对大多数货币都有升值，包括欧元、英镑和新兴市场货币，而日元是明显的例外。

场。另一个对日元国际化的担忧是失去对货币政策的控制。如果日元被外国人持有，突然的资本流入和流出可能会破坏它的稳定。20世纪80年代，对日元国际化是否会使日本获益，人们有不同的观点，这使日本未能发起一场推动日元国际化的一致行动。

货币国际化可以定义为货币在跨境和离岸市场交易中以及在国外使用的扩张。通过区分货币的三个功能（价值尺度、交换媒介和价值储藏）和两组用户（私人部门和政府部门），我们可以确定货币可以国际化的六个领域。表12.3用3×2矩阵展示了这些领域。[20]

表12.3　国际货币的维度

	私人部门	政府部门
价值尺度	贸易计价	与其他国家挂钩或高度相关
	金融产品计价	特别提款权的构成货币
		由其他国家政府或国际金融机构发行的国际债券的计价单位
交换媒介（结算）	贸易结算	其他货币当局的干预货币
	国际金融交易结算	政府金融交易（如政府发展援助）
		中央银行互换货币
		国外的货币流通（如美元化）
价值储藏	跨境存款	（其他国家的）外汇储备
	跨境证券投资	

资料来源：Ito（2011，2017）基于Kenen（1983）和Cohen（1971）首先提出的矩阵制作，本书引用时做了修改。

一种货币可以通过成为私人部门跨境交易的记账单位来实现国际化。出口和进口可以用出口商（生产者）货币、进口商（消费者）货币或第三方货币报价。跨境借贷可以用贷款人的货币或借款人的货币

---

[20] 这个矩阵由Cohen（1971）提出，并由Kenen（1983）推广。Ito（2011，2018）在对人民币国际化的讨论中收集了实证证据。更详细的讨论参见Ito等人（2018，第7章）。

报价。计价货币的选择取决于若干因素，包括（但不限于）贸易伙伴的谈判能力，我们将在下一小节中看到这一点。

一种货币也可以因被政府部门用作记账单位而成为国际货币。例如，许多国家发行了以美元计价的主权债券。国际货币基金组织使用特别提款权（SDR）这种特殊的货币单位来核算贷款和资产负债表，但没有国家使用特别提款权作为政府部门的记账单位，就此而言，它不具有国际货币的地位。

大多数时候，交换媒介和记账单位是一样的。当日本出口到美国的商品以美元开具账单时，它很可能也以美元支付。但是，理论上结算所用的货币可能与开具账单时所用的货币不同。跨境结算必须借助于某种国际支付服务，如SWIFT（国际资金清算系统）。SWIFT的统计数据可以很好地衡量某种货币作为国际交换媒介的使用情况。另一个衡量指标是外汇交易总额。每三年的一个月（4月），几乎所有主要国家和新兴市场国家的金融机构都被要求回答各自央行的调查问卷。这些答复会被收集起来，并发表在国际清算银行三年期调查中。本章后面将讨论SWIFT和国际清算银行的三年期调查。

一种货币可以被私人部门或外国政府部门用作价值储藏手段。如果以日元计价的资产，比如以日元计价的日本国债或日本股票，被许多海外投资者和外国央行持有，那么日元作为价值储藏手段就国际化了。以某种货币计价的私人部门金融资产持有量很难加总。按货币分类的国际（外汇）储备由国际货币基金组织汇总并报告。本章后面将讨论国际货币基金组织的这一统计数据。

12.6.2 计价货币

商品、服务或金融资产的价格必须用某种单位表示。几乎所有国内交易的价格都用本国货币报价。但在跨境交易中需要选择用哪种货币表示价格。例如，当一辆汽车从日本出口到美国时，汽车制造商必须选择某种货币作为记账单位。汽车价格是用制造商的货币（日元）报价，还是用消费者的货币（美元）报价？当市场汇率为1美元兑100日元时，报价为100万日元还是1万美元似乎是等价的。但是如果报价为100万日元，则汇率风险由美国进口商承担；如果报价为1万美元，则汇率风险由日本出口商承担。在后一种情况下，日本出口商的日元收入可能需要等到收到货款并将这些美元兑换成日元的那天才能确定。[21]

实际上，日本对美国的出口大多以美元计价。这似乎很自然，因为美元是一种重要的国际货币。一般而言，计价货币是如何确定的呢？伊藤等人（Ito、Koibuchi、Sato and Shimizu, 2012）列举了三个关于选择计价货币的典型化事实。首先，两个发达经济体之间的制造业产品贸易很可能以出口国的货币计价。这被称为格拉斯曼定律（Grassman, 1973, 1976）。其次，发达经济体和发展中经济体之间交易的制造业产品很可能以发达经济体的货币计价。少数情况下，计价货币也可以由主要的国际货币担任，如美元（Grassman, 1973, 第1977—1981页）。再次，诸如机械等差异化产品往往以出口国货币作为计价货币，而诸如原油等同质化产品往往以美元等国际货币计价（McKinnon, 1979）。

图12.13显示了日本出口是如何计价的。数据来自政府历年的统计数据。以日元计价的出口占比从1980年的28.9%上升到1983年的42.0%。《外汇及外贸管理法》改革（请回忆表12.2）通常被认为是导致以日元计价的出口增长的原因。然而，尽管1984年进一步实现了外汇自由化，但这一比例还是停止了上升。从20世纪80年代初到现在，以日元计价的出口占比一直保持在40%左右。

在日本对美国的出口中，以日元计价的份额一直在10%~20%。在日本对欧盟的出口中，日元计价产品的比例在20世纪90年代从45%

---

[21] 只要预先知道确切的付款日期，汽车出口商可以通过签订期货合约来购买日元，从而对冲风险。

左右下降到30%，并稳定在30%左右。由于日本、美国和欧盟是发达经济体，所以出口商的货币（在本例中为日元）应作为计价货币，但以日元计价的实际比例并不高。

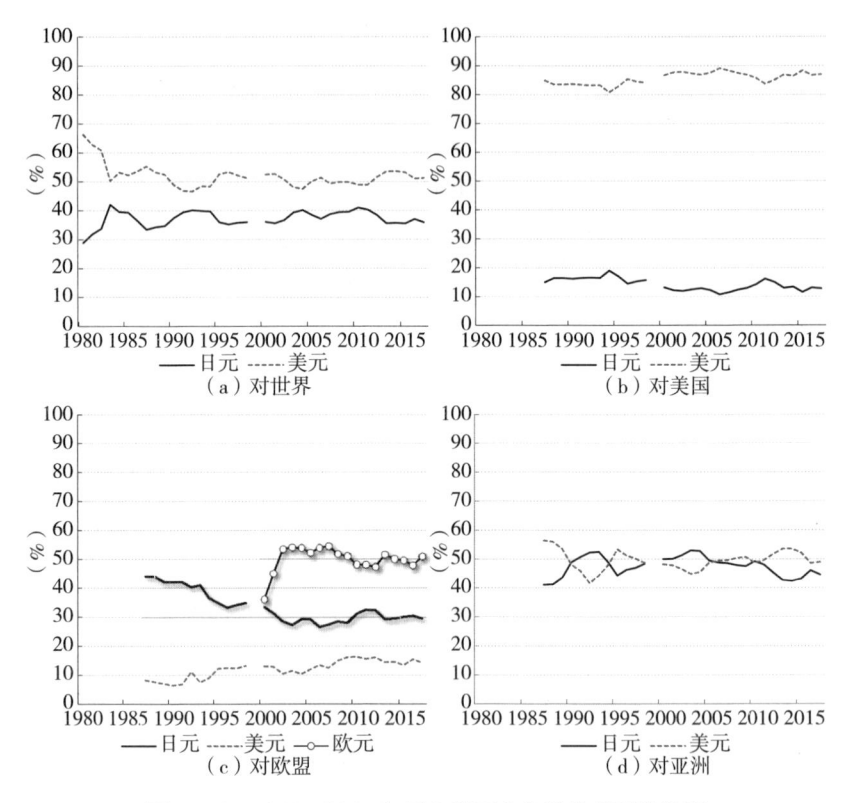

图12.13　1980—2017年日本出口中各计价货币的份额

注：1999年的数据缺失。1992年至1997年使用9月份的数据，1998年使用3月份的数据，2000年至2015年使用下半年的数据。

资料来源：Ito、Koibuchi、Sato和Shimizu（2018），图2.1，有更新。原始来源：2000年至2017年的数据来自日本财务省，按计价货币分类的交易（Boeki Tsuka Betsu Tokei），可在下列网址找到，http://www.customs.go.jp/toukei/shinbun/tradest/tuuka.htm。1998年及以前的数据，日本央行，出口信用证统计（Yushutsu Shinyojo Tokei）；通产省，出口确认统计（Yushutsu Shinyojo Tokei）；通产省，出口计价货币报告（Yushutsu Hokokusho Tsukadate Doko）；通产省，进出口结算使用的计价货币（Yushutsunyu Kessai Tsukadate Doko Chosa）；日本海关网站。

更令人困惑的是日本对亚洲出口的计价货币。虽然以日元计价的出口比例远高于对美国和欧盟的出口，但也只有40%～50%。其余的用第三方货币美元计价。自2010年以来，以美元计价的比例一直高于以日元计价的比例。根据上述典型化事实，日本作为一个发达国家，对亚洲新兴经济体和发展中国家的出口应以日元为计价单位。为什么日本出口商不坚持用日元作为计价单位呢？

伊藤隆敏等人（2012，2018）迎难而上，试图解决这个难题。他们对日本主要出口企业进行了采访，然后是问卷调查。问题包括其产品的计价货币、贸易伙伴是否为它们的子公司、出口是否通过综合商社，以及出口是否为高度差异化的产品。

通过对调查结果的分析，可以发现日本制造业出口商有如下行为特征：首先，在美国和欧盟有销售子公司的制造业出口商，倾向于用进口商的货币（即分别是美元和欧元）作为计价货币。它们提出的理由是降低当地子公司的汇率风险。以进口商的货币计价会增加日本总部的汇率风险，但是与国外的子公司相比，总部在管理汇率风险方面有更好的技术和更多的工作人员。此外，总部可以更有效地使用净额对冲或金融衍生品对冲。

其次，在向亚洲的生产型子公司出口零部件时，日本出口商使用美元（其次是欧元）计价，这是因为这些子公司会组装零部件并将最终产品出口到美国和其他发达国家。亚洲的生产型子公司可以对来自日本的进口和向美国的出口同时以美元计价，以此降低汇率风险。同样，日本总部能比子公司更好地管理汇率风险。

最后，出口高度差异化产品（如机床）或在全球市场占有主导地位的日本企业甚至在向发达国家出口时，也倾向于选择日元计价。这与典型化事实是一致的。

图12.14显示了日本所有进口、从美国进口、从欧盟进口和从亚洲进口选择计价货币的情况。就全部进口而言，20世纪90年代以后，日元计价的比例从不到10%上升到20%～30%。在整个样本期内，从美

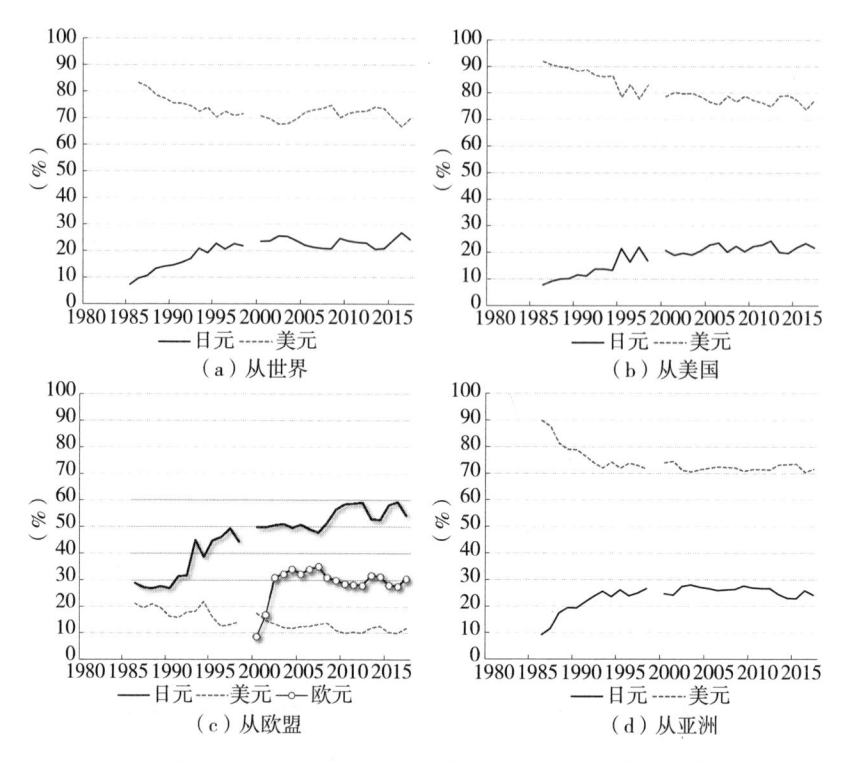

图12.14　1980—2017年日本进口中各计价货币的份额

注：1999年的数据缺失。就从世界的进口而言，1981年、1982年和1984年以日元计价的数据缺失，1981—1985年以美元计价的数据缺失。1986年数据为财政年度数据。1992年至1997年使用9月份的数据，1998年使用3月份的数据，2000年至2015年使用下半年的数据。

资料来源：Ito、Koibuchi、Sato和Shimizu（2018），图2.2，有更新。原始来源：2000年至2017年的数据来自日本财务省，按计价货币分类的交易，可在下列网址找到，http://www.customs.go.jp/toukei/shinbun/tradest/tuuka.htm。1998年及以前，通产省，进口批准通知报告（Yunyu Todokede Hokokusho）；通产省，进口计价货币报告；通产省，进出口结算使用的计价货币；日本海关网站。

国和亚洲进口的商品主要以美元计价，以日元计价的进口比例一直保持在30%以下。从亚洲的进口中以美元计价的比例较高，这又与典型化事实相悖，但在伊藤隆敏等人（2018，第6章）的研究中可以找到部分答案。该研究考察了日本海外子公司对计价货币的选择。从亚洲进口的以美元计价的商品中,至少有一部分来自日本从事制造业的子公司,然后这些商品将再出口到美国。用同一种货币(即美元)为进口和再出口计价,这是合理的。

值得注意和令人惊讶的是,在日本从欧盟进口的商品中,日元计价的比例一直在上升。1990年低于30%,但在2010年上升到60%左右。这显然违反了典型化事实中两个发达国家间贸易计价方式的选择。进口方(日本)的市场力量明显超过了出口方(欧盟),但是我们还需要进一步研究,以了解到底原因何在。

12.6.3 国际清算银行的三年期调查

当一家日本的银行收到日本出口商出售100万美元的指令时,它会尝试在银行间市场执行这一卖出指令。假设一家美国的银行成为这笔交易的对手,以1亿日元(假设日元兑美元的汇率为100)的价格从日本银行购买了100万美元。在这次外汇交易之后,日本出口商把100万美元支付给日本的银行,日本的银行将这笔美元转给这家美国的银行,美国的银行再把1亿日元支付给日本的银行。

这些外汇的实际支付被称为清算。银行按货币(以及按地点和其他变量)、交易地点或对手方(国内或跨境)等记录外汇交易金额。国际清算银行的调查每三年在4月份实施一次,从而披露全球所有银行外汇市场的细节。通过考察哪些货币在这些外汇交易中使用得最频繁,我们就可以确定哪种货币是国际交换媒介。

表12.4显示了根据国际清算银行三年一度的调查得出的各种货币在全球外汇交易中的排名。每笔外汇交易涉及两种货币;因此,所有货币的份额加起来达到200%。2016年,美元所占份额最大,达到87.6%,这意味着在所有货币组合交易中,有这么大比例的交易以美元作为其中的一方。欧元是第二大交易货币,占31.3%的份额。日元是交易量第三大的货币,占21.6%,这意味着在所有的外汇交易中,超

过五分之一的交易与日元有关。英镑排名第四，占12.8%。自2001年以来，这些货币一直排在前四名。

表12.4　2001—2016年国际清算银行三年期调查

	场外外汇交易的币种分布											
	净–净基准[1]，4月日平均成交量的占比[2]（%）											
	2001		2004		2007		2010		2013		2016	
货币	份额	排名	份额	排名	份额	排名	份额	排名	份额	排名	份额	排名
美元	89.9	1	88.0	1	85.6	1	84.9	1	87.0	1	87.6	1
欧元	37.9	2	37.4	2	37.0	2	39.1	2	33.4	2	31.3	2
日元	23.5	3	20.8	3	17.2	3	19.0	3	23.1	3	21.6	3
英镑	13.0	4	16.5	4	14.9	4	12.9	4	11.8	4	12.8	4
澳元	4.3	7	6.0	6	6.6	6	7.6	5	8.6	5	6.9	5
加元	4.5	6	4.2	7	4.3	7	5.3	7	4.6	7	5.1	6
瑞士法郎	6.0	5	6.0	5	6.8	5	6.3	6	5.2	6	4.8	7
人民币[3]	0.0	35	0.1	29	0.5	20	0.9	17	2.2	9	4.0	8
总计	200.0		200.0		200.0		200.0		200.0		200.0	

注：1.调整了本地和跨境交易商间的重复计算（即"净–净"基准）。2.由于每笔交易都涉及两种货币，所以每种货币的份额总和是200%而不是100%。3.由于之前的调查中离岸交易的报告不完整，所以2013年以前的交易额可能被低估。2013年调查方法的变化确保可以更全面地覆盖新兴市场和其他货币的交易活动。

资料来源：2016年国际清算银行三年期调查（https://www.bis.org/publ/rpfx16.htm，全球概率，表2）。

2016年，接下来交易量最大的三种货币是澳元、加元和瑞士法郎。人民币以4%的份额位居第八。然而，人民币在国际货币中的排名一直在迅速上升，从2001年的第35位上升到2004年的第29位，2007年的第20位，2010年的第17位，2013年的第9位，2016年的第8位。鉴于中国持续的经济增长和金融自由化，人民币的排名可能会继续上升。它可能很快就能与日元匹敌。

图12.15显示了通过SWIFT进行结算的货币排名。美元和欧元是最重要的两种货币，以其他指标衡量也是如此。排在第三位的是英

镑，但与前两位相差较大。日元位居第四。在SWIFT中排名第三和第四的货币与国际清算银行三年期的调查正好相反，而人民币现在排名第五。

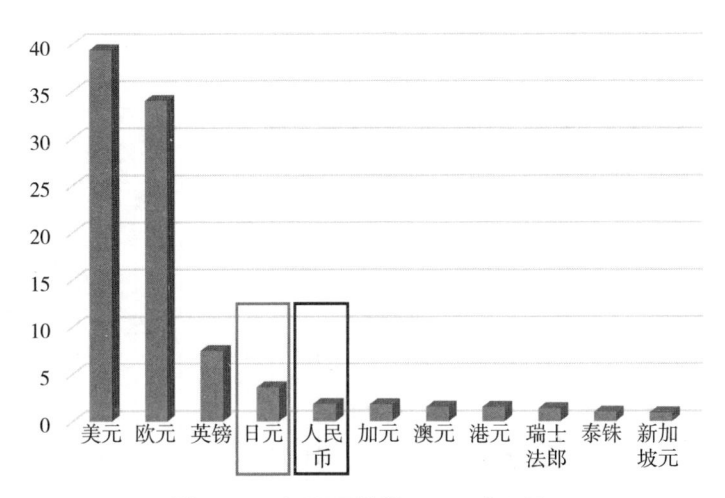

图12.15 SWIFT结算：2018年6月
资料来源：SWIFT，实时货币交易追踪（2018年7月）。

12.6.4 外汇储备货币的构成

出于各种原因，货币当局持有外汇作为资产（称为外汇储备或国际储备）。外汇储备的货币构成揭示了一国如何看待其他国家货币作为价值储藏手段的重要性。因此，其他国家持有多少日元，被用来衡量日元作为政府部门价值储藏手段的国际化程度。国际货币基金组织的政府外汇储备货币构成（COFER）数据显示了外汇储备的货币构成。遗憾的是，并非所有国家都报告了其外汇储备的货币构成。在这些报告的外汇储备构成中，1999—2017年按货币划分的外汇储备份额如图12.16所示。

截至2017年底，所有已报告国家的外汇储备总额相当于11.4万亿美元。货币构成如下：美元（62.72%）、欧元（20.15%）、日元

（4.89%）、英镑（4.52%）、加元（2.02%）、澳元（1.80%）、人民币（1.22%）、瑞士法郎（0.18%）和其他货币（2.49%）。尽管在各国货币当局的国际资产中日元排名第三，但其份额远低于占主导地位的美元和欧元。

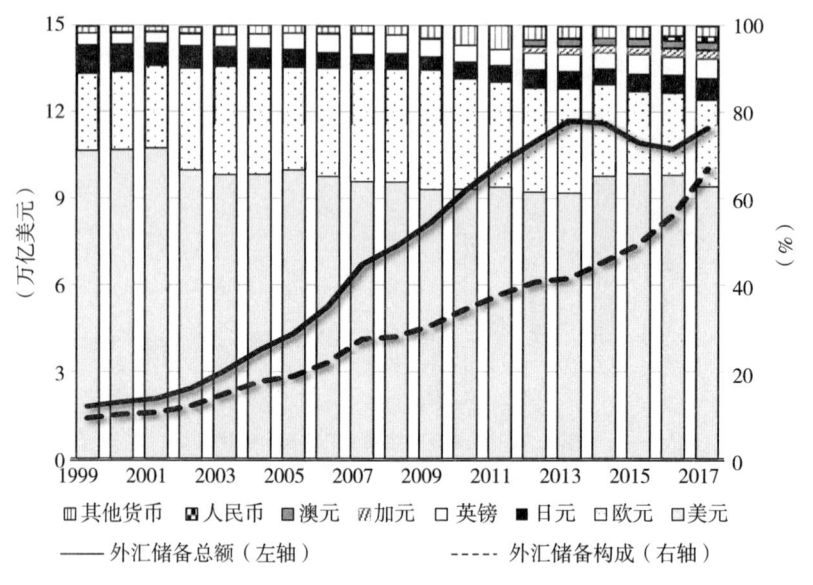

图12.16　全球外汇储备：按货币分类
资料来源：国际货币基金组织，政府外汇储备货币构成。

12.7　小结

本章涵盖了国际金融领域的许多主题，并对汇率波动进行了广泛的讨论。在当今这个一体化的世界中，汇率波动对许多经济体都很重要。汇率及其波动不仅通过进出口，还通过跨境投资和其他金融交易对一国经济产生影响。汇率波动对日本经济尤为重要。

汇率时不时地成为美日经济冲突中的主要争论领域之一。最著名的例子是20世纪80年代后半期围绕《广场协议》和《卢浮宫协议》展开的政治谈判，以及20世纪90年代初期的贸易冲突。直到20世纪90年代末，干预一直是汇率政策的一个重要工具。主要国家的政府试图利用外汇干预以纠正汇率失调，并管理汇率波动。21世纪头十年中期以后，干预的频率有所降低。私人资本流动的规模越来越大，以至于通过干预影响市场变得非常困难。以美国为首的许多国家的政府现在不鼓励使用外汇干预手段，并批评那些依靠干预来维持特定汇率的国家是货币操纵者。

在各项国际化指标的排名中，日元的国际使用量居第三或第四位。近20年来，日元的地位相当稳定。

第13章　美日经济冲突

13.1　引言

　　日本和美国有大量贸易往来。长期以来，两国一直都是彼此最主要的贸易伙伴之一。在与日本的双边贸易中，美国总是出现贸易赤字，这使那些认为贸易赤字导致失业的美国人感到焦虑。每当日本商品的出口急剧增加并在美国获得可观的市场份额时，就会爆发贸易冲突。仅举几例，比如20世纪70年代的钢铁和电视机，以及80年代和90年代的汽车。美国怀疑日本倾销，并威胁采取报复措施。日本经常勉为其难地承诺自愿出口限制，或者干预市场秩序（即价格下限）。20世纪80年代，当美国对日本的双边贸易赤字激增时，日美之间的贸易冲突加剧了。80年代初期，美国经济正在经历衰退而日本经济继续增长，这也激起了日本通过不公平贸易从美国窃取工作机会的想法。

　　从20世纪70年代中期到80年代中期，两国举行了几次双边会谈并达成了一些贸易协定。在早期阶段，焦点仅限于对特定部门提出要求。然后，要求进一步扩大，包括范围广泛的结构性问题。一些会谈是双向的，日本也提出了对美国的要求。但是，到了20世纪80年代末期，美国的要求开始以结果为导向，并为日本的进口设定了量化目标。

此类要求中的第一项是有关日本市场上外国产品份额的美日《半导体协议》。

日本的经济实力不仅限于制造业。在20世纪90年代初期，全球十大银行（以资产规模计）中超过一半是日本的银行。看似不可阻挡的日本经济神话与冷战的结束相结合，使日本成为一些美国决策者心目中的头号敌人。贸易战变成了全面的政治冲突。一些美国政策制定者一度称日本为苏联解体后对美国的最大威胁。

然而，到20世纪90年代末，情况开始发生变化。随着20世纪80年代经济泡沫的破裂，日本经济停滞不前。美国经济似乎重新恢复了实力，部分原因是信息技术产业的进步。日本已不再像十年前那样，被认为是对美国经济的威胁。此外，美日双边赤字的规模缩小了，部分原因是日本出口商扩大了在美国的直接投资和本地化生产。

导致美日冲突减少的最后一个因素是中国的崛起。中国对美国的出口急剧上升，因此成为美国双边贸易赤字最大的来源国。在21世纪初期，中国对美国就业的威胁比日本还要大。更重要的是，通过一系列贸易谈判，东京与华盛顿之间建立起合作关系，这有助于缓和紧张的美日贸易关系。本章将回顾美日之间数十年来的贸易冲突和谈判的历史，并讨论两国如何学会逐步解决偶尔出现的冲突，并从相互之间密切的贸易关系中实现互利共赢。

13.2　20世纪80年代以前的美日贸易冲突

日本和美国之间的贸易冲突可以追溯到20世纪50年代。直到20世纪80年代，所有贸易冲突都遵循相同的模式。每次冲突一开始都是源于某种特定类型的日本产品对美国的出口快速增长，比如20世纪60年代和70年代的纺织品，70年代的钢铁和彩色电视机。然后，作为竞争对手的美国制造商向贸易主管部门投诉，声称存在倾销和不公平的贸易行为。接下来，美国和日本政府进行谈判。最终，两国政府成功地通过谈判形成解决方案，这包括价格控制（例如美国单方面征收的进口附加税以及被称为触发价格制度的价格固定制）和数量控制（例如自愿出口限制）。

日本和美国之间的第一次大型贸易谈判发生在20世纪50年代初，主要围绕棉纺织品展开。1957年，谈判达成协议，5年内限制日本棉纺织品出口。在20世纪60年代后期，冲突和协商扩展到其他纺织品，包括毛纺织品和合成纤维。这一谈判最终形成了1972年的《美日纺织品协定》，该协定规定了日本对纺织品实施的自愿出口限制，后来被并入名为《多种纤维协定》的国际协定。《多种纤维协定》最终规范了1974年至2004年期间出口的发展中国家和进口的发达国家之间的纺织品贸易。

下一次大型贸易谈判是20世纪60年代末和70年代初举行的关于钢铁的谈判。日本和美国最终在1978年达成协议，为美国钢材进口价格引入触发价格制度。在触发价格制度下，确定了最低进口价格，低于该价格的任何进口均被视为倾销，从而会被禁止。然而，即使在触发价格制度下，美国从日本的钢铁进口在20世纪80年代仍再次激增，这迫使美日之间再次进行谈判。这一次，两国政府在1984年达成协议，通过实施自愿出口限制来控制日本出口到美国的钢铁数量。

20世纪60年代初，几乎刚一开始出口电视机（最初是黑白电视机），日本就遭到了倾销投诉。到20世纪70年代初，两国的贸易冲突集中在彩色电视机上，1971年对日本的彩色电视机出口征收了反倾销附加税。1977年7月，美国和日本达成了《有秩序销售协定》（OMA），对日本的电视机出口实施限制。

在20世纪70年代后期，日本的机床出口成为投诉和谈判的对象。谈判的结果是1978年3月建立了价格控制机制，这项措施在1986年12月被自愿出口限制取代。表13.1归纳了美日贸易冲突和谈判的历史。

表 13.1 美日贸易冲突时间表

年份	月份	事件		日本首相		美国总统
1969	11月	尼克松－佐藤会晤：讨论了纺织品和冲绳的领土归还问题		佐藤荣作	1月	尼克松
1970	10月	尼克松－佐藤会晤；美日纺织品谈判开始				
1971	8月	尼克松宣布终止美元兑换黄金，征收10%的进口附加税				
1972	1月	钢铁自愿出口限制（至1974年12月）	7月	田中角荣		
	10月	纺织品协议				
1974		特种钢《有秩序销售协定》	12月	三木武夫	8月	福特
1976	6月		12月	福田赳夫		
1977	5月	彩色电视机《有秩序销售协定》（至1980年6月）			1月	卡特
1978		牛肉和橙子，第一份协议：进口配额增加	12月	大平正芳		
1979		关贸总协定东京回合结束				
1980		日本电报电话公司的采购	7月	铃木善幸		
1981	5月	汽车自愿出口限制（持续至1984年3月）			1月	里根
1982			11月	中曾根康弘		
1983—1984		牛肉和橙子，第二份协议，扩大配额				

第 13 章 美日经济冲突

(续表)

年份	月份	事件	日本首相	美国总统
1984		1981—1983年，汽车自愿出口限制扩大至168万辆；1984年更新以后扩大至185万辆；1985—1991年扩大至230万辆；1992—1993年165万辆。		
1985		牛肉和橙子关税削减谈判		
1985		中曾根康弘和里根同意就市场导向的特定部门协议（MOSS）举行谈判；允许以下产品进入日本市场：林业产品、电信设备和服务、电子器件、药品和医疗设备		
		美国半导体协会根据1974年《贸易法》第301条款就市场准入问题起诉日本		
		半导体协议谈判启动		
1986	9月	《广场协议》：非美元货币升值		
		达成市场导向的特定部门协议		
		美贸总协定乌拉圭回合开始		
1987	9月	美日半导体协议（量化目标：外国产品在日本的市场协额达到20%，不倾销）		
		机床自愿出口限制（持续到1993年10月）	11月	竹下登
		美国声称发现了日本倾销的证据，引发了对日本出口的半导体实施报复性关税		

518　　繁荣与停滞：日本经济发展和转型

1988		牛肉和橙子，第三份协议。取消配额和保护性关税。关税税率将逐步降低。		
		《公共汽车贸易法案》，颁布"特别301条款"		
1989	5月	根据"特别301条款"认定不公平贸易行为（日本、印度和巴西）	6月	宇野宗佑
	7月	老布什和宇野宗佑同意公布一项结构性障碍倡议，会谈持续到1990年5月		
		日方的问题：储蓄-投资模式，土地使用，分销系统，经连会，排他性的贸易行为	8月	海部俊树
		美国的问题：储蓄-投资模式，企业投资和生产率，政府管制，促进出口		
1990	5月	有关结构性障碍倡议的最终报告提交给老布什和海部俊树		
1991		牛肉关税开始实施：1991财年关税为70%，1992财年为60%，1993财年为50%	11月	宫泽喜一
	6月	第二份半导体协议（持续到1996年7月）		
1992		机床最终协议		
1993	4月	宫泽喜一和克林顿同意开启美日新经济伙伴关系框架对话（框架对话）	1月	克林顿

第13章 美日经济冲突　　519

（续表）

年份	月份	事件	日本首相	美国总统
	7月	美日框架对话开始		
	11月	细川护熙和克林顿在APEC西雅图会议期间会晤	8月 细川护熙	
1994	4月	关贸总协定乌拉圭回合谈判结束	4月 羽田孜	
	8—12月	达成关于知识产权、政府采购、保险和平板玻璃的协议	6月 村山富市	
1995	1月	世界贸易组织成立		
		就金融服务领域达成协议		
	5月	美国贸易代表办公室计划采取单边行动，对日本出口的豪华汽车征收100%的从价关税		
	6月	就汽车整车和汽车零部件部门达成协议（有效期至2000年6月）		
1996	8月	第二份半导体协议到期	1月 桥本龙太郎	
	12月	有关保险的新争端得以解决		
1998			7月 小渊惠三	
2000			4月 森喜朗	
2001			4月 小泉纯一郎	1月 小布什
2006			9月 安倍晋三	

2007		9月	福田康夫	
2008		9月	麻生太郎	
2009		9月	鸠山由纪夫	1月 奥巴马
2010		6月	菅直人	
2011		9月	野田佳彦	
2012		12月	安倍晋三	
2013	3月	安倍表示愿意加入TPP的谈判		
2015	10月	原则上达成TPP协定		
2016	2月	签署TPP协定		
2017	1月	特朗普退出TPP		1月 特朗普
	4月	美日经济对话第一次会议（副首相麻生太郎与副总统彭斯）		
2018	3月	美国对日本出口的钢铁和铝材征收关税		

资料来源：日本外务省（http://www.mofa.go.jp/mofaj/area/usa/keizai/nenpyo.html），日文；日本内阁官房内阁公共关系办公室；The USAonline.com；以及其他的媒体报道。

第13章 美日经济冲突　　521

13.3 全面贸易对话的兴起：20世纪80年代

13.3.1 美国对美日贸易的不满情绪增加

贸易冲突和谈判的性质在20世纪80年代发生了显著变化。美国的贸易赤字在20世纪80年代前半期有所增加（见图13.1）。而且，在20世纪80年代，日本是美国双边贸易中的最大逆差国家（见图13.2）。如前所述，在80年代之前，美日贸易谈判是为了回应美国产业部门的抱怨，集中在特定产业，关注的焦点是控制日本对美国的出口。在80年代，贸易对话中讨论的议题范围扩大到结构性问题，美国认为正是这些问题扭曲了日本的贸易模式。这些结构性问题包括日本存款利率上限，这可能为日本的制造业企业提供了不公平的廉价资本，以及日本企业之间的长期关系（经连会），这些关系也被认为对想出口到日本的外国企业造成了结构性障碍。20世纪80年代的谈判除了关注日本出口激增，还开始强调日本的市场准入问题。对于两国都在快速发展的高

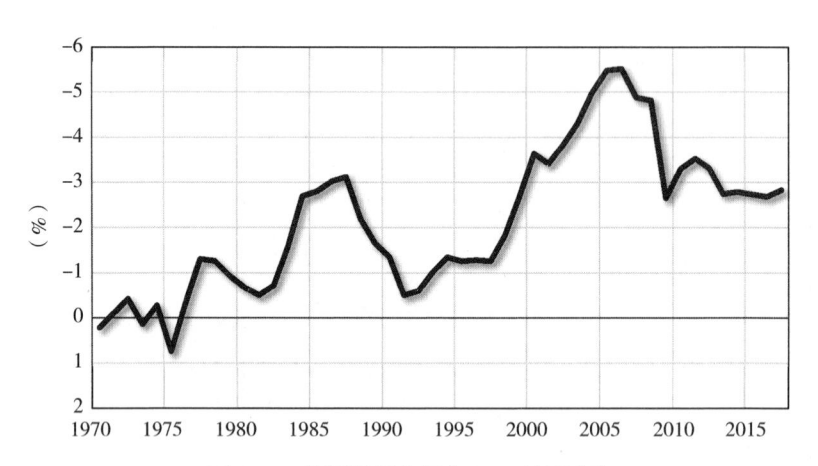

图13.1 美国贸易余额占GDP的百分比

注：纵轴是反转过来的，因此负值在正值的上面。
资料来源：美国人口普查局和美国商务部经济分析局。

科技产业，这一点体现得尤为明显。最后，在20世纪80年代，美国谈判代表使用的策略也发生了变化，他们开始更多地为美国制造业企业在日本市场的份额设定量化目标。

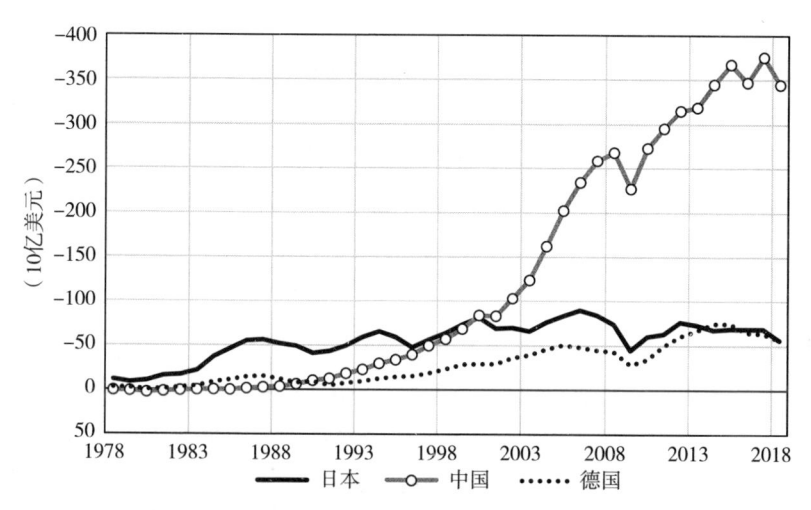

图13.2　美国与日本、德国和中国的双边贸易余额
注：纵轴是反转过来的，因此负值在正值的上面。
资料来源：美国人口普查局和美国商务部经济分析局。

这些改变的动力在太平洋两岸都有。在美国方面，对自由贸易的政治支持减少了，尤其是与日本的贸易，当时日本是向美国出口最多的国家。里根政府（1981—1989年）坚定地支持自由贸易，并赞同日本的说法，即日本出口增长是其生产者以合理价格提供优质产品的结果。然而，这位共和党总统需要面对作为国会多数派的民主党日益增加的批评，他们将20世纪80年代美国贸易赤字的增加归咎于政府的贸易政策。制造业部门的工会是民主党的有力支持者，他们感到从日本进口的商品不断增加对自己的就业造成了沉重打击，并游说政府做出回应。分裂的政府（即共和党总统，民主党国会）也可能是将贸易问题政治化的原因之一。

同时，支持放松经济管制的日本决策者最初对美国要求日本解决其结构性问题持欢迎态度。这些要求被视为强烈威胁，以说服日本国内既得利益集团屈服。许多利益集团的领导人也发现，谴责美国强权的欺凌要比屈服于日本政府更容易。

20世纪80年代的贸易谈判也受到了学术研究的影响。例如，20世纪80年代出现的新贸易理论为瞄准以规模回报递增为特征的新兴产业（例如许多高科技产业）的市场准入提供了依据。许多著名的国际经济学家开始提倡对贸易进行管理，而不是各种产业的自由贸易。

13.3.2　汽车产业的自愿出口限制

20世纪80年代第一次重大的美日贸易冲突仍具有传统冲突模式的特点。美国汽车产业抱怨称，美国企业受到日本进口激增的侵害。例如，第三大汽车制造商克莱斯勒公司几乎破产，不得不接受美国政府的纾困。美日关于汽车贸易的谈判最终达成了为期三年的自愿出口限制协议，从1981年4月1日至1984年3月31日，该协议将日本出口到美国的汽车每年限制在不超过168万辆。然后，自愿出口限制被更新，从1984年4月1日至1985年3月31日的最高限额为185万辆，接着再次更新，1985年4月1日到1986年3月31日的最高限额为230万辆。尽管230万辆的限额仍在继续执行，但在1987年之后就不再具有约束力了。该限制最终在1994年被取消。

与其他减少日本对美国汽车出口数量的措施（如关税和配额）相比，自愿出口限制这种形式的贸易协定更受欢迎，原因有几个。通过指出这是日本单方面的行动，美国政府可以避免被贴上保护主义的标签。由于日本政府将这一配额分配给了日本汽车制造商，因此后者可以免除可能的反垄断诉讼。此外，自愿出口限制据信不会违反任何关贸总协定的协议。

实际上，这种自愿出口限制不是单边的，而是双方共同达成的协议。但是，这后来成为日本政府的单方面行动。1985年3月2日，里根总统引用一项研究的结论，认为美国消费者由于自愿出口限制而受损，因而宣布美国政府不会要求日本政府继续这样做。尽管如此，在经过一些讨论之后，如上所述，日本仍单方面继续执行自愿出口限制，将出口汽车的数量限制在230万辆。然而，美国国会并不太接受这一举措，依然称日本为不公平的贸易伙伴。

自愿出口限制本质上是固定数量的卡特尔。这种卡特尔的经济后果可以由微观经济理论来预测。回想一下第11章给出的理论分析。实际上，1981年开始实施并在20世纪80年代修改和扩展的自愿出口限制产生的结果与预测基本一致。首先通过安装可选的配件，然后逐渐从小型汽车转向中型汽车，限制出口的汽车数量提高了日本制造商的利润率。由于日本汽车进口数量有限和价格相对较高，美国汽车制造商占得优势。自愿出口限制有助于克莱斯勒起死回生，尽管作用有多大很难准确量化。到20世纪80年代中期，克莱斯勒已扭亏为盈。

日本汽车制造商对自愿出口限制的反应之一，就是开始在美国生产汽车。本田在俄亥俄州的工厂是日本在美国的第一家汽车厂。日产在田纳西州的士麦那市修建了工厂，丰田和通用汽车合资，在加利福尼亚州弗里蒙特市建立了工厂。然后丰田在肯塔基州修建了自己的工厂。在随后的几年中，日本汽车制造商扩大了在美国的生产，首先是生产简单的小型汽车，然后是更大型更先进的汽车。

因自愿出口限制而真正受损的是美国消费者，因为进口汽车数量受到限制，价格上涨。斯巴鲁和大发等出口数量不多的日本小型汽车制造商的利益也受损了，因为日本政府只给它们分配了较少的配额。

13.3.3 冲突升级

在整个20世纪80年代，美国和日本之间的紧张关系加剧。随着美国和日本之间的双边贸易失衡迅速增加，美国国会的反日情绪高涨。

贸易冲突不再仅限于具体的日本出口。美日政治经济关系现在成了国家层面的问题。德鲁克（Drucker，1986，第101页）使用挑衅性的术语"对抗性贸易"，暗示日本出口的目的就是要摧毁其他国家的工业。从表面上看，巨额经常账户盈余和较少的制成品进口似乎印证了日本作为对抗性不公平贸易的国家形象。

一些学者和决策者认为，日本致力于战略性贸易，以保护其国内市场，培育国内产业，然后再出口到美国市场。日本市场有许多旨在防止外国产品渗透的非关税壁垒。因此，日本贸易的做法是不公平的。要纠正这种情况，要求建立公平竞争环境的传统方法可能是不够的。要求设立某种以结果为导向的目标并对贸易进行管理，可能是正确的做法。按照这一思路，泰森（Tyson，1990）对此进行了非常清晰的论证。

20世纪80年代的另一个变化，是将重点从限制日本对美国的出口转向增加美国对日本的出口，以此作为纠正贸易失衡的解决方法。美国争辩说，日本未能为美国制造商（以及总体上所有外国制造商）提供公平的市场准入，这是造成美国出口水平低从而贸易逆差大的原因。种类繁多的产品和商品很难进入日本市场，这类抱怨随处可见。从1985年至1988年，双方就日本对几种农产品（包括牛肉和橙子）的进口限制进行了谈判。日本进口牛肉和橙子的上限逐渐提高。然后，1991年4月，所有进口牛肉和橙子的配额被关税取代。美国碾米商协会曾在1986年和1988年提出日本大米进口自由化，但是美国贸易代表否决了这一想法。

13.3.4　半导体协议

20世纪80年代，日本电子企业增加了半导体的产量。在20世纪80年代中后期，日本半导体制造商的产量超过了世界总产量的50%。此外，日本市场由日本制造商主导。一些美国政策制定者警惕起来，因为半导体在工业中应用广泛，并有重要的军事用途。他们辩称，在半导体方面过度依赖日本，不仅会威胁美国的工业，还会威胁美国的国家安全。[1]

随着国会压力的增加，美国贸易代表办公室试图与日本达成一份半导体协议，并附有以结果为导向的量化目标。日本首先反对设定量化目标的要求，但最终还是同意了。结果，有关半导体贸易的谈判成为聚焦于日本市场准入的最早也是最著名的谈判之一。1986年9月，两国政府签署了《半导体协议》，以解决一起倾销案。该协议包括三个部分。首先，美国商务部将为每个日本半导体出口商计算一个公平价格，以防止在美国市场倾销。其次，日本将尽其所能，以防止在第三方市场倾销，比如香港地区和新加坡。再次，日本将帮助提高美国半导体在日本的市场份额。作为回报，美国政府同意放弃针对日本半导体制造商的倾销诉讼。另有一项附加的秘密条款，表明日本政府"将努力协助美国在5年内实现外国半导体产品在日本市场占有20%份额的目标"（Prestowitz，1988，第65页）。

1987年4月，美国宣布发现日本违反了该协议（特别是第二部分和第三部分），决定对各种日本产品征收最高达到300%的报复性关税，如笔记本电脑和大屏幕电视机。毫不意外，日本对此的反应是完全否认。日本的一些批评家断言，对日本在香港地区倾销的指控没有任何根据，而且美国生产商并未付诸多少时间或精力来提高在日本的市场份额。

附加的秘密条款进一步激怒了日本人。现在许多日本人相信，美国在欺凌和痛殴日本，而许多美国人则认为，日本是一个不公平的贸易伙伴，会利用任何手段增加出口，无论是否合乎规则。《半导体协议》在1991年延长了一次，定于1996年到期。到那时，美国在日本获

---

[1] 1992年，时任总统经济顾问委员会主席的迈克尔·博斯金（Michael Boskin）问道："计算机芯片和薯片，有什么区别？"但赞同贸易管理的人无法接受这一点。

得一定市场份额的目标已经实现，实际上甚至还超额了。

13.3.5 以市场为导向的特定部门谈判：1985—1996年

旨在改善美国进入日本市场的更广泛的谈判始于1985年。以市场为导向的特定部门（MOSS）谈判选择了电信、电子、林业产品、医疗设备和药品四个部门。在这些领域，据说美国出口商受到了日本国内生产商不公平的对待（Prestowitz，1988，第296—299页）。

1986年，建筑行业的市场准入引发争议。由于日本政府采购项目都分配给了有资质的建筑企业（全部是国内企业），新企业几乎不可能承建日本的大型建筑项目。在美国对此提出申诉后，大阪附近的新关西机场建设成为市场准入的试验品。1987年11月就投标程序达成协议，关西机场公司开始接受外国企业对建造航站楼的投标。尽管一家日本企业中标，但在美国的要求之下，日本的政府采购开始对外国企业开放。

由于贸易失衡越来越严重，日本与美国的关系日益紧张，这令日本政府感到震惊，并采取若干措施鼓励进口更多的商品。1985年，首相中曾根康弘建议每个日本公民购买价值100美元的进口商品，这样可以使贸易顺差减少120亿美元。（中曾根康弘亲自买了一条领带和一瓶葡萄酒。）政府还在东京市中心分发传单，鼓励日本公民购买进口商品。10月被指定为"进口促进月"，通产省开始以"促进进口，将友谊传遍世界"为口号，并将它印在自己的信笺上。此外，政府还制订了行动计划，通过扩大国内需求来增加进口并消化日本产品。1987年和1988年，林业产品、烟草、香烟和铝材的关税相继降低。

中曾根康弘首相还成立了一个由日本央行前行长前川春雄领导的委员会。前川委员会的任务是为日本经济结构调整提出一项战略，以减少经常账户盈余，提高生活水平。前川委员会于1986年4月发布了一份报告（《前川报告》），经济委员会于1987年5月向首相提交了另一份报告（所谓的新《前川报告》）。

前川的第一份报告特别推荐以下项目：
- 刺激内需，改善生活质量；
- 转变产业结构，鼓励进口；
- 改善外国企业进入日本市场的状况；
- 使汇率与基本面保持一致；
- 促进国际政策协调。

到20世纪80年代后期，日本锐意改革的政策制定者开始将美国对贸易自由化和放松管制的要求视为有益的压力。只要美国提出的要求也有可能提高日本消费者的福利，这种所谓的"外压"（gaiatsu，即"外国压力"）就会受到欢迎。

13.3.6 《综合贸易法案》和"特别301条款"

尽管在某些部门有所改善，但是美国和日本之间的政治关系总体上还在继续恶化。美国的批评人士对日本未能增加进口继续耿耿于怀，一些日本人则将此解读为美国的欺凌行为，并为此愤愤不已（例如Ishihara and Morita，1988）。1988年夏天，《综合贸易和竞争力法案》经里根总统签署后生效，这是几位国会议员几年来努力的结果。该法案包含"特别301条款"，进一步加强了1974年《贸易法案》的301条款。新法案赋予美国贸易代表办公室宣布某些国家为不公平贸易伙伴的权力。如果一个国家被认定为不公平贸易伙伴，它必须与美国合作，在18个月内消除被认定的具体贸易壁垒。如果18个月后消除壁垒的进展被认为不够充分，美国政府可以采取报复性措施。

从美国各位贸易代表举行的会谈和新闻发布会看，这一条款显然主要是针对日本的。确实，根据"特别301条款"，美国贸易代表办公室于1989年5月将日本与印度和巴西一起，指定为不公平贸易伙伴。

这一指控明确指出，林业产品、卫星和超级计算机是日本设立了不公平贸易壁垒的领域。日本抗议说，在制裁威胁之下的强制谈判是不可接受的，但拒绝付诸努力以消除障碍也不可行。1990年，日本被认定已经取得了足够的进展，因此没有受到报复性制裁。

尽管1989年依据"特别301条款"所做的指控没有想象的那么严重，但这一事件在美日贸易冲突的历史上留下了重要的印记。那些将日本视为本质上是封闭经济体的人认为，"特别301条款"是一个强大的工具，可在谈判过程中产生可信的威胁，从而有助于打开日本市场。日本的许多批评家认为这是不可接受的措施，将会通过相互报复而使保护主义升级。由于美国贸易代表办公室单方面决定何谓不公平贸易伙伴，日本人（以及许多欧洲国家）认为这违反了关贸总协定这类多边贸易框架。一些日本人将"特别301条款"看作美国的一种尝试，即在与其贸易伙伴的冲突中，它试图成为唯一的裁判。

13.3.7　1989—1990年结构性障碍倡议

随着针对"特别301条款"的冲突不断升级，美国和日本开始全面谈判，以解决贸易失衡问题。结构性障碍倡议谈判始于1989年秋天。结构性障碍倡议的目标是"识别和解决两个国家阻碍贸易和国际收支调整的结构性问题，从而缩小国际收支失衡的规模"（《结构性障碍倡议最终报告》，第二段）。[②] 此次谈判的新颖之处在于，双方开始互相指责。日方抱怨美国政府和企业界没有为提高竞争力而付诸努力，美方则抱怨日本市场不开放。这至少从表面上有助于安抚日本人对美国"痛下死手"的抵制情绪。最后报告于1990年5月提交给老布什总统和海部俊树首相。该报告列出了日本需要改革的六个议题：储蓄和投资模式、土地政策、分销系统、排他性商业行为、经连会企业关系

---

② 全文参见Nichibei Kozo Mondai Kenkyukai（1990）或有关链接。

和定价机制。

日本政府认识到本国在社会基础设施方面落后于其他发达国家，因此承诺增加公共支出，用于住房、排水设施、公园、垃圾处理系统、交通安全、港口设施、机场以及海岸保护和改善。增加公共投资将缩小储蓄与投资的缺口，从而减少日本和美国之间经常账户的失衡（这一点在第8章中做了解释）。为了增加住房供给，日本政府承诺考虑修改《土地租赁法》和《房屋租赁法》，以提高中央政府或地方政府拥有的土地的使用效率，并促进农用地转为住宅用地。结构性障碍倡议谈判中还讨论了分销系统。

美方认为，日本的分销系统使日本消费者接触不到美国的出口商品。机场拥挤不堪，阻止了进口货物的快速通关，而更可能出售进口货物的大型零售商店的扩张受到法律的严格限制，以保护夫妻连锁店。因此，实现分销系统的现代化被认为有助于增加日本的进口。"排他性商业行为"（目录中日本代表团的第四点）和"经连会企业关系"（目录中日本代表团的第五点）被确定为改革的目标，以增加外国企业在日本的商机。政府将鼓励日本企业采购外国企业的零部件和其他商品，并将积极执行《反垄断法》。日本政府还将实施降低商品价格的政策，这些商品在日本以外的地区购买，价格要低得多。这些政策包括放松管制、实施《反垄断法》、促进进口和降低公共服务的价格。这是一份相当全面的承诺清单，旨在促进进口和提高日本消费者的福利。

结构性障碍倡议谈判在美日谈判的历史上是独一无二的，因为和日本一样，谈判也指出了美国的结构性问题。这些问题包括储蓄短缺、缺少工人培训以及教育体系不足等。

肖帕（Schoppa，1997）研究了结构性障碍倡议谈判是否成功地使日本的经济结构实现了预期的变革。这项研究的主要发现是，谈判仅在那些得到国内利益集团支持的领域取得了成功。例如，改革土地政策以增加住房得到了国内的支持，结构性障碍倡议在这一领域的谈判最终导致了1991年《土地租赁法》和《房屋租赁法》的修订。同样在1991年，城镇地区的耕地优惠税率被取消，以鼓励农用地转为住宅用地。分销系统改革是结构性障碍倡议带来实质性改革的另一个领域。另一部立法，即《大型零售商店法》在1992年被大规模修订。尽管大型零售商店面临的障碍并未完全消除，但此次修订使这类商店更容易向区域性城市扩张。相反，在结构性障碍倡议报告中明确指出的其他一些领域，例如经连会企业关系和商业行为，这些领域的改革在国内缺乏支持，效果并不明显。

肖帕发现，只有那些在日本国内得到足够支持的改革，结构性障碍倡议才取得了成功，但这并不意味着该倡议没有起作用。相反，这是一个很好的例子，可以说明外部压力如何使日本的既得利益集团屈服于政府倡导的放松管制。日本官僚机构将美国的要求视为一种命令，并制定了实现这些要求的技术细节。即使结构变革意味着一些既得利益集团受到了损害，官员们也会指责罪魁祸首是美国。受损的既得利益集团的游说者也可以向他们的委托人汇报"对此我无能为力，这是美国人想要的"，从而挽回一些颜面。[3]

13.3.8　经连会与贸易

结构性障碍倡议建议日本改变其经连会企业关系，但该建议并未得到国内太多的支持。从经济理论的角度，将经连会视为一种贸易壁垒，这一观点似乎也不太站得住脚。按照这一观点，经连会企业合谋将外国企业排除在日本之外，从而减少了进口的数量。例如，劳伦斯

---

[3] 日本公众通常会接受美国的要求，认为这是需要完成的事情，并不会从经济效率的角度评估它们的益处。美国的要求往往被视为无法拒绝的命令。这一"黑船综合征"（black ship syndrome，这是指19世纪马修·佩里准将抵达日本，并要求其开放贸易）似乎仍在日本盛行。

（1991）研究了一个产业的进口渗透率（以进口量在国内需求中的占比衡量）与同一产业中经连会企业所占份额之间的关系，发现经连会（无论横向的还是纵向的）占比较高与进口渗透率较低相关。虽然劳伦斯对结果的解释暗示经连会企业合谋排挤外国企业，但也有一些值得注意的地方，以防误解。首先，因果关系实际上可能是相反的：在进口渗透率较低的产业，可能更容易形成经连会。其次，进口渗透率低可能不是因为经连会企业合谋，而是因为隶属不同经连会的企业相互竞争。

温斯坦和亚费（1995）的研究为第二种观点提供了支持。他们发现，经连会企业占比较高的产业往往具有较低的利润率，这表明这些产业更具竞争力。如果是这样的话，与竞争不那么激烈的其他产业相比，可以预期外国企业很难进入此类产业的市场。

13.4　20世纪90年代管理贸易的要求及回绝

13.4.1　美国和日本的不同态度

一些特定行业的贸易谈判一直持续到20世纪90年代。1986年签订的《半导体协议》在1991年到期，但立即以基本相同的条件续约。1991年，外国企业生产的半导体的市场份额已经达到20%，但美国坚持日本以后要继续实现这一目标。

到了1996年第二份半导体协议到期时，外国半导体在日本的销售份额接近30%。鉴于这一事实，再加上十多年来没有观察到任何倾销现象，该协议得以终止。半导体理事会是美日共同监督半导体贸易的组织，它通过增加韩国等其他半导体出口商而得以扩大，并更名为世界半导体理事会。因此，半导体贸易不再是美日贸易关系的议题。

这样，借助半导体协议中规定的两个量化目标，最终有效地增加了日本的半导体进口数量。美国和日本从这一经验中得到了完全相反的教训。美国认识到，设定量化目标是打开日本市场非常有效的工具。另一方面，日本意识到政府必须非常努力地干预私人部门，并说服日本企业更多地采购外国制造的半导体。日本官员决心在未来的任何贸易协定中，均不允许设定可予以惩罚的量化目标。

另一方面，两国之间汽车和汽车零部件的贸易状况仍然不断引发争议。1992年的《汽车和汽车零部件协议》明确提出了一份行动计划，即通过日本汽车制造商的自愿努力，日本增加对美国制造的汽车零部件的进口。在美日框架谈判中，汽车和汽车零部件贸易被认为是重要的产业议题。我们下面将讨论这一议题。

在不同产业的框架谈判中，一个共同特点是美国努力要在协议中设定量化目标。美国坚持使用量化目标，部分是基于美日贸易关系中所谓的修正主义观点。修正主义观点的一个典型版本逻辑如下：

日本市场成功地将外国产品拒之门外，而日本产品却在美国市场上畅通无阻，从而提高自己的市场份额。[4] 美国政府与日本进行了长期谈判，以消除美国产品面临的各种障碍。然而，一个障碍消除了，另一个障碍又出现了。由于谈判的拖延，日本生产商掌握了引进的技术，并在日本出售足够的产品以锁定市场份额。因此，仅仅要求机会平等（即公平的竞争环境）是不够的。相反，美国应该要求一个明确的量化目标，例如外国生产商的市场份额，并让日本想办法实现这一目标。日本经济的运作方式有所不同，因此采取不同于标准经济学建议的策略是合理的。换言之，日本的经济结构和政治决策过程与西方国家的差异如此之大，因此采用不同的谈判规则

---

④ 有关修正主义观点的更多资料，请参见Johnson（1982）、Prestowitz（1988）、Fallows（1989）和van Wolferen（1989）。但是，这些文献的重点和逻辑略有不同。本文中的论点可能最接近Prestowitz的观点。

也是合理的。⑤

13.4.2　美日开启框架谈判

比尔·克林顿时任阿肯色州州长，民主党人，他在1992年11月赢得总统选举，时年46岁。当他于1993年1月就职时，他的经济团队就对日战略进行了讨论。由于日本方面日益增加的抵制情绪，经济团队分成了两派，一派拥护贸易管理战略，一派则对该战略持怀疑态度。

宫泽喜一于1991年11月成为日本首相，时年72岁。他是一位资深政客，在多个内阁职位上久经历练。他一开始于1962年担任经济企划厅厅长，后来担任通产大臣、外务大臣和大藏大臣。在成为政治家之前，他从1942年开始在大藏省任职，担任大藏大臣的口译员，并在二战后1951年的《美日和平条约》谈判中承担协助工作。他在旧金山担任下级官员，见证条约的签字仪式。尽管宫泽喜一精通许多学科，包括经济学、美日关系和中国诗词，但并不以精明的政治手段著称。

克林顿总统和宫泽首相于1993年4月在华盛顿举行了首次会晤。美国要求日本采取扩张性的宏观经济政策，以扩大日本的进口并减少其经常账户盈余。同时，美国要求日本消除某些目标产业的非关税壁垒。就若干一揽子议题，美国要求启动附带量化目标（类似于《半导体协议》）的谈判。

会晤之后，两国领导人的新闻谈话已经显露出分歧的迹象，而这些分歧在未来几年愈演愈烈。克林顿认为，只要美国公司正在生产"高质量且价格具有竞争力的商品"，"日本市场就必须接受它们"。宫泽进行了反击，他指出合作经济关系"不可能通过有管理的贸易来实现，也不可能在单边主义的威胁之下实现"，他甚至表示"对美国的某些趋势感

---

⑤ 1989年2月贸易政策与谈判咨询委员会向美国贸易代表办公室提交的报告清楚地阐明了这种以结果为导向的政策。

到担忧"（所有引文均来自1993年4月16日的联合新闻稿）。⑥

一从华盛顿返回，宫泽喜一就遭到自己所在的自民党内部和外部的严厉批评。1993年6月17日，宫泽喜一首相未能阻止众议院举行不信任投票，他以提前大选作为回应。7月18日，日本举行首相大选。

7月9日，在东京举行的七国集团峰会期间，宫泽喜一会晤了克林顿。据报道，在一次寿司晚宴上，宫泽提出了一个折中方案，但没有披露讨论的细节。

最终签署的《美日新经济伙伴关系框架》指出："日本积极寻求的中期目标是，促进以内需导向的强劲且可持续的增长，改善具有竞争力的外国商品和服务的市场准入，包括来自美国的商品和服务"，但是未提及任何有关宏观经济变量的量化目标。该协议还指出，两国政府"将评估针对每个部门和结构性问题采取的政策措施的执行情况"，并且这种"评估将基于一系列客观标准"（1993年7月10日的《美日新经济伙伴关系框架》联合声明）。⑦

显然，日方和美方对"客观标准"一词有着非常不同的解读。日方认为客观标准不同于量化目标，并且相信自己成功地避免了承诺任何量化目标。就美方而言，客观标准绝对就是量化目标。许多美国决策者认为，如果日本不同意设定量化目标，就应征收报复性关税。拥护自由贸易的人感到灰心丧气，因为他们认为甚至日本也同意了量化目标的方法，所以他们被抛弃了。

目前尚不清楚，这位已沦为"跛脚鸭"的首相为何试图通过与克林顿总统再举行一次会晤以期达成妥协，由此展现其领导力，并在会谈中使用了这一颇有争议的措辞。但是这只增加了两国政府之间的混

---

⑥ 全文参见链接：http://worldjpn.grips.ac.jp/documents/texts/JPUS/19930416.O1E.html（最后访问时间为2019年6月20日）。

⑦ 全文参见链接：http://worldjpn.grips.ac.jp/documents/texts/JPUS/19930710.D1E.html（最后访问时间为2019年6月20日）。

乱和争论。他可能低估了华盛顿对东京的敌意，或者他可能认为这种妥协（无论两国如何解读）总比没有协议要好。无论如何，这开启了美日经济关系长达两年的敌对。

《美日新经济伙伴关系框架》的谈判始于1993年，其中包括许多问题，这些问题被分为五个所谓的篮子：（1）政府采购；（2）监管改革和竞争力；（3）汽车和汽车零部件；（4）经济协调；（5）现有制度和措施。有关监管改革和竞争力的讨论集中在金融部门，特别是保险业。"经济协调"篮子旨在解决外国直接投资在日本面临的障碍，包括对知识产权的法律处理以及据称由经连会引发的问题。"现有制度和措施"篮子涉及旨在解决贸易问题的现有制度的实施，包括平板玻璃业、建筑业和政府采购的相关制度与措施。与结构性障碍倡议不同，储蓄投资缺口这类宏观经济问题并未引起太多关注，尤其是对美国经济而言。

美国强硬地坚持量化目标，遭到了日本同样强硬的抵制，因为日本从《半导体协议》中得到的教训就是再也不要同意任何量化目标。日方辩称，在日本销售的美国汽车未能获得一定的市场份额，不是因为政府或日本汽车制造商设置了非关税壁垒，而是因为它们对日本消费者没有吸引力。这场冲突几乎使得框架谈判在开始前就胎死腹中。比较严重的一次冲突是在谈判开始之后，还有一次是在谈判临近最后期限时。争论最激烈的领域是汽车和汽车零部件。

13.4.3 细川—克林顿摊牌

在对宫泽内阁的不信任投票之后，日本1993年举行大选，自民党在大选中失去了多数党地位，只赢得了511个席位中的223个。许多投票支持不信任案的自民党反叛者一起离开了自民党，成立了很多小政党。新当选的众议院议员讨论成立八党联盟，将自民党和共产党排除在外。一年前刚刚成立了日本新党的细川护熙被选为首相，时年55岁。8月9日，细川政府成立，成为自1955年自民党成立以来的第一个非自民党政府。

在担任这一职务之前,细川作为自民党人曾出任参议院议员,然后又担任了熊本县知事。他从未担任过内阁大臣,并且刚刚第一次当选为众议院议员。因此,对于首相这一职位,他的背景非常特殊。

细川获得了很高的支持率。他提出了几项新政策,从而使他的政府有别于之前自民党政府的政策。例如,他就日本在二战期间对朝鲜和中国犯下的暴行发表了更明确的道歉。在任政府也接受了关贸总协定乌拉圭回合谈判期间达成的协议,包括日本长期抵制的农产品进口自由化。这些措施在普通民众中颇受欢迎。

细川首相和克林顿总统于1993年9月在纽约首次会晤。他们在1993年11月在西雅图举行的APEC(亚太经济合作组织)首脑峰会上再次会晤。[8]这些会晤通过讨论使得框架谈判圆满结束,但是客观标准的含义仍然悬而未决。[9]

当两人于1994年2月11日再次会晤时,美国方面希望能够迫使日本同意设定量化目标,但日本坚决拒绝。双方都没有兴趣达成模棱两可的声明。克林顿总统评论道:"我们一致寻求达成包含'客观标准'的协议,这些协议将导致'切实的进展'",但"日本的提议……根本达不到在东京时商定的标准"。细川首相则反驳说:"对量化目标的解释,我认为双方之间存在差异,我们还不能轻而易举地消除这一分歧。"细川还指出:"过去,日本和美国有时达成了模糊的协议,掩盖了当时的问题,却发现它们不时会成为我们两国之间后来产生误解的

---

[8] 在西雅图APEC峰会期间,领导人受邀乘坐游轮游览。一张合影显示,细川披着一条红色长围巾,这在日本媒体上被广泛报道。他还在东京召开了一次"白宫"风格的新闻发布会,即站在讲台上,通过提词器先发表讲话,然后指定记者对其提问。他的首相新形象给公众留下了深刻的印象。

[9] 美国和日本都演化出具有不同谈判风格的派系,详细信息参见Uriu(2009)。特别是Uriu(2009,第202—208页)描述了2月11日峰会失败的原因,因为双方的工作人员都是由强硬派和妥协者组成的。

根源。"⑩

美方将宫泽喜一本来同意的客观标准视为设定量化目标的根据，但是日方的立场有所倒退。在日本，人们认为这标志着东京抵制了美国提出的不合理要求，并对此进行了广泛的报道。⑪《纽约时报》报道称："但是，从狭隘的政治角度来看，克林顿先生和细川先生坚守各自的立场都是为了获得可观的国内政治利益，总统坚持真正的而不是书面的让步，首相则抗住了美国的压力。"⑫ 双方在政治上都赢得了胜利，但谈判陷入了僵局。

13.4.4　自民党和社会党的联合政府

尽管细川护熙通过抵制量化目标提高了声望，但他仍身陷政治丑闻，并在国内遭遇了税收政策的失败（参见专栏13.1）。由于一些成员反对细川的税收政策，联合政府开始分崩离析。首相最终在其政府成立一周年之前辞职。

新生党的羽田孜在细川辞职后就任首相，但是他的内阁也很短命。社会党和先驱新党脱离了联盟，剩下的联盟成员成为少数党政府。自民党仍然是席位最多的政党，它利用了执政联盟的分裂。自民党在幕后与社会党和先驱新党进行政治交易，而社会党过去曾是自民党的主要政敌。来自自民党、社会党和先驱新党的成员组成的联合内阁取代了只持续了60天的羽田内阁，而一生都是社会党人的村山富市被选为首相。自民党将重掌大权放在首位，所以它将首相的大位让给了联盟

---

⑩ 全文参见链接：http://worldjpn.grips.ac.jp/documents/texts/JPUS/19940211.S2E.html （最后访问时间为2019年6月20日）。

⑪ 在一些日本政策制定者和学者看来，细川护熙抵制美国的要求似乎是采纳了Ishihar和Morita（1988）这本畅销书中提出的建议。

⑫ 《纽约时报》，"克林顿和日本首相承认贸易谈判失败：美国威胁要采取行动"，1994年2月12日。

第13章　美日经济冲突　　539

专栏13.1　细川护熙的失误

1994年2月11日在华盛顿与克林顿总统摊牌之前，细川首相在预算方面面临困境。在框架谈判的讨论中，美国一直要求日本采取经济政策来刺激国内需求。在1993年11月与克林顿举行的首脑峰会上，细川曾承诺通过降低个人所得税来刺激国内经济。尽管细川政府非常确定自己将拒绝美国提出的量化目标要求，但他还是抱有希望，认为同意扩大国内总需求就足以安抚美国。但是他的联盟伙伴曾向选民许诺，如果获得了权力，他们将停止赤字融资。仅削减所得税将增加政府赤字，并违反竞选承诺。细川想出了一个解决方案：削减所得税，然后增加增值税，以使赤字不会增加。他需要迅速采取行动，因为与克林顿总统的会面即将到来，而他想要以日本的国内刺激政策（即所得税减免）作为礼物赠送给对方。因此，细川在2月3日凌晨1点宣布了一项计划，他提议将实际为增值税的消费税重新命名为国家福利税，并将税率从3%提高至7%。不顾联盟内其他政党的反对，并且未与相关大臣协商，他就在2月3日凌晨宣布了这一消息。首相不仅在凌晨1点宣布了一项重大的税收改革，而且这一决策避开了所有通常的官僚程序，这很奇怪。不出所料，许多联盟内的政党和反对党一起对此表示反对。

提高增值税的建议在第二天，也就是2月4日就被撤销了。在这次失误中，细川损失了大量的政治资本。尽管公众确实支持日本拒绝设定量化目标，但与美国的谈判以失败告终。在被指控收受非法政治捐款后，虽然他坚称这是一笔来自一家卡车运输公司的贷款，但是联盟已经无法维持。细川于4月底辞职。尽管作为近40年来首位非自民党首相，细川的历史地位已经牢固地确立起来，但细川政府执政仅仅不到一年的时间。

中占少数的友党。这一联盟只是权宜之计。

在2月摊牌之后，克林顿政府立即开始向日本施压，威胁要采取单方面行动。1994年3月，克林顿恢复了1988年《综合贸易和竞争力法案》中的"特别301条款"，该条款要求美国贸易代表办公室识别存在不公平贸易行为的国家，如果与这些国家的谈判未能取得进展，允许美国实施单边制裁。

大约在同一时间，1994年4月，根据《马拉喀什协定》世界贸易组织正式成立，并于1995年1月1日开始生效。世界贸易组织条约将建立争端解决机制，禁止成员（其中包括美国和日本）采取单边行动。由于加入了世贸组织，美国于7月废除了《综合贸易和竞争力法案》，这对日本政府是一种解脱。

村山富市继续与美国进行谈判，并于1995年1月在政府采购、保险和金融服务以及平板玻璃等领域达成协议。汽车和汽车零部件成为仅有的悬而未决的问题。

13.4.5　最终对决：汽车整车和零部件

在汽车整车和零部件领域，华盛顿继续坚持美国汽车在日本市场具体的销量目标。日方根据两条理由予以反驳。首先，欧洲汽车制造商在日本扩大销量没有遇到问题，这表明不存在针对外国汽车制造商的非关税壁垒或任何其他结构性问题。其次，通过威胁采取单边行动来强行设定量化目标，有违关贸总协定和世界贸易组织的规则。

到这个时候，框架谈判的谈判主线已由最高领导人（总统和首相）转至较低的行政级别。经验丰富的自民党政治家、通产大臣桥本龙太郎和美国贸易代表办公室的米奇·坎特（Mickey Kantor）成为双方的谈判主将。

1994年10月，美国宣布，它将依据1974年《贸易法案》第301条款对日本用于维修的汽车零部件市场进行调查。该条款与"特别301

条款"不同，美国争辩这样做并没有违反世界贸易组织的规则。接着，1995年5月16日美国贸易代表办公室提出单方面行动，对日本出口的豪华车征收100%的从价关税。最终决定将于1995年6月28日做出。

这令日本感到相当震惊，但它继续抵制量化目标。日本的回应是将这一案件交给世界贸易组织的争端解决机构。最后，在开始征收有溯及效力的惩罚性关税的前一天，双方达成妥协。日本政府同意努力改善外国汽车制造商进入日本市场的机会，而美国政府则同意支持美国汽车制造商对日本的出口。

最终协议规定，美国贸易代表办公室将设定客观标准，以衡量日本进口的外国汽车零部件，但日本明确表示，这些指标不会是量化目标，美国的预期和预测对日本政府没有任何影响。这些客观指标包括外国汽车在日本销售以及日本进口的外国汽车零部件的数量和金额。

这确实是一个妥协。美国要求增加美国汽车和零部件在日本的销售，并成功地将对"客观标准"的监控纳入声明之中。日本同意做出努力，但成功地在声明中提到"客观标准"不是量化目标或承诺，未能实现也不会引起美国的任何报复。⑬ 因此，日本避免了重复《半导体协议》的痛苦经历（对他们而言）。五年之后，这种监测结束了。这一争执的结束，最终也是美国政府量化目标方法的终结。

13.4.6　柯达对富士

当汽车和汽车零部件谈判接近高潮时，另一场冲突又爆发了。

---

⑬ 例如，在声明中坎特代表根据这些企业各自的计划，对北美市场有如下估计：（1）到1998年，对美国零部件的采购额将增加67.5亿美元；（2）到1998年，这些公司在美国的汽车产量将从210万辆增加到265万辆。坎特还估计，到1998年，这些企业在日本使用的外国零部件将增加60亿美元。桥本表示，这些估算与日本政府无关，因为这超出了政府的范围和责任。他说，美国贸易代表办公室的估计完全是它自己的估计（"通产大臣桥本龙太郎和美国贸易代表米奇·坎特就日本汽车制造商计划的联合声明"，1995年6月28日，日内瓦）。

1995年5月18日，柯达公司向美国政府提起诉讼，指控富士胶片与日本政府勾结，拒绝柯达进入日本市场。柯达要求美国贸易代表办公室使用1974年《贸易法案》第301条款来对付日本。柯达和美国贸易代表办公室试图指控富士建立歧视外国企业的分销网络，且日本竞争政策主管机构（即日本公平贸易委员会）未能执行竞争法。[14]

具体来说，柯达声称：（1）富士控制了批发网络，从而控制了分销网络（纵向经连会），因此建立与之竞争的网络将非常昂贵；（2）富士控制着提供照片冲洗服务的网络，该网络导致富士垄断了对相纸消费市场的供给；（3）富士作为三井集团成员（见第9章所述的横向经连会），获得了可靠的融资途径；（4）通过各种反竞争措施，包括转售价格维持和基于销量的折扣，一卷彩色胶卷的零售价格在日本国内要明显高于国外（比如，是在美国售价的3.1倍）。

对富士胶卷和日本政府来说，柯达的说法言过其实。而且，柯达并不是无辜的羔羊：它在美国市场上拥有垄断权，使用多种方法来锁定其市场份额，美国司法部曾对它进行过多次调查。其中一种策略是将冲洗费包含在胶片价格中。结果，柯达在美国的市场份额为70%，而富士为10%。在日本情况恰恰相反，富士占有70%的市场份额，而柯达则只有10%。

柯达在日本有很长的历史，可以追溯到1889年。在战后时期，该公司与几家批发商有特殊协定，但到1960年，这些批发商减少到一家。所有其他批发商都成为富士的分销商。在20世纪70年代早期对外直接投资自由化之后，柯达大举进军日本市场，降低利润率以使价格低于富士，并推出新产品。1979年，所有胶卷领域的正式贸易限制都被取消了。1983年，柯达在彩色胶卷的市场份额上升到15.8%。1984年，柯达

---

[14] 本文对柯达与富士之间冲突的描述主要借鉴了Devereaux、Lawrence和Watkins（2006）的研究，进一步的讨论请参阅第3章。

在日本成立了一家子公司，开始通过这一纵向一体化的实体来销售其产品。到1995年，柯达拥有自己附属的照片处理网络。美国贸易代表办公室调查和核实了柯达的指控，认为有必要提起诉讼。

富士和日本通产省对这一诉讼涉及的领域感到十分惊讶，并担心此案可能导致美方提出以结果为导向的要求。通产省下定决心不能再签订一份《半导体协议》那样带有量化目标的协议。富士迅速制作了一份厚厚的文件，证明柯达市场份额低是其营销失败的结果。他们认为，柯达从未与带有分销网络的批发商接洽过。有利于富士的一个因素是，另一家与富士竞争的日本相纸制造商柯尼卡拥有20%的市场份额，它与富士使用相同的批发商。所谓的纵向经连会似乎并不是富士独有的。

柯达案提出的时候，汽车产业根据框架谈判正在摊牌。通产省非常担心美国对有管理贸易的要求可能会激增。如果日本在汽车领域屈服，那么胶卷产业就会是下一个，其他产业也将紧随其后。通产省试图辩称，不存在任何歧视外国胶卷和相片产品的规制。

经过数月的审议，1996年6月美国贸易代表办公室决定将柯达案移交给世界贸易组织的争端解决机构。1996年10月，世界贸易组织宣布其争端解决机构同意成立一个小组，以听取美国的投诉。1997年12月，该小组发布了临时裁定，否认美国所有三个方面的主张。专家组的结论是，美国未能证明：（1）日本的分销措施使美国的利益丧失或受损；（2）日本的分销措施歧视进口的胶卷和相纸；（3）日本未公布普遍适用的行政裁决。后来，最终报告于1998年1月20日发布，并于4月22日被争端解决机构采纳。

令人失望的是，柯达呼吁美国政府根据301条款对日本采取行动。国会也要求采取行动。但是，美国政府没有针对该小组的决定向世界贸易组织提出上诉，也没有对日本采取进一步行动。柯达-富士案结束了历时很长的美日贸易冲突，其特征是美国威胁对日本实施单边制裁，而这通常是由那些声称受到日本不公平行为伤害的美国各个产业鼓动的。

13.5 不再痛击日本

汽车整车和零部件贸易的摊牌以及柯达-富士案，是美日之间最后发生的大规模贸易冲突。有几个因素可以解释美日贸易冲突为何终结，以及为何美国不再痛击日本。首先，20世纪90年代末期和21世纪头十年，日本商业和经济停滞不前，使得日本对美国产业和政府构成严重经济威胁的观念逐渐褪去。美国产业复兴了，特别是在信息、通信和技术领域，这也给美国政府注入了信心。其次，东亚其他高增长经济体，尤其是中国，开始持续地积累起大规模的对美贸易顺差，有时被视为对美国的威胁。再次，美日之间的频繁互动创造了许多谈判渠道，并积累了很多人才，在冲突爆发之前将其解决。最后，世界贸易组织及其争端解决机制的建立使得如何通过法律手段解决贸易争端变得更加清楚，这让美国和日本（以及其他国家）更容易达成妥协。在柯达与富士一案中世界贸易组织驳回了美国的申诉，这也清楚地表明如果提交给中立的专家组，美国产业对日本的投诉并不总是站得住脚的。

伯格斯藤等人（Bergsten、Ito and Noland，2001）宣称，美国打击日本的时代已经结束。他们令人信服地说明，有段时间美国的压力曾经受到日本的欢迎，被当作有益的"外压"，但是美国试图通过设定量化目标来管理贸易并实施单边主义，这令日本政策制定者大失所望。是时候停下来了。

直到今天，美国和日本仍在继续讨论许多与各自经济有关的问题，并且越来越多地讨论一般性的全球经济。这些会谈不再像过去那样富有对抗性和争议性。相反，他们选择努力使双方通过讨论和交流意见促进合作，并从中受益。例如，2001年，日本首相小泉纯一郎和美国总统小布什发起了题为"促进增长的经济伙伴关系"的一系列会谈。会议议程没有涉及严重的贸易冲突,也没有讨论量化目标。这一系列会谈也不同于以往的谈判,因为这一会谈有许多私人部门的参与者。

在21世纪头十年,美国的贸易赤字上升到接近GDP的6%,远高于20世纪80年代(图13.1)。2005—2007年,美国经济在信贷膨胀(但随后在2007—2008年崩溃了)的刺激下蓬勃发展,这增加了对进口的需求。然而,与日本的贸易冲突并未再度出现。此时,中国已成为美国双边贸易中的最大顺差国(图13.2)。美国对中国的赤字占美国GDP的比例以及以美元计算的赤字金额,都大大超过了20世纪80年代中期的日本。此外,日本经历了十多年的经济停滞和通缩,不再被视为对美国政府或产业的威胁。21世纪头十年,美国贸易冲突的目标从日本转向了中国。

13.6　跨太平洋伙伴关系协定、特朗普政府以及向双边谈判的回归

如第11章所述,日本在2000年左右改变了对自由贸易协定的立场。它着手实施一项贸易战略,强调与其贸易伙伴签署自由贸易协定和经济伙伴关系协定。但是,与包括美国在内的最主要的贸易伙伴之间的自由贸易协定谈判起步缓慢。随着美国加入《跨太平洋伙伴关系协定》(TPP)的谈判,到21世纪头十年末期,包括美国和日本在内的自由贸易区的进程加快了。经过国内长时间的激烈辩论,在安倍晋三首相的强力领导下,日本终于在2013年加入了TPP的谈判。最终参加TPP谈判的12个国家达成了一份协定,并于2016年2月4日签署了协定。[15]

---

[15] 对TPP的政治经济学分析,参见Solís(2017);对TPP可能产生的经济影响的预测,参见Petri和Plummer(2016)。

当时，美国在奥巴马总统的领导下，将TPP吹捧为21世纪的贸易和投资框架，并主导了谈判进程。由于国内利益集团特别是农民的抵制，日本加入谈判的时间相对较晚。但是，安倍晋三在2012年12月第二次出任首相时，决定通过游说农业部门加入TPP。他保证五种被奉为神圣的农产品（大米、牛肉和猪肉、小麦和大麦、糖和乳制品）将会受到保护，尽管对许多其他农产品的限制将被取消。

然而，TPP签署后不久，在2016年总统大选期间，美国的风向就发生了戏剧性的变化。两个主要政党的总统候选人希拉里和特朗普最终都宣布他们不会支持TPP。2017年1月，特朗普一宣誓就任总统，美国就退出了该协定。

日本与TPP其他十个签署国合作，使该协定起死复生。这些国家同意于2017年12月建立没有美国参与的TPP。该条约的名称改为《全面与进步跨太平洋伙伴关系协定》（CPTPP），该协定在六个国家批准后于2018年12月30日生效。美国和日本在TPP谈判中的角色完全颠倒了。

放弃了TPP之后，特朗普政府开始与TPP每个签署国进行双边谈判。在安倍首相2017年2月访问白宫期间，美国和日本同意就双边贸易谈判开启经济对话。2017年4月，副总统迈克·彭斯会见日本副首相兼财务大臣麻生太郎，经济对话正式启动。美国指出，美国与日本大规模的双边贸易赤字表明存在不公平贸易。特朗普政府要求减少针对美国出口商的贸易壁垒，调整被低估的汇率。这些观点非常类似于美国在20世纪80年代美日贸易冲突高峰时期的逻辑和策略，但是正如本章前面讨论的那样，这并不太成功。

13.7 小结

回顾20世纪80年代前的美日贸易冲突，可以发现矛盾主要在于宏观经济和结构方面。经常使冲突加剧的双边贸易失衡并不是由日本企业在美国的市场份额增加引起的。日本企业是通过不公平的倾销行为还是通过卓越的管理实现了在美国的扩张，这都显得无关紧要。问题的核心在于，国际上各国国民储蓄和投资存在差异，这在政治上是否具有合理性，更重要的是，在日本跻身世界最大的经济体行列之后，出口导向的增长战略是否仍然可行。

通过激烈的贸易冲突以及为解决这些冲突而付诸的努力，日本和美国学会了协调它们的经济政策，以避免严重的冲突。它们也不再仅仅关注双边关系，开始主导建立自由公平的国际贸易体系的进程，特别是在亚太地区。随着特朗普的上台，美国的贸易政策似乎又重回老路，转而强调双边谈判。

第14章 失去的20年

14.1 四个阶段

大致从1992年到2012年这段时期就是通常所谓的日本经济"失去的20年"。经济增长率长期处于很低的水平，20世纪90年代后期通胀率开始变为负值。这与经济高速增长时期（20世纪五六十年代）或拥有（相对于发达经济体而言）较高增长率的七八十年代的日本经济形成了鲜明对比。在"失去的20年"里究竟发生了什么？在前面的章节中，我们已经从各章所涵盖的不同方面论及这一问题。本章试图更全面地回答这个问题，并将所有这些不同的议题综合在一起。

"失去的20年"的主要特点是增长率非常低。我们通过研究各种数据来仔细审视1992年至2012年这段时期，也就是日本众所周知的"失去的20年"。在这20年中，日本经济的年均实际增长率为0.8%，而名义增长率为0%。名义增长率低于实际增长率的情况在任何经济体中都是不寻常的，这反映了日本经济正在遭受通缩。

低增长率可能是由各种需求侧或供给侧因素所致。正如第3章讨论的，"失去的20年"是需求侧和供给侧共同导致的结果，尽管通缩表明，在这一时期的大多数时间里（如果不是整个时期），需求因素的影响都超过了供给。需求方面的问题始于投机泡沫的破灭，这一点在第4章和第6章中都有论及。至少在事后看来，由于在货币政策、财政政策和金融监管方面犯下了一系列错误，问题变得更加严重。1997—1998年的银行业危机严重影响了消费和投资等总需求。随着劳动年龄人口增长的停滞以及随后的下降，21世纪头十年供给方面的因素变得更为重要。老龄化社会被视为经济增长的一个严重制约因素。

为了梳理下面的讨论，我们将"失去的20年"分为四个阶段。第一阶段是1992年到1997年，这一时期是一次正常的衰退。此时总需求不足，但没有出现严重的通缩或"僵尸企业"问题，后者是后面几个阶段的特征。事实上，到1996年日本似乎已经走出了衰退，当时经济实际增长率约为3%。然而，此时资产价格继续下跌，金融监管机构放任金融机构的资本流失。这导致了1997年的银行业危机，从而开启了"失去的20年"的第二阶段。

1997年11月发生了一系列金融机构倒闭事件，其中包括一家中等规模的证券公司三洋证券、四大证券公司之一的山一证券、排名前20的北海道拓殖银行以及地区性二级银行督洋城市银行。三洋证券、山一证券和北海道拓殖银行在东京证券交易所的第一板块上市。这次金融危机是一个转折点，从此一场正常的衰退演变成了长期停滞。1998年通胀率落入负值区域，增长率也下降了。日本政府和日本央行花了五年时间来处理这场危机，它们最终创建了一个新的金融监管框架，并清理了不良贷款。最后，到2003年主要银行的不良贷款问题才得以解决。

第三阶段是2003年至2007年这段相对平静的时期。在颇有人望的首相小泉纯一郎的领导下，日本经济出现了积极的转变。经济增长率和通胀率都出现了上升。2007年，日本经济似乎终于开始复苏。不幸的是，2008年开始的全球金融危机又使这场复苏戛然而止。

2008年至2012年，日本经济陷入严重衰退，复苏缓慢，并且伴随着严重的通缩。尽管全球金融危机起源于美国，但借由贸易途径的溢出效应，日本也深受其害。经济危机也带来了政治上的转变和混乱。自民党自1955年诞生以来，一直设法保住在下院（众议院）的多数席位，却在2009年的下院选举中大败。新执政的日本民主党一开始让民众对自己寄予厚望，以为它是自民党最可靠的替代者，但该党也未能扭转经济形势。由于西方各国央行纷纷采取量化宽松政策使本币贬值，日元大幅升值。日元升值使日本出口行业受到了外部需求下降和利润率收窄的双重打击。失业率升至5%，创下了日本历史新高。更糟糕的是，2011年3月11日发生的东日本大地震以及由此引发的福岛第一核电站的熔毁，使日本经济再次陷入了深度衰退和通缩。从2006年到2012年，在位的首相每年都会更换，这也表明了日本混乱的政治局面和薄弱的领导能力。

在2012年12月的大选中，自民党大获全胜，安倍晋三第二次出任首相。他很快推出了一揽子经济政策，包括积极的货币政策、灵活的财政政策和促进增长的结构性改革，这就是所谓的"安倍经济学"。2013年3月被任命为日本央行行长的黑田东彦推出了定量和定性宽松政策。随着日元的贬值和通缩的结束，日本经济开始复苏。缓慢但持久的经济扩张使失业率降至20世纪80年代泡沫时期以来的最低水平。

到2017年，GDP缺口消失了，劳动力短缺非常严重。经济进入了一个增长受供给侧制约的阶段，即受到可利用的劳动力和资本的限制。劳动年龄人口每年减少100万人，在其他因素不变的情况下，这会使增长率下降1个百分点。图14.1显示了1982年至2017年的名义GDP和实际GDP，并标明了"失去的20年"的四个阶段。表14.1显示了在四个阶段和"安倍经济学"时期，实际GDP和名义GDP的年均复合增长率，以及平均通胀率和失业率的变化。

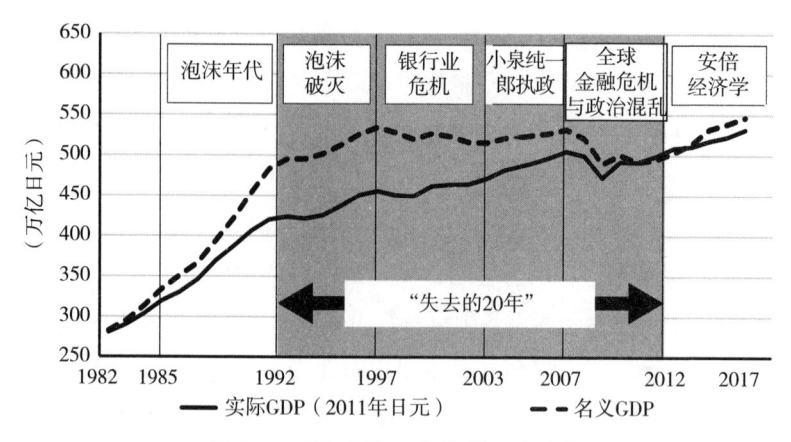

图14.1 "失去的20年"的四个阶段

注：实际GDP以2011年日元衡量。
资料来源：作者根据日本内阁官房的数据自制而成。

表14.1 "失去的20年"和"安倍经济学"

	实际GDP增长率（以2011年日元衡量）	名义GDP增长率	CPI通胀率（总体）	失业率的变化	
1992—2012	0.8%	0.0%	−0.1%	2.1%	"失去的20年"
1992—1997	1.5%	1.5%	0.6%	1.2%	长期衰退
1997—2003	0.6%	−0.6%	−0.5%	1.9%	银行业危机
2003—2007	1.7%	0.8%	0.0%	−1.4%	小泉纯一郎执政
2007—2012	−0.2%	−1.4%	−0.2%	0.4%	全球金融危机与政治混乱
2012—2017	1.3%	2.0%	0.4%	−1.5%	安倍晋三执政

资料来源：作者根据日本内阁官房、日本统计局和厚生劳动省的数据计算而得。

在讨论"失去的20年"中可能犯下的政策错误时，我们会问，如果在某些关键时刻采取不同的政策来应对，日本经济是否会呈现不同的发展状况。特别是，我们针对以下特定时刻提出了下面这些问题，而它们大多是反事实的：

1987—1989年：不同的货币政策和宏观审慎政策能阻止泡沫吗？

1990—1991年：在泡沫正在破裂的情况下，货币和财政政策是否变得过于紧缩了？

1992—1994年：财政和货币刺激政策的规模是否太小？

1992—1996年：面对不断增加的不良贷款，金融监管政策是否过于薄弱？

1997年：提高消费税税率是错误的吗？

1997—1998年：一系列的银行倒闭是否可以避免？

2000年：取消零利率政策是否过早？

2001—2006年：实施的量化宽松政策是否力度不够？退出量化宽松政策是否太早？

2008—2009年：面对来自美国和欧洲不利的溢出效应，日本央行是否缺乏警惕？

2009—2012年：财政政策和货币政策是否不够宽松，不足以使日本摆脱通缩和低增长？

本章回顾了"失去的20年"中发生的重要事件，分析了各种政策作为和不作为如何使衰退更加严重，并最终使衰退演变为近乎零增长的20年。因为这一章的目的是要全面认识"失去的20年"，所以我们经常会参考本书前面章节的内容，这些章节展现了很多事件的细节。

14.2 泡沫

我们从经济停滞前发生的事情开始讨论"失去的20年"，那是在20世纪80年代后期，当时日本正在形成一个巨大的投机泡沫。泡沫最终在20世纪90年代初破裂，正是这次冲击开启了"失去的20年"。当然，如果没有泡沫，也就不会发生泡沫的破裂。那么，日本有没有什么办法从一开始就避免泡沫呢？如果货币当局及早发现泡沫并进行干预，泡沫是否可以得到遏制从而不会崩溃？如果日本经济没有经历这场泡沫，它是否能够继续以合理的速度增长？

20世纪80年代后半期，房地产和股票价格以每年30%～40%的速度飙升，5年之内累计增长了300%～400%（回想第4章图4.7）。价格飙升完全改变了20世纪90年代经济发展的方向。到了20世纪90年代末，日本的土地和股票已经完全失去了它们80年代末创造的收益，经济陷入了衰退。

一种观点认为，最好的方法是防止泡沫变得如此之大。紧缩性货币和财政政策本应尽早实施，不应晚于1988年，以此来冷却对房地产和股票的需求。如果资产价格被控制在1988年的水平，那么此后它就不会暴跌。那样的话资产价格的形态将会是一片高原，而不是一座山峦叠嶂的高峰。但是这种观点存在两个问题。首先，我们很难实时了解泡沫的大小。资产价格的大幅上涨通常只有在破灭之后才会被发现是泡沫。此外，对于加息能够在多大程度上阻止资产价格的上涨，经济学家尚未形成共识。利率的大幅提高可能会阻止泡沫，但也可能使经济陷入衰退，甚至使价格更早就开始通缩。其次，1987—1988年的CPI通胀率相当低。很难想象为了阻止资产价格上涨，会建议使CPI通缩。第6章详细描述和分析了20世纪80年代后半期的货币政策决策。

另一种观点认为，当时需要适当的金融监管，这可以促使金融机构警惕价格的突然暴跌。不过，考虑到银行家们也认同日本土地价格会不断上涨的神话，仅仅发出警告并不足以说服银行为资产价格可能的下跌做好准备。相反，监管者本可以规定贷款与价值比的上限大幅低于100%，这将迫使银行限制信贷扩张，从而可能会抑制地价上涨。监管机构还可以要求银行提高资本金率。在资本金数量既定的情况下，这也会限制信贷扩张。事实上，1988年《巴塞尔协议Ⅰ》已经在发达国家引入了一级资本充足率标准，但由于实施期较长，所以日本的银行无须马上提高它们的资本金。

外部因素也被认为是这场泡沫及其之后经济停滞的主要原因（详见第12章）。一些人将日本的经济停滞归咎于1985年《广场协议》后日元的大幅升值。然而，这一观点并没有得到经验的支持。即使日元升值，在出现资产价格泡沫的同时，日本也实现了高速的经济增长。1992年之后，日本经济最终陷入停滞，但是签署《广场协议》与经济停滞开始之间的时滞太长，所以二者并不存在因果关系。

还有一些人认为，1987年的《卢浮宫协议》和国际上维持低利率的合作才是日本泡沫的罪魁祸首。维持日元币值稳定的协议限制了日本央行及时提高政策利率，使得泡沫继续扩大。如前所述，这也涉及货币政策的失误。国际压力可能是日本央行在20世纪80年代末还在维持低利率的原因之一，但我们并不知道日本央行的决定在多大程度上是受到外部因素而非国内因素的影响（例如，当时CPI通胀率只是温和上涨）。

日本监管机构最终采取的政策，是银行为某些产业提供贷款，这些产业被认为最应为地价投机负责。1990年3月，大藏省为三个产业（房地产开发、建筑业和非银行金融业）的贷款增长率设定了上限。它还提议并推出了一项土地税，在征收房地产税的基础上，对在高价格地区拥有大量土地的所有者征税。

这些政策措施基本上符合后来被称作宏观审慎政策的理念，即试图对金融机构进行监管以保持系统的稳定性，而不是保障单个机构的偿付能力。因此，日本在1990年出台政策以阻止土地价格进一步上涨，似乎是合理的。然而，其结果却是灾难性的。地价停止上涨，随后便陷入了自由落体式的下跌，而且还持续了十多年的时间。

一些人可能会争辩，这项政策出台太晚了，以至于无法将泡沫扼杀在萌芽状态。如果同样的政策能够早一点实施（比如1987年），那泡沫是否会得到遏制，从而让日本免于泡沫破裂引发的冲击呢？简单来说，从1985年到1989年，房地产价格翻了两番。从1985年到1987年，资产价格翻了一番，这可以被证明是由良好的基本面支撑的繁荣，并没有泡沫。审慎政策能够使价格在1987年之后在高位保持稳定吗？对这个问题，我们倾向于给予肯定的回答，但我们也注意到，监管机构必须早在1987年就能清楚地识别泡沫，而这可能会很困难。

14.3 第一阶段

14.3.1 泡沫破灭

20世纪90年代初，泡沫破灭，这对日本经济造成了深刻而持久的冲击。股票市场在1989年的最后一个交易日达到顶峰。此后一小段时间，地价指数继续上升，但最终在90年代初开始下跌。在90年代的前两年，增长率并没有大幅度下降，但1993年骤降到接近于零的水平。泡沫破灭以及随后的增长下滑和金融体系的动荡是否不可避免？毕竟，在世界历史上，我们已经经历过无数次泡沫和泡沫破灭之后的衰退。那日本的经历是否和我们在其他地方看到的一样呢？还是说日本有哪些具体的因素，使其经济受到了更多的损害？

如前所述，1990—1993年实施了一系列遏制土地投机以及土地所有权的政策措施。1989年5月，货币紧缩开始得稍微早了一些，将政策利率从2.5%提高到3.25%。到1989年底这一利率又提高了两次，达到4.25%。尽管货币政策对土地投机的反应比监管部门要稍快一点，但到了1989年，泡沫的规模已经庞大无比。人们可能会再次好奇，如果货币紧缩开始于1987年，将会发生什么？

然而，我们需要注意的是，收紧货币政策以减缓资产价格上涨，被认为是一种非标准策略，至少在20世纪80年代是如此。日本央行的目标被认为是稳定商品和服务的价格，而泡沫经济时期的总体通胀率是很低的。从1986年到1988年，总体通胀率一直低于

1%（按年增长率计算）。1989年5月，总体通胀率首次超过了1%（这得益于1989年4月引入了3%的消费税），日本央行也是在这时提高了政策利率。如果央行在1987年通胀率低于1%时提高了利率，并成功地压低了资产价格，那么它将受到批评者的严厉抨击，这些批评者会认为它不必要地收紧了货币政策，从而扼杀了健康的经济繁荣。

1989年的加息确实有助于终结股价和地价的上涨。尽管股价改变了方向，在1990年出现了下跌，货币紧缩政策仍在继续。政策利率在1990年3月提高到5.25%，8月提高到6.0%，此后一直维持到1991年7月。1991年利率下调了三次，最终达到了4.5%（图14.2）。从事后来看，1990—1991年的紧缩政策是否过于严厉了呢？

与此同时，股票价格迅速下跌。1990年前9个月，日经225指数从1989年底38 916点的峰值下跌了46%。1990年9月大约处在21 000点的水平，与1987年1月相似，如图14.2所示。3年来的收益在9个月内就蒸发殆尽。这是否应该促使日本央行扭转其货币紧缩政策呢？如果央行认为过去3年股价的上涨是一次泡沫，而这次下跌只是一次修正，那么答案就是否定的。这是那个时代许多人秉持的一种信念。股价下跌是件好事，因为过高的估值得到了纠正；地价下跌是好的，因为这样普通居民就可以买得起住房。日本央行一直保持同样的货币政策立场直到1991年7月，以确保泡沫不会重新出现。

日本央行在1991年7月之前没有改变货币政策的另一个原因肯定是CPI通胀的变化。通胀率在1989年上升后，在1990年和1991年一直保持在较高水平。类似泰勒规则的标准货币政策规则规定了应当如何调整利率，以降低通胀率偏离通胀目标（比如2%）程度和GDP偏离潜在产出水平（即GDP缺口）程度的加权平均值。这类规则表明，当时并不是改变政策的时候。

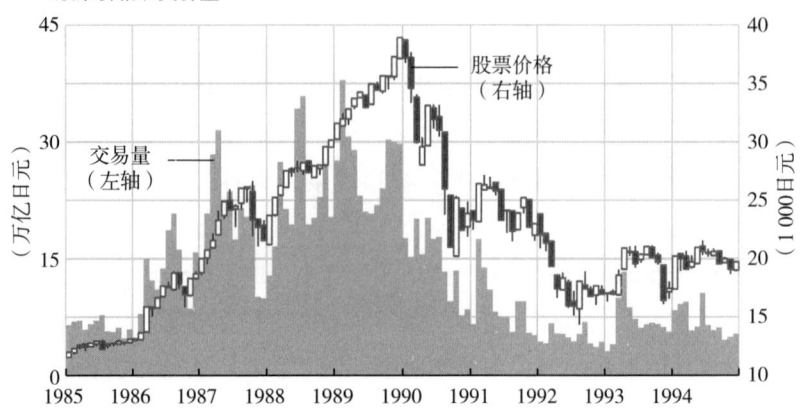

图14.2 1985—1994年重要的金融变量
资料来源：日经指数；日本央行；日本总务省统计局。

1991年春天，股票价格指数向上突破26 000点大关，但夏天再次下降；到了1992年7月，它已经下降到了16 000点。这一水平比1989年12月的峰值低了大约60%，大概相当于1986年4月的水平，当时正处于80年代后半期长期牛市的起步阶段。

土地价格指数在1990年下半年开始下降，但与股票价格相比，它的下降要温和得多。然而，土地价格指数的下跌可能测度有误，因为它是基于评估值而非实际交易值。一旦土地价格开始大幅下降，许多地区的买家就消失了。在这样一个交易冷清的市场上，很难正确地衡量土地价格。

事后看，我们可以说日本央行没有充分考虑泡沫破裂对金融稳定最终产生的负面影响。从这个意义上讲，它可能犯了泡沫已经开始破裂还继续收紧政策的错误。

可以比较一下美联储在2008年次贷泡沫破裂后采取的政策，尤其是在雷曼兄弟破产之后的几周。美联储迅速将政策利率降至零，并开始购买资产支持证券。当买家消失时，央行试图稳定市场。然而，这种比较可能并不公平，因为在1990年或1991年时，日本尚未认识到泡沫破裂对金融稳定产生的影响，而到了2008年，各国央行行长已经能够从过去的经验中汲取教训。比较日本1999年的银行业危机和美国2008年的金融危机，可能会更好一些。

14.3.2 应对1993年衰退的维持价格行动和其他刺激政策

1993年，在泡沫破裂的第一个迹象出现两年多之后，经济增长率骤降。正如第3章讨论的，股票和土地价格下跌造成的负向财富效应影响了消费和投资。房地产和建筑业开始遭受严重损失，这些企业无法偿还银行贷款。银行也开始发现不良贷款激增。他们中很少有人担心金融稳定（至少那时还没有），但是很多人开始担心经济衰退。

1991年下半年增长速度明显放缓，1992年第四季度进一步下降。1993年，季度环比增长率连续两个季度为负，这是自1955年（日本拥有现代GDP统计数据的第一年）以来的第一次。根据官方确定的经济周期日期，波峰出现在1991年2月，而波谷出现在1993年10月（回顾第4章表4.2）。这次衰退期持续了32个月，这是继1980—1983年经济衰退之后第二长的一次衰退（图14.3）。

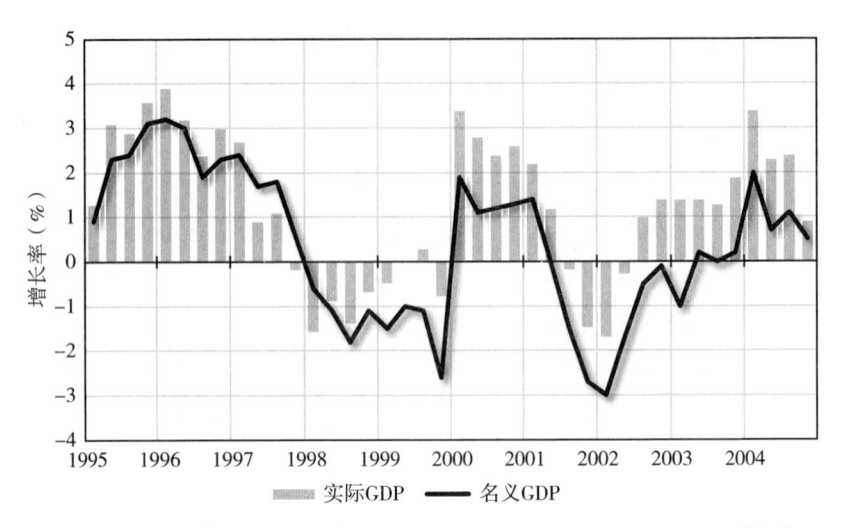

图14.3 20世纪90年代中期至2005年日本名义GDP和实际GDP增长率
注：增长率按相对于上年同一季度的变化计算。
资料来源：日本内阁官房。

政府为应对迫在眉睫的经济衰退采取的第一个行动是在1992年8月推出了一揽子经济刺激计划，随后又在20世纪90年代和21世纪头十年推出了一系列经济计划。第7章表7.4列出了当时推出的一系列经济计划的完整清单。1992年8月的计划中的一个项目引起了公众和市场参与者的特别关注。据称，政府将允许邮政储蓄和邮政保险基金通过特别信托基金进入股市。① 此外，增加了对财政投融资计划（第7.9节中有解释）的拨款，用于投资股票市场，一家名为"年金福利事业团"的养老基金的一部分也被指定投资于股票。

总的来说，有2.8万亿日元的公共资金被投资于股票市场，这在当时约占东京证券交易所总市值的1%。这是为了应对股价的大幅下跌，1992年7月，股价已跌至泡沫以后的新低。利用公共资金在公开市场

---

① 准确来讲，这是一家"单独管理的专项货币信托基金"。

购买股票以支撑股价的做法引起了很大争议。这种政策被戏称为"维持价格行动"（price keeping operation，PKO）。[②] 批评者认为，政府原则上不应试图控制股票价格，而且无论如何它也不会像预期的那样发挥作用。1992年8月宣布的这项计划在一个月之内得到执行。支持者认为，当市场过度恐慌时，发出一个信号可能会恢复市场的合理定价。事实上，在接下来的3年里，日经225指数一直稳定在16 000～21 000点。

政府在1993年也增加了开支。1993年4月宣布了一项相机抉择的大规模支出计划（再次回顾表7.4）。此次公布的补充预算规模超过了2万亿日元，是自20世纪80年代初期以来规模最大的一次。1992年的维持价格行动和1993年的补充预算都是宫泽政府决定的，他是一位有凯恩斯主义倾向的资深政治家（即市场有时不能有效运转，因此政府干预是合理的）。宫泽首相是提到有必要向金融机构注入公共资金的第一人。早在1992年8月，基于银行隐瞒了巨额不良贷款的信息，他就提出了这一点。[③] 然而，这一想法遭到了日本财务省、日本的银行和大型制造业企业的严厉批判。如第5章所述，直到1998年3月，公共资金才被注入银行。由此可见，宫泽喜一可能是有远见的特立独行者。如果他能同时提出加强金融监管，并成功说服官僚们实施这些措施，他本可以成为阻止金融危机的英雄。

货币政策在1993—1995年继续保持宽松。日本经济似乎已走上了复苏之路，但银行和企业的资产负债表仍在恶化。正如本章后面讨论的那样，就在这时，对僵尸企业的贷款问题开始浮现。

补充预算后的财政支出仍然是力图使经济走出衰退的一个重要工具。1994年2月、1995年4月和9月实施了大规模的一揽子财政计划。

---

② PKO也是联合国在冲突地区维持和平行动（Peace Keeping Operation）的缩写。对于日本参与联合国维和行动，一直存在争议，因为日本宪法明确禁止本国保有军事力量。
③ 1992年8月30日，宫泽首相在轻井泽举行的日本经济团体联合会研讨会的演讲中提到了注入公共资金的想法。

在1995年9月的一揽子计划中，补充预算达到5.3万亿日元（约占GDP的1%）。由于这些财政刺激政策，1996年经济增长率终于超过了3%，但结果证明这也只是昙花一现。

14.3.3 金融动荡

随着经济陷入衰退，不良贷款数量不断增加，金融机构的资产负债表开始迅速恶化。土地和股票价格的暴跌使银行利润下降，并最终侵蚀了银行的资本金。如前所述，由于许多房地产开发商和建筑企业遭受了巨大损失，它们停止偿还银行贷款。正如第5章讨论的，新推出的《巴塞尔协议I》中的资本监管规定本应确保银行有足够的资本金来弥补损失。然而，日本的银行却依赖于其持有的关联企业股票的未实现资本收益（见第9.3节关于交叉持股的讨论）来满足《巴塞尔协议I》的要求。这些资本收益在二级资本中的比率最高为45%，但是随着股价的急剧下跌，这些收益也开始消失。其中一些银行确实发行了次级债务，它们可以计入二级资本，但需要支付更高的利率。其他的银行则试图发行普通股。银行极力掩饰不良贷款正在进一步蚕食它们的资本金，以及其中一些银行正面临着严重的资本短缺。监管机构并没有强迫银行披露其问题的严重程度，他们声称，这样的披露可能会引发金融恐慌。

从1992年到1995年，大多数银行都认为，一旦经济复苏，土地价格再次开始上涨，不良贷款将转危为安。然而，由于土地和股票价格在20世纪90年代前半期持续下跌，希望破灭了。

在此期间还出现了另外两个问题，即收益保证（return guarantees）和损失挪移（loss kiting）。在泡沫时期和泡沫破裂初期，许多金融机构出售附带收益保证的高风险产品（有时是高收益，有时保证至少不会损失投资的本金）。当然，严格说来，这些承诺是非法的，但是一旦做出这样的承诺且产品被买走，法庭上和舆论中的消费者保护原则往往对这些金融机构不利。因此，这些收益保证（有时被称为损失保证）就导致了金融机构的损失。一些勇气可嘉的金融机构很早就处理了泡沫破裂造成的损失（更不用说金融缓冲了，这通常是长期持有股票的未实现收益）。然而许多其他机构选择通过将资产和负债转移给子公司来隐瞒损失，同时它们也在想方设法利用抵押品来减少损失。但是，隐瞒的损失往往只会增加。

至1995年，许多宏观经济学家和金融专家都清楚地认识到，日本面临的最严重问题是不良贷款问题，有些是已披露的，有些是隐瞒的。核心的挑战不仅是长期衰退，还有金融部门的结构性问题。此外，银行监管的透明度也成了备受争议的问题。因此，在官方声明中，不良贷款的规模被严重低估。在其他发达国家的监管机构和国际货币基金组织的政策讨论中，隐瞒的不良贷款受到了质疑和批评。然而，由于银行对不良贷款遮遮掩掩，大藏省也没有强迫银行公开其财务状况，问题到底有多严重仍是迷雾重重。

隐瞒不良贷款的方法之一就是银行增加放贷，以便借款人能够支付利息：这种做法被称为"常青化"。这会使这些贷款看上去仍是正常的，但最终只会使贷款规模变得更大。银行局人手不足，对银行的检查力度不够，所以它可能无法了解不良贷款问题的真实情况。平心而论，大藏省至多也就是并不急于准确地评估这个问题。私人部门的研究人员和分析师估计的不良贷款数量是官方数字的两倍。市场对日本银行财务状况的疑虑日益加深。

如果金融监管机构没有试图掩盖日益严重的不良贷款和银行资本短缺问题，情况会有什么变化吗？如果它们在20世纪90年代中期就迫使银行清理其资产负债表，并补充资本金呢？这类早期干预将会阻止银行的"常青化"行为以及僵尸企业问题（在第5章和本章后面都有讨论），而正是这两个问题在"失去的20年"里严重抑制了经济增长。这样的政策需要监管部门痛下决心，关闭一些资不抵债的银行。但是正如日本监管机构担心的那样，这可能会引发动荡，因为当时还没有建立起相应的机制，能够使资不抵债的银行有序关闭。然而无论如何，大规模的动荡还是在20世纪90年代后半期发生了。

14.4　第二阶段

14.4.1　1997—1998年的银行业危机

经历了1995年的金融困境之后，1996年是一个好年头。由于大规模的财政刺激和创纪录的低政策利率（自1995年以来一直保持在0.5%），经济增长率达到了3%，创下了自泡沫顶峰以来的最高水平。1996年7月，日经225指数升至22 400点，这是自1991年以来的最高点。1996年没有金融机构倒闭。到了1996年底，人们感觉最糟糕的日子已经过去了。然而，1996年的乐观情绪将被证明只不过是一个假象而已。

回想起来，财政刺激并不应该采取公共工程或减税的形式，而是应该帮助银行处置不良资产。然而，除了核心监管机构之外，人们对此并无任何紧迫感，也不知道问题有多严重。如果没有强大的领导力，想达成政治共识是非常困难的。1996年出现的机会窗口稍纵即逝。

另一个麻烦始于1997年春。1997年4月提高消费税使第二季度的消费支出出现了意料之中的下降，而这本应只是暂时的。第三季度，始于泰国的亚洲金融危机蔓延至亚洲其他新兴市场经济体，它们也是日本出口商供应链上的重要经济体。日本的股价指数从1996年7月22 456的高点下跌到1997年5月底的20 000点，又降至10月底的16 500点。

第5章详细介绍了20世纪90年代末期日本金融危机的时间脉络。

简言之，在1997年11月至1998年12月期间，有三家大型银行和两家证券公司倒闭了。1997年11月，三洋证券和山一证券均因累积的亏损而倒闭。三洋证券长期以来一直报告，由于其运营的固定成本过高而导致经营亏损，最终陷入了无可救药的破产状态。而山一证券则是在新管理层披露了巨额亏损后宣告破产。北海道拓殖银行在不良贷款的重压下于1997年11月倒闭。早些时候，该银行曾试图与一家规模较小的地区性银行北海道银行合并，但两家银行未能就相关条款达成一致。这些破产案例促成了两项非常重要的制度和法律变革。新成立了一家更加独立的金融监管机构，即金融监管局（后来的金融厅），国会通过了新的立法，赋予该机构权力，可以暂时将有可能破产的银行国有化，向（可能）有偿付能力但资本不足的银行注资。1998年10月，日本长期信用银行成为依据新法律实施的第一个国有化案例。1998年12月，经金融监管局检查，发现日本信贷银行（NCB）隐瞒大量损失，这导致其破产并被国有化。这两家银行都因直接投资了房地产以及贷款给投资于房地产的非银行企业而产生了大量不良贷款。

正如第5章所示，在20世纪90年代初，当三洋证券和日本信贷银行的问题浮出水面时，它们都得到了监管机构的救助。然而，这些救助计划只是让陷入困境的金融机构苟延残喘，并没有解决它们的根本问题。它们只是在争取时间，而这只不过使问题变得更严重，并在不久之后导致了一场全面的危机。监管者本应该意识到这一点。在几年前影子银行（即"住专"）的案例中，过于乐观的救助计划同样也只是让问题更加恶化（见第5.5节）。

由于20世纪90年代中期缺乏干预的决心，1997—1998年大型金融机构的倒闭就不可避免。日本监管机构所做的只是推迟了危机的发生，并推高了解决问题的成本。如果大藏省在20年代90年代中期能够更果断地解决不良贷款问题，日本就不会经历如此大规模的金融危机。

14.4.2　1997年提高消费税

如前所述，1996年许多人认为日本经济正在走出长期衰退。随着1995年影子银行和其他状况较差的金融机构问题得到解决，金融市场似乎恢复了稳定，增长率也提高了。1996年的强劲增长部分原因是1995年的财政刺激，目的是为了提前做好准备，因为按照计划1997年4月消费税税率将从3%提高到5%，这可能引发经济衰退。为了恢复在20世纪90年代初期恶化的预算平衡，政府在1994年秋季决定提高消费税税率。

1995年9月将贴现率降至0.5%的扩张性货币政策也有助于经济复苏。随着1996年4月增税的临近，几乎没有人从宏观经济学的角度对此进行分析。反对提高消费税的批评意见都集中于它将给低收入家庭带来更大的负担，因为人们认为他们的消费倾向要高于富裕家庭。

1997年第一季度出现了高于趋势值的增长。人们已经预见，这是加税前的一次"抢购"热潮。许多消费品，特别是像汽车这样的耐用消费品，以及高档消费电子产品等半耐用品，在这一时期都卖得很好。同样可以预料的是，这些商品的销售在第二季度会出现暴跌。1997年第二季度，消费和住宅投资（在日本这些都要缴纳消费税）急剧下降，其总体增长率（季度环比）分别下降了5.9和2.3个百分点；总体经济增长率为–2.9%（图14.4）。然而，这些变化也是意料之中的，因为在增税之前人们已经囤积了大量耐用品。出乎意料的是，第三季度以后消费和经济活动总体上出现了停滞。1998年，增长率继续下降并变为负值。

1997年下半年及1998年全年的经济衰退，只是因为1997年4月提高了消费税吗？提高消费税对一个经济体的伤害有如此之大吗？一些经济学家和许多政策制定者都这么认为。那些认为提高消费税确实造成严重损失的人指出，增税对家庭实际可支配收入造成的负担非常沉重。不仅消费税提高了2个百分点，1994年的所得税减税政策也被取消了，同时社保缴费还提高了。这些措施共同作用，对家庭负担产生了实质性的永久影响。

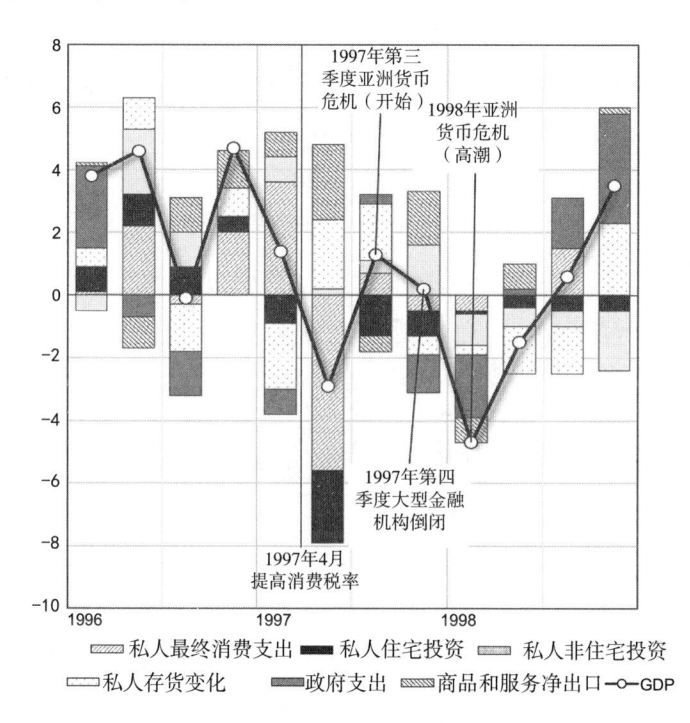

图14.4 1996—1998年各类支出对增长的贡献

资料来源：日本内阁官房。

在1997年第三和第四季度，日本经济似乎有所恢复。消费并没有对经济增长造成严重的拖累。然而，在1998年第一季度，GDP的所有主要组成部分对增长的贡献都变为了负值（图14.4）。日本经济现在遇到了两个额外的挑战。第一个是银行业危机，这在1997年11月达到了顶峰。大型金融机构倒闭，金融市场冻结。这是日本金融市场的决定性时刻，人们失去了对银行和证券公司的信任。信贷停止了流动，投资也陷入了停滞。第二个就是席卷整个亚洲市场的亚洲货币危机。泰国、印度尼西亚和韩国的货币都大幅贬值，这促使国际货币基金组织实施了救助计划。日本对亚洲国家的出口急剧下降，这降低了总体增长率。

银行业危机持续到了1998年，3月份的注资未能稳定金融体系。日本长期信用银行和日本信贷银行相继破产并被国有化。这些金融动荡导致1998年上半年经济出现了大幅衰退。

日本央行于1999年2月将政策利率降至零。它希望通过这种做法刺激消费和投资。继1999年3月的大规模注资之后，银行业进行了全面检查，这最终使金融市场稳定下来。1999年第二季度增长率转为正值，并一直持续到2001年第一季度。

20世纪90年代末期日本的经济衰退始于1997年4月提高消费税，但如果这是唯一的负面冲击，日本经济不会长期低迷。消费和住宅投资在两个季度后停止了下滑。银行业危机再加上亚洲货币危机，才是这次经济衰退如此严重的罪魁祸首。

1997—1998年的银行业危机在很多方面都是日本经济的转折点。银行业危机之后，通胀率降到了负值区域。对许多工人来说，终身雇佣制也开始动摇。后者的变化在金融领域最为明显，几家大型金融机构的倒闭使得原来被认为最稳定的工作岗位消失了。只要能让他们保住工作，许多工人开始接受削减名义工资。

因此，从事后看，提高消费税的时机可能不对，这也成为1997年第二和第三季度经济活动萎缩的原因。然而，1998年的严重衰退主要是银行业危机和亚洲货币危机的结果，这导致了出口下降。

14.4.3　僵尸企业问题

1999年的注资稳定了金融市场，但经济依旧停滞不前。僵尸企业问题仍然很严重。正如第5章所述，僵尸企业是在正常竞争环境下将会退出的无利可图的企业，但它们可以在银行的帮助下生存。由于未能被淘汰，僵尸企业将阻止健康的竞争对手扩张，也会阻止潜在的更高效的新企业进入，从而抑制经济增长。银行业危机后监管的改善使银行更难隐瞒对僵尸企业的不良贷款，但金融监管机构也没有强迫银行减少对这些企业的支持。因此，不良贷款和僵尸企业的数量仍在继续上升。

转折点出现在2003年。如第5章所述，竹中平藏于2002年9月出任金融大臣，要求银行处置不良贷款。一个标志性的事件是2003年5月大和银行事实上的国有化。在金融厅强制其注销大量不良贷款后，该银行被认定资本不足，并根据《存款保险法》第102条第1-1款接受了注资。这是首个向具有系统重要性的大银行进行预防性注资的案例。东京证券交易所银行业指数在2003年4月创下新低，但自那以后就开始回升，如图14.5b所示。

至少有一项研究认为2003年是僵尸企业问题的转折点。福田和中村（Fukuda and Nakamura，2011）将最初由卡瓦列罗等人（Caballero、Hoshi and Kashyap，2008）衡量日本僵尸企业问题严重程度的时间序列扩展至2004财年。[④] 他们还通过考虑企业的盈利能力来完善对僵尸企业的识别方法。福田和中村估计的僵尸企业比率以及几家主要银行的不良贷款比率，如图14.5a所示。该图显示，僵尸企业比率在2001年达到顶峰，然后开始下降。注意横轴表示的是财政年度。由于大多数日本企业财政年度的结束时间是次年3月，图中显示僵尸企业问题在2002年3月达到顶峰，并在2003年3月开始下降，此时金融厅终于开始迫使各大银行解决不良贷款问题。

[④] 由Caballero、Hoshi和Kashyap（2008）计算的这个时间序列截止到2002年。

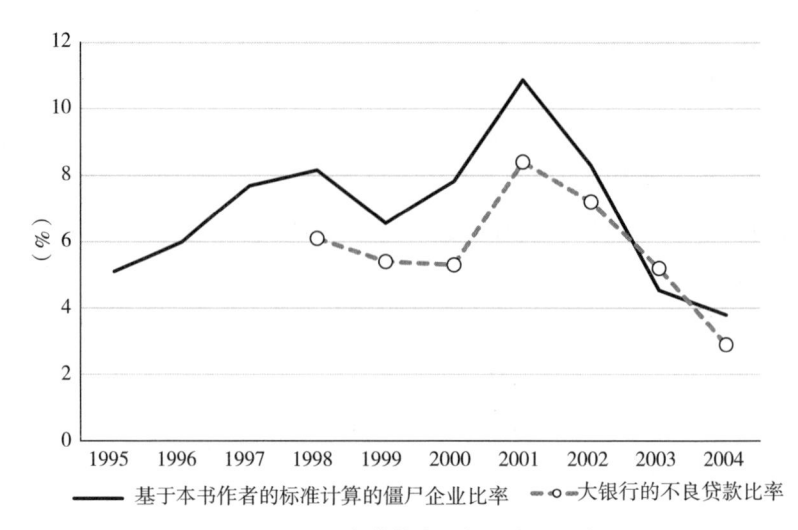

图14.5a 不良贷款率和僵尸企业比率

注：（1）僵尸企业比率指样本企业中"僵尸企业"所占的百分比；（2）不良贷款比率的数字由金融厅公布。

资料来源：Fukuda 和 Nakamura（2011）。

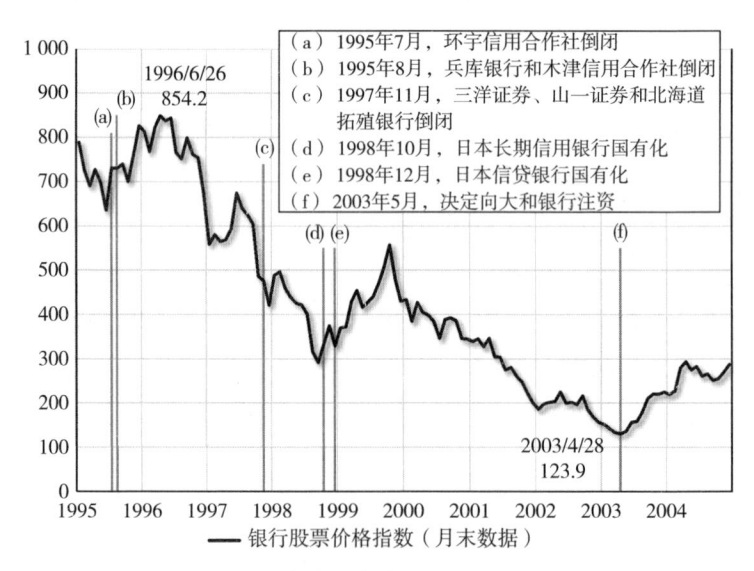

图14.5b 东京证券交易所银行股价指数

资料来源：日本经济新闻社，日本经济数据开发中心（Nikkei NEEDS）。

图中标注：
- (a) 1995年7月，环宇信用合作社倒闭
- (b) 1995年8月，兵库银行和木津信用合作社倒闭
- (c) 1997年11月，三洋证券、山一证券和北海道拓殖银行倒闭
- (d) 1998年10月，日本长期信用银行国有化
- (e) 1998年12月，日本信贷银行国有化
- (f) 2003年5月，决定向大和银行注资

14.4.4 零利率政策和量化宽松

为了应对1998年极为低迷的增长,日本央行于1999年2月将利率降至零。零利率政策持续了一年半。2000年8月取消该政策时,可以看到经济增长略有回升,但通胀率仍然为负值。再一次地,加息的决定显然过于匆忙。2000年末,随着日本经济再次陷入衰退,日本央行决定在2001年2月再次放松货币政策,并宣布其新的工具目标将是准备金账户余额(商业银行在央行的存款)。为了实现准备金账户余额的目标,日本央行购买资产并向市场提供流动性。这项政策被称为量化宽松,持续时间为2001年至2003年。

但是,零利率政策和量化宽松的有效性受到了质疑,原因有三。首先,零利率政策只持续了很短的时间。其次,日本央行没有与公众充分沟通,传递的信息令人困惑。它未能清楚地说明这些政策的传导渠道。再次,它未能说明量化宽松政策会维持多久,或在何种条件下将退出量化宽松政策。因此,尽管从2001年到2003年央行资产负债表的规模在不断扩张,但这些做法对日本经济增长和通胀的影响微乎其微。

14.5 第三阶段

14.5.1 小泉的改革

小泉纯一郎于2001年4月就任日本首相,并以强硬的手段执行日本的金融政策。2002年9月,他任命竹中平藏负责金融监管,并向各大银行施压,要求它们减少账面上的不良贷款。在某些情况下,陷入困境的借款人被迫破产,但在另一些情况下,这些企业通过重组恢复了盈利。

小泉和竹中也推动了其他经济改革,包括精简公共工程、调整医疗费用结构以及邮政系统的私有化,即将邮政系统改制为企业并向公众出售其股份。小泉还开始进行财政整顿,到2006年已将财政赤字减少到25万亿日元左右(回忆一下第7章图7.1)。

小泉改革在经济增长方面取得了显著的成功。2003年至2007年,平均增长率达到1.7%,是自泡沫年代以来的最高水平。

14.5.2 退出量化宽松政策

2006年,经济继续强劲增长,通胀率自1998年以来首次出现了几个月的正值(图14.6)。2006年3月,日本央行开始降低准备金账户的目标余额。到6月,准备金账户余额一路降至法定准备金水平,因而2006年8月政策利率上调至零以上。

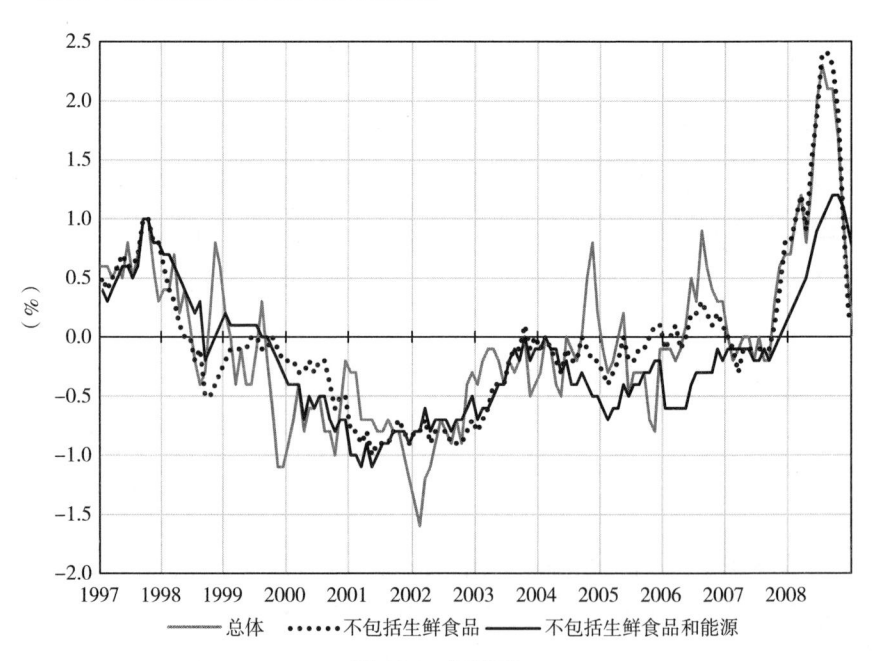

图 14.6 通胀率

注:CPI通胀率为上年同月的同比变化数据,按百分比计算。"总体"CPI包括了全部的商品和服务;不包括生鲜食品的CPI是不包括生鲜食品项目的日本核心CPI;不包括生鲜食品和能源的CPI是不包括生鲜食品和能源项目的核心CPI。通胀率的计算剔除了消费税增税的影响。

资料来源:日本总务省统计局。

加息的时机是否恰当有待商榷。赞成这一决定的人指出，由于小泉采取的经济政策，经济保持稳定增长已有数年。2006年5月，日本总体通胀率和核心通胀率与上年相比均为正值，并预计将进一步上升。

然而，批评者认为，这一决定过于仓促，因为通胀率刚刚转为正值，而且还不确定通胀率会攀升到多高。此外，大部分的价格上涨来自与能源相关的项目。如果除去能源和生鲜食品，那么通胀率仍然是负数，如图14.6所示。如果以不包括生鲜食品和能源的通胀率衡量，它直到2008年年中才变为正值。他们还批评了日本央行将物价稳定定义为零通胀的做法，没有考虑在零以上应有一个缓冲区，以避免通缩。[5] 事后回过头来看当时的情形，货币紧缩可能为时过早。

总而言之，"失去的20年"的第三阶段无论从经济增长还是从通胀的角度看，都还是一个相对较好的时期。2007年，许多观察者都希望日本经济最终摆脱了长期停滞的局面。这又一次被证明只是曙光来临的假象。

14.6 第四阶段

14.6.1 雷曼兄弟破产

从2005年到2007年年中，美国经济借助于信贷（尤其是次级贷款）快速扩张，享受着经济繁荣。正如迈克尔·刘易斯（Michael Lewis）的《大空头》等畅销书已经多次描述过的那样，向信用不稳定

---

[5] 参见《央行关于稳定物价的思考》。尽管这一文件总结了货币政策委员会的观点，认为0%~2%的通胀区间与物价稳定相一致，但基调是零通胀率就是物价稳定。其他发达国家经常提到2%这一目标值，原因是通胀指数的偏差以及保持在缓冲区以防跌入通缩。该文件强调，随着统计精度的提高，日本的这种偏差正在缩小，而且由于稳健的金融部门和灵活的名义工资，对建立缓冲区的需求也在减弱。该文件可从日本央行的网站获取（http://www.boj.or.jp/en/announcements/release_2006/mpo0603a.htm/）。

的借款人发放的次级贷款随后被分割并打包成了高评级的结构化证券（有时是多层级的），如债务抵押债券。许多机构投资者迫不及待地购买这些高回报、高评级的证券，并没有认真研究原始贷款条款的信息细节，进而真正审视其风险。

美国房价在2006年停止上涨。这是一次典型的泡沫破裂，即次贷泡沫，其特征与20世纪80年代的日本房地产泡沫相同（第5章）。这两次泡沫的不同之处在于，日本银行持有这些贷款组合，而这些贷款变成了不良贷款，但是美国次级贷款则被证券化，这些债务抵押债券被出售给了美国和欧洲的各类机构投资者。这些债务抵押债券和抵押贷款支持债券被戏称为"有毒资产"。次级贷款开始违约，机构投资者也开始理解证券化产品的真正风险。2007年，可能含有次级贷款的证券化产品开始贬值。

这一问题使投资银行面临严重的融资问题，它们将证券化产品作为（通常是隔夜）融资的抵押品。随着包含次级抵押贷款的证券化产品贬值，所有证券化产品的价值都开始下降，因为贷款人无法准确判断每种证券化产品对次级贷款的敞口。最终，贷款人拒绝接受任何可能涉及次级贷款的证券化产品，投资银行的资金也枯竭了。正如戈登等人（Gorton, 2010; Gorton and Metrick, 2012）所述，这一过程类似于银行挤兑。由于储户并不知道哪些银行已经资不抵债，所以所有银行都将面临挤兑。同样，由于投资者不知道哪些资产是有毒的，所以所有资产都无法作为抵押品被接受。

面对这一资金困境，投资银行争先恐后地卖掉手中持有的抵押贷款支持债券和债务抵押债券。当所有投资者都在恐慌中试图抛售证券时，证券价格进一步暴跌，这使投资者雪上加霜。2008年3月，贝尔斯登成为第一家遭遇严重流动性危机的大型投资银行，而这场危机最终被证明是致命的。为了防止发生系统性危机，美联储筹划在公共资金的援助下，由摩根大通对贝尔斯登实施救助性合并。

2008年9月15日，雷曼兄弟依据美国《破产法》第11章申请破产保护。前一周，包括巴克莱在内的多家机构曾考虑过对其实施救助性合并的可能性，但谈判最终在周末破裂了。雷曼兄弟的倒闭彻底改变了美国的金融市场状况。投资者最后试图出售所有明显有毒的资产。在那个周末之前市场出现剧烈波动的一个主要原因是，几乎所有市场参与者都预期，雷曼兄弟将会按照救助贝尔斯登的模式，在公共资金的支持下得到救助性合并。然而雷曼兄弟却破产了，这一决定可能是出于遏制投资银行道德风险的考虑（这种风险在贝尔斯登得到救助之后变得十分猖獗），但事实证明这样的做法代价不菲。

雷曼兄弟破产之后，许多机构完全拒绝贷款，随着买家的消失，市场也举步维艰。而且麻烦还不仅仅限于投资银行。美国和欧洲的许多金融机构也纷纷倒闭，或者需要注资。它们还从亚洲和拉美撤资。[6]这场起源于美国次级贷款并因雷曼兄弟破产而严重恶化的危机，成为一场公认的全球金融危机，而随后美国的经济停滞和缓慢复苏则被称为大衰退。

14.6.2 对日本的溢出效应

尽管许多美欧倒闭的金融机构得到了政府的救助或被要求重组，但没有一家日本金融机构受到全球金融危机的严重影响。[7]然而，2009年日本经济也陷入了衰退。这次金融危机对日本的溢出效应有两个渠道。第一，由于美国经济陷入严重衰退，它对日本出口品的需求急剧下降。因此，日本的汽车等耐用品的出口也出现了下滑。这反过来又减少了耐用品生产商对零部件的需求，并降低了它们的增长速度。公司削减了业务，失业率飙升至5%，通缩也进一步恶化（Hosono、Takizawa and Tsuru，2016）。

---

[6] 有关雷曼兄弟破产后金融动荡的更多资料，参见Ito（2009）。
[7] 瑞穗证券和野村证券报告称，由于持有有毒资产，它们在美国的业务出现了一些亏损，但公司的年度收入可以消化这些亏损。

第二，由于美国和欧洲突如其来的大规模货币宽松政策，日元大幅升值。西方国家放松货币政策是为了给压力很大的金融机构提供充足的流动性。日本央行决定不扩大资产负债表，因为日本的金融机构并没有受到影响。而且日本央行还认为，日本的货币政策已经过于宽松了。但日元升值的后果是相当严重的。2007年7月，日元兑美元汇率为120日元/美元，但就在雷曼兄弟破产之前，已经升至100日元/美元，到2009年10月已经升到了90日元/美元。汽车产业受此打击尤为严重。图14.7显示，从2008年至2009年，日本汽车出口数量下降了近一半。

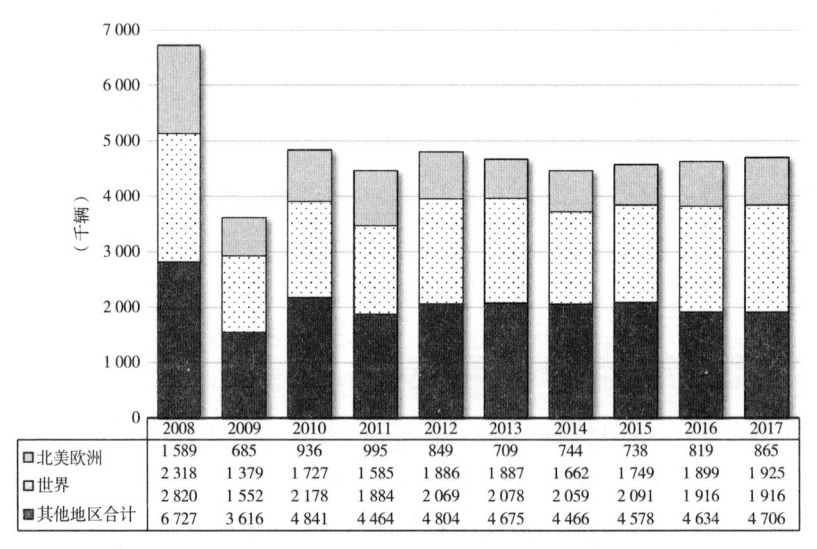

（千辆）	2008	2009	2010	2011	2012	2013	2014	2015	2016	2017
北美欧洲	1 589	685	936	995	849	709	744	738	819	865
世界	2 318	1 379	1 727	1 585	1 886	1 887	1 662	1 749	1 899	1 925
其他地区合计	2 820	1 552	2 178	1 884	2 069	2 078	2 059	2 091	1 916	1 916
	6 727	3 616	4 841	4 464	4 804	4 675	4 466	4 578	4 634	4 706

图14.7 2008—2017年日本汽车出口量（按目的地划分）
资料来源：日本汽车制造商协会。

2008年末至2009年第一季度的增长率急剧下降。2008年第四季度和2009年第一季度的年化季度环比增长率分别下降到了-8%和-18%（见图14.8）。所有私人部门的支出都大幅下降。政府支出为正，这反映了逆周期的财政刺激政策。在2009年余下的时间里，财政刺激政策一直持续，出口在2009年第二季度出现了反弹。然而，日本经济受到的损害是很严重的。2009年第二和第三季度，住宅和非住宅投资仍为负增长。

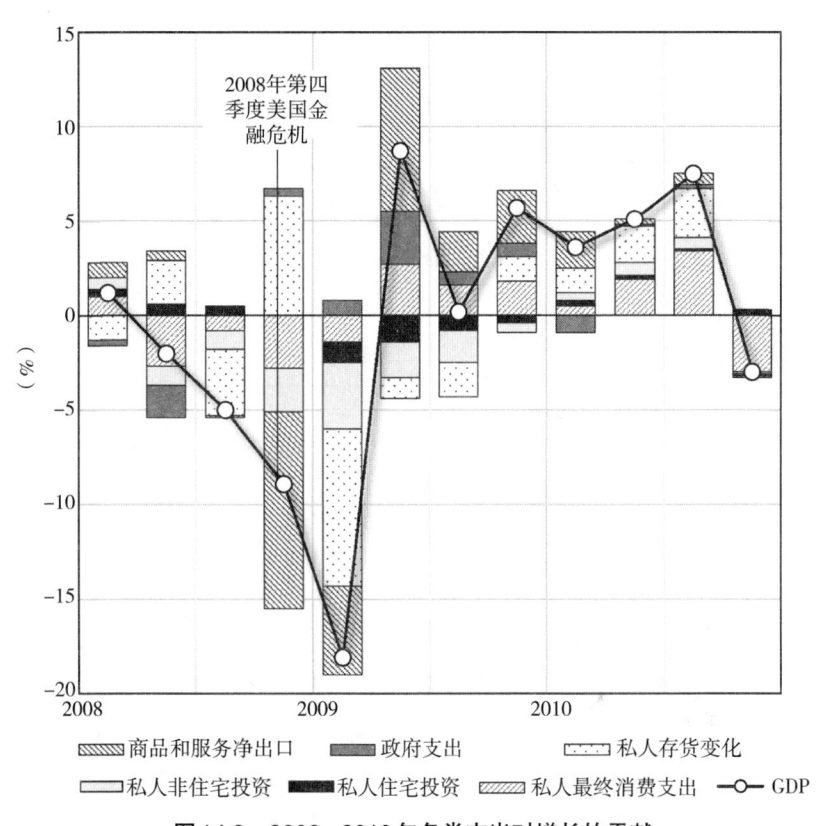

图14.8 2008—2010年各类支出对增长的贡献

资料来源：日本内阁官房。

在七国集团各成员国中，日本受有毒资产影响最小，而且日本没有一家银行因美国和欧洲的大衰退而倒闭或受到严重影响。然而，如图14.9所示，日本在2007年至2009年间GDP降幅是七国集团中最大的。

由于GDP大幅下滑，失业率急剧上升，通缩也加剧了。总体通胀率从2007年的0.0%降至2009年的−1.4%；同一时期，失业率从3.9%上升到5.1%。1998年至2012年的通胀率和失业率如图14.10所

第14章　失去的20年

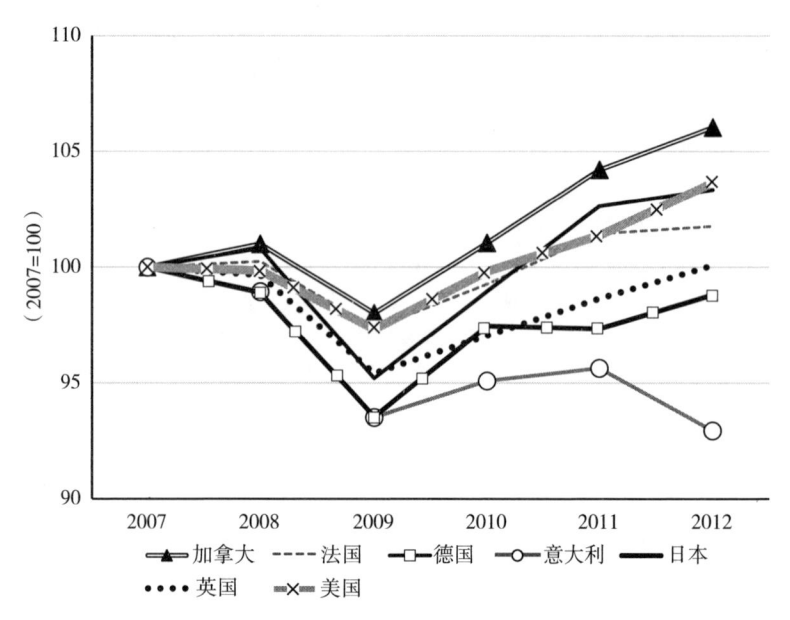

图14.9　不变价GDP

资料来源：国际货币基金组织，世界经济概览数据库，2018年10月。

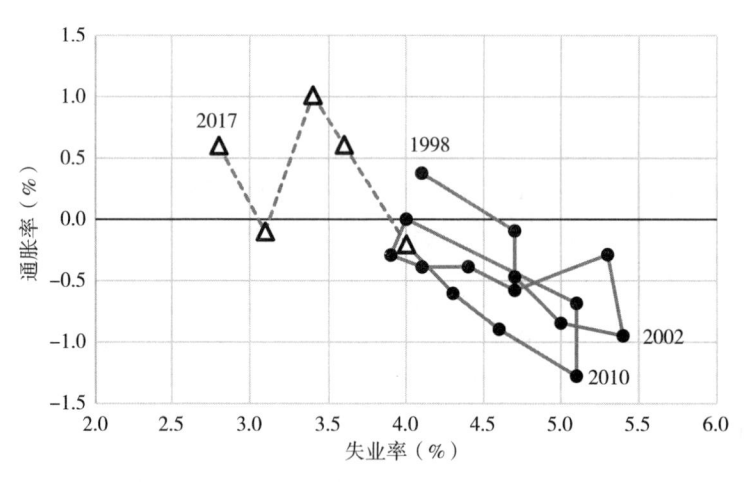

图14.10　以菲利普斯曲线形式展示的日本核心通胀率：1998—2017年

资料来源：作者根据日本总务省统计局以及厚生劳动省的数据自制而成。

示,该图采用了菲利普斯曲线的形式,即通胀和失业之间的权衡。虽然菲利普斯曲线最初反映的是工资通胀率和失业率之间的关系,但现在普遍采用的是CPI通胀率。2012年之前,通胀率一直为负,而失业率也一直保持在4%以上。这张图清楚地表明,1998—2012年,雷曼兄弟破产造成的负面冲击使日本重新陷入了经济衰退和通缩。

14.6.3 货币政策的反应与汇率

为了应对雷曼兄弟破产和随后巨大的市场压力,美联储迅速将政策利率降至零,并开始购买包括抵押贷款支持债券在内的证券。[8]美联储和美国财政部也对金融体系进行了干预,试图使之稳定下来。正如星岳雄和卡什亚普(2010)指出的,2008年和2009年金融危机期间美国的政策反应与大约十年前日本银行业危机期间的政策反应极为相似。然而,也有一些不同之处。美国政策制定者避免了日本决策者犯下的一些错误,比如允许僵尸企业继续存在。还有一些政策日本已经证明是有效的,但美国却从未采用过,比如对资不抵债的银行进行国有化和重组。在雷曼兄弟破产后,可以说美国所有主要金融机构都被认定为"大而不能倒",并得到了救助。

通过购买资产,美联储资产负债表的规模在几个月内就翻了一番,欧洲央行和英国央行也是如此。然而,在雷曼兄弟破产之后,日本央行并没有购买资产。回顾第6章的图6.4,该图显示,美联储、欧洲央行和英国央行的资产负债表规模在2008年10月至2009年年中猛增,而日本央行的资产负债表则基本持平。

各国央行资产负债表增长的差异是汇率变动的原因之一。尽管美国是此次危机的震中,但美元相对于欧元或新兴市场的货币并未贬值。这是因为美元是国际储备货币,而西方的金融机构正在争先恐后地

---

[8] 详见Ito(2010)。

获取美元流动性。因此，美元相对于几乎所有发达国家和新兴市场的货币都升值了。只有两个例外：日元和瑞士法郎。这两种货币被认为是避风港，而日本央行的货币政策不像美国的货币政策那么宽松。图14.11显示了日元兑美元、欧元和韩元的汇率变动。

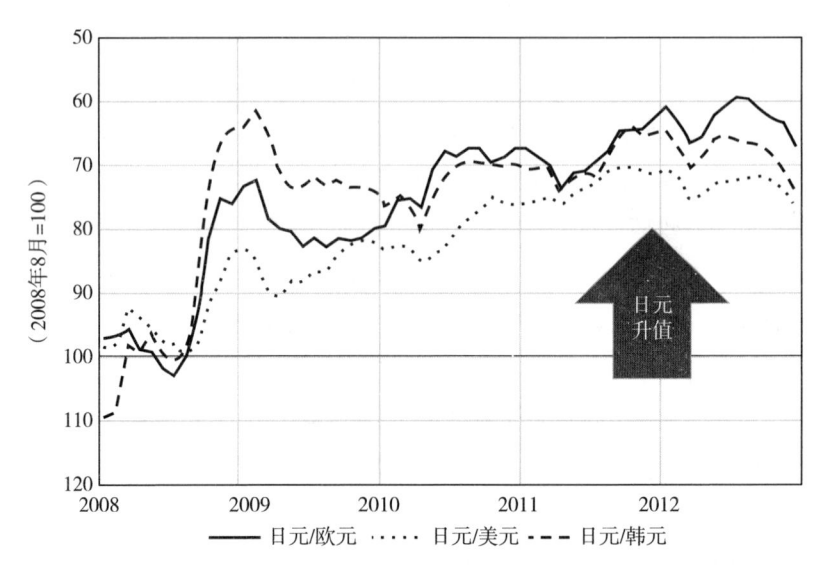

图14.11 日元兑欧元、美元和韩元的汇率
资料来源：国际货币基金组织，国际金融统计。

2008年8月至2009年二三月间，日元兑美元升值17%，兑欧元升值27%，兑韩元升值38%。这是一个重大的变化，新的汇率水平成了新标准，而非一次短暂的失常。由于美联储实施了第二次和第三次量化宽松，而日本央行在2013年3月之前一直维持其资产负债表的规模不变，美联储和日本央行的资产负债表继续分化。日元在2013年之前一直保持强势。这导致出口行业的盈利能力严重下降，尤其是那些与韩国竞争的行业，包括消费类电子产品、钢铁、汽车和造船业。

如果日本央行与美联储和欧洲央行一起实施量化宽松政策，又会如何？协调一致的量化宽松政策是否能够阻止日元大幅升值，并避免日本的负增长、高失业率以及消费类电子产业的消亡？我们倾向于认为确实如此。日本央行缺少量化宽松的货币政策被证明过于紧缩了，以至于最终加剧了全球金融危机的外溢效应。

14.6.4　政治混乱

尽管小泉纯一郎首相很受公众欢迎，但他还是在2006年6月辞职了，原因在于有关邮政私有化问题的一场有争议且不成功的斗争。他把权力移交给了时年51岁的安倍晋三（以日本的标准看，他相当年轻）。安倍继承的还有国会两院的多数席位。尽管他希望根据小泉的政策启动与结构性改革相关的各种项目，但提出具体的建议还需要时间。由于和其内阁成员有关的丑闻，安倍首相的支持率在一年内急剧下降，而自民党也在2007年7月的参议院选举中失利。不久之后，他便辞去了首相一职，由福田康夫继任。这开启了长达六年的由于议会分裂而导致的政治混乱。福田康夫只担任了一年的首相，随后由麻生太郎继任。

从2007年7月到2009年8月，自民党忍受着在参议院成为少数党的耻辱，同时又保持了在众议院的多数席位。麻生首相必须解决由全球金融危机的外溢效应导致的经济活动急剧萎缩，这一问题在本章前面已有详细描述。主要的反对党日本民主党在参议院否决了许多自民党主导的法案，而这些法案本来已在众议院通过，日本央行行长和副行长等重要公职的提名也变得困难。日本的政治突然变得四分五裂。

2009年8月，由于经济出现了严重衰退，麻生首相被迫解散了众议院。民主党在众议院以巨大优势战胜了自民党。在首相鸠山由纪夫的领导下，民主党政府于2009年9月成立。尽管鸠山由纪夫的支持率很高，但由于他在外交和国家安全问题上缺乏经验，于是很快就失去了人气。他的任期也只有一年。

民主党政府的第二任首相是菅直人。由于对东日本大地震之后发生的核电站危机处理不当，他的声望也大幅下降。取而代之的是同一党派的野田佳彦，他的任期也仅有一年零几个月。野田的主要成就之一是在2012年通过立法，要在两年内提高消费税税率。这并不是民主党倡导的，所以这一行动导致了党内一些人的倒戈。野田佳彦在11月再次解散了众议院，而后民主党在12月的大选中失去了多数席位。

从2006年到2012年，首相们像走马灯一样变换不停，这一期间一共产生了六位首相，每位的任期大约都是一年。从经济增长、通缩和对日本经济的信心看，这六年是最糟糕的时期。混乱的政治和糟糕的经济表现起到了相互增强的效果。

14.6.5 供给方面

在审视日本"失去的20年"的经历时，我们迄今为止关注的都是总需求的组成部分（消费、投资和出口）如何受到了各种国内外的冲击，以及政策对这些冲击的错误反应。然而，正如第4章所述，日本在总供给方面也受到了不利影响。这20年正是劳动年龄人口开始下降的时期，日本企业越来越多地把工厂移至国外而非留在日本。在"失去的20年"后期，供给方面的制约变得尤为严重。因此，即使日本最终摆脱了通缩，如果供给方面的问题仍然存在，它能实现的增长率也将会继续保持在非常低的水平（比如，1%左右）。[9]

在"失去的20年"里，尤其是在第三和第四阶段，制约经济增长的供给侧因素是什么？正如第3章解释的，经济增长可以分解为劳动力、资本和技术的贡献。当所有可用的劳动力和物质资源都投入使

---

[9] Hoshi和Kashyap（2011）讨论了日本经济增长下滑的主要原因，尤其关注供给方面。Hayashi和Prescott（2002）强调了20世纪90年代经济停滞的供给侧原因。Hoshi和Kashyap（2012）提出了几项在他们看来可以恢复日本经济增长的政策。Hoshi和Kashyap（2013）提供了这两份报告的更新版本。

用时，经济就实现了它的生产潜力。潜在增长率就是经济能够持续增长的最高增速。当潜在增长率变低时，整个经济周期的实际增长率就会降低。

正如第8章所述，出生于1947—1969年的婴儿潮一代，到2010年已经达到60岁或以上了。他们开始从终身雇佣的工作中退休。自20世纪70年代中期出现第二次生育高峰之后，婴儿数量持续下降。在20世纪80年代和90年代，退休人口增加，而劳动年龄人口减少了。这一趋势在21世纪前20年加速发展，就像在美国一样。

老龄化社会对日本经济产生了一些负面影响。如第3章所示，人口中劳动力数量的下降意味着劳动力对增长的贡献变为负值。此外，退休人数的增加意味着养老金支出和医疗费用的增加。由于老年人以及抚养完孩子的妇女的劳动参与率提高，这一不利趋势在一定程度上得到了缓解。然而，他们通常都会从事低生产率的兼职工作，而非高生产率的全职工作。同时，退休人员在退休后会花掉他们的储蓄，所以总储蓄率会下降，如第8章所示。

日本巨大的人口变化无疑拖累了潜在增长率。如果这种变化发生在总需求增长时，那么供给侧对增长的限制将导致通胀，而不是通缩。日本经历了通缩，这表明总需求下降的速度快于潜在的总供给。

日本对潜在GDP增长的官方估计来自内阁官房。图14.12显示了日本投入（劳动力和资本）和全要素生产率对GDP的贡献和GDP增长率。在"失去的20年"里，劳动力的贡献是负的，这主要反映了劳动力的减少。在这一时期，资本投入的贡献一直在下降，从1993年的2%下降到2008年的0%，然后在2012年下降到-2%。全要素生产率一直保持在1%左右。

在这20年间，资本形成下降的原因之一是日本企业将工厂迁到国外，这在早期阶段是由于成本原因（日元升值使在日本的生产变得非常昂贵），在后期则是由于工人短缺和国内市场的萎缩。随着投资的减少，资本对经济增长的贡献越来越低。20世纪80年代和90年代初，商界领袖曾表达过对全球化和空心化的担忧，但是随着日本企业在90年代中期以及以后真正大规模地将生产转移到海外，他们却不再发声了，也许是因为他们意识到，日本企业（包括他们自己的企业）如果想生存下去就别无选择。

在"失去的20年"里，由于各种原因，技术进步也放缓了。正如星岳雄和卡什亚普（2011）指出的，增长放缓是经济增长追赶阶段结束的自然结果。当日本努力追赶更先进的西方经济体时，日本的制造业能够通过从其他发达经济体引进尖端技术来实现增长。不过，在赶超式增长走上正轨后，日本企业就必须要实现本土的技术创新了。

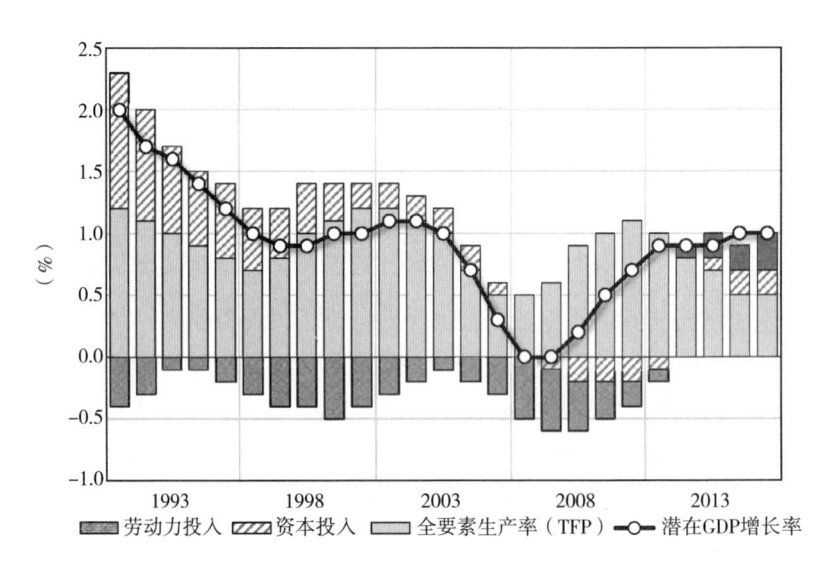

图14.2 潜在增长率和投入的贡献
资料来源：日本内阁官房。

另一个原因是，近年来与美国、一些欧洲国家甚至中国相比，日本采用信息技术的速度相对较慢。在服务业部门和中小企业中，这一问题尤其严重。

为什么日本公司迟迟不引进新的信息技术呢？原因之一是它们没有必要这么做。这与我们之前讨论过的僵尸企业有关。一些现有的企业即使已经变得无利可图，也会受到保护并留在市场上。这些企业无须通过投资信息技术或任何其他措施来提高生产率和盈利能力。保护这些僵尸企业的主要后果是延缓了创造性破坏的进程，即缺乏生产力的旧企业被富有生产力的新企业取代。卡瓦列罗等人（Caballero，2007；Foster、Haltiwanger and Krizan，2001）的研究表明，创造性破坏对发达经济体的生产率增长而言已成为一个日益重要的机制。然而这类过程在日本却被扼杀了。

正如星岳雄和卡什亚普（2011）指出的，与供给侧相关的一个问题是在20世纪90年代至21世纪头十年缺乏持续的放松管制和自由化，尤其是在非制造业。20世纪80年代后半期，中曾根康弘政府（1982—1987年）推动了政府垄断企业的私有化。其中最显著的就是日本国铁被拆分成区域性企业，并且随后被私有化。日本电报电话公司也被私有化，并且允许新企业进入这一行业。在80年代后半期，取消将金融业务分割开来的各种准入规定，也是放松管制的标志之一。在20世纪80年代和90年代，许多外国金融机构进入日本。随着取消对大型零售商店（如超市）的选址限制，分销行业的竞争也日益激烈。

与截至20世纪90年代初期的私有化和自由化浪潮相比，在"失去的20年"中这一运动的速度放缓了，部分原因在于低垂的果实都已经被摘取了。农业部门的改革少之又少，放松对出租车收费的管制力度也太小，从而无法产生重大影响。星岳雄和卡什亚普（2011）利用内阁官房汇编的数据发现，1995—2005年，对非制造业的进入管制总体上并没有放松。

总而言之，导致"失去的20年"的问题并不完全在需求侧，尽管通缩的出现表明需求侧的因素影响更大。然而，如果这些供给侧的问题得不到解决，即使有效的宏观经济政策解决了需求侧的问题，日本的经济增长仍将持续低迷。

14.6.6 日本模式与生产率

如前所述，从20世纪90年代到21世纪前20年，美国和日本在许多工业领域的生产率差距非但没有缩小，反而扩大了。[⑩] 这并不是因为日本企业没有投资于研发。衡量研发的标准之一是国际专利申请的数量。按照这一标准，日本在"失去的20年"里表现卓越，实际上仅次于美国，如图14.13所示。

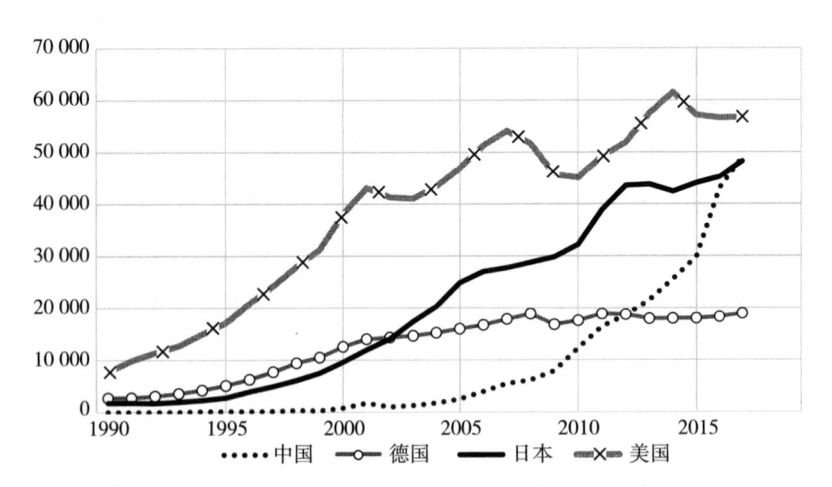

图14.13　1990—2017年按国家分类的国际专利申请数量
资料来源：世界知识产权组织，https://www.wipo.int/ipstats/en/statistics/country_profile/（最后访问日期为2019年6月21日）。

尽管在研发和专利申请方面进行了投资，但包括半导体在内的日本主导产业的表现却出现了下滑。此外，人们普遍认识到，日本服务业的生产率并没有提高。诚然，衡量服务业的生产率是很困难的，但

---

⑩ 我们要感谢一位匿名评审人（评审人II-2）对本小节早期版本的评论。

许多观察者注意到，与美国相比，日本的银行分支机构、百货公司和酒店的员工太多了。

一些日本企业试图通过与外国企业建立商业战略关系或收购外国企业来扩展其业务和服务，但成功者寥寥。日本移动通信巨头都科摩公司（NTT Docomo）曾一度站在新技术的前沿，但它在海外拓展业务的努力并未成功。目前，全球手机市场由苹果和三星主导，日本企业的总体市场份额即使在日本国内也很小，在其他国家更是几乎为零。

然而，日本汽车制造商仍然是全球市场的明星。丰田集团的全球产量一直位居前三（与大众汽车和通用汽车并驾齐驱）。2017年，在全球汽车78万亿日元的出口总额中，日本汽车出口达到7万亿日元。然而，即使是在汽车产业，前景也未必那么光明。20世纪90年代日产汽车遭遇了一场危机，最终使它在1999年接受了雷诺的资金和管理人员。截至2018年，雷诺拥有日产43%的股份，而日产仅拥有雷诺15%的股份。当电动汽车正在变得更便宜并成为行业标准时，日本汽车制造商可能无法跻身全球领先者的行列。日本汽车公司在自动驾驶技术方面落后于全球的竞争对手。

微软在个人电脑的操作系统方面几乎处于垄断地位，而且借助于Windows（视窗）产品，在通用办公软件中也占有很大份额。使用互联网技术的创新型公司，如谷歌、亚马逊、脸书（现更名为Meta）和苹果，都来自美国。在未来几十年里，美国的垄断地位可能会受到挑战，但如果真的如此，许多人预计这一挑战将来自中国，而不是日本。

为什么日本没有发展出自己的硅谷呢？在"失去的20年"及以后，这是一个经常被问到的问题。日本缺少一个像硅谷那样充满活力的创新生态系统，这与日本的经济增长模式有很大关系，这一模式的特征包括主银行制、终身雇佣制、产业政策以及其他看似独一无二的制度，这些在本书各个章节都有论及。这种模式在经济增长的追赶阶段表现上佳，但并不适合鼓励前沿创新。达什等人（Dasher、Harada、

Hoshi、Kushida and Okazaki，2015）考察了关于硅谷生态系统的文献，并识别出创新导向型经济增长的六大制度基础：（1）为风险企业提供资金的金融体系；（2）提供高质量、多样化和流动性人力资源的劳动力市场；（3）各产业、大学和政府之间的互动，以产生源源不断的创新理念、产品和业态；（4）大型成熟企业和小型初创企业共同成长的产业组织；（5）鼓励创业的社会制度；（6）协助初创企业建立并发展的专业人士。日本模式以其在经济快速增长时期的成就而闻名，但在许多制度方面，它与硅谷模式是对立的。

在迅速扩张和深化的信息技术相关业务中，创新往往来自初创企业。日本企业受年功序列及终身雇佣制的束缚，在快速发展的技术产业中处于劣势。过去在传统制造业中行之有效的企业专用型人力资本的稳定积累，对于实现信息技术和先进制造业的创新已不再有效。

为高风险但可能产生高回报的项目融资，则是日本面临的另一个障碍。正如第5章解释的，日本的银行业一直很强大，但资本市场却很薄弱。在私人拥有股权的企业和共同基金中，缺乏足够的力量或人力资本，以便将养老基金配置至风险资本。主银行制对有抵押物的制造业发挥了良好的支撑作用，但它无法促进信息技术企业的发展。

如前所述，有一种观点认为，创新和新技术的运用不会出现在现有企业中，而是来自初创企业，而这些企业将会打破在位企业的市场地位（Klepper，1996；Christensen et al.，2005）。显然，终身雇佣制将成为创新的障碍。只有劳动力市场变得更加灵活，通过促进信息技术相关产业的发展来提高生产率才有可能，因为只有这样，工人才有可能在无须付出太多经济代价的情况下，从劳动力过剩部门转移到劳动力短缺部门。日本在20世纪四五十年代都有自己的初创企业，比如1946年成立的索尼和1948年成立的本田，这些企业后来都发展成了全球知名的公司。然而，在20世纪90年代和21世纪头十年，我们没再看到日本有多少初创企业涌现出来。人们期待大学能够实现技术创新，借助于这些创新可以创建充满活力的企业，但大学并没有孵化出多少成功的初创企业。日本的国立大学对教授有严格的规定，禁止其创办自己的公司。缺乏投资于初创企业的风险投资公司和天使投资人，以及大学里企业家精神的匮乏，都是造成这一现象的原因。

总而言之，日本的经济发展模式有助于实现高速增长，并使其在二战后迅速赶上了美国，但到了20世纪80年代，这种模式已经成为拖累日本经济增长的绊脚石。随着经济追赶阶段的结束，以及增长引擎从传统制造业转向各种软件和信息技术产业，日本模式似乎失去了光彩。

14.6.7 环境保护

具有讽刺意味的是，在"失去的20年"里，经济停滞对日本的自然环境却产生了积极的影响。随着经济增长放缓，日本的空气质量普遍得到了改善，温室气体的排放量也有所减少。本小节简要介绍日本在经济快速增长时期之后，特别是在"失去的20年"中的环境政策。

保持清洁的环境既是对增长的限制（如果法规规定了生产活动的上限），也是经济发展的机会（如果对可再生能源和更清洁环境的追求促进了投资和创新）。日本99%的能源都依赖于进口，比如原油、天然气和煤炭。1973年第一次石油危机重创了日本，这引发了一场社会恐慌，人们担心经济会突然陷入停滞，比如出现大范围停电以及各种产品的短缺。恐慌的一个显著例子是1973年发生的抢购卫生纸（这不完全是石油产品）。一个直接的政策反应就是节约能源，比如调暗办公灯，暂停办公楼的一些电梯，暂停通宵电视广播，关闭广告用的霓虹灯等。在中期，日本实现了石油和天然气进口来源地的多样化，建立了石油存储罐，并加快了核电的发展。

大概在同一时期，空气、水和土壤污染成为一个巨大的社会和政治问题。20世纪70年代初，四大公害案件中的多名污染受害者提起了诉讼，引发了激烈争论，最终原告胜诉。政府在20世纪70年代初改变了政策，以实现更清洁的环境。1971年日本成立了环境厅，2001年改组为环境省。

更高的能源价格、为保障更多能源来源而进行的投资以及为防止污染物排放而投入的资源，这些都降低了日本的GDP增长率（回顾第3章关于1974年前后增长趋势突然转变的讨论）。在生产中安装减排装置，必然会增加生产成本，一些工厂变得无利可图从而倒闭。打造更清洁的环境代价不菲，但其好处（例如更健康的生活）是造福工厂周围的居民，并提高总体的生活质量。最近的研究表明，年轻时接触污染物会对人类健康产生长期有害的影响（例如，Graff Zivin and Neidell，2013）。从国家福利的角度看，打造清洁环境的收益很可能超过成本。

污染是负外部性的一个例子，即一项经济活动强加给不相关的第三方的成本。例如，假设一家钢铁厂在生产钢铁的过程中燃烧煤炭。在这一过程中，二氧化硫和二氧化碳等污染物被排放到空气中。污染破坏了环境，损害了当地居民的健康，也妨害了儿童的成长。因此，污染的成本主要由当地居民承担，而不是由制造污染的钢铁厂或其钢铁产品的购买者承担。

负外部性一词意味着多生产一单位钢铁的边际社会成本超过了钢铁厂的边际私人成本。这就导致了钢铁厂的污染超过社会最优水平。

在日本和其他地方，污染问题曾经只是一个局限于本国（甚至本地区）的问题。人们认为，污染的影响在地理上只限于一座城市、一个海湾或者是一个工厂的下风和下游地区，通常在一个国家的边界之内。然而，20世纪90年代以后，全球变暖的威胁成为许多国家面临的最严重的环境问题。由于燃烧化石燃料产生的温室气体不断积累，全球气温持续上升，这将导致海平面上升，并在全球范围内造成严重的经济（更不用说环境）损失。超过90%的温室气体是二氧化碳。

联合国创建了气候变化大会，缔约方会议（COP）成为一个国际性的全球协商和决策机构，旨在遏制全球变暖。第一届缔约方会议于1995年举行。第三届缔约方会议于1997年12月在日本京都举行。在那次会议上，各国就一项具有历史意义和约束力的义务达成了协议，即要求发达国家减少温室气体排放，这被称为《京都议定书》。到2012年，每个国家的排放量将比1990年的水平减少6%~8%。然而，如果不被视为发达国家，就无须做出任何减排承诺。发达国家并非必须通过国内减排来实现整体的减排目标。减排也可以通过排放交易和清洁发展机制来实现（例如，发达国家向发展中国家提供资金和技术援助，以减少其排放量）。

美国承诺将在1990年的水平上减少7%的温室气体排放，但美国国会未能批准《京都议定书》，并最终否决了该协议。中国没有做出任何减排承诺，因为它并未被列入"发达国家"。

日本承诺在1990年的水平上减少6%的温室气体排放，但其1997年（《京都议定书》生效时）的排放量却比1990年的水平高出了7.2%，如图14.14所示。因此，到2012年，日本必须将其排放量减少13%以上。这并没有阻止日本国会批准该协议。日本于2002年批准了这一协议，并于2005年在全世界生效，因为当时已经有足够多的国家批准了该协议。图14.14显示了日本排放的历史。

《京都议定书》可以理解为国际层面的总量控制与交易制度（专栏14.1），它明确了每个国家的排放量目标，并允许与其他参与国进行交易。1990年的排放水平被定为基准。尽管日本签署了这一国际总量控制与交易制度，但它在国内并没有引入类似的机制。直到2010年，它才采取了其他各种政策来减少温室气体的排放，包括对可再生能源的补贴，支持建设更多的核能发电，以及采用环保发展机制。这些政策加上2009年的严重衰退，减少了日本在2009年和2010年的排放量。

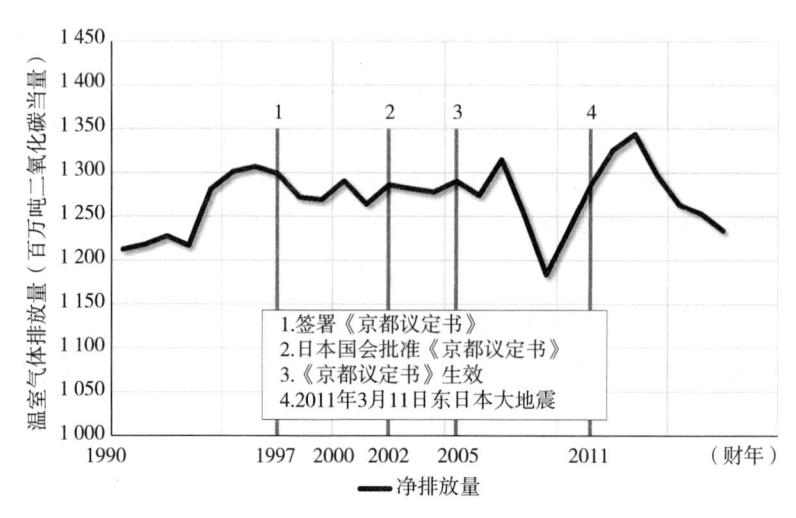

图14.14　1990—2017年日本的温室气体排放

注：净排放量包括"土地利用、土地利用变化和森林"与"间接的二氧化碳排放"。
资料来源：作者根据日本环境省的数据（2019，表1）自制而成。

2011年3月，东日本大地震及其引发的海啸发生之后，福岛第一核电站熔毁，最终使日本无法再选择依靠核能发电来减少温室气体排放。[11] 福岛核事故发生之后，所有的核电站都关闭了。减少的发电能力部分通过建造小型燃气涡轮机发电厂和传统的节能措施（如暂停使用电梯和关灯）得到了补偿，就像日本以前所做的那样。图14.14显示了2013—2014年日本的排放量猛增。虽然2015—2017年的排放量有所下降，但2017年的排放水平仍高于1990年。因此，福岛核事故破坏了日本为实现《京都议定书》目标所做的努力。

到21世纪头十年中期，《京都议定书》似乎注定要失败，因为美

---

[11] 福岛第一核电站共有四座反应堆，尽管运行该核电站的电力已经丧失，但都经受住了地震的考验，反应堆或建筑都没有受到太大损坏。当时核反应堆已经停止了发电，应急电源也被启动了。然而，在地震50分钟之后发生的海啸摧毁了反应堆所在的建筑，更严重的是也摧毁了应急电源。地下室的应急发电机被淹没。因此，核电站内的反应堆堆芯失去冷却后熔化了。

国并未参与其中,而被认为没有资格加入的中国成为第二大温室气体排放国。两个国家加在一起,占全球温室气体排放的40%。2015年12月,第二十一届缔约方会议通过了《巴黎协定》。《巴黎协定》与《京都议定书》有两个重要区别。首先,像中国这样的发展中国家作为缔约方被包括在内。其次,减排目标由每个参与国自愿设定,这样就可以将参与的政治阻力降到最低。

专栏14.1　总量控制与交易制度及碳税

全球变暖问题产生于一些经济活动的负外部性,如向大气中排放温室气体。大气是一种全球性的公共品。与其他污染一样,经济活动排放温室气体的成本由第三方承担。此外,大气是由所有人、所有国家共享的,因此任何人、任何国家减少温室气体排放的好处也都由全世界共享。这导致了一个众所周知的现象,即搭便车,每个人都希望其他人限制排放,而不是自己。在国际层面上,如果其他国家不做出同样的努力,任何一个国家都不会愿意减排。

大致来讲,有两种经济机制可以在经济活动和全球变暖之间实现有效的分配。一种机制是对排放征税,使排放的边际私人成本(含税)上升到与边际社会成本相同的水平。这一将负外部性内部化的思想可以追溯至英国经济学家阿瑟·庇古。如果温室气体排放的私人成本和社会成本之间的差异是众所周知的,那么就有可能设计一个碳税制度,使私人成本与社会成本相等,从而将排放限制在社会最优水平。如果对私人成本和社会成本之间的差距有多大无法达成共识,那么为实现最优排放水平而设定的税率就有可能过低或过高。

> 另一个解决方案是先为每个国家或每个行业的温室气体排放设定一个总量限制，然后制定排放许可证，将这些许可证分发给企业，并允许它们在市场上交易。这种方法被称为总量控制与交易制度。如果我们知道温室气体排放的社会最优水平，我们就可以将排放许可证的总量设置为最优水平。如果许可证可以在市场上自由交易，那么无论许可证最初是如何分配给每个企业的，都可以用一种有效率的方式实现社会最优排放水平。这是因为减排边际成本较低的企业会把许可证卖给那些减排技术效率较低的企业。与碳税不同，一个有效的总量控制与交易制度不需要知道排放的边际社会成本。然而，这一制度必须对社会最优排放总量有准确的了解，并就最初如何向每个企业分配排放许可证达成政治共识。
>
> 这两种方法哪一种更好？这取决于公众是否了解和认同温室气体排放的社会最优水平和排放的边际社会成本。如果我们掌握了社会最优排放水平更准确的信息，那么总量控制与交易制度就更有希望成功。如果与社会最优排放水平相比，我们更了解排放的边际社会成本，那么碳税可能会更好。
>
> 总量控制与交易制度的另一个难题是在一开始如何分配许可证。许多经济学家主张拍卖许可证，但实际上，最初的许可证通常是根据一个实体的历史排放水平免费发放的，这被称为祖父制（Grandfathering）。

《巴黎协定》包含了缔约方会议所有的196个成员国。在日本、美国、中国和欧盟都批准之后，该协定于2016年11月生效。[12] 根据《巴

---

[12] 美国前总统特朗普于2017年6月1日宣布美国将退出《巴黎协定》。退出是基于第28条款，该条款规定，美国不能在2020年11月4日（即美国总统大选的后一天）前退出该协议。

黎协定》，日本承诺在2013年的基础上减少26%的温室气体排放。这是一个艰难的目标，尽管日本2013年的排放量由于福岛核事故而处于较高的水平（因此，当年的排放量并不正常）。严格遵守这一目标可能会从供给侧制约日本的经济增长。

14.7 安倍经济学与"失去的20年"的终结

2013年出台的一揽子经济政策最终结束了"失去的20年"。自民党在2012年11月的大选中获胜。安倍晋三再次出任首相。在他第一次担任首相期间（2006—2007年），无论是在经济上还是政治上，他都没有取得多少成就。然而，2012年12月他一上任，就宣布要结束日本的通缩和经济停滞。他认为，日本央行应采取通胀目标制和积极的货币政策，以帮助经济复苏。他还主张增加财政支出以推动经济走向复苏。2013年6月，安倍首相还宣布了一项雄心勃勃的结构性政策方案，即广为人知的"增长战略"（第4章）。这一包括三个重点（也被称为"三支箭"）的一揽子政策后来被称作"安倍经济学"。一是积极的货币政策，二是灵活的财政政策，三是增长战略。

2013年3月，黑田东彦被提名并任命为日本央行行长。几周之内，黑田东彦就宣布了一项"定量和定性宽松"计划，宣布将在两年内将日本央行资产负债表的规模扩大一倍，并实现2%的通胀率。市场对日本央行的政策转变表示欢迎。日本央行资产负债表的扩张，让投资者想起了美国、英国和欧洲的央行在全球金融危机之后的衰退期间所做的事情。而后就如第6章所述，日元贬值，股票价格上涨。

从2013年4月推出定量和定性宽松政策到2014年春季，日元一直保持贬值趋势，而股价继续走高。经济活动变得更活跃，通胀率也开始上升。2013年，通胀率从2012年的-1%变为正值，并一直保持在正值范围内，如本章前面的图14.6所示。经济增长率保持在1%左右。经济扩张还在继续。

截至2019年1月，至少安倍经济学的货币和财政扩张政策（即第一支和第二支箭）取得了一定的成功。尽管在将近6年之后2%的通胀目标仍未实现，但似乎可以有把握地宣布，通缩已经结束了，产出缺口已大幅缩小或已经消失，这取决于我们使用哪种估算方法。因此，安倍经济学解决了需求不足的问题。然而，潜在增长率仍然很低。旨在提高潜在增长率的结构性政策效果如何，目前尚不可知。

参考文献

中文版序

Vegel, Ezra F. 2019. *China and Japan: Facing History.* Cambridge, MA: Harvard University Press.

第1章

International Monetary Fund. 2019. World Economic Outlook Database, April. https://www.imf.org/external/pubs/ft/weo/2019/01/weodata/index.aspx.Last accessed June 26, 2019.

第2章

Akamatsu, Kaname. 1962. "A Historical Pattern of Economic Growth in Developing Countries." *Journal of Development Economics* 1: 3–25.

Bassino, Jean-Pascal,Stephen Broadberry, Kyoji Fukao, Bishnupriya Gupta, and Masanori Takashima. 2017. *Japan and the Great Divergence, 730–1874.* Department of Economics,University of Oxford Discussion Papers in Economic and Social History Number 156. https://www.economics.ox.ac.uk/oxford-economic-and-social-history-working-papers/japan-and-the-great-divergence-730-1874. (Last Accessed on June 16, 2019.)

Dore, Ronald. P. 1965. *Education in Tokugawa Japan.* University of California Press.

Eichengreen, Barry, ed. 1986. *The Gold Standard in Theory and History.* Methuen.

Emi, Koichi, and Yuichi Shionoya. 1973. *Nihon Keizai Ron [The Japanese Economy].* Yuhikaku.Friedman, Milton. 1979. *Free to Choose.* Harcourt Brace Jovanovich.

Gerschenkron, Alexander. 1962. *Economic Backwardness in Historical Perspective.* Harvard University Press.

Hoshi, Takeo, and Anil K. Kashyap. 2001. *Corporate Financing and Governance in*

Japan: The Road to the Future. MIT Press.

Ito, Takatoshi, 1993. "18 Seiki, Dojima no kome sakimono shijyo no koritsusei ni tuite" [trans. On the Efficiency of Rice Futures in Dojima in the 18th Century], *Keizai Kenkyu*. 44（4）: 341–350.

Kelley, Allen C., and Jeffrey G. Williamson. 1974. *Lessons from Japanese Development: An Analytical Economic History*. University of Chicago Press.

Kuznets, Simon. 1959. *Six Lectures on Economic Growth*. Free Press.

Kuznets, Simon. 1971. *The Economic Growth of Nations*. Harvard University Press.

Minami, Ryoshin. 1986. *The Economic Development of Japan: A Quantitative Study*. St. Martin's.

Morishima, Michio. 1982. *Why Has Japan Succeeded?* Cambridge University Press.

Murakami, Yasusuke, Shumpei Kumon, and Seizaburo Sato. 1979. *Bunmei Toshiteno ie Shakai* [Ie System as a Civilization]. Chuo KoronSha.

Nakamura, Takafusa. 1971. *Economic Growth in Prewar Japan*. Yale University Press.

Nakamura, Takafusa. 1980. *Nihon Keizai: Sono Seicho to Kozo* [Japanese Economy: Its Growth and Structure]. University of Tokyo Press.

Ohkawa, Kazushi. 1957. *The Growth Rate of the Japanese Economy since 1878*. Kinokuniya.

Ohkawa, Kazushi, and Gustav Ranis, eds. 1985. *Japan and the Developing Countries*. Blackwell.

Ohkawa, Kazushi, and Henry Rosovsky. 1973. *The Economic Growth of Japan*. Stanford University Press.

Ohkura, Takehiko, and Hiroshi Shimbo. 1978. "The Tokugawa Monetary Policy in the Eighteenth and Nineteenth Centuries." *Explorations in Economic History* 15: 101–124.

Ranis, Gustav and Kazushi Ohkawa. 1985. *Japan and the Developing Countries: A Comparative Analysis*. Blackwell.

Reischauer, Edwin O. 1988. *The Japanese Today: Change and Continuity*. Harvard University Press.

Rostow, Walt Whitman. 1960. *The Stages of Economic Growth: A Non-Communist Manifesto*. Cambridge University Press.

Schaede, Ulrike. 1989. "Forwards and Futures in Tokugawa-Period Japan." *Journal of Banking and Finance* 13: 487–513.

Takamatsu, Nobukiyo, and Yuzo Yamamoto, eds. 1974. *Kokumin Shotoku* [National Income]. Toyo Keizai.

Toyo Keizai Shinposha. 1935. *Nihon Boeki Seiran* [Foreign Trade of Japan, A Statistical

Survey]. 1935.

Umemura, Mataji, Saburo Yamada, Yujiro Hayami, Nobukiyo Takamatsu, and Minoru Kumazaki, eds. 1966. *Agriculture and Forestry* [Nōringyō] (Long-Term Economic Statistics, volume 9) . Toyo Keizai.

Weber, Max. 1905. *Die protestantische Ethik und der Geist des Kapitalismus (The Protestant Ethic and the Spirit of Capitalism).*

Yamamoto, Shigemi. 1977. *Ah Nomugi Toge* [Ah! Nomugi Pass]. Kadokawa Bunko.

Yasuba, Yasukichi, and Likhit Dhiravegin. 1985. "Initial Conditions, Institutional Changes, Policy, and Their Consequences: Siam and Japan, 1850–1914." In *Japan and the Developing Countries*, edited by K. Ohkawa and G. Ranis, 19–34. Blackwell.

第3章

Barro, Robert. 1991. "Economic Growth in a Cross Section of Countries." *Quarterly Journal of Economics* 106: 407–443.

Denison, Edward F., and William K. Chung. 1976a. "Economic Growth and Its Sources." In *Asia's New Giant*, edited by H. Patrick and H. Rosovsky, 63–151. Brookings Institution.

Denison, Edward F., and William K. Chung. 1976b. *How Japan's Economy Grew So Fast.* Brookings Institution.

Economic Planning Agency Economic Research Institute. 1988. *Kokumin Keizai Keisan Hokoku: Choki Sokyu Suikei (1955–1969).* Economic Planning Agency (in Japanese) .

Jorgenson, Dale W., and Kazuyuki Motohashi. 2005. "Information Technology and the Japanese Economy." *Journal of the Japanese and International Economies* 19: 460–481.

Kosai, Yutaka. 1986. *The Era of High-Speed Growth.* University of Tokyo Press.

Kosai, Yutaka, and Yoshitaro Ogino. 1984. *The Contemporary Japanese Economy.* M. E. Sharpe.

Nakamura, Takafusa. 1981. *The Postwar Japanese Economy: Its Development and Structure.* University of Tokyo Press.

Ohkawa, Kazushi, and Henry Rosovsky. 1973. *The Economic Growth of Japan.* Stanford University Press.

Ohkawa, Kazushi, Nobukiyo Takamatsu, and Yuzo Yamamoto, 1974. *Estimates of Long-term Economic Statistics of Japan since 1868, vol. 1: National Income.* Toyo Keizai Shinposha.

Romer, Paul. 1990. "Endogenous Technological Change." *Journal of Political Economy* 98: S71–S102.

Shinohara, Miyohei. 1986. *Nihon Keizai Kougi.* Toyo Keizai Shinposha.

Tanaka, Kakuei, 1972. *Nihon Retto Kaizo Ron (Transforming the Japanese Archipelago).*

Nikkan Kogyo Shinbun.

 Toyo Keizai. 1979. *Tokei Nenkan (Economics Statistics Annual)*. Toyo Keizai Shinposha.

 Toyo Keizai. 1989. *Tokei Nenkan (Economic Statistics Annual)*. Toyo Keizai Shinposha.

第4章

 Alesina, Alberto. 1988. "Macroeconomic and politics." In *NBER Macroeconomics Annual 1988*, edited by S. Fischer, 13–52. MIT Press.

 Barsky, Robert. 2011. "Japanese Asset Price Bubble: A Heterogeneous Approach," in *Japan's Bubble: Deflation and Long-term Stagnation*, edited by Koichi Hamada, Anil Kashyap, and David Weinstein, 17–50. MIT Press.

 Blanchard, Olivier. 2009. *Macroeconomics, 5th ed*. Pearson Prentice Hall.

 Cargill, Thomas F., and Michael M. Hutchison. 1990. "Political Business Cycles in a Parliamentary Setting: The Case of Japan." Working Paper 88-08, Federal Reserve Bank of San Francisco.

 Cargill, Thomas F., Michael M. Hutchison, and Takatoshi Ito. 2001. *Financial Policy and Central Banking in Japan*. MIT Press.

 Hayashi, Fumio, and Edward C. Prescott. 2002. "The 1990s in Japan: A Lost Decade." *Review of Economic Dynamics* 5（1）: 206–235.

 Hibbs, Douglas A., Jr. 1977. "Political Parties and Macroeconomic Policy." *American Political Science Review*（December）: 1467–1487.

 Hibbs, Doublas A., Jr. 1987. *The American Political Economy: Macroeconomics and Electoral Politics in the United States*. Harvard University Press.

 Hoshi, Takeo, and Anil K Kashyap. 2015. "Will the U.S. and Europe Avoid a Lost Decade? Lessons from Japan's Postcrisis Experience." *IMF Economic Review* 63（1）: 110–163.

 Inoguchi, Takashi. 1983. *Gendai no Nihon Seiji Keizai no Kozu* [Contemporary Political Economy in Japan]. Toyo Keizai Shinposha.

 Ito, Takatoshi. 1990. "The Timing of Elections and Political Business Cycles in Japan." *Journal of Asian Economics* 1: 135–156.

 Ito, Takatoshi and Tokuo Iwaisako. 1996. "Explaining Asset Bubbles in Japan." Bank of Japan, *Monetary and Economic Studies* 14（July）: 143–193.

 Ito, Takatoshi, and Jin Hyuk Park. 1988. "Political Business Cycles in the Parliamentary System." *Economics Letters* 27: 233–238.

 Keynes, John M. 1936. *The General Theory of Employment, Interest, and Money*. Macmillan.

National Bureau of Economic Research. 2010. "The NBER's Business Cycle Dating Committee." https://www.nber.org/cycles/main.html.Last Accessed June 25, 2019.

Nordhaus, William. 1975. "The Political Business Cycle." *Review of Economic Studies* 42 (April): 169–190.

Romer, Christina. 1986. "Is the Stabilization of the Postwar Economy a Figment of the Data?" *American Economic Review* 76(June): 314–334.

Stock, James H., and Mark W. Watson. 1999. "Business Cycle Fluctuations in US Macroeconomic Time Series." In *Handbook of Macroeconomics, vol. 1*, edited by J. B. Taylor and M. Woodford, 3–64. Elsevier.

Ueda, Kazuo. 1990. "Are Japanese Stock Prices Too High?" *Journal of the Japanese and International Economies* 3: 351–370.

第5章

Cargill, Thomas. F. 1985. "A US Perspective on Japanese Financial Liberalization." *Monetary and Economic Studies* 3(1): 115–149.

Cargill, Thomas F., Michael M. Hutchison, and Takatoshi Ito. 1997. *The Political Economy of Japanese Monetary Policy*. MIT Press.

Cargill, Thomas F., Michael M. Hutchison, and Takatoshi Ito. 2000. *Financial Policy and Central Banking in Japan*. MIT Press.

Financial Stability Board. 2018. *Implementation and Effects of the G20 Financial Regulatory Reforms*. Financial Stability Board, November 28.

Frankel, Jeffrey. 1984. *The Yen/Dollar Agreement, Liberalizing Japanese Capital Markets*. Institute for International Economics.

Harada, Kimie, Takeo Hoshi, Masami Imai, Satoshi Koibuchi, and Ayako Yasuda. 2015. "Japan's Financial Regulatory Responses to the Global Financial Crisis." *Journal of Financial and Economic Policy* 7(1): 51–67.

Hoshi, Takeo. 2002. "The Convoy System for Insolvent Banks: How It Originally Worked and Why It Failed in the 1990s." *Japan and the World Economy* 14(2): 155–180.

Hoshi, Takeo, and Takatoshi Ito. 2004. "Financial Regulation in Japan: A Sixth-Year Review of the Financial Services Agency." *Journal of Financial Stability* 1(2): 229–243.

Hoshi, Takeo, and Anil Kashyap. 2010. "Will the U.S. Bank Recapitalization Succeed? Eight Lessons from Japan." *Journal of Financial Economics* 97: 398–417.

Hoshi, Takeo, Anil K Kashyap, and David Scharfstein. 1990. "The Role of Banks in Reducing the Costs of Financial Distress in Japan." *Journal of Financial Economics* 27: 67–88.

Hoshi, Takeo, Anil K Kashyap, and David Scharfstein.1991. "Corporate Structure,

Liquidity, and Investment: Evidence from Japanese Industrial Groups." *Quarterly Journal of Economics* 106: 33–60.

Hoshi, Takeo, and Ayako Yasuda. 2016. "Capital Market Regulation in Japan after the Global Financial Crisis." In *Analyzing the Cumulative Impact of Regulatory Reform*, edited by Douglas D. Evanoff, Andrew G. Haldane, and George G. Kaufman, 165–195. World Scientific Publishing.

Ito, Takatoshi. 2009. "Comments on Sakuragawa and Watanabe, 'Did the Japanese Stock Market Appropriately Priced the Takenaka Financial Reform?'" In *Financial Sector Development in Pacific Rim*, edited by Takatoshi Ito and Andrew Rose. NBER–University of Chicago Press.

Ito, Takatoshi. 2010. "Fire, Flood, and Lifeboats: Policy Responses to the Global Crisis of 2007–09." In *Asia and the Global Financial Crisis,* edited by the Federal Reserve Bank of San Francisco, 207–249. San Francisco.

Ito, Takatoshi, and Kimie Harada. 2005. "Japan Premium and Stock Prices: Two Mirrors of Japanese Banking Crises." *International Journal of Finance and Economics* 10（3）: 195–211.

Ito, Takatoshi, and Yuri N. Sasaki. 2002. "Impacts of the Basel Capital Standard on Japanese Banks' Behavior." *Journal of the Japanese and International Economies* 16（3）: 372–397.

Kane, Edward J. 1993. "What Lessons Should Japan Learn from the U.S. Deposit-Insurance Mess?" *Journal of the Japanese and International Economies* 7: 329–355.

Milhaupt, Curtis, and Geoffrey Miller. 1997. "Cooperation, Conflict, and Convergence in Japanese Finance: Evidence from the 'Jusen' Problem." *Law and Policy in International Business* 29: 1–78.

Nakatani, Iwao. 1984. "The Economic Role of Financial Corporate Grouping." In *The Economic Analysis of the Japanese Firm*, edited by M. Aoki, 227–258. North-Holland.

UFJ Holdings. 2004. *Keiei no Kenzenka no tame no Keikaku no Gaiyo* [Management Revitalization Plan: Abstract]. Accessed at http://www.fsa.go.jp/kenzenka/k_h160924/ufj_a.pdf.

第6章

Bank of Japan. 1986. *Nihon Ginko Hyakunenshi* [One Hundred-Year History of the Bank of Japan], volume 6（1960–1982）. Bank of Japan.

Bank of Japan. 1999. "On the Current Monetary Policy," September 21. https://www.boj.or.jp/en/announcements/release_1999/k990921a.html/. (Last accessed June 23, 2019.)

Bank of Japan. 2001. "New Procedures for Money Market Operations and Monetary Easing" March 19. https://www.boj.or.jp/en/announcements/release_2001/k010319a.html/

(Lastaccessed June 23, 2019).

Bernanke, Ben S., and Frederic S. Mishkin. 1997. "Inflation Targeting: A New Framework for Monetary Policy?" *Journal of Economic Perspectives* 11(2): 97–116.

Borio, Claudio, and Anna Zabai. 2016. *Unconventional Monetary Policies: A Re-Appraisal.* BIS Working Paper No. 570.

Cargill, Thomas F., Michael M. Hutchison, and Takatoshi Ito. 2001. *Financial Policy and Central Banking in Japan.* MIT Press.

Cukierman, Alex, Steven B. Webb, and Bilin Neyapti. 1993. "Measuring the Independence of Central Banks and Its Effect on Policy Outcomes." *World Bank Economic Review* 6: 353–398.

Debelle, Guy, and Stanley Fischer. 1994. "How Independent Should a Central Bank Be?" In *Goals, Guidelines, and Constraints Facing Monetary Policymakers*, edited by J. C. Fuhrer. Federal Reserve Bank of Boston.

Friedman, Milton. 1985. "Monetarism in rhetoric and in practice." In *Monetary Policy in Our Times,* edited by Albert Ando et al. MIT Press.

Fukui, Toshihiko. 2003. "Kin-yu Seisaku Unei no Kadai" Speech at Japan Society of Monetary Economic, Spring Meeting (in Japanese). http://c-faculty.chuo-u.ac.jp/~toyohal/JSME/pdf03s/03s200-fukui.pdf. (Last accessed June 23, 2019.)

Hayami, Masaru. 2000. "Price Stability and Monetary Policy." Speech to the Research Institute of Japan in Tokyo, March 21. Accessed at https://www.boj.or.jp/en/announcements/press/koen_2000/ko0003b.htm/.

Ito, Takatoshi. 1989. *Is the Bank of Japan a Closet Monetarist? Monetary Targeting in Japan, 1978–1988.* NBER Working Paper, no 2874.

Ito, Takatoshi. 1999. "A Target for the Bank of Japan." *Financial Times*, October 19.

Ito, Takatoshi. 2004. "Inflation Targeting and Japan: Why Has the Bank of Japan not Adopted Inflation Targeting?" In *The Future of Inflation Targeting,* edited by Christopher Kent and Simon Guttmann, 220–267. Reserve Bank of Australia.

Ito, Takatoshi. 2010. "Fire, Flood, and Lifeboats: Policy Responses to the Global Crisis of 2007–09." In *Asia and the Global Financial Crisis*, edited by the Federal Reserve Bank of San Francisco, 207–249. Accessed at http://www.frbsf.org/economics/conferences/aepc/2009/agenda.php.

Ito, Takatoshi. 2013. "Great Inflation and Central Bank Independence in Japan." In *The Great Inflation: The Rebirth of Modern Central Banking,* edited by M. D. Bordo and A. Orphanides. NBER–University of Chicago Press.

Ito, Takatoshi, and Tomoko Hayashi. 2004. *Inflation Targeting in Asia, Hong Kong Institute for Monetary Research,* Occasional Paper, No. 1, March.

Ito, Takatoshi, and Frederic S. Mishkin. 2006. "Two Decades of Japanese Monetary Policy and the Deflation Problem." In *Monetary Policy with Very Low Inflation in the Pacific Rim*, edited by T. Ito and A. Rose, 131-193. NBER-University of Chicago Press.

Ito, Takatoshi, and Kazuo Ueda. 1981. "Tests of the Equilibrium Hypothesis in Disequilibrium Econometrics: An International Comparison of Credit Rationing in Business Loans." *International Economic Review* 22: 691-708.

Krugman, Paul. 1998. "It's Baaack: Japan's Slump and the Return of the Liquidity Trap." *Brookings Papers on Economic Activity* 2: 137-205.

Nakagawa, Yukitsugu. 1981. *Taikenteki Kin'yu Seisaku Ron: Nichigin no Mado kara* [On Monetary Policy: Persona Experience at the Bank of Japan]. Nihon Keizai Shimbunsha.

Okina, Kunio. 1999. "Monetary Policy under Zero Inflation: A Response to Criticisms and Questions Regarding Monetary Policy." *Monetary and Economic Studies*（December）: 157-197.

Okina, Kunio, Masaaki Shirakawa, and Shigenori Shiratsuka. 2001. "The Asset Price Bubble and Monetary Policy: Japan's Experience in the Late 1980s and the Lessons: Background Paper." *Monetary and Economic Studies* 19（S-1）: 395-450.

Patrick, Hugh, and Henry Rosovsky, eds. 1976. *Asia's New Giant*. Brookings Institution.

Suzuki, Yoshio. 1985. "Japan's Monetary Policy over the Past 10 Years." *Monetary and Economic Studies* 3（2）: 1-10.

Svensson, Lars E. O. 2001. "The Zero Bound in an Open Economy: A Foolproof Way of Escaping from a Liquidity Trap." *Monetary and Economic Studies* 19（S-1）: 277-312.

Truman, Edwin M. 2003. Inflation Targeting in the World Economy. Institute for International Economics.

Ueda, Kazuo. 2000. "The Transmission Mechanism of Monetary Policy Near Zero Interest Rates: The Japanese Experience 1998-2000." Speech given at a conference sponsored by the National Bureau of Economic Research, European Institute of Japanese Studies, Tokyo University Center for International Research on the Japanese Economy, and the Center for Economic Policy Research, held at the Swedish Embassy in Tokyo on September 22. http://www.boj.or.jp/announcements/press/koen_2000/ko0010e.htm/.

第7章

Asako, Kazumi, Takatoshi Ito, and Kazunori Sakamoto. 1991. "The Rise and Fall of the Deficit in Japan." *Journal of the Japanese and International Economies* 5（4）: 451-472.

Auerbach, Alan. 2012. "The Fall and Rise of Keynesian Fiscal Policy." *Asian Economic Policy Review* 7（December）: 157-175.

Bamba, Mark T., and David E. Weinstein. 2019. "The Crisis That Wasn't: How Japan Has Avoided a Bond Market Panic."

Barro, Robert. 1974. "Are Government Bonds Net Wealth?" *Journal of Political Economy* 81: 1095–1117.

Barthold, Thomas, and Takatoshi Ito. 1991. "Bequest Taxes and Accumulation of Household Wealth: US-Japan Comparison." In *Political Economy of Tax Reforms*, edited by T. Ito and A. O. Krueger, 235–290. University of Chicago Press.

Bernheim, B. Douglas. 1987. "Ricardian Equivalence: An Evaluation of Theory and Evidence." In *NBER Macreconomics Annual 1987*, edited by S. Fischer, 263–316. MIT Press.

Bohn, Henning. 1998. "The Behavior of U.S. Public Debt and Deficits." *Quarterly Journal of Economics* 113: 949–963.

Broda, Christian, and David Weinstein. 2005. "Happy News from the Dismal Science: Reassessing Japanese Fiscal Policy and Sustainability." In *Reviving Japan's Economy*, edited by Takatoshi Ito, Hugh Patrick, and David Weinstein, 40–78. MIT Press.

Doi, Takero, Takeo Hoshi, and Tatsuyoshi Okimoto. 2011. "Japanese Government Debt and Sustainability of Fiscal Policy." *Journal of the Japanese and International Economies* 25（4）: 414–433.

Doi, Takero, and Toshihiro Ihori. 2009. *The Public Sector in Japan.* Edward Elgar.

Feldstein, Martin. 1982. "Government Deficits and Aggregate Demand." *Journal of Monetary Economics* 9: 1–20.

Giavazzi, Francesco, Tullio Jappelli, and Marco Pagano. 2000. "Searching for Non-Keynesian Effects of Fiscal Policy: Evidence from Industrial and Developing Countries." *European Economic Review* 44（7）: 1259–1289.

Giavazzi, Francesco, and Marco Pagano. 1990. "Can Severe Fiscal Contraction Be Expansionary? Tales of Two Small European Countries." In *NBER Macroeconomics Annual*, edited by O. J. Blanchard and S. Fischer, 75–111. MIT Press.

Green, Jerry, and Laurence J. Kotlikoff. 2008. "On the General Relativity of Fiscal Language." In *Institutional Foundations of Public Finance*, edited by Alan Auerbach and Daniel Shaviro, 241–256. Harvard University Press.

Homma, Masaaki, Takahiko Mutoh, Toshihiro Ihori, Nobuo Abe, Michihiro Kandori, and Naosumi Atoda. 1987. "Kōsai no Churitsusei Meidai: Riron to sono Jissh ō bunseki（The equivalence proposition of debts: Theory and evidence）." *Keizai Bunseki, no. 106*（Economic analysis）, Economic Planning Agency, February.

Hoshi, Takeo, and Takatoshi Ito. 2013. "Is the Sky the Limit? Can Japanese Government Bonds Continue to Defy Gravity?" *Asian Economic Policy Review* 8: 218–247.

Hoshi, Takeo, and Takatoshi Ito. 2014. "Defying Gravity: Can Japanese Sovereign Debt Continue to Increase Without a Crisis?" *Economic Policy 77*（January）: 5–44.

Hoshi, Takeo, and Anil K Kashyap. 2011. *Why Did Japan Stop Growing?* Nippon Institute for Research Advancement. Accessed on June 22, 2019, at http://www.nira.or.jp/pdf/1002english_report.pdf and http://www.nira.or.jp/pdf/1002english_appendix.pdf.

Ishi, Hiromitsu. 1989. *The Japanese Tax System.* Clarendon Press.

Ito, Arata, Tsutomu Watanabe, and Tomoyoshi Yabu. 2011. "Fiscal Policy Switching in Japan,the U.S., and the U.K." *Journal of the Japanese and International Economies* 25: 4.

Ito, Takatoshi. 2015. *Nihon Zaisei Saigo no Sentaku*（Final chance to choose in Japanese fiscal policy）, Nihon Keizai Shimbun（in Japanese）.

Ito, Takatoshi, Kazumasa Iwata, Colin McKenzie, and Shujiro Urata. 2012. "Fiscal Policy and Sovereign Debt: Editors' Overview." *Asian Economic Policy Review* 7（2）: 135–156.

Japan Post Bank. 2018. Annual Report 2018. Accessed January 31, 2019, at https://www.jp-bank.japanpost.jp/en/ir/financial/pdf/en2018_all.pdf.

Kameda, Keigo. 2012. "Estimating Non-Keynesian Effects for Japan." *Asian Economic Policy Review* 7（December）: 227–243.

Kormendi, Roger C. 1983. "Government Debt, Government Spending, and Private Sector Behavior." *American Economic Review* 73: 994–1010.

Ministry of Finance（MOF）. 2018. *Highlights of the Draft FY2019 Budget.* Accessed June 20, 2019 at https://www.mof.go.jp/english/budget/budget/fy2019/01.pdf.

Ministry of Finance（MOF）Financial Bureau. 2017. *Fiscal Investment and Loan Program Report 2017.* Accessed June 22, 2019, at https://www.mof.go.jp/english/filp/filp_report/zaito2017/pdf/filp2017_eng.pdf.

Ministry of Finance（MOF）Financial Bureau. 2018. *Fiscal Investment and Loan Program Report 2018.* Accessed June 22, 2019, at https://www.mof.go.jp/english/filp/filp_report/zaito2018/pdf/filp2018_eng.pdf.

Ministry of Internal Affairs and Communications. 2004. *White Paper on Local Public Finance, 2004.* Accessed June 22, 2019, at http://www.soumu.go.jp/menu_seisaku/hakusyo/pdf/chihou/2004e_c_visual.pdf.

Ministry of Internal Affairs and Communications. 2018. *White Paper on Local Public Finance, 2018.* Accessed June 22, 2019, at http://www.soumu.go.jp/iken/zaisei/30data/chihouzaisei_2018_en.pdf.

Noguchi, Yukio. 1987. "Public Finance." In *The Political Economy of Japan, Vol. 1: The Domestic Transformation,* edited by K. Yamamura and Y. Yasuba. Stanford University Press.

OECD. 2018. *Economic Outlook no. 104,* November.

Office of Management and Budget (OMB). (2018). *An American Budget Fiscal Year 2019:An Analytical Perspective.* (Available at https://www.govinfo.gov/content/pkg/BUDGET-2019-PER/pdf/BUDGET-2019-PER.pdf, accessed Februay 18, 2019.)

Onji, Kazuki. 2009. "The Response of Firms to Eligibility Thresholds: Evidence from the Japanese Value-Added Tax." *Journal of Public Economics* 93: 766–775.

United States Census Bureau. 2018. *Annual Survey of State and Local Government Finances: 2016 Tables.* (Available at https://www.census.gov/programs-surveys/gov-finances.html,accessed February 18, 2019.)

第8章

Bernheim, B. Douglas, Andrei Shleifer, and Lawrence H. Summers. 1985. "The Strategic Bequest Motive." *Journal of Political Economy* 93(6): 1045–1076.

Dekle, Robert. 1990. "Do the Japanese Elderly Reduce Their Total Wealth? A New Look with Different Data." *Journal of the Japanese and International Economies* 4(3): 309–317.

Feldstein, Martin. 1974. "Social Security, Induced Retirement, and Aggregate Capital Accumulation." *Journal of Political Economy* 82(5): 905–926.

Feldstein, Martin. 1980. "The Effect of Social Security on Saving." In *The Geneva Papers on Risk and Insurance, Vol. 5, No. 15, Third Annual Lecture of the Geneva Association: The Effect of Social Security on Saving,* February(4–17).

Feldstein, Martin, and Charles Horioka. 1980. "Domestic Saving and International Capital Flows." *Economic Journal* 90: 314–329.

Hayashi, Fumio. 1986. "Why Is Japan's Saving Rate So Apparently High?" In *NBER Macroeconomics Annual 1986,* edited by S. Fischer, 147–234. MIT Press.

Hayashi, Fumio, Albert Ando, and Richard Ferris. 1988. "Life Cycle and Bequest Savings: A Study of Japanese and US Households Based on Data from the 1984 NSFIE and the 1983 Survey of Consumer Finances." *Journal of the Japanese and International Economies* 2(4): 417–449.

Hayashi, Fumio, Takatoshi Ito, and Joel Slemrod. 1988. "Housing Finance Imperfections, Taxation, and Private Saving: A Comparative Simulation Analysis of the United States and Japan." *Journal of the Japanese and International Economies* 2(3): 215–238.

Horioka, Charles Y. 1990. "Why Is Japan's Household Saving Rate So High? A Literature Survey." *Journal of the Japanese and International Economies* 4(1): 49–92.

Horioka, Charles Y., Wataru Suzuki, and Tatsuo Hatta. 2007. "Aging, Savings, and Public Pensions in Japan." *Asian Economic Policy Review* 2(2): 303–319.

Kurosaka, Yoshio, and Koichi Hamada. 1984. *Makuro-Keizai Gaku to Nihon Keizai.*

Nihon Hyōron Sha.

Summers, Lawrence H. 1985. *Issues in National Savings Policy*. Working Paper 1710. National Bureau of Economic Research.

Takayama, Noriyuki. 1998. *The Morning After in Japan: Its Declining Population, Too Generous Pensions, and a Weakened Economy*. Maruzen.

Takayama, Noriyuki, and Yukinobu Kitamura. 2009. "How to Make the Japanese Public Pension System Reliable and Workable." *Asian Economic Policy Review* 4（1）: 97–116.

Wei, Shang-Jin Wei, and Xiaobo Zhang. 2011. "The Competitive Saving Motive: Evidence from Rising Sex Ratios and Savings Rates in China." *Journal of Political Economy* 119（3）: 511–564.

第9章

Asanuma, Banri. 1989. "Manufacturer-Supplier Relationships in Japan and the Concept of Relation-Specific Skill." *Journal of the Japanese and International Economies* 3: 1–30.

Asanuma, Banri, and Tatsuya Kikutani. 1992. "Risk Absorption in Japanese Subcontracting: A Microeconomic Study of the Automobile Industry." *Journal of the Japanese and International Economies* 6: 1–29.

Beason, Richard and David E. Weinstein. 1996. "Growth, Economies of Scale, and Targeting in Japan（1955‐1990）." *Review of Economics and Statistics* 78（2）: 286–295.

Caves, Richard, and Masu Uekusa. 1976. *Industrial Organization in Japan*. Brookings Institution.

Dasher, Richard, Nobuyuki Harada, Takeo Hoshi, Kenji E. Kushida, and Tetsuji Okazaki. 2015. *Institutional Foundations for Innovation-Based Economic Growth*. NIRA Report. Accessed at http://www.nira.or.jp/pdf/e_1503report.pdf.

Eads, George C. and Kozo Yamamura. 1987. "The Future of Industrial Policy." In *The Political Economy of Japan, Vol. 1,* edited by K. Yamamura and Y. Yasuba, 423–468. Stanford University Press.

Flath, David. 1989a. "Vertical Integration by Means of Shareholding Interlocks." *International Journal of Industrial Organization* 7（3）: 369–380.

Flath, David. 1989b. "Vertical Restraints in Japan." *Japan and the World Economy* 1（2）: 187–203.

Flath, David, and Tatsuhiko Nariu. 1989. "Returns Policy in the Japanese Marketing System." *Journal of the Japanese and International Economies* 3（1）: 49–63.

Gerlach, Michael L. 1992. *Alliance Capitalism: The Social Organization of Japanese Business*. University of California Press.

Hoshi, Takeo, and Anil Kashyap. 2001. *Corporate Finance and Governance in Japan: The Road to the Future*. MIT Press.

Hoshi, Takeo, Anil Kashyap, and David Scharfstein. 1990. "Bank Monitoring and Investment: Evidence from the Changing Structure of Japanese Corporate Banking Relationships." In *Asymmetric Information, Corporate Finance, and Investment*, edited by R. G. Hubbard, 105–126. University of Chicago Press.

Hoshi, Takeo, Anil Kashyap, and David Scharfstein. 1991. "Corporate Structure, Liquidity, and Investment: Evidence from Japanese Industrial Groups." *Quarterly Journal of Economics* 106 (February) : 33–60.

Itoh, Kunio, Takashi Misumi, and Toyohiko Ichimura. 1990. "Spiral Shift of Logics of Interlocking Shareholdings in Japan." *Hitotsubashi University Business Review* 37 (3) : 15–36 (in Japanese) .

Itoh, Motoshige, Kazuharu Kiyono, Masahiro Okuno, and Kotaro Suzumura. 1988. *Economic Analysis of Industrial Policy*. University of Tokyo Press (in Japanese) .

Johnson, Chalmers. 1982. *MITI and the Japanese Miracle: The Growth of Industrial Policy, 1925–1975*. Stanford University Press.

Komiya, Ryutaro, Masahiro Okuno, and Kotaro Suzumura. 1984. Nihon no Sangyo Seisaku. University of Tokyo Press. English edition: *The Industrial Policy of Japan*. Academic Press, 1988.

Lawrence, Robert Z. 1991. "Efficient or Exclusionist? The Import Behavior of Japanese Corporate Groups." *Brookings Papers on Economic Activity* 1: 311–339.

Lawrence, Robert Z. 1993. "Japan's Low Levels of Inward Investment: The Role of Inhibitions on Acquisitions." In *Foreign Direct Investment,* edited by Kenneth A. Froot, 85–112. University of Chicago Press.

Marquis, Mel, and Shingo Seryo. 2014. "The 2013 Amendments to Japan's Anti-Monopoly Act: Some History and a Preliminary Evaluation." *Competition Policy International*. Accessed June 27, 2017, at https://www.competitionpolicyinternational.com/assets/Uploads/AsiaOctober14.pdf.

Maruyama, Masayoshi, Yoko Togawa, Kyohei Sakai, Nobuo Sakamoto, and Masaharu Arakawa. 1989. "Distribution System and Business Practices in Japan." Paper presented in the 7th EPA International Symposium, Economic Research Institute, Economic Planning Agency, Tokyo (in Japanese) .

McMillan, John. 2002. *Reinventing the Bazaar: A Natural History of Markets*. New York: W. W. Norton & Company.

Ministry of International Trade and Industry (MITI) , Industrial Structure Council. 1980.

80 Nendai no Tsusan Seisaku Bijon (Vision for Industrial Policy in the 1980s)（in Japanese）.

Nakamura, Takafusa. 1981. *The Postwar Japanese Economy.* University of Tokyo Press.

Nakatani, Iwao. 1984. "The Economic Role of Financial Corporate Grouping." In *The Economic Analysis of the Japanese Firm,* edited by M. Aoki, 227–258. North-Holland.

Okazaki, Tetsuji, and Takafumi Korenaga. 1999. "The Foreign Exchange Allocation Policy in Postwar Japan: Its Institutional Framework and Function." In *Changes in Exchange Rates in Rapidly Development Countries: Theory, Practice, and Policy Issues*（NBER–EASE Vol. 7）, edited by Takatoshi Ito and Anne O. Krueger, 311–340. University of Chicago Press.

Okubo, Toshihiro, and Eiichi Tomiura. 2012. "Industrial Relocation Policy, Productivity and Heterogenous Plants: Evidence from Japan." *Regional Science and Urban Economics* 42: 230–239.

Patrick, Hugh, and Henry Rosovsky. 1975. *Asia's New Giant.* Brookings Institution.

Schaede, Ulrike. 2000. *Cooperative Capitalism: Self-Regulation, Trade Associations, and the Antimonopoly Law in Japan.* Oxford University Press.

Telser, Lester G. 1960. "Why Should Manufacturers Want Fair Trade?" *Journal of Law & Economics* 3: 86–105.

Toyo Keizai Shinposha. 1986. *Kigyo Keiretsu Soran,* Toyo Keizai Shinposha（in Japanese）.

Toyo Keizai Shinposha. Spring 1988. *Japan Company Handbook,* Toyo Keizai Shinposha.

Toyo Keizai Shinposha. 1989. *Kigyo Keiretsu Soran,* Toyo Keizai Shinposha（in Japanese）.

Toyo Keizai Shinposha. 1992. *Kigyo Keiretsu Soran,* Toyo Keizai Shinposha（in Japanese）.

Toyo Keizai Shinposha. 1998. *Kigyo Keiretsu Soran,* Toyo Keizai Shinposha（in Japanese）.

Toyo Keizai Shinposha. 2000. *Kigyo Keiretsu Soran,* Toyo Keizai Shinposha（in Japanese）.

Tsuruta, Toshimasa. 1982. *Sengo Nihon no Sangyo Seisaku*（Industrial Policies in Postwar Japan）. Nihon Keizai Shinbun.

Uekusa, Masu. 1987. "Industrial Organization: The 1970s to the Present." In *The Political Economy of Japan, vol. 1,* edited by K. Yamamura and Y. Yasuba, 469–515. Stanford University Press.

Weinstein, David, and Yishay Yafeh. 1995. "Japan's Corporate Groups: Collusive or Competitive? An Empirical Investigation of Keiretsu Behavior"（with Yishay Yafeh）. *Journal of Industrial Economics* 43（December）: 359–376.

Yafeh, Yishay. 1995. "Corporate Ownership, Profitability, and Bank-Firm Ties: Evidence from the American Occupation Reforms in Japan." *Journal of the Japanese and International Economies* 9: 154–173.

Yakushiji, Taizo. 1984. "The Government in a Spiral Dilemma: Dynamic Policy Interventions Vis-à- Vis Auto Firms." In *The Economic Analysis of the Japanese Firm,* edited by M. Aoki, 265–310. North-Holland.

第10章

Bentolila, Samuel, and Giuseppe Bertola. 1990. "Firing Costs and Labour Demand: How Bad is Eurosclerosis?" *Review of Economic Studies* 57（3）: 381–402.

Ellison, Sara Fisher, and Wallace P. Mullin. 2014. "Diversity, Social Goods Provision, and Performance in the Firm." *Journal of Economics & Management Strategy* 23（2）: 465–481.

Feyrer, James, Bruce Sacerdote, and Ariel Dora Stern. 2008. "Will the Stork Return to Europe and Japan? Understanding Fertility within Developed Nations." *Journal of Economic Perspectives* 22（3）: 3–22.

Fischer, Stanley. 1977. "Long-Term Contracts, Rational Expectations, and the Optimal Money Supply Rule." *Journal of Political Economy* 85: 191–205.

Freeman, Richard B., and Marcus E. Rebick. 1989. "Crumbling Pillar? Declining Union Density in Japan." *Journal of the Japanese and International Economies* 3: 578–605.

Freeman, Richard B., and Martin. L. Weitzman. 1987. "Bonuses and Employment in Japan." *Journal of the Japanese and International Economies* 1: 168–194.

Galenson, Walter, and Konosuke Odaka. 1976. "The Japanese Labor Market." In *Asia's New Giant,* edited by H. Patrick and H. Rosovsky. Brookings Institution.

Genda, Yuji. 2003. "Who Really Lost Jobs in Japan? Youth Employment in an Aging Japanese Society." In *Labor Markets and Firm Benefit: Policies in Japan and the United States,* edited by Seiritsu Ogura, Toshiaki Tachibanaki, and David A. Wise, 103–133. University of Chicago Press.

Gender Equality Bureau, Cabinet Office, Government of Japan. 2017. *Women and Men in Japan.* Accessed at http://www.gender.go.jp/english_contents/pr_act/pub/pamphlet/women-and-men17/index.html.

Grossman, Herschel I., and William S. Haraf. 1989. "Shunto, Rational Expectations, and Output Growth in Japan." *Empirical Economics* 14（3）: 193–213.

Hashimoto, Masanori, and John Raisian. 1985. "Employment Tenure and Earnings Profiles in Japan and the United States." *American Economic Review* 75: 721–735.

Holmström, Bengt. 1983. "Equilibrium Long-Term Labor Contracts." *Quarterly Journal of*

Economics 98, supplement: 23–54.

International Monetary Fund (IMF). 2012. "Japan: Selected Issues." *IMF Country Report* no. 12/209.

Ishikawa, Tsuneo, and Kazuo Ueda. 1984. "The Bonus Payment System and Japanese Personal Savings." In *The Economic Analysis of the Japanese Firm,* edited by Masahiko Aoki, 133–192. North-Holland.

Kambayashi, Ryo, and Takao Kato. 2012. "Trends in Long-Term Employment and Job Security in Japan and the United States: The Last Twenty-Five Years," Center on Japanese Economy and Business, Working Paper No. 302, May. Accessed at https://doi.org/10.7916/D8D225WX.

Kambayashi, Ryo, and Takao Kato. 2017. "Long-Term Employment and Job Security over the Last Twenty-Five Years: A Comparative Study of Japan and the U.S." *ILR Review* 70（2）: 359–394.

Kato, Takao. 2001. "The End of Lifetime Employment in Japan? Evidence from National Surveys and Field Research." *Journal of the Japanese and International Economies* 15: 489–514.

Koike, Kazuo. 1977. *Shokuba no Rodo Kumian to Sanka* (Unions and Participation). Tokyo Keizai Shinposha.

Koike, Kazuo. 1981. *Nihon No Jukuren* (Skilled Labor in Japan). Yohikaku.

Koike, Kazuo. 1983. "Internal Labor Markets: Workers in Large Firms." In *Contemporary Industrial Relations in Japan,* edited by T. Shirai, 29–61. University of Wisconsin Press.

Koike, Kazuo. 1984. "Skill Formation Systems in the US and Japan." In *The Economic Analysis of the Japanese Firm,* edited by M. Aoki, 47–75. North-Holland.

Koike, Kazuo. 1994. "Learning and Incentive Systems in Japanese Industry." In *The Japanese Firm: The Sources of Competitive Strength,* edited by Masahiko Aoki and Ronald Dore, 41–65. Oxford University Press.

Kuroda, Sachiko. 2010. "Do Japanese Work Shorter Hours Than Before? Measuring Trends in Market Work and Leisure Using 1976–2006 Japanese Time-Use Survey." *Journal of the Japanese and International Economies* 24（4）: 481–502.

Kuroda, Sachiko, and Isamu Yamamoto. 2003a. "Are Japanese Nominal Wages Downwardly Rigid? (Part I): Examinations of Nominal Wage Change Distributions." *Monetary and Economic Studies, Institute for Monetary and Economic Studies, Bank of Japan* 21（2）: 1–29.

Kuroda, Sachiko, and Isamu Yamamoto. 2003b. "Are Japanese Nominal Wages Downwardly Rigid? (Part II): Examinations Using a Friction Model." *Monetary and Economic Studies, Institute* for Monetary and Economic Studies, Bank of Japan 21（2）: 31-68.

Kuroda, Sachiko, and Isamu Yamamoto. 2005. "Wage Fluctuations in Japan after the Bursting of the Bubble Economy: Downward Nominal Wage Rigidity, Payroll, and the Unemployment Rate." *Monetary and Economic Studies, Institute for Monetary and Economic Studies, Bank of Japan* 23（2）: 1-29.

Kuroda, Sachiko, and Isamu Yamamoto. 2014. "Is Downward Wage Flexibility the Primary Factor of Japan's Prolonged Deflation?" *Asian Economic Policy Review* 9（1）: 143-158.

Lazear, Edward P. 1990. "Job Security Provisions and Employment." *Quarterly Journal of Economics* 105（3）: 699-726.

MHLW. 2008. *Kosei Rodo Hakusho*（in Japanese, trans. White Paper on Welfare and Labour 2008）.

MHLW. 2017. *Annual Health, Labour and Welfare Report 2017.*

Nagase, Nobuko. 2018. "Has Abe's Womenomics Worked?" *Asian Economic Policy Review* 13（1）: 68-101.

Odaka, Konosuke. 1980. "Employment Sharing in Japan." In *Unemployment in Western Countries,* edited by E. Malinvaud and J.-P. Fitoussi, 496-529. Macmillan.

Rebick, Marcus. 2005. *The Japanese Employment System.* Oxford University Press.

Rosenbluth, Frances McCall. 2007. "The Political Economy of Low Fertility." In *The Political Economy of Japan's Low Fertility,* edited by Frances McCall Rosenbluth, 3-36. Stanford University Press.

Shimada, Haruo. 1980. *The Japanese Employment System.* Japan Institute of Labor.

Shimada, Haruo, Atsushi Seike, Tomoko Furugori, Yukio Sakai, and Toyoaki Hosokawa. 1981. *Rodo Shijo Kiko no Kenkyu*（Research on the Labor Market Mechanism）. Institute of Economic Research, Economic Planning Agency.

Taira, Koji. 1970. *Economic Development and the Labor Market in Japan.* Columbia University Press.

Taylor, John B. 1980. "Aggregate Dynamics and Staggered Contracts." *Journal of Political Economy* 88: 1-23.

Weitzman, Martin L. 1984. *The Share Economy.* Harvard University Press.

Weitzman, Martin L. 1985. "The Simple Macroeconomics of Profit Sharing." *American Economic Review* 75: 937-953.

Weitzman, Martin L. 1986. "Macroeconomic Implications of Profit Sharing." In *NBER Macroeconomics Annual 1986,* edited by S. Fischer, 291-354. MIT Press.

第11章

Ando, Mitsuyo, and Fukunari Kimura. 2005. "The Formation of International Production and Distribution Networks in East Asia." In *International Trade (NBER-East Asia Seminar on Economics, Volume 14)*, edited by T. Ito and A. Rose, 177–213. University of Chicago Press.

Arkolakis, Costas, Arnaud Costinot, and Andrés Rodríguez-Clare. 2012. "New Trade Models, Same Old Gains?" *American Economic Review* 102（1）: 94–130.

Arndt, Sven W., and Henryk Kierzkowski, eds. 2001. *Fragmentation: New Production Patterns in the World Economy*. Oxford University Press.

Bergsten, C. Fred, Takatoshi Ito, and Marcus Noland. 2001. *No More Bashing: Building a New Japan-United States Economic Relationship*. Peterson Institute for International Economics.

Bowen, Harry P. 1989. "Comment: Saxonhouse G. 'Differentiated Products, Economies of Scale, and Access to the Japanese Market.'" In *Trade Policies for International Competitiveness*, edited by R. C. Feenstra, 180–183. University of Chicago Press.

Davis, Christina L. 2003. *Food Fights over Free Trade: How International Institutions Promote Agricultural Trade Liberalization*. Princeton University Press.

Deardorff, Alan V. 2001. "Fragmentation in Simple Trade Models." *North American Journal of Economics and Finance* 12: 121–137.

Feenstra, Robert C. 2016. *Advanced International Trade: Theory and Evidence, 2nd ed.* Princeton University Press.

Jones, Ronald W., and Henryk Kierzkowski. 1990. "The Role of Services in Production and International Trade: A Theoretical Framework." In *The Political Economy of International Trade: Essays in Honor of R.E. Baldwin*, edited by R. W. Jones and A. O. Krueger, 31–48. Basil Blackwell.

Kimura, Fukunari, and Mitsuyo Ando. 2003. "Fragmentation Agglomeration Matter: Japanese Multinationals in Latin America and East Asia." *North American Journal of Economics and Finance* 14（3）: 287–317.

Kimura, Fukunari, and Mitsuyo Ando. 2005. "Two-Dimensional Fragmentation in East Asia: Conceptual Framework and Empirics." *International Review of Economics and Finance* 14, no. 3（special issue）: 317–348.

Lawrence, Robert Z. 1987. "Does Japan Import too Little? Closed Minds or Markets?" *Brookings Papers on Economic Activity* 2: 517–554.

Leamer, Edward E. 1984. *Sources of International Comparative Advantage*. MIT Press.

Marston, Richard C. 1990. "Pricing to Market in Japanese Manufacturing." *Journal of International Economics* 29（3/4）: 217–236.

Obashi, Ayako, and Fukunari Kimura. 2017. "Deepening and Widening of Production Networks in ASEAN." *Asian Economic Papers* 16（1）: 1–27.

Ries, John C. 1993. "Windfall Profits and Vertical Relationships: Who Gained in the Japanese Auto Industry from VERs?" *Journal of Industrial Economics* 41（3）: 259–276.

Saxonhouse, Gary R. 1983. "The Micro-and Macroeconomics of Foreign Sales to Japan." In *Trade Policy in the 1980s,* edited by W. R. Cline, 259–304. MIT Press.

Saxonhouse, Gary R. 1986. "What's Wrong with Japanese Trade Structure?" *Pacific Economic Papers,* no. 137: 1–36.

Saxonhouse, Gary R. 1989. "Differentiated Products, Economies of Scale, and Access to the Japanese Market." In *Trade Policies for International Competitiveness,* edited by R. C. Feenstra, 145–174. University of Chicago Press.

Tyson, Laura D. 1989. "Comment: Saxonhouse G. 'Differentiated Products, Economies of Scale, and Access to the Japanese Market.' " In *Trade Policies for International Competitiveness,* edited by R. C. Feenstra, 175–180. University of Chicago Press.

第12章

Aramaki, Kenji. 2004. "Sequencing of Capital Transaction Liberalization: Japanese Experiences and Implications for China." *Kaihatsu Kinyu Kenkyujo Ho* 21（November）: 49 – 77 [in Japanese].

Boothe, Paul, and David Longworth. 1986. "Foreign Exchange Market Inefficiency Tests: Implications of Recent Findings." *Journal of International Money and Finance* 5（2）: 135–152.

Burnside, Craig, Sergio Rebelo, and Martin Eichenbaum. 2008. "Carry Trade: The Gains of Diversification." *Journal of the European Economic Association* 6（2/3）: 581–588.

Cohen, Benjamin J. 1971. *The Future of Sterling as an International Currency.* Macmillan.

Council of Economic Advisors. 1986. *Economic Report of the President.* US Government, February 1986.

Cumby, Robert E., and Maurice Obstfeld. 1984. "International Interest-Rate and Price-Level Linkages under Flexible Exchange Rates: A Review of Recent Evidence." In *Exchange Rate Theory and Practice,* edited by John F. O. Bilson and Richard C. Marston. University of Chicago Press.

Eichengreen, Barry. 2010. *Exorbitant Privilege: The Rise and Fall of the Dollar and the Future of the International Monetary System.* Oxford University Press.

Frankel, Jeffrey. 1984. *The Yen/Dollar Agreement: Liberalizing Japanese Capital*

Markets. MIT Press for Institute for International Economics.

Frenkel, Jacob A. 1981. "Flexible Exchange Rates, Prices, and the Role of 'News': Lessons from the 1970s." *Journal of Political Economy* 89: 665–705.

Fukao, Mitsuhiro. 1990. "Liberalization of Japan's Foreign Exchange Controls and Structural Changes in the Balance of Payments." *Bank of Japan Journal of Monetary and Economic Studies* 8（2）: 1–65.

Funabashi, Yoichi. 1988. *Managing the Dollar: From the Plaza to the Louvre.* MIT Press for Institute for International Economics.

Geweke, John, and Edgar Feige. 1979. "Some Joint Tests of the Efficiency of Markets for Forward Foreign Exchange." *Review of Economics and Statistics* 61: 334–341.

Grassman, Sven. 1973. "A Fundamental Symmetry in International Payments." *Journal of International Economics* 3: 105–116.

Grassman, Sven. 1976. "Currency Distribution and Forward Cover in Foreign Trade." *Journal of International Economics* 6: 215–221.

Gyohten, Toyoo. 2013. *En no Koubou: Tsuka mafia no Dokuhaku* [The rise and fall of the yen: Monologue of a "currency mafia"]. Asahi Shinbun Publishing Co. [in Japanese].

Hansen, Lars Peter, and Robert J. Hodrick. 1980. "Forward Exchange Rates as Optimal Predictors of Future Spot Rates: An Econometric Analysis." *Journal of Political Economy* 88: 829–853.

Hoshi, Takeo. 2018. "Has Abenomics Succeeded in Raising Japan's Inward Foreign Direct Investment?" *Asian Economic Policy Review* 13（1）: 149–168.

Ito, Takatoshi. 1986. "Capital Controls and Covered Interest Parity between the Yen and the Dollar." *Economic Studies Quarterly* 37: 223–241.

Ito, Takatoshi. 1987. "The Intradaily Exchange Rate Dynamics and Monetary Policies after the Group of Five Agreement." *Journal of the Japanese and International Economies* 1: 275–298.

Ito, Takatoshi. 1988. "Use of（Time-Domain）Vector Autoregressions to Test Uncovered Interest Parity." *Review of Economics and Statistics* 70: 296–305.

Ito, Takatoshi. 1990. "Foreign Exchange Rate Expectations: Micro Survey Data." *American Economic Review* 80: 434–449.

Ito, Takatoshi. 2003. "Is Foreign Exchange Intervention Effective? The Japanese Experiences in the 1990s." In *Monetary History, Exchange Rates and Financial Markets: Essays in Honour of Charles Goodhart, Vol. 2,* edited by Paul Mizen, 126–153. Edward Elgar Publishing.

Ito, Takatoshi. 2007. "Myths and Reality of Foreign Exchange Interventions: An

Application to Japan." *International Journal of Finance & Economics* 12（2）: 133–154.

Ito, Takatoshi. 2011. "The Internationalization of the RMB: Opportunities and Pitfalls." *CGS-IIGG Working Paper* 15.

Ito, Takatoshi. 2016. "The Plaza Accord and Japan: Reflections on the 30th Anniversary." Chapter 7 in *International Monetary Cooperation: Lessons from the Plaza Accord after Thirty Years,* edited by C. Fred Bergsten and Russell A. Green, 73–103. Peterson Institute for International Economics and Rice University's Baker Institute for Public Policy, April.

Ito, Takatoshi. 2017. "A New Financial Order in Asia: Will a RMB Bloc Emerge?" *Journal of International Money and Finance* 74（June）: 232–257.

Ito, Takatoshi. 2018. "Changing International Financial Architecture: Growing Chinese Influence?" *Asian Economic Policy Review* 13（2）: 192–214.

Ito, Takatoshi, Satoshi Koibuchi, Kiyotaka Sato, and Junko Shimizu. 2012. "The Choice of an Invoicing Currency by Globally Operating Firms: A Firm-Level Analysis of Japanese Exporters." *International Journal of Finance and Economics* 17（4）: 305–320.

Ito, Takatoshi, Satoshi Koibuchi, Kiyotaka Sato, and Junko Shimizu. 2018. *Managing Currency Risk*. Edward Elgar Publishing.

Ito, Takatoshi and Tomoyoshi Yabu. 2007. "What Prompts Japan to Intervene in the Forex Market? A New Approach to a Reaction Function." *Journal of International Money and Finance* 26（2）: 193–212.

Ito, Takatoshi, and Tomoyoshi Yabu. 2017. "Kawase Kainyu to Gaika Junbi: Un-yo Soneki no Choki Suikei" [Foreign exchange intervention and foreign reserves: Long-term estimates of profits/loss in management]. Japan Center, *Nippon Keizai Kenkyu,* 74（March）: 98–127 [in Japanese].

Kenen, Peter. 1983. "The Role of the Dollar as an International Currency." Group of Thirty Occasional Papers, no. 13, New York.

Krugman, Paul. 1988. *Target Zone and Exchange Rate Dynamics.* Working Paper 2481, National Bureau of Economic Research.

McKinnon, Ronald. 1979. *Money in International Exchange: The Convertible Currency System.* Oxford University Press.

Ministry of Finance, Japan, 1985. "Announcement of the Ministers of Finance and Central Bank Governors（September 22, 1985）." http://warp.ndl.go.jp/info:ndljp /pid/3487091/www.mof.go.jp/english/international_policy/convention/g7/g7_850922.htm.（Last accessed June 14, 2019.）

Page, S. A. B. 1977. "Currency of Invoicing in Merchandise Trade." *National Institute Economic Review* 81: 77–81.

Page, S. A. B. 1981. "The Choice of Invoicing Currency in Merchandise Trade." *National Institute Economic Review* 98: 60–72.

Sarno, Lucio, and Mark P. Taylor. 2001. "Official Intervention in the Foreign Exchange Market: Is It Effective and, If So, How Does It Work?" *Journal of Economic Literature* XXXIX（September）: 839–868.

Svensson, Lars E. O. 2001. "The Zero Bound in an Open Economy: A Foolproof Way of Escaping from a Liquidity Trap." *Bank of Japan, Monetary and Economic Studies,* 19（S-1）: 277–316.

第13章

Bergsten, Fred, Takatoshi Ito, and Marcus Noland. 2001. No More Bashing: Building a New Japan-United States Economic Relationship. Institute for International Economics.

Devereaux, Charan, Robert Z. Lawrence, and Michael D. Watkins. 2006. "Snapshot: Kodak v. Fuji," Chapter 3 of *Case Studies in US Trade Negotiations, vol. 2.,* pp. 143–191. Institute for International Economics.

Drucker, Peter F. 1986. *The Frontiers of Management.* Harper & Row.

Fallows, James. 1989. *More Like Us: An American Plan for American Recovery.* Houghton Mifflin.

Ishihara, Shintaro, and Akio Morita.1988. *"No" to ieru Nihon* [The Japan That Can Say No]. Kōbunsha [in Japanese].

Johnson, Chalmers. 1982. *MITI and the Japanese Miracle: The Growth of Industrial Policy, 1925-1975.* Stanford University Press.

Lawrence, Robert. 1991. "Efficient or Exclusionist? The Import Behavior of Japanese Corporate Groups." *Brookings Papers on Economic Activity* 1991, 1: 311–341.

Lawrence, Robert Z., and Charles L. Schultze, eds. 1990. An American Trade Strategy: Options for the 1990s. Brookings Institution.

Nichibei Kozo Mondai Kenkyukai, eds. 1990. *Nichibei Kozo Mondai Kyogi Saishu Hokoku*（Trans. *Final Report of US-Japan Structural Impediment Initiative*）, Zaikei Shohou Sha（publishing）. Reports are also available in English at the following site: https://tcc.export.gov/Trade_Agreements/All_Trade_Agreements/exp_005583.asp（last accessed on June 20, 2019）;and also in Japanese:http://worldjpn.grips.ac.jp/documents/texts/JPUS/19900628.O1J.html.

Petri, Peter, and Michael Plummer. 2016. "The Economic Effects of the TPP: New Estimates." In *Trans-PacificPartnership: An Assessment,* edited by Cathleen Cimino-Isaacsand Jeffrey J.Schott, 23-62. Peterson Institute for International Economics.

Prestowitz, Clyde V., Jr. 1988. *Trading Places*. Basic Books.

Schoppa, Leonard. 1997. *Bargaining with Japan*. Columbia University Press.

Solís, Mireya. 2017. *Dilemmas of a Trading Nation: Japan and the United States in the Evolving Asia-Pacific Order*. Brookings Institution.

Tyson, Laura D. 1990. "Managed Trade: Making the Best of the Second Best." In *An American Trade Strategy: Options for the 1990s*, edited by R. Z. Lawrence and C. L. Schultze, 142–185. Brookings Institution.

Uriu, Robert M. 2009. *Clinton and Japan: The Impact of Revisionism on US Trade Policy*. Oxford University Press.

Van Wolferen, Karel. 1989. *The Enigma of Japanese Power: People and Politics in a Stateless Nation*. Vintage Books.

Weinstein, David, and Yishay Yafeh. 1995. "Japan's Corporate Groups: Collusive or Competitive? An Empirical Investigation of Keiretsu Behavior." *Journal of Industrial Economics* 43（4）: 359–376.

第14章

Caballero, Ricardo J. 2007. *Specificity and the Macroeconomics of Restructuring*. Yrjo Jahnsson Lecture, MIT Press.

Caballero, Ricardo J., Takeo Hoshi and Anil K Kashyap. 2008. "Zombie Lending and Depressed Restructuring in Japan." *American Economic Review* 98（5）: 1943–1977.

Cabinet Office. 2006. *Kōzō Kaikaku Hyōka Hōkokusho 6: Kinnen no Kisei Kaikaku no Shinchoku to Seisansei no Kankei (Structural Reform Evaluation Report No.6: Relation between Recent Progress in Deregulation and Productivity)*.

Christensen, Clayton M., Michael E. Raynor, and Rory McDonald. 2015. "What Is Disruptive Innovation?" *Harvard Business Review* 93（December）: 44‐53.

Dasher, Richard, Nobuyuki Harada, Takeo Hoshi, Kenji E. Kushida, and Tetsuji Okazaki. 2015. *Institutional Foundations for Innovation-Based Economic Growth*. Nippon Institute for Research Advancement.

Foster, Lucia, John C. Haltiwanger, and C. J. Krizan. 2001. "Aggregate Productivity Growth: Lessons from Microeconomic Evidence." In *New Developments in Productivity Analysis*, edited by Charles R. Hulten, Edwin R. Dean, and Michael J. Harper, 303–372. National Bureau of Economic Research, Inc.

Fukuda, Shin-ichi, and Jun-ichi Nakamura. 2011. "Why Did 'Zombie' Firms Recover in Japan?" *The World Economy* 34（July）: 1124–1137.

Graff Zivin, Joshua, and Matthew Neidell. 2013. "Environment, Health, and Human

Capital." *Journal of Economic Literature* 51（3）: 689–730.

Gorton, Gary. 2010. *Slapped by the Invisible Hand: The Panic of 2007*. Oxford University Press.

Gorton, Gary, and Andew Metrick. 2012. "Securitized Banking and the Run on Repo," *Journal of Financial Economics* 104（3）: 425–451.

Hayashi, Fumio, and Edward C. Prescott. 2002. "The 1990s in Japan: A Lost Decade." *Review of Economic Dynamics* 5（1）: 206–235.

Hoshi, Takeo, and Anil Kashyap. 2010. "Will the U.S. Bank Recapitalization Succeed? Eight Lessons from Japan." *Journal of Financial Economics* 97: 398–417.

Hoshi, Takeo, and Anil Kashyap. 2011. *Why Did Japan Stop Growing?* National Institute for Research Advancement.

Hoshi, Takeo, and Anil Kashyap. 2012. *Policy Options for Japan's Revival*. National Institute for Research Advancement.

Hoshi, Takeo, and Anil Kashyap. 2013. *Nani ga Nihon no Keizai Seichō wo Tometanoka? Saisei he no Shohōsen*. [What stopped Japan's growth? Prescriptions for revival]. Nihon Keizai Shimbun Shuppan-sha.

Hosono, Kaoru, Miho Takizawa, and Kotaro Tsuru. 2016. "International Transmission of the 2007–2009 Financial Crisis: Evidence from Japan." *Japanese Economic Review* 67（3）: 295–328.

Klepper, Steven. 1996. "Entry, Exit, Growth, and Innovation over the Product Life Cycle." *American Economic Review* 86（3）: 562–583.

Ministry of the Environment. 2019. "National Greenhouse Gas Inventory Report of JAPAN, 2019." https://www.env.go.jp/earth/ondanka/ghg-mrv/unfccc/NIR-JPN-2019-v3.0.pdf.（LastAccessed, June 21, 2014.）

译后记

　　由于众所周知的原因，中国对于日本抱有复杂的情绪。作为一衣带水的邻邦，两国政府与民众相互之间的交流源远流长，既有守望相助的温情时刻，也有兵戎相见的惨痛经历。然而，对于这样一个重要的邻国，除了少数专门从事国别研究的学术界同仁，国内对日本似乎普遍缺乏全面和深入的了解，更多的是一些道听途说的逸闻趣事，甚至还有一些以讹传讹、人云亦云的刻板印象和认知偏见。这显然不利于我们真正了解日本从贫困到富裕的发展经历，并且从中汲取有益的经验。由哥伦比亚大学的伊藤隆敏和东京大学的星岳雄这两位日本经济学家撰写的《繁荣与停滞》，深入、细致、全面地介绍了从二战之后直到21世纪第二个十年末期，日本经济实现起飞、赶超以及赶超之后的经历，作为一本严谨而权威的学术著作，可以在某种程度上填补上述空白。

　　实际上，与欧美等原发资本主义国家相比，日本似乎是一个更值得我们借鉴经验并汲取教训的重要案例。日本是后发国家实现经济赶超的成功范例。大约在一个半世纪以前，中日两国在西方文明的冲击之下，几乎同时走上了迂回曲折的现代化之路。经过明治维新以后近半个世纪的努力，在一战之前，日本成功跻身世界强国的行列。但在二战期间，日本发动的侵略战争不仅使亚洲各国深受其害，也使本国民众付出了惨痛的代价，各类资本损失殆尽。二战以后，日本充分利用有利的国际环境和之前积累的人力资本与社会资本，创立了一套适合赶超的经济制度，经过三四十年的快速发展，从一个贫穷的低收入国家跃升为世界上最富裕的国家之一。日本经济赶超的经验先后被亚洲四小龙、东南亚国家和中国借鉴和模仿，形成了经济发展的"东亚模式"，使本地区的发展绩效明显优于其他欠发达地区。这种发展模式的优势及其可能存在的弊病，引发了很多的学术争论，时至今日仍悬而未决。包括中国在内的东亚经济体与日本的发展模式有很多相似之处，因此，日本的经历能够发挥重要的他山之石和前车之鉴的作用。

二战以后，日本经历了比较完整的经济赶超历程，但是在实现赶超之后，20世纪90年代经济泡沫的破灭使其出现了长期经济停滞，即所谓的"失去的20年"，其中有诸多经验和教训值得借鉴。日本的经济赶超大致经历了三个阶段。在20世纪50年代初期，日本人均收入不到美国的20%，后发优势和增长潜力较大，从而在20世纪50年代中期至70年代中期实现了年均10%的高速增长。20世纪70年代中后期，日本人均GDP已经接近美国的60%，此后又实现了近十年年均5%左右的中高速增长。20世纪90年代初期，日本人均GDP已达到美国的80%以上。此后，随着经济泡沫的破灭，经济增速不足1%。在经济赶超的过程中，日本经济增长表现为明显的阶段性特征。

值得注意的是，日本三个阶段经济增速的变化并不是一个平稳的过程，而是在短短的一两年之内，增速就陡然下降，这对整个经济社会造成了比较大的冲击。为了应对这一冲击，政府和民众都付出了极大的努力，从总体的效果来看，经济没有出现严重的衰退，社会秩序和福利水平保持了稳定，应对还是相对较为成功的。与之类似的，中国经济在2010年迈入中高收入阶段以后，经济增速由之前的10%降至6%左右，随着收入水平的提高和后发优势的减弱，增长潜力有可能进一步下降，因此，我们也应当未雨绸缪，积极应对增速下滑可能引发的经济社会冲击。另外，日本经济增速出现两次明显下滑时，人均收入分别相当于美国同期的60%和80%，而我国当前的人均收入仅相当于美国的四分之一，如何进一步挖掘增长潜力，尽可能延长中高速增长的时间，是非常值得研究的问题。

在赶超过程中，日本经济一些特点鲜明的制度发挥了重要的作用，比如主银行制、年功序列制、终身雇佣制、政府与企业之间密切的关系与积极的产业政策等，但是在赶超阶段结束以后，这些制度成为转型、创新和增长的掣肘。这启发我们，在一些特殊的发展阶段，某些特殊的制度和政策可能发挥特别的作用，但是从更长的历史时期和发展阶段来看，这些特征并不是固有的和普遍的。在其适宜的发展阶段结束以后，只有以壮士断腕的决心，推进重大的结构性改革，才有可能实现经济模式的成功转型。这正是日本在20世纪90年代经济赶超结束以后的经历，主银行制开始松动，年功序列和终身雇佣让位于更为灵活的劳动力市场，竞争政策逐渐代替产业政策。一个更符合标准经济理论的更为"正常"的经济制度，是日本经济向发达经济体趋同后的必然结果，而这本身未必就不是一种成功。

日本与中国有着相似的文化和社会传统。日本历史上受儒家文化的影响较大，即使在明治维新以后，儒学也是日本社会转型的三种主要思想渊源之一。在经济赶超阶段，日本一些独特的经济制度和政策措施，在中国过去和现在的经济体制中也有映照。这种相似性能够使我们从日本的经验中得到特殊的启发。毕竟，虽然两国基本国情和发展历程都有诸多不同之处，但是从根本上来讲，两国都要经历由传统社会向现代社会在经济、社会和文化方面的全面转型。中国不仅要应对经济增速明显下滑的挑战，而且也要面临日本以前和现在亟待解决的其他一些经济社会问题。充分汲取日本的经验和教训，有助于避免重蹈日本增速急剧下降和长期停滞的覆辙。

仅举几例。其一，20世纪80年代后期，日本经济增速下滑，而金融自由化又使得廉价信贷不断扩张，从而催生了巍巍壮观的资产泡沫。央行的紧缩政策导致了股市和地产泡沫的破灭，引发银行业不良贷款激增，爆发了银行业危机，出现了长达20年的通货紧缩和经济停滞。在这一过程中，一系列宏观经济政策失误使问题变得更为严重，我们有必要从中汲取教训。其二，与其他东亚经济体一样，日本生育率低下，人口老龄化问题极为严重，这是导致其经济长期停滞的重要原因之一，但是近年来日本生育率有所回升，这一现象及其原因值得关注。其三，随着日本经济的崛起，20世纪80年代中期以后，日本与美国爆发了激烈的贸易冲突，在某种程度上，日本国内舆论将其归因于美国的霸权。但是，日本通过一系列的谈判，对两国之间的经贸关系进行管控，同时，政府也有意识地利用外部压力来推动国内的结构性改革，削弱了既得利益集团的权势，促进了社会的稳定和发展。如何更好地应对日益严重的贸易冲突，日本的经验也值得研究。

本书两位作者是日本经济领域的知名学者。伊藤隆敏教授获得哈佛大学博士学位，先后任教于美国明尼苏达大学、哈佛大学、哥伦比亚大学和日本的一桥大学、东京大学等著名学府，并于2004—2005年担任日本经济学会主席。他还曾担任日本财务省负责国际事务的副财务大臣、首相经济与财政政策顾问，以及国际货币基金组织的高级顾问。星岳雄教授获得麻省理工学院博士学位，先后任教于加州大学圣迭戈分校、斯坦福大学、大阪大学和东京大学。严谨的学术训练、丰富的政策经验以及长期从事相关领域的研究，使作者对日本经济的历史经验、主要特征、运行机制、面临的挑战与政策应对有全面而深入的认识。本书是对日本经济全景式的描述和解释，适合对日本经济感兴趣的普通读者和专业人士。

本书由我和我的学生共同翻译。包彤（前言、预备知识、致谢、第1~3章）、谢绮（第4~5章）、赵凤霞（第6、11、13章）、郑皓天

（第7章）、黄锦宏（第8~9章）、张爱辰（第10章）、王文怡（第12章）、杨潇（第14章）完成了各自章节的初稿，我对全书译稿做了修改，部分内容做了重译。中信出版集团孟凡玲女士作为责任编辑，为书稿的翻译提供了诸多帮助，付出了很多心血，特此致谢。本文涉及很多日本的人名、地名、机构名称和专业术语，译文难免有欠妥之处，敬请诸位读者批评指正。

郭金兴

2022年6月于南开园